中国社会科学院马克思主义理论
学科建设与理论研究工程系列丛书

马克思 恩格斯 列 宁 斯大林 论妇女

LUN FU NÜ

本卷主编：吕 静
副 主 编：张祖英

中国社会科学出版社

图书在版编目(CIP)数据

马克思恩格斯列宁斯大林论妇女 / 吕静主编. —北京：中国社会科学出版社，2021.11（2025.5 重印）
（中国社会科学院马克思主义理论学科建设与理论研究工程系列丛书）
ISBN 978-7-5203-8756-9

Ⅰ.①马… Ⅱ.①吕… Ⅲ.①马列著作—妇女问题—研究 Ⅳ.①A564

中国版本图书馆 CIP 数据核字(2021)第 142356 号

出 版 人　赵剑英
责任编辑　田　文
责任校对　张爱华
责任印制　张雪娇

出　　版　中国社会科学出版社
社　　址　北京鼓楼西大街甲 158 号
邮　　编　100720
网　　址　http：//www.cssp w.cn
发 行 部　010-84083685
门 市 部　010-84029450
经　　销　新华书店及其他书店

印　　刷　北京君升印刷有限公司
装　　订　廊坊市广阳区广增装订厂
版　　次　2021 年 11 月第 1 版
印　　次　2025 年 5 月第 2 次印刷

开　　本　710×1000　1/16
印　　张　34.5
插　　页　2
字　　数　584 千字
定　　价　169.00 元

前　言

以毛泽东、邓小平、江泽民为核心的党的三代领导集体和以胡锦涛同志为总书记的党中央始终高度重视党的理论工作，重视全党对马克思主义理论的学习和研究工作。党的十八大以来，以习近平同志为核心的党中央更是把意识形态工作作为党的一项极端重要的工作来抓。

2004年1月，《中共中央关于进一步繁荣发展哲学社会科学的意见》下发，并决定实施马克思主义理论研究和建设工程。为贯彻落实党中央关于把中国社会科学院努力建设成为马克思主义坚强阵地、党和国家的思想库智囊团（智库）、哲学社会科学的最高殿堂的要求，中国社会科学院党组采取了一系列重要措施。2009年年初决定把加强马克思主义理论学科建设与理论研究作为一项重要工作来抓，并成立中国社会科学院马克思主义理论学科建设与理论研究工程领导小组。小组成立后，一方面注重抓好马克思主义理论学科组织机构的建设，设立马克思主义理论类别的研究室和中心等；同时又注重马克思主义基础理论研究，安排了马克思主义经典作家在36个相关领域的“专题摘编”及基础理论专题研究。

中国社会科学院推出的“马克思主义经典作家专题摘编”丛书的出版，对马克思主义理论学科建设本身，对深化我国相关科研工作，对相关部门的工作人员和广大干部群众的学习将提供便利并会产生一定的促进作用。

中国社会科学院
“马克思主义经典作家专题摘编”编委会
2015年1月

目　录

一、妇女社会地位的历史变迁

（一）妇女受压迫是人类社会历史发展到一定阶段的社会现象

1. 在古代共产制家户经济中，妻子成为主要的家庭女仆，被排斥在社会生产之外

许多夫妇和他们的子女的古代共产制家户经济中，由妇女料理家务，正如由男子获得食物一样，都是一种公共的、为社会所必需的事业。随着家长制家庭，尤其是随着专偶制个体家庭的产生，情况就改变了。料理家务失去了它的公共的性质。它与社会不再相干了。它变成了一种私人的服务；妻子成为主要的家庭女仆，被排斥在社会生产之外。

恩格斯：《家庭、私有制和国家的起源》（1884 年 3 月底—5 月底），摘自《马克思恩格斯文集》第 4 卷，人民出版社 2009 年版，第 87 页。

2. 摩尔根阐明原始社会即国家产生以前社会制度的基本特征，原始氏族实行的是母权制，按照母权制组成氏族

我们现在来谈一谈摩尔根的另一发现，这一发现至少与他根据亲属制度恢复原始家庭形式有着同等重要的意义。摩尔根证明：美洲印第安人部落内部用动物名称命名的血族团体，实质上是与希腊人的氏族［genea］、罗马人的氏族［gentes］相同的；美洲的形式是原始的形式，而希腊—罗马的形式是晚出的、派生的形式；原始时代希腊人和罗马人的氏族、胞族和部落的全部社会组织，跟美洲印第安人的组织极其相似；氏族，直到野蛮人进入文明时代为止，甚至再往后一点，是一切野蛮人所共有的制度（就现有资料而言）。摩尔根证明了这一切以后，便一下子说明了希腊、罗马上古史中最困难的地方，同时，出乎意料地给我们阐明了原始时代——国家产生以前社会制度的基本特征。虽然这个发现在人们一旦知道它之后显得十分简单，但是，摩尔根只是最近才做到这一点的；在他于 1871 年出版的前一部著作中，他还没有看透这个秘密，而这个秘密揭开之后，就使一向那样自信的英国原始史学家们一时①沉默了下去。

① “一时”是恩格斯在 1891 年版上增补的。——编者注

摩尔根普遍用以表示这种血族团体的拉丁语氏族［gens］一词，像同意义的希腊语 genos 一词一样，来源于共同的雅利安语的词根 gan（德语为 kan，因为在德语中，通例是用 k 代替雅利安语的 g），gan 的意思是“生育”。gens，genos，梵语的 dschanas，哥特语（依照上面所说的通例）的 kuni，古斯堪的纳维亚语和盎格鲁撒克逊语的 kyn，英语的 kin，中古高地德语的 künne，都同样表示血族、世系。不过拉丁语的 gens 和希腊语的 genos，都是专用以表示这样的一种血族团体，这种团体自夸有共同的世系（这里指的是出自一个共同的男始祖），并且借某种社会的和宗教的制度而组成一个特殊的公社。但是这种血族团体的起源与本性，我们的一切历史编纂学家迄今为止却一直弄不清楚。

我们在前面，在研究普那路亚家庭时，已经看到原始形式的氏族是怎样构成的。凡由于普那路亚婚姻，并且依照这种婚姻中必然占统治地位的观念而成为一个确定的女始祖即氏族创立者的公认后代的人，都是这种氏族的成员，这样就组成了氏族。由于在这种家庭形式下父系血统不能确定，所以只承认女系。又由于兄弟不得娶自己的姊妹为妻，只能同其他世系的妇女结婚，所以，根据母权制，同这些异族妇女所生的子女，便列在氏族以外。这样，留在血族团体内部的只有各代女儿的子孙；儿子的子孙则归入其母亲的氏族。

摩尔根举出易洛魁人的氏族，特别是塞讷卡部落的氏族，作为这种原始氏族的古典形式。这个部落内有八个氏族，都以动物的名称命名：（1）狼，（2）熊，（3）龟，（4）海狸，（5）鹿，（6）鹬，（7）苍鹭，（8）鹰。每个氏族内都盛行以下的习俗：

1. 氏族选举一个酋长（平时的首脑）和一个酋帅（军事领袖）。酋长必须从本氏族成员中选出，他的职位在氏族内世袭，一旦出缺，必须立刻重新补上；军事领袖，也可以从氏族以外的人中选出并且有时可以暂缺。由于易洛魁人奉行母权制，因而酋长的儿子属于另一氏族，所以从不选举前一酋长的儿子做酋长，而是往往选举他的兄弟做酋长，或者选举他的姊妹的儿子做酋长。所有的人，无论男女，都参加选举。……

2. 氏族可以任意罢免酋长和酋帅。这仍是由男女共同决定的。被罢免的人，此后便像其他人一样成为普通战士，成为私人。此外，部落议事会也可以甚至违反氏族的意志而罢免酋长。

3. 氏族的任何成员都不得在氏族内部通婚。这是氏族的根本规则，维系氏族的纽带；这是极其肯定的血缘亲属关系的否定表现，赖有这种血缘亲属关系，它所包括的个人才成为一个氏族。摩尔根由于发现了这个简单的事实，就第一次揭示了氏族的本质。……自从发现了以血缘亲属关系为基础的，因此其成员间不能通婚的氏族之后，这种荒谬的说法就不攻自破了。不言而喻，在我们见到的易洛魁人所处的那种发展阶段，氏族内部禁止通婚是被严格遵守着的。

4. 死者的财产转归同氏族其余的人所有，它必须留在氏族中。因为易洛魁人所能遗留的东西为数很少，所以他的遗产就由他最近的同氏族亲属分享；男子死时，由他的同胞兄弟、姊妹以及母亲的兄弟分享；妇女死时，由她的子女和同胞姊妹而不是由她的兄弟分享。根据同一理由，夫妇不能彼此继承，子女也不得继承父亲。

5. 同氏族人必须互相援助、保护，特别是在受到外族人伤害时，要帮助报仇。个人依靠氏族来保护自己的安全，而且也能做到这一点；凡伤害个人，便是伤害了整个氏族。因而，从氏族的血族关系中便产生了为易洛魁人所绝对承认的血族复仇的义务。……

6. 氏族有固定的人名或几套人名，在全部落内只有该氏族才能使用这些人名，因此，氏族各个成员的名字，也就表明了他属于哪一氏族。氏族的人名自始就伴有氏族的权利。

7. 氏族可以接纳外人入族，并由此吸收他们为整个部落的成员。……

8. 印第安人的氏族有无专有的宗教祭祀，很难确定；不过印第安人的宗教仪式多少都是和氏族联系在一起的。……

9. 氏族有着共同的墓地。纽约州境内四周都为白种人包围的易洛魁人，他们的墓地现在已经绝迹了，但从前是存在过的。在其他印第安人那里，这种墓地还保存着；例如，和易洛魁人有近亲关系的吐斯卡罗腊人，他们虽然是基督徒，但在教堂墓地中，每一氏族都独成一排，所以，总是把母亲而不是把父亲和孩子埋在同一排。……

10. 氏族有议事会，它是氏族的一切成年男女享有平等表决权的民主集会。这种议事会选举、罢免酋长和酋帅，以及其余的“信仰守护人”；它作出为被杀害的氏族成员接受赎罪献礼（杀人赔偿金）或实行血族复仇的决定；它收养外人加入氏族。总之，它是氏族的最高权力机关。

典型的印第安人氏族的职能就是这样。

“它的全体成员都是自由人，都有相互保卫自由的义务；在个人权利方面平等，不论酋长或军事领袖都不能要求任何优先权；他们是由血亲纽带结合起来的同胞。自由、平等、博爱，虽然从来没有明确表达出来，却是氏族的根本原则，而氏族又是整个社会制度的单位，是有组织的印第安人社会的基础。这就可以说明，为什么印第安人具有那种受到普遍承认的强烈的独立感和自尊心。”①

到发现美洲的时候，全北美洲的印第安人都是按照母权制组成为氏族。仅在某几个部落如达科塔人的部落，氏族已然衰落；在另外几个部落中间，如在奥季布瓦、奥马哈等部落中间，氏族已经是按照父权制组成了。

恩格斯：《家庭、私有制和国家的起源》（1884 年 3 月底—5 月底），摘自《马克思恩格斯文集》第 4 卷，人民出版社 2009 年版，第 98—103 页。

3. 在十分单纯质朴的氏族制度中，大家都是平等、自由的

而这种十分单纯质朴的氏族制度是一种多么美妙的制度呵！没有士兵、宪兵和警察，没有贵族、国王、总督、地方官和法官，没有监狱，没有诉讼，而一切都是有条有理的。一切争端和纠纷，都由当事人的全体即氏族或部落来解决，或者由各个氏族相互解决；血族复仇仅仅当做一种极端的、很少应用的威胁手段；我们今日的死刑，只是这种复仇的文明形式，而带有文明的一切好处与弊害。虽然当时的公共事务比今日多得多——家户经济是由一组家庭按照共产制共同经营的，土地是全部落的财产，仅有小小的园圃归家户经济暂时使用——，可是，丝毫没有今日这样臃肿复杂的管理机关。一切问题，都由当事人自己解决，在大多数情况下，历来的习俗就把一切调整好了。不会有贫穷困苦的人，因为共产制的家户经济和氏族都知道它们对于老年人、病人和战争残废者所负的义务。大家都是平等、自由的，包括妇女在内。他们还不曾有奴隶；奴役异族部落的事情，照例

① 路·亨·摩尔根《古代社会》1877 年伦敦版第 85—86 页，并参看马克思《路·亨·摩尔根〈古代社会〉一书摘要》（《马克思恩格斯全集》中文第 1 版第 45 卷第 416 页）。——编者注

也是没有的。当易洛魁人在 1651 年前后征服伊利部落和“中立民族”① 的时候，他们曾建议这两个部落作为完全平等的成员加入他们的联盟；被征服者只是在拒绝了这个建议之后，才被驱逐出自己所居住的地区。凡与未被腐蚀的印第安人接触过的白种人，都称赞这种野蛮人的自尊心、公正、刚强和勇敢，这些称赞证明了，这样的社会能够产生怎样的男子，怎样的妇女。

恩格斯：《家庭、私有制和国家的起源》（1884 年 3 月底—5 月底），摘自《马克思恩格斯文集》第 4 卷，人民出版社 2009 年版，第 111 页。

4. 氏族社会是贵族家庭的最初萌芽，是世袭元首或君主制的最初萌芽

人民大会（阿哥腊［agora］）。我们在易洛魁人中间已经看到，当议事会开会时，人民——男男女女都站在周围，有秩序地参加讨论，这样来影响它的决定。在荷马所描写的希腊人中间，这种“围立”［Umstand］（这是古代德意志人的法庭用语）已经发展成为一种真正的人民大会，这种情形在古代德意志人那里也有。人民大会由议事会召集，以解决各项重要事务；每个男子都可以发言。决定是用举手（埃斯库罗斯的《乞援人》）或欢呼通过的。人民大会是最高级的权力，因为，正如舍曼所说（《希腊的古代文化》），

“当谈到一件需要人民协助来办的事情的时候，荷马并未向我们指出任何可以违反人民意志而强迫他们来这样做的手段”②。

原来，当部落中每个成年男子都是战士的时候，那脱离了人民的、有可能和人民对抗的公共权力还不存在。自然形成的民主制还处于全盛时期，所以无论在判断议事会的或者巴赛勒斯的权力与地位时，都应当以此为出发点。

…………

① “中立民族”指 17 世纪居住在伊利湖北岸的几个与易洛魁人血缘相近的印第安部落所组成的军事联盟。因为这些部落在易洛魁人和古朗人的战争中保持中立，因此法国殖民者称其为“中立民族”。摘自《马克思恩格斯文集》第 4 卷，人民出版社 2009 年版，第 579 页注释。

② 格·弗·舍曼《希腊的古代文化》1855 年柏林版第 1 卷第 27 页，并参看马克思《路易斯·亨·摩尔根〈古代社会〉一书摘要》（《马克思恩格斯全集》中文第 1 版第 45 卷第 510 页）。——编者注

我们已经看到，易洛魁人和其他印第安人的酋长职位是怎样继承的。一切职位多半都是在氏族内部选举的，因而是在氏族范围内继承的。出缺时，最亲近的同氏族男亲属——兄弟，或姊妹的儿子，逐渐享有了优先权，除非有理由摒弃他。因此，如果说在希腊人中间，在父权制统治之下，巴赛勒斯的职位通常是传给儿子或儿子中的一个，那么这仅仅证明，儿子们在这里很有可能通过人民选举而获得继承权，但决不证明不经过人民选举就实行合法继承。这里所说的情况，在易洛魁人和希腊人那里，就是氏族内部特殊的贵族家庭的最初萌芽，而在希腊人那里，除此之外还是未来的世袭元首或君主制的最初萌芽。因此，这种推想说明，希腊人的巴赛勒斯，正像罗马的"王"（勒克斯）一样，必定是或者由人民选举的，或者为人民的公认的机关——议事会或人民大会——所认可的。

恩格斯：《家庭、私有制和国家的起源》（1884 年 3 月底—5 月底），摘自《马克思恩格斯文集》第 4 卷，人民出版社 2009 年版，第 121—123 页。

5. 父亲出卖子女做奴隶以偿还债务，这是父权制和专偶制的第一个果实

以后的雅典政治史，直到梭伦时代，人们知道得很不完全。巴赛勒斯一职已经废除；国家首脑人物已由贵族中所选出的执政官来充任。贵族的统治日益加强，到了公元前 600 年前后，已经变得令人不能忍受了。这时，货币和高利贷已成为压制人民自由的主要手段。贵族们的主要居住地是雅典及其近郊，在那里，海上贸易以及附带的有时仍然进行的海上掠夺，使贵族们发财致富，并使货币财富集中在他们手中。由此而日益发达的货币经济，就像腐蚀性的酸类一样，渗入了农村公社的以自然经济为基础的传统的生活方式。氏族制度同货币经济绝对不能相容；阿提卡小农的破产是与保护他们的旧的氏族联系的松弛同时发生的。债务契约和土地抵押（雅典人已经发明了抵押办法）既不理会氏族，也不理会胞族。而旧的氏族制度既不知有货币，也不知有贷款，更不知有货币债务。因此，贵族的日益扩展的货币统治，为了保护债权人对付债务人，为了使货币占有者对小农的剥削神圣化，也造成了一种新的习惯法。在阿提卡的田地上到处都竖立着抵押柱，上面写着这块地已经以多少钱抵押给某某人了。没有竖这种柱子的田地，大半都因未按期付还押款或利息而出售，归贵族高利贷者所有

了；农民只要被允许做佃户租种原地，能得自己劳动生产品的六分之一以维持生活，把其余六分之五作为地租交给新主人，那他就谢天谢地了。不仅如此，如果出卖土地所得的钱不够还债，或者债务没有抵押保证，那么债务人便不得不把自己的子女出卖到国外去做奴隶，以偿还债务。父亲出卖子女——这就是父权制和专偶制的第一个果实！要是吸血鬼还不满足，那么他可以把债务人本身卖为奴隶。雅典人民的文明时代的欢乐的曙光，就是如此。

恩格斯：《家庭、私有制和国家的起源》（1884 年 3 月底—5 月底），摘自《马克思恩格斯文集》第 4 卷，人民出版社 2009 年版，第 128—129 页。

6. 罗马和希腊的氏族制度是相同的，因为父权制已经盛行，女系后裔没继承权，出嫁后不能继承父亲或父亲的兄弟的财产

人们公认，罗马氏族的制度和希腊氏族的制度是相同的；如果说，希腊氏族是我们在美洲红种人中间发现其原始形态的那种社会单位的进一步发展，那么，这对于罗马氏族也完全适用。因此，我们在这里可以谈得简单些。罗马的氏族，至少在该城存在的早期，有以下的制度：

1. 氏族成员的相互继承权；财产仍保留在氏族以内。在罗马氏族里，也像在希腊氏族里一样，因为父权制已经盛行，所以女系后裔已经没有继承权。根据我们所知道的最古的罗马成文法即十二铜表法①，首先是子女作为直系继承人继承财产；要是没有子女，则由父方宗亲（男系亲属）继承；倘若连父方宗亲也没有，则由同氏族人继承。无论在哪种情况下，财产都是留在氏族以内的。在这里我们看到，由财富的增加和专偶制所产生的新的法律规范已逐渐渗入氏族的习俗：同氏族人的原先是平等的继承权，起初——如前面所说的在很早的时期——在实践上只限于父方宗亲，最后只限于亲生子女及其男系后裔；不言而喻，这和十二铜表法上的顺序是相反的。

2. 拥有共同的墓地。……

① 十二铜表法是古罗马最早的成文法，它代替了原先在罗马有效的习惯法。习惯法的解释权原先操在贵族手中，在平民的要求下，成立了以亚庇乌斯·克劳狄乌斯为首的十人委员会（十人团），该委员会受托编制法律，公元前 451 年编出十表，次年又成立新的十人委员会，再编两表，先后刻在十二块铜牌上公布，故而得名，原物已散失，仅在拉丁作家文集中保存下来不完整的法律条文。十二铜表法反映了罗马社会财产分化的过程，奴隶制的发展和奴隶主国家的形成过程。十二铜表法是后来罗马法以及欧洲法学的渊源。摘自《马克思恩格斯文集》第 4 卷，人民出版社 2009 年版，第 580—581 页注释。

3. 共同的宗教节日。这些氏族祭典是众所周知的。

4. 氏族内部不得通婚。这在罗马似乎从来没有成为一种成文法，但一直是一种习俗。在名字一直保存到今天的大量罗马人夫妇中，没有一对夫妇的氏族名称是相同的。继承权也证实了这一规则。妇女出嫁后就丧失了她的父方宗亲的权利，而退出自己的氏族；不论她或她的子女都不能继承她的父亲或父亲的兄弟，因为不然的话，父亲的氏族就会失掉一部分财产。这一惯例只有在女子不能和同氏族人结婚的前提下才有意义。

5. 共同的地产。这在原始时代，从部落土地开始实行分配的时候起，始终是存在的。在各拉丁部落中间，我们看到，土地一部分为部落占有，一部分为氏族占有，一部分为家户占有，那时这种家户未必是①个体家庭。……

6. 同氏族人有互相保护和援助的义务。……

7. 使用氏族名称的权利。这种权利一直保持到帝政时代；被释奴隶可以采用他们从前的主人的氏族名称，但不能获得氏族的权利。

8. 接纳外人入族的权利。其办法是接纳到某一家庭中（像印第安人所做的那样），这同时也就是接纳入族。

9. 选举和罢免酋长的权利，在任何地方都没有被提到过。但是，由于在罗马存在的最初时期，从选举产生的王起，自上而下一切官职都是选举或任命的，同时，库里亚的祭司也是由库里亚选举的，因此我们可以推断，氏族酋长（principes）也定然如此，虽然氏族酋长从氏族内同一家庭选出的办法可能已成为规则。

这就是罗马氏族的职能。除了已经完成向父权制的过渡这一点以外，这些职能完全是易洛魁氏族的权利与义务的再版；在这里也“可以清楚地看到易洛魁人”②。

今天③甚至最著名的历史编纂学家们在谈到罗马的氏族制度时还是怎样的一片混乱，仅举一例就可以看出。在蒙森关于共和时代和奥古斯都时

---

① 在1884年版中不是“未必是”，而是“并不必定是”。——编者注

② 参看马克思《路易斯·亨·摩尔根〈古代社会〉一书摘要》（《马克思恩格斯全集》中文第1版第45卷第497页）。——编者注

③ 从本段开始到“在罗马建城差不多300年后”（本卷第143页）以前是恩格斯在1891年版上增补的。——编者注

代罗马氏族名称的论著（《罗马研究》1864年柏林版第1卷）中，有这样一段话：

“除了血族的一切男性成员以外——被接纳入族和受保护的人包括在内，但奴隶当然除外——，血族的名称也给予妇女…… 部落〈蒙森在这里如此翻译gens一词〉是……一个从共同的——真实的或推测的甚至虚构的——世系中产生的，由共同的节日、墓地和继承权联合起来的共同体，一切有人身自由的个人，因而也包括妇女，都可以而且必须算在该共同体内。但是，确定已婚妇女的血族名称却成了一种困难。当妇女只能同自己血族的成员结婚时，这一困难自然是不存在的；而可以证明的是，在长时期内，妇女和血族以外的人结婚比同血族以内的人结婚要困难得多，因为这种在血族以外结婚的权利（gentisenuptio）到6世纪时，还被当做赏给个人的特权…… 但是，凡是实行这种外婚制的地方，妇女在上古时代是转入夫方部落的。毫无疑问，依照古代的宗教婚姻，妇女完全加入夫方的法的和宗教的公社，而脱离她自己的公社。妇女出嫁就丧失了在本氏族内继承遗产或将自己的遗产传给本氏族成员的权利，而加入自己的丈夫、子女以及他们的所有同氏族人的继承团体，有谁不知道这一点？假使她被她的丈夫接纳而加入他的家庭，那么她怎能和他的血族不相干呢？”（第9—11页）

可见，蒙森断言，属于某一氏族的罗马女子，最初只能在她的氏族内部结婚，因而，罗马的氏族是内婚制，不是外婚制。这种跟其他民族的全部经历相矛盾的观点，主要是（即使不完全是）以李维著作中唯一的一段引起很多争论的话（第39卷第19章）① 为依据的。这段话说，元老院于罗马建城568年即公元前186年，曾作出如下的决议：

……费策妮娅·希斯帕拉应有处理她的财产、减少她的财产、在氏族以外结婚、给自己选定保护人的权利，就像她的〈已故的〉丈夫

① 梯特·李维《罗马建城以来的历史》。——编者注

曾用遗嘱把这个权利授予她一样；她可以和一个完全自由的人结婚，不能认为娶她为妻的人是做了不好的或可耻的事情。

毫无疑问，在这里，一个被释女奴隶费策妮娅获得了在氏族以外结婚的权利。同样无疑的是，丈夫也有权用遗嘱的方式允许妻子在他死后有权在氏族以外结婚。但是在哪一个氏族以外呢？

如果像蒙森所推测的那样，妇女必须在她的氏族内部结婚，那么她在结婚以后也仍然留在该氏族以内。不过，第一，正是这个关于氏族内婚的断言，尚待证明。第二，如果妇女必须在她的氏族内部结婚，那么，男子自然也应当如此，否则他就会找不到妻子。这样一来，就成了丈夫可以用遗嘱把一项他自己也没有并且自己也享受不到的权利传给他的妻子了；这从法律的观点来看是荒谬的。蒙森也感觉到了这一点，因此，他又推测道：

“为了在血族以外结婚，在法律上，大概不仅需要得到掌权者的同意，而且需要得到全体氏族成员的同意。”

首先这是一个非常大胆的推测；其次，它跟那个决议的明确语意相矛盾；元老院是代替她的丈夫把这个权利给予她的；元老院给予她的显然不多不少恰恰和她的丈夫可能给予她的一样多；但是元老院给予她的乃是没有任何其他限制的绝对权利，她如果使用这个权利，她的新丈夫也不应因此受到损害；元老院甚至责成现在的和将来的执政官和大法官注意不要使她因此遭受任何委屈。这样，蒙森的推测便全然不能成立了。

或者，再假定，一个妇女和别的氏族的男子结婚，而她本人仍留在她原来的氏族内。这样一来，依照上面所引的那个决议，她的丈夫就有权允许他的妻子在她自己的氏族以外结婚。这就是说，他有权处理他所不归属的那个氏族的事务了。这是十分荒谬的事，用不着多说。

因此，剩下的只有这样一个推测，即妇女第一次结婚是嫁给别的氏族的男子，结婚后她便立即转入夫方的氏族，如蒙森事实上在这类场合所承认的那样。这样一来，一切相互关系立刻就不言自明了。妇女由于结婚而脱离她的老氏族，加入新的、夫方的氏族团体，这样她便在那里占着一个完全特殊的地位。虽然她也是氏族的一员，但她并不是血缘亲属；她加入氏族的方式，从一开始就使她不受因结婚而加入的那个氏族禁止内部通婚的一切规定的束缚；其次，她已经被接受到氏族的继承团体中来，可以在她的丈夫死亡时继承他的财产，即一个氏族成员的财产。为了把财产保存在氏族以内，她必须同她的第一个丈夫的同氏族人结婚而不得同别的任何人结婚，这岂不是再自然不过的事吗？如果一定要造成例外，那么除了把这份财产遗留给她的第一个丈夫之外，试问谁还有资格授权她这样做呢？在他把一部分财产遗留给她，同时允许她通过结婚或由于结婚而把这一部分财产转移到别的氏族的瞬间，这份财产还是属于他的；因而，他实际上只是处置他自己的财产。至于这个妇女本身以及她和她的丈夫的氏族的关系，那么，正是他通过自由意志的行为——结婚，使她加入了这个氏族；因此，同样自然的是，也正是他可以授权她通过第二次结婚而退出这个氏族。总之，只要我们抛弃罗马氏族实行内婚制的奇怪观念，而同摩尔根一起承认它最初是实行外婚制的氏族，那么问题就很简单而不言自明了。

还有最后一种推测，这种推测也有它的拥护者，而且它的拥护者似乎最多。根据这个推测，那个决议只是说：

> “被释奴婢（libertae）没有特别的许可，不得 e gente enubere〈在氏族以外结婚〉，也不得作出任何由于丧失家庭权利而使被释奴婢脱离氏族团体的行为。”（朗格《罗马的古代文化》1856 年柏林版第 1 卷第 195 页，那里谈到我们从李维著作中引用的那段话时，引用了胡施克的话①）

如果这一推测是正确的，那么那个决议对于完全自由的罗马妇女的地位根本就什么也没有证明；更谈不上她们应在氏族内部结婚的义务了。

在氏族以外结婚［Enuptio gentis］一语，只出现在上面那个决议中，在全部罗马文献中再没有遇见过；enubere——与外人结婚——一语只遇见

① 路·朗格在《罗马的古代文化》一书中引用了格·胡施克论文中的这段话，见胡施克的学位论文《关于元老院决议赋予费策妮娅·希斯帕拉的特权》；同时参看梯特·李维《罗马建城以来的历史》1822 年格丁根版第 39 卷第 19 章。摘自《马克思恩格斯文集》第 4 卷，人民出版社 2009 年版，第 580 页注释。

过三次，也是在李维的著作中，而且和氏族无关。那种虚幻的、认为罗马妇女只能在本氏族内部结婚的看法，其来源仅仅是那个决议。但是这种看法是绝对站不住脚的。因为，那个决议或者只是与被释女奴隶所受的特殊限制有关，那么它对于完全自由的妇女（ingenuae）就什么都没有证明；或者它也适用于完全自由的妇女，那么它倒证明妇女按照通例是在本氏族以外结婚，而结婚以后便转入夫方的氏族，从而证明蒙森说得不对，而摩尔根是正确的。

恩格斯：《家庭、私有制和国家的起源》（1884 年 3 月底—5 月底），摘自《马克思恩格斯文集》第 4 卷，人民出版社 2009 年版，第 137—143 页。

7. 苏格兰氏族制度是随着 1745 年起义被镇压而灭亡的，它盛行过母权制

在苏格兰，氏族制度是随着 1745 年起义被镇压而灭亡的。① 至于苏格兰的克兰是这个制度的哪一个环节，尚待研究；但它是这样一个环节，则是没有疑问的。在瓦尔特·司各脱的小说中，我们可以看到关于苏格兰高地的这种克兰的生动描写。摩尔根说，这种克兰，

> "就组织和精神而言，乃是氏族的最好典型，也是氏族生活支配氏族成员的突出例证……从他们的结世仇和血族复仇上，从按克兰划分地区上，从他们的共同使用土地上，从克兰成员对于酋长的忠诚以及彼此间的忠诚上，我们都看到了氏族社会的那种通常的、持久的特征……世系是按照父权制计算的，因此男子的子女仍留在克兰内，而妇女的子女则转到他们父亲的克兰里去"②。

至于从前在苏格兰盛行过母权制，有下述事实为证：据贝达说，皮克特人的王室是按照女系继承的。③ 甚至普那路亚家庭的残余，在威尔士人

---

① 1745—1746 年苏格兰山民举行起义，反对英格兰—苏格兰的土地贵族和资产阶级的夺地运动。苏格兰高地的一部分贵族，为了保存封建宗法的氏族制度，并支持被推翻的斯图亚特王朝的代表们对英国王位的要求，利用了山民的不满。起义的失败彻底破坏了苏格兰山地氏族制度，加剧了剥夺苏格兰农民土地的进程。摘自《马克思恩格斯文集》第 4 卷，人民出版社 2009 年版，第 583 页注释。

② 路·亨·摩尔根《古代社会》1877 年伦敦版第 357—358 页。——编者注

③ 贝达《盎格鲁教会史》第 1 册第 1 章。——编者注

以及苏格兰人中间还以初夜权的形式一直保存到中世纪，那时，只要是初夜权没有赎回，克兰的首领或国王，便可以作为以前的共同丈夫的最后代表者，对每个新娘行使这个权利。①

恩格斯：《家庭、私有制和国家的起源》（1884 年 3 月底—5 月底），摘自《马克思恩格斯文集》第 4 卷，人民出版社 2009 年版，第 151—152 页。

8. 妇女的名称来自同一个词根，如希腊语的 gyne、斯拉夫语的 zena、哥特语的 qvino，以及古斯堪的纳维亚语的 kona、kuna 等，这表明曾存在过母权制时代

在一切德意志人中是否有一个表示氏族的共同名词，这个名词又是什么，关于这个问题，古代语言研究文献没有给我们提供答案。在语源上，哥特语的 kuni，中古高地德语的 künne 是和希腊语的 genos、拉丁语的 gens 相当的，而且是在相同的意义上来使用的。妇女的名称来自同一个词根，如希腊语的 gyne、斯拉夫语的 zena、哥特语的 qvino，以及古斯堪的纳维亚语的 kona、kuna 等，这表明曾存在过母权制时代——在伦巴德人和勃艮第人那里，像刚才说过的，我们看到 fara 一词，这个词被格林假定来源于词根 fisan，意即生育。我则倾向于认为它来源于更显而易见的词根 faran，意即乘车、迁徙，用来表示当然只由亲属构成的迁徙队伍的一个固定的分队。这个词，在起初是向东方，后来又向西方迁徙的许多世纪中，渐渐地被用来指血族共同体本身了。其次，哥特语的 sibja，盎格鲁撒克逊语的 sib，古高地德语的 sippia、sippa，都是亲属的意思。在古斯堪的纳维亚语中，亲属一词仅有复数的 sifjar；单数只用做女神西芙［Sif］的名字。最后，在《希尔德布兰德之歌》② 中还见到另外一种用语，它出现在希尔德布兰德问

① 在 1884 年版中在这句话后面接着还有两段话，第一段话是：“这种权利——在北美洲的最西北部地区经常可以见到——在俄国人当中也流行过；到 10 世纪时被奥丽咖女大公废除。”这一段话在 1891 年版中被恩格斯略去。第二段话是：“在法国，特别是在尼韦奈和弗朗什孔泰，直到法国革命时期还存在着与塞尔维亚—克罗地亚地区的斯拉夫人的家庭公社相似的由农奴家庭组成的共产制家户，这也是从前氏族组织的残余。这种共产制家户还没有完全消亡，例如在卢昂地区（在索恩—卢瓦尔省）还可以看到一些巨大的、造型别致的农民生房，中间是公用的大厅，四周是卧室，住着同一家庭的好几代人。”这一段话在 1891 年版中被恩格斯修改后补入第二章（见本卷第 71 页）。——编者注

② 《希尔德布兰德之歌》这部英雄史诗，是古代德意志叙事诗文献，反映了民族大迁徙后期东哥特人的习俗，流传于 8 世纪，保留下来的仅是一些片段。摘自《马克思恩格斯文集》第 4 卷，人民出版社 2009 年版，第 583 页注释。

哈杜布兰德的话中：

“这群人中的男子，谁是你的父亲……或你是哪一血族的？”……

要是德语有表示氏族的共同名称，那么这恐怕就是哥特语的 kuni 了；这不仅因为它和亲属语中相应的说法一致，而且因为最初表示氏族酋长或部落酋长的 kuning（王［König］）一词就是从 kuni 这个字演变来的。sibja（亲属）这个词似乎无须加以考虑；至少，sifjar 在古斯堪的纳维亚语中，不仅表示血缘亲属，而且也表示姻亲亲属，即包括至少两个氏族的成员；因此，sif 这个词本身不可能是表示氏族的用语。

像在墨西哥人和希腊人那里一样，在德意志人那里，骑兵队和楔形步兵纵队的战斗队形，也是按氏族的组织来编的；如果塔西佗说的是按家庭和亲属关系①，那么这种不明确的用语的来由是，在塔西佗时代氏族在罗马早已不再是一个有生命力的团体了。

有决定意义的是塔西佗的这一段话，那里说：母亲的兄弟把他的外甥看做自己的儿子，有些人甚至认为舅父和外甥之间的血缘关系，比父子之间的血缘关系还要神圣和密切，所以当要求人质的时候，那个将受到约束的人的姊妹的儿子被认为是比他自己的儿子还要大的保证。在这里，我们看到了按照母权制组织起来的，因而是最初的氏族的活生生的残余，而且这种残余还被当做德意志人特有的一种东西。② 某一个这样的氏族，其成员假如把自己的儿子当做某一庄严义务的担保物，而这个儿子却成了父亲

① 塔西佗《日耳曼尼亚志》第 7 章。——编者注

② 起源于母权制时代并在许多民族中间都可以看到的舅父和外甥之间的特别密切的关系，在希腊人那里只是在英雄时代的神话中才能看到。据狄奥多鲁斯（第 4 卷第 34 章）说，梅里格尔杀死了铁斯特士的儿子们，也就是自己母亲阿耳秦娅的兄弟们。阿耳泰娅认为这种行为是一种无可饶恕的罪行，她诅咒凶手——她自己的儿子，并祈求他死。“据说，诸神听从了她的愿望，结束了梅里格尔的生命。”又据狄奥多鲁斯（第 4 卷第 44 章）说，海格立斯率领下的亚尔古船英雄被在色雷斯登陆，他们在那里发现，菲尼士受他新妻子的教唆，残酷虐待被他遗弃的前妻——博雷阿德族的克利奥帕特拉所生的两个儿子。而在亚尔古船英雄中间，也有博雷阿德族的人，即克利奥帕特拉的兄弟们，也就是被虐待者的母亲的兄弟们。他们立刻保护他们的两个外甥，释放他们并杀死看守者。（注释中的注释：见西西里的狄奥多鲁斯《史学丛书》第 4 卷第 34、43—44 章。摘自《马克思恩格斯文集》第 4 卷，人民出版社 2009 年版，第 583 页注释。）

违约的牺牲品，那么这位父亲就责任自负。但是假如成为牺牲品的是姊妹的儿子，那么这就违反了最神圣的氏族法规；男孩子或少年的最近的同氏族亲属，即首先负有保护他的义务的人，便对他的死负有罪责；这个同氏族亲属或者是不应当把他作为人质，或者是必须履行契约。即使我们在德意志人那里没有发现氏族制度的其他任何痕迹，那么有上面这一段话也就够了。①

在古代斯堪的纳维亚关于诸神的黄昏和世界的毁灭的一首歌即《Völuspâ》［《女预言者的预言》］② 中，有一个地方更具有决定的意义，因为那是大约800年以后写的。这首《女预言者的预言》——如现在班格和布格所证明的③，这首歌中也包含有基督教的因素——，在描述大灾难前的普遍堕落和道德败坏的时代时说道：

……

"兄弟们将互相仇视，互相杀戮，
姊妹的儿女们就要毁坏亲属关系了。"

Systrungar 一字是母亲的姊妹的儿子的意思，在诗人看来，姊妹的子女否认相互之间的血缘亲属关系比兄弟互相残杀的罪还要大。起加强作用的是表示母方亲属关系的 systrungar 一词；要是不用这个词，而用 syskina-börn（兄弟姊妹的子女）或 syskinasynir（兄弟姊妹的儿子们），那么第二行对于第一行就不是加强，而是减弱了。由此可见，甚至在产生《女预言者的预言》的海盗时代，在斯堪的纳维亚对于母权制的回忆还没有消失。

恩格斯：《家庭、私有制和国家的起源》（1884年3月底—5月底），摘自《马克思恩格斯文集》第4卷，人民出版社2009年版，第154—157页。

---

① 以下直到"……还没有消失。"是恩格斯在1891年版上增补的。——编者注

② 《女预言者的预言》（《Völuspâ》）是老《艾达》（见注29）中最著名的一首歌。描述了世界从创始到毁灭及其再生——和平与正义的胜利。下文引述的两行诗中的德译文为恩格斯所译。摘自《马克思恩格斯文集》第4卷，人民出版社2009年版，第583页注释。

③ 安·克·班格《女预言者的预言和西维拉的卜辞》1879年版，索·布格《斯堪的纳维亚关于神和英雄的传说的起源问题探讨》1881—1889年克里斯蒂安尼亚版。——编者注

9. 家长制家庭公社是母权制共产制家庭和现代家庭之间的中间阶段。在母权制时期，家里的事务由妻子统治，耕种土地需要成年男子承担；到了塔西佗时代，母权制让位给父权制

在塔西佗时代，至少在他较为熟悉的[①]德意志人中间，母权制已经让位给父权制了：父亲的遗产由子女继承；如果没有子女，就由兄弟及叔伯和舅父继承。容许母亲的兄弟参加继承这一事实，是和刚刚所说的习俗的保存有关系的，同时也证明德意志人的父权制在当时还是多么年轻。直到进入中世纪很久之后，也仍然可以见到母权制的遗迹。那时，在人们中间，特别是在农奴中间，似乎仍然不大信赖父系血统；所以，当封建领主向某个城市要求追回逃亡的农奴的时候，例如在奥格斯堡、巴塞尔和凯泽斯劳滕，就要求有六个最近的血缘亲属，而且是只限于母方的亲属来宣誓证实被告的农奴身份（毛勒《城市制度》第 1 卷第 381 页）。

当时刚刚灭亡的母权制，还有一个残余，这就是在罗马人看来几乎是不可理解的、德意志人对于女性的尊敬。在同德意志人缔结条约时，贵族家庭的少女被认为是最可靠的人质；想到自己的妻女可能被俘而沦为奴隶，这对于德意志人说来是很可怕的，并且最能激励他们的战斗士气；他们认为妇女体现着某种神圣的和先知的东西，他们甚至在最重要的事情上也听取妇女的意见。例如，利珀河畔布鲁克泰人的女祭司魏勒妲，就曾经是推动巴达维人起义的灵魂，在这次起义中，齐维利斯领导德意志人和比利时人动摇了罗马人在高卢的全部统治。[②] 在家里妻子的统治看来是无可争辩的；自然，一切家务也都由妻子、老人和子女关照；丈夫则打猎、饮酒或游手好闲。塔西佗就是这样说的；但是由于他没有说谁耕田种地，并且确定地说，奴隶只纳贡，不服任何劳役，因此，耕种土地所需要的少量劳动，看来仍须由众成年男子来承担。

如前所述，婚姻的形式是逐渐接近专偶制的对偶制。这还不是严格的专偶制，因为还允许显要人物实行多妻制。少女的贞操，一般说来，是严

---

① “至少在他较为熟悉的”是恩格斯在 1891 年版上增补的。——编者注

② 齐维利斯领导的德意志部落和高卢部落反对罗马统治的起义发生在 69—70 年（有些史料记载发生在 69—71 年），这次起义是由于增加赋税、加紧募兵和罗马官吏的胡作非为而引起的。起义席卷了大部分高卢和被罗马统治的德意志地区，从而使罗马有失去这些地区的危险。起初起义者打了几次胜仗，之后却屡屡受挫，最后被迫同罗马媾和。摘自《马克思恩格斯文集》第 4 卷，人民出版社 2009 年版，第 584 页注释。

格遵守的（这和凯尔特人相反），同样，塔西佗也特别热情地说到德意志人的婚姻关系的牢不可破。他举出只有妻子通奸，才是离婚的理由。不过，他的话在这里留下了一些漏洞，而且过分明显地用来给放荡的罗马人作美德的镜子了。有一点是可以肯定的：如果说德意志人在自己的森林中曾经是这种世上少有的美德骑士，那么，只要和外界稍一接触，便足以使他们堕落到其余一般欧洲人的水平；在罗马世界中，恪守道德准则的最后痕迹消失得比德语还要快得多。只消读一读图尔的格雷戈里的作品，就可以相信这点了。不言而喻，在德意志人的原始森林中，不可能像在罗马那样，盛行骄奢淫逸的享乐生活，因此，在这方面，即使我们没有硬给德意志人加上无论何时何地都没有在整个民族中盛行过的节欲行为，他们也比罗马世界优越得多。

从氏族制度中产生了把父亲或亲属的仇敌关系像友谊关系一样继承下来的义务；同样，也继承用以代替血族复仇的、为杀人或伤人赎罪的赔偿金。这种赔偿金在上一代还被认为是德意志人特有的制度，但现在已经证明，在成百个民族中都是这样，这是起源于氏族制度的血族复仇的一种普遍的较缓和的形式。这种赔偿金，就像款待客人的义务一样，我们在美洲印第安人中间也可以看到；塔西佗关于款待客人的情形的描述（《日耳曼尼亚志》，第21章），与摩尔根关于印第安人款待客人的情形的描述，几乎在细节上都是一致的。

塔西佗时代的德意志人是否已经最终分配了耕地以及与此有关的那几段文字应如何解释，像这种热烈而无休止的争论，如今已经是过去的事了。自从证明差不多一切民族都实行过土地由氏族后来又由共产制家庭公社共同耕作——据凯撒证明①，在苏维汇人当中就是如此——，继而差不多一切民族都实行过把土地分配给单个家庭并定期实行重新分配以来；自从确定耕地的这种定期重新分配的办法在德意志本土有些地方还保存到今日以来，关于这个问题就不必再费一词了。如果从凯撒到塔西佗的150年间，德意志人从凯撒所明确指出的苏维汇人的共同耕作（他说，他们完全没有被分割的或私有的土地）过渡到了土地每年重新分配的个体耕作，那么这确实是个很大的进步；在这样短的时间内，而且没有任何外来干涉，要从

① 凯撒《高卢战记》第4卷第1章。——编者注

那个阶段过渡到土地完全私有，是根本不可能的。因此，我在塔西佗的著作中只读到他说得很简洁的话：他们每年更换（或重新分配）耕地一次，同时还留下充分的公有土地。[①] 这是和德意志人当时的氏族制度完全相适应的一个耕作和土地占有阶段。[②]

上面这一段，我仍照以前各版的样子保留下来，未作更改。在此期间，问题已转到另外一个方面了。柯瓦列夫斯基已经证明（见前引书，第44页[③]），家长制家庭公社乃是母权制共产制家庭和现代的孤立的家庭之间的中间阶段，它虽不是到处流行，但是流行很广。在这以后，问题已经不再像毛勒和瓦茨争论的那样——土地是公有还是私有，而是公有的形式是什么了。毫无疑问，在凯撒时代，苏维汇人不仅有过土地公有，而且也有过共同核算的共同耕作。至于他们的经济单位是氏族，还是家庭公社，或者是介于两者之间的某种共产制亲属集团，或者所有三种集团依土地条件的不同都存在过，关于这些问题将来还会长久争论。但柯瓦列夫斯基认定，塔西佗所描述的状况，不是以马尔克公社或农村公社为前提，而是以家庭公社为前提的；只是过了很久，由于人口增加，农村公社才从这种家庭公社中发展出来。

恩格斯：《家庭、私有制和国家的起源》（1884年3月底—5月底），摘自《马克思恩格斯文集》第4卷，人民出版社2009年版，第157—160页。

10. 家户经济是共产制的，男女分别是自己生产活动领域的主人，男子是森林的主人，妇女是家里的主人

我们已经根据希腊人、罗马人和德意志人这三大实例，探讨了氏族制度的解体。最后，我们来研究一下那些在野蛮时代高级阶段已经破坏了氏族社会组织，而随着文明时代的到来又把它完全消灭的一般经济条件。在这里，马克思的《资本论》对我们来说是和摩尔根的著作同样必要的。

氏族在蒙昧时代中级阶段发生，在高级阶段继续发展起来，就我们现有的资料来判断，到了野蛮时代低级阶段，它便达到了全盛时代。所以现

① 塔西佗《日耳曼尼亚志》第26章。——编者注

② 以下直到“在凯撒时代，一部分德意志人……”（本卷第161页）以前是恩格斯在1891年版上增补的。——编者注

③ 见本卷第70—71页。——编者注

在我们就从这一阶段开始。

这一阶段应当以美洲红种人为例；在这一阶段上，我们发现氏族制度已经完全形成。一个部落分为几个氏族，通常是分为两个；[①] 随着人口的增加，这些最初的氏族每一个又分裂为几个女儿氏族，对这些女儿氏族来说，母亲氏族便是胞族；部落本身分裂成几个部落，在其中的每一个部落中，我们多半又可以遇到那些老氏族；部落联盟至少是在个别情况下把亲属部落联合在一起。这种简单的组织，是同它所由产生的社会状态完全适应的。它无非是这种社会状态所特有的、自然长成的结构；它能够处理在这样组织起来的社会内部一切可能发生的冲突。对外的冲突，则由战争来解决；这种战争可能以部落的消灭而告终，但从没能以它的被奴役而告终。氏族制度的伟大，但同时也是它的局限，就在于这里没有统治和奴役存在的余地。在氏族制度内部，还没有权利和义务的分别；参与公共事务，实行血族复仇或为此接受赎罪，究竟是权利还是义务这种问题，对印第安人来说是不存在的；在印第安人看来，这种问题正如吃饭、睡觉、打猎究竟是权利还是义务的问题一样荒谬。同样，部落和氏族分为不同的阶级也是不可能的。这就使我们不能不对这种状态的经济基础加以研究了。

人口是极其稀少的；只有在部落的居住地才比较稠密，在这种居住地的周围，首先是一片广大的狩猎地带，其次是把这个部落同其他部落隔离开来的中立的防护森林。分工是纯粹自然产生的；它只存在于两性之间。男子作战、打猎、捕鱼，获取食物的原料，并制作为此所必需的工具。妇女管家，制备衣食——做饭、纺织、缝纫。男女分别是自己活动领域的主人：男子是森林中的主人，妇女是家里的主人。男女分别是自己所制造的和所使用的工具的所有者：男子是武器、渔猎用具的所有者，妇女是家内用具的所有者。家户经济是共产制的，包括几个、往往是许多个家庭。[②] 凡是共同制作和使用的东西，都是共同财产：如房屋、园圃、小船。所以，在这里，而且也只有在这里，才真正存在着文明社会的法学家和经济学家所捏造的“自己劳动所得的财产”——现代资本主义所有制还依恃着的最

① “通常是分为两个；”是恩格斯在1891年版上增补的。——编者注

② 特别是在美洲的西北沿岸，见班克罗夫特的著作。在夏洛特皇后群岛上的海达人部落中，还有700人聚居在一所房屋中的家户经济。在努特卡人那里，整个部落都聚居在一所房屋中生活。

后一个虚伪的法律借口。

但是，人们并不是到处都停留在这个阶段。在亚洲，他们发现了可以驯服并且在驯服后可以繁殖的动物。野生的雌水牛，需要去猎取；但已经驯服的雌水牛，每年可生一头小牛，此外还可以挤奶。有些最先进的部落——雅利安人、闪米特人，也许还有图兰人——，其主要的劳动部门起初就是驯养牲畜，只是到后来才又有繁殖和看管牲畜。游牧部落从其余的野蛮人群中分离出来——这是**第一次社会大分工**。游牧部落生产的生活资料，不仅比其余的野蛮人多，而且也不相同。同其余的野蛮人比较，他们不仅有数量多得多的乳、乳制品和肉类，而且有兽皮、绵羊毛、山羊毛和随着原料增多而日益增加的纺织物。这就第一次使经常的交换成为可能。在更早的阶段上，只能有偶然的交换；制造武器和工具的特殊技能，可能导致暂时的分工。例如，在许多地方，都发现石器时代晚期的石器作坊的无可置疑的遗迹；在这种作坊中发展了自己技能的匠人们，大概是为全体工作，正如印度的氏族公社的终身手艺人至今仍然如此一样。在这个阶段上，除了部落内部发生的交换以外，决不可能有其他的交换，而且，即使是部落内部的交换，也仍然是一种例外的事件。但是，自从游牧部落分离出来以后，我们就看到，各不同部落的成员之间进行交换以及把交换作为一种经常制度来发展和巩固的一切条件都具备了。起初是部落和部落之间通过各自的氏族酋长来进行交换；但是当畜群开始变为特殊财产①的时候，个人交换便越来越占优势，终于成为交换的唯一形式。不过，游牧部落用来同他们的邻人交换的主要物品是牲畜；牲畜变成了一切商品都用来估价并且到处都乐于与之交换的商品——一句话，牲畜获得了货币的职能，在这个阶段上就已经起货币的作用了。在商品交换刚刚产生的时候，对货币商品的需要，就以这样的必然性和速度发展起来了。

园圃种植业大概是亚洲的低级阶段野蛮人所不知道的，但它在那里作为田野耕作的先驱而出现决不迟于中级阶段。在图兰高原的气候条件下，在漫长而严寒的冬季，没有饲料储备，游牧生活是不可能的；因此，牧草栽培和谷物种植，在这里就成了必要条件。黑海以北的草原，也是如此。但谷物一旦作为家畜饲料而种植，它很快也成了人类的食物。耕地仍然是

① 在 1884 年版中不是“特殊财产”，而是“私有财产”。——编者注

部落的财产，最初是交给氏族使用，后来由氏族交给家庭公社使用，最后[①]交给个人使用；他们对耕地或许有一定的占有权，但是没有更多的权利。

在这一阶段工业的成就中，特别重要的有两件。第一是织布机；第二是矿石冶炼和金属加工。铜、锡以及二者的合金——青铜是顶顶重要的金属；青铜可以制造有用的工具和武器，但是并不能排挤掉石器；这一点只有铁才能做到，而当时还不知道冶铁。金和银已开始用于首饰和装饰，其价值肯定已比铜和青铜高。

恩格斯：《家庭、私有制和国家的起源》（1884 年 3 月底—5 月底），摘自《马克思恩格斯文集》第 4 卷，人民出版社 2009 年版，第 177—180 页。

11. 从第一次社会大分工中产生了第一次社会大分裂，分裂为两个阶级：主人和奴隶、剥削者和被剥削者。同时发生了家庭革命，全部剩余财产归男子所有，男子在家中占统治地位；妇女被挤到第二位，只能享用财产。男子的劳动就是一切，妇女的劳动成为无足轻重的附属品。妇女的解放，只有在妇女可以大量地、社会规模地参加生产，而家务劳动只占她们极少的工夫的时候才有可能，而这只有依靠现代大工业才能办到

一切部门——畜牧业、农业、家庭手工业——中生产的增加，使人的劳动力能够生产出超过维持劳动力所必需的产品。同时，这也增加了氏族、家庭公社或个体家庭的每个成员所担负的每日的劳动量。吸收新的劳动力成为人们向往的事情了。战争提供了新的劳动力：俘虏变成了奴隶。第一次社会大分工，在使劳动生产率提高，从而使财富增加并且使生产领域扩大的同时，在既定的总的历史条件下，必然地带来了奴隶制。从第一次社会大分工中，也就产生了第一次社会大分裂，分裂为两个阶级：主人和奴隶、剥削者和被剥削者。

至于畜群怎样并且在什么时候从部落或氏族的共同占有变为各个家庭家长的财产，我们至今还不得而知。不过，基本上，这一过渡一定是在这个阶段上发生的。随着畜群和其他新的财富的出现，便发生了对家庭的革命。谋取生活资料总是男子的事情，谋取生活资料的工具是由男子制造的，并且是他们的财产。畜群是新的谋取生活资料的工具，最初

① “交给家庭公社使用，最后”是恩格斯在 1891 年版上增补的。——编者注

对它们的驯养和以后对它们的照管都是男子的事情。因此，牲畜是属于他们的；用牲畜交换来的商品和奴隶，也是属于他们的。这时谋生所得的全部剩余都归了男子；妇女参加它的享用，但在财产中没有她们的份儿。“粗野的”战士和猎人，以在家中次于妇女而占第二位为满足，但“比较温和的”牧人，却依恃自己的财富挤上了首位，把妇女挤到了第二位。而妇女是不能抱怨的。家庭内的分工决定了男女之间的财产分配；这一分工仍然和以前一样，可是它现在却把迄今所存在的家庭关系完全颠倒了过来，这纯粹是因为家庭以外的分工已经不同了。从前保证妇女在家中占统治地位的同一原因——妇女只限于从事家务劳动——，现在却保证男子在家中占统治地位：妇女的家务劳动现在同男子谋取生活资料的劳动比较起来已经相形见绌；男子的劳动就是一切，妇女的劳动是无足轻重的附属品。在这里就已经表明，只要妇女仍然被排除于社会的生产劳动之外而只限于从事家庭的私人劳动，那么妇女的解放，妇女同男子的平等，现在和将来都是不可能的。妇女的解放，只有在妇女可以大量地、社会规模地参加生产，而家务劳动只占她们极少的工夫的时候，才有可能。而这只有依靠现代大工业才能办到，现代大工业不仅容许大量的妇女劳动，而且是真正要求这样的劳动，并且它还力求把私人的家务劳动逐渐溶化在公共的事业中。

随着男子在家中的实际统治的确立，实行男子独裁的最后障碍便崩毁了。这种独裁，由于母权制的倾覆、父权制的实行、对偶婚制向专偶制的逐步过渡而被确认，并且永久化了。但是这样一来，在古代的氏族制度中就出现了一个裂口：个体家庭已经成为一种力量，并且以威胁的姿态起来与氏族对抗了。

恩格斯：《家庭、私有制和国家的起源》（1884年3月底—5月底），摘自《马克思恩格斯文集》第4卷，人民出版社2009年版，第180—182页。

12. 从第二次社会大分工即手工业和农业的分离中产生了新的阶级划分，对财富的贪欲把氏族成员分裂成富人和穷人及其对抗，个体家庭开始成为社会的经济单位

下一步把我们引向野蛮时代高级阶段，一切文明民族都在这个时期经历了自己的英雄时代：铁剑时代，但同时也是铁犁和铁斧的时代。铁已在为人类服务，它是在历史上起过革命作用的各种原料中最后的和最重要的一种原料。所谓最后的，是指直到马铃薯的出现为止。铁使更大面积的田野耕作，广阔的森林地区的开垦，成为可能；它给手工业工人提供了一种其坚硬和锐利非石头或当时所知道的其他金属所能抵挡的工具。所有这些，都是逐渐实现的；最初的铁往往比青铜还软。所以，石制武器只是慢慢地消失的；不仅在《希尔德布兰德之歌》中，而且在1066年的黑斯廷斯会战①中都还使用石斧。但是，进步现在是不可遏止地、更少间断地、更加迅速地进行着。用石墙、城楼、雉堞围绕着石造或砖造房屋的城市，已经成为部落或部落联盟的中心；这是建筑艺术上的巨大进步，同时也是危险增加和防卫需要增加的标志。财富在迅速增加，但这是个人的财富；织布业、金属加工业以及其他一切彼此日益分离的手工业，显示出生产的日益多样化和生产技术的日益改进；农业现在除了提供谷物、豆科植物和水果以外，也提供植物油和葡萄酒，这些东西人们已经学会了制造。如此多样的活动，已经不能由同一个人来进行了；于是发生了第二次大分工：手工业和农业分离了。生产的不断增长以及随之而来的劳动生产率的不断增长，提高了人的劳动力的价值；在前一阶段上刚刚产生并且是零散现象的奴隶制，现在成为社会制度的一个根本的组成部分；奴隶们不再是简单的助手了；他们被成批地赶到田野和工场去劳动。随着生产分为农业和手工业这两大主要部门，便出现了直接以交换为目的的生产，即商品生产；随之而来的是贸易，不仅有部落内部和部落边境的贸易，而且海外贸易也有了。然而，所有这一切都还很不发达；贵金属开始成为占优势的和普遍性的货币商品，但是还不是铸造的货币，只是不作加工按重量交换罢了。

除了自由民和奴隶的差别以外，又出现了富人和穷人的差别——随着新的分工，社会又有了新的阶级划分。各个家庭家长之间的财产差别，炸毁了各地迄今一直保存着的旧的共产制家庭公社；同时也炸毁了为这种公社而实行的土地的共同耕作。耕地起初是暂时地，后来便永久地分配给各

① 1066年10月14日侵入英国的诺曼底公爵威廉的军队在黑斯廷斯附近同盎格鲁撒克逊人展开了会战。盎格鲁撒克逊人的军队由于在自己的军事组织中还保留着公社制度的残余，使用的也是原始的武器装备，因此被击败。盎格鲁撒克逊国王哈罗德战死，而威廉则成为英国国王，称威廉一世，史称征服者威廉一世。摘自《马克思恩格斯文集》第4卷，人民出版社2009年版，第585页注释。

个家庭使用，它向完全的私有财产的过渡，是逐渐进行的，是与对偶婚制向专偶制的过渡平行地发生的。个体家庭开始成为社会的经济单位了。

住得日益稠密的居民，对内和对外都不得不更紧密地团结起来。亲属部落的联盟，到处都成为必要的了；不久，各亲属部落的融合，从而分开的各个部落领土融合为一个民族［Volk］的整个领土，也成为必要的了。民族的军事首长——勒克斯、巴赛勒斯、狄乌丹斯——，成了不可缺少的常设的公职人员。还不存在人民大会的地方，也出现了人民大会。军事首长、议事会和人民大会构成了继续发展为军事民主制的氏族社会的各机关。其所以称为“军事”，是因为战争以及进行战争的组织现在已经成为民族生活的正常功能。邻人的财富刺激了各民族的贪欲，在这些民族那里，获取财富已成为最重要的生活目的之一。他们是野蛮人：掠夺在他们看来比用劳动获取更容易甚至更光荣。以前打仗只是为了对侵犯进行报复，或者是为了扩大已经感到不够的领土；现在打仗，则纯粹是为了掠夺，战争成了经常性的行当。在新的设防城市的周围屹立着高峻的墙壁并非无故：它们的堑壕成了氏族制度的墓穴，而它们的城楼已经高耸入文明时代了。内部也发生了同样的情形。掠夺战争加强了最高军事首长以及下级军事首长的权力；习惯地由同一家庭选出他们的后继者的办法，特别是从父权制实行以来，就逐渐转变为世袭制，他们最初是耐心等待，后来是要求，最后便僭取这种世袭制了；世袭王权和世袭贵族的基础奠定下来了。于是，氏族制度的机关就逐渐挣脱了自己在民族中，在氏族、胞族和部落中的根子，而整个氏族制度就转化为自己的对立物：它从一个自由处理自己事务的部落组织转变为掠夺和压迫邻近部落的组织，而它的各机关也相应地从人民意志的工具转变为独立的、压迫和统治自己人民的机关了。但是，如果不是对财富的贪欲把氏族成员分裂成富人和穷人，如果不是“同一氏族内部的财产差别把利益的一致变为氏族成员之间的对抗”（马克思语）①，如果不是奴隶制的盛行已经开始使人认为用劳动获取生活资料是只有奴隶才配做的、比掠夺更可耻的活动，那么这种情况是决不会发生的。

恩格斯：《家庭、私有制和国家的起源》（1884 年 3 月底—5 月底），摘自

① 马克思：《路易斯·亨·摩尔根〈古代社会〉一书摘要》，参看《马克思恩格斯全集》中文第 1 版第 45 卷第 522 页。——编者注

《马克思恩格斯文集》第4卷，人民出版社2009年版，第182—184页。

13. 考茨基关于原始社会婚姻的几篇论文一连碰了几次大钉子

你从考茨基身上发现的正是他的主要弱点。他那种年轻人爱草率下结论的倾向，由于在一些大学尤其是在奥地利的一些大学里受到恶劣的历史讲授法的影响，而变得更加严重了。那里一直是这样教学生写历史著作的：明知材料不充分，也得把它看做是充分的，因而，写的东西明知不对，也得认为是正确的。这种事情考茨基当然是干得很在行的。其次是他的文人生活方式，就是为稿费而写作，而且写得很多。因此，什么叫做真正的科学工作，他一无所知。后来，他在人口问题[①]方面，接着在关于原始社会婚姻的几篇论文[②]上，一连碰了几次大钉子。那时，我曾经十分善意地向他提出过诚恳的告诫；在这方面，我对他毫不宽容，并且从这个角度对他写的一切进行无情的批评。但同时我幸而还可以这样来安慰他：我自己在年轻自负的年代也正是这样做的，只是从马克思那里才学会应当如何工作。我的批评已经对他有很大帮助。

恩格斯：《致奥古斯特·倍倍尔》（1885年7月24日），摘自《马克思恩格斯文集》第10卷，人民出版社2009年版，第537页。

14. 麦克伦南发现了外婚制部落，摩尔根证明外婚制部落并不存在

您也知道，麦克伦南发现了外婚制部落，说这种部落只能用抢劫或买进的方式从外部弄到妻子。您也知道，摩尔根（他在《血亲制度》一书里还把外婚制氏族称为“部落”）在《古代社会》一书中证明，外婚制部落并不存在，外婚是部落里一部分人或一个集团，即氏族的特有现象，在部落内，只要不属同一氏族，便可自由通婚。

现在看看吉罗-特龙在第104页的脚注里又是怎么说的：

“摩尔根在他后来的著作中，承认不应该再把部落和克兰混为一谈

① 人口问题是指卡·考茨基的《人口增殖对社会进步的影响》（1880年维也纳版）。恩格斯对该书的批评意见，见本卷第454—456页。摘自《马克思恩格斯文集》第10卷，人民出版社2009年版，第805页注释。

② 指卡·考茨基的一组关于原始社会婚姻的文章，题为《婚姻和家庭的起源》，发表于斯图加特出版的《宇宙》杂志1882—1883年第6、7年卷。恩格斯对这组文章的批评意见，见恩格斯1883年2月10日、3月2日和9月18日给考茨基的信。摘自《马克思恩格斯文集》第10卷，人民出版社2009年版，第805页注释。

〈吉罗-特龙所说的克兰相当于摩尔根讲的氏族〉①，放弃了他对部落所下的定义，但又无意另下新的定义。”

而特龙在描述划分为克兰（氏族）的部落时，其说法和摩尔根完全一样，但又说得好象与摩尔根毫无关联，似乎这是他吉罗-特龙的功劳。

他提出自己这种奢望的方式如此暧昧，使我非常怀疑。但由于这个问题是使整个关于原始社会的科学发生了革命的一个发现，故请（如果弄不到书的话）查对一下1874年的版本，并告诉我：

（1）他提出什么来反对麦克伦南的外婚制部落；

（2）他是否在1874年就已发现，部落划分为外婚制克兰，即摩尔根所说的氏族……

恩格斯：《致保尔·拉法格》（1891年5月29日），摘自《马克思恩格斯全集》第38卷，人民出版社1972年版，第102页。

15. 巴霍芬的新发现即杂婚。母权制是杂婚的必然后果，妇女在古代受到高度尊敬，出现向一个女子专属一个男子的个体婚制的过渡

不管怎样，我总算把新版序言②写完了，如果考茨基愿意在《新时代》上刊登，我就寄给他。但在发出之前，有一点我想弄得更有把握。我认为，巴霍芬的新发现可以归结为：（1）他所称的杂婚，（2）母权制是杂婚的必然后果，（3）因此，妇女在古代受到高度的尊敬，（4）向一个女子专属一个男子的个体婚制的过渡，包含着对其余男子所享有的对同一女子的那种传统权利之侵犯，这样，就必须由女子在一定时期内献身于他人来补偿这种侵犯，或换取对这种侵犯的容忍。

关于这第4点，我不是很有把握。这些关于史前时期的著作的编纂者都是些什么样的窃贼，你是想象不到的；所以，我只记得在什么地方提到巴霍芬是这一事实的发现者，我相信，甚至还提到他的《母权论》，序言第19页。但我现在找不到这个地方了。我那本巴霍芬的书在你那里，是不是请你看一下（如果记得，就不用看了），并告诉我，把这一发现归功于巴霍芬总的来说是否正确？我已很久没有看这本书了，为了维护摩尔根的权利，我要给那些剽窃他的著作的人们一点厉害看看，因此我不能让他们

① 本卷引文中凡是在尖括号〈〉内的话和标点符号都是恩格斯加的。——译者注

② 弗·恩格斯《关于原始家庭的历史（巴霍芬、麦克伦南、摩尔根）》。——编者注

抓住我什么差错。一收到你的回信，手稿便可寄出，腊韦也将拿到校样，继续工作。

有关这个问题的全部文献，我都得阅读（写那本书时，——只能跟你说说——我没有读，而是凭着我年轻时的那股冒失劲）。我十分惊异地发现，所有这些我当时没有读过的书籍的内容，我都相当准确地猜对了，——我的运气真是出乎意料的好。我对这伙人（除巴霍芬和摩尔根外）更加蔑视了。没有一门科学中有这么严重的帮会习气和结党营私现象。由于他们人数不多，这些做法才得以在国际上实行，而且很顺利。在剽窃别人的观点方面，吉罗-特龙和他们中间的所有其他英国人同样恶劣和同样巧妙。唯一的一个有趣的家伙是勒土尔诺。他真是巴黎庸人的一个绝妙典型！他异常自负地、洋洋得意地证明，不仅所有的原始部族和现代野蛮人，——尽管他们有他所谓的“生物发生学的” “放纵”，——至少都是巴黎庸人，而且甚至具有兽性的动物也都是巴黎庸人！整个动物界就是一个巨大的“马勒”① 和坦普尔路，住在那里的是路易-菲力浦时代《世纪报》的撰稿人及其读者，以及婚姻与家庭起源问题的最大权威保尔·德·科克！

恩格斯：《致劳拉·拉法格》（1891 年 6 月 13 日），摘自《马克思恩格斯全集》第 38 卷，人民出版社 1972 年版，第 110—111 页。

16. 新发现的一个群婚的实例②，即一群男子和一群女子相互间性交的权利

最近有些唯理论的民族学家以否认群婚为时髦；因此，下面这篇我从 1892 年旧历 10 月 14 日的莫斯科“俄罗斯新闻”上译出的报道是值得一读的。它不仅明确地肯定了存在着极其盛行的群婚，即一群男子和一群女子相互间性交的权利，而且肯定了这种群婚具有跟夏威夷人的普那路亚婚姻，

① 巴黎的贵族区。——编者注

② 恩格斯“新发现的一个群婚实例”一文的资料来源，是 1892 年 10 月 14 日“俄罗斯新闻”第 284 号上发表的一篇关于俄国民族学家列·雅·施特恩堡对库页岛的吉里亚克人（尼夫赫人）的生活和社会制度的研究结果的报道。恩格斯在自己的文章里几乎全部引用了这篇报道，亲自把它译成德文，为了想把若干地方搞得更准确、更清楚，译文与原文稍有出入。“俄罗斯新闻”是一家社会政治性的报纸，是自由派地主和资产阶级的机关报；1863 年至 1918 年在莫斯科出版，1863 年至 1867 年每周出刊三次，1868 年起改为日报。摘自《马克思恩格斯全集》第 22 卷，人民出版社 1965 年版，第 736 页注释。

即群婚的最发展最典型的阶段非常接近的形式。典型的普那路亚家庭是由一群兄弟（同胞的或较远的）跟一群同胞的或较远的姊妹结婚而组成的，而在库页岛上，我们看到，一个男子是跟自己兄弟的所有妻子和自己妻子的所育姊妹结成婚姻的，如果从女子方面来看，就是这个男子的妻子有权跟她的丈夫的兄弟和她的姊妹的丈夫发生性的关系。因此，它跟典型的普那路亚婚姻形式的区别，只在于丈夫的兄弟和姊妹的丈夫不一定是同一些人。

其次应该看到，我在“家庭的起源”一书第 4 版第 28—29 页所讲的，在这里也被证实了。那里讲到，群婚绝不像我们的庸人的惯于妓院的幻想所描绘的那样；实行群婚的人们，并不是公开过着庸人暗中所过的那种淫荡生活；这种婚姻形式，至少就现在还可以遇见的例子来看，与不牢固的对偶婚制或跟一夫多妻制不同的地方，实际上只不过是许多在其他条件下要遭受严厉惩罚的性交情事，在这里却为习俗所许可而已。[①] 至于这些权利的实际行使正在逐渐消灭，那只不过证明这种婚姻形式本身正在消亡，它的极少流行，也可证实这一点。

此外，整个这篇描述之所以值得注意，还因为它再一次表明：处在大致相同发展阶段上的原始民族的社会制度，在其基本特征上，是多么相似，甚至相同。关于库页岛上这些蒙古种人的记载，大部分都适用于印度的德拉维达部落、太平洋各岛屿发现时的岛上的土人，以及美洲的红种人。这篇报道写道：

“尼·安·杨楚克 10 月 10 日〈旧历；新历为 10 月 22 日〉在莫斯科[②]自然科学爱好者协会人类学部会议上提出了施特恩堡先生的关于库页岛吉里亚克人[③]的有趣的报告，吉里亚克人是一个很少被人研究并处在蒙昧人的文化阶段[④]上的部落。吉里亚克人不知有农田耕作和陶器术，主要靠渔猎为生，用投入炽热的石头将木槽里的水温热，等等。特别有趣的是他们的家庭和氏族制度。吉里亚克人不仅把自己的生父叫做父亲，而

---

① 《马克思恩格斯全集》第 21 卷俄文第 2 版第 49—50 页。摘自《马克思恩格斯全集》第 22 卷，人民出版社 1965 年版，第 736 页注释。

② “莫斯科”这个字是恩格斯加的。——编者注

③ 吉里亚克人是尼夫赫人的旧称，是居住在黑龙江下游地区和库页岛北部和中部的民族。摘自《马克思恩格斯全集》第 22 卷，人民出版社 1965 年版，第 736—737 页注释。

④ 在“俄罗斯新闻”上不是“阶段”，而是“程度”。——编者注。

且把自己生父的一切兄弟也叫做父亲，把生父的兄弟的妻子和自己母亲的姊妹全都叫做母亲，把所有这些‘父亲’和‘母亲’[1]的子女统通叫做自己的兄弟和姊妹。如众所周知的，北美的易洛魁人和其他印第安人部落，以及印度的一些部落，都有这样的称呼法[2]，不过在他们中间，这种称呼法早已跟现实不相符合了，而在吉里亚克人中间，这种称呼法却表明迄今仍然存在着的秩序。直到现在每一个吉里亚克男人对自己兄弟的妻子以及对自己妻子的姊妹都有丈夫的权利[3]，至少行使这些权利并不认为是被禁止的事情[4]。这些以氏族制度为基础的群婚[5]的残余，颇似本世纪上半叶还在散得维齿群岛存在着的有名的普那路亚家庭。家庭和氏族[6]关系的这种形式是吉里亚克人的社会组织的基础，是他们的氏族制度的基础。

吉里亚克人的氏族，是由他的父亲的一切兄弟（近的和较远的、真正的和名义的）[7]、由这些兄弟的父亲和母亲、由他的兄弟的子女及他自己的子女组成的。显然，这样构成的氏族，可能有大量的成员。氏族的生活是按下面的原则来进行的。氏族内部是绝对禁止通婚的。死者的妻子，根据氏族的决定，转嫁给死者的同胞的或名义的兄弟[8]当中的一个。氏族养活自己的一切没有劳动能力的成员。‘我们没有乞丐——一个吉里亚克人对报告人说，——谁穷，哈里<氏族>就来养活他。’氏族成员由共同的祭祀和节日、共同的坟地等联系起来。

氏族保障自己每一个成员的生命与安全，防止不属于本氏族的人对他

① 在“俄罗斯新闻”上不是“所有这些‘父亲’，和‘母亲’”，而是“所有这些亲属”。——编者注。

② 在“俄罗斯新闻”上不是“称呼法”，而是“术语”。——编者注

③ 着重号是恩格斯加的。——编者注

④ 在“俄罗斯新闻”上不是“不许可的”，而是“罪恶”。——编者注

⑤ 在“俄罗斯新闻”上不是“以氏族制度为基础的群婚”，而是“氏族婚姻”。——编者注

⑥ 在“俄罗斯新闻”上不是“家庭和氏族”，而是“家庭和亲属”。——编者注

⑦ 在“俄罗斯新闻”上不是“（近的和较远的、真正的和名义的）”，而是“（所有亲等的）”。——编者注

⑧ 在“俄罗斯新闻”上不是“同胞的或名义的兄弟”，而是“‘任何亲等的’兄弟”。——编者注

的侵害①。惩罚的手段是血族复仇②，但是在俄罗斯人的影响下，这一制度的作用已经大大地削弱了。妇女被完全排除在氏族复仇的行动以外。在有些场合（不过这种场合是极少见的），一氏族收养他氏族的人。通例是财产不得拿出死者的氏族以外。在这一方面，吉里亚克人一丝不苟地执行着十二铜表法的一项有名的条文：《Si suos heredes non habet，gentiles familiam habento》〈“如无继承人，应由同氏族人继承”〉。③ 吉里亚克人生活中任何一件非常的事件，都非有氏族的参与不可。氏族长者，在不久以前，大约一两代以前，还是社会的首领，即一族之‘长’。不过，现在，氏族长者的作用只是领导宗教仪式了。氏族往往散居在彼此相距很远的地方，不过，同氏族人在分散以后，仍继续互相惦记着，互相来往作客，互相帮助和庇护等等。而且，吉里亚克人如无特别的需要，绝不舍弃自己的同族人和自己氏族的坟墓。氏族生活习惯，给吉里亚克人的全部精神，给他们的性格、习俗和制度，都打上了显著的烙印。共同讨论一切事情的习惯，经常维护同氏族人利益的必要性，血族复仇④方面的连环关系，和几十个同伴一起住在一个大帐篷里的必要性和习俗，总之，经常生活在人群当中，使吉里亚克人养成了一种非常合群非常健谈的性格。吉里亚克人是非常好客的，他们爱招待客人，自己也爱作客。好客的高尚习俗，在不幸的日子里表现得特别明显。在困难的年月中，当吉里亚克人自己和狗都没有东西吃的时候，他并不伸手去乞求施舍，他可以有把握地去作客，而且在那里有时可以被养活很长一个时期。

在库页岛的吉里亚克人中间，几乎完全遇不到贪图私利性质的犯罪。吉里亚克人把自己的贵重东西存放在仓库里，从不锁门。吉里亚克人极富于羞耻心，如果他被揭露干了什么不名誉的事，他便会到大树林里去上吊。

---

① 在“俄罗斯新闻”上不是“氏族”，而是“哈里”；不是“不属于本氏族的人”，而是“另一哈里的人”。——编者注

② 在“俄罗斯新闻”上不是“惩罚的手段”，而是“手段”；不是“血族复仇”，而是“氏族复仇”。——编者注

③ 十二铜表法是最古的罗马法文献，在公元前五世纪中叶编成，是平民反对贵族的斗争的成果，它代替了原先在罗马有效的习惯法；十二铜表法反映了罗马社会财产分化的过程；法律条文写在十二块牌子（铜表）上。摘自《马克思恩格斯文集》第4卷，人民出版社2009年版，第580—581页注释。

④ 在“俄罗斯新闻”上不是“血族复仇”，而是“复仇”。——编者注

在吉里亚克人中间，谋杀事件是十分罕见的，大都是只有在激怒中才杀人；不管怎样，他们都没有贪图私利的目的。在和其他人的关系①上，吉里亚克人表现得真诚、守信用和忠厚。

吉里亚克人虽然长期隶属于中国化的满族人，虽然受了阿穆尔边区移民②的极端有害的影响，但是在道德方面仍保存着原始部落所固有的许多美德。不过他们的生活制度的命运已经不可扭转地被决定了。再过一两代，大陆上的吉里亚克人将完全俄罗斯化，他们在接受文化上好的东西的同时，也将承受文化上坏的东西。库页岛的吉里亚克人，距俄国人定居地的中心多少远一些，因此有可能保持纯洁稍微久一些。不过邻近的俄国居民对他们也已经开始有所影响了。各村的人都纷纷到尼古拉也夫斯克去购买东西和谋生，而每个挣了工钱返回故乡的吉里亚克人，便带回了像工人从城市带到俄罗斯乡村的那种气氛。此外，在城市里谋生及其变化不定的运气，愈来愈破坏那种原始的平等，这种平等构成吉里亚克人这样的民族的简单经济生活的主要特征。

恩格斯：《新发现的一个群婚实例》（1892 年 11 月底—12 月 4 日），摘自《马克思恩格斯全集》第 22 卷，人民出版社 1965 年版，第 409—413 页。

17. 在母权制的婚姻中，丈夫寄居在自己妻子的门下

路易莎结婚③使你们感到吃惊吗？这事筹备了好几个月。弗赖贝格尔离开了维也纳，放弃在大学教书的光辉前程，因为那里禁止他讲课时向工人说明他们害病的社会原因。于是他就到了这里，他在这里的医院里很顺利。既然已经安排妥当，就没有理由拖延婚礼了。他期望实现自己的计划，就到他妻子这里来了。你们看，这完全是一桩母权制的婚姻，丈夫寄居在自己妻子的门下！

恩格斯：《致保尔·拉法格》（1894 年 3 月 6 日），摘自《马克思恩格斯全集》第 39 卷，人民出版社 1974 年版，第 210 页。

18. 原始共产主义为母权制所代替，母权制为父权制所代替，父权制为奴隶制所代替，奴隶制为农奴制所代替，最后出现了资产阶级制度

同时我们又知道，社会生活也不是停滞不前的。有过一个时期，人们

① 在“俄罗斯新闻”上不是“和其他人的关系”，而是“内部关系”。——编者注

② 在“俄罗斯新闻”上不是“移民”，而是“无梢居民”。——编者注

③ 指路易莎·考茨基，她于 1888 年和第一个丈夫离婚。

过着原始共产主义的生活，靠原始的狩猎维持生存，出没于森林，寻找食物。后来原始共产主义为母权制所代替，这时人们主要靠原始农业来满足自己的需要。接着母权制为父权制所代替，这时人们主要靠牧畜业维持生存。然后父权制为奴隶制所代替，这时人们已靠较为发达的农业来维持生存了。在奴隶制度之后出现了农奴制度，最后就出现了资产阶级制度。

一般说来，社会生活的发展情形就是如此。

斯大林：《无政府主义还是社会主义？》（1906 年 12 月—1907 年 1 月），摘自《斯大林全集》第 1 卷，人民出版社 1953 年版，第 286—287 页。

19. 母权制时期的妇女被认为是生产的主人

历史告诉我们说：凡在社会生产中起主要作用并掌握主要生产职能的阶级或社会集团，经过一些时候必然成为这种生产的主人。有一个时期，即母权制时期，妇女被认为是生产的主人。为什么这样呢？因为在当时的生产中，在原始的农业中，妇女在生产中起主要作用，她们担负着主要的职能，而男子则出没于森林，寻找野兽。后来一个时期，即父权制时期，男子在生产中占统治地位了。为什么发生了这样的变化呢？这是因为在当时的生产中，在以戈矛、套绳、弓箭为主要生产工具的牧畜经济中，男子起着主要作用……大规模的资本主义生产时期到来了，这时无产者开始在生产中起主要作用，一切主要生产职能都转入他们的手中，没有他们则生产一天也不能维持（且回忆一下总罢工吧），这时资本家不仅对生产无益，而且还妨碍了生产。这是什么意思呢？这就是说，或者是一切的社会生活都要完全遭到破坏，或者是无产阶级迟早一定会成为现代生产的主人，成为这种生产的唯一所有者，成为这种生产的社会主义所有者。

斯大林：《无政府主义还是社会主义？》（1906 年 12 月—1907 年 1 月），摘自《斯大林全集》第 1 卷，人民出版社 1953 年版，第 310 页。

20. 原始社会的妇女同男子处于平等地位，有时还占有更高的地位

在人们还在不大的氏族中生活的原始社会里，还处于最低发展阶段即处于近乎蒙昧的状态，在与现代文明人类相距几千年的时代，还看不到国家存在的标志。我们看到的是风俗的统治，是族长所享有的威信、尊敬和权力，我们看到这种权力有时是属于妇女的——妇女在当时不像现在这样处在无权的被压迫的地位——但是在任何地方我们都看不到一种特殊等级的人分化出来管理他人并为了管理而系统地一贯地掌握着某种强制机构即暴力机构，这种暴力机构，大家知道，现在就是武装队伍、监狱及其他强迫他人意志服从暴力的手段，即构成国家实质的东西。

如果把资产阶级学者编造出来的所谓宗教学说、诡辩、哲学体系以及各种各样的见解抛开，而去探求问题的实质，那我们就会看到，国家正是这种从人类社会中分化出来的管理机构。当专门从事管理并因此而需要一个强迫他人意志服从暴力的特殊强制机构（监狱、特殊队伍即军队，等等）的特殊集团出现时，国家也就出现了。

但是曾经有过一个时候，国家并不存在，公共联系、社会本身、纪律以及劳动规则全靠习惯和传统的力量来维持，全靠族长或妇女享有的威信或尊敬（当时妇女往往不仅同男子处于平等地位，而且有时还占有更高的地位）来维持，没有专门从事管理的人构成的特殊等级。历史告诉我们，国家这种强制人的特殊机构，只是在社会划分为阶级，即划分为这样一些集团，其中一些集团能够经常占有另一些集团的劳动的地方和时候，只是在人剥削人的地方，才产生出来的。

列宁：《论国家》（1919 年 7 月 11 日），摘自《列宁专题文集·论辩证唯物主义和历史唯物主义》，人民出版社 2009 年版，第 285 页。

（二）私有制是男女不平等即性别歧视的根源

1. 把妇女当作共同淫欲的虏获物和婢女来对待，这表现了人在对待自身方面的无限的退化，因为这种关系的秘密在男人对妇女的关系上。人对人的直接的、自然的、必然的关系是男人对妇女的关系

在它的最初的形态中不过是私有财产关系的普遍化和完成。[①] 这样的共产主义以两种形式表现出来：首先，物质的财产对它的统治那么厉害，以致它想把不能被所有人作为私有财产占有的一切都消灭；它想用强制的方法把才能等等舍弃。在它看来，物质的直接占有是生活和存在的唯一目的；工人这个范畴并没有被取消，而是被推广到一切人身上；私有财产关

---

① 马克思在这里所说的“共产主义”是指法国的格·巴贝夫、埃·卡贝、泰·德萨米，英国的罗·欧文和德国的威·魏特林所创立的空想主义的观点体系。马克思所说的共产主义的最初形态，大概首先是指 1789—1794 年法国资产阶级革命影响下形成的巴贝夫及其拥护者关于“完全平等”的社会，以及排挤私人经济的“国民公社”的基础上实现这种社会的空想主义观点。这种观点虽然也表现了当时无产阶级的要求，但整个说来还带有原始的、粗陋的、平均主义的性质。摘自《马克思恩格斯文集》第 1 卷，人民出版社 2009 年版，第 787 页的注释。

系仍然是整个社会同实物世界的关系；最后，用普遍的私有财产来反对私有财产的这个运动以一种动物的形式表现出来：用公妻制（也就是把妇女变为公有的和共有的财产）来反对婚姻（它确实是一种排他性的私有财产的形式）。人们可以说，公妻制这种思想暴露了这个完全粗陋的和无思想的共产主义的秘密。① 正像妇女从婚姻转向普遍卖淫一样，财富即人的对象性的本质的整个世界也从它同私有者的排他性的婚姻关系转向它同整个社会的普遍卖淫关系。这种共产主义，由于到处否定人的个性，只不过是私有财产的彻底表现，私有财产就是这种否定。普遍的和作为权力形成起来的忌妒，是贪欲所采取的并且仅仅是用另一种方式来满足自己的隐蔽形式。一切私有财产，就它本身来说，至少都对较富裕的私有财产怀有忌妒和平均化欲望，这种忌妒和平均化欲望甚至构成竞争的本质。粗陋的共产主义不过是这种忌妒和这种从想象的最低限度出发的平均化的顶点。它具有一个特定的、有限的尺度。对整个文化和文明的世界的抽象否定，向贫穷的、没有需求的人——他不仅没有超越私有财产的水平，甚至从来没有达到私有财产的水平——的非自然的［Ⅳ］单纯倒退，恰恰证明私有财产的这种扬弃决不是真正的占有。②

共同性只是劳动的共同性以及由共同的资本即作为普遍的资本家的共同体支付的工资的平等。相互关系的两个方面被提高到想象的普遍性的程度：劳动是每个人的本分，而资本是共同体的公认的普遍性和力量。

拿妇女当作共同淫乐的牺牲品和婢女来对待，这表现了人在对待自身方面的无限的退化，因为这种关系的秘密在男人对妇女的关系上，以及在对直接的、自然的、类的关系的理解方式上，都毫不含糊地、确凿无疑地、明显地、露骨地表现出来了。人和人之间的直接的、自然的、必然的关系

① 在中世纪宗教共产主义共同体中，把妻子公有当做未来社会特征的观念颇为流行。1534-1535年在明斯特掌权的德国再洗礼派试图根据这种观点引进一夫多妻制。托·康帕内拉在《太阳城》一书中就反对一夫一妻制。原始的共产主义共同体还有一些特征，如禁欲主义、对科学和艺术持否定态度。1830年和1840年法国的秘密团体，如平均主义工人社和人道社也曾继承了原始的平均主义思想的某些特征。恩格斯在《大陆上社会改革的进展》（见《马克思恩格斯全集》中文第2版第3卷）一文中对此作过描述。摘自《马克思恩格斯文集》第1卷，人民出版社2009年版，第788页的注释。

② 让·雅·卢梭在《论科学和艺术》、《论人间不平等的起源和原因》等著作中认为，没有受到教育、文化和文明触动的状态，对人来说才是自然的，马克思则认为这种状态是非自然的。摘自《马克思恩格斯文集》第1卷，人民出版社2009年版，第788页的注释。

是男女之间的关系。在这种自然的、类的关系中，人同自然界的关系直接就是人和人之间的关系，而人和人之间的关系直接就是人同自然界的关系，就是他自己的自然的规定。因此，这种关系通过感性的形式，作为一种显而易见的事实，表现出人的本质在何种程度上对人说来成了自然界，或者自然界在何种程度上成了人具有的人的本质。因而，从这种关系就可以判断人的整个教养程度。从这种关系的性质就可以看出，人在何种程度上成为并把自己理解为类存在物、人。男女之间的关系是人和人之间最自然的关系。因此，这种关系表明人的自然的行为在何种程度上成了人的行为，或者人的本质在何种程度上对人说来成了自然的本质，他的人的本性在何种程度上对他说来成了自然界。这种关系还表明，人具有的需要在何种程度上成了人的需要，也就是说，别人作为人在何种程度上对他说来成了需要，他作为个人的存在在何种程度上同时又是社会存在物。

由此可见，对私有财产的最初的积极的扬弃，即粗陋的共产主义，不过是私有财产的卑鄙性的一种表现形式，这种私有财产力图把自己设定为积极的共同体。

马克思：《1844年经济学哲学手稿》（1844年4—8月），《马克思恩格斯文集》第1卷，人民出版社2009年版，第183—185页。

2. 私有制对人的本质造成恶劣影响，对私有财产的扬弃是人的一切感觉和特性的彻底解放。人是社会的存在物，社会对人来说成为本质

私有财产不过是下述情况的感性表现：人变成对自己来说是对象性的，同时，确切地说，变成异己的和非人的对象；他的生命表现就是他的生命的外化，他的现实化就是他的非现实化，就是异己的现实。同样，对私有财产的积极的扬弃，就是说，为了人并且通过人对人的本质和人的生命、对象性的人和人的产品的感性的占有，不应当仅仅被理解为直接的、片面的享受，不应当仅仅被理解为占有、拥有。人以一种全面的方式，就是说，作为一个完整的人，占有自己的全面的本质。人对世界的任何一种人的关系——视觉、听觉、嗅觉、味觉、触觉、思维、直观、情感、愿望、活动、爱，——总之，他的个体的一切器官，正像在形式上直接是社会的器官的那些器官一样，[VII] 是通过自己的对象性关系，即通过自己同对象的关系而对对象的占有，对人的现实的占有；这些器官同对象的关系，是人的现实的实现（因此，正像人的本质规定和活动是多种多样的一样，人的现

实也是多种多样的)，是人的能动和人的受动，因为按人的方式来理解的受动，是人的一种自我享受。//

//私有制使我们变得如此愚蠢而片面，以致一个对象，只有当它为我们所拥有的时候，就是说，当它对我们来说作为资本而存在，或者它被我们直接占有，被我们吃、喝、穿、住等等的时候，简言之，在它被我们使用的时候，才是我们的。尽管私有制本身也把占有的这一切直接实现仅仅看做生活手段，而它们作为手段为之服务的那种生活，是私有制的生活——劳动和资本化。//

//因此，一切肉体的和精神的感觉都被这一切感觉的单纯异化即拥有的感觉所代替。人的本质只能被归结为这种绝对的贫困，这样它才能够从自身产生出它的内在丰富性。//①

//因此，对私有财产的扬弃，是人的一切感觉和特性的彻底解放，但这种扬弃之所以是这种解放，正是因为这些感觉和特性无论在主体上还是在客体上都成为人的。眼睛成为人的眼睛，正像眼睛的对象成为社会的、人的、由人并为了人创造出来的对象一样。因此，感觉在自己的实践中直接成为理论家。感觉为了物而同物发生关系，但物本身是对自身和对人的一种对象性的、人的关系，反过来也是这样。// //当物按人的方式同人发生关系时，我才能在实践上按人的方式同物发生关系。因此，需要和享受失去了自己的利己主义性质，而自然界失去了自己的纯粹的有用性，因为效用成了人的效用。

同样，别人的感觉和精神也为我自己所占有。因此，除了这些直接的器官以外，还以社会的形式形成社会的器官。例如，同他人直接交往的活动等等，成为我的生命表现的器官和对人的生命的一种占有方式。

不言而喻，人的眼睛与野性的、非人的眼睛得到的享受不同，人的耳朵与野性的耳朵得到的享受不同，如此等等。

---

① 关于拥有（Haben）这个范畴，可参看莫·赫斯的一些著作。他在《行动的哲学》一文中写道："正是求存在的欲望，即希求作为特定的个体性、作为受限制的自我、作为有限的存在物而持续存在的欲望，导致贪欲。反之，对一切规定性的否定，抽象的自我和抽象的共产主义，空洞的'自在之物'的结果、批判主义和革命的结果、无从满足的应有的结果，则导致存在和拥有。助动词就这样成了名词。"见《来自瑞士的二十一印张》1843 年苏黎世一温特图尔版第 1 卷第 329 页。马克思和恩格斯在《神圣家族》中也谈到过"拥有"和"不拥有"。摘自《马克思恩格斯文集》第 1 卷，人民出版社 2009 年版，第 788 页注释。

我们知道，只有当对象对人来说成为人的对象或者说成为对象性的人的时候，人才不致在自己的对象中丧失自身。只有当对象对人来说成为社会的对象，人本身对自己来说成为社会的存在物，而社会在这个对象中对人来说成为本质的时候，这种情况才是可能的。//

//因此，一方面，随着对象性的现实在社会中对人来说到处成为人的本质力量的现实，成为人的现实，因而成为人自己的本质力量的现实，一切对象对他来说也就成为他自身的对象化，成为确证和实现他的个性的对象，成为他的对象，这就是说，对象成为他自身。对象如何对他来说成为他的对象，这取决于对象的性质以及与之相适应的本质力量的性质；因为正是这种关系的规定性形成一种特殊的、现实的肯定方式。眼睛对对象的感觉不同于耳朵，眼睛的对象是不同于耳朵的对象的。每一种本质力量的独特性，恰好就是这种本质力量的独特的本质，因而也是它的对象化的独特方式，是它的对象性的、现实的、活生生的存在的独特方式。因此，人不仅通过思维，［VⅢ］而且以全部感觉在对象世界中肯定自己。

另一方面，即从主体方面来看：只有音乐才激起人的音乐感；对于没有音乐感的耳朵来说，最美的音乐也毫无意义，不是对象，因为我的对象只能是我的一种本质力量的确证，就是说，它只能像我的本质力量作为一种主体能力自为地存在着那样才对我而存在，因为任何一个对象对我的意义（它只是对那个与它相适应的感觉来说才有意义）恰好都以我的感觉所及的程度为限。因此，社会的人的感觉不同于非社会的人的感觉。只是由于人的本质客观地展开的丰富性，主体的、人的感性的丰富性，如有音乐感的耳朵、能感受形式美的眼睛，总之，那些能成为人的享受的感觉，即确证自己是人的本质力量的感觉，才一部分发展起来，一部分产生出来。因为，不仅五官感觉，而且连所谓精神感觉、实践感觉（意志、爱等等），一句话，人的感觉、感觉的人性，都是由于它的对象的存在，由于人化的自然界，才产生出来的。

五官感觉的形成是迄今为止全部世界历史的产物。囿于粗陋的实际需要的感觉，也只具有有限的意义。//对于一个忍饥挨饿的人来说并不存在人的食物形式，而只有作为食物的抽象存在；食物同样也可能具有最粗糙的形式，而且不能说，这种进食活动与动物的进食活动有什么不同。忧心忡忡的、贫穷的人对最美丽的景色都没有什么感觉；经营矿物的商人只看到矿物的商业价值，而看不到矿物的美和独特性；他没有矿物学的感觉。因此，一方面为了使人的感觉成为人的，另一方面为了创造同人的本质和自然界的本质的全部丰富性相适应的人的感觉，无论从理论方面还是从实践方面来说，人的本质的对象化都是必要的。

通过私有财产及其富有和贫困——或物质的和精神的富有和贫困——的运动，正在生成的社会发现这种形成所需的全部材料；//同样，已经生成的社会创造着具有人的本质的这种全部丰富性的人，创造着具有丰富的、全面而深刻的感觉的人作为这个社会的恒久的现实。——//

我们看到，主观主义和客观主义，唯灵主义和唯物主义，活动和受动，只是在社会状态中才失去它们彼此间的对立，从而失去它们作为这样的对立面的存在；我们看到，//理论的对立本身的解决，只有通过实践方式，只有借助于人的实践力量，才是可能的；因此，这种对立的解决绝对不只是认识的任务，而是现实生活的任务，而哲学未能解决这个任务，正是因为哲学把这仅仅看做理论的任务。

马克思：《1844年经济学哲学手稿》（1844年4—8月），摘自《马克思恩格斯文集》第1卷，人民出版社2009年版，第189—192页。

3. 分工、分配与所有制是同时产生的。所有制的萌芽和最初形式在家庭中已经出现，在那里妻子和儿女是丈夫的奴隶。家庭中出现的非常原始和隐蔽的奴隶制，是最初的所有制

分工包含着所有这些矛盾，而且又是以家庭中自然形成的分工和以社会分裂为单个的、互相对立的家庭这一点为基础的。与这种分工同时出现的还有分配，而且是劳动及其产品的不平等的分配（无论在数量上或质量上）；因而产生了所有制，它的萌芽和最初形式在家庭中已经出现，在那里妻子和儿女是丈夫的奴隶。家庭中这种诚然还非常原始和隐蔽的奴隶制，是最初的所有制，但就是这种所有制也完全符合现代经济学家所下的定义，即所有制是对他人劳动力的支配。其实，分工和私有制是相等的表达方式，对同一件事情，一个是就活动而言，另一个是就活动的产品而言。

马克思、恩格斯：《德意志意识形态》（1845年秋—1846年5月），摘自《马克思恩格斯文集》第1卷，人民出版社2009年版，第535—536页。

4. 当父权制随着私有财产的分量超过共同财产以及随着对继承权的关切而占据统治地位时，结婚更加依经济利益为转移了。男女双方根据财产规定了价格，资本主义生产把结婚方式打开一个决定性的缺口，它把一切都变成了商品

中世纪是从具有性爱的萌芽的古代世界停止前进的地方接着向前走的，它以通奸的方式接着前进。我们已经叙述过那创造了破晓歌的骑士之爱。从这种力图破坏婚姻的爱情，到那种应该成为婚姻的基础的爱情，还有一段漫长的路程，这段路程骑士们将永远走不到尽头。甚至我们由轻浮的罗曼语各民族进而考察有德行的德意志人时，在《尼贝龙根之歌》中也可以发现，克里姆希耳德虽然暗中钟情于齐格弗里特，而且不亚于齐格弗里特对她的钟情，但是当贡特尔宣布已把她许配给一个骑士（他没有说出他的名字）时，她却简单地回答道：

> “您不必问我；您要我怎样，我总是照办；老爷，您要我嫁给谁，我就乐意和他订婚。”①

她甚至连想也没有想，她的爱情在这里是可以加以考虑的。贡特尔向布龙希耳德求婚，埃策耳向克里姆希耳德求婚，他们一次也不曾见过她们；同样，在《古德龙》② 中，爱尔兰的齐格班特向挪威的乌黛求婚，黑盖林格的黑特耳向爱尔兰的希尔达求婚，以及莫尔兰的齐格弗里特、诺曼的哈尔特木特和西兰的黑尔维希向古德龙求婚，都是如此；而这里第一次出现古德龙自愿嫁给黑尔维希。按照通例，年轻王公的未婚妻都是由父母选择的，只要父母还活着；否则他就同大诸侯们商议，自行选择，大诸侯们的意见在一切场合总是起着很大的作用。而且也不能不如此。对于骑士或男爵，像对于王公一样，结婚是一种政治行为，是一种借新的联姻来扩大自己势力的机会；起决定作用的是家族的利益，而决不是个人的意愿。在这种条件下，爱情怎能对婚姻问题有最后决定权呢？

① 《尼贝龙根之歌》第 10 首歌。——编者注

② 《古德龙》又称《库德龙》，是 13 世纪德国的一部叙事诗。13 世纪上半叶形成，作者不详，在 16 世纪的一部手稿中保存下来，直到 19 世纪初才被发现。摘自《马克思恩格斯文集》第 4 卷，人民出版社 2009 年版，第 578 页注释。

中世纪城市的行会师傅也是如此。单是保护着他的那些特权，带有各种限制的行会条例，在法律上把他同别的行会，或者同本行会的同事，或者同他的帮工和学徒分开的种种人为的界限，就大大缩小了他寻求适当的妻子的范围。至于这些女子当中谁是最适当的，在这种错综复杂的体系下，决定这个问题的绝对不是他个人的意愿，而是家庭的利益。

因此，直到中世纪末期，在绝大多数场合，婚姻的缔结仍然和最初一样，不是由当事人决定的事情。起初，人们一出世就已经结了婚——同整个一群异性结了婚。在较后的各种群婚形式中，大概仍然存在着类似的状态，只是群的范围逐渐缩小罢了。在对偶婚之下，通例是由母亲给自己的子女说定婚事；在这里关于新的亲戚关系的考虑也起着决定的作用，这种新的亲戚关系应该使年轻夫妇在氏族和部落中占有更牢固的地位。当父权制和专偶制随着私有财产的分量超过共同财产以及随着对继承权的关切而占了统治地位的时候，结婚便更加依经济上的考虑为转移了。买卖婚姻的**形式**正在消失，但它的实质却在越来越大的范围内实现，以致不仅对妇女，而且对男子都规定了价格，而且不是根据他们的个人品质，而是根据他们的财产来规定价格。当事人双方的相互爱慕应当高于其他一切而成为婚姻基础的事情，在统治阶级的实践中是自古以来都没有的。至多只是在浪漫故事中，或者在不受重视的被压迫阶级中，才有这样的事情。

恩格斯：《家庭、私有制和国家的起源》（1884 年 3 月底—5 月底），摘自《马克思恩格斯文集》第 4 卷，人民出版社 2009 年版，第 91—93 页。

5. 母权制让位给父权制是私有制在氏族制度上打开了第一个缺口。第二个缺口是实行父权制以后，富有的女继承人的财产归她的丈夫所有，摧毁了整个氏族权利的基础

希腊人，像皮拉斯基人以及其他起源于同一部落的民族一样，在史前时代，就已经按照美洲人的那种有机的序列——氏族、胞族、部落、部落联盟组织起来了。胞族可能是没有的，在多立斯人中间就是这样；部落联盟也不是到处都有成立的必要，但无论如何氏族是基本的单位。希腊人，在他们出现在历史舞台上的时候，已经站在文明时代的门槛上了；他们与上述美洲部落之间，横亘着差不多整整两个很大的发展时期，亦即英雄时代的希腊人超过易洛魁人两个时期。所以，希腊人的氏族也决不再是易洛魁人的那种古老的氏族了，群婚[①]的痕迹正开始显著地消失。母权制已让位给父权制；正在产生的私有制就这样在氏族制度上打开了第一个缺口。第二个缺口是第一个缺口的自然结果：由于在实行父权制以后，富有的女继承人的财产在她出嫁时应当归她的丈夫所有，从而归别的氏族所有，所以，这便摧毁了整个氏族权利的基础，在这种情况下，为了把少女的财产保存在氏族以内，不仅容许少女在氏族内出嫁，而且也**规定**要这样做。

根据格罗特的《希腊史》，其中雅典的氏族是建立在以下的基础上的：

1. 共同的宗教祭祀和祭司为祀奉一定的神所拥有的特权。这种神被假想为氏族的男始祖，并用独特的名称做这种地位的标志。

2. 共同的墓地（参看狄摩西尼《反驳欧布利得》[②]）。

3. 相互继承权。

4. 在受到侵害时提供帮助、保护和支援的相互义务。

5. 在一定情况下，特别是在事关孤女或女继承人的时候，在氏族内部通婚的相互权利和义务。

6. 至少在某些情况下拥有共同财产，有自己的一位 Archon（酋长）和一位司库。

此后，几个氏族结合为一个比较不那么密切的胞族；但是在这里我们也可以看到类似的相互权利与义务，特别是共同举行一定的宗教仪式以及在胞族成员被杀害时进行追究的权利。一个部落的所有胞族，又有共同的定期举行的祭祀，由一个从贵族（Eupatriden）中间选出的 Phylobasileus（部落酋长）主持。[③]

格罗特所说的，就是这样。马克思补充说："但是，透过希腊氏族，也可以清楚地看到蒙昧人（例如易洛魁人）。"[④] 要是我们作进一步的研究，

---

① 在 1884 年版中不是"群婚"，而是"普那路亚家庭"。——编者注

② 指狄摩西尼在法庭上反驳欧布利得的演说词。演说词提到了共同的墓地只能埋葬本氏族死人的习俗。摘自《马克思恩格斯文集》第 4 卷，人民出版社 2009 年版，第 579 页注释。

③ 参看乔·格罗特《希腊史》1869 年伦敦版第 3 卷第 54—55 页，以及马克思《路易斯·亨·摩尔根〈古代社会〉一书摘要》（《马克思恩格斯全集》中文第 1 版第 45 卷第 496—497 页）。——编者注

④ 马克思：《路易斯·亨·摩尔根〈古代社会〉一书摘要》，参看《马克思恩格斯全集》中文第 1 版第 45 卷，第 497 页。——编者注

那就看得更加清楚。

希腊的氏族还具有以下这几个特征：

7. 按照父权制计算世系。

8. 禁止氏族内部通婚，但女继承人例外。这一例外及其确立成为规定，就证明旧时的规则仍然有效。这也是从下述普遍通行的原则中产生的，即妇女出嫁后，就不再参加本氏族的宗教仪式，而改行她丈夫的氏族的宗教仪式，注籍于她丈夫的胞族。根据这一点以及狄凯阿尔科斯的著名的一段话①看来，可知外婚乃是规则，而贝克尔在《哈里克尔》一书中径直认为，无论什么人都不得在本氏族内部通婚。②

9. 接纳外人入族的权利；这是用家庭接纳的办法来实现的，不过要有公开的仪式，而且只限于例外情形。

10. 选举和罢免酋长的权利。我们知道，每一氏族都有自己的酋长；但是，任何地方都没有说过这一职务是在一定的家庭里世袭的。在野蛮时代结束以前，不大可能有严格的③世袭制，因为这种世袭制是同富人和穷人在氏族内部享有完全平等权利的秩序不相容的。

不仅格罗特，而且尼布尔、蒙森以及迄今为止的其他一切古典古代历史编纂学家，都没有解决氏族问题。不论他们多么正确地叙述了氏族的许多特征，但是他们总是把氏族看做家庭集团，因此便不能理解氏族的本性和起源。在氏族制度之下，家庭从来不是，也不可能是一个组织单位，因为夫与妻必然属于两个不同的氏族。氏族整个包括在胞族内，胞族整个包括在部落内；而家庭却是一半包括在丈夫的氏族内，一半包括在妻子的氏族内。国家在公法上也不承认家庭，到今日为止，家庭不过存在于私法上而已。然而我们的全部历史编纂学直至现在都是从以下一个荒诞的，尤其在18世纪已成为不可侵犯的假定出发的：与文明时代几乎同时出现的专偶

---

① 恩格斯在这里提到的古希腊哲学家狄凯阿尔科斯没有保存下来的著作的片断，引自威·瓦克斯穆特的著作《从国家观点研究希腊古代》1826年哈雷版第1部第1篇第312页。摘自《马克思恩格斯文集》第4卷，人民出版社2009年版，第579页注释。

② 威·阿·贝克尔《哈里克尔。古代希腊习俗状况。对希腊人的私生活的较详细的介绍》1840年莱比锡版第2部第447页；并参看马克思《路易斯·亨·摩尔根〈古代社会〉一书摘要》，（《马克思恩格斯全集》中文第1版第45卷第498页）。摘自《马克思恩格斯文集》第4卷，人民出版社2009年版，第579—580页注释。

③ “严格的”是恩格斯在1891年版上增补的。——编者注

制个体家庭，曾是社会和国家围绕它而逐渐萌发起来的核心。

马克思补充说："格罗特先生应当进一步注意到，虽然希腊人是从神话中引申出他们的氏族的，但是这些氏族比他们自己所创造的神话及其诸神和半神要古老些。"①

摩尔根爱引用格罗特的话，因为后者是一个很有名望的和十分受人信任的证人。格罗特又说到，每个雅典氏族都有一个从它的假想的男始祖留传下来的名称；在梭伦时代以前，死者的财产一律由同氏族人（gennêtes）继承，在梭伦时代以后，死者如无遗言，其财产亦由同氏族人继承；遇有杀害事件，首先是被害者的亲属有权利和义务向法庭控告犯罪者，其次是同氏族人，最后是同胞族人：

> "我们所知道的关于最古的雅典法律的一切，都是以划分成氏族和胞族为基础的。"②

氏族起源于共同祖先，成了"庸人学者"（马克思语）③ 绞尽脑汁而不能解决的难题。既然他们很自然地认为这种祖先纯粹是神话人物，他们便根本没有可能解释氏族是怎样从许多彼此相邻的、起初完全没有亲属关系的家庭中产生出来的，然而单是为了解释氏族的存在，他们还是非这样做不可。这样他们便陷入了说空话的圈子，不能超出这样一个论题：族系的确是一种虚构，但氏族是一个现实，因此，格罗特终于说（括弧内的话是马克思加的）：

> "我们只是偶尔听到这种族系，因为仅仅在一定的、特别隆重的场合才公开把它提出来。可是，比较卑微的氏族也有其共同的宗教仪式（这真奇怪，格罗特先生！），有一个共同的超人的男始祖和族系，像比较有名的氏族那样（格罗特先生，这在比较卑微的氏族那里真十分

---

① 马克思《路易斯·亨·摩尔根〈古代社会〉一书摘要》，参看《马克思恩格斯全集》中文第1版第45卷第500页。——编者注

② 乔·格罗特《希腊史》1869年伦敦版第3卷第66页，并参看马克思《路易斯·亨·摩尔根〈古代社会〉一书摘要》（《马克思恩格斯全集》中文第1版第45卷第501页）。——编者注

③ 马克思：《路易斯·亨·摩尔根〈古代社会〉一书摘要》，参看《马克思恩格斯全集》中文第1版，第45卷第502页。——编者注

奇怪呵!);根本的结构和观念的基础(亲爱的先生! 不是观念的而是物质的,直白地说是肉欲的!)在一切氏族中都是相同的。”①

马克思把摩尔根对这个问题的答案概括如下:“与原始形态的氏族——希腊人像其他凡人一样也曾有过这种形态的氏族——相适应的血缘亲属制度,保存了全体氏族成员彼此之间的亲属关系的知识。他们从童年时代起,就在实践上熟悉了这种对他们极其重要的事物。随着专偶制家庭的产生,这种事物就湮没无闻了。氏族名称创造了一个族系,相形之下,个体家庭的族系便显得没有意义。氏族名称的作用就在于使具有这种名称的人不忘他们有共同世系的事实;但是氏族的族系已经十分久远,以致氏族的成员,除了有较近的共同祖先的少数场合以外,已经不能证明他们相互之间有事实上的亲属关系了。氏族名称本身就是共同世系的证据,而且除了接纳外人入族的情形以外,也是不可更改的证据。反之,像格罗特②和尼布尔所做的那样,把氏族变为纯粹虚构和幻想的产物,从而事实上否定氏族成员之间的任何亲属关系,这是只有‘观念的’,亦即蛰居式的书斋学者才能干出来的事情。由于血族联系(尤其是专偶制发生后)已经湮远,而过去的现实看来是反映在神话的幻想中,于是老实的庸人们便作出了而且还在继续作着一种结论,即幻想的族系创造了现实的氏族!”③

胞族,像在美洲人那里一样,是一种分裂成几个女儿氏族同时又把它们联合起来的母亲氏族,这种母亲氏族常常还能表明所有这些女儿氏族出自一个共同的男始祖。比如,据格罗特说:

“赫卡泰胞族的所有同时代的成员,都承认在第十六亲属等级内有一个共同的神为其男始祖。”④

---

① 乔·格罗特《希腊史》1869年伦敦版第3卷第60页,并参看马克思《路易斯·亨·摩尔根〈古代社会〉一书摘要》(《马克思恩格斯全集》中文第1版第45卷第503页。)——编者注

② 在马克思的手稿中不是格罗特,而是格罗特经常引用其著作的公元2世纪的古希腊学者波卢克斯。——编者注

③ 马克思《路易斯·亨·摩尔根〈古代社会〉一书摘要》,参看《马克思恩格斯全集》中文第1版第45卷第504—504页。——编者注

④ 乔·格罗特《希腊史》1869年伦敦版第3卷第58—59页,参看马克思《路易斯·亨·摩尔根〈古代社会〉一书摘要》(《马克思恩格斯全集》中文第1版第45卷第505页)。——编者注

所以，这一胞族的一切氏族都是真正的兄弟氏族。在荷马的诗篇中，还把胞族看做军事单位，在那著名的一段中，奈斯托尔劝告亚加米农说：要按照部落和胞族来编制军队，以便胞族帮助胞族，部落帮助部落。① 此外，胞族在其成员被害时有追究的权利和义务；可见在较早的时代，胞族也有血族复仇的义务。其次，胞族有共同的神殿和节日，而且，从古代雅利安人的传统的自然崇拜而来的全部希腊神话，其发展本身，实质上也是由氏族及胞族所制约并在它们内部进行的。胞族有一个胞族长（phratriarchos），据德·库朗日说，它还有全体大会，通过必须执行的决定，拥有法庭和行政机关。② 甚至以后的轻视氏族的国家，也给胞族保留下了若干公共的行政性的职能。

恩格斯：《家庭、私有制和国家的起源》（1884 年 3 月底—5 月底），摘自《马克思恩格斯文集》第 4 卷，人民出版社 2009 年版，第 114—119 页。

6. 父权制使家庭变成与氏族对立的力量。奴隶制开辟了奴役同部落人甚至同氏族人的前景。为了使有产者阶级剥削和统治无产者阶级的权利永久化，国家被发明出来

在英雄时代的希腊社会制度中，古代的氏族组织还是很有活力的，不过我们也已经看到，它的瓦解已经开始：由子女继承财产的父权制，促进了财产积累于家庭中，并且使家庭变成一种与氏族对立的力量；财产的差别，通过世袭贵族和王权的最初萌芽的形成，对社会制度发生反作用；奴隶制起初虽然仅限于俘虏，但已经开辟了奴役同部落人甚至同氏族人的前景；古代部落对部落的战争，已经逐渐蜕变为在陆上和海上为攫夺牲畜、奴隶和财宝而不断进行的抢劫，变为一种正常的营生，一句话，财富被当做最高的价值而受到赞美和崇敬，古代氏族制度被滥用来替暴力掠夺财富的行为辩护。所缺少的只是一件东西，即这样一个机关，它不仅保障单个人新获得的财富不受氏族制度的共产制传统的侵犯，不仅使以前被轻视的私有财产神圣化，并宣布这种神圣化是整个人类社会的最高目的，而且还

① 参看荷马《伊利亚特》第 2 首歌，以及马克思《路易斯·亨·摩尔根〈古代社会〉一书摘要》（《马克思恩格斯全集》中文第 1 版第 45 卷第 506 页）。——编者注

② 参看菲斯泰尔·德·库朗日《古代城市》第 3 册第 1 章。见该书 1864 年巴黎—斯特拉斯堡版第 146 页；并参看马克思《路易斯·亨·摩尔根〈古代社会〉一书摘要》（《马克思恩格斯全集》中文第 1 版第 45 卷第 506—507 页）。摘自《马克思恩格斯文集》第 4 卷，人民出版社 2009 年版，第 580 页注释。

给相继发展起来的获得财产从而不断加速财富积累的新的形式，盖上社会普遍承认的印章；所缺少的只是这样一个机关，它不仅使正在开始的社会分裂为阶级的现象永久化，而且使有产者阶级剥削无产者阶级的权利以及前者对后者的统治永久化。

而这样的机关也就出现了。国家被发明出来了。

恩格斯：《家庭、私有制和国家的起源》（1884 年 3 月底—5 月底），摘自《马克思恩格斯文集》第 4 卷，人民出版社 2009 年版，第 125 页。

7. 氏族制度走到了尽头，国家不知不觉地发展起来。迄今的一切革命都是为了保护一种所有制而反对另一种所有制的革命

怎么办呢？古老的氏族制度，不仅无力反对货币的胜利进军，而且也绝对没有办法能在自己的结构内部给货币、债权人、债务人以及逼债等找到立足之地。但是新的社会力量已经存在；挽回旧的美好时光的虔诚愿望和渴望，都没有能再把货币和高利贷从世界上消除。而且，在氏族制度中已经打开了一系列其他的次要缺口。在全部阿提卡境内，特别是在雅典城本身，各氏族和胞族的成员相互杂居，已经一代比一代厉害了，尽管这时雅典人仍然只能把土地而不能把自己的住宅卖给本氏族以外的人。随着工业和交换的进一步发展，各种生产部门——农业、手工业（在手工业内又有无数行业）、商业、航海业等——之间的分工日益充分地发展起来；居民现在依其职业分成了相当稳定的集团；其中每个集团都有好多新的共同的利益，这种利益在氏族或胞族内是没有存在的余地的，因而就需要创设新的公职来处理这种利益。奴隶的数量已经大大增加，那个时候肯定就已经远远超过自由的雅典人的数量；氏族制度最初并没有奴隶制，因而也就没有控制这大批非自由人的手段。最后，贸易把许多外地人吸引到雅典来，这些外地人是为了易于赚钱而定居这里的；按照旧制度，他们既没有权利，也不受法律保护，所以尽管有传统的容忍精神，他们仍然是人民中间令人不安的异己分子。

一句话，氏族制度已经走到了尽头。社会一天天成长，越来越超出氏族制度的范围；即使是最严重的坏事在它眼前发生，它也既不能阻止，又不能铲除了。但在这时，国家已经不知不觉地发展起来。最初在城市和乡村间，然后在各种城市劳动部门间实行的分工所造成的新集团，创立了新的机关以保护自己的利益；各种公职都设置起来了。这时，年轻的国家首先就需要一支自己的军事力量，而在操航海业的雅典人中间，起初只能是一支海上的军事力量，用以进行个别的小规模战争和保护商船。在梭伦以前的一个不能确知的时期，设置了诺克拉里，即小规模的区，每个部落设十二个；每一诺克拉里必须提供一只战船，配备上武器和船员，此外，还要提供两个骑士。这种设置对氏族制度起了双重的破坏作用：第一，它造成了一种已不再直接等同于武装起来的全体人民的公共权力；第二，它第一次不依亲属集团而依共同居住地区为了公共目的来划分人民。这有什么意义，可以从下面看出来。

既然氏族制度对于被剥削的人民不能有任何帮助，于是就只有期望正在产生的国家。而国家也确实以梭伦制度的形式给予了这种帮助，同时它又靠牺牲旧制度来增强自己。梭伦揭开了一系列所谓政治革命，而且是以侵犯所有制来揭开的，至于他在公元前594年实现改革的方式，我们在这里可以不谈。迄今的一切革命，都是为了保护一种所有制而反对另一种所有制的革命。它们如果不侵犯另一种所有制，便不能保护这一种所有制。在法国大革命时期，是牺牲封建的所有制以拯救资产阶级的所有制；在梭伦所进行的革命中，应当是损害债权人的财产以保护债务人的财产。债务简单地被宣布无效了。详情我们虽然不太清楚，但是梭伦在他的诗中自夸说，他清除了负债土地上的抵押柱，使那些因债务而被出卖和逃亡到海外的人都重返家园。这只有通过公开侵犯财产所有权才能做到。的确，一切所谓政治革命，从头一个起到末一个止，都是为了保护某种财产而实行的，都是通过没收（或者也叫做盗窃）另一种财产而进行的。所以毫无疑问，2500年来私有财产之所以能保存下来，只是由于侵犯了财产所有权的缘故。

恩格斯：《家庭、私有制和国家的起源》（1884年3月底—5月底），摘自《马克思恩格斯文集》第4卷，人民出版社2009年版，第130—132页。

8. 私有制的出现使氏族制度遭到了新的失败

这样，在制度中便加入了一个全新的因素——私有财产。公民的权利和义务，是按照他们的地产的多寡来规定的，于是，随着有产阶级日益获得势力，旧的血缘亲属团体也就日益遭到排斥；氏族制度遭到了新的失败。

然而，按照财产来规定政治权利，并不是国家不可缺少的办法。虽然这种办法在国家制度史上起过很大的作用，但是许多国家，而且恰好是最发达的国家，都是不需要它的。即使在雅典，它也只起了暂时的作用；从亚里斯泰迪兹的时候起，一切公职对每个公民都是开放的。①

恩格斯：《家庭、私有制和国家的起源》（1884 年 3 月底—5 月底），摘自《马克思恩格斯文集》第 4 卷，人民出版社 2009 年版，第 133 页。

9. 现代的一夫一妻家庭是社会制度的产物

关于现代的一夫一妻制家庭：它必然随着社会的发展而发展，随着社会的变化而变化，就像它过去那样。它是社会制度的产物……我们可以推想：它还能更加改善，直到达到两性间的平等为止。

马克思：《摩尔根〈古代社会〉一书摘要》，人民出版社 1978 年版，第 45—46 页。

（三）最初的阶级压迫是与男性对女性的压迫同时发生的

1. 妇女受压迫是阶级压迫的特殊形式，地主阶级和资产阶级对贫穷妇女的掠夺、吝啬和屠杀

读者大概还记得我所叙述的在爱尔兰和苏格兰清扫领地的过程，由于这种清扫，本世纪前半期有千千万万的人被从祖居的土地上赶走。② 这种清扫还在继续进行，而且是以无愧于这个模范国家的有美德的、高雅的、笃信宗教的、仁慈的贵族的那种毅力进行的。那些无保护的居民的房子不是当场被烧掉，就是被捣毁。去年秋天，在诺伊德特的尼加特庄园里，根据大地主的命令，向受人尊敬的、诚实的、爱劳动的唐纳德·麦克唐纳的房子进行了袭击。他的妻子卧病在床，不能迁移；但是管理人和他的一伙帮凶把麦克唐纳的六个都不满 15 岁的孩子赶出去了，把房子捣毁了，只剩下他妻子病床上方的一块不大的屋顶。

麦克唐纳被逼疯了。他被医生宣布为精神病患者；现在他到处徘徊，在被烧毁和捣毁的住房的废墟中寻找自己的孩子。他的饥饿的孩子们围着他哭哭啼啼，然而他不认识他们。他四处游荡，得不到帮助和关照，因为

① 公元前 477 年通过的选举资格法规定，允许雅典公民第四阶级，即最低阶级自由的贫民担任民政职务。一部分历史学家曾认为这是从亚里斯泰迪兹时期开始的。摘自《马克思恩格斯文集》第 4 卷，人民出版社 2009 年版，第 579 页注释。

② 指关于苏格兰和爱尔兰清扫领地的两篇文章（见《马克思恩格斯全集》中文第 2 版第 11 卷第 607—615 页和第 170—176 页）。马克思接着引用的是 1854 年 5 月 13 日《人民报》社论中的事实材料。引自《马克思恩格斯全集》第 13 卷，人民出版社 1998 年版，第 785 页注释。

他患的是文静的精神病。

两个即将分娩的已婚妇女亲眼看着自己的住房被捣毁。她们多日在露天下过夜，结果两人倍受痛苦，都早产了，弄得精神失常；现在她们带着自己的一大群孩子——无助又无望的低能儿——到处流浪。这是揭露所谓的不列颠贵族阶级的一个最有力的证据。

甚至孩子们也由于受惊和受迫害而精神失常了。在诺伊德特的杜恩，被赶出自己住所的贫农佃户栖息在一座旧仓库里。深夜，地主的代理人包围了这座仓库，并放火把这座无家可归的穷人正借以栖身的仓库烧掉了。人们发狂地从火中逃出来，有些人吓疯了。《北方旗帜报》写道：

> "一个男孩完全疯了，因此不得不把他隔离；他常从床上跳起来叫喊'火！火！'，并要周围的人相信，在燃烧着的仓库里还有大人和小孩。天黑以后，他一看到火光就害怕。正是杜恩这种骇人的景象——仓库燃烧着，照红了四周，一些吓得半疯的男人、女人和小孩在旁边东奔西窜——使他失去了理智。"

贵族就是这样来对待为他们创造财富的完全有劳动能力的贫农的。现在请听一听贵族的教区的慈善事业吧。现在我根据格拉斯哥的唐纳德·罗斯先生和《北方旗帜报》的材料举出以下的事实：

> "1. 寡妇马瑟森，96岁，每月从斯凯岛斯特拉斯教区只领到2先令6便士；
>
> 2. 默多·麦金托什，36岁，14个月前被大车压伤而完全丧失了劳动能力。他有妻子和七个从1岁到11岁的孩子；他每月从斯特拉斯教区只领到5先令；
>
> 3. 寡妇赛米尔·坎伯尔，77岁，住在斯凯岛布罗德福德一间半倒塌的破屋里，她每月从斯特拉斯教区领到1先令6便士。她抱怨说，这一点钱不够用，教区当局拖延了很久以后，才把她的补助金增加到每月2先令；
>
> 4. 寡妇麦金农，72岁，她从斯凯岛斯特拉斯教区每月领到2先令6便士；

5. 唐纳德，麦克杜格尔德，102岁，住在诺伊德特。他的妻子77岁，两人身体都很弱。他们每人每月从格伦埃尔格教区只领到3先令4便士；

6. 玛丽·麦克唐纳，寡妇，93岁，卧病在床。她的丈夫服兵役时失去了一支胳膊，20年前去世。她每月从格伦埃尔格教区领到4先令4便士；

7. 亚历山大·麦基萨克，53岁，完全没有劳动能力，他的妻子40岁，有一个双目失明的18岁的儿子和四个不满14岁的孩子。格伦埃尔格教区每月只给这个不幸的家庭6先令6便士，平均每人每月不到1先令；

8. 安格斯·麦金农，72岁，他的妻子66岁，有病，他们每人每月领到2先令2便士；

9. 玛丽·麦基萨克，80岁，身体很弱，双目完全失明，每月从格伦埃尔格教区领到3先令3便士。她要求增加，视察员回答说：'别人比你领得还少，你要求增加怎么不害羞'，视察员说完以后就再也不听她说的话了；

10. 珍妮特·麦克唐纳，也叫麦吉利夫雷，77岁，完全没有劳动能力，她每月只领到3先令3便士；

11. 凯瑟琳·吉利斯，78岁，完全没有劳动能力，她每月从格伦埃尔格教区只领到3先令3便士；

12. 玛丽·吉利斯，也叫格兰特，82岁，已经有八年卧病在床，她每月从阿德纳默汉教区领到28磅粗面粉和8便士。济贫所的视察员已经有两年没有到她那里去了；她得不到医疗，也得不到必要的衣服和食品；

13. 约翰·麦凯钱，86岁，卧病在床，住在阿德纳默汉教区奥赫阿克雷，教区每天给他1磅粗面粉，每月给他8便士。他没有衣服，也没有任何其他财产；

14. 尤恩·麦卡勒姆，93岁，有眼疾。在阿盖尔郡的纳普代尔教区，我发现他在克林楠运河两岸求乞。他每月领到4先令8便士，他没有衣服，得不到医疗，没有燃料，没有住房。这是一个衣衫褴褛的流浪汉，一个可怜的叫化子；

15. 凯特·麦克阿瑟，74岁，卧病在床，她孤单地住在纳普代尔教区的达纳迪。她每月除了从教区领到4先令8便士以外，什么也没有。医生从来不到她那里去；

16. 珍妮特·克尔，也叫麦卡勒姆，寡妇，78岁，健康状况不好；她每月从格拉萨里教区领到6先令。她没有住房；除了这点现金补助外，得不到任何其他帮助；

17. 阿奇博尔德·麦克劳林，73岁，住在阿品教区，完全没有劳动能力，他的妻子同他一样丧失了劳动力；他们每人每月从教区领到3先令4便士补助金，他们既没有燃料、衣服，也没有住房。他们住在不适于人居住的简陋不堪的破屋里；

18. 寡妇玛格丽特·麦克劳德，81岁，住在洛克布鲁姆教区的科伊加克，她每月领到3先令；

19. 寡妇约翰·马更些，81岁，住在洛克布鲁姆教区的阿拉普尔；双目完全失明，身体很弱；她每月只领到2先令；

20. 寡妇凯瑟琳·麦克唐纳，87岁，住在基尔布兰登教区的卢英岛；双目完全失明，卧病在床。她每月领到7先令生活费，其中包括付给助理护士的费用。她的住房倒塌了，但是教区不答应给她房屋，她睡在毫无遮盖的外屋的地上。视察员拒绝给她任何帮助。”

但是残暴行为还不止这些。不久以前在斯特拉斯卡伦发生了一次屠杀事件。一大批被逼迁暴行和可能再次遭受逼迁弄得精神失常的妇女，听说有一批该郡的政法官员要来驱逐佃户，就聚集在街头。然而来的并不是政法官员，而是税吏；税吏们得悉他们的身分被误解了时，便将错就错，冒充政法官员，说来这里是为了叫居民迁移并说非迁移不可。妇女们开始激动起来，官员们就用子弹上膛的手枪威胁她们。至于以后的情况，在唐纳德·罗斯先生的信中作了描述，他是从格拉斯哥抵达斯特拉斯卡伦的，并在这个地方逗留了两天以收集消息和探望伤员。他1854年4月15日在泰恩市的皇家旅馆写的这封信中有这样一段话：

“我所收集的消息证实了郡长的可耻行为。他没有事先向人们提出警告，说要派警察来对付她们。他没有宣读骚乱取缔令①。他甚至没有给她们以散开的时间；相反，他带着自己的队伍手持木棍向她们逼近，高喊：'滚开！'紧接着又喊：'狠揍她们！'随后立刻出现了一幕非笔墨所能形容的情景。警察开始用沉重的木棍打这些不幸的妇女的头部，把她们击倒在地上，在她们倒地之后又打她们，践踏她们，野蛮地朝她们身上乱踢一气。不久整个地面上染满了鲜血。倒卧在血泊中的妇女和儿童的喊声震撼了天地。一部分被警察追击的妇女跳进了水深流急的卡伦河，认为它比警察和郡长要仁慈一些。一些妇女的头发被警察的木棍一束一束地打落下来；一个女孩遭到了木棍野蛮的毒打，从肩上打掉了一块约 7 英寸长、1¼英寸宽、¼英寸多厚的肉。一个少女只是一个旁观者，就遭到三个警察的追打，他们打她的前额，砍伤了她的头，而在她倒在地上以后又踢她。医生从伤口里取出了一块被凶狠的警察打进伤口的头巾布。少女背上留下的靴钉的痕迹仍清晰可辨。现在在斯特拉斯卡伦还有十三个妇女由于遭到警察的摧残而处于危险状态中。其中三个人情况很不好，医护人员认为已经没有治愈的希望。根据这些妇女的外貌、她们受伤的严重程度以及我所收集的医生的诊断书，我得出这样的结论：受伤的人中能够康复的不超过一半；所有哪怕是能活下去的人，也将在身体上保留着她们所遭到的极端残暴的迫害的可悲的证据。在伤势特别严重的人中有一个孕妇。她并没有站在郡长对面的人群中，而是站在颇远的地方，并且仅仅是一个旁观者；然而她也遭到了警察的毒打和脚踢，她的情况非常危险。"

我们还可以补充说，遭到袭击的妇女有 18 人。郡长姓泰勒。

这就是 1854 年不列颠贵族阶级的面貌。

地方当局和政府商定，只有在停止对普雷斯顿治安法官和棉纺大王的

① 骚乱取缔令是英国 1714 年颁布并于 1715 年生效的一项法令。该法令理文规定，禁止 12 人以上的一切"骚乱性集会"。如果有这种情况发生，当局有责任提出特别警告，若集会者在一小时内不解散，则可使用武力。摘自《马克思恩格斯全集》第 13 卷，人民出版社 1998 年版，第 774 页注释。

活动进行调查的条件下，才能停止对考威尔、格里姆肖和普雷斯顿罢工①的其他领导人所提出的司法追究。正是根据这一协议，停止了对普雷斯顿治安法官和棉纺大王的调查。

马克思：《对塞瓦斯托波尔的攻击。——在苏格兰对领地的清扫》（1854年5月19日），摘自《马克思恩格斯全集》第13卷，人民出版社1998年版，第286—290页。

2. 以血族团体为基础的旧社会，由于新形成的各社会阶级的冲突而被炸毁；代之而起的是组成为国家的新社会，而国家的基层单位已经不是血族团体，而是地区团体了。在这种社会中，家庭制度完全受所有制的支配，阶级对立和阶级斗争从此自由开展起来，这种阶级对立和阶级斗争构成了直到今日的全部成文史的内容

根据唯物主义观点，历史中的决定性因素，归根结底是直接生活的生产和再生产。但是，生产本身又有两种。一方面是生活资料即路易斯·亨利·摩尔根《古代社会，或人类从蒙昧时代经过野蛮时代到文明时代的发展过程的研究》1877年伦敦麦克米伦公司版。该书在美国刊印，在伦敦极难买到。作者已于数年前去世。食物、衣服、住房以及为此所必需的工具的生产；另一方面是人自身的生产，即种的繁衍。一定历史时代和一定地区内的人们生活于其下的社会制度，受着两种生产的制约：一方面受劳动的发展阶段的制约，另一方面受家庭的发展阶段的制约。劳动越不发展，劳动产品的数量，从而社会的财富越受限制，社会制度就越在较大程度上受血族关系的支配。然而，在以血族关系为基础的这种社会结构中，劳动生产率日益发展起来；与此同时，私有制和交换、财产差别、使用他人劳动力的可能性，从而阶级对立的基础等等新的社会成分，也日益发展起来；这些新的社会成分在几个世代中竭力使旧的社会制度适应新的条件，直到

① 普雷斯顿罢工，这是19世纪50年代英国工人的规模最大的罢工运动之一。1853年8月，普雷斯顿和四郊的棉纺织厂的织布工和细纱工举行罢工，要求增加工资10%，得到了其他行业工人的支持。企业主联合会为了对付罢工，1853年9月宣布了同盟歇业。在3万名普雷斯顿工人中大约有2万5千人停止工作。这次罢工运动的特点是得到了其他城市工人的支援，普雷斯顿工人因此而坚持了36周之久。1854年2月同盟歇业已停止，但罢工还在继续。为了破坏罢工，企业主联合会开始把爱尔兰和英格兰习艺所的工人运到普雷斯顿。1854年3月，罢工的领导人被捕。由于基金耗尽工人被迫复工，5月罢工结束。关于普雷斯顿罢工的起因进程及其意义，见《马克思恩格斯全集》中文第2版第12卷，第381—382、482—485、509—510和537—538页及本卷，第289—290页。摘自《马克思恩格斯全集》第13卷，人民出版社1998年版，第774页注释。

两者的不相容性最后导致一个彻底的变革为止。以血族团体为基础的旧社会，由于新形成的各社会阶级的冲突而被炸毁；代之而起的是组成为国家的新社会，而国家的基层单位已经不是血族团体，而是地区团体了。在这种社会中，家庭制度完全受所有制的支配，阶级对立和阶级斗争从此自由开展起来，这种阶级对立和阶级斗争构成了直到今日的全部成文史的内容。

摩尔根的伟大功绩，就在于他在主要特点上发现和恢复了我们成文史的这种史前的基础，并且在北美印第安人的血族团体中找到了一把解开希腊、罗马和德意志上古史上那些极为重要而至今尚未解决的哑谜的钥匙。而他的著作也并非一日之功。他研究自己所得的材料，到完全掌握为止，前后大约有 40 年。然而也正因为如此，他这本书才成为今日划时代的少数著作之一。

恩格斯：《〈家庭、私有制和国家的起源〉1884 年第一版序言》（1884 年 3 月底—5 月 26 日），摘自《马克思恩格斯文集》第 4 卷，人民出版社 2009 年版，第 15—16 页。

3. 历史上出现的最初的阶级对立，是同个体婚制下夫妻间的对抗的发展同时发生的，最初的阶级压迫是与男性对女性的压迫同时发生的

可见，个体婚制在历史上决不是作为男女之间的和好而出现的，更不是作为这种和好的最高形式而出现的。恰好相反。它是作为女性被男性奴役，作为整个史前时代所未有的两性冲突的宣告而出现的。在马克思和我于 1846 年合写的一个旧的、未发表的手稿中，我发现了如下一句话：“最初的分工是男女之间为了生育子女而发生的分工。”① 现在我可以补充几句：在历史上出现的最初的阶级对立，是同个体婚制下夫妻间的对抗的发展同时发生的，而最初的阶级压迫是同男性对女性的压迫同时发生的。个体婚制是一个伟大的历史的进步，但同时它同奴隶制和私有制一起，却开辟了一个一直继续到今天的时代，在这个时代中，任何进步同时也是相对的退步，因为在这种进步中，一些人的幸福和发展是通过另一些人的痛苦和受压抑而实现的。个体婚制是文明社会的细胞形态，根据这种形态，我们就可以研究文明社会内部充分发展着的对立和矛盾的本质。

---

① 恩格斯引用的可能是马克思和恩格斯的著作《德意志意识形态》手稿中未保留下来的 10 页上的一句话。不过在《德意志意识形态》中也表达过类似的思想。摘自《马克思恩格斯文集》第 4 卷，人民出版社 2009 年版，第 578 页注释。

恩格斯：《家庭、私有制和国家的起源》（1884年3月底—5月底），摘自《马克思恩格斯文集》第4卷，人民出版社2009年版，第78页。

4. 氏族之间联系的破裂，分裂为互相斗争的对立阶级。生产品由生产者支配是野蛮时代生产的巨大优越性，这一优越性随着文明时代的到来便丧失了，夺回这一优越性将是下几代人的任务

以前，当人民的生活条件和氏族制度还相适应时，这样的变革是不可能的；但是现在这一变革发生了，人们不知道它是怎样发生的。我们暂且回转来看一下易洛魁人吧。这时强加在雅典人身上而他们可以说并未参与策划并且又确乎违反他们意志的状况，在易洛魁人中间是不能想象的。在易洛魁人那里，年年不变的生产生活资料的方式，决不会产生这种仿佛从外面强加的冲突，这种富人与穷人、剥削者与被剥削者之间的对立。易洛魁人离支配自然的地步还远得很，但是在他们能起作用的自然界限以内，他们是支配着自己的生产的。除开他们的小小园圃的歉收，他们的河流湖泊内的鱼类的罄竭以及森林中猎物的绝迹以外，他们知道他们获取生活资料的方式会产生什么结果。所必然产生的结果是生活资料，尽管有时少，有时多；但是决不会产生那种无意中产生的社会变革，氏族联系的破裂，或同氏族人和同部落人分裂为互相斗争的对立阶级。生产是在极狭隘的范围内进行的，但生产品完全由生产者支配。这是野蛮时代的生产的巨大优越性，这一优越性随着文明时代的到来便丧失了。夺回这一优越性，但是以今日人类所获得的对自然的有力支配以及今日已有可能的自由联合为基础，这将是下几代人的任务。

恩格斯：《家庭、私有制和国家的起源》（1884年3月底—5月底），摘自《马克思恩格斯文集》第4卷，人民出版社2009年版，第129页。

5. 奴隶制使社会分成剥削阶级和被剥削阶级的状况继续存在于整个文明时代，个人的财富是文明时代唯一的具有决定意义的目的

随着在文明时代获得最充分发展的奴隶制的出现，就发生了社会分成剥削阶级和被剥削阶级的第一次大分裂。这种分裂继续存在于整个文明期。奴隶制是古希腊罗马时代世界所固有的第一个剥削形式；继之而来的是中世纪的农奴制和近代的雇佣劳动制。这就是文明时代的三大时期所特有的三大奴役形式；公开的而近来是隐蔽的奴隶制始终伴随着文明时代。

文明时代所由以开始的商品生产阶段，在经济上有下列特征：(1) 出现了金属货币，从而出现了货币资本、利息和高利贷；(2) 出现了作为生产者之间的中间阶级的商人；(3) 出现了土地私有制和抵押；(4) 出现了作为占统治地位的生产形式的奴隶劳动。与文明时代相适应并随之彻底确立了自己的统治地位的家庭形式是专偶制、男子对妇女的统治，以及作为社会经济单位的个体家庭。国家是文明社会的概括，它在一切典型的时期毫无例外地都是统治阶级的国家，并且在一切场合在本质上都是镇压被压迫被剥削阶级的机器。此外，文明时代还有如下的特征：一方面，是把城市和乡村的对立作为整个社会分工的基础固定下来；另一方面，是实行所有者甚至在死后也能够据以处理自己财产的遗嘱制度。这种同古代氏族制度直接冲突的制度，在雅典直到梭伦时代之前还没有过；在罗马，它很早就已经实行了，究竟在什么时候我们不知道①；在德意志人中间，这种制度是由教士引入的，为的是使诚实的德意志人能够毫无阻碍地将自己的遗产遗赠给教会。

文明时代以这种基本制度完成了古代氏族社会完全做不到的事情。但是，它是用激起人们的最卑劣的冲动和情欲，并且以损害人们的其他一切秉赋为代价而使之变本加厉的办法来完成这些事情的。鄙俗的贪欲是文明时代从它存在的第一日起直至今日的起推动作用的灵魂；财富，财富，第三还是财富——不是社会的财富，而是这个微不足道的单个的个人的财富，这就是文明时代唯一的、具有决定意义的目的。如果说在文明时代的怀抱中科学曾经日益发展，艺术高度繁荣的时期一再出现，那也不过是因为现代的一切积聚财富的成就不这样就不可能获得罢了。

由于文明时代的基础是一个阶级对另一个阶级的剥削，所以它的全部发展都是在经常的矛盾中进行的。生产的每一进步，同时也就是被压迫阶级即大多数人的生活状况的一个退步。对一些人是好事，对另一些人必然

---

① 拉萨尔的《既得权利体系》一书第二部的中心，主要是这样一个命题：罗马的遗嘱制同罗马本身一样古老，以致在罗马历史上，从来“没有过无遗嘱制的时代”，遗嘱制确切些说是在罗马以前的时代从对死者的崇拜中产生的。拉萨尔作为一个虔诚的老年黑格尔派，不是从罗马人的社会关系中，而是从意志的“思辨概念”中引申出罗马的法的规定，从而得出了上述的完全非历史的论断。这在该书中是不足为奇的，因为该书根据同一个思辨概念得出结论，认为在罗马的继承制中财产的转移纯粹是次要的事情。拉萨尔不仅相信罗马法学家，特别是较早时期的罗马法学家的幻想，而且还比他们走得更远。

是坏事，一个阶级的任何新的解放，必然是对另一个阶级的新的压迫。这一情况的最明显的例证就是机器的采用，其后果现在已是众所周知的了。如果说在野蛮人中间，像我们已经看到的那样，不大能够区别权利和义务，那么文明时代却使这两者之间的区别和对立连最愚蠢的人都能看得出来，因为它几乎把一切权利赋予一个阶级，另方面却几乎把一切义务推给另一个阶级。

但是，这并不是应该如此的。凡对统治阶级是好的，对整个社会也应该是好的，因为统治阶级把自己与整个社会等同起来了。所以文明时代越是向前进展，它就越是不得不给它所必然产生的种种坏事披上爱的外衣，不得不粉饰它们，或者否认它们——一句话，即实行流俗的伪善，这种伪善，无论在较早的那些社会形式下还是在文明时代初期阶段都是没有的，并且最后在下述说法中达到了极点：剥削阶级对被压迫阶级进行剥削，完全是为了被剥削阶级本身的利益；如果被剥削阶级不懂得这一点，甚至想要造反，那就是对行善的人即对剥削者的一种最卑劣的忘恩负义行为。①

现在把摩尔根对文明时代的评断引在下面作一个结束：

> “自从进入文明时代以来，财富的增长是如此巨大，它的形式是如此繁多，它的用途是如此广泛，为了所有者的利益而对它进行的管理又是如此巧妙，以致这种财富对人民说来已经变成了一种无法控制的力量。人类的智慧在自己的创造物面前感到迷惘而不知所措了。然而，总有一天，人类的理智一定会强健到能够支配财富，一定会规定国家对它所保护的财产的关系，以及所有者的权利的范围。社会的利益绝对地高于个人的利益，必须使这两者处于一种公正而和谐的关系之中。只要进步仍将是未来的规律，像它对于过去那样，那么单纯追求财富就不是人类的最终的命运了。自从文明时代开始以来所经过的时间，

① 我最初打算引用散见于沙尔·傅立叶著作中的对文明时代的卓越的批判，同摩尔根和我自己对文明时代的批判并列。可惜我没有时间来做这个工作了。现在我只想说明，傅立叶已经把专偶制和土地所有制作为文明时代的主要特征，他把文明时代叫做富人对穷人的战争。同样，我们也发现他有一个深刻的观点，即认为在一切不完善的、分裂为对立面的社会中，个体家庭（les famllles incohérentes）是一种经济单位。

只是人类已经经历过的生存时间的一小部分，只是人类将要经历的生存时间的一小部分。社会的瓦解，即将成为以财富为唯一的最终目的的那个历程的终结，因为这一历程包含着自我消灭的因素。管理上的民主，社会中的博爱，权利的平等，教育的普及，将揭开社会的下一个更高的阶段，经验、理智和科学正在不断向这个阶段努力。这将是古代氏族的自由、平等和博爱的复活，但却是在更高级形式上的复活。”（摩尔根《古代社会》第552页）

恩格斯：《家庭、私有制和国家的起源》（1884年3月底—5月底），摘自《马克思恩格斯文集》第4卷，人民出版社2009年版，第195—198页。

6. 马克思关于阶级和阶级斗争的新内容或新贡献

至于讲到我，无论是发现现代社会中有阶级存在或发现各阶级间的斗争，都不是我的功劳。在我以前很久，资产阶级历史编纂学家就已经叙述过阶级斗争的历史发展，资产阶级经济学家也已经对各个阶级作过经济上的分析。我所加上的新内容就是证明了下列几点：（1）阶级的存在仅仅同生产发展的一定历史阶段相联系；（2）阶级斗争必然导致无产阶级专政；（3）这个专政不过是达到消灭一切阶级和进入无阶级社会的过渡。

马克思：《致约瑟夫·魏德迈》（1852年3月5日），摘自《马克思恩格斯文集》第10卷，人民出版社2009年版，第106页。

7. 生产力发展水平决定了社会成员的分工，出现了剥削阶级和被剥削阶级、统治阶级和被压迫阶级、体力劳动者和脑力劳动者之间的对立

有一点是清楚的：当人的劳动的生产率还非常低，除了必要生活资料只能提供很少的剩余的时候，生产力的提高、交往的扩大、国家和法的发展、艺术和科学的创立，都只有通过更大的分工才有可能，这种分工的基础是从事单纯体力劳动的群众同管理劳动、经营商业和掌管国事以及后来从事艺术和科学的少数特权分子之间的大分工。这种分工的最简单的完全自发的形式，正是奴隶制。……

在这里我们顺便补充一下，剥削阶级和被剥削阶级、统治阶级和被压迫阶级之间的到现在为止的一切历史对立，都可以从人的劳动的这种相对不发展的生产率中得到说明。只要实际从事劳动的居民必须占用很多时间来从事自己的必要劳动，因而没有多余的时间来从事社会的公共事务——劳动管理、国家事务、法律事务、艺术、科学等等，总是必然有一个脱离实际劳动的特殊阶级来从事这些事务；而且这个阶级为了它自己的利益，从来不会错过机会来把越来越沉重的劳动负担加到劳动群众的肩上。

恩格斯：《反杜林论》（1876 年 9 月—1878 年 6 月），摘自《马克思恩格斯文集》第 9 卷，人民出版社 2009 年版，第 189 页。

8. 统治阶级一旦掌握政权就牺牲劳动阶级来巩固自己的统治，把对社会的领导变成对群众的剥削

自从资本主义生产方式在历史上出现以来，由社会占有全部生产资料，常常作为未来的理想隐隐约约地浮现在个别人物和整个整个派别的头脑中。但是，这种占有只有在实现它的物质条件已经具备的时候，才能成为可能，才能成为历史的必然性。正如其他一切社会进步一样，这种占有之所以能够实现，并不是由于人们认识到阶级的存在同正义、平等等等相矛盾，也不是仅仅由于人们希望废除这些阶级，而是由于具备了一定的新的经济条件。社会分裂为剥削阶级和被剥削阶级、统治阶级和被压迫阶级，是以前生产不大发展的必然结果。只要社会总劳动所提供的产品除了满足社会全体成员最起码的生活需要以外只有少量剩余，就是说，只要劳动还占去社会大多数成员的全部或几乎全部时间，这个社会就必然划分为阶级。在这被迫专门从事劳动的大多数人之旁，形成了一个脱离直接生产劳动的阶级，它掌管社会的共同事务：劳动管理、国家事务、司法、科学、艺术等等。因此，分工的规律就是阶级划分的基础。但是，这并不妨碍阶级的这种划分曾经通过暴力和掠夺、欺诈和蒙骗来实现，这也不妨碍统治阶级一旦掌握政权就牺牲劳动阶级来巩固自己的统治，并把对社会的领导变成对群众的剥削。

恩格斯：《反杜林论》（1880 年 1 月—3 月上半月），摘自《马克思恩格斯文集》第 9 卷，人民出版社 2009 年版，第 298 页。

9. 以往的全部历史，除原始状态外，都是阶级斗争的历史。互相斗争的阶级是自己时代的经济关系的产物

新的事实迫使人们对以往的全部历史作一番新的研究，结果发现：以往的全部历史，除原始状态外，都是阶级斗争的历史；这些互相斗争的社会阶级在任何时候都是生产关系和交换关系的产物，一句话，都是自己时代的经济关系的产物；因而每一时代的社会经济结构形成现实基础，每一个历史时期的由法的设施和政治设施以及宗教的、哲学的和其他的观念形式所构成的全部上层建筑，归根到底都应由这个基础来说明。

恩格斯：《社会主义从空想到科学的发展》（1880 年 1 月—3 月上半月），摘自《马克思恩格斯文集》第 3 卷，人民出版社 2009 年版，第 544 页。

10. 阶级斗争是受经济状况的影响和制约的

正是马克思最先发现了重大的历史运动规律。根据这个规律，一切历史上的斗争，无论是在政治、宗教、哲学的领域中进行的，还是在其他意识形态领域中进行的，实际上只是或多或少明显地表现了各社会阶级的斗争，而这些阶级的存在以及它们之间的冲突，又为它们的经济状况的发展程度、它们的生产的性质和方式以及由生产所决定的交换的性质和方式所制约。这个规律对于历史，同能量转化定律对于自然科学具有同样的意义。这个规律在这里也是马克思用以理解法兰西第二共和国历史的钥匙。

恩格斯：《路易·波拿巴的雾月十八日》（1885 年），摘自《马克思恩格斯文集》第 2 卷，人民出版社 2009 年版，第 469 页。

二、妇女与经济

（一）妇女生存和发展的物质基础

1. 英国工业革命使资产阶级社会的整个基础发生了革命

当革命的风暴横扫整个法国的时候，英国正在进行一场比较平静，但是并不因此就显得缺乏力量的变革。蒸汽和新的工具机把工场手工业变成了现代的大工业，从而使资产阶级社会的整个基础发生了革命。工场手工业时代的迟缓的发展进程转变成了生产中的真正的狂飙时期。社会越来越迅速地分化为大资本家和一无所有的无产者，现在处于他们二者之间的，已经不是以前的稳定的中间等级，而是不稳定的手工业者和小商人群众，他们过着动荡不定的生活，是人口中最流动的部分。新的生产方式还处在上升时期的最初阶段；它还是正常的、适当的、在当时条件下唯一可能的生产方式。但是就在那时，它已经产生了明显的社会弊病：无家可归的人挤在大城市的贫民窟里；一切传统的血缘关系、宗法从属关系、家庭关系都解体了；劳动时间，特别是女工和童工的劳动时间延长到可怕的程度；突然被抛到全新的环境中的劳动阶级，从乡村转到城市、从农业转到工业、从稳定的生活条件转到天天都在变化的毫无保障的生活条件的劳动阶级①，大批地堕落了。

恩格斯：《社会主义从空想到科学的发展》（1880 年 1 月—3 月上半月），摘自《马克思恩格斯文集》第 3 卷，人民出版社 2009 年版，第 532—533 页。

2. 当人们发明了货币，就创造了一种新的社会力量，一种使整个社会都要向它屈膝的普遍力量

希腊人的情形就不同了。业已出现的对畜群和奢侈品的私人占有，引起了单个人之间的交换，使产品变成了商品。这就包含着随之而来的全部变革的萌芽。当生产者不再直接消费自己的产品，而是通过交换把它转让出去的时候，他们就失去了对自己的产品的支配权力。他们已不再知道产

① 在 1883 年德文第一版中没有“从乡村……的劳动阶级”这句话。——编者注

品的结局如何，于是产品有那么一天被用来反对生产者、剥削和压迫生产者的可能性便产生了。因此，不论哪一个社会，只要它不消灭单个人之间的交换，它便不能长久保持对它自己的生产的支配，不能长久保持对自己生产过程的社会效果的控制。

然而，产品是怎样在单个人之间的交换发生以后以及随着产品变成商品而迅速地支配了它的生产者的——这一点雅典人不得不亲自来体验了。随着商品生产，出现了个人单独经营的土地耕作，以后不久又出现了个人的土地所有制。随后就出现了货币，即其余一切商品都可以与之交换的普遍商品。但是当人们发明货币的时候，他们并没有想到，这样一来他们就创造了一种新的社会力量，一种整个社会都要向它屈膝的普遍力量。这种未经它自身创造者的预知并违反其意志而突然崛起的新力量，就以它那全部青春时代的粗暴性使雅典人感受到它的支配了。

恩格斯：《家庭、私有制和国家的起源》（1884年3月底—5月底），摘自《马克思恩格斯文集》第4卷，人民出版社2009年版，第129—130页。

3. 全部人类历史的第一个前提是有生命的个人的存在，第一个需要确认的事实就是人与自然的关系。人们在生产自己所需要的生活资料时，开始把自己和动物区别开来，同时间接地生产着自己的物质生活本身

这是一些现实的个人，是他们的活动和他们的物质生活条件，包括他们已有的和由他们自己的活动创造出来的物质生活条件。因此，这些前提可以用纯粹经验的方法来确认。

全部人类历史的第一个前提无疑是有生命的个人的存在。① 因此，第一个需要确认的事实就是这些个人的肉体组织以及由此产生的个人对其他自然的关系。当然，我们在这里既不能深入研究人们自身的生理特性，也不能深入研究人们所处的各种自然条件——地质条件、山岳水文地理条件、气候条件以及其他条件。② 任何历史记载都应当从这些自然基础以及它们在历史进程中由于人们的活动而发生的变更出发。

---

① 手稿中删去以下这句话：“这些个人把自己和动物区别开来的第一个历史行动不在于他们有思想，而在于他们开始生产自己的生活资料。”——编者注

② 手稿中删去以下这句话：“但是，这些条件不仅决定着人们最初的、自然形成的肉体组织，特别是他们之间的种族差别，而且直到如今还决定着肉体组织的整个进一步发展或不发展。”——编者注

可以根据意识、宗教或随便别的什么来区别人和动物。一当人开始生产自己的生活资料，即迈出由他们的肉体组织所决定的这一步的时候，人本身就开始把自己和动物区别开来。人们生产自己的生活资料，同时间接地生产着自己的物质生活本身。

人们用以生产自己的生活资料的方式，首先取决于他们已有的和需要再生产的生活资料本身的特性。这种生产方式不应当只从它是个人肉体存在的再生产这方面加以考察。更确切地说，它是这些个人的一定的活动方式，是他们表现自己生命的一定方式、他们的一定的生活方式。个人怎样表现自己的生命，他们自己就是怎样。因此，他们是什么样的，这同他们的生产是一致的——既和他们生产什么一致，又和他们怎样生产一致。因而，个人是什么样的，这取决于他们进行生产的物质条件。

这种生产第一次是随着人口的增长而开始的。而生产本身又是以个人彼此之间的交往［Verkehr］① 为前提的。这种交往的形式又是由生产决定的。

马克思、恩格斯：《德意志意识形态》（1845 年秋—1846 年 5 月），摘自《马克思恩格斯文集》第 1 卷，人民出版社 2009 年版，第 519—520 页。

4. 一个民族的生产力发展的水平最明显地表现于该民族分工的发展程度

各民族之间的相互关系取决于每一个民族的生产力、分工和内部交往的发展程度。这个原理是公认的。然而不仅一个民族与其他民族的关系，而且这个民族本身的整个内部结构也取决于自己的生产以及自己内部和外部的交往的发展程度。一个民族的生产力发展的水平，最明显地表现于该民族分工的发展程度。任何新的生产力，只要它不是迄今已知的生产力单纯的量的扩大（例如，开垦土地），都会引起分工的进一步发展。

一个民族内部的分工，首先引起工商业劳动同农业劳动的分离，从而也引起城乡的分离和城乡利益的对立。分工的进一步发展导致商业劳动同工业劳动的分离。同时，由于这些不同部门内部的分工，共同从事某种劳

① “交往”（Verkehr）这个术语在《德意志意识形态》中含义很广。它包括单个人、社会团体以及国家之间的物质交往和精神交往。马克思和恩格斯在这部著作中指出：物质交往，首先是人们在生产过程中的交往，这是任何其他交往的基础。《德意志意识形态》中所用的“交往形式”、“交往方式”、“交往关系”、“生产关系和交往关系”这些术语，表达了马克思和恩格斯在这个时期形成的生产关系概念。摘自《马克思恩格斯文集》第 1 卷，人民出版社 2009 年版，第 808 页注释。

动的个人之间又形成不同的分工。这种种分工的相互关系取决于农业劳动、工业劳动和商业劳动的经营方式（父权制、奴隶制、等级、阶级）。在交往比较发达的条件下，同样的情况也会在各民族间的相互关系中出现。

马克思、恩格斯：《德意志意识形态》（1845年秋—1846年5月），摘自《马克思恩格斯文集》第1卷，人民出版社2009年版，第520页。

5. 人类生存的第一个前提是进行物质生活资料的生产和再生产，同时人们开始自己生命的生产和他人生命的生产，即繁殖

我们首先应当确定一切人类生存的第一个前提，也就是一切历史的第一个前提，[①] 这个前提是：人们为了能够“创造历史”，必须能够生活。[②] 但是为了生活，首先就需要吃喝住穿以及其他一些东西。因此第一个历史活动就是生产满足这些需要的资料，即生产物质生活本身，而且，这是人们从几千年前直到今天单是为了维持生活就必须每日每时从事的历史活动，是一切历史的基本条件。即使感性在圣布鲁诺那里被归结为像一根棍子那样微不足道的东西[③]，它仍然必须以生产这根棍子的活动为前提。因此任何历史观的第一件事情就是必须注意上述基本事实的全部意义和全部范围，并给予应有的重视。大家知道，德国人从来没有这样做过，所以他们从来没有为历史提供世俗基础，因而也从未拥有过一个历史学家。法国人和英国人尽管对这一事实同所谓的历史之间的联系了解得非常片面——特别是因为他们受政治意识形态的束缚——，但毕竟作了一些为历史编纂学提供唯物主义基础的初步尝试，首次写出了市民社会史、商业史和工业史。

第二个事实是，已经得到满足的第一个需要本身、满足需要的活动和已经获得的为满足需要而用的工具又引起新的需要，而这种新的需要的产生是第一个历史活动。从这里立即可以明白，德国人的伟大历史智慧是谁的精神产物。德国人认为，凡是在他们缺乏实证材料的地方，凡是在神学、政治和文学的谬论不能立足的地方，就没有任何历史，那里只有“史前时期”；至于如何从这个荒谬的“史前历史”过渡到真正的历史，他们却没有对我们作任何解释。不过另一方面，他们的历史思辨所以特别热衷于这个“史前历史”，是因为他们认为在这里他们不会受到“粗暴事实”的干

① 马克思加了边注：“历史”。——编者注

② 马克思加了边注：“黑格尔。地质、水文等等的条件。人体。需要，劳动”。——编者注

③ 指布·鲍威尔在《评路德维希·费尔巴哈》一文中的观点。——编者注

预，而且还可以让他们的思辨欲望得到充分的自由，创立和推翻成千上万的假说。

一开始就进入历史发展过程的第三种关系是：每日都在重新生产自己生命的人们开始生产另外一些人，即繁殖。这就是夫妻之间的关系，父母和子女之间的关系，也就是家庭。这种家庭起初是唯一的社会关系，后来，当需要的增长产生了新的社会关系而人口的增多又产生了新的需要的时候，这种家庭便成为从属的关系了（德国除外）。这时就应该根据现有的经验材料来考察和阐明家庭，而不应该像通常在德国所做的那样，根据“家庭的概念”来考察和阐明家庭。此外，不应该把社会活动的这三个方面看做是三个不同的阶段，而只应该看做是三个方面，或者，为了使德国人能够明白，把它们看做是三个“因素”。从历史的最初时期起，从第一批人出现以来，这三个方面就同时存在着，而且现在也还在历史上起着作用。

这样，生命的生产，无论是通过劳动而生产自己的生命，还是通过生育而生产他人的生命，就立即表现为双重关系：一方面是自然关系，另一方面是社会关系；社会关系的含义在这里是指许多个人的共同活动，不管这种共同活动是在什么条件下、用什么方式和为了什么目的而进行的。由此可见，一定的生产方式或一定的工业阶段始终是与一定的共同活动方式或一定的社会阶段联系着的，而这种共同活动方式本身就是“生产力”；由此可见，人们所达到的生产力的总和决定着社会状况，因而，始终必须把“人类的历史”同工业和交换的历史联系起来研究和探讨。但是，这样的历史在德国是写不出来的，这也是很明显的，因为对于德国人来说，要做到这一点不仅缺乏理解能力和材料，而且还缺乏“感性确定性”；而在莱茵河彼岸之所以不可能有关于这类事情的任何经验，是因为那里再没有什么历史。由此可见，人们之间一开始就有一种物质的联系。这种联系是由需要和生产方式决定的，它和人本身有同样长久的历史；这种联系不断采取新的形式，因而就表现为“历史”，它不需要用任何政治的或宗教的呓语特意把人们维系在一起。

只有现在，在我们已经考察了原初的历史的关系的四个因素、四个方面之后，我们才发现：人还具有“意识”。

马克思、恩格斯：《德意志意识形态》（1845年秋—1846年5月），摘自《马克思恩格斯文集》第1卷，人民出版社2009年版，第531—533页。

6. 生活资料的生产表现为双重关系，即自然关系和社会关系。人们所达到的生产力的总和决定着社会状况

这样，生活的生产——无论是自己生活的生产（通过劳动）或他人生活的生产（通过生育）——立即表现为双重关系：一方面是自然关系，另一方面是社会关系；社会关系的含义是指许多个人的合作，至于这种合作是在什么条件下、用什么方式和为了什么目的进行的，则是无关紧要的。由此可见，一定的生产方式或一定的工业阶段始终是与一定的共同活动的方式或一定的社会阶段联系着的，而这种共同活动方式本身就是“生产力”；由此可见，人们所达到的生产力的总和决定着社会状况，因而，始终必须把“人类的历史”同工业和交换的历史联系起来研究和探讨。

马克思、恩格斯：《德意志意识形态》（1845年秋—1846年5月），摘自《马克思恩格斯全集》第3卷，人民出版社1960年版，第33—34页。

7. 全部历史的基础是生产力，生产力是人们应用能力的结果，物质关系是形成人们的一切关系的基础

社会——不管其形式如何——是什么呢？是人们交互活动的产物。人们能否自由选择某一社会形式呢？决不能。在人们的生产力发展的一定状况下，就会有一定的交换［commerce］和消费形式。在生产、交换和消费发展的一定阶段上，就会有相应的社会制度形式、相应的家庭、等级或阶级组织，一句话，就会有相应的市民社会。有一定的市民社会，就会有不过是市民社会的正式表现的相应的政治国家。这就是蒲鲁东先生永远不会了解的东西，因为，当他从诉诸国家转而诉诸市民社会，即从诉诸社会的正式表现转而诉诸正式社会的时候，他竟认为他是在完成一桩伟业。

这里不必再补充说，人们不能自由选择自己的生产力——这是他们的全部历史的基础，因为任何生产力都是一种既得的力量，是以往的活动的产物。可见，生产力是人们应用能力的结果，但是这种能力本身决定于人们所处的条件，决定于先前已经获得的生产力，决定于在他们以前已经存在、不是由他们创立而是由前一代人创立的社会形式。后来的每一代人都得到前一代人已经取得的生产力并当做原料来为自己新的生产服务，由于这一简单的事实，就形成人们的历史中的联系，就形成人类的历史，这个历史随着人们的生产力以及人们的社会关系的愈益发展而愈益成为人类的历史。由此就必然得出一个结论：人们的社会历史始终只是他们的个体发展的历史，而不管他们是否意识到这一点。他们的物质关系形成他们的一切关系的基础。这种物质关系不过是他们的物质的和个体的活动所借以实现的必然形式罢了。

马克思：《致帕维尔·瓦西里耶维奇·安年科夫》（1846年12月28日），摘自《马克思恩格斯文集》第10卷，人民出版社2009年版，第42—43页。

8. 无产阶级成为统治阶级后尽可能快地增加生产力的总量

工人革命的第一步就是使无产阶级上升为统治阶级，争得民主。无产阶级将利用自己的政治统治，一步一步地夺取资产阶级的全部资本，把一切生产工具集中在国家即组织成为统治阶级的无产阶级手里，并且尽可能快地增加生产力的总量。

马克思、恩格斯：《共产党宣言》（1847年12月—1848年1月底），摘自《马克思恩格斯文集》第2卷，人民出版社2009年版，第52页。

9. 在现代世界，生产表现为人的目的，而财富表现为生产的目的。人不是在某一种规定性上再生产自己，而是生产出他的全面性；不是力求停留在某种已经变成的东西上，而是处在变易的绝对运动之中

在现代世界，生产表现为人的目的，而财富则表现为生产的目的。事实上，如果抛掉狭隘的资产阶级形式，那么，财富不就是在普遍交换中产生的个人的需要、才能、享用、生产力等等的普遍性吗？财富不就是人对自然力——既是通常所谓的“自然”力，又是人本身的自然力——的统治的充分发展吗？财富不就是人的创造天赋的绝对发挥吗？这种发挥，除了先前的历史发展之外没有任何其他前提，而先前的历史发展使这种全面的发展，即不以旧有的尺度来衡量的人类全部力量的全面发展成为目的本身。在这里，人不是在某一种规定性上再生产自己，而是生产出他的全面性；不是力求停留在某种已经变成的东西上，而是处在变易的绝对运动之中。

马克思：《政治经济学批判》（1857—1858年），摘自《马克思恩格斯全集》第30卷，人民出版社1995年版，第479—480页。

10. 劳动力的价值可以归结为一定量的生活资料的价值，是生活资料的总和，包括工人的补充者即工人子女的生活资料

同任何其他商品的价值一样，劳动力的价值也是由生产从而再生产这种独特物品所必要的劳动时间决定的。就劳动力代表价值来说，它本身只代表在它身上对象化的一定量的社会平均劳动。劳动力只是作为活的个人的能力而存在。因此，劳动力的生产要以活的个人的存在为前提。假设个人已经存在，劳动力的生产就是这个个人本身的再生产或维持。活的个人要维持自己，需要有一定量的生活资料。因此，生产劳动力所必要的劳动时间，可以归结为生产这些生活资料所必要的劳动时间，或者说，劳动力的价值，就是维持劳动力占有者所必要的生活资料的价值。但是，劳动力只有表现出来才能实现，只有在劳动中才能发挥出来。而劳动力的发挥即劳动，耗费人的一定量的肌肉、神经、脑等等，这些消耗必须重新得到补偿。支出增多，收入也得增多。① 劳动力所有者今天进行了劳动，他必须明天也能够在同样的精力和健康条件下重复同样的过程。因此，生活资料的总和应当足以使劳动者个人能够在正常生活状况下维持自己。由于一个国家的气候和其他自然特点不同，食物、衣服、取暖、居住等等自然需要本身也就不同。另一方面，所谓必不可少的需要的范围，和满足这些需要的方式一样，本身是历史的产物，因此多半取决于一个国家的文化水平，其中主要取决于自由工人阶级是在什么条件下形成的，从而它有哪些习惯和生活要求。② 因此，和其他商品不同，劳动力的价值规定包含着一个历史的和道德的要素。但是，在一定的国家，在一定的时期，必要生活资料的平均范围是一定的。

劳动力所有者是会死的。因此，要使他不断出现在市场上（这是货币不断转化为资本的前提），劳动力的卖者就必须“像任何活的个体一样，依靠繁殖使自己永远延续下去”③。因损耗和死亡而退出市场的劳动力，至少要不断由同样数目的新劳动力来补充。因此，生产劳动力所必要的生活资料的总和，包括工人的补充者即工人子女的生活资料，只有这样，这种独特的商品占有者的种族才能在商品市场上永远延续下去。④

---

① 古罗马的斐力卡斯，作为管理人居于农业奴隶之首，但“由于劳动比奴隶轻，得到的报酬也比奴隶更微薄”（泰·蒙森《罗马史》1856年版第810页）。

② 威·托·桑顿：《人口过剩及其补救办法》，1846年伦敦版。

③ 威·配第《爱尔兰的政治解剖》1691年伦敦版第64页，见本卷第364页脚注（1）。摘自《马克思恩格斯文集》第5卷，人民出版社2009年版，第915页注释。

④ “它的〈劳动的〉自然价格……由一定量的生存资料和舒适品构成。这个量是根据一个国家的气候和习惯，为维持工人并使他有可能抚养家庭，以保证市场上劳动供应不致减少所必需的。”（罗·托伦斯《论谷物外销》1815年伦敦版第62页）劳动一词在这里错误地当做劳动力一词来使用。

为改变一般人的本性，使它获得一定劳动部门的技能和技巧，成为发达的和专门的劳动力，就要有一定的教育或训练，而这又得花费或多或少的商品等价物。劳动力的教育费用随着劳动力性质的复杂程度而不同。因此，这种教育费用——对于普通劳动力来说是微乎其微的——包括在生产劳动力所耗费的价值总和中。

劳动力的价值可以归结为一定量生活资料的价值。因此，它也随着这些生活资料的价值即生产这些生活资料所需要的劳动时间量的改变而改变。

马克思：《资本论（第一卷）》（1867 年 9 月），摘自《马克思恩格斯文集》第 5 卷，人民出版社 2009 年版，第 198—200 页。

11. 机器的使用把劳动效率提高了许多倍，资本家雇佣妇女和儿童看管机器，把工人变成了机器的单纯附属品

另一个更重要得多的生产改进就是资本家采用了机器。机器的使用把劳动效率提高了许多倍；但是资本家把所有这些好处用来对付工人：他们利用机器需要的体力劳动较少这种情况，安排妇女和儿童来看管机器，付给他们更少的工资。他们利用机器需要工人极少这种情况，把大批工人赶出工厂，并利用这种失业现象来进一步奴役工人，延长工作日，剥夺工人夜里休息的时间，把工人变成了机器的单纯附属品。机器所造成的和不断扩大的失业现象现在使工人处于完全无以自卫的境地。工人的技术失去了价值，他们很容易被那些很快就习惯了机器、甘愿为更少工资做工的普通小工所代替。一切想要捍卫自己免受资本更大压力的企图都使工人遭到解雇。单个工人在资本面前是完全无能为力的，因为机器会置他于死地。

列宁：《社会民主党纲领草案及其说明》（1895—1896 年），摘自《列宁全集》第 2 卷，人民出版社 2013 年版，第 75—76 页。

12. 妇女问题是一个最直接涉及任何一个国家半数以上的人口利益的问题。现代资产阶级民主制是以农奴主的态度对待妇女和非婚生子女的

有一位叫皮·亚·索罗金的先生在这本杂志上发表了一篇《论战争的影响》的所谓“社会学”研究的洋洋大作。这篇深奥的文章堆满了作者从他本人和他的许多外国师友的“社会学”著作中引来的种种深奥的论据。请看他的高论吧。

我在第 83 页上看到：

“现在彼得格勒每1万起婚姻中，有92.2起离婚，这真是一个惊人的数字，而且每100起离婚中，又有51.1起是结婚不满1年的：其中有11%不满1个月，22%不满2个月，41%不满3—6个月，只有26%是超过6个月的。这些数字表明，现在的合法婚姻，实际上不过是掩盖婚外性关系并使那些‘好色之徒’能够‘合法地’满足自己欲望的一种形式罢了。”（《经济学家》杂志第1期第83页）

毫无疑问，这位先生以及出版这家杂志并刊登这种议论的俄国技术协会，都是以民主拥护者自居的；当他们听见人家叫他们的真实名字，即叫他们农奴主、反动分子和“僧侣主义的有学位的奴仆”的时候，他们一定会认为这是一种莫大的侮辱。

……

当然，这并不妨碍孟什维克、社会革命党人和一部分无政府主义者以及西方一切类似他们的党派继续高喊民主，叫嚷布尔什维克违背民主。事实上，在结婚、离婚和非婚生子女地位这些问题上，正是布尔什维主义革命才是唯一彻底的民主革命。这是一个最直接涉及任何一个国家半数以上的人口利益的问题。尽管在布尔什维主义革命以前已经有过很多次自称为民主革命的资产阶级革命，但是只有布尔什维主义革命才第一次在这方面进行了坚决的斗争，它既反对反动思想和农奴制度，又反对统治阶级和有产阶级通常所表现的假仁假义。

……

马克思主义的杂志还必须对当代这类“有教养的”农奴主作斗争。其中也许有不少人甚至拿我们国家的钱，在我们国家机关里担任教育青少年的职务，虽然他们不配做这种工作，正如人所共知的奸污幼女者不配担任儿童学校的学监一样。

俄国工人阶级有本领夺得政权，但是还没有学会利用这个政权，否则它早就把这类教员和学术团体的成员客客气气地送到资产阶级“民主”国家里去了。那里才是这类农奴主最适合的地方。

只要愿意学习，就一定能够学会。

列宁：《论战斗唯物主义的意义》（1922年3月12日），摘自《列宁专题文集·论辩证唯物主义和历史唯物主义》，人民出版社2009年版，第

329—331 页。

（二）资本主义大工业时期资本家对女工的需求

1. 随着机器的作用和规模越来越大，用不熟练的工人代替熟练工人，用女工代替男工，用童工代替成年工。工人之间的竞争越剧烈，他们的工资就越减少

机器也发生同样的影响，而且影响的规模更大得多，因为机器用不熟练的工人代替熟练工人，用女工代替男工，用童工代替成年工；因为在最先使用机器的地方，机器就把大批手工工人抛向街头，而在机器日益完善、改进或为生产效率更高的机器所替换的地方，机器又把一批一批的工人排挤出去。我们在前面大略地描述了资本家相互间的产业战争。这种战争有一个特点，就是制胜的办法与其说是增加工人大军，不如说是减少工人大军。统帅们即资本家们相互竞赛，看谁能解雇更多的产业士兵。

不错，经济学家们告诉我们说，因采用机器而成为多余的工人可以在新的劳动部门里找到工作。

他们不敢干脆地肯定说，在新的劳动部门中找到栖身之所的就是那些被解雇的工人。事实最无情地粉碎了这种谎言。其实，他们不过是肯定说，在工人阶级的其他组成部分面前，比如说，在一部分已准备进入那种衰亡的产业部门的青年工人面前，出现了新的就业门路。这对于不幸的工人当然是一个很大的安慰。资本家老爷们是不会缺少可供剥削的新鲜血肉的，他们让死人们去埋葬自己的尸体。这与其说是资产者对工人的安慰，不如说是资产者对自己的安慰。如果机器消灭了整个雇佣工人阶级，那么这对资本来说将是一件十分可怕的事情，因为资本没有雇佣劳动就不成其为资本了！

就假定那些直接被机器从工作岗位排挤出去的工人以及原来期待着这一工作的那一部分青年工人都能找到新工作。是否可以相信新工作的报酬会和已失去的工作的报酬同样高呢？要是这样，那就是违反了一切经济规律。我们说过，现代产业经常是用更简单的和更低级的工作来代替复杂和较高级的工作的。

那么，被机器从一个产业部门排挤出去的一大批工人如果不甘愿领取更低更微薄的报酬，又怎能在别的部门找到栖身之所呢？

有人说制造机器本身的工人是一种例外。他们说，既然产业需要并使用更多的机器，机器的数量就必然增加，因而机器制造、从事机器制造的工人也必然增加；而这个产业部门所使用的工人是熟练工人，甚至是受过教育的工人。

从1840年起，这种原先也只有一半正确的论点已经毫无正确的影子了，因为机器制造也完全和棉纱生产一样，日益多方面地采用机器，而在机器制造厂就业的工人，比起极完善的机器来，只能起着极不完善的机器的作用。

可是，在一个男工被机器排挤出去以后，工厂方面也许会雇用三个童工和一个女工！难道先前一个男工的工资不是应该足够养活三个孩子和一个妻子吗？难道先前最低工资额不是应该足够这个种族维持生活和繁殖后代吗？资产者爱说的这些话在这里究竟证明了什么呢？只证明了一点：现在要得到维持一个工人家庭生活的工资，就得消耗比以前多三倍的工人生命。

总括起来说：生产资本越增加，分工和采用机器的范围就越扩大。分工和采用机器的范围越扩大，工人之间的竞争就越剧烈，他们的工资就越减少。

加之，工人阶级还从较高的社会阶层中得到补充；沦落到无产阶级队伍里来的有大批小产业家和小食利者，他们除了赶快跟工人一起伸手乞求工作，毫无别的办法。这样，伸出来乞求工作的手就像森林似的越来越稠密，而这些手本身则越来越消瘦。

马克思：《雇佣劳动与资本》（1847年12月下半月），摘自《马克思恩格斯文集》第1卷，人民出版社2009年版，第740—741页。

2. 资本主义现代工业越发达，性别和年龄的差别再没有什么社会意义了，男工就越受到女工和童工的排挤

但是，资产阶级不仅锻造了置自身于死地的武器；它还产生了将要运用这种武器的人——现代的工人，即无产者。

随着资产阶级即资本的发展，无产阶级即现代工人阶级也在同一程度上得到发展；现代的工人只有当他们找到工作的时候才能生存，而且只有当他们的劳动增殖资本的时候才能找到工作。这些不得不把自己零星出卖的工人，像其他任何货物一样，也是一种商品，所以他们同样地受到竞争的一切变化、市场的一切波动的影响。

由于推广机器和分工，无产者的劳动已经失去了任何独立的性质，因而对工人也失去了任何吸引力。工人变成了机器的单纯的附属品，要求他做的只是极其简单、极其单调和极容易学会的操作。因此，花在工人身上的费用，几乎只限于维持工人生活和延续工人后代所必需的生活资料。但是，商品的价格，从而劳动的价格①，是同它的生产费用相等的。因此，劳动越使人感到厌恶，工资也就越减少。不仅如此，机器越推广，分工越细致，劳动量②也就越增加，这或者是由于工作时间的延长，或者是由于在一定时间内所要求的劳动的增加，机器运转的加速，等等。

现代工业已经把家长式的师傅的小作坊变成了工业资本家的大工厂。挤在工厂里的工人群众就像士兵一样被组织起来。他们是产业军的普通士兵，受着各级军士和军官的层层监视。他们不仅仅是资产阶级的、资产阶级国家的奴隶，他们每日每时都受机器、受监工、首先是受各个经营工厂的资产者本人的奴役。这种专制制度越是公开地把营利宣布为自己的最终目的，它就越是可鄙、可恨和可恶。

手的操作所要求的技巧和气力越少，换句话说，现代工业越发达，男工也就越受到女工和童工的排挤。对工人阶级来说，性别和年龄的差别再没有什么社会意义了。他们都只是劳动工具，不过因为年龄和性别的不同而需要不同的费用罢了。

当厂主对工人的剥削告一段落，工人领到了用现钱支付的工资的时候，马上就有资产阶级中的另一部分人——房东、小店主、当铺老板等等向他们扑来。

以前的中间等级的下层，即小工业家、小商人和小食利者，手工业者和农民——所有这些阶级都降落到无产阶级的队伍里来了，有的是因为他们的小资本不足以经营大工业，经不起较大的资本家的竞争；有的是因为他们的手艺已经被新的生产方法弄得不值钱了。无产阶级就是这样从居民的所有阶级中得到补充的。

---

① 马克思和恩格斯在他们的早期著作中曾经使用“出卖劳动”、“劳动价格”这些概念。马克思后来纠正了这一说法，认为工人出卖的不是他们的劳动，而是他们的劳动力。恩格斯在《〈雇佣劳动与资本〉1891 年单行本导言》中对此作了详细说明（见《马克思恩格斯文集》第 1 卷第 708—709 页）。摘自《马克思恩格斯文集》第 2 卷，人民出版社 2009 年版，第 706 页注释。

② “劳动量”在 1888 年英文版中是“劳动负担”。——编者注

马克思、恩格斯：《共产党宣言》（1847 年 12 月—1848 年 1 月底），摘自《马克思恩格斯文集》第 2 卷，人民出版社 2009 年版，第 38—39 页。

3. 1838 年至 1856 年，女性未成年者占工人总人数的 50%以上

工人总数 682497 人，看来的确不多，因为单是使用手工织布机的织工及其家属在 1838 年已达到约 80 万人了。下表说明各类工人的百分比：

	13 岁以下的童工	13—18 岁的男性未成年者	13 岁以上的女性未成年者	18 岁以上的男工
1838 年……	5.9	16.1	55.2	22.8
1850 年……	6.1	11.5	55.9	26.5
1856 年……	6.6	10.6	57.0	25.8

在 1838 年至 1850 年期间，童工数目有所增长，但是并不是与工人的总增长数按比例地增长。1850 年至 1856 年期间，童工数目增长很大，共有 10761 名，其中 9655 名在棉纺织业部门。必须再提一下，1844 年通过的仁慈的法律允许工厂雇用 8 岁的儿童，而以前法律是禁止雇用 9 岁以下的儿童的。①

马克思：《英国工厂制度》（1857 年 4 月 10 日），摘自《马克思恩格斯全集》第 16 卷，人民出版社 2007 年版，第 123—124 页。

4. 资本主义使用机器的第一个口号就是使用妇女劳动和儿童劳动，使工人家庭全体成员不分男女老少都受资本的直接统治

大工业的起点是劳动资料的革命②，而经过变革的劳动资料，在工厂的有组织的机器体系中获得了最发达的形态。在研究人身材料怎样合并到这个客观有机体之前，让我们先来考察一下这种革命对工人本身的某些一般影响。

（a）资本对补充劳动力的占有。

妇女劳动和儿童劳动

---

① 1833 年英国议会曾通过一项法律：禁止在棉纺织厂、毛纺织厂、亚麻纺织厂和丝织厂雇佣 9 岁以下的儿童。

② 见本卷第 426 页及以下几页。——编者注

就机器使肌肉力成为多余的东西来说，机器成了一种使用没有肌肉力或身体发育不成熟而四肢比较灵活的工人的手段。因此，资本主义使用机器的第一个口号是妇女劳动和儿童劳动！这样一来，这种代替劳动和工人的有力手段，就立即转化为这样一种手段，它使工人家庭全体成员不分男女老少都受资本的直接统治，从而使雇佣工人人数增加。为资本家进行的强制劳动，不仅夺去了儿童游戏的时间，而且夺去了家庭本身惯常需要的、在家庭范围内从事的自由劳动的时间。①

劳动力的价值不只是决定于维持成年工人个人所必需的劳动时间，而且决定于维持工人家庭所必需的劳动时间。② 机器把工人家庭的全体成员都抛到劳动市场上，就把男劳动力的价值分到他全家人身上了。因此，机器使男劳动力贬值了。购买例如有四个劳动力的一家人，也许比以前购买家长一个劳动力花费得多些，但现在四个工作日代替了原来的一个工作日，劳动力的价格按照四个工作日的剩余劳动超过一个工作日的剩余劳动的比例而下降了。现在，一家人要维持生活，四口人不仅要给资本提供劳动，而且要给资本提供剩余劳动。因此，机器从一开始，在增加人身剥削材料，即扩大资本固有的剥削领域③的同时，也提高了剥削程度。

机器还从根本上使资本关系的形式上的中介，即工人和资本家之间的契约发生了革命。在商品交换的基础上，第一个前提是资本家和工人作为自由人，作为独立的商品占有者而互相对立：一方是货币和生产资料的占

① 在美国南北战争引起的棉业危机期间，英国政府把爱德华·斯密斯医生派往兰开夏郡和柴郡等地，调查棉纺织业工人的健康状况。他报告说：撇开工人被赶出工厂环境不说，从卫生方面来看，危机还有其他许多益处。现在，工人的妻子有必要的空闲时间来给自己的孩子喂奶，而不必用戈弗雷强心剂（一种鸦片）去毒害他们了。她们有时间学习烹调了。不幸的是，她们是在没有什么东西可吃的时候，学到这种烹调术的。但是，从这里可以看到，资本为了自行增殖，是如何掠夺那种为消费所必需的家务劳动的。这一危机还被用来在专门学校里教工人的女儿学缝纫。为了使那些为全世界纺纱的工人女儿学缝纫，竟需要有一次美国革命和一次世界危机！

② 见《马克思恩格斯文集》第5卷，人民出版社2009年版，第198—200页。——编者注

③ “由于男子劳动日益为妇女劳动代替，特别是成年人劳动日益为儿童劳动代替，工人人数大大增加了。三个每周工资为6—8先令的13岁的女孩，排挤了一个每周工资为18—45先令的成年男子。”（托·德·昆西《政治经济学逻辑》1844年伦敦版第147页注）因为某些家务事，如照料婴儿和喂奶等，不能完全不管，所以，被资本没收的母亲，必须多多少少雇用代替者。家庭消费所必需的劳动，如缝缝补补等，必须由购买现成商品来代替。因此，家务劳动消耗的减少，相应地就增加了货币的支出。因而，工人家庭的生产费用增加了，并且抵消了收入的增加。此外，节省地合理地利用和配制生活资料也不可能了。关于被官方政治经济学所隐瞒的这些事实，可以在工厂视察员和童工调查委员会的《报告》中，特别是在《公共卫生报告》中，找到丰富的材料。

有者，另一方是劳动力的占有者。[①] 但是现在，资本购买未成年人或半成年人。从前工人出卖他作为形式上自由的人所拥有的自身的劳动力。现在他出卖妻子儿女。他成了奴隶贩卖者。[②] 对儿童劳动的需求，在形式上也往往同美国报纸广告上常见的对黑奴的需求相似。例如，一个英国工厂视察员说：

“在我的管区的一个最重要的工业城市里，地方报纸的一条广告引起了我的注意，广告写道：兹征求12—20名少年，外貌要13岁以上。工资每周4先令。报名处……”[③]

这里之所以用“外貌要13岁”这句话，是因为按照工厂法规定，未满13岁的儿童只能劳动6小时。年龄必须经过合格医生的证明。因此，工厂主需要外表看来已满13岁的儿童。工厂主雇用的未满13岁的儿童人数屡次大幅度地减少，这在英国近20年来的统计材料中是令人惊讶的。根据工厂视察员本人的证词，这种情况大部分是由合格医生造成的，他们为迎合资本家的剥削欲望和父母的贩卖要求而虚报儿童的年龄。在声名狼藉的伦敦贝特纳尔格林区，每逢星期一和星期二的早晨，都有公开的集市，9岁以上的男女儿童就在那里把自己出租给伦敦的丝织厂。“一般的条件是，每周1先令8便士（归父母），2便士归我自己，外加茶点费。”契约仅以一周为限。这种集市上的情景和语言确实令人愤慨。[④] 直到现在英国还有

① 见《马克思恩格斯文集》第5卷，人民出版社2009年版，第195页。——编者注

② 在英国工厂内，限制妇女劳动和儿童劳动，是成年男工从资本那里争取到的（见《马克思恩格斯文集》第5卷，人民出版社2009年版，第340页）。与这个重大的事实相反，人们在童工调查委员会最近的报告中竟然还看到，就贩卖儿童来说，身为父母的工人具有确实令人愤慨的、十足的奴隶贩子般的特征。可是，正如从这些《报告》中可以看到的那样，资本主义的伪善者们，却在那里攻讦这种他们自己一手造成、使之永存并加以利用的兽行，而在其他场合，他们把这种兽行名之曰“劳动自由”。“儿童劳动被利用了……他们甚至仅仅为自己每天的面包而劳动。他们没有力量承受如此过度的沉重劳动，没有受过指导他们未来生活的教育，他们被抛入一种对身心有害的环境中。犹太历史学家在谈到梯特毁灭耶路撒冷时曾说过，既然一个毫无人性的母亲，竟牺牲自己的婴儿来解除无法抑制的饥饿的痛苦，那么，耶路撒冷遭到了破坏，如此彻底的破坏，是不足为奇的。”（《公共经济概论》1833年卡莱尔版第66页）

③ 亚·雷德格雷夫：《工厂视察员报告。1858年10月31日》第41页。

④《童工调查委员会。第5号报告》1866年伦敦版第81页第31号。〔第四版注：贝特纳尔格林区的丝织业现在几乎已经绝迹了。——弗·恩·〕

这样的事发生：妇女“把子女从贫民习艺所中领出来，以每周两先令六便士的价格出租给任何一个主顾”①。在大不列颠，不顾法律的规定，至少还有 2000 名儿童被自己的父母卖出去充当活的烟囱清扫机（虽然已经有机器可以代替他们）。② 机器引起的劳动力买者和卖者之间的法的关系的革命，使全部交易本身失去了自由人之间的契约的外表，这就为后来英国议会提供了国家干涉工厂事务的法律上的根据。每当工厂法把以前不受约束的工业部门的儿童劳动限制为六小时的时候，工厂主总是一再抱怨说：有些父母会把儿童从受限制的工业部门中领出来，把他们卖给“劳动自由”还盛行的部门，即卖给那些迫使不满 13 岁的儿童像成年人一样从事劳动，因而付给他们较高的卖价的工业部门。但因为资本是天生的平等派，就是说，它要求把一切生产领域内剥削劳动的条件的平等当做自己的天赋人权，所以，儿童劳动在一个工业部门受到法律限制，就成为儿童劳动在另一个工业部门受到限制的原因。

马克思：《资本论（第一卷）》（1867 年 9 月），摘自《马克思恩格斯文集》第 5 卷，人民出版社 2009 年版，第 453—457 页。

5. 机器生产的原则是把生产过程分解为各个组成阶段，分工的计划总是把基点放在使用妇女劳动、儿童劳动和非熟练工人劳动上

随着工厂制度的发展和随之而来的农业的变革，不仅所有其他工业部门的生产规模扩大了，而且它们的性质也发生了变化。机器生产的原则是把生产过程分解为各个组成阶段，并且应用力学、化学等等，总之应用自然科学来解决由此产生的问题。这个原则到处都起着决定性的作用。因此，机器时而挤进工场手工业的这个局部过程，时而又挤进那个局部过程。这样一来，从旧的分工中产生的工场手工业组织的坚固结晶就发生溶解，并给不断变化腾出位置。此外，总体工人即结合工人的构成也发生了根本的变革。同工场手工业时期相反，现在，只要可行，分工的计划总是把基点放在使用妇女劳动、各种年龄的儿童劳动和非熟练工人劳动上，总之，放在使用英国人所谓的“廉价劳动”上。这一情况不仅适用于使用机器或者不使用机器的一切大规模结合的生产，而且适用于在工人的私人住宅或者在小工场中进行生产的所谓家庭工业。这种

① 《童工调查委员会。第 3 号报告》1864 年伦敦版第 53 页第 15 号。

② 《童工调查委员会。第 5 号报告》第 XXII 页第 137 号。

所谓的现代家庭工业，与那种以独立的城市手工业、独立的农民经济，特别是以工人家庭的住宅为前提的旧式家庭工业，除了名称，毫无共同之处。现在它已经转化为工厂、手工工场或商店的外部分支机构。资本除了把工厂工人、手工工场工人和手工业工人大规模地集中在一起，并直接指挥他们，它还通过许多无形的线调动着另一支居住在大城市和散居在农村的家庭工人大军。例如，蒂利先生在爱尔兰的伦敦德里所开设的衬衫工厂，就雇用着1000个工厂工人和9000个散居在农村的家庭工人。①

马克思：《资本论（第一卷）》（1867年9月），摘自《马克思恩格斯文集》第5卷，人民出版社2009年版，第531页。

6. 使用资本主义新机器的工人完全是少女和年轻妇女，她们靠机械的力量消灭了男工在较重的劳动中的独霸地位

单靠滥用妇女劳动力和未成年劳动力，单靠掠夺一切正常的劳动条件和生活条件，单靠残酷的过度劳动和夜间劳动来实现的劳动力的便宜化，终究会遇到某些不可逾越的自然界限，而以此为基础的商品的便宜化和整个资本主义的剥削，随着也会发生这种情形。当这一点终于达到时（这需要很长的时间），采用机器和把分散的家庭劳动（还有工场手工业）迅速转化为工厂生产的时刻就来到了。

“服饰”的生产为这一运动提供了最明显的例证。根据童工调查委员会的分类，这一工业部门包括草帽和女帽生产者，便帽生产者，裁缝，妇女头饰工和女时装工②，衬衫生产者和缝纫工，胸衣生产者，手套生产者和制鞋工，以及其他许多较小的行业，如领带和硬领业等等。1861年，在英格兰和威尔士的这些工业部门中雇用的女工总计有586298人，其中20岁以下的至少有115242人，15岁以下的有16560人。在联合王国（1861年），这类女工共有750334人。同一时期，英格兰和威尔士的制帽业、制鞋业、手套业及裁缝业雇用的男工有437969人，其中15岁以下的有14964人，15岁至20岁的有89285人，20岁以上的有333117人。属于这一领域的许多比较小的部门还没有统计在内。但是我们就现有的数字来看，单在

① 《童工调查委员会。第2号报告》1864年版第LXVⅢ页第415号。

② 妇女头饰业严格说来只指头饰物的制作，但它也制作女大衣和大披肩；而dressmakers［女时装工］则相当于德国的Putzmacherinnen。

英格兰和威尔士，根据 1861 年的调查，从事这种生产的人就有 1024267 人，也就是说，几乎与农业和畜牧业吸收的人数相等。我们现在开始明白，机器生产出来的这样惊人的大量产品和“游离”出来的这样惊人的大量工人究竟到哪里去了。

从事“服饰”生产的有手工工场，它们只是把具有现成的分散的肢体[①]的分工在手工工场内部再生产出来；还有较小的手工业师傅，不过他们已不再像从前那样为个别消费者劳动，而是为手工工场和商店劳动，这样一来，往往整个城市和整个地区都专门从事某种行业，像制鞋业等等；最后，有所谓的家庭工人，他们生产大部分产品，成了手工工场、商店、甚至较小的手工业师傅的分支机构。[②] 大量的劳动材料、原料、半成品等由大工业供给，大量的廉价的任人摆布的人身材料则由大工业和大农业“游离”出来的人组成。这一领域中的手工工场所以会产生，主要是因为资本家需要在自己手里拥有一支能适应需求的每一变动的后备军。[③] 但这些手工工场又允许分散的手工业生产和家庭生产作为自己的广阔基础与自己一起并存下去。在这些劳动部门中所以能大量地生产剩余价值，同时能使产品越来越便宜，这在过去和现在都主要是因为工资被降到仅够糊口的最低限度，而劳动时间却延长到人能忍受的最高限度。正是由于转化为商品的人的血和汗变得便宜，销售市场不断地扩大并且仍在一天天扩大，而对英国来说，盛行英国习俗和爱好的殖民地市场尤其是如此。最后，转折点来到了。旧方法的基础是单纯对工人材料进行残酷的剥削，同时多少采用一些系统发展起来的分工。这种基础已经不再能适应日益发展的市场和更加迅速地发展着的资本家之间的竞争了。采用机器的时刻来到了。同等地占领这一生产领域所有部门（如女时装业，裁缝业，制鞋业，缝纫业，制帽业等）的具有决定性革命意义的机器，是缝纫机。

缝纫机对工人的直接影响，同所有在大工业时期征服新生产部门的机

---

① “诗人的分散的肢体”（Disjecta membra poetae）是贺拉斯《讽刺诗集》第 1 卷第 4 首中的一句话。摘自《马克思恩格斯文集》第 5 卷，人民出版社 2009 年版，第 910 页注释。

② 英国的妇女头饰业和女时装业大多是在雇主的房屋里进行生产的，工人一部分是住在那里的常雇女工，一部分是住在外面的打短工的女工。

③ 调查委员怀特视察了一个军服手工工场，该工场雇 1000—1200 人，几乎全部是女性，他又视察了一个有 1300 个工人的制鞋工场，其中几乎一半是儿童和少年，等等。（《童工调查委员会。第 2 号报告》第 XLVⅡ页第 319 号）。

器的影响大体相似。年龄最小的儿童被排挤了。同家庭工人（其中很多人都是"穷人中的最穷者"）相比，机器工人的工资提高了。处境较好的手工业者的工资由于机器的竞争而降低了。新的机器工人完全是少女和年轻妇女。她们靠机械的力量消灭了男工在较重的劳动中的独霸地位，并且把大批老年妇女和未成熟儿童从较轻的劳动中赶走。这种强有力的竞争扼杀了最弱的手工工人。最近10年来伦敦因饥饿而死亡的人数的惊人增长，同机器缝纫业的扩大是齐头并进的。[①] 使用缝纫机的新的女工，按照机器的轻重、大小及其性能，坐着或者站着，用手和脚或者单用手推动机器，她们要耗费大量的劳动力。她们的劳动由于拖得很长（虽然大多比在旧制度下要短些）危害着她们的健康。在制鞋业、胸衣业和制帽业等行业中，本来已经很小很挤的工场，现在再塞进缝纫机，对健康就更加有害了。调查委员洛德说：

> "一走进有30到40个机器工人挤在一起干活的低矮的工场，就感到受不了……温度（一部分是由烧熨斗的煤气炉发出的）高得可怕……即使在那些盛行所谓适度的劳动时间，即从上午8点至下午6点的工场里，每天照例还是有3个或者4个人晕倒。"[②]

社会的生产方式的变革，生产资料改革的这一必然产物，是在各种错综复杂的过渡形式中完成的。这些过渡形式的变化，取决于缝纫机占领这一或那一工业部门的范围的大小和时间的长短，取决于工人当时的状况，取决于工场手工业生产、手工业生产或家庭生产三者谁占优势，取决于工场的租金[③]，等等。例如，在劳动（主要通过简单协作）多半已经组织起

---

① 例如，1864年2月26日，在户籍总署署长的一周死亡情况报告中有五起饿死事件。同一天，《泰晤士报》又报道了一起饿死事件。一周中有六个人成了饥饿的牺牲品！（注释中的注释：户籍总署署长是对主管英国户籍总署的官吏的称呼。该署的职权是主管英国出生、死亡和婚姻登记的整个系统，每十年进行一次人口调查。摘自《马克思恩格斯文集》第5卷，人民出版社2009年版，第941页注释）。

② 《童工调查委员会。第2号报告》1864年版第LXVⅡ页第406—409号；第84页第124号；第LXXⅢ页第441号；第68页第6号；第84页第126号；第78页第85号；第76页第69号。第LXXⅡ页第438号。

③ "工场的租金看来是最终起决定作用的因素，因此在首都把工作包给小雇主和家庭的旧制度维持得最久恢复得最早。"（同上，第83页第123号）后面这句话只是就制鞋业而言。

来的女时装业中，缝纫机最初只是工场手工业生产的一个新因素。在裁缝业、衬衫业和制鞋业等行业中，各种形式交织在一起了。有的地方是真正的工厂生产；有的地方是中间人从资本家头儿那里取得原料，在“小屋”或“阁楼”里把10—50或者更多的雇佣工人聚集在缝纫机周围；最后，有的地方则像机器尚未形成有组织的体系而只能小范围使用时会发生的情形那样，是手工业者或家庭工人同自己的家人或少数外面雇来的工人一起，使用属于他们自己的缝纫机。① 在英国，现在盛行的实际上是这样一种制度：资本家在自己的厂房里集中大量的机器，然后把机器产品分给家庭工人大军去进一步加工。② 但是，过渡形式的错综复杂并不能掩盖向真正的工厂生产转化的趋势。助长这种趋势的，首先是缝纫机本身的性能，它的多种多样的用途促使以前分散的生产部门在同一个厂房里和在同一个资本的指挥下联合起来；其次是，初步的缝纫工作以及其他一些操作最适合在机器所在的地方进行；最后是，那些用自己的机器进行生产的手工业者和家庭工人不可避免地遭到剥夺。现在，这种命运已经部分地落在他们身上了。投在缝纫机上的资本量的不断增加，③ 刺激了生产，并造成了市场停滞，这就发出了家庭工人出卖缝纫机的信号。缝纫机本身的生产过剩又迫使急于打开销路的缝纫机生产者按周出租缝纫机，这就造成了把小的机器所有者置于死地的竞争局面。④ 机器结构的不断变化和机器的日益便宜，使旧机器也不断地贬值，以致只有那些以极低的价格大批收买这种机器的大资本家，才能从使用这种机器中获利。最后，用蒸汽机代替人，在这里也像在一切类似的变革过程中一样，具有决定性的意义。蒸汽力的运用最初遇到了一些纯粹技术上的障碍，例如机器发生震动，控制机器速度有困难，轻型机器损坏很快等等，但经验很快就教会了人们克服这些障碍。⑤ 如果说，一方面许多工作机在比较大的手工工场中的集中促进了蒸汽力的

---

① 在手套业等行业中，工人的状况和需要救济的贫民几乎没有什么区别，所以不存在这种情况。

② 《童工调查委员会。第2号报告》1864年版第83页第122号。

③ 仅仅莱斯特一个地方，生产批发商品的制靴制鞋业，在1864年就已经使用了800台缝纫机。

④ 《童工调查委员会。第2号报告》1864年版第84页第124号。

⑤ 例如，伦敦皮姆利科的军服厂，伦敦德里的蒂利——亨德森衬衫厂，利默里克的一家使用近1200个“人手”的泰特公司服装厂就是这样。

应用，那么另一方面，蒸汽同人的肌肉的竞争则加速了工人和工作机在大工厂的集中。例如，英国生产“服饰”[①] 的庞大领域，正如大部分其他行业一样，现在正经历着从工场手工业、手工业、家庭劳动过渡到工厂生产的变革。但在这以前，所有这些形式已经在大工业的影响下完全变样、解体，变得畸形了，它们没有显示出工厂制度的积极发展因素，却老早就再现了工厂制度的一切可怕的方面，甚至有过之无不及。[②]

这种自发进行的工业革命，由于工厂法在所有使用妇女、少年和儿童的工业部门的推行而被人为地加速了。强制规定工作日的长度、休息时间、上下工时间，实行儿童的换班制度，禁止使用一切未满一定年龄的儿童等等，一方面要求采用更多的机器[③]，并用蒸汽代替肌肉充当动力[④]。另一方面，为了从空间上夺回在时间上失去的东西，就要扩充共同使用的生产资料如炉子、厂房等等，一句话，要使生产资料在更大程度上集中起来，并与此相适应，使工人在更大程度上集结起来。每一种受工厂法威胁的工场手工业所一再狂热鼓吹的主要反对论据，实际上不外是：必须支出更大量的资本，才能在旧有规模上继续进行生产。至于说工场手工业和家庭劳动之间的中间形式以及家庭劳动本身，那么，随着工作日和儿童劳动受到限制，它们也就日益失去立足之地。对廉价劳动力的无限制的剥削是它们竞争能力的唯一基础。

工厂生产的重要条件，就是生产结果具有正常的保证，也就是说，在一定的时间里生产出一定量的商品，或取得预期的有用效果，特别在工作

---

① 见本卷，第 542 页。——编者注

② “向工厂制度过渡的趋势”（《童工调查委员会。第 2 号报告》1864 年版第 LXVⅡ页）。“现在整个行业都处于过渡状态，并经历着花边业、织布业等已经历过的那种变化。”（同上，第 LXVⅡ页第 405 号）“一次完全的革命”（同上，第 XLVI 页第 318 号）。在 1840 年童工调查委员会的那个时期，织袜业还是手工操作。从 1846 年起，各种不同的机器被采用了，现在这些机器已用蒸汽推动。英国织袜业雇用的各种年龄（从三岁起）的男女工人总数，在 1862 年大约 12 万人。其中受到工厂法约束的，根据 1862 年 2 月 11 日的议会报告，只有 4063 人。（注释中的注释：指议会文件《工厂。答可尊敬的下院 1861 年 4 月 24 日的质询》（1862 年 2 月 11 日刊印）第 9 页。摘自《马克思恩格斯文集》第 5 卷，人民出版社 2009 年版，第 941 页注释。）

③ 例如，关于陶器业，“格拉斯哥不列颠陶器厂”的柯克伦公司报告说：“为了维持我们的产量，我们现在广泛地使用机器，用非熟练工人去照管它们。每天都使我们相信，我们能够比使用旧方法生产出更多的产品”（《工厂视察员报告。1865 年 10 月 31 日》第 13 页）。“工厂法的作用是促进机器的进一步采用。”（同上，第 13、14 页）。

④ 例如，陶器业实行工厂法以后，用机动辘轳代替手摇辘轳的现象大大增加了。

日被规定以后更是如此。其次，被规定的工作日的法定休息时间，要求劳动能够突然地和周期地停顿下来，而不损害正处在生产过程中的制品。当然，纯机械性质的行业同那些要经历某种化学和物理过程的行业（如陶器业、漂白业、染色业、面包业以及大部分金属加工业）相比，生产结果比较容易得到保证，劳动的中断也比较容易做到。只要不受限制的工作日、夜工以及对人力的肆意糟蹋照旧存在，每一种自然发生的障碍都会很快被看做生产上的永恒的“自然界限”。没有一种毒药消灭害虫能比工厂法消灭这类“自然界限”更有把握。没有任何人比陶器业的先生们叫喊“不可能”叫得更响亮的了。1864 年，工厂法强制施行到他们身上，过了 16 个月以后，一切不可能都消失了。工厂法所引起的

“用压缩代替蒸发加工陶土的改良方法，烘土坯的炉子的新结构等等，都是制陶技术上极其重要的事件，它们标志着上一世纪无法比拟的制陶技术上的进步……炉温大大降低了，而煤的消耗大大减少了，陶器制作得更快了”①。

马克思：《资本论（第一卷）》（1867 年 9 月），摘自《马克思恩格斯文集》第 5 卷，人民出版社 2009 年版，第 541—547 页。

7. 资本主义大机器使工厂中女性人口比男性人口增长得快，把工人的妻子儿女都抛到资本的车轮下

相对过剩人口是形形色色的。每个工人在半失业或全失业的时期，都属于相对过剩人口。工业周期阶段的更替使相对过剩人口具有显著的、周期反复的形式，因此，相对过剩人口时而在危机时期急剧地表现出来，时而在营业呆滞时期缓慢地表现出来。如果撇开这些形式不说，那么，过剩人口经常具有三种形式：流动的形式、潜在的形式和停滞的形式。

在现代工业的中心——工厂、制造厂、冶金厂、矿山等等，工人时而被排斥，时而在更大的规模上再被吸引，因此总的说来，就业人数是增加的，虽然增加的比率同生产规模相比不断缩小。在这里，过剩人口处于流

① 《工厂视察员报告。1865 年 10 月 31 日》第 96、127 页。

动的形式。

无论在真正的工厂中，还是在一切有机器作为因素加入或者甚至仅仅实行现代分工的大工场中，都需要大量的还没有脱离少年期的男工。少年期一过，便只剩下极少数的人能够被原生产部门继续雇用，而大多数的人通常要被解雇。他们成了流动过剩人口的一个要素，这个要素随着工业规模的扩大而增大。其中一部分人移居国外，其实不过是跟着外流的资本流出去。由此造成的后果之一，是女性人口比男性人口增长得快，英格兰就是一个例子。工人数量的自然增长不能满足资本积累的需要，但同时又超过这种需要，这是资本运动本身的一个矛盾。资本需要的少年工人数量较大，成年工人数量较小。比这个矛盾更引人注目的是另一个矛盾：在成千上万的人手流落街头的同时，有人却抱怨人手不足，因为分工把人手束缚在一定的生产部门了。① 此外，资本消费劳动力是如此迅速，以致工人到了中年通常就已经多少衰老了。他落入过剩者的队伍，或者从较高的等级被排挤到较低的等级。我们看到，正是大工业中的工人寿命最短。

> “曼彻斯特保健医官利医生证实，该市富裕阶级的平均寿命是38岁，而工人阶级的平均寿命只有17岁。在利物浦，前者是35岁，后者是15岁。可见，特权阶级的寿命比他们的不那么幸运的同胞的寿命要长一倍以上。”②

在这种情况下，这部分无产阶级的绝对增长就需要采取这样一种形式：它的成员迅速耗损，但是它的人数不断增大。这样就需要工人一代一代地迅速更替。（这个规律对人口中的其他阶级是不适用的。）这种社会需要，是通过早婚这一大工业工人生活条件的必然后果，并通过剥削工人子女以奖励工人生育子女的办法来满足的。

---

① 1866年下半年，伦敦有8万到9万工人失业，而同时期的工厂报告却说：“说需求总是恰好在必需的时候引起供给，似乎不是绝对正确的。拿劳动来说，就不是这样，去年由于缺乏劳动力，许多机器不得不停工。”（《工厂视察员报告。1866年10月31日》第81页）

② 当时的伯明翰市长〔现任（1883年）商业大臣。——弗·恩·〕约·张伯伦1875年1月14日在伯明翰市卫生会议上的开幕词。

资本主义生产一旦占领农业，或者依照它占领农业的程度，对农业工人人口的需求就随着在农业中执行职能的资本的积累而绝对地减少，而且对人口的这种排斥不像在非农业的产业中那样，会由于更大规模的吸引而得到补偿。因此，一部分农村人口经常准备着转入城市无产阶级或制造业无产阶级的队伍，经常等待着有利于这种转化的条件。(这里所说的制造业是指一切非农业的产业。)[①] 因此，相对过剩人口的这一源泉是长流不息的。但是，它不断地流向城市是以农村本身有经常潜在的过剩人口为前提的，这种过剩人口的数量只有在排水渠开放得特别大的时候才能看得到。因此，农业工人的工资被压到最低限度，他总是有一只脚陷在需要救济的赤贫的泥潭里。

第三类相对过剩人口，停滞的过剩人口，形成现役劳动军的一部分，但是就业极不规则。因此，它为资本提供了一个贮存着可供支配的劳动力的取之不竭的蓄水池。这种劳动力的生活状况降到了工人阶级的平均正常水平以下，正是这种情况使它成为资本的特殊剥削部门的广泛基础。它的特点是劳动时间最长而工资最低。它的主要形式，我们在家庭劳动一节中已经看到了。[②] 它不断地从大工业和农业的过剩者那里得到补充，特别是从那些由于手工业生产被工场手工业生产打垮，或者工场手工业生产被机器生产打垮而没落的工业部门那里得到补充。它的数量随着由积累的规模和能力的增大造成的“过剩”工人的增长而增加。但是，它同时又是工人阶级中一个会自行再生产和繁衍不息的要素，它在工人阶级的增长总额中所占的比重大于其他要素。实际上，不仅出生和死亡的数量，而且家庭人口的绝对量都同工资的水平，即各类工人所支配的生活资料量成反比。资本主义社会的这个规律，在野蛮人中间，或者甚至在文明的移民中间，听起来会是荒谬的。它使人想起各种个体软弱的、经常受到追捕的动物的大

① 根据1861年对英格兰和威尔士的人口调查，“781座城市有居民10960998人，而乡村和农村教区只有居民9105226人……在1851年的人口调查中列有580座城市，它们的人口同它们周围的农业地区的人口大致相等。可是，在以后的10年中，农业地区的人口只增加50万人，而580座城市的人口却增加了1554067人。农村教区的人口增加6.5%，而城市人口增加17.3%。增长率的差额是由于农村人口流入城市造成的。人口增长总额中有¾属于城市”（《人口调查》第3卷第11、12页）。

② 见《马克思恩格斯文集》第5卷第536—540页。——编者注

量再生产。①

最后，相对过剩人口的最底层陷于需要救济的赤贫的境地。撇开流浪者、罪犯和妓女，一句话，撇开真正的流氓无产阶级不说，这个社会阶层由三类人组成。第一类是有劳动能力的人。只要粗略地浏览一下英格兰需要救济的贫民的统计数字，就会发现，他们的人数每当危机发生时就增大，每当营业复苏时就减少。第二类是孤儿和需要救济的贫民的子女。他们是产业后备军的候补者，在高度繁荣时期，如在1860年，他们迅速地大量地被卷入现役劳动军的队伍。② 第三类是衰败的、流落街头的、没有劳动能力的人。属于这一类的，主要是因分工而失去灵活性以致被淘汰的人，还有超过工人正常年龄的人，最后还有随着带有危险性的机器、采矿业、化学工厂等等的发展而人数日益增多的工业牺牲者，如残疾人、病人、寡妇等等。需要救济的赤贫形成现役劳动军的残疾院和产业后备军的死荷重。③ 它的生产包含在相对过剩人口的生产中，它的必然性包含在相对过剩人口的必然性中，它和相对过剩人口一起，形成财富的资本主义生产和发展的一个存在条件。它是资本主义生产的一项非生产费用，但是，资本知道怎样把这项费用的大部分从自己的肩上转嫁到工人阶级和中等阶级下层的肩上。

社会的财富即执行职能的资本越大，它的增长的规模和能力越大，从而无产阶级的绝对数量和他们的劳动生产力越大，产业后备军也就越大。可供支配的劳动力同资本的膨胀力一样，是由同一些原因发展起来的。因此，产业后备军的相对量和财富的力量一同增长。但是同现役劳动军相比，这种后备军越大，常备的过剩人口也就越多，他们的贫困同他们所受的劳

---

① "贫困似乎会促进繁殖。"（亚当·斯密）在风流才子加利阿尼神父看来，这甚至是上帝特别英明的安排："上帝安排好了，让从事最有益的职业的人生得绰绰有余"（加利阿尼：《货币论》第4卷第78页）。"贫困在达到引起饥馑和瘟疫的极限以前，与其说会妨碍人口的增长，不如说会促进人口的增长。"（赛·兰格《国家的贫困》1844年版第69页）兰格用统计材料说明了这个论点之后，又继续说道："如果世界上所有的人都生活在舒适安乐的环境中，那么世界上很快就会荒无人烟。"（注释中的注释：亚当·斯密：《国民财富的性质和原因的研究》第1卷第8章，爱·吉·韦克菲尔德编，1835年伦敦版第1卷第195页。摘自《马克思恩格斯文集》第5卷，人民出版社2009年版，第948—949页注释）。

② 见本卷第309—312页。——编者注

③ "死荷重"是运输业的用语，指运输工具自身的重量。——编者注

动折磨成反比。[1] 最后，工人阶级中贫苦阶层和产业后备军越大，官方认为需要救济的贫民也就越多。这就是资本主义积累的绝对的、一般的规律。像其他一切规律一样，这个规律的实现也会由于各种各样的情况而有所变化，不过对这些情况的分析不属于这里的范围。

当经济学的智者们向工人说教，要工人使自己的人数去适应资本增殖的需要时，他们的愚蠢是很清楚的。资本主义生产和积累的机制在不断地使这个人数适应资本增殖的需要。这种适应的开头是创造出相对过剩人口或产业后备军，结尾是现役劳动军中不断增大的各阶层的贫困和需要救济的赤贫的死荷重。

由于社会劳动生产率的增进，花费越来越少的人力可以推动越来越多的生产资料，这个规律在不是工人使用劳动资料，而是劳动资料使用工人的资本主义的基础上表现为：劳动生产力越高，工人对他们就业手段的压力就越大，因而他们的生存条件，即为增加他人财富或为资本自行增殖而出卖自己的力气，也就越没有保障。因此，生产资料和劳动生产率比生产人口增长得快这一事实，在资本主义下却相反地表现为：工人人口总是比资本的增殖需要增长得快。

我们在第四篇分析相对剩余价值的生产时已经知道，在资本主义制度内部，一切提高社会劳动生产力的方法都是靠牺牲工人个人来实现的；一切发展生产的手段都转变为统治和剥削生产者的手段，都使工人畸形发展，成为局部的人，把工人贬低为机器的附属品，使工人受劳动的折磨，从而使劳动失去内容，并且随着科学作为独立的力量被并入劳动过程而使劳动过程的智力与工人相异化；这些手段使工人的劳动条件变得恶劣，使工人在劳动过程中屈服于最卑鄙的可恶的专制，把工人的生活时间转化为劳动时间，并且把工人的妻子儿女都抛到资本的札格纳特车轮下。[2] 但是，一切生产剩余价值的方法同时就是积累的方法，而积累的每一次扩大又反过来成为发展这些方法的手段。由此可见，不管工人的报酬高低如何，工人

① 在经马克思审定的法文版中是："成正比"。——编者注

② 见本卷第453—492页。——编者注。双注释：札格纳特是印度教的主神之一毗湿奴的化身。崇拜札格纳特的教派的特点是宗教仪式十分豪华，充满极端的宗教狂热，这种狂热表现为教徒的自我折磨和自我残害。在举行大祭的日子里，某些教徒往往投身于载着毗湿奴神像的车轮下将自己轧死。摘自《马克思恩格斯文集》第5卷，人民出版社2009年版，第923页注释。

的状况必然随着资本的积累而恶化。最后，使相对过剩人口或产业后备军同积累的规模和能力始终保持平衡的规律把工人钉在资本上，比赫斐斯塔司的楔子把普罗米修斯钉在岩石上钉得还要牢。这一规律制约着同资本积累相适应的贫困积累。因此，在一极是财富的积累，同时在另一极，即在把自己的产品作为资本来生产的阶级方面，是贫困、劳动折磨、受奴役、无知、粗野和道德堕落的积累。

马克思：《资本论（第一卷）》（1867 年 9 月），摘自《马克思恩格斯文集》第 5 卷，人民出版社 2009 年版，第 738—744 页。

8. 自从资本主义大工业迫使妇女从家庭进入劳动市场和工厂，变为家庭的供养者，男子的野蛮粗暴统治的最后残余失去了任何基础

只有在被压迫阶级中间，而在今天就是在无产阶级中间，性爱才成为而且也才可能成为对妇女的关系的常规，不管这种关系是否为官方所认可。不过，在这里，古典的专偶制的全部基础也就除去了。在这里没有任何财产，而专偶制和男子的统治原是为了保存和继承财产而建立的；因此，在这里也就没有建立男子统治的任何推动力了。况且，在这里也没有达到这个目的的手段：维护男子统治的资产阶级法律，只是为了维护有产者和他们同无产者的相互关系而存在的；它是要花费金钱的，而因为工人贫穷的缘故，它对于工人同他的妻子的关系就没有效力了。在这里，起决定作用的完全是另一种个人的和社会的关系。此外，自从大工业迫使妇女从家庭进入劳动市场和工厂，而且往往把她们变为家庭的供养者以后，在无产者家庭中，除了自专偶制出现以来就蔓延开来的对妻子的野蛮粗暴也许还遗留一些以外，男子统治的最后残余也已失去了任何基础。这样一来，无产者的家庭，甚至在双方都保持最热烈的爱情和最牢固的忠实的情况下，并且不管有可能得到什么样的宗教的和世俗的祝福，也不再是严格意义上的专偶制的家庭了。所以，专偶制的经常伴侣——淫游和通奸，在这里只有极其微小的作用；妻子事实上重新取得了离婚的权利，当双方不能和睦相处时，他们就宁愿分离。一句话，无产者的婚姻之为专偶制，是在这个名词的词源学意义上说的，决不是在这个名词的历史意义上说的。[①]

恩格斯：《家庭、私有制和国家的起源》（1884 年 3 月底—5 月底），摘自

① 以下直到“现在让我们再回过来谈摩尔根吧”（本卷第 97 页）以前是恩格斯在 1891 年版上增补的。——编者注

《马克思恩格斯文集》第 4 卷，人民出版社 2009 年版，第 85—86 页。

9. 资本主义工业创造了以妇女和儿童的劳动代替工资较高的男子劳动的条件

19 世纪末，在外来工人最多的区域，农业中建立起了规模相当大的资本主义企业。资本主义协作是在使用像脱粒机这样的机器的情况下建立起来的。捷贾科夫先生在描写赫尔松省农业工人的生活条件和劳动条件的著作中指出，一部马拉脱粒机需要 14—23 个或更多的工人，而一部蒸汽脱粒机则需要 50—70 个工人。某些农场有 500—1000 个工人，这在农业中是非常大的数字。资本主义造成了以妇女劳动和儿童劳动代替工资较高的男子劳动的条件。例如，在塔夫利达省主要的劳动市场之一卡霍夫卡镇，以前集中过 4 万工人，而在上一世纪 90 年代有 2 万—3 万工人；在 1890 年登记过的工人中妇女占 12.7%，到 1895 年已经达到了 25.6%。1893 年童工占 0.7%，到 1895 年已经达到 1.69%。

资本主义农庄把工人从俄国的各个角落集中起来，然后根据自己的需要加以分类，造成一种同工厂工人等级制类似的工人等级制。譬如把工人分为整劳力、半劳力——其中又分出“力气大的劳力”（16—20 岁）和“帮小忙的”半劳力（8—14 岁的儿童）。地主同“自己的”农民之间过去那种所谓“宗法”关系，在这里连一点痕迹都没有了。劳动力像任何其他东西一样，变成了商品。“真正俄罗斯”型的盘剥正在消失，代替它的是按周计算的货币工资制，是疯狂的竞争，是工人和业主之间的争执。由于大批工人集中在雇佣市场，由于极端恶劣的不卫生的劳动条件，人们试图对大农庄实行社会监督。这种尝试是农业中的“大工业”所特有的，但是，在没有政治自由和公开的工人组织的情况下，这种尝试是根本不能持久的。外来工人的劳动条件坏到什么程度，这从工作日长达 12 个半小时至 15 个小时这一点就可以看出来。操作机器的工人受伤已是司空见惯。患职业病的工人（如操作脱粒机的工人）增加了，如此等等。在 19 世纪末的俄国，不仅可以看到最发达的、美国式的纯粹资本主义剥削的一切“美妙的东西”，而且还可以看到纯粹中世纪的、在先进国家中早已消失了的工役制和徭役制的经营方式。俄国所有纷繁复杂的土地关系，归结起来就是农奴制的剥削方式和资产阶级的剥削方式交织在一起。

列宁：《19世纪末俄国的土地问题》（1908年6月18日〔7月1日〕），摘自《列宁全集》第17卷，人民出版社2017年版，第98—100页。

（三）资本主义大工业时期资本家对女工的剥削与摧残

1. 工场手工业时期资本家在生产上对妇女和儿童进行剥削

在真正的工场手工业时期，即在工场手工业成为资本主义生产方式的统治形式的时期，工场手工业所特有的倾向的充分实现遇到了多方面的障碍。虽然工场手工业，如我们已看到的，除了把工人分成等级以外，还把工人简单地分为熟练工人和非熟练工人[①]，但是，由于熟练工人具有压倒优势的影响，非熟练工人的人数仍然极其有限。虽然工场手工业使特殊操作适应于它的活的劳动器官的年龄、体力和发育的不同程度，从而迫切要求在生产上对妇女和儿童进行剥削，但总的说来，这种倾向由于习惯和男工的反抗而遭到破坏。虽然手工业活动的分解降低了工人的教育费用，从而降低了工人的价值，但较难的局部劳动仍然需要较长的学习时间，甚至在这种学习时间已成为多余的地方，工人仍用心良苦地把它保留下来。例如，我们看到，英国的学习时间定为七年的学徒法，直到工场手工业时期的末期还完全有效，大工业才把它们废除。因为手工业的熟练仍然是工场手工业的基础，同时在工场手工业中执行职能的总机构没有任何不依赖工人本身的客观骨骼，所以资本不得不经常同工人的不服从行为作斗争。我们的朋友尤尔叫喊说：

> “人类天性的弱点如此之大，以致工人越熟练，就越任性，越难驾驭，因此，工人不驯服的脾气给总机构造成巨大的损害。”[②]

因此，在整个工场手工业时期，都可听到关于工人缺乏纪律的怨言。[③]

马克思：《资本论（第一卷）》（1867年9月），摘自《马克思恩格斯文集》第5卷，人民出版社2009年版，第425—426页。

---

① 见本卷第405—406页。——编者注

② 尤尔《工厂哲学》第20页。——编者注

③ 这句话用在英国比用在法国恰当得多；用在法国比用在荷兰恰当。

2. 母亲外出就业引起的对子女照顾不周和虐待，例如饮食不适、缺乏营养、喂鸦片剂等等，母亲还违反天性地虐待自己的子女，从而发生故意饿死和毒死的事件

前面已经指出，机器起初使儿童、少年像工人妻子一样在以机器为基础而产生的工厂内直接地受资本的剥削，后来使他们在所有其他工业部门内间接地受资本的剥削，而使他们的身体受到摧残。① 因此在这里，我们只谈一点，就是工人子女出生后头几年的惊人的死亡率。在英格兰，有 16 个户籍区在 10 万个不满一周岁的儿童中每年平均的死亡人数只是 9085 人（其中有一个区只是 7047 人）；24 个区是 10000 人至 11000 人；39 个区是 11000 人至 12000 人；48 个区是 12000 人至 13000 人；22 个区超过 20000 人；25 个区超过 21000 人；17 个区超过 22000 人；11 个区超过 23000 人；在胡、伍尔弗汉普顿、阿什顿安德莱恩和普雷斯顿超过 24000 人；在诺丁汉、斯托克波特和布拉德福德超过 25000 人；在威斯贝奇是 26001 人；在曼彻斯特是 26125 人。② 1861 年的一个官方医生调查报告指出：造成这样高的死亡率的原因，除了当地的情况外，主要是由于母亲外出就业，以及由此引起的对子女的照顾不周和虐待，例如饮食不适、缺乏营养、喂鸦片剂等等，另外，母亲还违反天性地虐待自己的子女，从而发生故意饿死和毒死的事件。③ 相反地，在“妇女最少就业”的农业区，“死亡率则最低”④。但是，1861 年的调查委员会却得出了一个出人意料的结论：在北海沿岸的一些纯农业区，不满一周岁的儿童的死亡率几乎赶上了名声最坏的工厂区。因此，朱利安·汉特医生被派去就地研究这种现象。他的报告收在《公共卫生。第 6 号报告》中。⑤ 在此以前人们认为，是疟疾和低洼的沼泽地区所特有的其他疾病使儿童大批死亡。但调查却得出了完全相反的结论：

① 《马克思恩格斯文集》第 5 卷第 297—304 页。——编者注

② 《公共卫生。第 6 号报告》1864 年伦敦版第 34 页。

③ 《公共卫生。第 6 号报告》“此外，它〈1861 年的调查〉……还证明，在上述情况下，儿童由于母亲外出工作，无人照料和照顾不周而死亡，母亲对自己的子女也惊人地丧失了自然感情—她们通常对子女的死亡并不十分介意，有时甚至……直接设法弄死他们。”

④ 《公共卫生。第 6 号报告》第 454 页。

⑤ 《公共卫生。第 6 号报告》第 454—462 页。亨利·朱利安汉特医生《关于英格兰某些农业区婴儿死亡率过高的报告》。

“把冬天是沼泽地夏天是贫瘠草地的土地变成肥沃的谷物耕地，这是消灭疟疾的原因，但也就是这个原因造成了非常高的婴儿死亡率。”①

汉特医生在这些地区询问过70个开业医生，他们对这一点的意见“惊人地一致”。事实上，随着土地耕作的革命，采用了工业制度。

“同少年男女在帮伙里一起劳动的已婚妇女，为了挣一些钱，被一个出租整个帮伙的叫做‘帮头’的人，交给租地农场主支配。这些帮伙往往到离本村许多英里以外的地方去；早晚都可以在路上看到他们，妇女们穿着短裙和短上衣、靴子，有时穿长裤，表面上很健壮有力，但由于放荡成性而败坏了，她们喜欢这种忙碌的独立的生活方式，而毫不考虑这会给她们家里瘦弱的子女带来多么不幸的后果。”②

工厂区的各种现象在这里又重现了，而且暗地杀害儿童和让儿童服鸦片剂的现象比工厂区还要厉害。③

英国枢密院④医官、《公共卫生》报告主编西蒙医生说：

“我了解工业中大量使用成年妇女所造成的恶果，所以每当我看到这种现象都有理由感到深恶痛绝。”⑤

工厂视察员罗·贝克在一份官方报告中疾呼：

---

① 《公共卫生。第6号报告》1864年伦敦版第35、455、456页。

② 《公共卫生。第6号报告》第456页。

③ 在英国的农业区，和在工厂区一样，成年男工和女工的鸦片消费量也日益增加。“扩大鸦片剂的销路……已成为某些有胆量的批发商的主要目的。药商认为鸦片剂是最畅销的商品。”（《公共卫生。第6号报告》，第459页）服用鸦片剂的婴儿“萎缩成小老头或瘦得像小猴子”（《公共卫生。第6号报告》第460页）。人们看到，印度和中国是怎样报复英国的。

④ 枢密院是英国国王属下的一个最高咨询机关，由内阁大臣和其他官员以及宗教界的高级代表组成。它最初成立于13世纪。在很长的时期内它拥有代表国王而不经过议会进行立法的权力。17世纪以前，枢密院在治理国家方面起过重要作用，到了18、19世纪，随着议会制的发展和内阁权力的加强，枢密院的作用急剧下降，仅保留接受和审理殖民、宗教和行政事务方面的申诉权。在现今的英国，它实际已没有任何意义。摘自《马克思恩格斯文集》第5卷，人民出版社2009年版，第919—920页注释。

⑤ 《公共卫生。第6号报告》1864年伦敦版第37页。

“禁止任何有家的已婚妇女在任何工厂里干活，对于英国的工厂区来说，确实会是一件幸事。”①

马克思：《资本论（第一卷）》（1867年9月），摘自《马克思恩格斯文集》第5卷，人民出版社2009年版，第457—460页。

3. 机器通过占有妇女和儿童的劳动增加资本对人的剥削，通过无限度地延长工作日侵吞工人的全部生活时间，不断地加强对劳动力的剥削

我们在本章的开头考察了工厂的躯体，即机器体系的构成。② 后来我们看到，机器怎样通过占有妇女劳动和儿童劳动增加资本剥削的人身材料③，机器怎样通过无限度地延长工作日侵吞工人的全部生活时间，最后，机器的发展虽然使人们能在越来越短的时间内提供惊人地增长的产品，但又怎样作为系统的手段，用来在每一时刻内榨取更多的劳动或不断地加强对劳动力的剥削。现在我们转过来考察工厂的整体，而且考察的是它的最发达的形态。

尤尔博士，这位自动工厂的平达，一方面把工厂描写成

“各种工人即成年工人和未成年工人的协作，这些工人熟练地勤勉地看管着由一个中心动力（原动机）不断推动的、进行生产的机器体系”；

另一方面，又把工厂描写成

“一个由无数机械的和有自我意识的器官组成的庞大的自动机，这些器官为了生产同一个物品而协调地不间断地活动，因此它们都从属于一个自行发动的动力”。

这两种说法决不是相同的。在前一种说法中，结合总体工人或社会劳动体表现为积极行动的主体，而机械自动机则表现为客体；在后一种说法中，自动机本身是主体，而工人只是作为有意识的器官与自动机的无意识

① 《工厂视察员报告。1862年10月31日》第59页。这位工厂视察员以前是医生。

② 见本卷第429、435—436页。——编者注

③ 见本卷第453—454页。——编者注

的器官并列，而且和后者一同从属于中心动力。第一种说法适用于机器体系的一切可能的大规模应用，第二种说法表明了机器体系的资本主义应用，从而表明了现代工厂制度的特征。因此，尤尔也喜欢把产生运动的中心机器不仅描写成自动机［Automat］，而且描写成专制君主［Autokrat］。

> “在这些大工场里，仁慈的蒸汽力量把无数臣民聚集在自己的周围。”①

使用劳动工具的技巧，也同劳动工具一起，从工人身上转到了机器上面。工具的效率从人类劳动力的人身限制下解放出来。这样一来，工场手工业分工的技术基础就消失了。因此，在自动工厂里，代替工场手工业所特有的专业化工人的等级制度的，是机器的助手所要完成的各种劳动的平等化或均等化的趋势②，代替局部工人之间的人为差别的，主要是年龄和性别的自然差别。

就分工在自动工厂里重新出现而言，这种分工首先是把工人分配到各种专门化机器上去，以及把大群并不形成有组织的小组的工人分配到工厂的各个部门，在那里，他们在并列着的同种工作机上劳动，因此，在他们之间只有简单的协作。工场手工业的有组织的小组被一个主要工人同少数助手的联系代替了。重大的差别是实际操作工作机的工人（包括某些看管发动机或给发动机添料的工人）和这些机器工人的单纯下手（几乎完全是儿童）之间的差别。所有“feeders”（单纯给机器添劳动材料的人）或多或少地都算在这种下手之内。除了这两类主要工人外，还有为数不多的负责检查和经常修理全部机器的人员，如工程师、机械师、细木工等等。这一类是高级的工人，其中一部分人有科学知识，一部分人有手艺，他们不属于工厂工人的范围，而只是同工厂工人聚集在一起③。这种分工是纯技术性的。

---

① 尤尔《工厂哲学》第 18 页。

② 尤尔《工厂哲学》第 20 页。参看卡尔·马克思《哲学的贫困》第 140、141 页。

③ 英国的工厂立法把正文中提到的后一类工人明确地算做非工厂工人，排斥在工厂立法的作用范围以外；而议会发表的《报告》却也同样明确地不但把工程师、机械师等，而且把工厂管理人员、营业员、外勤人员、仓库管理员、包装工等，总而言之，把工厂主以外的一切人都列入工厂工人的范畴，这表明在统计上有意制造骗局，这一点在别的方面也可以得到详细的证明。

一切在机器上从事的劳动，都要求训练工人从小就学会使自己的动作适应自动机的划一的连续的运动。只要总机器本身是一个由各种各样的、同时动作并结合在一起的机器构成的体系，以它为基础的协作也就要求把各种不同的工人小组分配到各种不同的机器上去。但是，机器生产不需要像工场手工业那样，使同一些工人始终从事同一种职能，从而把这种分工固定下来①。因为工厂的全部运动不是从工人出发，而是从机器出发，所以不断更换人员也不会使劳动过程中断。1848—1850 年英国工厂主叛乱期间所实行的换班制度②，提供了最有力的证明。最后，年轻人很快就可以学会使用机器，因此也就没有必要专门培养一种特殊的工人成为机器工人③。在工厂里，单纯的下手干的活一方面可以用机器来代替④，另一方面由于这种活十分简单，从事这种苦役的人员可以迅速地经常地更换。

虽然机器从技术上废弃了旧的分工制度，但是这种旧制度最初由于习惯，仍然作为工场手工业的传统在工厂里延续着，后来被资本当做剥削劳动力的手段，在更令人厌恶的形式上得到了系统的恢复和巩固。过去是终生专门使用一种局部工具，现在是终生专门服侍一台局部机器。滥用机器

---

① 尤尔也承认这一点。他说："在必要的时候，工厂管理人员可以随意把"工人"从一台机器调到另一台机器"，他还得意扬扬地叫嚷："这样调换显然违背了让一个人做别针针头，另一个人磨别针针尖的那种分工的老规矩"。（注释中的注释：安·尤尔《工厂哲学：或论大不列颠工厂制度的科学、道德和商业的经济》1835 年伦敦版第 22 页。摘自《马克思恩格斯文集》第 5 卷，人民出版社 2009 年版，第 936 页注释）。他本应问问自己，为什么自动工厂只是"在必要的时候"才废除这个"老规矩"。

② 见本卷第 322—337 页。——编者注

③ 在情况紧急的时候，例如美国南北战争期间，工厂工人破例地被资产者用来干最粗笨的活，如筑路等等。1862 年及以后几年英国为失业的棉纺织工人设立的"国家工场"，和 1848 年法国的"国家工场"的区别在于：在后者，工人由国家出钱从事非生产劳动，在前者，工人则从事对资产者有利的城市生产劳动，同时使用这样的工人比使用正规工人更便宜，从而迫使他们和正规工人竞争。"棉纺织工人的身体，看起来无疑是变好了。我认为……就男工而论，这是在户外从事公共工程的结果。"（这里指的是在"普雷斯顿沼泽"干活的普雷斯顿的工厂工人。）（《工厂视察员报告。1863 年 10 月》第 59 页）。

④ 例如：自从 1844 年的法律颁布以来，毛纺织厂就采用各种机械装置代替儿童劳动。当工厂主先生们使用的儿童必须上工厂的下手"学校"时，力学中这个几乎尚未开拓的领域马上就有了显著的发展。"自动走锭纺纱机也许是一种和其他任何一种机器同样危险的机器。大多数事故都发生在幼童身上，这是由于他们在纺机开动时爬到它下面去扫地造成的。许多看管走锭纺纱机的工人因这种过失而被<工厂视察员>控告，并被判罚款，但这样做并没有产生任何普遍的好处。如果机器制造者能发明一种自动扫地机，使这些幼童不需要再爬到机器下面去，那将是对我们的保护措施的值得庆幸的贡献。"（《工厂视察员报告。1866 年 10 月 31 日》第 63 页）。

的目的是要使工人自己从小就转化为局部机器的一部分①。这样，不仅工人自身再生产所必需的费用大大减少，而且工人终于毫无办法，只有依赖整个工厂，从而依赖资本家。在这里，像在其他各处一样，必须把社会生产过程的发展所造成的较大的生产率同这个过程的资本主义剥削所造成的较大的生产率区别开来。

在工场手工业和手工业中，是工人利用工具，在工厂中，是工人服侍机器。在前一种场合，劳动资料的运动从工人出发，在后一种场合，则是工人跟随劳动资料的运动。在工场手工业中，工人是一个活机构的肢体。在工厂中，死机构独立于工人而存在，工人被当做活的附属物并入死机构。

> "在这种永无止境的苦役中，反复不断地完成同一个机械过程，这种苦役单调得令人丧气，就像息息法斯的苦刑一样；劳动的重压，像巨石般一次又一次地落在疲惫不堪的工人身上。"②

机器劳动极度地损害了神经系统，同时它又压抑肌肉的多方面运动，夺去身体上和精神上的一切自由活动③。甚至减轻劳动也成了折磨人的手段，因为机器不是使工人摆脱劳动，而是使工人的劳动毫无内容。一切资本主义生产既然不仅是劳动过程，而且同时是资本的增殖过程，就有一个共同点，即不是工人使用劳动条件，相反地，而是劳动条件使用工人，不过这种颠倒只是随着机器的采用才取得了在技术上很明显的现实性。由于

---

① 因此，我们就可以来评价蒲鲁东的如下荒诞的看法：他不是把机器"构成"为劳动资料的综合，而是"构成"为为了工人自己而进行的局部劳动的综合。（注释中的注释：见马克思《哲学的贫困》第2章第2节《分工和机器》，《马克思恩格斯文集》第1卷第624、626页。摘自《马克思恩格斯文集》第5卷，人民出版社2009年版，第930页注释）。

② 弗·恩格斯：《英国工人阶级状况》，第217页。甚至一个很普通的乐观的自由贸易论者莫利纳里先生也指出"一个人每天看管机器的划一运动15小时，比他从事同样长时间的体力劳动还要衰老得快。这种看管机器的劳动，如果时间不太长，也许可以成为一种有益于智力的体操，但是由于这种劳动过度，对智力和身体都有损害。"（古·德·莫利纳里《经济学概论》1846年巴黎版［第49页］）。（注释中的注释：恩格斯《英国工人阶级状况》中的《各别的劳动部门 狭义的工厂工人》一节以及马克思《政治经济学批判（1861—1863年手稿）》第XX笔记本第1245页开头。摘自《马克思恩格斯文集》第5卷，人民出版社2009年版，第936页注释）。

③ 弗·恩格斯：《英国工人阶级状况》，第216页（注释中的注释：恩格斯《英国工人阶级状况》中《各别的劳动部门 狭义的工厂工人》一节。摘自《马克思恩格斯文集》第5卷，人民出版社2009年版，第936页注释）。

劳动资料转化为自动机，它就在劳动过程本身中作为资本，作为支配和吮吸活劳动力的死劳动而同工人相对立。正如前面已经指出的那样，生产过程的智力同体力劳动相分离，智力转化为资本支配劳动的权力，是在以机器为基础的大工业中完成的①。变得空虚了的单个机器工人的局部技巧，在科学面前，在巨大的自然力面前，在社会的群众性劳动面前，作为微不足道的附属品而消失了；科学、巨大的自然力、社会的群众性劳动都体现在机器体系中，并同机器体系一道构成"主人"的权力。因此，当这位主人（在他的头脑中，机器和他对机器的垄断已经不可分割地结合在一起）同"人手"发生冲突时，他就轻蔑地对他们说：

"工厂工人们应当牢牢记住，他们的劳动实际上是一种极低级的熟练劳动；没有一种劳动比它更容易学会，按质量来说比它报酬更高；没有一种劳动能通过对最无经验的人进行短期训练而在这样短的时间这样大量地得到。在生产事务中，主人的机器所起的作用，实际上比工人的劳动和技巧所起的作用重要得多，因为工人的劳动和技巧六个月就可以教完，任何一个雇农六个月就可以学会。"②

工人在技术上服从劳动资料的划一运动以及由各种年龄的男女个体组成的劳动体的特殊构成，创造了一种兵营式的纪律。这种纪律发展成为完整的工厂制度，并且使前面已经提到的监督劳动③得到充分发展，同时使那种把工人划分为劳工和监工，划分为普通工业士兵和工业军士的现象得到充分发展。

"自动工厂的主要困难在于建立必要的纪律，以便使人们抛弃无规则的劳动习惯，使他们和大自动机的始终如一的规则性协调一致。但是，发明一个适合自动体系的需要和速度的纪律法典，并有成效地加

① 见本卷第418页。——编者注

② 《纱厂工头和厂主的保护基金。委员会的报告》1854年曼彻斯特版第17、19页。后面可以看到，当"主人"感到他们的"活的"自动机有丧失的危险的时候，他们就唱完全不同的调子。见本卷第661—665页。——编者注

③ 见本卷第383—386页。——编者注

以实行，不愧是海格立斯式的事业，而这正是阿克莱的高尚成就！甚至在这个体系已完全建立起来的今天，也几乎不可能在成年工人中间为自动体系找到有用的助手。”①

资产阶级通常十分喜欢分权制②，特别是喜欢代议制，但资本在工厂法典中却通过私人立法独断地确立了对工人的专制。这种法典只是对劳动过程实行社会调节，即对大规模协作和使用共同的劳动资料，特别是使用机器所必需的社会调节的一幅资本主义讽刺画。奴隶监督者的鞭子被监工的罚金簿代替了。自然，一切处罚都简化成罚款和扣工资，而且工厂的莱喀古士们立法的英明，使犯法也许比守法对他们更有利。③

---

① 尤尔《工厂哲学》第15页。了解阿克莱生平的人，决不会把“高尚”这个字眼加到这位天才的理发师头上。在18世纪的所有大发明家中，他无疑是偷盗别人发明的最大的贼，是最卑鄙的家伙。

② 分权制是沙·孟德斯鸠在其《论法的精神》一书中提出的关于国家权力分成立法、行政、司法三种权力的学说。这三种权力互相独立地发挥作用，互相保持平衡和监督。这一学说的目的是限制在法国处于绝对统治地位的专制制度的权力。摘自《马克思恩格斯文集》第5卷，人民出版社2009年版，第936—937页注释。

③ “资产阶级用来束缚无产阶级的奴隶制，无论在哪里也不像在工厂制度上暴露得这样明显。在这里，一切自由在法律上和事实上都不见了。工人必须在清晨5点半钟到工厂。如果迟到几分钟，那就得受罚；如果他迟到10分钟，在吃完早饭以前干脆就不放他进去，这样，他就要丧失一天工资的四分之一。无论吃饭、喝水、睡觉，他都得听命令……专制的钟声把他从睡梦中唤走，把他从早餐和午餐中唤走。工厂的情形又怎样呢？在这里，工厂主是绝对的立法者。他随心所欲地颁布工厂的规则；他爱怎样就怎样修改和补充自己的法规；即使他在这个法规中加上最荒谬的东西，法院还是会对工人说你们既然自愿地订了这个契约，那你们现在就得履行它……这些工人注定了从九岁起无论精神上或肉体上都要在棍子下面生活一直到死。”（弗·恩格斯《英国工人阶级状况》第217页及以下几页。恩格斯《英国工人阶级状况》中《各别的劳动部门 狭义的工厂工人》一节。摘自《马克思恩格斯文集》第5卷，人民出版社2009年版，第936页注释。）我想举两个例子来解释一下“法院说的话”。一件事是1866年底在设菲尔德发生的。那里，一个工人同一家铁工厂订了两年合同。由于同工厂主吵了一次架，他离开了工厂，并表示决不再给这个工厂主干活了。结果他被控违反合同，判了两个月监禁。（要是工厂主违反合同，只能受民法制裁，只有罚款的危险。）两个月刑满出狱后，那个工厂主又要他按旧合同回厂工作。这个工人说不行，他违反合同已经受过处罚。工厂主又把他告了，法院又对他判刑，虽然其中一位法官希先生公开指责说，一个人为了同一过失或罪行，要一辈子一次又一次地受处罚，这在法律上是荒谬的。作出这个判决的，不是“伟大的不领薪水的人”（见《马克思恩格斯文集》第5卷，第334页。——编者注），不是地方上的道勃雷，而是伦敦的一个高等法院。〔第四版注：现在这种状况已不存在。现在在英国，除少数情况外（如公用煤气厂），工人违反合同和雇主一样只受民法的制裁。——弗·恩·〕第二件事是1863年11月底在威尔特郡发生的。韦斯特伯里这个地方的利奥韦呢绒工厂主哈鲁普雇用的约30名蒸汽织机女工举行了一次罢工，因为这个哈鲁普有一个称心的习惯，对早

马克思：《资本论（第一卷）》（1867 年 9 月），摘自《马克思恩格斯文集》第 5 卷，人民出版社 2009 年版，第 481—489 页。

4. 女工们被资本家丧尽天良地置于有毒物质的侵害之下，她们在有害健康的工场手工业中劳动，造成无止境的肉体折磨，生命也会由此而缩短

现代工场手工业中对廉价劳动力和未成熟劳动力的剥削，比在真正的工厂中还要无耻，因为工厂所拥有的技术基础，即代替肌肉力的机器和轻便的劳动，在现代工场手工业中大多是不存在的；同时，在现代工场手工业中，女工或未成熟工人的身体还被丧尽天良地置于有毒物质等等的侵害之下。而这种剥削在所谓的家庭劳动中，又比在工场手工业中更加无耻，这是因为：工人的反抗力由于分散而减弱，在真正的雇主和工人之间挤进了一大批贪婪的寄生虫，家庭劳动到处和同一生产部门的机器生产或者至少是工场手工业生产进行竞争，贫困剥夺了工人必不可少的劳动条件——空间、光线、通风设备等等，就业越来越不稳定，最后，在这些由大工业和大农业所造成的“过剩”人口的最后避难所里，工人之间的竞争必然达到顶点。由于采用机器生产才系统地实现的生产资料的节约，一开始就同时是对劳动力的最无情的浪费和对劳动发挥作用的正常条件的剥夺，而现在，在一个工业部门中，社会劳动生产力和结合的劳动过程的技术基础越

晨迟到者要扣工资：迟到 2 分钟扣 6 便士，迟到 3 分钟扣 1 先令迟到 10 分钟扣 1 先邻便士。按每小时扣 9 先令算，一天就要扣 4 镑 10 先令，但是她们全年的平均工资每周从来没有超过 10—12 先令。哈鲁普还雇一个男孩吹上工哨。有时这个男孩在早晨 6 点以前就吹哨了，哨声一停，工人没有赶到，工厂就关上大门，门外的人都要罚款；因为厂里没有钟，不幸的工人都受哈鲁普指使的年轻报时员的操纵。举行“罢工”的工人，母亲们和少女们说，只要用钟来代替报时员，规定较合理的罚款，她们就愿意复工。哈鲁普以违反合同为理由把 19 个妇女和少女告到了治安法官那里。她们每人竟被判罚款 6 便士，讼费 2 先令 6 便士，旁听者都很愤怒。哈鲁普离开法院时，一群人跟在他后面嘘叫。——工厂主惯用的一种伎俩是，借口工人提供给工厂主的产品质量不好而通过扣工资来惩罚工人。1866 年，这种方法引起了英国陶业区的总罢工。童工调查委员会的报告（1863—1866）列举一些事例，说明工人做了工不仅得不到工资，反而由于罚款规定竟成了自己尊贵的“主人”的债务人。最近的棉业危机也提供了很有教益的实例，说明工厂专制君主在扣工资方面是多么精明。工厂视察员罗·贝克说：“不久前，我本人不得不对一个棉纺织厂主起诉，因为在这样艰难困苦的时候，他还从他雇用的某些‘少年’〈13 岁以上的〉工人身上扣 10 便士，作为他只花 6 便士领来的医生的年龄证明书的费用，按法律规定只准扣 3 便士，按照习惯是根本不扣的……另有一个工厂主，为了达到同一目的而又不触犯法律，在医生证明替他做工的穷孩子适于纺纱时，向他们每人收一先令，作为学会纺纱技术和秘诀的学费。因此，存在着暗流，不了解这种暗流，就不能了解在目前这样的时期发生的像罢工<指 1863 年 6 月达温的机器织布工人的一次罢工>这样的非常现象。”（《工厂视察员报告。1863 年 4 月 30 日》第 50、51 页）（工厂报告往往载有它的正式公布日期以后的事）。

不发达，这种节约就越暴露出它的对抗性的和杀人的一面。

（c）现代工场手工业

现在，我举几个例子来说明上述原理。其实读者已经从工作日那一章看到大量例证。伯明翰及其近郊的金属手工工场除雇用1万个妇女外，还雇用3万个儿童和少年，大多数都干着很重的活。他们在这里的有害健康的铸铜业、纽扣业、珐琅业、电镀业和油漆业中劳动[①]。伦敦的各家书报印刷厂由于让成年和未成年的工人从事过度劳动而博得了“屠宰场”的美名[②]。在订书业中也存在着这种过度劳动，这里的牺牲品主要是妇女、少女和儿童。在制绳业中，未成年的工人担负着繁重的劳动，在制盐、制蜡烛以及其他化工工场中，他们还得做夜工；在尚未采用机械动力的丝织业中，织机是由少年来推动的，这种活简直能累死人[③]。一种最丢脸、最肮脏、报酬最低、主要是雇用少女和妇女来干的活是清理破布。我们知道，大不列颠不仅自己拥有无数的破布，而且还是全世界破布贸易的中心。破布从日本、遥远的南美各国和加那利群岛流进来。但是，它的主要供应来源是德国、法国、俄国、意大利、埃及、土耳其、比利时和荷兰。破布用于做肥料、床垫、再生呢绒，还当做造纸的原料。这些清理破布的女工是传播天花及其他传染病的媒介，而她们自己就是这些疾病的最先的牺牲者[④]。除金属矿和煤矿之外，砖瓦工场可以作为典型的例子，来说明过度劳动、繁重的和不适当的劳动以及那些从幼年起就被使用的工人在这方面所受到的摧残。在英国，这种砖瓦工场只是间或采用新发明的机器（1866年）。从5月到9月，劳动是从早晨5点起到晚上8点止，如果是在户外晾干，则往往从早晨4点起到晚上9点止。早晨5点至晚上7点的工作日算是“缩短的”、“适度的”了。男女儿童从6岁起，甚至从4岁起就被使

① 甚至设菲尔德的锉刀业也雇用儿童！

② 《童工调查委员会。第5号报告》1866年版第3页第24号；第6页第55、56号；第7页第59、60号。

③ 《童工调查委员会。第5号报告》1866年版第114、115页，第6—7号。调查委员正确地指出，如果在其他地方是机器代替人，那么在这里的的确确是少年代替了机器。

④ 见关于破布贸易的报告以及《公共卫生。第8号报告》1866年伦敦版，附录第196—208页的大量实例。

用。他们劳动的时间同成年人一样长，甚至往往比成年人还要长。活很吃力，夏天的酷热更容易使人精疲力竭。例如在莫克斯利的一个制砖工场，一个 24 岁的姑娘每天制砖 2000 块，只有两个未成年的女孩子作助手，帮她运土和垛砖。这两个女孩子每天要从 30 英尺深的土坑里通过很滑的斜坡挖出 10 吨黏土，并把它运到 210 英尺远的地方去。

> “通过制砖工场这座炼狱，儿童在道德上没有不极端堕落的……他们从幼年起就听惯了各种下流话，他们在各种卑劣、猥亵、无耻的习惯中野蛮无知地长大，这就使他们日后变成无法无天、放荡成性的无赖汉……他们的居住方式是道德败坏的一个可怕根源。每个成型工〈他是真正的熟练工人，又是一个工人小组的头〉要在自己的小屋里安排他这一班七个人的吃和住。这些人不管是不是他的家里人，男女青少年都睡在他的小屋里。这种小屋通常只有两个房间，个别的才有三个房间，他们统统睡在地上，通风很差。他们劳累一天，浑身汗水，已经精疲力竭，哪还能讲究卫生、清洁和礼貌。这样的小屋多数都是混乱和肮脏的真正标本……雇用少女干这种活的最大弊病就是，这种情况往往使她们从幼年起就终生沦为放荡成性的败类。在自然使她们懂得自己是个女人之前，她们已经变成粗鲁的、出言下流的男孩子。她们身上披着几块肮脏的布片，裸露大腿，蓬头垢面，根本不在乎什么端庄和羞耻。吃饭的时候，她们伸开四肢躺在田野上，或者偷看在附近运河里洗澡的小伙子。她们干完了白天的重活，就换一身好一点的衣服，陪着男人上酒馆。”

所有这种工人从幼年起都酗酒，这完全是很自然的事。

> “最糟糕的是，制砖工人自暴自弃。一个比较好的工人曾对绍索菲尔兹的牧师说，先生，您感化一个制砖工人，那简直比感化魔鬼还难！”①

---

① 《童工调查委员会。第 5 号报告》1866 年版第 XVI—XVⅢ页，第 86—97 号；第 130—133 页；第 39—71 号。还可参看《第 3 号报告》1864 年版第 48、56 页。

关于现代工场手工业（这里指除真正的工厂之外的一切大规模的工场）中劳动条件的资本主义的节约，可以在《公共卫生报告》第 4 号（1861 年）和第 6 号（1863 年）中找到大量的官方材料。报告中关于工场，特别是关于伦敦印刷业和裁缝业工场的描绘，超过了我们的小说家的最可怕的幻想。对工人健康状况的影响，是不言而喻的。枢密院 200 主任医官兼《公共卫生报告》主编西蒙医生说：

“我在我的第 4 号报告〈1861 年〉中曾指出，工人要坚持他们首要的健康权利，也就是说，要求雇主无论叫工人干什么活时，都要在责任所及的范围内，使劳动避免一切可以避免的有害健康的情况，这实际上是办不到的。我曾指出，当工人事实上没有能力自己实现这个健康权利的时候，他们也不可能从卫生警察官吏那里得到任何有效的帮助……现在，无数的男女工人的生命，只是由于他们的职业所造成的无止境的肉体折磨，便无谓地受到摧残而缩短了。”①

马克思：《资本论（第一卷）》（1867 年 9 月），摘自《马克思恩格斯文集》第 5 卷，人民出版社 2009 年版，第 532—535 页。

5. 更为严重的是女工们缺乏营养，资本家连勉强糊口所必不可少的生活资料都要进行限制

现在我们来考察工业工人阶级中报酬微薄的阶层。1862 年棉荒时期，枢密院委派斯密斯医生调查了兰开夏郡和柴郡的贫穷的棉纺织工人的营养状况。根据过去多年的观察，斯密斯曾得出过这样的结论：“为了避免饥饿病”，每个中常妇女一天的营养，最低限度必须包含 3900 格令碳素，180 格令氮素，每个中常男子一天的营养，最低限度必须包含 4300 格令碳素，200 格令氮素，这就是说，一个妇女需要的养料大致等于 2 磅上等小麦面包所含的养料，男子需要的还要多 1/9。成年男女平均每周最低限度需要 28600 格令碳素和 1330 格令氮素。他的计算在实际生活中惊人地得到了证实：他的计算同棉纺织工人消费的营养量被贫困压低到的可怜水平是相一致的。1862 年 12 月，棉纺织工人每周得到的碳素是 29211 格令，氮素是

① 《公共卫生。第 6 号报告》1864 年伦敦版第 29、31 页。

1295格令。

1863年，枢密院下令调查英国工人阶级中营养最差的那部分人的贫困状况。枢密院医官西蒙医生选派了上述那位斯密斯医生担任这项工作。他的调查范围一方面包括农业工人，另一方面包括丝织工人、女缝工、皮手套工人、织袜工人、织手套工人和制鞋工人。后一方面的各类工人，除织袜工人外，全是城市工人。按照调查的惯例，选择的对象是每一类工人中最健康的和境况比较好的家庭。

调查得出的总的结论是：

> “调查过的各类城市工人中，只有一类工人消费的氮素略微超过那个免于患饥饿病的绝对最低量；有两类工人氮素和碳素营养都不足，而其中一类相差很多；调查过的农业家庭中，有⅕以上得到的碳素营养少于必要量，有⅓以上得到的氮素营养少于必要量；有三个郡（伯克郡、牛津郡、萨默塞特郡）普遍缺乏最低限度的氮素营养。”①

在农业工人中，联合王国最富庶的地区英格兰的农业工人营养最差②。农业工人中缺乏营养的主要又是妇女和儿童，因为“男人要去干活，总得吃饭”。在调查过的各类城市工人中，营养缺乏的程度更为严重。“他们的饮食非常坏，以致必然发生许多严重的有害健康的不足现象。”③（这一切都是资本家的“禁欲”！也就是连勉强糊口所必不可少的生活资料都进行禁欲而不付给他的工人！）

马克思：《资本论（第一卷）》（1867年9月），摘自《马克思恩格斯文集》第5卷，人民出版社2009年版，第754—755页。

6. 资本主义经济危机使女工及其家属处于极端贫困的状态

在谈到真正的农业工人之前，我还要举一个例子，说明危机本身对工人阶级中报酬最优厚的部分即工人阶级的贵族产生了怎样的影响。我们记

① 《公共卫生。第6号报告。1863年》1864年伦敦版第13页。

② 《公共卫生。第6号报告。1863年》第17页。关于英格兰的农业工人的营养状况，见马克思《国际工人协会成立宣言》（《马克思恩格斯文集》第3卷）。摘自《马克思恩格斯文集》第5卷，人民出版社2009年版，第949页注释

③ 《公共卫生。第6号报告。1863年》第13页。

得，1857年发生了一次大危机——工业周期每一次都是以这种危机而告终。下一个周期是在1866年到来的。由于棉荒把许多资本从通常的投资领域赶到了货币市场的大中心，这次危机在真正的工厂区域已经打了折扣，因而主要带有金融的性质。这次危机在1866年5月爆发，这是以伦敦一家大银行的破产为信号的，继这家银行之后，无数在金融上进行欺诈的公司也接着倒闭了。遭殃的伦敦大生产部门之一是铁船制造业。这一行业的巨头们在繁荣时期不仅无限度地使生产过剩了，而且由于他们误认为信用来源会照样源源不绝，还接受了大宗的供货合同。现在，一种可怕的反作用发生了，而且直到目前，1867年3月底，还在伦敦其他工业部门[①]继续发生。为了说明工人的状况，从1867年初采访过主要受难地区的《晨星报》记者的详细报道中摘引一段如下。

> “在伦敦东头，在波普勒、米尔沃尔、格林尼治、德特福德、莱姆豪斯、坎宁镇等区，至少有15000名工人及其家属处于极端贫困的状态，其中有3000多人是熟练的机械工人。他们失业6个月至8个月了，积蓄已全部用光……我费了好大劲才挤到贫民习艺所（在波普勒）的大门口，因为它已被一群饿坏了的人团团围住。他们在等着发面包票，但是发票的时间还没有到。院子很大，是方形的，沿着院墙盖有一圈棚子。几大堆雪覆盖着堆在院子当中的铺路石块。院子里有一些用柳条篱笆隔成的小块地方，活像羊栏一样。天气好的时候男人们就在里面干活。我去采访那天，栏子里面全是雪，没法坐人。男人们就在棚子底下砸铺路的石块。每个人都坐在一块大石头上，挥动着大锤砸碎结着冰的花岗石，直到砸满五蒲式耳为止。这样他们一天的活才算干完，并获得三便士和一张面包票。院子的一边有一座歪歪斜斜的小木房。我们把门推开，看见里面塞满了人，肩并肩地挤在一起

① “大批伦敦贫民在挨饿！……近几天来，在伦敦的墙上张贴着巨幅招贴画，上面写着以下值得注意的字句：‘肥牛们！快饿死的人们！肥牛离开了自己的水晶宫，来养肥住在豪华宅第中的财主，而快饿死的人们却惨死在自己的穷窟里。’载有这种不祥字句的招贴画不断地重新出现。刚刚撕掉或盖住一批，马上在同一地方或在同样显眼的地方又出现一批……这使人想起促使法国人民发动1789年事变的不祥之兆……正当英国工人和他们的妻子儿女死于饥寒交迫的时候，成百万的英国货币，即英国劳动的产品，却被投资到俄国、西班牙、意大利和别的国家的企业中去。”（1867年1月20日《雷诺新闻》）。

互相取暖。他们一边撕麻絮一边争论，看谁能吃得最少而干的时间最长，因为有耐力成了受称赞的事情。单是这个贫民习艺所就收容着7000个接受救济的人，其中有好几百人在6个月或8个月以前还拿着我国熟练劳动的最高工资。许多人即使积蓄已经用光，但只要还有一点东西可以典当，也决不乞求教区救济；如果没有这种情况，接受救济的人数还要增加一倍……离开贫民习艺所，我又到街上走了走，街道两旁大多是两层楼的房子，这种房子在波普勒比比皆是。我的向导是失业委员会的委员。我们访问的第一家是一个已经失业27周的铁匠。我看见他和他的全家坐在一间后屋里。屋子里还剩下一点家具，而且生着火。为了使小孩子们光着的脚不致冻坏，不生火是不行的，因为那天非常冷。在火对面的盆子里放着一堆粗麻，妻子和孩子们正在撕麻絮，这是从贫民习艺所领取面包的代价。丈夫在某个上面谈到过的那种院子里干活，每天得一张面包票和3便士。这时他正好回家吃午饭。他苦笑着对我们说，他饿极了；他的午饭只有几片薄薄的涂着油的面包和一杯没有牛奶的清茶……我们又敲第二家的门，开门的是一个中年妇女，她一句话也没有说就把我们领进一间狭小的后屋，一家大小都在那里一声不响地坐着，呆望着快要熄灭的火。他们脸上和他们的小屋里笼罩着的那种凄凉绝望的情景，使我再也不愿看到类似的景象。妇人指着她的孩子们说：‘先生，他们已经26个星期没有活干了。我们所有的钱都花光了，那是我和孩子们的父亲在光景好时积蓄下来想在困难时期有点依靠。请你们看吧！’她几乎是发狂似地喊着，一边拿出一本存取款项写得清清楚楚的银行存折；我们从上面可以看出，这笔小小的财产最初怎样从5先令开始存起，怎样一点一点地增加到20镑，然后又怎样逐渐消失，从若干镑减到若干先令，直到最后一次提款使存折变得像一张白纸一样一文不值。这家人每天从贫民习艺所领到一顿救济饭……接着我们访问了一个曾在造船厂工作的爱尔兰人的妻子。我们发现她已经饿病了，穿着衣服躺在一张垫子上，勉强算盖着一条毯子，因为所有的被褥都已进了当铺。两个可怜的孩子照料着她，但是看来孩子们自己正需要母亲的照顾。她已经19个星期被迫无事可干，以致陷入这样的境地。她在讲述痛苦经历的时候唉声叹气，仿佛失去了对美好未来的一切希望……我们走出房子的时候，有一个年轻人跑来要我们到他家去，看看是不是能帮他一点忙。一个年轻的妻子，两个可爱的小孩，一卷当票，一间空房——这就是他指给我们看的一切。”

马克思：《资本论（第一卷）》（1867年9月），摘自《马克思恩格斯文集》第5卷，人民出版社2009年版，第769—771页。

7. 我不认为妇女和儿童参加社会生产是一件坏事，但迫使他们在很差的条件下从事劳动那是太骇人听闻的，他们成了资本的奴隶，自由已经不存在了

使用机器的另一后果，是把妇女和儿童驱入工厂。这样妇女就成了我们的社会生产的积极参加者。从前，妇女和儿童的劳动是在家庭范围内使用的。我不认为，妇女和儿童参加我们的社会生产是一件坏事。我以为，每个9岁以上的儿童应当有一部分时间来从事生产劳动；但是，迫使儿童在现在这种条件下从事劳动，那是太骇人听闻了。

使用机器的又一后果，是完全改变了国内的资本主义关系。从前，存在着富裕的雇主和使用自己的劳动工具的贫穷的工人。他们在一定程度上是自由的人，他们还有可能对自己的雇主实行反抗。对于现代的工厂工人来说，对于妇女和儿童来说，这种自由已经不存在了，他们成了资本的奴隶。

马克思：《卡·马克思关于在资本主义制度下使用机器的后果的发言记录》（1868年7月28日），摘自《马克思恩格斯全集》第16卷，人民出版社1964年版，第641页。

8. 马克思在《工人调查表》中极为关注妇女问题，如劳动强度、卫生条件、女工家庭等

（4）请说明他们的性别和年龄。

（5）招收童工（男童和女童）最低年龄是几岁？

……

（15）请说明工厂各个部门占用工作间的数目。谈谈你所从事的那段工序，不仅谈技术方面，而且还谈谈它所引起的肌肉和神经的紧张程度以及对工人健康的一般影响。

（16）请谈谈工作场所的卫生状况：面积大小（每个工人的活动空间），通风，温度，粉刷，厕所，一般的洁净程度，机器噪音，尘埃，湿度等等。

（17）政府或市政机构对工作场所的卫生状况有没有某种监督？

（18）你所在的企业里有没有使工人患特殊疾病的特殊的有害因素？

……

（28）在你的工作场所有没有某种医疗服务？

（29）如果你在家中工作，请谈谈你的工作间的状况；你用的只是一些普通工具呢，还是也有小的机器？你是否利用你妻子和孩子们以及其他帮手（成年工或童工，男工或女工）的劳动？你是为私人主顾干活，还是为一个“企业主”干活？你同企业主之间的联系，是直接的还是经过中间人？

……

（18）在你的行业中，男女工人的一般体力、智力和道德状况怎样？

马克思：《工人调查表》（1880年4月上半月），《马克思恩格斯全集》第25卷，人民出版社2001年版，第427—436页。

9. 妇女不应该在有损健康的生产部门中做工

这里我们用不着把社会民主党要替工人争取的一切改善都说出来，这些改善在纲领上已经写上了，而且在《俄国的工人事业》这本书上也已经讲明白了。这里我们只要指出里面的几个最大的改善就够了。工作日每天不应该超过八小时。每星期应该有一天休息不做工。额外工作应该完全禁止，夜工也应该完全禁止。十六岁以下的孩子应该念书不花钱，所以孩子不满十六岁就不准被雇去做工。妇女不应该在有损健康的生产部门中做工。做工受伤残废的时候，——譬如因为管脱谷机和风车等等而受伤残废的时候，——雇主应该赔工人钱。对一切雇佣工人应该总是每星期发一次工钱，而不应象对农村雇工那样，常常两三个月才发一次工钱。每星期按时领工资，并且领的必须是现钱而不是商品，这对工人是很重要的。雇主老是硬要工人领各种价钱很贵的坏商品来代替工钱；要消灭这种不合理现象，就一定要用法律来禁止用商品付工钱。还有，国家应该给年老工人养老金。工人干活供养所有富人阶级和整个国家，所以他们同官吏一样有权领养老金。为了使业主不敢滥用自己的地位去破坏有利于工人的条例，就应当选派视察员，他们不但应该视察各个工厂，而且也要视察大的地主田庄，视察所有雇工人的企业。这些视察员不应该是官吏，不应该由大臣或省长去派，不应该给警察办事。视察员应该由选举产生的工人代表来做；政府应该发薪水给工人自己自由选出来的代理人。这些选出来的工人代表还应该注意使工人的住房设备完善，使业主不敢逼迫工人住那种象狗窝似的房子或土窑（在农村干活的常常是这样的），必须遵守关于工人休息的条例。同时，不要忘记，在没有得到政治自由以前，在警察什么事都能管并且用不着对人民负责的时候，工人选出什么代表都没有用。谁都知道，现在不通过法庭警察就可以抓人，不但可以抓工人代表，还可以抓一切敢替大家说话、敢揭露违法行为和号召工人团结的工人。可是，我们有了政治自由，工人代表就会给我们带来很多好处。

列宁：《给农村贫民》（1903 年 3 月），摘自《列宁选集》第 1 卷，人民出版社 1972 年版，第 427—428 页。

（四）妇女在农业生产中发挥了重要作用

1. 军事边区所剩的人数很少，一切农活都得由妇女去做

奥地利的士兵服役八年，然后还要服两年预备役。采取这种制度，可以经常保持预备兵员，一旦发生战争，几乎有 12 万人可以征召入伍。每个军事边区 94 居民从 20 岁到 50 岁都要服兵役。因此，作战部队为 55000 人的军事边步兵，可以扩充 15—20 万人。1849 年，至少有 15 万军事边区居民在军队中服役。因而当时军事边区所剩的人数很少，一切农活都得由妇女去做。

根据上述材料（我们担保这些材料都是正确的）可以说，奥地利的军事组织使它有可能在战争开始时就拥有 60 万军队，而且可把多达 30 万的兵力集中在任何一点，同时无须紧急征召，也不会对国家生产力有什么特别损害，便可再提供约 20 万老兵的预备兵员。

恩格斯：《奥地利的军事力量》（1854 年 12 月 21 日），摘自《马克思恩格斯全集》第 13 卷，人民出版社 1998 年版，第 707 页。

2. 农村家庭工业是靠农业短工的妻子儿女的劳动来支撑的

大资产阶级和小资产阶级解决“住宅问题”的办法的核心就是工人拥有自己住房的所有权。但是，近 20 年来德国的工业发展，对这一问题作了一个十分独特的解说。在其他任何一个国家里，都没有这样多的雇佣工人不仅是自己住房的所有者，而且是自己的园圃或田地的所有者；同时，另外还有许多工人以租佃者的身份事实上相当稳定地占有着房屋

和园圃或田地。同园艺业或小耕作业相结合的农村家庭工业，就构成德国新兴大工业的广大基础。在西部，工人多半是自己家园的所有者，而在东部，多半是自己家园的租佃者。家庭工业同园艺业和耕作业，以及同稳定的住房的这种结合，不只是在手工织布业还同机械织机发生对抗的地方，例如在下莱茵、威斯特伐利亚、萨克森厄尔士山脉和西里西亚到处可以见到，而且在某种家庭工业作为农村手艺扎了根的地方，例如在图林根林山和伦山一带，也到处可以见到。在讨论烟草专营问题时已经查明，甚至雪茄烟制作业也已经作为农村家庭劳动而大量出现。不管在什么地方，只要小农中间出现了某种灾祸，例如几年前在艾费尔那样，资产阶级报刊立刻就大声疾呼要引进一种适宜的家庭工业，以作为仅有的解救手段。事实上，德国小农中间日益加剧的贫困，以及德国工业的一般状况，都使农村家庭工业继续向前发展。这是德国特有的现象。我们在法国只是作为一种完全的例外才能见到类似的情况，例如在养蚕地区；在没有小农的英格兰，农村家庭工业是靠农业短工的妻子儿女的劳动来支撑的；只有在爱尔兰，我们才会见到家庭服装业，它们像在德国一样由真正的农民家庭经营。我们在这里自然不用去说俄国和其他还没有进入世界工业市场的国家了。

所以，在德国的广大区域内，目前工业的状况初看起来相当于采用机器以前普遍存在过的那种状况。但只是初看起来才是这样。先前那种同园艺业和耕作业相结合的农村家庭工业，至少在工业正在发展中的各邦里，曾经是保证劳动阶级物质状况可以过得去而且在有些地方还相当不错的基础，但同时也是劳动阶级思想上和政治上毫无作为的基础。手工产品及其生产费用决定了市场价格；并且在当时劳动生产率远较今日为低的条件下，市场的销售量通常比供应量增长得更快。上个世纪中叶在英国和部分地在法国，特别是在纺织工业中，情况就是这样。而当时刚从三十年战争①的

---

① 三十年战争（1618—1648 年）是一次全欧洲范围的战争，由新教徒和天主教徒之间的斗争引起，是欧洲国家集团之间矛盾尖锐化的结果。德国是战争的主要场所，是战争参加者进行军事掠夺和侵略的对象。

三十年战争分为四个时期：捷克时期（1618—1624 年），丹麦时期（1625—1629 年），瑞典时期（1630—1635 年）以及法国瑞典时期（1635—1648 年）。

三十年战争以 1648 年缔结威斯特伐利亚和约而告结束，和约的签订加深了德国政治上的分裂。摘自《马克思恩格斯文集》第 3 卷，人民出版社 2009 年版，第 663—664 页注释。

劫难中，并且是在最不利的条件下重新努力赶上来的德国，情况当然就完全不同了；这里为世界市场而从事生产的唯一家庭工业，即亚麻织布业，承受着各种捐税和封建赋役的重压，它并没有使从事织布劳动的农民的生活水平高于其他农民的那种很低的水平。但是，当时农村工业工人终究还是有某种程度的生活保障。

恩格斯：《论住宅问题》（1886年12月底—1887年1月10日），摘自《马克思恩格斯文集》第3卷，人民出版社2009年版，第243—245页。

3. 在农民农户中，一般说来妇女劳动也是主要的

在农民农户中，一般说来，妇女劳动也是主要的，只有在大农民农场和资本主义农场中男子才占多数。

列宁：《现代农业的资本主义制度》（1910年底），摘自《列宁全集》第19卷，人民出版社2017年版，第333页。

4. 妇女是最好的劳动力的标志之一

妇女在雇佣工人中所占的比重一般要比在家属工人中所占的比重小。显然，各类农户中的资产者农民都是拥有最好的劳动力的业主了。如果假定妇女比男子占主要地位是由于业主处境困难和农户景况不佳，因而没有可能使用最好的劳动力的标志之一。

列宁：《现代农业的资本主义制度》（1910年底），摘自《列宁全集》第16卷，人民出版社1959年版，第435页。

5. 发达资本主义国家的农业主要是由妇女来干的

现代资本主义国家的农民问题，最经常地引起马克思主义者的疑虑和动摇，也最能引起资产阶级的（教授式的）政治经济学对马克思主义的攻击。

马克思主义者说，在资本主义制度下农业中的小生产注定要灭亡，注定要陷于最受压制、最受压迫的境地。小生产依附于大资本，同农业中的大生产相比较是落后的，因此它只有在大大降低需求和进行苦役般的艰苦劳动的情况下才能维持。人的劳动被分散和掠夺，生产者受到种种恶劣依附形式的支配，农民全家的人力、畜力和地力都消耗殆尽，——这就是资本主义到处给农民带来的恶果。

农民除了参加无产阶级的，首先是雇佣工人的行动以外，别无求生之路。

但是资产阶级政治经济学和它的未必总是自觉的拥护者民粹派和机会主义者，却竭力证明小生产是有生命力的，比大生产更有利可图。在资本主义制度下地位牢固可靠的农民，不应当靠拢无产阶级，而应当靠拢资产阶级，不应当参加雇佣工人的阶级斗争，而应当巩固自己私有者和业主的地位，——这就是资产阶级经济学家的理论的实质。

现在我们根据确凿的材料来检验一下无产阶级的理论和资产阶级的理论的正确性。让我们拿奥地利和德国农业中关于女工的材料来看。由于政府不愿意在科学的基础上对一切农场进行调查，俄国直到现在还没有完整的材料。

在奥地利，根据1902年的调查，在9070682个农业从业人员中，有4422981人是妇女，即48.7%是妇女。在资本主义发达得多的德国，妇女占全体农业劳动者中的多数，即占54.8%。农业中的资本主义愈发达，使用女工就愈多，也就是劳动群众的生活条件就愈恶化。在德国工业中妇女占25%，而在农业中则多一倍多。这就是说，工业吸收了强劳动力，而把比较弱的劳动力留给了农业。

在发达的资本主义国家，农业已经主要由妇女来干。

但是如果看一看各种不同规模的农户的材料，就会发现正是在小生产中使用女工的比重特别大。相反，资本主义大生产就是在农业中主要也是使用男工，虽然在这方面还没有赶上工业。

……

我们可以看到，这两个国家的资本主义农业有一个共同的规律。生产规模愈小，劳动力的构成就愈差，妇女在农业从业人员总数中所占的比重就愈大。

资本主义制度下的一般情况是这样的：在无产者农户中，即在那些主要靠替别人做工维持生活的“业主”（雇农、日工以及只有很小一块土地的一般雇佣工人）中，女工的人数超过男工，有时超过的数量还很大。

不应当忘记，这些无产者农户或雇农农户的数量是很大的：在奥地利，在280万农户总数中就有130万；在德国，在570万农户总数中甚至有340万。

在农民农户中，男工和女工的人数大致相等。

最后，在资本主义农户中，男工人数超过女工。

这说明什么呢？

这说明，小生产中劳动力的构成比资本主义大生产中劳动力的构成要差。

这说明，在农业中，女工（女无产者和农妇）为了尽量赶上资本主义大生产中的男工，必须加倍努力，高度紧张，拼命干活，完全不顾自己的健康和自己子女的健康。

这说明，在资本主义制度下，小生产要维持下去，就只有从劳动者身上榨取比大生产从劳动者身上榨取的还要多的劳动。

同雇佣工人比较起来，农民被盘根错节的资本主义依附关系束缚得更紧，缠得更牢。他自以为是独立的，可以“独自经营”，但是实际上，为了维持下去，他必须比雇佣工人更艰苦地劳动（为了资本的利益）。

列宁：《农业中的小生产》（1913年6月7日〔20日〕），摘自《列宁全集》第23卷，人民出版社1990年版，第292—294页。

6. 资本主义使农民受着最深重的压迫，濒临死亡的境地，农民除了参加雇佣工人的阶级斗争，别无生路

为了正确估计资本主义制度下小农生产的条件，最重要的是要了解劳动者的状况，即他们的收入、劳动量、生活环境问题，其次是牲畜饲养情况以及照管牲畜的质量问题，最后是土地耕作方法、施肥情况以及地力消耗等问题。

不难理解，如果我们回避这些问题（资产阶级政治经济学常常这样做），我们得到的关于农民经济的概念就会是一种完全被歪曲了的概念，因为农民经济的真正“生命力”正是取决于劳动者的生活状况、牲畜饲养条件和土地保养条件。如果毫无根据地设想小生产在这几方面都与大生产的条件相同，那就是把恰恰尚待求证的东西当作已经证明了的东西，就是一下子接受了资产阶级的观点。

资产阶级企图证明，农民是名副其实的、有生命力的“业主”，而不是象雇佣工人那样受压迫的资本奴隶，只不过他比雇佣工人被束缚得更紧、被缠得更牢罢了。若要认真地、老老实实地搜寻解决这一争论问题的材料，那就必须探讨有关小生产和大生产的生活条件和劳动条件的有系统的、客观的指标。

使用童工的程度，就是这样的一个指标，而且是一个特别重要的指标。

毫无疑问，童工使用得愈多，劳动者的状况就愈恶劣，他们的生活也就愈艰苦。

奥地利和德国的农业调查，提供了儿童和少年在农业从业人员总数中所占的比重的材料。而且奥地利的材料还单独计算了16岁以下的男女工人的总数。他们在900万人中占120万，即占13%。而德国的材料，则只把14岁以下的儿童分出来计算，他们在1500万（15169549）人中占60万（601637），即占3.9%。

显然，奥地利的材料和德国的材料是不能相比的。但是这些材料所揭示的无产者农户，农民农户同资本主义农户之间的比例数是完全可以相比的。

我们把拥有微不足道的、只能给雇佣工人以副业收入的小块土地（经营不足2公顷，即将近2俄亩土地）的划为无产者农户。我们把拥有2公顷到20公顷土地的划为农民农户；这一类农户的家庭劳动超过雇佣劳动。最后是资本主义农户，这是较大的农户，其中雇佣劳动超过家庭劳动。

……

可见，不仅仅是小生产的处境比大生产糟。我们还可以看出，特别是农民农户的处境不但比资本主义农户糟，甚至比无产者农户的处境还要糟。

怎样解释这种现象呢？

无产者农户是在一小块微不足道的土地上耕作的，其实严格说来，还谈不上是什么“农户”。这类农户种地不过是一种副业，主要是在农业和工业中从事雇佣劳动。工业的影响一般提高了劳动者的生活水平，特别是减少了对童工的使用。例如，据德国的统计，在工业中14岁以下的劳动者只占0.3%（比农业中的少$\frac{9}{10}$），16岁以下的只占8%。

在农民农户中，工业的影响最小，但同资本主义农业的竞争却最激烈。农民要是自己不拼命干，不强迫自己的子女加倍苦干，那就无法维持下去。贫困迫使农民靠自己的劳动来弥补资金的不足和技术的落后。既然农民的子女都干着非常繁重的活，那么不言而喻，农民的牲畜一定干得更重，喂得更差，总之，农民在经营的各个方面都必须竭尽一切力量，必须处处“节约”。

德国的统计表明，在资本主义大农户（拥有100公顷以及100公顷以上的土地）中，雇佣工人中的童工为数最多（占3.7%即将近占4%）。而在本户劳力中，农民使用儿童是最多的，约占5%。在大资本家雇用的临时工中童工的百分比达9%，在农民的本户临时工中童工的百分比竟达16.5%—24.4%!!

农民在农忙时苦于劳动力不足，但他只能雇少量的工人。因此他不得不尽量利用自己子女的劳动。结果就出现了这样的情况：就德国整个农业来说，童工在本户工人中的百分比比在雇佣工人中的百分比几乎高出一半。童工在本户工人中占4.4%，而在雇佣工人中则占3%。

农民不得不比雇佣工人更紧张地工作。经过千万次考察所肯定的这一事实，现在已经完全被这两个国家的统计材料所证实。资本主义必定要使农民受最深重的压迫，必定要使农民处于濒临死亡的境地。农民除了参加雇佣工人的阶级斗争，别无生路。但是，农民要懂得这个结论，还得经历漫长岁月，经历对骗人的资产阶级口号的一次又一次的失望。

列宁：《农民经济中的童工》（1913年6月8日〔21日〕），摘自《列宁全集》第23卷，人民出版社1990年版，第296—299页。

7. 农村妇女工作是我们工作中最薄弱的一环，现在应该坚定不移地消除这个缺点

直到最近，还没有充分注意农村中的妇女工作。过去一段时期表明，农村中的妇女工作是我们工作中最薄弱的一环。现在应该坚定不移地消除这个缺点。

斯大林：《答集体农庄庄员同志们》（1930年4月3日），摘自《斯大林选集》下卷，人民出版社1979年版，第264页。

8. 集体农庄中的妇女问题是大问题，有许多人轻视妇女，甚至讥笑妇女，这是严重的错误。埋没妇女在集体农庄中的力量是犯罪。党的责任是推动集体农庄的妇女前进并运用这支力量

现在稍微谈谈妇女，谈谈女庄员。同志们，集体农庄中的妇女问题是一个大问题。我知道你们中间有许多人轻视妇女，甚至讥笑妇女。可是，同志们，这是一个错误，是一个严重的错误。这里问题不仅在于妇女占人口的一半。问题首先在于集体农庄运动已经把许多卓越的能干的妇女提拔起来担任领导职务。你们只要看一看这次大会，看一看大会的成员，就可以看出妇女早已由落后者上升为先进者了。妇女在集体农庄中是一支巨大的力量。埋没这支力量就是犯罪。我们的责任就是要推动集体农庄中的妇女前进，运用这支力量。

固然，苏维埃政权在不久以前和女庄员发生过一点小误会。是关于奶牛的问题。可是现在奶牛问题已经妥善解决，于是误会也就消释了。（长时间鼓掌）我们已经做到使大多数庄员每户有一头奶牛。再过一两年，你们就找不到一个自己没有奶牛的庄员了。我们布尔什维克一定设法使我国所有的庄员每户有一头奶牛。（长时间鼓掌）

至于女庄员自己，她们应当记住集体农庄对于妇女的作用和意义，应当记住她们只有在集体农庄里面才有可能和男子处于平等地位。没有集体农庄，就没有平等，在集体农庄里面，就有平等权利。请女庄员同志们记住这一点，请她们象爱护眼珠一样爱护集体农庄制度。（长时间鼓掌）

现在对于集体农庄中的男女共青团员说几句话。同志们，青年是我们的未来，是我们的希望。青年应当接替我们老年人。青年应当举起我们的旗帜直到胜利的终点。农民中间有不少老年人背着旧包袱，带着旧习惯，怀念着旧生活。当然，他们不是时常都跟得上党，跟得上苏维埃政权的。我们的青年就不同了。他们没有背上旧包袱，所以他们最容易领会列宁的遗训。正因为青年最容易领会列宁的遗训，所以他们负有引导落后分子和动摇分子前进的使命。固然，青年缺乏知识。但是，知识是可以求得的。今天没有知识，明天就会有了。因此，你们的任务就是学习、再学习列宁主义。男女共青团员同志们！学习布尔什维主义，引导动摇分子前进吧！少说空话，多做工作，你们就一定会成功。（鼓掌）

斯大林：《在全苏集体农庄突击队员第一次代表大会上的演说》（1933年2月19日），摘自《斯大林选集》下卷，人民出版社1979年版，第324—325页。

9. 当女庄员看见在公共食堂吃饭、向面包厂取面包、在公共洗衣坊洗衣比自己料理这些事情方便时，就会相信农业公社是把庄员的个人利益和公共利益合理地结合起来的劳动组合

现在不得不改为把庄员的个人利益和公共利益合理地结合起来的劳动组合。将来的公社是从发达的富裕的劳动组合中成长起来的。将来的农业公社是在劳动组合的田地上和养畜场中有了十分丰富的谷物、家畜、家禽、蔬菜和其他各种产品的时候，在劳动组合中附设有机械化洗衣坊、现代化厨房、食堂、面包厂等等的时候，在庄员看见从养畜场领取肉类和乳类比自己饲养奶牛和小家畜便宜的时候，在女庄员看见在公共食堂吃饭、向面包厂取面包、在公共洗衣坊洗衣比自己料理这些事情方便的时候产生出来的。将来的公社是在更发达的技术和更发达的劳动组合的基础上，在产品十分丰富的基础上产生出来的。什么时候才会这样呢？当然不是很快的。但是一定会这样。如果人为地加速劳动组合转变为将来的公社的过程，那就是犯罪。那就会打乱一切而帮助我们的敌人。劳动组合转变为将来的公社的过程应当随着全体庄员对这种转变的必要性的确信程度而逐步地进行。

斯大林：《在党的第十七次代表大会上关于联共（布）中央工作的总结报告》（1934 年 1 月 26 日），摘自《斯大林选集》下卷，人民出版社 1979 年版，第 333—334 页。

三、妇女与政治

（一）建立无产阶级妇女组织，培养妇女干部

1. 正确地教育工人认清自己的地位和利益，意识到是与资产阶级对立的阶级，联合在一起是一种力量，才能不成为资产阶级的奴隶

反谷物法同盟①的中心人物安德鲁·尤尔博士揭露了这些恶果的另一个方面。他告诉我们，大城市的生活助长工人中的阴谋的发生，并给平民以力量。他认为，在这种情况下，如果不教育工人（即教育他们服从资产阶级），他们就会片面地从邪恶的自私自利观点来看问题，并且容易被狡猾的煽动家所诱惑；他们甚至还会用忌妒和敌对的眼光来看待他们的最好的恩人——那些俭朴的富于进取心的资本家。在这种情况下只有正确地教育他们才行，否则国家就要破产，其他灾祸就要发生，因为工人的革命将是不可避免的。我们的资产者担心得很对。人口的集中对有产阶级起了鼓舞的和促进发展的作用，同时也以更快的速度促进了工人的发展。工人们开始感到自己是一个整体，是一个阶级；他们已经意识到，虽然他们分散时是软弱的，但联合在一起就是一种力量。这促进了他们和资产阶级的分离，促进了工人所特有的、也是在他们的生活条件下所应该有的那些观点和思想的形成，他们意识到自己的受压迫的地位，他们开始在社会上和政治上发生影响和作用。大城市是工人运动的发源地，在这里，工人首先开始考虑自己的状况并为改变这种状况而斗争；在这里，首先出现了无产阶级和资产阶级的对立；在这里，产生了工人团体、宪章运动和社会主义。社会机体的疾病，在农村中是慢性的，而

---

① 反谷物法同盟是英国工业资产阶级的组织，主由曼彻斯特的两个纺织厂理·科布顿和约·布莱特于1838年创立。谷物法是英国政府为维护大土地占有者的利益，从1815年起实施的旨在限制或禁止从国外输入谷物的法令（见注53）。同盟要求贸易完全自由，废除谷物法，其目的是为了降低国内谷物价格，从而降低工人的工资，削弱土地贵族的经济和政治地位。同盟在反对大土地占有者的斗争中曾经企图利用工人群众，宣称工人和工厂主的利益是一致的。但是，就在这个时候，英国的先进工人展开了独立的、政治性的宪章运动。1846年谷物法废除以后，反谷物法同盟宣布解散。实际上，同盟的一些分支机构一直存在到1849年。摘自《马克思恩格斯文集》第1卷，人民出版社2009年12月第1版，第771—772页注释。

在大城市中就变成急性的了，从而使人们发现了这种疾病的真实性质和治疗的正确方法。如果没有大城市，没有大城市推动社会智慧的发展，工人决不会进步到现在的水平。此外，大城市消除了工人和雇主之间的宗法关系的最后痕迹，在这方面，大工业也助了一臂之力，它使依附于某个资产者的工人的数目大大增加了。资产阶级当然会为此感到痛惜，他们是有理由的，因为在以前那种情况下，资产者几乎不会受到工人的反抗。资产者可以随心所欲地剥削工人，支配他们，而且，如果资产者在工资以外还对工人表现一点不花一文钱的和蔼态度，或者给他们一些小恩小惠（这一切看起来都出自一片纯真、乐善好施、舍己为人的仁爱之心，其实加起来还远远不到他所应尽的责任的十分之一），那么还可以获得这些傻子的服从、感激和爱戴。不错，作为个别资产者，在并非由他本人造成的环境中，他至少部分地尽了自己的责任；但是作为统治阶级的成员（这个阶级正因为处于统治地位，就应当对整个国家的状况负责，应当维护公众利益），他就根本没有做他的地位要求他做的事，相反却为了自己的私利而剥削整个民族。在伪善地掩饰着工人的奴隶地位的宗法关系下，工人势必在精神上死气沉沉，对自己的利益一无所知，成为十足的庸人。只有当他和自己的雇主疏远的时候，当他看清自己和雇主仅仅由于私人利益、仅仅由于金钱利润才产生联系的时候，当他对雇主的那种连最小的考验也经不起的表面的爱戴完全消失的时候，也只是在这个时候，工人才开始认清自己的地位和利益，开始独立地发展起来；只是在这个时候，他才不再在思想、感情和意志表达方面也成为资产阶级的奴隶。而在这里起主要作用的是大工业和大城市。

恩格斯：《英国工人阶级状况》（1844 年 9 月—1845 年 3 月），摘自《马克思恩格斯文集》第 1 卷，人民出版社 2009 年版，第 435—437 页。

2. 建议在工人阶级中成立妇女支部

第六条　建议在工人阶级当中成立妇女支部。但是，不言而喻，这项决议不应妨碍由男女工人混合组成的旧支部的存在和新支部的建立。

马克思：《国际工人协会的共同章程和组织条例》（1871 年 10 月 24 日），摘自《马克思恩格斯全集》第 17 卷，人民出版社 1963 年版，第 483 页。

3. 煤气工人和杂工工联第一次建立了女工支部

情况未必会好到使“社会主义工人党”① 消亡。除了舍维奇以外，罗森堡还有一批别的追随者，而在美国的那些自命不凡的空谈理论的德国人，当然不愿意放弃他们在“不成熟的”美国人中间所窃取的导师地位。要不然，他们就一文不值了。

这里的情况表明：即使掌握了从一个大民族本身的生活条件中产生出来的出色理论，并拥有比社会主义工人党所拥有的还要高明的教员，要用空谈理论和教条主义的方法把某种东西灌输给该民族，也并不是那样简单的事情。现在，运动终于开展起来了，我相信，它是会一直继续下去的。可是，运动并不直接是社会主义的，而英国人中最懂得我们的理论的那些人都站在运动之外：海德门，因为他是一个不可救药的阴谋家和忌妒者；巴克斯，因为他是一个书呆子。从形式上看，运动首先是工联的运动，可是它和旧工联的运动，也就是熟练工人或工人贵族的运动截然不同。现在，人们用完全不同的方式勤奋地工作，引导更广泛的群众投入战斗，更加深刻地震撼社会，并提出进一步的要求：实行八小时工作日，把所有组织普遍地联合起来，完全团结一致。由于杜西的努力，煤气工人和杂工工联第一次建立了女工支部。同时，人们把自己目前的要求本身仅仅看成是暂时的，虽然他们自己还不知道他们所奋斗的最终目的是什么。可是，有关这种最终目的的模糊观念在他们中间已经深深地扎下了根，足以使他们只选择那些公开的社会主义者做自己的领袖。同其他所有的人一样，他们也要从亲身经验中学习，从本身所犯错误的后果中学习。可是，因为他们同旧工联相反，是以讥笑的态度对待劳资双方利益一致的种种说法的，所以这种学习不会花很长的时间。我希望，下届普选再推迟三年左右，（1）以便使俄国的走狗格莱斯顿在战争危险迫在眉睫的时候不至于执政（仅仅这一点就足以使沙皇挑起战争）；（2）使反对保守党的多数派日益壮大，以致

---

① 社会主义工人党是指北美社会主义工人党，该党是由第一国际美国各支部和美国其他社会主义组织合并而在1876年费城统一代表大会上建立的。大多数党员是移民（主要是德国人），同美国本地工人群众联系极少。党内持拉萨尔主义立场的改良派领导人同以弗·阿·左尔格为代表的马克思主义派之间展开过斗争。该党曾宣布为社会主义而斗争是自己的纲领，但是由于党的领导人推行宗派主义政策，不重视在美国无产阶级群众性组织中开展政治工作，因而未能成为一个真正革命的群众性的马克思主义政党。摘自《马克思恩格斯文集》第10卷，人民出版社2009年版，第807页注释。

爱尔兰的真正地方自治535成为必要，否则格莱斯顿又会欺骗爱尔兰人，这一障碍（爱尔兰问题）就消除不掉；（3）使工人运动进一步向前发展，并且尽可能利用目前繁荣时期之后必然出现的商业不景气时期所带来的冲击使它更快地成熟起来。这样，下届议会中可能会有20—40个工人代表，而且是和波特尔、克里默之流不同的另一种类型的工人代表。

这里最可恶的，就是那种已经深入工人肺腑的资产阶级式的"体面"。社会分成大家公认的许多等级，其中每一个等级都有自己的自尊心，但同时还有一种生来就对比自己"更好"、"更高"的等级表示尊敬的心理；这种东西已经存在得这样久和这样根深蒂固，使得资产者要搞欺骗还相当容易。例如，我决不相信，在约翰·白恩士心中，他在本阶级中享有的声望会比他在曼宁红衣主教、市长和一般资产者那里的声望更使他感到自豪。秦平（退伍的中尉）历来同资产阶级分子、主要是保守派分子串通一气，却在教会的教士会议上鼓吹社会主义等等。甚至连我认为是他们中间最优秀的人物汤姆·曼也喜欢谈他将同市长大人共进早餐。只要把他们同法国人比较一下，就会发现革命有什么好处。不过，资产者即使把几个领导人引诱到他们的网罗之中，他们也不会赢得多少东西。等到运动变得相当强大的时候，这一切都会被克服掉……

恩格斯：《致弗里德里希·阿道夫·左尔格》（1889年12月7日），摘自《马克思恩格斯文集》第10卷，人民出版社2009年版，第575—577页。

4. 爱尔兰是身受双重和三重民族压迫的国家，开始变成拥有组织起来的无产阶级大军的国家，连妇女也开始组织起来

一种新的气象在爱尔兰工会中出现了。非熟练工人群众给工会带来了空前活跃的气氛。连妇女也开始组织起来，这是信奉天主教的爱尔兰未曾有过的现象。就工人的组织情况来说，都柏林很可能成为整个大不列颠的先进城市。这个国家的特点是：天主教神父个个脑满肠肥，而工人则忍饥挨饿、衣衫褴褛，甚至在星期日也穿得很破烂，因为他们买不起节日服装。这个身受双重和三重民族压迫的国家，已开始变成一个拥有组织起来的无产阶级大军的国家。

列宁：《都柏林的阶级战争》（1913年8月29日），摘自《列宁全集》第23卷，人民出版社1990年版，第425—426页。

5. 妇女应当在和平的组织工作中起极重要的作用

同志们！非常遗憾，我不能参加你们的代表大会。请向与会者转达我衷心的祝贺，并且祝他们取得良好的成就。

目前战争已经结束、和平的组织工作已经提到首位，但愿长久如此，妇女在这种时候参加党和苏维埃的工作具有巨大的意义。妇女应当在这一和平的组织工作中起极重要的作用，当然，她们也一定会起这种作用。

列宁：《给全俄各省妇女工作部大会的贺词》（1920 年 12 月 6 日），摘自《列宁全集》第 40 卷，人民出版社 2017 年版，第 86 页。

6. 党的基本任务是训练农民和工人出身的最忠诚最能干的同志来做县委书记，在每个部门党都将取得优势

我认为，我们党的一个基本任务就是在中央委员会下面开办一所学校，训练农民和工人出身的最忠诚最能干的同志来做县委书记。如果党在明年能够把一支二百或三百个县委书记的后备力量聚集在自己周围，并且能够用这支力量去帮助省委员会，使省委员会对各县工作的领导易于进行，那末党也就能保证对一切群众性的传达机关的领导。到那时，在每一个消费合作社，每一个农业合作社，每一个工厂委员会，每一个妇女代表大会，每一个共青团支部，每一个群众性的机关里，党都将取得优势。

斯大林：《俄共（布）第十二次代表大会》（1923 年 4 月 17—25 日），摘自《斯大林全集》第 5 卷，人民出版社 1957 年版，第 176—177 页。

7. 妇女团体要在党的工作中发挥重要作用

党是无产阶级阶级组织的最高形式。党是工人阶级的有组织的部队。可是，党并不是工人阶级的唯一组织。无产阶级还有其他许多为顺利地进行反对资本的斗争所绝对必需的组织，如工会、合作社、工厂组织、议会党团、非党妇女团体、出版机关、文化教育组织、青年团、革命战斗组织（在公开的革命发动时期）以及作为国家组织形式的代表苏维埃（当无产阶级执掌政权时）等等。这些组织极大多数都是非党的，其中只有某一部分直接接近党或者是党的支脉。所有这些组织，在某种条件下都是工人阶级所绝对必需的，因为如果没有这些组织，就不能巩固无产阶级在各种斗争中的阶级阵地；因为如果没有这些组织，就不能锻炼无产阶级这个负有以社会主义制度代替资产阶级制度的使命的力量。可是，既然有这样多的组织，怎样实现统一的领导呢？怎样才能保证在领导工作中不致因为有很多组织而发生各自为政的现象呢？有人会说，这些组织各在自己的特别范围内进行工作，因此不会互相妨碍。这当然是对的。可是还有一点也是对的，即所有这些组织都应当按照一个方向进行工作，因为它们都是为一个阶级，即为无产者阶级服务的。试问：谁来决定这一切组织在进行工作时所必须遵循的路线，即总方向呢？哪里有这样一个中央组织，它不仅因为有必要的经验而能制定这条总路线，并且因为有充分的威信而能推动这一切组织去实现这条路线，以达到领导上的统一，排除发生不协调现象的可能呢？

这样的组织就是无产阶级的党。

党具备为此所必需的一切条件，第一，因为党是工人阶级优秀分子的集合点，这些分子和无产阶级的非党组织有直接联系，并经常领导它们；第二，因为党既是工人阶级优秀分子的集合点，所以它是培养能够领导本阶级各种组织的工人阶级领导者的最好的学校；第三，因为党既是培养工人阶级领导者的最好的学校，所以按其经验和威信来说，它是能把无产阶级斗争的领导集中起来的唯一组织，因而也就是能把工人阶级所有一切非党组织都变成使党同本阶级联结起来的服务机关和引带的唯一组织。

党是无产阶级阶级组织的最高形式。

这当然不是说，非党组织，如工会、合作社等等，应该正式服从党的领导。这只是说，参加这些组织的党员，这些无疑是有威信的人，应该采取一切说服办法，使这些非党组织在自己的工作中跟无产阶级政党接近，并自愿接受这个党的政治领导。

正因为如此，列宁说：党是“无产者的阶级联合的最高形式”，它的政治领导应当普及到无产阶级的其他各种组织中去。（见《列宁全集》俄文第3版第25卷第194页）

正因为如此，主张非党组织“独立”和“中立”的机会主义理论，繁殖出独立的议员和脱离党的出版家、狭隘的工会活动家和市侩化的合作社运动者的机会主义理论，是和列宁主义的理论与实践完全不能相容的。

斯大林：《论列宁主义基础》（1924年4—5月），摘自《斯大林选集》上卷，人民出版社1979年版，第265—267页。

8. 为纪念列宁而吸收妇女入党，稍微增加了妇女党员人数的百分数

民族成分和性别。在第十三次代表大会召开前，大俄罗斯人在党内占百分之七十二，在为纪念列宁而吸收党员以后，百分数显然还会增加。第二位是乌克兰人，占百分之五点八八。第三位是犹太人，占百分之五点二。其次是突厥语系各民族，占百分之四强。再其次是其他民族，如拉脱维亚人、格鲁吉亚人，阿尔明尼亚人等等。女党员在第十二次代表大会以前占百分之七点八，现在是百分之八点八。女候补党员过去占百分之九，现在是百分之十点五。在为纪念列宁而吸收的党员中，妇女占总数的百分之十三，这稍微增加了上述妇女的百分数。

斯大林：《俄共（布）第十三次代表大会》（1924 年 5 月 23—31 日），摘自《斯大林全集》第 6 卷，人民出版社 1956 年版，第 179 页。

9. 无产阶级及其政党的第一项任务就是把妇女从资产阶级的影响下解放出来，对女工和农妇进行政治教育并把她们组织起来

在人类历史上，被压迫者的任何一次伟大的运动都少不了劳动妇女的参加。劳动妇女，一切被压迫者中最受压迫的劳动妇女，从来没有而且也不会站在解放运动大道的旁边。大家知道，在奴隶解放运动中涌现出了成千上万个伟大的女烈士和女英雄。在争取农奴解放的战士行列中有过千千万万的劳动妇女。无怪乎工人阶级的革命运动，被压迫群众的一切解放运动中最强大的运动，把千百万劳动妇女吸引到了自己的旗帜下面。

国际妇女节是工人阶级解放运动不可战胜的标志和伟大的未来的先声。

劳动妇女，女工和农妇，是工人阶级最大的一支后备力量。这支后备力量足足占全体居民的半数。妇女这支后备力量是拥护工人阶级还是反对工人阶级，——决定着无产阶级运动的命运，决定着无产阶级革命的胜败，决定着无产阶级政权的胜败。因此，无产阶级及其先进部队共产党的第一项任务就是：为把妇女——女工和农妇——从资产阶级的影响下解放出来而进行坚决的斗争，为在无产阶级旗帜下对女工和农妇进行政治教育并把她们组织起来而进行坚决的斗争。

国际妇女节是把劳动妇女这支后备力量争取到无产阶级方面来的一种手段。

但是，劳动妇女不只是一支后备力量。只要工人阶级的政策正确，她们能够而且应当成为工人阶级用来反对资产阶级的一支真正军队。从劳动妇女这支后备力量中训练出一支能够同无产阶级大军并肩作战的女工和农妇的军队，——这就是工人阶级的第二项有决定意义的任务。

国际妇女节应当成为一种把女工和农妇从工人阶级的后备力量变成无

产阶级解放运动的作战军队的手段。

国际妇女节万岁！

斯大林：《庆祝国际妇女节》（1925年3月8日），摘自《斯大林选集》上卷，人民出版社1979年版，第315—316页。

10. 无产阶级的党是无产阶级的先锋队，党的力量是从无产阶级一切群众组织中把无产阶级所有优秀分子都吸收到自己队伍中来，包括妇女及妇女组织

最后，就是无产阶级的党，无产阶级的先锋队。党的力量在于它从无产阶级一切群众组织中把无产阶级所有优秀分子都吸收到自己队伍中来。党的使命是把无产阶级一切群众组织的工作毫无例外地统一起来，并把它们的行动引向一个目标，引向无产阶级解放的目标。把它们统一起来并引向一个目标是绝对必要的，因为不这样就无法统一无产阶级的斗争，因为不这样就无法领导无产阶级群众去为政权而斗争，去为社会主义建设而斗争。可是能够统一并指导无产阶级群众组织的工作的，只有无产阶级的先锋队，无产阶级的党。只有无产阶级的党，只有共产党，才能在无产阶级专政体系中起这种主要领导者的作用。

为什么呢？

> “第一，因为党是工人阶级优秀分子的集合点，这些分子和无产阶级的非党组织有直接联系，并经常领导它们；第二，因为党既是工人阶级优秀分子的集合点，所以它是培养能够领导本阶级各种组织的工人阶级领导者的最好的学校；第三，因为党既是培养工人阶级领导者的最好的学校，所以按其经验和威信来说，它是能把无产阶级斗争的领导集中起来的唯一组织，因而也就是能把工人阶级所有一切非党组织都变成使党同本阶级联结起来的服务机关和引带的唯一组织。”（见《论列宁主义基础》）

党是无产阶级专政体系中的主要领导力量。

“党是无产阶级阶级联合的最高形式。”（列宁）

总之，工会是无产阶级的群众组织，它首先在生产方面把党同本阶级联系起来；苏维埃是劳动者的群众组织，它首先在国家事务方面把党同劳动者联系起来；合作社主要是农民的群众组织，它首先在经济方面，在吸引农民参加社会主义建设方面，把党同农民群众联系起来；青年团是工农青年的群众组织，它的使命就是帮助无产阶级先锋队对新一代进行社会主义教育并培养青年后备军；最后，党是无产阶级专政体系中的主要指导力量，它的使命是领导这一切群众组织，——大体说来，专政“机构”的情况，“无产阶级专政体系”的情况就是如此。

没有党这个主要领导力量，就不可能有稍微长期而巩固的无产阶级专政。

这样，用列宁的话来说：“总之，这是一个形式上非共产党的、灵活的、比较广泛的、极为强大的无产阶级机构，党就是通过这个机构同本阶级和群众取得密切联系的；阶级专政便是在党的领导下通过这个机构来实现的。”（见《列宁全集》俄文第3版第25卷第192页）

这一点当然不能了解为党能够或应当代替工会、苏维埃以及其他群众组织。党实现无产阶级专政，但它并不是直接实现这种专政，而是借助于工会，通过苏维埃及其支脉来实现这个专政的。没有这些“传动装置”，就不能有稍微巩固的专政。

列宁说：“没有一些把先锋队和先进阶级群众、把它和劳动群众连结起来的‘传动装置’，就不能实现专政。”（见《列宁全集》俄文第3版第26卷第65页）

“可以说党是把无产阶级的先锋队吸收到自己队伍中来的，而这个先锋队就实现着无产阶级专政。没有工会这样的基础，就不能实现专政，就不能执行国家职能。而要实现这些职能，就必须通过一系列的也是新型的特别机关，即通过苏维埃机关。”（见《列宁全集》俄文第3版第26卷第64页）

斯大林：《论列宁主义的几个问题》（1926年1月25日），摘自《斯大林选集》上卷，人民出版社1979年版，第413—415页。

11. 妇女占我国人口的半数，是一支劳动大军，她们被提拔到领导岗位是我国农村文化水平提高的明显标志

必须指出一件可喜的事实和农村文化水平提高的标志，这就是集体农庄女庄员在社会组织工作方面的积极性的提高。例如大家知道，现在女庄员担任集体农庄主席的约有六千人，担任集体农庄管理委员会委员的有六万多人，担任生产队长的有两万八千人，担任小组长的有十万人，担任集体农庄商品养畜场主任的有九千人，担任拖拉机手的有七千人。

不用说，这些材料是不完全的。但就是这很少的一些材料也足以有力地说明农村文化水平有很大的提高。同志们，这个情况是有巨大意义的。所以有巨大意义，是因为妇女占我国人口的半数，她们是一支劳动大军，并且她们负有教育我们的孩子，我们的后代，即我们的将来的使命。正因为如此，我们不能让这一支劳动大军过着愚昧无知的生活！正因为如此，我们应该欢迎劳动妇女参加社会活动的积极性不断提高，欢迎她们被提拔到领导岗位上来，认为这是我国文化水平提高的明显标志。（鼓掌多时）

斯大林：《在党的第十七次代表大会上关于联共（布）中央工作的总结报告》（1934 年 1 月 26 日），摘自《斯大林全集》第 13 卷，人民出版社 1956 年版，第 301 页。

12. 布尔什维克同希腊神话中的英雄安泰一样强大，因为他们同自己的母亲，即同生育、抚养和教导他们成人的群众保持联系，是布尔什维克领导不可战胜的关键

不仅要教育群众，而且要向群众学习，就是这个意思。

有两个例子说明列宁的这个原理是正确的。

这是几年以前的事。我们中央委员讨论了改善顿巴斯的状况的问题。重工业人民委员部提出的措施草案，显然是不能令人满意的。曾经三次把草案退回重工业人民委员部。曾经三次收到重工业人民委员部提出的各种不同的草案。可是仍然不能令人满意。最后，我们决定从顿巴斯找几个工人、普通经济工作人员和工会工作人员。同这些同志谈了三天。我们所有中央委员都应当承认，只有他们，这些普通工作人员，这些“小人物”，才能启示我们作出正确的决定。你们大概记得中央和人民委员会关于加强顿巴斯采煤办法的著名的决议。我们所有的同志都认为中央和人民委员会的这个决议是正确的、甚至认为是卓越的，而这个决议正是由基层的普通人启示我们作出的。

另一个例子。我指的是尼古拉延科同志的例子。尼古拉延科是什么人呢？尼古拉延科是一个普通党员。她是一个平凡的“小人物”。在整整一年中，她一直发出警告，说基辅党组织的情况不好，她揭发了小家族习气，对工作人员的市侩庸俗态度，压制批评的现象，托洛茨基暗害分子的专横行为。

她被赶走了，就象赶走讨厌的苍蝇一样。后来，有人为了摆脱她，竟把她抓起来并开除了党籍。无论是基辅的组织，无论是乌克兰共产党（布）中央，都没有帮助她获得真理。只是由于党中央委员会的干涉，才帮助解开了这个难解的结扣。事情经过审查后，查清了什么呢？查清了尼古拉延科是正确的，基辅组织是不正确的。事实正是如此，分毫不差。而尼古拉延科究竟是什么人呢？她当然不是中央委员，不是人民委员，不是基辅州组织的书记，她甚至不是哪一个支部的书记，她只不过是一个平常的普通党员。

由此可见，平常的人有时竟比某些高级机关更接近真理。

象这样的例子还可以举出几十个几百个。

由此可见，要领导我们的事业，只靠我们的经验，领导者的经验，是远远不够的。要正确地领导，就必须以党员群众的经验、工人阶级的经验、劳动群众的经验。所谓“小人物”的经验来充实领导者的经验。

什么时候才能做到这一点呢？

只有当领导者和群众保持极密切的联系，领导者和党员群众、和工人阶级、和农民、和劳动知识分子保持极密切的联系时，才能做到这一点。

同群众联系，巩固这种联系，下决心倾听群众的呼声，——这就是布尔什维克领导力量强大及其不可战胜的原因。

当布尔什维克保持同广大人民群众的联系时，他们将是不可战胜的，——这可以认为是一个规律。相反地，布尔什维克只要一脱离群众和失去同群众的联系，只要一染上官僚主义的毛病，他们就会丧失任何力量，而变成空架子。

在古代希腊人的神话中，有一个著名的英雄名叫安泰，据神话说，他是海神波赛东和地神盖娅的儿子。他对生育、抚养和教导他成人的母亲是非常依恋的。没有哪一个英雄能同这个安泰抗衡。大家公认他是无敌的英雄。他的力量在什么地方呢？他的力量就在于，每当他同敌人决斗而遇到困难时，便往地上一靠，就是说，往生育和抚养他成人的母亲身上一靠，就取得了新的力量。可是他毕竟有一个弱点，就是怕别人用什么方法使他离开地面。敌人注意到他的这个弱点，于是时刻暗中窥伺他。后来有一个敌人利用了他的弱点，就战胜了他。这个敌人名叫海格立斯。可是，他是怎样战胜安泰的呢？原来这个敌人使安泰离开了地面，把他举到空中，使他无法再接触地面，这样就在空中把他扼死了。

我认为，布尔什维克很象希腊神话中的英雄安泰。布尔什维克也同安泰一样，其所以强大，就是因为他们同自己的母亲，即同那生育、抚养和教导他们成人的群众保持联系。只要他们同自己的母亲，同人民保持联系，他们就完全可能始终是不可战胜的。

这就是布尔什维克领导不可战胜的关键。

斯大林：《论党的工作缺点和消灭托洛茨基两面派及其他两面派的办法》（1937年3月3—5日），摘自《斯大林文集》，人民出版社1985年版，第170—172页。

13. 苏联共产党的报告所涉及的时期内提拔了50多万个年轻的党员布尔什维克和靠近党的布尔什维克担任国家系统和党的系统的领导职务，其中有20%以上是妇女

挑选干部，提拔干部，配备干部

……

在党中央委员会里有些材料可以说明，党在报告所涉及的时期内提拔了50多万个年轻的党员布尔什维克和靠近党的布尔什维克担任国家系统和党的系统的领导职务，其中有20%以上是妇女。

斯大林：《在党的第十八次代表大会上关于联共（布）中央工作的总结报告》（1939年3月10日），摘自《斯大林文集》，人民出版社1985年版，第269、271页。

（二）吸引妇女参加国家的日常管理工作

1. 应该把妇女看做是我们的无价之宝，我们没有她们的帮助是不行的

第二十一条　第六类，也是重要的一类，是妇女。她们又应该分为主要的三种人：一种是内心空虚、思想愚钝、麻木不仁的人，她们可以像第三类和第四类男子一样加以利用；另一种是热情、忠诚、能干的人，但不是我们的人，因为她们还没有锻炼到具有真正的、毫无空话的、实际的革命认识的程度。她们可以像第五类男人一样加以使用；最后一种妇女是完全是我们的人，即完全亲信者、完全接受了我们纲领的人。我们应该把她们看做是我们的无价之宝，我们没有她们的帮助是不行的。

马克思、恩格斯：《社会主义民主同盟和国际工人协会》（1873年4—7月），摘自《马克思恩格斯全集》第18卷，人民出版社1964年版，第475页。

2. 要吸引妇女参加政治生活和担任公务，否则，社会主义就连完备而稳固的民主制度也无从谈起

用民兵代替警察，这是在整个革命进程中产生出来并正在俄国大多数地方实行的改革。我们应该向群众说明，在大多数通常的资产阶级革命中，这种改革往往只是昙花一现；资产阶级，甚至最民主最共和的资产阶级，也总是恢复专制制度下的那种脱离人民、受资产者指挥、惯于多方压迫人民的旧式警察。

不让警察恢复，只有一种办法，就是建立全民的民兵，把它和军队融合起来（用普遍的人民武装代替常备军）。从 15 岁到 65 岁（可以大体上以此为少年和老人参加的年龄标准）的男女公民，人人应当参加民兵。资本家应当按照雇佣工人和仆人等等在民兵中执行公务的天数付给他们报酬。不仅要吸引妇女独立地参加一般政治生活，而且应当吸引她们参加经常的人人要担任的公务，否则，不仅社会主义，就连完备而稳固的民主制度也无从谈起。至于护理病人、照料流离失所的孩子、注意饮食卫生等等的“警察”职能，除非妇女享有实际上的而不是纸上的平等，是根本不能完满实现的。

不让警察恢复；发动全体人民的组织力量来建立人人参加的民兵，——这就是无产阶级为捍卫、巩固和发展革命而应当在群众中进行宣传的任务。

列宁：《无产阶级在我国革命中的任务》（1917 年 4 月 10 日〔23 日〕），摘自《列宁全集》第 29 卷，人民出版社 2017 年版，第 163—164 页。

3. 要吸引妇女同男人一样去担任公务

人民需要共和国，为的是教育群众实行民主。不仅仅需要民主形式的代表机构，而且需要建立由群众自己从下面来全面管理国家的制度，让群众有效地参加各方面的生活，让群众在管理国家中起积极的作用。用普遍的人民武装即真正普遍的民兵代替旧的压迫机关即警察、官吏和常备军——这是唯一可走的道路，这条道路可以在最大程度上保证国家避免君主制的复辟，使国家能够有计划地坚定地走向社会主义，不是从上面“实施”社会主义，而是发动广大的无产者和半无产者群众去掌握管理国家的艺术，去掌管全部国家政权。

由居于人民之上的警察，由充当资产阶级最忠实的奴仆的官吏，由受地主资本家指挥的常备军来担任公务，这就是力求永远保持资本统治的资产阶级议会制共和国的理想。

由全民的、真正是男女都参加的民兵，由能够部分地代替官吏的民兵来担任公务，同时，一切当权者不仅通过选举产生，不仅随时可以撤换，而且他们的劳动报酬不是同“老爷”一样，不是同资产阶级一样，而是同工人一样，——这就是工人阶级的理想。

这个理想不仅载入了我们的党纲，不仅在西欧工人运动史上即在巴黎公社的经验中占有自己的地位，不仅被马克思评价过、强调过、阐明过和介绍过，而且已被俄国工人在1905年和1917年实践过了。

工人代表苏维埃，按其意义来说，按其所创造的国家政权的类型来说，正是这样一种民主的机构，这种民主废除旧的压迫机关，走上全民民兵的道路。

但是在无产者和半无产者被赶入工厂、替地主和资本家做苦工而被压得喘不过气来的时候，怎样才能使民兵变成全民的民兵呢？

办法只有一个，就是工人民兵的报酬应当由资本家支付。

资本家应当按照无产者执行公务的天数和时数付给他们工资。

工人群众自己正在走上这条正确的道路。下诺夫哥罗德工人的例子应当成为全俄国的榜样。

工人同志们，要使农民和全体人民相信，必须建立普遍的民兵来代替警察和旧官吏！要建立这样的而且仅仅是这样的民兵。要通过工人代表苏维埃，通过农民代表苏维埃，通过工人阶级掌握的地方自治机关来建立这种民兵。无论如何不要满足于资产阶级的民兵。要吸引妇女同男人一样去担任公务。一定要使资本家按照工人在民兵中执行公务的天数付给工资！

你们要自己立刻从下面、在实践中学习民主，要发动群众有成效地、直接地、普遍地参加国家管理，——这样而且也只有这样才能保证革命获得完全的胜利，才能保证革命坚定而有计划地稳步前进。

列宁：《论无产阶级的民警》（1917年5月3日），摘自《列宁全集》第24卷，人民出版社1957年版，第153—155页。

4. 我们要求由觉悟的工人和士兵来领导学习管理国家的工作，并且要求立刻开始这样做，即立刻开始吸引一切劳动者、一切贫民来学习这一工作

有人对我们说，无产阶级不能使国家机构运转起来。

1905年革命以后是13万地主管理俄国，他们管理的方法就是对15000万人滥用暴力，肆意侮辱，强迫大多数人从事苦役、过半饥饿的生活。

而24万布尔什维克党员似乎不能管理俄国，不能为了替穷人谋福利、为了反对富人而管理俄国。这24万人现在至少已经拥有100万成年人的选票，因为欧洲的经验和俄国的经验都证明，就连彼得格勒杜马8月的选举也证明，党员人数同党的得票数的比例正是如此。可见，我们已经有一个由一百万思想上忠于社会主义国家而不是为了在每月20日领取大笔薪俸的人组成的“国家机构”。

此外，我们还有一下子就可以把我们的国家机构扩大十倍的“妙法”，这是任何一个资本主义国家从来没有也不可能有的。这个妙法就是吸引劳动者，吸引贫民参加管理国家的日常工作。

为了说明这种妙法是多么简便，效果是多么灵验，我们且举一个尽可能简单明了的例子。

国家有时要强迫某一家搬出住宅而让另一家搬进去。这是资本主义国家常有的事，我们无产阶级国家，或者说社会主义国家也会遇到这样的事。

资本主义国家要撵走一个失去了干活的人而缴不起房租的工人家庭，就要派来一大帮法警、警察或民警。如果是在工人区撵人搬家，那就要派一个哥萨克分队。为什么呢？因为没有很强大的武装保护，法警和“民警”是不肯去的。他们知道，撵人搬家的场面会在邻近所有居民当中，会在成千上万濒于绝望的人当中激起无比的愤怒，激起对资本家和资本主义国家无比的仇恨，这些人随时都可能把法警和民警队打成肉酱。需要大量的兵力，而且一定要从某边远地区调几个团到大城市来，这样士兵就不熟悉城市贫民的生活，不致“传染上”社会主义。

假设无产阶级国家要让一个极其贫苦的家庭强行搬进富人住宅。假设我们的工人民兵分队由15个人组成：2个水兵，2个士兵，2个觉悟工人（就算其中只有1人是我们的党员或者党的同情者），再加上1个知识分子和8个劳动贫民，这8人当中至少必须有5个妇女，而且要有仆人、粗工等等。这一队人来到富人住宅进行检查，发现2男2女住着5个房间，于是说：“公民们，请你们挤在两个房间里过冬吧，腾出两间房让住在地下室的两家搬进去。在我们还没有在工程师（您大概是工程师吧？）的帮助之下为所有的人盖好舒适的住宅以前，你们必须挤一挤。你们的电话要10家共用。这样可以不必跑遍各家铺子等等，可以节省 100 来个工时。其次，你们家里有两个能从事轻劳动而没有事干的半劳动力：55 岁的女公民和 14 岁的男公民。他们每天要值班 3 小时，监督供应 10 家的食品的合理分配并进行必要的登记。我们队里的一位大学生公民马上就把这项国家的命令抄成两份，现在请你们给我们一个字据，保证切实执行这个命令。”

依我看来，资产阶级的旧国家机构和国家管理同社会主义的新国家机构和国家管理对比起来，如用浅显的例子来说明，情形就会是这样。

我们不是空想家。我们知道，不是随便哪一个粗工和厨娘都能马上参加国家管理的。在这一点上，我们同立宪民主党人，同布列什柯夫斯卡娅，同策列铁里是意见一致的。我们同这些公民不一致的地方是我们要求立刻破除这样一种偏见，似乎只有富人或者富人家庭出身的官吏才能管理国家，才能担任日常管理工作。我们要求由觉悟的工人和士兵来领导学习管理国家的工作，并且要求立刻开始这样做，即立刻开始吸引一切劳动者、一切贫民来学习这一工作。

我们知道，立宪民主党人也同意把民主制教给人民。立宪民主党的女士们同意根据英国和法国最好的资料给女仆们作关于妇女平等的讲演，并且还准备在最近的音乐会上，在露天舞台上，在几千人面前表演接吻：演讲人立宪民主党的女士吻布列什柯夫斯卡娅，布列什柯夫斯卡娅吻前任部长策列铁里。感激不尽的人民将受到一次实例的教育，知道什么叫作共和制的平等、自由、博爱……

是的，我们承认，立宪民主党人、布列什柯夫斯卡娅和策列铁里按照他们的方式忠于民主制，并且在人民中间宣传这种民主制。可是，如果我们对于民主制有某种不同的概念，那该怎么办呢？

在我们看来，为了减轻战争所造成的空前的负担和灾难，为了医治战争给人民带来的极其严重的创伤，就需要实行革命的民主制，就需要采取上述例子中那种根据贫民利益分配住房的革命措施。无论在城市或农村，对食品、衣服、靴鞋等等的处理，以及在农村对土地等等的处理都应当这样。我们可以立刻吸引 1000 万人，甚至 2000 万人组成的国家机构从事这种意义上的国家管理，而这样的国家机构是任何一个资本主义国家从未有过的。这样的机构只有我们才能够建立起来，因为我们得到绝大多数居民的充分的、毫无保留的支持。这样的机构只有我们才能够建立起来，因为我们有觉悟的、由于受过资本主义长期“训练”（我们并没有白受资本主义的训练）而富有纪律性的工人，他们能够建立工人的民兵并逐渐把它扩充（要立刻开始扩充）为全民的民兵。觉悟的工人应该进行领导，并且他们也能够吸引真正的被压迫劳动群众来从事管理工作。

自然，这种新机构在开始的时候是免不了要犯错误的。但是，难道农民从农奴制度下解放出来，开始自己经营的时候没有犯过错误吗？难道除了通过实践，除了立刻开始实行真正的人民自治，还有其他训练人民自己管理自己、避免犯错误的方法吗？现在最主要的是抛弃那种资产阶级知识分子的偏见，仿佛只有那些按整个社会地位来说完全依附于资本的特殊官吏才能管理国家。最主要的是要结束这样一种局面，即资产者、官吏和“社会党人”部长们企图按老办法管理国家，但又无法管理，结果 7 个月之后居然在一个农民国家里激起了农民起义！！最主要的是使被压迫的劳动者相信自己的力量，通过实践让他们看到，他们能够而且应该亲自动手来合理地最有秩序最有组织地分配面包、各种食品、牛奶、衣服、住宅等等，使这种分配符合贫民的利益。不这样，就不能把俄国从崩溃和灭亡中拯救出来，而认真地、勇敢地、普遍地开始把管理工作交给无产者和半无产者，就会激发群众史无前例的革命热情，就会使人民同灾难斗争的力量增加无数倍，以致许多在我们那些眼界狭窄的旧官僚分子看来似乎是办不到的事情，对千百万开始为自己而不是在棍棒威逼下为资本家、为贵族公子、为官吏工作的群众的力量来讲，却成为可以实现的了。

列宁：《布尔什维克能保持国家政权吗?》（1917 年 9 月底—10 月 1 日〔14 日〕），摘自《列宁选集》第 3 卷，人民出版社 1995 年版，第 303—306 页。

5. 苏维埃委员会迅速采取措施，尽量用女子代替男子，并把能够调到军队、或军事部门工作、或调去做其他工作的男子列一名单，不是坐办公室，而是实际办事

苏维埃共和国的国防事业迫切要求尽量节省人力和最有效地使用人民的劳动。

为此，特作如下规定（首先在一切苏维埃机关执行，然后再推广到所有的企业和团体）：

1. 一切苏维埃机关的每一个多少有点独立的单位，必须在三日内就下列各点向当地的执行委员会（在莫斯科还要向司法人民委员部）提出简要报告：（a）主管部门；（b）单位名称；（c）工作内容简述；（d）下设机构的数目及名称；（e）男女职员数目；（f）工作量大小，尽量用例如公文件数、来往公函的件数等等加以说明。

各地执行委员会（在莫斯科，工人、农民和红军代表苏维埃执行委员会要取得司法人民委员部和中央执行委员会主席团的同意）必须立即：（1）采取措施，检查是否正确而及时地执行了上述规定；（2）在接到上述报告后一星期内，拟出协调、统一和合并那些从事相同业务或同类业务的单位的计划。

受执行委员会委托执行这项任务的委员会，应当包括内务、司法、国家监察和劳动等部门的代表，并根据需要吸收其他部门的代表参加，每个星期必须向人民委员会和中央执行委员会主席团提出简要报告，说明在合并同类单位和节省劳动方面做了些什么。

2. 在每个有同类单位或同类部门（中央的、区域的、市的、省的、县的）的城市，必须立即在最高机关设立一个委员会来协调和统一这些机关，以便最大限度地节省人力，同时这种委员会要按第一项所列的规定和期限进行工作。

3. 根据同样理由，委托按一二两项规定成立的委员会迅速采取措施，尽量用女子代替男子，并把能够调到军队或军事部门工作或者调去做其他工作（不是坐办公室，而是实际办事）的男子列一名单。

4. 委托按一二两项规定设立的委员会在取得俄共地方组织同意的条件下，进行如下的人事更动：俄共党员（党龄在两年以上的）只放在领导岗位或负责岗位上；其余的职务由无党派的人员或其他党派的人员担任，尽量把俄共党员抽出来做其他工作。

列宁：《关于苏维埃机关管理工作的规定草案》（1918年12月12日），摘自《列宁全集》第35卷，人民出版社1985年版，第361—362页。

6. 现在的主要任务是通过广泛的教育工作和组织工作教育落后的劳动阶层完成工会的新任务，吸收全体工会会员参加国家管理工作

现在，我们在工会运动基干队伍中的力量相当强大，足可使工会内部落后的即消极的非共产主义分子，以及劳动人民在某些方面仍然是小资产阶级的那些阶层，接受我们的影响，让他们遵守无产阶级的纪律。

所以，现在的主要任务不是摧毁强大的敌人的反抗，因为这样的敌人在苏维埃俄国的无产阶级和半无产阶级群众中间已经没有了。现在的主要任务是通过顽强的、坚持不懈的、更加广泛的教育工作和组织工作来克服无产阶级和半无产阶级中某些小资产阶层的偏见，不断扩大苏维埃政权还不够广泛的基础（即扩大直接参加国家管理的工人和贫苦农民的人数），教育落后的劳动阶层（不仅通过书本、讲演、报纸，而且通过实际地参加管理），寻求既能用来完成工会运动的这些新任务、又能吸引无比众多的半无产阶级群众（例如贫苦农民）的新的组织形式。

例如吸收全体工会会员参加国家管理工作，办法是让他们担任委员、参加流动检查小组等等。吸收仆役先参加合作社的工作，参加向居民供应食物的工作，参加对食物生产的监督等等，然后再参加比较重要而不那么“狭窄的”工作，当然必须循序渐进。

列宁：《论工会的任务》（1918 年 12 月—1919 年 1 月），摘自《列宁全集》第 35 卷，人民出版社 1985 年版，第 399 页。

7. 建立无产者出席作证人的制度，其中妇女必须占⅔

（1）在中央和地方建立工人机关或有工人参加的机关。

（2）证人，作为制度。

补 2：妇女必须占⅔；

（3）当前的实际任务：

（α）根据公民的控诉进行突击检查

（β）同拖拉作风作斗争

（γ）采取革命措施同营私舞弊行为和拖拉作风作斗争

（δ）运输

（ε）提高劳动生产率

（ζ）增加产品数量

列宁：《对关于改组国家监察人民委员部的法令草案的意见》（1919 年 3 月 8 日），摘自《列宁全集》第 35 卷，人民出版社 2017 年版，第 517 页。

8. 把全体劳动群众特别是妇女都吸收来参加工农检查工作

根据中央委员会的指示，我认为应该把三个草案并成一个。

我认为还要补充下列几点：

（1）国家监察人民委员部所属工农检查“局”应当是一种临时性的机

关，其任务是把工农检查制度贯彻到国家监察人民委员部的各个部门中去，然后这个独立的部门就可取消。

（2）目的：把全体劳动群众，男子特别是妇女，都吸收来参加工农检查工作。

（3）为此，地方上应当编造名册（依据宪法），除公务人员等等不参加以外，吸收所有其他人员轮流参加工农检查工作。

（4）参加的方式应该依照参加者的水平而异：不识字的、水平极低的工农可以充当“目击者”、证人、见证人或见习者，经过一定考验的、识字的和水平高的工农可以享有全权（或几乎全部权利）。

（5）应该使工农检查机构特别注意（还应该制定严密的条例）并扩大对于产品、商品，仓库、工具、材料、燃料等等（特别是食堂等单位的）的计算的监督。

必须吸收妇女而且是全体妇女参加这一工作。

列宁：《对〈工农检查院条例〉草案的意见和补充》（1920年1月24日），摘自《列宁全集》第38卷，人民出版社2017年版，第79—80页。

9. 女工和农妇代表大会不可估量的功绩是为组织全国女工和农妇的政治教育工作奠定了基础，政治教育工作具有头等重要的意义

五年前，我们党中央委员会在莫斯科召开了全俄女工和农妇第一次代表大会。出席代表大会的代表有一千多人，代表着不下一百万劳动妇女。这次代表大会在我们党的劳动妇女工作上是一个里程碑。这次代表大会的不可估量的功绩在于：它为**组织**我们共和国女工和农妇的政治教育工作奠定了基础。

有些人会认为，这并没有什么特别的地方，党对群众（其中也包括妇女）是经常进行政治教育的，既然我们有团结一致的工农干部，对妇女的政治教育就不会有重大的意义。这种论断是根本不对的。

…………

女工和农妇同男工和农夫一样是自由的公民。她们选举我们的苏维埃、我们的合作社，她们也可以被选入苏维埃、合作社。如果女工和农妇受到政治教育，她们就能改善我们的苏维埃和合作社，使它们得到巩固和发展。如果女工和农妇愚昧无知，她们就会削弱并破坏苏维埃和合作社。

最后，女工和农妇是我们青年——我们国家的未来——的母亲和教养者。她们能摧残孩子的心灵，也能为我们教养出心理健全、能把我们国家推向前进的青年，这要看做母亲的是同情苏维埃制度还是做神甫、富农、资产阶级的尾巴。

正因为如此，现在，当工人和农民动手建设新生活的时候，对女工和农妇的政治教育工作是真正战胜资产阶级的头等重要的工作，极其重要的工作。

正因为如此，女工和农妇第一次代表大会的意义的确是不可估量的，它为组织劳动妇女的政治教育工作奠定了基础。

五年前，女工和农妇第一次代表大会召开时，党的当前任务是吸引几十万女工参加建设苏维埃新生活的共同工作。当时站在最前列的是工业区的女工，她们是劳动妇女中最活跃最觉悟的分子，应当承认，五年来在这方面已经做了不少工作，虽然还有许多工作要做。

现在，党的当前任务是吸引千百万农妇参加建设我们苏维埃生活的共同工作。经过五年的工作，已经从农妇的队伍中选拔出许多领导者。我们希望农妇领导者的队伍能有新的觉悟的农妇来补充。我们希望党也能完成这项任务。

斯大林：《纪念女工和农妇第一次代表大会五周年》（1923 年 11 月 10 日），摘自《斯大林全集》第 5 卷，人民出版社 1957 年版，第 284—286 页。

10. 吸收女工和农妇参加苏维埃工作和党的工作的问题特别重要。占我们苏联人口半数的妇女仍然站在苏维埃建设和党的建设的大道旁边，或者几乎站在旁边

女工和农妇的团体。这方面的主要组织是代表大会。这里的混乱数字要多少有多少，简直太多了。但是，如果好好地清理一下，那就可以看出，城市中去年有三万七千名代表，今年有四万六千名，就是说，比去年多了一些。农村中去年有五万八千名代表，现在有十万名。这些代表所团结的广大的农妇和女工群众有多少，这方面我没有得到稍微准确的数字。

由于吸收女工和农妇参加苏维埃工作和党的工作的问题特别重要，研究一下女工和农妇参加工会机关、苏维埃、党的省委员会和县委员会的百分数不会是多余的。在村苏维埃中，妇女去年大约只占百分之一（少得可怕)，今年占百分之二点九（还是太少)，但是总算增加了。在乡执行委员会中，妇女去年占百分之零点三，今年占百分之零点五，增加得太少了，简直不值得提。在县执行委员会中，妇女去年约占百分之二，今年比百分之二多了一点（我提出的是俄罗斯苏维埃联邦社会主义共和国的数字，因为我没有所有共和国的数字)。在俄罗斯苏维埃联邦社会主义共和国的省执行委员会中，妇女去年占百分之二强，现在占百分之三强。在工会会员中，今年妇女占百分之二十六，没有去年的材料。在工厂委员会委员中，妇女占百分之十四。在省工会委员中，妇女占百分之六，在各工会中央委员会中，妇女占百分之四强。在党内；妇女去年约占百分之八，现在约占百分之九。在候补党员中，妇女过去约占百分之九，现在约占百分之十一。这一切都是在为纪念列宁而吸收党员以前的情况。在第十三次代表大会以前，在省委员会中，妇女占百分之三，在县委员会中，妇女约占百分之六。在最重要的妇女团体中，即在代表大会中，共产党员过去占百分之十，现在占百分之八。减少的原因是非党员代表数增加了。必须承认，占我们苏联人口半数的妇女仍然站在苏维埃建设和党的建设的大道旁边，或者几乎站在旁边。

斯大林：《联共（布）第十三次代表大会》（1924 年 5 月 23—31 日），摘自《斯大林全集》第 6 卷，人民出版社 1956 年版，第 172—173 页。

11. 我们党应当采取一切办法在最近的将来弥补这个缺陷。苏联居民的半数仍然站在苏维埃和党的发展大道的旁边，这种情况是不能容忍的

在围绕着我们党的群众组织中，应当特别注意合作社，女工和农妇的团体。我所以提出这些组织，是因为这些组织在目前最令人担心。

……

妇女工作方面的情况更坏。固然，女工和农妇的代表大会正在增多和扩大，但是，妇女运动的工作人员在鼓动方面取得的成绩还远没有在组织方面巩固起来，连必要的最低限度的百分之一都没有巩固起来。女工和农妇参加苏维埃，工会和党的百分数明显地证明了这一点。党应当采取一切办法在最近的将来弥补这个缺陷。苏联居民的半数仍然站在苏维埃和党的发展大道的旁边，这种情况是不能容忍的。

斯大林：《联共（布）第十三次代表大会》（1924 年 5 月 23—31 日），摘自《斯大林全集》第 6 卷，人民出版社 1956 年版，第 186—187 页。

12. 提拔和吸收男女工人和男女农民参加苏维埃委员

应当特别注意提拔党员和非党员工作人员。仅仅从上面来提拔新人的方法是不够的。应当用在实际工作过程中，在吸收新力量参加实际工作的过程中从下面提拔的方法来补充这个方法。从这个意义上来说，生产会议、工厂会议和托拉斯会议在提拔工人担负工厂和托拉斯的负责职务方面应当起很大的作用。必须发展省辖市和县辖市苏维埃各部门下面的小组，把它们变成定期的业务性会议，并吸收苏维埃委员特别是非委员的男女工人和男女农民参加这些会议。只有在这种广泛的实际工作过程中才能从非党工人和农民中提拔出新人。城市中为纪念列宁而吸收党员的热潮和农民政治积极性的提高明显地说明：这种提拔的方法必然会产生很大的效果。

斯大林：《联共（布）第十三次代表大会》（1924 年 5 月 23—31 日），摘自《斯大林全集》第 6 卷，人民出版社 1956 年版，第 192—193 页。

13. 国家机关的改善工作、农村工作，劳动妇女工作、青年工作是党在实现重大任务时的主要活动范围

党在无产阶级专政时期的重大任务之一，就是开展以无产阶级专政和社会主义的精神改造老一代和教育新一代的工作。旧社会遗留下来的旧的习气、习惯、传统和偏见是社会主义最危险的敌人。这些传统和习气控制着千百万劳动群众，它们有时笼罩着无产阶级各阶层，有时给无产阶级专政的存在造成极大的危险。因此，同这些传统和习气作斗争，在我们各方面的工作中必须克服这些传统和习气，并且以无产阶级的社会主义精神教育新的一代，——这就是我们党的当前任务，不执行这些任务，就不能取得社会主义的胜利。国家机关的改善工作、农村工作，劳动妇女工作、青年工作，——这就是党在实现这些任务时的主要活动范围。

斯大林：《关于俄共（布）第十三次代表大会的总结》（1924 年 6 月 17 日），摘自《斯大林全集》第 6 卷，人民出版社 1956 年版，第 217 页。

14. 必须加强女工和农妇的工作，把她们提拔到选举出来的党和苏维埃的机关里去。中央组织局采取特别措施，把劳动妇女工作提到应有的高度

关于劳动妇女工作。我在代表大会上的报告中就已经说过，这方面的工作在我们这里是被轻视的，但这个工作对党是非常重要的，在某些场合下是以社会主义精神教育新一代的工作的有决定意义的一面。现在当然不必把已经在代表大会上说过的话重复一遍。我只想请你们注意，代表大会可惜没有能专门讨论劳动妇女工作问题，但还是通过了一个特别的决议，这个决议说："代表大会提请全党特别注意，必须加强女工和农妇工作，并把她们提拔到选举出来的党和苏维埃的机关里去。"（见就中央总结报告所通过的决议）我认为在下一次代表大会上必须专门研究这个问题。中央全会按照代表大会的决议，已经在代表大会闭幕后立即决定委托我们的中央组织局采取特别措施，把劳动妇女工作提到应有的高度。

斯大林：《关于俄共（布）第十三次代表大会的总结》（1924年6月17日），摘自《斯大林全集》第6卷，人民出版社1956年版，第219页。

15. 女工和农妇们要记住并实现列宁的遗训，党号召为建设新生活的女工和农妇们开辟更广阔的道路

一年前，劳动人民的伟大领袖和导师，我们的列宁，在和我们永别的时候给我们留下了遗训，指出了我们走向共产主义最后胜利所应遵循的道路。女工和农妇们，你们要实现伊里奇的这些遗训！你们要用这些遗训的精神去教育你们的孩子！

列宁同志临终时嘱咐我们要竭力巩固工农联盟。女工和农妇们，你们要巩固这个联盟！

列宁同志教导劳动人民要支持工人阶级去反对国内外的资产阶级。女工和农妇们，你们要记住这个遗训！你们要支持正在建设新生活的工人阶级的政权！

列宁同志教导我们要高举起一切被压迫者的领袖——共产党的旗帜。女工和农妇们，你们要团结在这个党的周围，——它是你们的党！

值此伊里奇逝世一周年纪念之际，党号召：要为女工和农妇们，为正在和党一起建设新生活的女工和农妇们开辟更广阔的道路。

斯大林：《女工和农妇们，要记住并实现伊里奇的遗训！》（1925年1月5日），摘自《斯大林全集》第7卷，人民出版社1958年版，第3—4页。

（三）妇女享有平等的政治地位和社会地位

1. 一切社会成员应当有平等的政治地位和社会地位，实现平等权利是一个历史过程

一切人，作为人来说，都有某些共同点，在这些共同点所及的范围内，他们是平等的，这样的观念自然是非常古老的。但是现代的平等要求与此完全不同；这种平等要求更应当是从人的这种共同特性中，从人就他们是人而言的这种平等中引申出这样的要求：一切人，或至少是一个国家的一切公民，或一个社会的一切成员，都应当有平等的政治地位和社会地位。要从这种相对平等的原始观念中得出国家和社会中的平等权利的结论，要使这个结论甚至能够成为某种自然而然的、不言而喻的东西，必然要经过而且确实已经经过几千年。在最古老的自然形成的公社中，最多只谈得上公社成员之间的平等权利，妇女、奴隶和外地人自然不在此列。在希腊人和罗马人那里，人们的不平等的作用比任何平等要大得多。如果认为希腊人和野蛮人、自由民和奴隶、公民和被保护民、罗马的公民和罗马的臣民（该词是在广义上使用的），都可以要求平等的政治地位，那么这在古代人看来必定是发了疯。在罗马帝国时期，所有这些区别，除自由民和奴隶的区别外，都逐渐消失了；这样，至少对自由民来说产生了私人的平等，在这种平等的基础上罗马法发展起来了，它是我们所知道的以私有制为基础的法的最完备形式。但是只要自由民和奴隶之间的对立还存在，就谈不上从一般人的平等得出的法的结论，这一点我们不久前在北美合众国各蓄奴州里还可以看得到。

基督教只承认一切人的一种平等，即原罪的平等，这同它曾经作为奴隶和被压迫者的宗教的性质是完全适合的。此外，基督教至多还承认上帝的选民的平等，但是这种平等只是在开始时才被强调过。在新宗教的最初阶段同样可以发现财产共有的痕迹，这与其说是来源于真正的平等观念，不如说是来源于被迫害者的团结。僧侣和俗人对立的确立，很快就使这种基督教平等的萌芽也归于消失。——日耳曼人在西欧的横行，逐渐建立了空前复杂的社会的和政治的等级制度，从而在几个世纪内消除了一切平等观念，但是同时使西欧和中欧卷入了历史的运动，在那里第一次创造了一个牢固的文化区域，并在这个区域内第一次建立了一个由互相影响和互相防范的、主要是民族国家所组成的体系。这样就准备了一个基础，后来只是在这个基础上才有可能谈人的平等和人权的问题。

此外，在封建的中世纪的内部孕育了这样一个阶级，这个阶级在它进一步的发展中，注定成为现代平等要求的代表者，这就是资产阶级。资产阶级本身最初是一个封建等级，当 15 世纪末海上航路的伟大发现为它开辟了一个新的更加广阔的活动场所时，它使封建社会内部的主要靠手工进行的工业和产品交换发展到比较高的水平。欧洲以外的、以前只在意大利和黎凡特[1]之间进行的贸易，这时已经扩大到了美洲和印度，就重要性来说，很快就超过了欧洲各国之间的和每个国家内部的交换。美洲的黄金和白银在欧洲泛滥起来，它好似一种瓦解因素渗入封建社会的一切罅隙、裂缝和细孔。手工业生产不再能满足日益增长的需要；在最先进的国家的主要工业部门里，手工业生产为工场手工业代替了。

可是社会的政治结构决不是紧跟着社会经济生活条件的这种剧烈的变革立即发生相应的改变。当社会日益成为资产阶级社会的时候，国家制度仍然是封建的。大规模的贸易，特别是国际贸易，尤其是世界贸易，要求有自由的、在行动上不受限制的商品占有者，他们作为商品占有者是有平等权利的，他们根据对他们所有人来说都平等的、至少在当地是平等的权利进行交换。从手工业向工场手工业转变的前提是，有一定数量的自由工人（所谓自由，一方面是他们摆脱了行会的束缚，另一方面是他们失去了自己使用自己劳动力所必需的资料），他们可以和厂主订立契约出租他们的劳动力，因而作为缔约的一方是和厂主权利平等的。最后，一切人类劳动由于而且只是由于都是一般人类劳动而具有的等同性和同等意义[2]，在现代资产阶级经济学的价值规律中得到了自己的不自觉的，但最强烈的表现，根据这一规律，商品的价值是由其中所包含的社会必要劳动来计量的[3]。——但是，在经济关系要求自由和平等权利的地方，政治制度却每一步都以行会束缚和各种特权同它对抗。地方特权、差别关税以及各种各样的特别法令，不仅在贸易方面打击外国人或殖民地居民，而且还时常打击本国的各类国民；行会特权处处和时时都一再阻挡着工场手工业发展的道路。无论在哪里，道路都不是自由通行的，对资产阶级竞争者来说机会都不是平等的，而自由通行和机会平等是首要的和愈益迫切的要求。

社会的经济进步一旦把摆脱封建桎梏和通过消除封建不平等来确立权利平等的要求提上日程，这种要求就必定迅速地扩大其范围。只要为工业

① 地中海东岸诸国的旧称。——编者注

② 参看马克思《资本论》第1卷，《马克思恩格斯文集》第5卷第70—75页。——编者注

③ 从资产阶级社会的经济条件中这样推导出现代平等观念，首先是由马克思在《资本论》中作出的。

和商业的利益提出这一要求，就必须为广大农民要求同样的平等权利。农民遭受着从十足的农奴制开始的各种程度的奴役，他们必须把自己绝大部分的劳动时间无偿地献给仁慈的封建领主，此外，还得向领主和国家交纳无数的贡税。另一方面，也不能不要求废除封建特惠、贵族免税权以及个别等级的政治特权。由于人们不再生活在像罗马帝国那样的世界帝国中，而是生活在那些相互平等地交往并且处在差不多相同的资产阶级发展阶段的独立国家所组成的体系中，所以这种要求就很自然地获得了普遍的、超出个别国家范围的性质，而自由和平等也很自然地被宣布为人权。这种人权的特殊资产阶级性质的典型表现是美国宪法，它最先承认了人权，同时确认了存在于美国的有色人种奴隶制：阶级特权不受法律保护，种族特权被神圣化。

可是大家知道，从资产阶级由封建时代的市民等级破茧而出的时候起，从中世纪的等级转变为现代的阶级的时候起，资产阶级就由它的影子即无产阶级不可避免地一直伴随着。同样地，资产阶级的平等要求也由无产阶级的平等要求伴随着。从消灭阶级特权的资产阶级要求提出的时候起，同时就出现了消灭阶级本身的无产阶级要求——起初采取宗教的形式，借助于原始基督教，以后就以资产阶级的平等理论本身为依据了。无产阶级抓住了资产阶级所说的话，指出：平等应当不仅仅是表面的，不仅仅在国家的领域中实行，它还应当是实际的，还应当在社会的、经济的领域中实行。尤其是从法国资产阶级自大革命开始把公民的平等提到重要地位以来，法国无产阶级就针锋相对地提出社会的、经济的平等的要求，这种平等成了法国无产阶级所特有的战斗口号。

因此，无产阶级所提出的平等要求有双重意义。或者它是对明显的社会不平等，对富人和穷人之间、主人和奴隶之间、骄奢淫逸者和饥饿者之间的对立的自发反应——特别是在初期，例如在农民战争中，情况就是这样；它作为这种自发反应，只是革命本能的表现，它在这里，而且仅仅在这里找到自己被提出的理由。或者它是从对资产阶级平等要求的反应中产生的，它从这种平等要求中吸取了或多或少正当的、可以进一步发展的要求，成了用资本家本身的主张发动工人起来反对资本家的鼓动手段；在这种情况下，它是和资产阶级平等本身共存亡的。在上述两种情况下，无产阶级平等要求的实际内容都是**消灭阶级**的要求。任何超出这个范围的平等要求，都必然要流于荒谬。我们已经举出了关于这方面的例子，当我们转到杜林先生关于未来的幻想时，我们还会发现更多的这类例子。

可见，平等的观念，无论以资产阶级的形式出现，还是以无产阶级的形式出现，本身都是一种历史的产物，这一观念的形成，需要一定的历史条件，而这种历史条件本身又以长期的以往的历史为前提。所以，这样的平等观念说它是什么都行，就不能说它是永恒的真理。如果它现在对广大公众来说——在这种或那种意义上——是不言而喻的，如果它像马克思所说的，“已经成为国民的牢固的成见”①，那么这不是由于它具有公理式的真理性，而是由于18世纪的思想得到普遍传播和仍然合乎时宜。因此，如果杜林先生能够直截了当地让他的有名的两个男人在平等的基础上料理家务，那是由于这对国民的成见来说是十分自然的。的确，杜林先生把他的哲学叫做自然哲学，因为这种哲学是仅仅从那些对他来说是十分自然的东西出发的。但是为什么这些东西对他来说是自然的呢？——这一问题他当然是不会提出来的。

恩格斯：《反杜林论》（1876年9月—1878年6月），摘自《马克思恩格斯文集》第9卷，人民出版社2009年版，第109—113页。

2. 在工资还根本没有废除以前，争取男女同工同酬始终是所有社会主义者的要求。只有废除了资本对男女双方的剥削，把私人的家务劳动变成公共的行业以后，男女的真正平等才能实现

如果说法国人在要求限制妇女劳动方面不像德国人那么迫切，那是由于在法国，尤其是在巴黎，妇女的工厂劳动只起比较次要的作用。就我所知，在工资还根本没有废除以前，争取男女同工同酬始终是所有社会主义者的要求。劳动妇女，由于她们的特殊生理机能，需要特别的保护，来对抗资本主义的剥削，我认为这是很明显的。英国那些女先锋们争取妇女的形式上的权利，让妇女和男子受资本家同样厉害的剥削，她们自己多半同资本主义对男女劳动者的剥削有直接或间接的利害关系。我承认，在资本

① 马克思：《资本论》第1卷，《马克思恩格斯文集》第5卷，第75页。恩格斯在《反杜林论》中引用的是《资本论》第一卷德文第二版，只是在为出版《反杜林论》第三版而修改第二编第十章时，才引用了《资本论》第一卷德文第三版。因此，《反杜林论》中《资本论》的有些引文与现在通行的《资本论》德文第四版的文字略有差异。摘自《马克思恩格斯文集》第9卷，人民出版社2009年版，第580页注释。

主义生产方式存在的最后年代里，我关心下一代人的健康更甚于关心两性在形式上的绝对平等。我深信，只有在废除了资本对男女双方的剥削并把私人的家务劳动变成一种公共的行业以后，男女的真正平等才能实现。

恩格斯：《致盖尔特鲁代·吉约姆—沙克》（1885 年 7 月 5 日），摘自《马克思恩格斯文集》第 10 卷，人民出版社 2009 年版，第 536 页。

3. 妇女运动是争取妇女权利的特殊运动

维也纳的女工报纸可能会在你们那些为妇女报刊撰稿的妇女中间引起很大的不满。她们还处在沙克的强烈影响下，希望有一种特殊的妇女运动，而不希望妇女运动只是成为工人运动的一个方面。而维也纳的这家报纸大力传播的，正是这后一种观点；如果我们的妇女象你所说的那样，毅然行动起来，那末，所谓争取妇女权利的特殊的运动——纯粹是资产阶级的把戏——就会很快退居次要地位。如果目前的妇女领导人那时被妇女们自己抛弃，也没有什么可以惋惜的，而维也纳的这份报纸则将享有这样一种荣誉：在所有的妇女报刊中它是第一个接受并维护这种观点的。

恩格斯：《致奥古斯特·倍倍尔》（1891 年 9 月 29 日—10 月 1 日），摘自《马克思恩格斯全集》第 38 卷，人民出版社 1972 年版，第 165 页。

4. 德国女工热心地投身到捍卫妇女权利运动中去

路易莎创办的“鬣狗报”不会早于本月 15 日出版。你的文章以及杜西和路易莎的文章，将在德国和奥地利的妇女权利捍卫者中间引起哄动，因为这个问题还从来没有真正地象你们在自己的三篇文章中这样直截了当地提出，谁也没有给以这样直截了当的回答。路易莎和杜西对我说，她们对德国（柏林）妇女权利捍卫者感到一种神圣的恐惧。但是，这些人不会控制多久了。倍倍尔热情洋溢地来信谈到，德国女工正多么热心地投身到运动中去，如果真的是这样，那些迂腐的半资产阶级母驴——妇女权利捍卫者，将很快退居次要地位。

恩格斯：《致劳拉·拉法格》（1891 年 10 月 2 日），摘自《马克思恩格斯全集》第 38 卷，人民出版社 1972 年版，第 169—170 页。

5. 全体公民一律平等，男女享有完全平等的权利

现在来谈纲领的实践部分。我们认为，这一部分按其实质而不是按段落来说，可以分为三部分：（1）要求一般的民主改革；（2）要求采取保护工人的办法；（3）要求采取有利于农民的措施。第一部分可以采用“劳动解放社”的“纲领草案”所提出的要求，不必作重大的修改，这些要求就是：（1）普选权；（2）发给代表津贴；（3）实行普遍的、非宗教的、免费的义务教育，等等；（4）公民的人身和住宅不受侵犯；（5）信仰、言论、集会等等绝对自由（这里似乎应该特别加上罢工自由）；（6）迁移自由和选择职业的自由［这里似乎还应该加上“迁徙自由”和“完全废除身份证”］；（7）全体公民一律平等，等等；（8）用普遍的人民武装代替常备军；（9）“修改我国全部民法和刑法，取消等级划分和有损人的尊严的刑罚”。还应该加上一条：“规定男女有完全平等的权利。”这一部分还应该提出关于财政改革的要求（“劳动解放社”纲领把这一条列为“工人政党根据上述基本政治权利所要提出的”要求之一），即“废除现行税制，实行累进所得税”。最后，这一部分里还应该提出下面这项要求：“官吏由人民选举产生；每个公民有权控告任何官吏，事先不必向上级申诉。

列宁：《我们党的纲领草案》（1899年底），摘自《列宁全集》第4卷，人民出版社2013年版，第197页。

6. 妇女要走出使她们愚钝的家庭和厨房的圈子，保证妇女获得真正的自由

我们无产阶级，全体劳动人民，需要什么样的民兵呢？我们需要真正人民的民兵，也就是说，第一，它是由全体居民，即由所有成年男女公民组成的，第二，它把人民军队的职能同警察的职能、同维持国家秩序和进行国家管理的主要的和基本的机关的职能集于一身。

为了把这些论点讲得更明白些，我举一个非常粗浅的例子。不用说，如果有人以为能够拟定关于建立无产阶级民兵的任何一种“计划”，那是很荒唐的，因为当工人和全体人民真正广泛地实际行动起来的时候，他们所拟定的计划和所作的安排将比任何理论家高明百倍。现在我不提“计划”，我只是想举例说明我的想法。

彼得格勒约有200万居民。其中一半以上是从15岁到65岁的人。我们如果以一半计算，就有100万人。即使从中减去四分之一的人，即病人和其他有正当理由目前没有参加公务的人，剩下来的还有75万人，假定每15天中有1天在民兵中执行勤务（执行勤务时间仍从业主那里领取报酬），那就可以组成一支5万人的大军。

这才是我们所需要的那种类型的“国家”！

这才是名副其实的而不是仅仅口头上的“人民的民兵”。

这才是我们应当走的道路，只有走这条道路，任何特殊的警察、任何脱离人民的特殊的军队才无法复活。

这种民兵有百分之九十五将来自工人和农民，它将真正表现出绝大多数人民的理智和意志、力量和权力。这种民兵将把全体人民真正武装起来，教他们学习军事，非古契柯夫式地、非米留可夫式地防备反动势力的任何复辟行动以及沙皇代理人的任何阴谋诡计。这种民兵将成为“工兵代表苏维埃”的执行机关，它将获得居民的绝对的尊敬和信任，因为它本身就是全体居民的组织。这种民兵将使民主不再是掩盖资本家奴役和嘲弄人民的漂亮招牌，而成为真正培养群众参与一切国家事务的手段。这种民兵将吸引少年男女参加政治生活，不仅用言语，而且通过行动，通过工作对他们进行教育。这种民兵将发挥学者们所说的“福利警察”的作用，如进行卫生监督等等，同时会吸引一切成年妇女参加这类工作。如果不吸引妇女参加公务、参加民兵、参加政治生活，如果不使妇女走出使她们愚钝的家庭圈子和厨房圈子，那就不能保证真正的自由，甚至不能建立民主，更不用说建立社会主义了。

这种民兵将成为无产阶级民兵，因为工业工人和城市工人将自然而然地在这种民兵中对贫苦群众起指导性的影响，正像他们自然而然地在1905—1907年和1917年整个人民革命斗争中处于领导地位一样。

这种民兵将保证绝对的秩序和矢志不渝地遵守的同志纪律。同时，在一切交战国都遭到严重危机的时刻，它使我们有可能用真正民主的方式同这种危机进行斗争，正确地迅速地分配粮食和其他物品，贯彻“普遍劳动义务制”。这种制度现在法国人叫做“公民动员制”，德国人叫做“公民服务义务制”。不实行这种制度，就不可能——事实确实表明不可能——医治可怕的掠夺性战争已经造成和正在造成的创伤。

难道俄国无产阶级流血仅仅是为了得到一些关于实行政治民主改革的漂亮诺言吗？难道他们不是要求和争取使**每个**劳动者**立刻**看到和感觉到自己的生活有所改善吗？难道他们不是要使每个家庭都有面包吃吗？不是要使每个小孩都能得到一瓶好牛奶吗？在小孩的需要没有得到保证之前不是不许任何有钱人家的大人多拿牛奶吗？不是要使沙皇和贵族遗留下来的宫殿和富丽堂皇的住宅不致闲置而用来开设济贫院吗？而这许多措施，除了有妇女与男子平等参加的全民民兵以外，又有谁能实行呢？

列宁：《远方来信——第三封信论无产阶级的民兵》（1917年3月11日〔24日〕），摘自《列宁全集》第29卷，人民出版社2017年版，第41—43页。

7. 资产阶级民主是充满了冠冕堂皇的词句、动听的诺言和响亮的自由平等口号的民主。事实上，这种外表堂皇的民主掩饰着妇女的不自由和不平等，掩盖着劳动者和被剥削者的不自由和不平等

在苏维埃政权成立两周年的时候，我们禁不住要回顾一下两年来所做的事情，深入思考一下已经完成的变革的意义和目的。

资产阶级及其拥护者责备我们破坏民主。我们说，苏维埃革命推动民主向深度和广度的发展，这在世界上是前所未有的，而且它所推动的正是受资本主义压迫的劳动群众享受的民主，因而是绝大多数人享受的民主，是不同于资产阶级民主（剥削者、资本家、富人的民主）的社会主义民主（劳动人民的民主）。

谁说得对呢？

好好地想想这个问题，深入地弄清楚这个问题，那就是要考虑一下两年来的经验，更有准备地去进一步发展这种经验。

妇女的地位特别清楚地说明了资产阶级民主和社会主义民主的区别，特别清楚地回答了上面提出的问题。

在资产阶级共和国（即存在着土地、工厂、股票等等的私有制的国家），即使是最民主的共和国，妇女的地位在世界任何地方、任何一个最先进国家都不是跟男子完全平等的。尽管从法国大革命（资产阶级民主革命）算起，时间过去了不止1¼世纪，情况依然如此。

资产阶级民主在口头上答应给予平等和自由。实际上，任何一个资产阶级共和国，即使是最先进的资产阶级共和国，对于占人类半数的妇女，既没有给予在法律上同男子完全平等的地位，也没有给予不受男子监护和压迫的自由。

资产阶级民主不过是讲些冠冕堂皇的词句、庄严的保证、动听的诺言，喊几句自由平等的响亮口号的民主，而实际上这一切却掩盖着妇女的不自由和不平等，掩盖着劳动者和被剥削者的不自由和不平等。

苏维埃民主即社会主义民主则一扫华而不实的言词，对“民主派”、地主、资本家以及卖余粮给挨饿工人发投机财的饱腹农民这些人的假仁假义，宣告了无情的战争。

打倒这种卑劣的谎言！被压迫者与压迫者、被剥削者与剥削者不可能有“平等”，现在没有，将来也不会有。只要妇女没有摆脱男子依法享有的特权的自由，工人没有摆脱资本枷锁的自由，劳动农民没有摆脱资本家、地主、商人压迫的自由，就不可能有真正的“自由”，现在没有，将来也不会有。

让撒谎者和伪君子、蠢人和瞎子、资产者及其拥护者去欺骗人民，侈谈一般自由、一般平等、一般民主好了。

我们却要对工人和农民说：撕下这些撒谎者的假面具，叫这些瞎子睁开眼睛。问问他们：

——是哪个性别同哪个性别平等？

——是哪个民族同哪个民族平等？

——是哪个阶级同哪个阶级平等？

——是摆脱哪一种压迫或哪个阶级的压迫而获得的自由？是哪一个阶级享受的自由？

谁要谈政治、谈民主、谈自由、谈平等、谈社会主义，而不提出这些问题，不把这些问题提到首位，不对隐蔽、掩盖和抹杀这些问题的行为作斗争，谁就是劳动人民最可恶的敌人，就是披着羊皮的狼，就是工人农民的死对头，就是地主、沙皇和资本家的奴仆。

两年来苏维埃政权在欧洲一个最落后的国家中，为了解放妇女，为了使她们与“强者”性别平等，做到了全世界所有先进的、文明的、“民主的”共和国130年来也没有做到的事情。

教养、文化、文明、自由这一切冠冕堂皇的字眼，在世界各资本主义的、资产阶级的共和国中，是同极其卑鄙、极其肮脏、极其野蛮的妇女不平等的法律，如结婚法和离婚法、非婚生子和“婚生子”不平等的法律、男子享有特权的法律、侮辱和虐待妇女的法律等结合在一起的。

资本的枷锁，“神圣的私有制”的压迫，市侩的愚蠢和小有产者的自私，就是这些东西使最民主的资产阶级共和国没有去触动一下那些卑鄙龌龊的法律。

苏维埃共和国，工人和农民的共和国，一下子就扫除了这些法律，彻底戳穿了资产阶级谎言和资产阶级伪善。

打倒这种谎言！打倒这些骗子！他们无视现在还有被压迫的女性，还有压迫阶级，还有资本和股票的私有制，还有用自己的余粮盘剥挨饿者的饱腹的人，却侈谈人人自由平等。不是人人自由，不是人人平等，而是要反对压迫者和剥削者，消灭产生压迫和剥削的可能性。这就是我们的口号！

给被压迫的女性自由和平等！

给工人和劳动农民自由和平等！

同压迫者，同资本家，同富农投机分子作斗争！

这就是我们的战斗口号，这就是我们无产阶级的真话，关于同资本作斗争的真话，这就是我们正告侈谈一般自由平等、人人享受自由平等这些甜蜜、动听、虚伪词句的资本世界的真话。

正因为我们撕下了掩盖这种伪善的假面具，正因为我们以革命的热情实现被压迫者和劳动者的自由和平等，而不是压迫者、资本家和富农的自由和平等，全世界的工人才那样看重苏维埃政权。

正因为如此，在苏维埃政权成立两周年的时候，世界各国的工人群众，世界各国的被压迫者和被剥削者，都对我们寄予同情。

正因为如此，在苏维埃政权成立两周年的时候，尽管饥饿和寒冷折磨着我们，尽管帝国主义者对我们俄罗斯苏维埃共和国的侵犯给我们带来种种苦难，我们仍然充满信心，坚信我们的事业是正义的，坚信世界苏维埃政权必然取得胜利。

列宁：《苏维埃政权和妇女的地位》（1919年11月6日），摘自《列宁全集》第37卷，人民出版社1986年版，第280—283页。

8. 苏维埃政权是世界上第一个也是唯一的一个完全废除了一切使妇女与男子不平等地位的资产阶级旧法律的政权

同志们！莫斯科苏维埃的选举表明，共产党是受到工人阶级热烈拥护的。

应当使女工们更多参加选举。苏维埃政权是世界上第一个也是唯一的一个完全废除了一切使妇女处于与男子不平等的地位、使男子享有特权（例如在婚姻法方面和对子女的关系方面）的卑鄙的资产阶级旧法律的政权。苏维埃政权这个劳动者的政权，是世界上第一个也是唯一的一个取消了一切因私有制而造成的特权的政权，而在所有的、甚至是最民主的资产阶级共和国的家庭法中，男子还保留着这些特权。

哪里有地主、资本家和商人，哪里甚至在法律上也不可能有男女的平等。

哪里没有地主、资本家和商人，哪里是由没有这些剥削者参加的劳动者的政权在建设新生活，哪里在法律上就有男女的平等。

但这还不够。

法律上的平等还不是实际生活中的平等。

我们要使女工不但在法律上而且在实际生活中都能同男工平等。要做到这一点，就要使女工愈来愈多地参加公有企业的管理和国家的管理。

妇女通过管理很快就会掌握业务，赶上男子。

把更多的女工选进苏维埃去，不管她们是不是共产党员。只要是正直的女工，能有条有理地勤勤恳恳地工作，即使不是党员，也可以把她选进莫斯科苏维埃去！

莫斯科苏维埃应当有更多的女工！让莫斯科的无产阶级证明：它准备尽力而且正在尽力反对过去的不平等制度，反对过去资产阶级对妇女的蔑视，夺取斗争的胜利！

无产阶级如果不争得妇女的完全自由，就不能得到完全的自由。

列宁：《致女工》（1920 年 2 月 21 日），摘自《列宁全集》第 38 卷，人民出版社 1986 年版，第 170—171 页。

9. 资产阶级民主革命排除了中世纪妇女的不平等地位。苏维埃制度是供工人和农民享受的最高限度的民主制，意味着具有世界历史意义的新型民主制即无产阶级民主制或无产阶级专政的产生

我国革命的资产阶级民主主义内容，指的是消灭俄国社会关系（秩序、制度）中的中世纪制度，农奴制度，封建制度。

到 1917 年，俄国农奴制度究竟还有哪些主要表现、残余或遗迹呢？还有君主制、等级制、土地占有制、土地使用权、妇女地位、宗教和民族压迫。试从这些“奥吉亚斯的牛圈”——顺便说一下，一切先进国家在 125 年和 250 年前以至更早以前（英国在 1649 年）完成它们的资产阶级民主革命时，都在很大程度上留下了没有打扫干净的奥吉亚斯的牛圈——试从这些奥吉亚斯的牛圈拿出任何一间来，你们都会看到，我们已经把它打扫得干干净净。从 1917 年 10 月 25 日（11 月 7 日）到解散立宪会议（1918 年 1 月 5 日）这十来个星期里，我们在这方面所做的工作，比资产阶级的民主派和自由派（立宪民主党）以及小资产阶级民主派（孟什维克和社会革命党人）在他们执政的八个月里所做的要多千百倍。

这些胆小鬼、空谈家、妄自尊大的纳尔苏修斯和哈姆雷特总是挥舞纸剑，可是连君主制都没有消灭！我们却把全部君主制垃圾比任何人任何时候都更干净地扫除了。我们没有让等级制这个古老的建筑留下一砖一瓦(英、法、德这些最先进的国家至今还没有消除等级制的遗迹!)。等级制的老根，即封建制度和农奴制度在土地占有制方面的残余，也被我们彻底铲除了。伟大十月革命的土地改革“最终”会有怎样的结果，这个问题“可以争论”（国外有足够的著作家、立宪民主党人、孟什维克和社会革命党人来争论这个问题)。我们现在不愿把时间花在这些争论上，因为我们正在用斗争来解决这种争论以及与此有关的许多争论。然而有一件事实是无可争辩的：小资产阶级民主派与保持农奴制传统的地主“妥协了”八个月，而我们在几星期内就把这些地主连同他们的一切传统都从俄国的土地上彻底扫除了。

就拿宗教、妇女的毫无权利或非俄罗斯民族的被压迫和不平等地位来说吧。这些都是资产阶级民主革命的问题。小资产阶级民主派这些鄙俗之徒在这些问题上空谈了八个月。世界上没有一个最先进的国家按照资产阶级民主方针彻底地解决了这些问题。而在我国，这些问题已由十月革命后颁布的法律彻底地解决了。我们一向在认真地同宗教进行斗争。我们让一切非俄罗斯民族成立了自己的共和国或自治区。在我们俄国，妇女无权或少权这种卑鄙、丑恶、可耻的现象，这种农奴制和中世纪制度的可恶的残余已经没有了，而这种现象却在世界各国无一例外被自私自利的资产阶级和愚蠢的吓怕了的小资产阶级重新恢复了。

这都是资产阶级民主革命的内容。在150年和250年以前，这一革命(如果就同一类型的每一民族形式来说，可以说是这些革命）的先进领袖们曾向人民许愿，说要使人类排除中世纪的特权，排除妇女的不平等地位，排除国家对这种或那种宗教（即“宗教思想”、“宗教信仰”）的种种优待，排除民族权利的不平等。许了愿，但没有兑现。他们是不可能兑现的，障碍在于要“尊重”……“神圣的私有制”。在我国无产阶级革命中，就不存在这种对倍加可恶的中世纪制度和对“神圣的私有制”的可恶的“尊重”。

但是，要巩固俄国各族人民所取得的资产阶级民主革命的成果，我们就应当继续前进，而我们也确实前进了。我们把资产阶级民主革命的问题作为我们主要的和真正的工作即无产阶级革命的、社会主义的工作的“副产品”顺便解决了。我们一向说，改良是革命的阶级斗争的副产品。我们不仅说过并且还用事实证明过，资产阶级民主改造是无产阶级革命即社会主义革命的副产品。顺便提一下，所有考茨基、希法亭、马尔托夫、切尔诺夫、希尔奎特、龙格、麦克唐纳、屠拉梯之流以及“第二半”马克思主义的其他英雄们，都不能理解资产阶级民主革命和无产阶级社会主义革命之间的这种相互关系。前一革命可以转变为后一革命。后一革命可以顺便解决前一革命的问题。后一革命可以巩固前一革命的事业。斗争，只有斗争，才能决定后一革命能比前一革命超出多远。

苏维埃制度就是由一种革命发展为另一种革命的明证或表现之一。苏维埃制度是供工人和农民享受的最高限度的民主制，同时它又意味着与资产阶级民主制的决裂，意味着具有世界历史意义的新型民主制即无产阶级民主制或无产阶级专政的产生。

让垂死的资产阶级和依附于它的小资产阶级民主派的猪狗们用数不清的诅咒、谩骂、嘲笑来攻击我们在建设我们苏维埃制度中的失利和错误吧。我们一分钟也没有忘记，我们过去和现在确实有很多的失利和错误。在缔造前所未有的新型国家制度这种全世界历史上新的事业中，难道能没有失利和错误吗？我们一定要百折不挠地努力纠正这些失利和错误，改变我们对苏维埃原则的实际运用远未达到尽善尽美的状况。但是我们有权自豪，而且我们确实很自豪，因为我们有幸能够开始建设苏维埃国家，从而开创全世界历史的新时代，由一个新阶级实行统治的时代。这个阶级在一切资本主义国家里是受压迫的，如今却到处都在走向新的生活，去战胜资产阶级，建立无产阶级专政，使人类摆脱资本的桎梏和帝国主义战争。

列宁：《十月革命四周年》（1921 年 10 月 14 日），摘自《列宁选集》第 4 卷，人民出版社 1995 年版，第 564—567 页。

10. 马克思主义的平等观

看来，这些人以为社会主义要求社会成员的需要和个人生活都是平均的，相等的，一律的。不用说，这种设想和马克思主义、和列宁主义毫无共同之处。马克思主义所了解的平等，并不是个人需要和日常生活方面的平均，而是阶级的消灭。这就是说：（一）在推翻和剥夺资本家以后，一切劳动者都平等地摆脱剥削而得到解放；（二）在生产资料转归全社会公有以后，对于大家都平等地废除生产资料私有制；（三）大家都有尽各人能力劳动的平等义务，一切劳动者都有按劳取酬的平等权利（社会主义社会）；（四）大家都有尽各人能力劳动的平等义务，一切劳动者都有各取所需的平等权利（共产主义社会）。同时，马克思主义认为，无论在社会主义时期或共产主义时期，各人的口味和需要在质量上或在数量上都不是而且也不能是彼此一样，大家平等的。

这就是马克思主义的平等观。

任何其他的平等都是马克思主义没有承认过而且现在也不承认的。

斯大林：《在党的第十七次代表大会上关于联共（布）中央工作的总结报告》（1934 年 1 月 26 日），摘自《斯大林选集》下卷，人民出版社 1979 年版，第 335 页。

11. 苏联新宪法草案的特点是承认男性和女性等所有公民都有平等的权利

新宪法草案的第五个特点，就是它的彻底的信守不移的民主主义。从民主主义的观点来看，资产阶级宪法可以分为两类：一类宪法直接否认公民权利的平等和民主自由，或在事实上把它们化为乌有。另一类宪法很乐意地接受、甚至标榜民主原则，但同时加上许多附带条件和限制，而使民主权利和自由残缺不全。它们说一切公民都有平等选举权，但同时又用居住期限、教育程度以至财产资格来加以限制。它们说公民有平等权利，但同时又加上附带条件，说这不涉及妇女，或只涉及一部分妇女。如此等等。

苏联新宪法草案的特点，就在于它完全没有这类附带条件和限制。它根本不分什么积极公民和消极公民，认为所有公民都是积极的。它不承认男性和女性、“定居者”和“暂居者”、有产者和无产者、受过教育者和未受过教育者有权利上的差别，认为所有公民都有平等的权利。决定每个公民在社会上的地位的，不是财产状况，不是民族出身，不是性别，不是职位，而是个人的能力和个人的劳动。

斯大林：《关于苏联宪法草案》（1936 年 11 月 25 日），摘自《斯大林文集》，人民出版社 1985 年版，第 110—111 页。

（四）妇女在战争中表现出自我牺牲的献身精神和视死如归的英雄气概

1. 巴黎妇女冲在最前列，她们具有英勇、高尚和献身的精神，放射着历史首创精神的炽烈的光芒

公社简直是奇迹般地改变了巴黎的面貌！第二帝国的那个花花世界般的巴黎消失得无影无踪。巴黎不再是不列颠的大地主、爱尔兰的在外地主①、美利坚的前奴隶主和暴发户、俄罗斯的前农奴主和瓦拉几亚的大贵族麇集的场所了。尸体认领处里不再有尸体了，夜间破门入盗事件不发生了，抢劫也几乎绝迹了。事实上自从 1848 年 2 月的日子以来，巴黎街道第一次变得平安无事，而且不再有任何类型的警察。有一个公社委员说：

> “我们再也听不到杀人、偷盗和人身袭击事件；看来真好像警察已经把他们所有的保守派朋友一起带到凡尔赛去了。”②

荡妇们已经跟在她们的庇护者——那些家庭、宗教、尤其是财产的卫士们的屁股后头跑掉了。没有了荡妇们，真正的巴黎妇女又出现在最前列，她们像古典古代的妇女那样具有英勇、高尚和献身的精神。努力劳动、用心思索、战斗不息、流血牺牲的巴黎——它在培育着一个新社会的同时几乎把大门外的食人者忘得一干二净——正放射着它的历史首创精神的炽烈的光芒！

马克思：《法兰西内战》（1871 年 5 月），摘自《马克思恩格斯文集》第 3 卷，人民出版社 2009 年版，第 165 页。

2. 巴黎妇女面对资产阶级的凶残暴行，在战斗中、街垒旁和刑场上表现出自我牺牲精神和视死如归的英雄气概

确实如此。每当资产阶级秩序的奴隶和被压迫者起来反对主人的时候，

---

① 在外地主（来自“absentee”——“缺席者”一词）通常指那些在爱尔兰拥有地产却长期居住在英格兰的地主。他们把地产交给土地代理人管理，或者出租给靠投机获利的经纪人，这些经纪人再以苛刻的条件转租给小佃户。

② 保·拉法格《巴黎访问记。4 月 7—18 日》，载于 1871 年 4 月 24 日《波尔多论坛报》。——编者注

这种秩序的文明和正义就显示出自己的凶残面目。那时，这种文明和正义就是赤裸裸的野蛮和无法无天的报复。占有者和生产者之间的阶级斗争中的每一次新危机，都越来越明显地证明这一事实。和1871年的无法形容的罪恶比起来，甚至资产阶级的1848年6月的暴行①也要相形见绌。巴黎全体人民——男人、妇女和儿童——在凡尔赛军队开进城内以后还战斗了一个星期的那种自我牺牲的英雄气概，反映出他们事业的伟大，而士兵们穷凶极恶的暴行则反映出雇用他们作为保镖的那个文明所固有的精神。这种为处置自己在战事结束后的杀戮中留下的成堆尸体而感到困难的文明，真是光辉灿烂的文明啊！

要想找到可以同梯也尔和他那些嗜血豺狼的行为相比拟的东西，必须回到苏拉和罗马前后三头执政的时代②去。同样是冷酷无情地大批杀人；同样是不分男女老幼地屠杀；同样是拷打俘虏；同样是发布公敌名单，不过这一次被列为公敌的是整个一个阶级；同样是野蛮地追捕躲藏起来的领袖，使他们无一幸免；同样是纷纷告发政治仇敌和私敌；同样是不惜杀戮根本和斗争无关的人们。不同处只在于罗马人没有机关枪来大规模地处决公敌，他们没有"手持法律"，也没有口喊"文明"罢了。

看了这一切恐怖景象之后，现在再来看一看这种资产阶级文明由它自

---

① 指资产阶级共和派政府残酷地镇压1848年6月23—26日巴黎无产阶级的起义（见六月起义注释）。对起义的镇压，造成了反革命势力的猖獗，使保守的帝制派地位更加巩固。六月起义指1848年6月巴黎无产阶级的起义。二月革命后，无产阶级要求把革命推向前进，资产阶级共和派政府推行反对无产阶级的政策，6月22日颁布了封闭"国家工场"的挑衅性法令，激起巴黎工人的强烈反抗。6月23—26日，巴黎工人举行了大规模武装起义。经过四天英勇斗争，起义被资产阶级共和派政府残酷镇压下去。马克思论述这次起义时指出："这是分裂现代社会的两个阶级之间的第一次大规模的战斗。这是保存还是消灭资产阶级制度的斗争。"（见《马克思恩格斯文集》第2卷第101页）。摘自《马克思恩格斯文集》第3卷，人民出版社2009年版，第628—629页。

② 苏拉和罗马前后三头执政的时代，是指公元前1世纪古罗马社会政治斗争尖锐化时期，两度出现的血腥迫害和恐怖统治的局面。苏拉专政（公元前82—79年）——苏拉是奴隶主贵族拥戴的独裁者，在他专政的时期曾大规模地屠杀自己的政敌。他第一次宣布了公敌名单，凡列人名单者，可以不经审判而被处死。罗马前后三头执政（公元前60—53年及46—43年）是由三个最有威望的罗马军队统帅分掌政权的专政。前三头执政是庞培、凯撒和克拉苏，后三头执政是屋大维、安东尼和李必达。三头执政是为消灭罗马共和国以及建立罗马单一的君主政权而采取的行动的一个阶段。三头执政广泛地采用了从肉体上消灭敌人的手段。摘自《马克思恩格斯文集》第3卷，人民出版社2009年版，第655页注释。

己的报刊所描绘的另一副更加丑恶的面貌吧。

伦敦的一家托利党①报纸驻巴黎记者写道：

"远处还响着零星的枪声；濒临死亡的可怜的受伤者躺在拉雪兹神父墓地的墓石之间无人照管；6000个惊恐万状的暴乱者，在迷宫似的墓地地道中绝望地转来转去；沿街奔跑的不幸的人们，被机关枪大批地射杀。在这样的时候令人看了气愤的是，咖啡馆里挤满了爱好喝酒、打弹子、玩骨牌的人，荡妇们在林荫道上逛来逛去，纵酒狂欢的喧嚷声从豪华酒楼的雅座里传出来，打破深夜的寂静！"②

爱德华·埃尔韦先生在曾被公社查禁的一家凡尔赛报纸《巴黎报》上写道：

"巴黎居民〈!〉昨天表现他们的欢乐的方式有些太轻佻了，我们担心以后还会越来越糟。巴黎笼罩着节日的气氛，这实在不协调，令人难过；要是我们不想被叫做堕落时代的巴黎人，就必须消除这种现象。"

接着，他引用了塔西佗的一段话：

"可是，在这场可怕的斗争的第二天早晨，甚至在斗争还没有完全结束的时候，堕落和腐败的罗马就又开始沉湎于毁坏其躯体、玷污其灵魂的酒色之中了。——alibiproelia et vulnera，alibi balneae popinaeque

① 托利党是英国的政党，17世纪70年代末80年代初形成。1679年，就詹姆斯公爵（后来的詹姆斯二世）是否有权继承王位的问题，议会展开了激烈的争论。拥护詹姆斯继承王位的议员，被敌对的辉格党人讥称为托利。托利（Tory）为爱尔兰语，原意为天主教歹徒。托利党一贯捍卫反动的对内政策，维护国家制度中保守和腐朽的体制，反对国内的民主改革，曾与辉格党轮流执政。随着英国资本主义的发展，托利党逐渐失去它先前的政治影响和在议会中的垄断权。1832年议会改革使资产阶级代表人物进入议会。1846年废除谷物法削弱了英国旧土地贵族的经济基础并造成了托利党的分裂。19世纪50年代末至60年代初，在老托利党的基础上成立了英国保守党。摘自《马克思恩格斯文集》第3卷，人民出版社2009年版，第655页。

② 1871年6月2日《旗帜报》第14613号刊登的《暴动之结局》，这段话转引自爱·埃尔韦发表在1871年5月31日《巴黎报》第138号的文章。——编者注

(这里是战斗和创伤，那里是澡堂和酒楼)。”①

埃尔韦先生只是忘记说，他提到的“巴黎居民”仅仅是梯也尔的巴黎的居民，是从凡尔赛、圣但尼、吕埃和圣日耳曼蜂拥返回的那些francs-fileurs②，也就是已经“没落”的那个巴黎。

这个建立在劳动奴役制上的罪恶的文明，每次血腥地战胜了为实现美好新社会而献身的斗士时，都要把牺牲者的呻吟淹没于在世界各地都可听到回音的大喊大叫的诽谤声中。工人们的平静的巴黎，公社的巴黎，突然被那帮“秩序”恶狗变成了地狱。这一惊人巨变在世界各国资产阶级看来证明了什么呢？竟然证明公社阴谋反对文明！为公社慷慨赴死的巴黎人，数目之多超过历史上的任何战斗。这证明什么呢？竟然证明公社不是人民自己当家作主，而是一小撮罪犯篡夺政权！巴黎妇女在街垒旁和刑场上都是视死如归。这证明什么呢？竟然证明公社恶魔把她们变成了麦格拉和赫加特！公社在处于绝对统治地位的两个月内表现得十分温和宽厚，而与此形成对照的是，它在保卫战中则表现得英勇无比。这证明什么呢？竟然证明两个月内公社只是在小心翼翼地用温和宽厚和人道精神的假面具掩盖其凶残的嗜血本性，好让这种嗜血本性在垂死挣扎时发泄出来！

工人的巴黎在英勇地自我牺牲时，也曾把一些房屋和纪念碑付之一炬。既然无产阶级的奴役者们对无产阶级刀砍斧劈，那他们就休想在得胜后回到他们的完好无损的住宅里去。凡尔赛政府叫喊道：“这是纵火！”同时悄悄地示意它所有的、直至远在穷乡僻壤的走卒，要他们在各个地方把它的敌人都当做专事纵火的嫌疑犯加以搜捕。全世界的资产阶级看着战斗结束后的大屠杀感到开心，而对人们“亵渎”砖瓦和灰泥却万分愤怒！

马克思：《法兰西内战》（1871年4—5月），摘自《马克思恩格斯文集》第3卷，人民出版社2009年版，第173—176页。

---

① 塔西佗《历史》第3篇第83章。——编者注

② 法语francs-fileurs直译是：“自由逃亡者”，是对巴黎被普鲁士军队包围时从城里逃出的资产者的讽刺性称呼，因francs-fileurs的读音与francs-tireurs（自由射手，即积极参加反普鲁士斗争的法国游击队员）相近，所以听起来就更具讽刺意味。摘自《马克思恩格斯文集》第3卷，人民出版社2009年版，第653页注释。

3. 德国妇女投身于她们的丈夫所积极进行的斗争

我们在德国的朋友们的妻子这样地投身于她们的丈夫所积极进行的斗争，这将使身处英国这个安全之地的我们这些人的妻子感到惊讶。我们在这里可以无所顾忌地进行议论和批评，然而在德国，由于不小心或考虑不周而说错一句话，就有坐牢和离别家庭的危险。幸而我们德国的妇女们并没有因此而惶惑不安，她们以实际行动证明，尽人皆知的女性的多愁善感只不过是资产阶级妇女所具有的阶级痼疾。

恩格斯：《致娜塔利亚·李卜克内西》（1877 年 7 月 31 日），摘自《马克思恩格斯全集》第 34 卷，人民出版社 1972 年版，第 262 页。

4. 女孩子也要进行训练，包括步兵、骑兵和炮兵的一切动作

要建立一支民军类型的优秀军队，需要从对青年进行体育和军事训练着手，而这要花五年到八年的时间；这样的民军大约到本世纪末才能建成。因此，如果想提出一项使资产者和军人都提不出有力的论据来反对的法律草案，就需要考虑到这一事实。

……为了尽可能照顾现有的情况，我建议以服现役期限两年为起点，以后一旦有可能，就缩短为一年半（两个夏天一个冬天），然后再缩短为一年，这样继续下去，直到经过体育和军事训练从而勿需其他训练就能使用武器的青年达到应征年龄为止。那时民军部队就建立起来了。这支部队只需每两年或三年进行一次大的演习，以便发挥自己的能力并学会大规模地行动。

现在两年的期限已被公认，可以立刻要求一年半，并在两三年内缩短为一年。在这段时间内可以对十五至十八岁的青年进行体育和军事训练，同时不要忘记对十至十五岁儿童的教育。

瓦扬的草案非常需要一个懂军事的人加以审查；其中有些地方写得匆忙，我们可能经不起认真的讨论。根据第 9 条（本国所有儿童），女孩子也要训练以“步兵、骑兵和炮兵的一切动作”等等等等。

恩格斯：《致保尔·拉法格》（1894 年 1 月 3 日），摘自《马克思恩格斯全集》第 39 卷，人民出版社 1974 年版，第 186—187 页。

5. 努力把所有愿意参加起义的人包括妇女都无条件地团结到队伍中来

各战斗队应当一成立就马上着手，即毫不耽搁地着手从各方面进行工作，绝不只是进行理论工作，而且一定还要进行实际工作。我们所说的理论工作，是指研究军事科学、熟悉军事问题，作关于军事问题的报告、请军人（军官、军士等等，直到曾经当过兵的工人）参加座谈会；阅读、研究和领会有关巷战的秘密小册子和报上的文章等等。

我们再说一遍，应当马上开始进行实际工作。实际工作可以分为准备工作和军事行动。准备工作包括筹措各种武器和弹药，寻找便于进行巷战的房子（便于居高临下作战，便于存放炸弹、石块等等或者存放用来泼警察的镪水等等，便于设立指挥部，便于收集情报，便于掩藏被追捕的人和收容受伤的人等等）。其次，准备工作还包括各种迅速的刺探侦察工作：弄清监狱、警察局、内阁各部及其他机关的内部布局，弄清政府机关、银行等等内部的工作安排情况和警卫情况，设法和那些能够对工作有好处的人（警察局、银行、法庭、监狱、邮政局、电报局等机关内的职员）建立联系，弄清军火库和市内的一切枪械商店的情况等等。这里的工作很多，而且这些工作又是任何一个人，甚至根本不能参加街头斗争的人，甚至体力很弱的人，如妇女、儿童和老人等等，都能去做而且会带来极大好处的。必须努力立即把所有愿意参加起义的人都无条件地团结到战斗队里来，因为没有而且也不可能有愿意工作而不会带来很大好处的人，即使他没有武器，即使他不能够亲自参加战斗。

其次，革命军战斗队绝不能只做准备工作，而应当尽快转入军事行动，以便：（1）使战斗力量得到锻炼；（2）侦察敌人的弱点；（3）给敌人以局部的打击；（4）救出被俘的人（被捕的人）；（5）弄到武器；（6）弄到供起义用的经费（没收政府的钱财）等等。各战斗队可以并且应当立刻抓住一切有利时机来进行实际工作，决不要把事情拖延到总起义，因为不在战火中锻炼就决不可能获得举行起义的能力。

列宁：《革命军战斗队的任务》（1905 年 10 月 3 日〔16 日〕以后），摘自《列宁全集》第 11 卷，人民出版社 2017 年版，第 342—343 页。

6. 无产阶级妇女在战争中会对自己的儿子说：你快长大，拿起枪来，好好地学军事，战胜资产阶级，消灭剥削、贫困和战争

被压迫阶级如果不努力学会掌握武器，获得武器，那它只配被人当做奴隶对待。我们如果不想变成资产阶级和平主义者或机会主义者，就不能忘记，我们是生活在阶级社会里，除了进行阶级斗争和推翻统治阶级的政权之外，我们没有而且也不可能有其他摆脱这个社会的出路。

在任何一个阶级社会里，不管它建立在奴隶制、农奴制或现在的雇佣劳动制之上，压迫阶级总是武装起来的。不仅现在的常备军，而且现在的民兵——甚至在最民主的资产阶级共和国，例如在瑞士——都是资产阶级反对无产阶级的武装。这是一个很简单的道理，几乎用不着作特别的说明。只要指出一切资本主义国家都毫无例外地使用军队（包括民主共和国的民兵在内）镇压罢工者就够了。武装资产阶级以反对无产阶级，这是现代资本主义社会的一个最重大、最基本和最重要的事实。

面对这样的事实，有人竟劝告革命社会民主党人提出“废除武装”的“要求”！这就等于完全放弃阶级斗争的观点和任何革命的念头。我们的口号应当是：武装无产阶级，以便战胜、剥夺资产阶级，并且解除其武装。这是革命阶级唯一可行的策略，这种策略是从资本主义军国主义的整个客观发展中得出的，是由这个发展所决定的。无产阶级只有把资产阶级的武装解除以后，才能销毁一切武器而不背弃自己的世界历史任务。无产阶级无疑会做到这一点，但只能在那个时候，决不能在那个时候以前。

如果说当前的战争在反动的基督教社会主义者和动辄哭泣的小资产者中间只会引起恐怖和惊慌，只会使他们厌恶一切使用武器的行为，厌恶流血和死亡等等，那我们就应当说，资本主义社会历来就是永无终结的恐怖。如果说当前这场在一切战争中最反动的战争正在进行准备，使这个社会以恐怖而终结，那么我们就没有任何理由陷于绝望。现在大家都看到，正是资产阶级自己在准备一场唯一正当的革命战争，即反对帝国主义资产阶级的国内战争，在这种情况下，关于废除武装的“要求”（正确些说，是梦想），客观上正是绝望的表现。

如果有谁认为这是一种脱离实际生活的理论，那我们就要提醒他注意两件具有世界历史意义的事实：一方面是托拉斯和妇女从事工厂劳动的作用；另一方面是1871年的巴黎公社和俄国1905年的十二月起义。

资产阶级的事业就是发展托拉斯，把儿童和妇女赶进工厂，在那里折磨他们，腐蚀他们，使他们过着极端贫困的生活。我们不“要求”这种发展，不“支持”这种发展，我们反对这种发展。但是怎样反对呢？我们知道，托拉斯和妇女从事工厂劳动是进步的。我们不愿意倒退到手工业，倒退到垄断前的资本主义和妇女从事家务劳动。要通过托拉斯等等前进，并且要超过它们走向社会主义！

这一考虑到客观发展进程的论断，只要相应地改变一下，就可适用于现在人民的军事化。今天，帝国主义资产阶级不仅使全体人民而且使青年军事化。明天，它也许要使妇女军事化。对此我们应当说：那更好！快点前进吧！军事化进行得愈快，反对资本主义的武装起义就来得愈快。社会民主党人如果没有忘记巴黎公社的例子，那么怎么会被青年的军事化等等吓倒呢？这并不是什么“脱离实际生活的理论”，也不是什么幻想，而是事实。如果社会民主党人竟无视一切经济的和政治的事实，开始对帝国主义时代和帝国主义战争必然会使这些事实重演表示怀疑，那就真正糟糕透顶了。

有一位看到过巴黎公社的资产者，1871 年 5 月曾在一家英国报纸上写道：“如果法兰西民族都是妇女，那是一个多么可怕的民族啊！”在公社时期，妇女和 13 岁以上的儿童同男子并肩战斗。在未来的推翻资产阶级的战斗中，也不可能不是这样。无产阶级的妇女决不会坐视武装精良的资产阶级去枪杀武装很差或手无寸铁的工人。她们会像 1871 年那样，再次拿起武器，而且从目前被吓倒了的民族中，正确些说，从目前与其说是被各国政府破坏不如说是被机会主义者破坏的工人运动中，虽然迟早不定，但无疑会产生一个革命无产阶级的“可怕的民族”的国际同盟。

现在军事化正在深入到全部社会生活中。帝国主义就是大国为瓜分和重新瓜分世界而进行的残酷斗争，因此它必然导致包括中立国和小国在内的一切国家的进一步军事化。对此无产阶级的妇女该怎么办呢？？只是咒骂任何战争以及和军事有关的一切，只是要求废除武装吗？真正革命的被压迫阶级的妇女，决不会甘心充当这种可耻的角色。她们会对自己的儿子说：

“你快长大了。人家会给你枪。你要拿起枪来，好好地学军事。这种本领是无产者所需要的，这并不是为了去打自己的兄弟，去打别国的工人，像在当前这场掠夺战争中所做的那样，像社会主义的叛徒劝你去做的那样，而是为了反对自己国家的资产阶级，为了不是靠善良的愿望，而是用战胜资产阶级和解除它的武装的办法来消灭剥削、贫困和战争。”

谁由于当前的战争而拒绝进行这种宣传——恰恰是这种宣传，——那他就最好干脆别说什么国际革命社会民主运动、社会主义革命、以战争反对战争的大话。

列宁：《“废除武装”的口号》（1916 年 9 月），摘自《列宁全集》第 28 卷，人民出版社 2017 年版，第 173—176 页。

7. 立刻建立起一支包括全体男女在内的工人民兵或工人民军

如果它能排除一切困难，立刻建立起一支真正全民的、真正包括全体男女在内的工人民兵或工人民军，代替已被打垮和已被废除的警察，使任何立宪君主制政府或民主共和制政府无论在彼得格勒或俄国其他任何地方都不可能再建立这种警察，那么俄国的先进工人就会真正走上一条不断取得伟大胜利的道路，走这条路就能战胜战争，真正实现据报纸报道在彼得格勒国家杜马前面的广场举行示威的骑兵部队的旗帜上赫然写着的口号：

“世界各社会主义共和国万岁！”

关于我对这种工人民军的想法，我将在下一封信中阐述。

我在下一封信中将尽量说明，一方面，建立工人所领导的全民民军才是当前正确的口号，因为它符合俄国革命（以及世界革命）目前所处的特殊的过渡时刻的策略任务，另一方面，这种工人民军要取得成功，首先必须是全民的，必须具有人人普遍参加的那种群众性，即真正包括全体有劳动能力的男女居民；其次，它必须不仅把纯警察的职能，而且把全部国家机关的职能同军队的职能、对社会的产品生产和分配实行监督的职能结合起来。

列宁：《远方来信——第二封信新政府和无产阶级》（1917 年 3 月 9 日〔22 日〕），摘自《列宁全集》第 29 卷，人民出版社 2017 年版，第 31—32 页。

8. 用妇女代替男子工作，把男子调到修理厂，或调去支援铁路员工

我们再一次地向全体同志说，必须把更多的力量投到粮食工作和运输工作中去。目前运输工作的情况是这样的：在俄国东部，在伏尔加河左岸，我们有几千万普特粮食，我们已经集中和收购到 1000—2000 万普特，可是我们不能把它运出来。高尔察克军队最近向前推进，占领了乌法，我军被迫撤退，因此我们损失了一部分粮食。这项损失是十分惨重的。我们在运输方面要作最大的努力。必须让工人们在每次集会上都向自己提出这样的问题：我们能拿什么支援运输工作？我们能不能用妇女代替男子工作，而把男子调到修理厂，或者调去支援铁路员工？这该怎样做，工人们是比较清楚的，他们知道应该把谁调去做什么专业工作。这对那些应该不断寻找新的支援办法的实际工作者来说，也是比较清楚的。我们希望，并且我们也相信，我们的交通人民委员部和粮食人民委员部近来已取得一定的成绩。无论我们的敌人怎样诽谤，货运突击月（停止客运）已使情况有所好转。

但是还要百倍地努力，才能取得更大的成就。

列宁：《莫斯科工人和红军代表苏维埃全会非常会议文献》（1919年4月3日），摘自《列宁全集》第36卷，人民出版社1985年版，第238—239页。

9. 用妇女代替所有男职员，对党员和工会会员重新进行登记

用妇女代替所有男职员。为此目的，对党员和工会会员重新进行一次登记。

列宁：《在全俄工会中央理事会全会上关于工会在支援东线的动员工作中的任务的报告》（1919年4月11日），摘自《列宁全集》第36卷，人民出版社2017年版，第264页。

10. 女工和农妇在战争中应该起特别重大的作用，建立、团结和组织起一支劳动妇女大军

同志们！我不能参加你们的大会，因此想通过信件来向你们表示祝贺，祝你们的大会圆满成功。

现在，我们正在顺利地结束国内战争。苏维埃共和国不断战胜剥削者，从而逐步巩固起来。今后，苏维埃共和国可以而且应该集中自己的力量来完成对我们大家、对全体劳动者更重要更切合心意更息息相关的任务，即进行不流血的战争来战胜饥饿、寒冷和经济破坏。在这场不流血的战争中，女工和农妇应该起特别重大的作用。

希望彼得格勒省妇女代表大会帮助我们在这场应当而且必然会使苏维埃政权取得更伟大的胜利的不流血的战争中建立、团结和组织起一支劳动妇女大军。

列宁：《致彼得格勒省妇女代表大会主席团》（1920年1月10日），摘自《列宁全集》第38卷，人民出版社2017年版，第56页。

11. 工人阶级面临着最大的考验，每一个男工、女工都必须比前线的红军战士创造出更大的奇迹

俄国无产阶级集合和团结了分散的力量，建立了一支统一而坚强的红军。红军创造了奇迹，粉碎了得到全世界资本家支援的资本家的进攻。劳动战线上的任务更是无比艰巨。红军所需要的只是男子，而现在需要投入劳动战线的却是全国所有的劳动力，包括男子、妇女、甚至未成年的人。必须有铁的纪律，而这是我们俄国人的一个弱点。应当发扬不屈不挠、始终不懈、坚韧不拔和同心同德的精神。要准备采取一切措施。要把一切人力物力都用来挽救工农政权和共产主义。

……

工人阶级面临着最大的考验，每一个男工、每一个女工都必须比前线的红军战士创造出更大的奇迹。在劳动战线上取得胜利，在平凡的、肮脏的环境中作出自我牺牲，这要困难得多，可是比起牺牲生命来却要可贵百倍。

去除陈腐的封闭性！工人只有表现出自己是劳动红军的战士，才配做工会会员。即使我们犯几百次错误，遭受几千次失败，我们也不害怕。应当认识到，我们只有进行无产阶级式的百折不挠的冲击，才能取得胜利。

无产阶级捍卫工农政权已经两年了。全世界正在酝酿一场社会革命。为了证明我们大家能够胜任我们所肩负的任务，我们必须精力充沛，信心十足，不管情况怎样困难，保持无产阶级的热忱，像红军在流血战线上同帝国主义者及其走狗进行斗争时那样，在和平的劳动战线上也创造出奇迹来。

列宁：《在全俄纺织工业工人第三次代表大会上的讲话》（1920年4月19日），摘自《列宁全集》第38卷，人民出版社2017年版，第357—359页。

12. 必须使我国的男女工人和职员、男女集体农庄庄员孜孜不息地工作，支援前线，为消灭德国军队而进行伟大的解放战争

为此，必须使我们的陆海军得到我们举国一致的积极有效的支援；使我国的男女工人和职员在企业中孜孜不息地工作，以供给前线越来越多的坦克、反坦克枪、反坦克炮、飞机、火炮、迫击炮、机枪、步枪和弹药，使我们的男女集体农庄庄员在自己的田地上孜孜不息地工作，以供给前线和国家越来越多的粮食、肉类、工业原料；使我们整个国家和苏联各族人民组成一个统一的战斗营垒，同我们的陆海军一起为我们祖国的荣誉和自由，为消灭德国军队而进行伟大的解放战争。

斯大林：《伟大的十月社会主义革命二十四周年纪念》（1941年11月6日），摘自《斯大林文集》，人民出版社1985年版，第309页。

13. 苏联妇女在保卫祖国事业中具有不可估量的功劳，她们忘我地为前线工作，以刚毅精神忍受战时的一切困难，鼓舞红军建立战斗功勋

红军在保卫祖国的战斗中表现了无比的英勇。苏联人民也报答了红军。苏联人民在战争的困难条件下，在大批生产武器、弹药、军服、粮食和及时将其运到红军前线的事业中，取得了有决定意义的成功。苏联工业的力量在过去一年内大大增长了。几百个新工厂和新矿井投入了生产，几十个电站已经发电，几十条铁路已经通车，几十座桥梁已经建成。又有几百万苏联人初次上机床工作，掌握了极复杂的业务，成了本行的能手。我国的集体农庄和国营农场光荣地经受住了战争的考验。苏联农民在战时的困难条件下，努力不懈地在田野里工作，供给我国军民粮食，供给我国工业原料。至于我们的知识分子，则以新的卓越的成就和发明，丰富了苏联的科学技术和文化艺术。苏联妇女在保卫祖国的事业中具有不可估量的功劳，她们忘我地为前线工作，以刚毅精神忍受战时的一切困难，鼓舞我们祖国的解放者红军军人去建立战斗功勋。

斯大林：《苏联全军最高总司令命令（第70号）》（1944年5月1日），摘自《斯大林文集》，人民出版社1985年版，第413—414页。

14. 苏联妇女在工厂、集体农庄和国营农场中肩负着劳动的主要重担，她们建立的史无前例的劳动功勋将永远载入史册

军队没有现代化的武器，是不能作战和胜利的。可是，没有面包，没有粮食，军队也是不能作战和胜利的。红军在战争的第四年里，由于集体农民的关怀，没有感到缺乏粮食。男女集体农庄庄员供给工人和知识分子以粮食，供给工业以原料，保证为前线制造武器和装备的工厂正常开工。我国集体农民充分认识自己对祖国应尽的义务，积极协助红军取得对敌人的胜利。

苏联妇女和我国光荣的青年在工厂、集体农庄和国营农场中肩负着劳动的主要重担，他们所建立的史无前例的劳动功勋将永远载入史册。为了祖国的荣誉和独立，苏联妇女和男女青年在劳动战线上表现了英勇精神。他们真正无愧于他们的那些正在保卫祖国，打击德国法西斯恶魔的父亲和儿子、丈夫和兄弟。

斯大林：《伟大十月社会主义革命二十七周年》（1944年11月6日），摘自《斯大林文集》，人民出版社1985年版，第426页。

（五）妇女在政治生活中拥有选举权和被选举权

1. 妇女拥有选举权，她们将被允许投票或被委任，担任协会或其分会的任何职务

但是这里还有一个更明显的例子。在第94页上（格律恩先生在这里所谈论的已经不是圣西门，而是他的学派），我们出乎意料地看到了以下这一段话：

“圣西门在自己的一本著作中说了一些深奥莫测的话：妇女将被允许，她们甚至可以被委任。从这粒几乎不结果的种子里产生了一切关于妇女解放的古怪的叫嚷。”

当然如果圣西门在他的某本著作中说过妇女将被允许和委任去做不知什么事，那末这确实是些“深奥莫测的话”。但是这只有对于格律恩先生说来才是深奥莫测的。圣西门的“一本著作”正是“一个日内瓦居民给当代人的信”。在这里，圣西门宣布每个人都可以投票选举候选人为牛顿协会或其分会的委员，然后他继续写道：“妇女将被允许投票，她们可以被委任”，不言而喻，去担任协会或其分会中的职务。施泰因大概是根据这本著作引证了这段话，并且加上了以下的意见：

这里以及其他地方，“他的以后的观点的一切迹象，甚至他的学派的观点的一切迹象，甚至他的关于妇女解放的最初思想都处于萌芽状态”。

施泰因继而正确地在一个专门注释中强调指出，奥伦德·罗德里格在自己于1832年刊印的版本中，由于进行论战的考虑，用黑体字把这段话印了出来，作为圣西门著作中维护妇女解放的唯一的一段话。格律恩为了掩饰自己的抄袭行为，把这段话从他所抄袭的那本著作中搬到圣西门学派那里，由此得出以上所提到的那种谬论，把施泰因所说的“萌芽”变为“种子”，并且幼稚地认为，关于妇女解放的学说就是从这里产生出来的。

马克思、恩格斯：《德意志意识形态》（1845年秋—1846年5月），摘自《马克思恩格斯全集》第3卷，人民出版社1960年版，第590—591页。

2. 人是最名副其实的政治动物，从更广泛意义来说是“社会动物”

人是最名副其实的政治动物[①]，不仅是一种合群的动物，而且是只有在社会中才能独立的动物。孤立的个人在社会之外进行生产——这是罕见

---

① 政治动物，从更广泛意义来说是“社会动物”，这是亚里士多德在他的《政治学》第1篇开头给人下的定义。马克思在《资本论》第1卷第11章第（13）注中指出：“确切地说，亚里士多德所下的定义是：人天生是城市的市民”（见《马克思恩格斯全集》第23卷第363页）。摘自《马克思恩格斯选集》第2卷，人民出版社1995年版，第645页注释。

的事，在已经内在地具有社会力量的文明人偶然落到荒野时，可能会发生这种事情——就像许多个人不在一起生活和彼此交谈而竟有语言发展一样，是不可思议的。

马克思：《〈政治经济学批判〉导言》(1859 年 1 月)，摘自《马克思恩格斯选集》第 2 卷，人民出版社 1995 年版，第 2 页。

3. 当我们取得政权时，一定要使妇女参加选举，而且被选为代表

当我们取得政权时，一定要使妇女不仅参加选举，而且被选为代表，发表演说；这里的教育部门已在这样做。去年 11 月，我把自己的七票全都投给一个妇女，这个妇女所得的票数比七个候选人中的任何一个都多。其实，在这里的教育部门里，妇女的特点是：说得非常少，做得非常多，平均每一个妇女的工作等于三个男人。可以说："新扫帚扫得干净"①。但是，这些"扫帚"大多数都是相当老的②。

恩格斯：《致伊达·鲍利》(1877 年 2 月 14 日)，摘自《马克思恩格斯全集》第 34 卷，人民出版社 1972 年版，第 234 页。

4. 民主宪法应保证凡年满 21 岁的公民都有普遍、平等和直接的选举权和被选举权

俄国社会民主工党的最近的政治任务是推翻沙皇专制制度，代之以建立在民主宪法基础上的共和国，民主宪法应保证：

(1) 建立人民专制，即国家的最高权力全部集中在立法会议手里；

(2) 无论选举立法会议还是选举各级地方自治机关，凡年满 21 岁的公民都有普遍、平等和直接的选举权；一切选举都采取无记名投票；每个选民都有权被选入各级代表会议；人民代表领取薪金；

(3) 公民的人身和住宅不受侵犯；

(4) 信仰、言论、出版、集会、罢工和结社的自由不受限制；

(5) 有迁徙和从业的自由；

(6) 废除等级制，全体公民不分性别、宗教信仰和种族一律平等；

(7) 承认国内各民族都有自决权；

(8) 每个公民有权向法院控告任何官吏，不必向上级申诉；

(9) 用普遍的人民武装代替常备军；

---

① 弗莱丹克《理性》。——编者注

② 双关语："扫帚"的原文是《Besen》，也有"女仆"的意思。——译者注

（10）教会同国家分离，学校同教会分离；

（11）对未满16岁的儿童一律实行免费的义务教育；由国家供给贫苦儿童膳食、服装、教材和教具。

列宁：《俄国社会民主工党纲领草案》（1902年1—3月），摘自《列宁全集》第6卷，人民出版社2013年版，第194—195页。

5. 妇女与男子都享有普遍选举权

关于妇女选举权问题，在代表大会上几乎没有引起争论。只有英国极端机会主义的“费边社”中的一位英国妇女，主张社会党人可以只争取有限制的妇女选举权（即不是普遍选举权，而是有资格限制的选举权）。这位女费边派分子是完全孤立的。她的观点的实质很简单，就是英国资产阶级的太太们只希望自己得到选举权，而不希望把选举权扩大到无产阶级妇女身上。

在国际社会党代表大会召开的同时，在斯图加特的同一座房子里召开了国际社会党妇女第一次代表会议。这次代表会议和代表大会的委员会在讨论决议案时，德奥两国社会民主党人之间发生了很有意思的争论。奥地利社会民主党人在争取普遍选举权的时候，把男女平等的要求往后放：他们从实际主义出发，强调的不是普遍选举权的要求，而是男子选举权的要求。蔡特金和德国其他社会民主党人在发言中都向奥地利人正确地指出，他们做得不对，他们不大力提出男女均应享有选举权的要求，就是削弱群众运动的力量。斯图加特决议最后一句话（“必须同时提出男子和妇女都享有普遍选举权的要求”），无疑是针对奥地利工人运动史上这个过分“实际主义”的插曲的。

列宁：《斯图加特国际社会党人代表大会》（1907年9月和10月之间），摘自《列宁全集》第16卷，人民出版社1988年版，第81—82页。

6. 关于妇女组织及其代表问题

关于这一当前的重大问题，不久以前在伯尔尼闭幕的国际妇女社会党人代表会议提供了最有意义的和最新的资料。读者将在下面看到这次会议的情况，以及会议通过的和否决的决议案。本文只打算谈谈这个问题的一个方面。

组织委员会所属的妇女组织的代表、荷兰特鲁尔斯特拉党的代表、极力反对《伯尔尼哨兵报》的所谓过分左倾的瑞士组织的代表、不愿在任何比较重要的问题上同众所周知持社会沙文主义观点的正式党发生分歧的法国代表、对划清和平主义和革命无产阶级策略界限的想法抱敌视态度的英国代表——所有这些人同德国“左派”社会民主党人一起通过了一个决议。我们党的中央委员会所属的妇女组织的代表同她们看法不一致，宁愿暂时处于孤立地位，而不愿意加入这样的联合。

分歧的实质是什么呢？这种分歧有什么原则意义和一般政治意义呢？

乍看起来，这个使机会主义者和一部分左派都表示赞同的“中间”决议，似乎很不错，在原则上是正确的。决议承认这场战争是帝国主义战争，谴责了“保卫祖国”的思想，并且号召工人举行群众性的游行示威，等等。似乎我们的决议案和它不同的地方，仅仅在于用了几个比较激烈的措辞，如“叛变”、“机会主义”、“退出资产阶级内阁”等等。

毫无疑问，人们恰恰会从这个角度批评我们党的中央委员会所属妇女组织的代表们的单独行动。

但是只要更仔细地考虑一下这个问题，只要不局限于在“形式上”承认这个或那个真理，就会看出这种批评是完全站不住脚的。

在代表会议上发生冲突的是两种世界观，是对于战争和国际的任务的两种看法，是无产阶级政党的两种策略。一种观点认为：国际并没有破产，从沙文主义回到社会主义并没有严重的障碍，不存在机会主义这种强大的“内部敌人”，不存在机会主义对社会主义的公开的、肯定的、明显的背叛。于是得出结论说：我们不要斥责任何人，我们要“赦免”破坏斯图加特决议和巴塞尔决议的人，我们只要劝告他们采取左一点的方针，号召群众起来游行示威就行了。

另一种观点同上面所列举的每一点的看法都完全相反。对于无产阶级的事业来说，再没有比继续对机会主义者和社会沙文主义者采取党内外交手腕更有害的了。多数派的决议所以被机会主义者和现在的各正式党的拥护者所接受，正是因为它处处在要外交手腕。这种外交手腕正在用来迷惑那些现在受正式的社会爱国主义者领导的工人群众。他们向工人群众灌输一种极端错误的和有害的思想：似乎现在的各国社会民主党及它们现在的执行委员会能够改变方针，抛弃错误的而采取正确的方针。

这是不可能的。这是一种最最有害的错误想法。现在的各国社会民主党及它们的执行委员会是不能认真改变方针的。实际上，一切都将依然如故，多数派的决议里的“左的”愿望将始终是天真的愿望，——拥护特鲁尔斯特拉党或法国党现在的执行委员会的代表们在投票赞成这个决议的时候，已经凭她们准确的政治本能估计到了这一点。号召群众游行示威，只有得到各国社会民主党现在的执行委员会最积极的支持，才能真正有实际的重大的意义。

能不能指望得到这种支持呢？显然不能。大家都知道，这种号召只会遭到执行委员会激烈的（并且多半是暗中的）反对，而决不会得到它的支持。

如果把这一点直接告诉工人，工人就会知道真实情况。他们就会知道，要实现“左的”愿望，就必须根本改变各国社会民主党的方针，必须同机会主义者和他们的“中派”朋友作坚持不懈的斗争。现在一些人用左的愿望来哄骗工人，而不肯响亮地、清楚地说出为了实现这些愿望所必须反对的那种祸害。

在现在的社会民主党内奉行沙文主义政策的那些惯于耍弄外交手腕的首领，将巧妙地利用多数派决议的软弱无力、模棱两可和含混不清的弱点。他们将像机灵的议员一样，彼此分担不同的角色。有的会说，考茨基之流的“重要”论据还没有充分得到评价和分析，应当在更广泛的范围内加以讨论。有的会说，你们看，我们不是说得很对吗？既然拥护特鲁尔斯特拉党和盖得—桑巴党的代表们同德国左派的代表意见一致，那就没有什么重大的分歧。

妇女代表会议本不应当帮助谢德曼、哈阿兹，考茨基、王德威尔得、海德门、盖得和桑巴、普列汉诺夫等人来麻痹工人群众，相反，应当唤醒他们，宣布同机会主义进行决战。只有这样，会议的实际结果才不会是让人们指望上面所说的“领袖们”“改正错误”，而是聚集力量去进行艰苦严肃的斗争。

列宁：《论反对社会沙文主义》（1915 年 5 月 19 日〔6 月 1 日〕），摘自《列宁全集》第 26 卷，人民出版社 2017 年版，第 215—217 页。

7. 苏维埃要求所有男女都享有普遍的、平等的选举权

新政府的情况就是这样。

但是在彼得格勒，除这个政府以外，还逐渐组织起另一个政府。工人和士兵建立了工兵代表苏维埃。每一千个工人或士兵选出一名代表。这个苏维埃现在在塔夫利达宫举行会议，出席的代表达1000多人。工兵代表苏维埃是真正人民的代表机关。

这个苏维埃一开始可能犯这样或那样的错误。但是它一定会大声地威严地要求和平、面包和民主共和国。

工兵代表苏维埃努力争取立即召开立宪会议，让士兵参加选举，参加解决战和的问题。苏维埃要做到把沙皇和地主的土地转交给农民。苏维埃要的是共和国，关于指定一个“仁慈的”新沙皇的议论它连听也不想听。苏维埃要求所有男女都享有普遍的、平等的选举权。苏维埃达到了逮捕沙皇和皇后的目的。苏维埃想设立一个监察委员会，这个委员会将检查新政府的每一项措施，而且实际上将成为一个政府。苏维埃力求同其他一切国家的工人联合起来，齐心协力地打击资本家。大批的革命工人已经出发到前线去，以便利用所享有的自由，同士兵商量如何一致行动，如何结束战争，如何保障人民的权利，如何巩固在俄国争得的自由。社会民主党的报纸《真理报》已在彼得格勒复刊，它将帮助工人完成上述各项重大任务。

列宁：《告被俘同志书》（1917年3月中旬），摘自《列宁全集》第29卷，人民出版社2017年版，第81—82页。

8. 苏联共产党使男女在选举法官或履行法官职务上都享有平等权利

党纲中关于法院的条文的第一段

在通过无产阶级专政走向共产主义的道路上，共产党抛弃民主主义的口号，彻底废除旧式法院之类的资产阶级统治机关，而代之以阶级的工农的法院。无产阶级掌握全部政权以后，抛弃以前那种含糊不清的“法官由人民选举产生”的公式，而提出“法官完全由劳动者从劳动者中选举产生”的阶级口号，并把这个口号贯彻到整个法院组织中去。共产党只是把不使用雇佣劳动榨取利润的工农代表选进法院，对妇女同样看待，使男女无论在选举法官或履行法官职务上都享有平等的权利。废除了已被推翻的政府的法律以后，党向苏维埃选民选出的法官提出以下的口号：实现无产阶级的意志，运用无产阶级的法令，在没有相应的法令或法令不完备时，要摒弃已被推翻的政府的法律，而遵循社会主义的法律意识。

列宁：《俄共（布）党纲草案》（1919年2月），摘自《列宁全集》第36卷，人民出版社2017年版，第105页。

9. 妇女代表的人数连年递增是一大进步，这是我们一直很少注意然而对我们具有重大意义的战线

我来谈谈女工代表大会。这可能没有引起我们各级组织的注意，但这是一个连接我们党和工人阶级中的妇女的极其重要的传动机构。我们现有的数字表明：去年，在第十一次代表大会以前，在五十七个省和三个区域里，妇女代表大约有一万六千人，其中女工占大多数。今年，在这次代表大会以前，在这些省和区域里，妇女代表至少有五万二千人，而其中女工有三万三千人。这是一大进步。应当注意到这是一条我们一直很少注意然而对我们具有重大意义的战线。既然事业在向前发展，既然有条件巩固和扩大这个机关，有条件用党的触角去破坏神甫在妇女所教养的青年中的影响，那末党的当前任务之一自然应当是在这条无疑是受威胁的战线上发挥最大的力量。

斯大林：《俄共（布）第十二次代表大会》（1923 年 4 月 17—25 日），摘自《斯大林全集》第 5 卷，人民出版社 1957 年版，第 165 页。

10. 妇女将和男子平等地享有选举权和被选举权

为什么我们的选举是普遍的呢？因为全体公民，除了被法庭判决剥夺选举权的人以外，都有选举权和被选举权。

为什么我们的选举是平等的呢？因为财产上的差别（这种差别还部分地存在），种族和民族的不同，都不会造成任何特权或带来什么损害。妇女将和男子平等地享有选举权和被选举权。我们的选举将是真正平等的。

斯大林：《和美国斯克里浦斯—霍华德报系总经理罗伊·霍华德先生的谈话》（1936 年 3 月 1 日），摘自《斯大林文集》，人民出版社 1985 年版，第 94 页。

四、妇女与法律

（一）法律应该保证妇女的权益

1. 资产阶级提出了新的济贫法，建立了“济贫法巴士底狱”般的习艺所，贫穷的工人在习艺所的命运更为悲惨

于是他们提出了新的济贫法，这个法律在1834年由议会通过，直到今天还有效。一切现金或生活资料的救济都取消了；只保留一种救济方式，即把穷人收容到已经在各处迅速建立起来的习艺所①里去。这种习艺所（workhouses），或者如人民所称呼的“济贫法巴士底狱”（poor-law bastiles）的设施，足以吓退每一个还有一点希望可以不靠这种社会慈善事业过活的人。为了使穷人只是在万不得已时才去请求救济，为了使他在决定请求救济以前自己先尽到最大的努力，马尔萨斯的信徒挖空心思把习艺所变成一个令人望而生畏的居留地。那里的伙食比最穷的就业的工人吃的还要差，而工作却更繁重；否则工人会情愿住习艺所，而不愿在外面过那种可怜的生活。住习艺所的人很少见到肉，特别是鲜肉；吃的多半是土豆、最差的面包和燕麦粥，很少有啤酒，或者根本没有。甚至监狱里一般的伙食也比这里好，因此，住习艺所的人为了能够进监狱，常常故意犯一点罪。实际上习艺所也就是监狱。不做完分内的工作不能吃饭；想外出须事先请假，准与不准要看他的表现或者监管人对他的意见；抽烟是禁止的；也不准接受所外亲戚朋友馈送的东西。这些穷人穿着习艺所的制服，完全听从监管人的摆布。为了使他们的劳动不致同私人产业竞争，分配给他们的工作多半是几乎没有用处的；男人砸石子，并要砸出“一个身强力壮的男人

---

① 习艺所是根据英国的《济贫法》设置的救济贫民的机构。1601年《济贫法》规定以教区为单位解决贫民的救济问题。1723年颁布的《济贫法》进一步作出规定，设立习艺所，受救济者必须入所接受救济。1782年又改为只对年老和丧失劳动能力的人采取集中救济的方法。1834年英国颁布的新济贫法对以前实施的《济贫法》作了修订，规定不得向有劳动能力的人及其家属提供任何金钱和食品的救济，受救济者必须在习艺所里从事强制性劳动。习艺所里生产条件恶劣，劳动强度大，生产效率低，那里实行的制度与强迫囚徒从事苦役的牢狱制度不相上下，因此，被贫民们称为“济贫法巴士底狱”（见本卷第487页），马克思则称它为“无产者的巴士底狱”（见本卷第745页）。摘自《马克思恩格斯文集》第1卷，人民出版社2009年版，第803页注释。

紧张地工作一天所能砸出的那样多”；女人、小孩和老头拆旧船索，这种工作有什么微不足道的用处，我已经忘记了。为了使“多余的人”不能繁殖，为了使“道德败坏的”父母不致影响自己的孩子，家庭被拆散了，丈夫、妻子、孩子分别被安置在各幢房子里。他们只有在一定的时间才能见面，次数很少，而且只有当督察人员认为他们很规矩的时候才被允许见面。为了使这些巴士底狱中的贫穷传染病完全和外界隔绝，住在里面的人只有得到督察人员的许可才能在会客室里会客，总之，只有在督察人员的监视或许可下才能和外面的人接触。

无论如何，食物应当是卫生的，待遇应当是人道的。但是，法律的精神太明确了，要实现这种要求是根本不可能的。济贫法委员会的委员们和整个英国资产阶级如果认为可以实行原则而避免后果，那就错了。新的法律条文规定的待遇是和整个法律精神相抵触的。既然法律在实质上是把穷人当做犯人，把习艺所当做惩治犯人的监狱，把住习艺所的人当做不受法律保护的、丧失人类尊严的、讨厌的、令人憎恶的对象，那么，任何与此相反的命令都无济于事。实际上人们并不是按照法律条文而是按照法律精神来对付穷人的。这里举几个例子。

1843 年夏天，在格林尼治的习艺所里，一个五岁的男孩被罚三夜关在停尸房中，他只好睡在棺材盖上。——在赫恩的习艺所里，一个小女孩因为夜里尿床也受到同样的惩罚。这种惩罚方法显然是经常采用的。这个习艺所位于肯特的一个最美丽的地区，但是有一个特点，这里所有的窗子都向院内开，直到不久前才开了两个向外的窗子，使住习艺所的人可以看一下外面的世界。有一个记者在《彩色杂志》上描述了这件事，他的文章是用下面的话结束的：

> “如果上帝惩罚人的罪过，就像人们惩罚人的贫穷一样，那么，亚当的子孙们该是多么可怜呵！”

1843 年 11 月，莱斯特有一个人刚从考文垂习艺所放出来两天就死了。这个习艺所对待穷人的详细情况令人气愤。这个人叫乔治·罗布森，他的肩部受了伤，但根本没有得到治疗。他被派去压抽水机，只能用那只健康的胳膊来工作。他吃的是习艺所的普通伙食，由于伤口得不到护理而引起身体虚弱，所以他消化不了这种食物。自然，他一天天地衰弱下去，但是他越诉苦，受到的待遇就越残酷。罗布森的妻子也住在习艺所，她想把自己的一点啤酒拿给丈夫，竟挨了一顿骂，并且被迫当着女看管的面把它喝光。罗布森病了，但是就在这时也没有对他好一点。最后，根据他的请求，他和妻子在辱骂声中一起被放出来。两天后，罗布森就在莱斯特死去，据验尸的医生说，他是因伤口未得到护理和身体衰弱无法消化食物而致死的。当他离开习艺所的时候，别人才交给他几封附有汇款的信，这些信已在习艺所压了六个星期，并且按照习艺所的规矩，已被监管人拆开过了！——在伯明翰习艺所发生了非常可耻的事件，当局最终在1843年12月派了一个官员去调查这件事。他查明，有四个流浪者（我们在上面已经解释过这个名词）[①] 被剥光了衣服关在楼梯下面的禁闭室（blackhole）里；他们在这里已经被拘留了八到十天，他们常常挨饿，每天在中午以前吃不到一点东西，而且当时是最寒冷的季节。有一个小男孩在这个习艺所被关过各种各样的禁闭，先是被关在一间又潮湿又狭小的拱形的储藏室里，后来有两次被关在禁闭室里，第二次被关了三天三夜；以后又在更糟糕的旧禁闭室里关了同样长的时间，最后被送到流浪者禁闭室去，这是一个放着木板床的、又脏又臭又狭小的洞穴，这位官员去调查的时候，还发现两个穿得破破烂烂、冻得缩成一团的男孩，他们关在那里已经有四天了。在禁闭室里常常被塞进七个流浪者，而在流浪者禁闭室里则往往塞进20人之多。女人也经常因不愿上教堂而被关在禁闭室里。有一个女人甚至在流浪者禁闭室中被关了四天，天晓得她在那里遇到了一些什么样的人，而这一切都是在她生病吃药的时候发生的！还有一个女人虽然神志完全清醒，却受到了送进疯人院的惩罚。——1844年1月在萨福克郡的拜克顿习艺所也进行了一次这样的调查，发现一个痴呆女人在这里当看护，她对待病人的手段极其荒唐；为了使女看护们免去夜里值班的辛劳，她竟用绳子把那些常常在夜里不安静或者起床的病人捆在床上；有一个病人就是这样捆着死掉的。在伦敦的圣潘克拉斯的缝制廉价衬衣的习艺所里，一个患癫痫病的男人在发病的时候闷死在床上，谁也没有去搭救他。在这个习艺所里，一张床上睡四到六个有时甚至八个孩子。——在伦敦的邵尔底治习艺所，一个男人和

---

① 见本卷第451页。——编者注

一个发高烧的病人挤在一张床上睡了一夜，而且床上还爬满了虫子。——在伦敦的贝斯纳尔格林习艺所，一个怀孕六个月的妇女和她的不满两岁的孩子从 1844 年 2 月 28 日到 3 月 20 日一直被锁在会客室里，而不允许她们住进习艺所，这间会客室里既没有床，也没有地方大小便。她的丈夫被带进了习艺所，当他请求把他的妻子放出来时，习艺所竟认为他行为鲁莽而把他关了 24 小时禁闭，只给他一点水和面包。——1844 年 9 月，在温莎附近的斯劳习艺所有一个人快要死了，病人的妻子到那里去探望，她在夜里 12 点到达目的地后，急忙赶到了习艺所，但是不让她进去。直到第二天早上她才被允许和自己的丈夫见面，那也只有半小时时间，而且还有女看管在场；以后几次会面这个女看管也都在场，半小时一到就催她走。——在兰开夏郡的米德尔顿习艺所，一间屋子睡 12 个人，有时甚至睡 18 个人，男女都有。这个机构不受新济贫法约束，而受以前的特别济贫法（吉伯特法）约束。监管人在这个习艺所里私人开设了一个啤酒厂。——1844 年 7 月 31 日，在斯托克波特有一个 72 岁的老头被人从习艺所拖到治安法官那里去，原因是他拒绝砸石子，说自己年纪太大，膝盖弯不过来，干不了这种工作。他请求给他安排一种适合他体力的工作，但是白费口舌，他被判处两个星期的苦役。——1844 年 2 月，在巴斯弗德习艺所，一个检查官发现住在那里的人的床单已有 13 个星期没有换，衬衣有四个星期没有换，袜子有两个月到 10 个月没有换，因而 45 个男孩子中只有三个还穿着袜子，所有的人的衬衣都是破破烂烂的。床上爬满了虫子，食具在尿桶中洗涤。——伦敦西区的习艺所有一个患梅毒的看门人，他把病传染给了四个女孩子，但是并没有被开除。另一个看门人从一间屋子里带出一个聋哑女孩，把她藏在自己的床上和她睡了四天，也没有被开除。

对待活人是这样，对待死人也是如此。

恩格斯：《英国工人阶级状况》（1844 年 9 月—1845 年 3 月），摘自《马克思恩格斯文集》第 1 卷，人民出版社 2009 年版，第 487—491 页。

2. 现代家庭中丈夫对妻子的统治的独特性质，以及确立双方的真正社会平等的必要性和方法，只有当双方在法律上完全平等的时候，才会充分表现出来

诚然，我们的法学家认为，立法的进步使妇女越来越失去申诉不平的任何根据。现代各文明国家的法律体系越来越承认，第一，为了使婚姻有效，它必须是一种双方自愿缔结的契约；第二，在结婚同居期间，双方在相互关系上必须具有平等的权利和义务。如果这两种要求都能彻底实现，那么妇女就有了她们所能希望的一切了。

这种纯法律的论据，同激进的共和派资产者用来击退和安抚无产者的论据完全一样。劳动契约据说是由双方自愿缔结的。而只要法律**在字面上**规定双方平等，这个契约就算是自愿缔结。至于不同的阶级地位给予一方的权力，以及这一权力加于另一方的压迫，即双方实际的经济地位——这是与法律毫不相干的。在劳动契约有效期间，只要此方或彼方没有明白表示放弃，双方仍然被认为是权利平等的。至于经济地位迫使工人甚至把最后一点表面上的平等权利也放弃掉，这又是与法律无关的。

在婚姻问题上，法律，即使是最进步的法律，只要当事人让人把他们出于自愿一事正式记录在案，也就十分满足了。至于法律幕后的现实生活发生了什么事，这种自愿是怎样造成的，法律和法学家都可以置之不问。但是，最简单的法制比较，在这里也会向法学家们表明，这种自愿究竟是怎么一回事。在法律保证子女继承父母财产的应得部分，因而不能剥夺他们继承权的各国——在德国，在采用法国法制的各国以及其他一些国家中——，子女的婚事必须得到父母的同意。在采用英国法制的各国，法律并不要求结婚要得到父母的同意，在这些国家，父母对自己的财产也有完全的遗赠自由，他们可以任意剥夺子女的继承权。很明显，尽管如此，甚至正因为如此，在英国和美国，在有财产可继承的阶级中间，结婚的自由在事实上丝毫也不比在法国和德国更多些。

男女婚后在法律上的平等权利，情况也不见得更好些。我们从过去的社会关系中继承下来的两性的法律上的不平等，并不是妇女在经济上受压迫的原因，而是它的结果。

恩格斯：《家庭、私有制和国家的起源》（1884 年 3 月底—5 月底），摘自《马克思恩格斯文集》第 4 卷，人民出版社 2009 年版，第 86—87 页。

3. 社会主义宪法应该保证妇女和儿童的权益

俄国社会民主党认为自己是全世界无产阶级大军中的一支队伍，它所追求的最终目的是和其他各国社会民主党人力求达到的目的相同的。这个最终目的是由现代资产阶级社会的性质及其发展进程决定的。这个社会的主要特点是以资本主义生产关系为基础的商品生产，在资本主义生产关系下，最重要的和很大部分的生产资料和商品流通手段归一个人数不多的阶级所有，绝大多数居民却是无产者和半无产者，他们由于自己的经济地位不得不一直出卖或时常出卖自己的劳动力，即受雇于资本家，并以自己的劳动为社会的上层阶级创造收入。

资本主义生产关系的统治范围随着下列情况而日益扩大：技术的不断改进提高大企业的经济作用，同时使独立的小生产者受到排挤，一部分变成无产者，其余部分在社会经济生活中的作用日益缩小，某些地方还使他们在或大或小的程度上陷入完全地、明显地、深深地依附于资本的地位。

此外，上述的技术进步又使企业主能够在商品的生产和流通过程中愈来愈多地使用妇女和儿童的劳动。另一方面，既然这种技术进步使企业主对工人的活劳动的需要相对减少，劳动力也就必然供过于求，因此雇佣劳动愈来愈依附资本，雇佣劳动受剥削的程度不断提高。

各资产阶级国家内部的这种状况和它们在世界市场上日趋尖锐的相互竞争，使产量不断增加的商品愈来愈难找到销路。在相当尖锐的工业危机（接着危机而来的是相当长的工业停滞时期）中表现出来的生产过剩，是资产阶级社会中生产力发展的必然后果。危机和工业停滞时期使小生产者更加陷于破产，使雇佣劳动更加依附资本，并更加迅速地引起工人阶级状况的相对恶化。

这样一来，意味着劳动生产率提高和社会财富增加的技术改进，在资产阶级社会却使社会不平等加剧，使有产者和无产者贫富更加悬殊，使愈来愈多劳动群众的生活更无保障，使失业和各种苦难加剧。

但是，随着资产阶级社会所固有的这一切矛盾的增长和发展，被剥削劳动群众对现状的不满也在增长，无产者的人数在增加，他们的团结在增强，他们同剥削者的斗争日益尖锐。同时，技术改进既使生产资料和流通手段集中起来，使资本主义企业中的劳动过程社会化，也就日益迅速地造成以社会主义生产关系代替资本主义生产关系即进行社会革命的物质条件，这种革命是无产阶级阶级运动的自觉体现者国际社会民主党的全部活动的最终目的。

无产阶级的社会革命一经以生产资料和流通手段的公有制代替私有制，有计划地组织社会生产过程来保证社会全体成员的福利和全面发展，定将消灭社会的阶级划分，从而解放全体被压迫的人们，因为它将消灭社会上一部分人对另一部分人的一切形式的剥削。

这个社会革命的必要条件就是无产阶级专政，即由无产阶级夺取可以用来镇压剥削者的一切反抗的政权。国际社会民主党以使无产阶级能够完成其伟大历史使命为己任，把无产阶级组织成一个同一切资产阶级政党相对立的独立的政党，领导无产阶级各种形式的阶级斗争，向无产阶级揭示剥削者的利益同被剥削者的利益之间的不可调和的对立，并向他们阐明行将到来的社会革命的历史意义和必要条件。同时，国际社会民主党还向其余一切被剥削劳动群众指出，他们在资本主义社会中的处境是毫无希望的，必须进行社会革命才能摆脱资本的压迫。工人阶级政党，即社会民主党，号召一切被剥削劳动者阶层参加自己的队伍，因为他们正在站到无产阶级的立场上来。

……

俄罗斯民主共和国的宪法应保证：

1. 建立人民专制；国家的最高权力应当全部属于人民代表，人民代表由人民选举产生并且可以由人民随时撤换；人民代表组成单一的人民会议，即单一的议院。

1. 建立人民专制，即国家的最高权力全部集中在立法会议手里，立法会议由人民代表组成，它是单一的议院。

2. 无论选举立法会议还是选举各级地方自治机关，凡年满20岁的男女公民都有普遍、平等和直接的选举权；选举时采取无记名投票；每个选民都有权被选入各级代表机构；议会每届任期两年；人民代表领取薪金；一切选举都采用比例代表制；所有代表和当选人都可以按照大多数选民的决定随时撤换。

3. 实行广泛的地方自治；在生活习俗和居民成分特殊的地方实行区域自治；取消由国家任命的一切地方的和省的政权机关

4. 人身和住宅不受侵犯。

5. 信仰、言论、出版、集会、罢工和结社的自由不受限制。

6. 有迁徙和从业的自由。

7. 废除等级制，全体公民不分性别、宗教信仰、种族和民族一律平等。

8. 居民有权受到用本民族语言进行的教育，国家和各级自治机关应拨款开办这类学校，以保证这种权利的实现；每个公民都有在各种会议上讲本民族语言的权利；在一切地方的社会团体和国家机关中，本民族语言和国语地位平等；取消强制性国语。

……

13. 教会和国家分离，学校和教会分离；学校应具有完全的世俗性。

14. 对未满 16 岁的男女儿童一律实行免费的义务的普通教育和职业教育；由国家供给贫苦儿童膳食、服装、教材和教具。

14. 对未满 16 岁的男女儿童一律实行免费的义务的普通教育和综合技术教育（从理论上和实践上熟悉一切主要生产部门）；把教学和儿童的社会生产劳动密切结合起来。

15. 国家供给全体学生膳食、服装、教材和教具。

16. 国民教育工作交由地方自治民主机关管理；在拟定学校教学大纲和选择教学人员方面排除中央政权的一切干预；教师直接由居民自己选举，居民有解聘不称职的教师的权利。

……

为了保护工人阶级不致在肉体上和精神上衰退，同时为了增强他们进行解放斗争的能力，党要求：

1. 一切雇佣工人的工作日应限制为一昼夜 8 小时，在连续工作时，其中至少有 1 小时为用膳时间。在危险的和有害健康的生产部门，工作日必须减到 4—6 小时。

2. 由法律规定，国民经济各部门的男女雇佣工人，每周连续休息时间不得少于 42 小时。

3. 绝对禁止加班加点。

4. 国民经济各部门禁止做夜工（晚 9 时至翌晨 6 时），由于技术原因绝对必须做夜工而又取得工人组织同意的部门除外。

4. 国民经济各部门禁止做夜工（晚 8 时至翌晨 6 时），由于技术原因绝对必须做夜工而又取得工人组织同意的部门除外，但夜间工作不得超过 4 小时。

5. 禁止企业主雇用学龄（未满 16 岁）儿童做工，少年（16—18 岁）的工作时间限定为 6 小时。

5. 禁止企业主雇用学龄（未满 16 岁）儿童做工，年轻人（16—20

岁）的工作时间限定为4小时，并禁止他们在危害健康的生产部门和矿井做夜工。

6. 禁止在对妇女身体有害的部门使用女工；女工产前给假4周，产后给假6周，产假期间保留通常数额的工资。

6. 禁止在对妇女身体有害的部门使用女工；禁止妇女做夜工；女工在产前产后各给假8周，产假期间照发工资，免收医药费。

7. 凡有女工的工厂和其他企业均应设立婴儿和幼儿托儿所；凡需哺乳的女工至少每隔3小时可以离开工作喂奶一次，每次不得少于半小时。

7. 凡有女工的工厂和其他企业均应设立婴儿和幼儿托儿所，并设立哺乳室；凡需哺乳的女工至少每隔3小时可以离开工作喂奶一次，每次不得少于半小时；发给哺乳的母亲补助金并把她们的工作日缩短到6小时。

……

11. 在国民经济各部门设足够数量的工厂视察员，并把工厂视察员监督制推广到一切使用雇佣劳动的企业，包括国营企业在内（家庭佣人的劳动也在这种监督范围之内）；在使用女工的部门设女视察员；由工人选出并由国家支付薪金的代表参加监督工厂法的执行，监督工资标准的制定以及原料和产品的验收。

9. 设立由工人组织选出的劳动监察机关，并把这种监察制度推广到各种使用雇佣劳动的企业，其中包括家庭佣人；在使用女工的部门设女视察员。……

10. 颁布卫生法规，在一切使用雇佣劳动的企业中改善劳动卫生条件，保护工人的生命和健康，并把卫生工作交由工人组织选出的卫生监督机构管理。

11. 颁布住宅法规，并设立由工人组织选出的住宅检查机构（检查住宅卫生状况）。但只有废除土地私有制和建筑既经济又卫生的住宅才能解决住房问题。

列宁：《关于修改党纲的材料》（1917年4—5月），摘自《列宁全集》第29卷，人民出版社2017年版，第481—492页。

4. 苏维埃共和国的法律在历史上第一次取消了一切使妇女处于无权地位的东西，帮助妇女得到解放

无产阶级大军妇女部分的代表大会，从某一方面来说，具有特别重大的意义，因为在世界各国，妇女是最难行动起来的。没有广大劳动妇女的积极参加，就不可能有社会主义革命。

在一切文明国家，甚至最先进的国家，妇女就其地位说被称为家庭奴隶不是没有道理的。在任何一个资本主义国家里，甚至在最自由的共和国里，妇女都没有完全的平等权利。

苏维埃共和国的任务首先是取消对妇女权利的各种限制。苏维埃政权已经彻底铲除了资产阶级的丑恶现象即妇女受压制和受凌辱的根源——离婚诉讼。

实行离婚完全自由的法律，已经快一年了。我们颁布了一项取消婚生子与非婚生子的地位差别、取消种种政治限制的法令；任何地方都没有这样充分地实现劳动妇女的平等和自由。

我们知道，工人阶级的妇女承受着旧法规的全部重压。

我们的法律在历史上第一次取消了一切使妇女处于无权地位的东西。但是，问题不在于法律。这项关于婚姻完全自由的法律在我们城市和工厂区实行得很好，而在农村则往往成为一纸空文。在那里，到教堂结婚至今还很盛行。这是受了神父的影响，同这种坏现象作斗争比同旧法律作斗争更困难。

同宗教偏见作斗争，必须特别慎重；在这场斗争中伤害宗教感情，会带来许多害处。应当通过宣传、通过教育来进行斗争。斗争过激会引起群众的愤恨；这样进行斗争会加深群众因宗教信仰而造成的分裂，而我们的力量在于团结。宗教偏见的最深刻的根源是穷困和愚昧；我们正是应当同这个祸害作斗争。

直到现在，妇女还处于被称为奴隶的地位；妇女被家务压得喘不过气来，只有社会主义才能把她们从这种地位中解救出来。只有当我们从小农经济过渡到公共经济和共耕制的时候，妇女才能得到完全解放，彻底翻身。这项任务是困难的，但是现在随着贫苦农民委员会的建立，社会主义革命开始得到巩固。

只有现在，农村中的贫苦居民才开始组织起来，就在他们中间，在贫苦农民组织中间，社会主义正在获得巩固的基础。

从前往往是城市先实行革命，然后农村才行动起来。

目前这场革命是依靠农村的，它的意义和力量也就在这里。从一切解放运动的经验中可以看到，革命的成败取决于妇女参加解放运动的程度。苏维埃政权正竭力使妇女能够独立地进行自己的无产阶级社会主义的工作。

苏维埃政权的处境很困难，各国帝国主义者都仇视苏维埃俄国，准备同它作战，因为它在许多国家燃起了革命火焰，因为它采取了坚决走向社会主义的步骤。

现在，当他们想要摧毁革命的俄国的时候，他们自己脚下的土地燃烧起来了。你们知道，德国革命运动方兴未艾，丹麦工人正在同政府进行斗争。瑞士和荷兰的革命运动正在加强。这些小国的革命运动虽然没有独立的意义，但特别能说明问题，因为在这些国家里没有发生过战争，一直存在着最符合“法治”的民主制度。既然这样一些国家都行动起来了，那我们就可以相信，革命运动正席卷全世界。

直到现在，任何一个共和国都未能使妇女得到解放。而苏维埃政权正在帮助她们。我们的事业是不可战胜的，因为不可战胜的工人阶级已在世界各国行动起来。这一运动标志着不可战胜的社会主义革命在发展。

列宁：《在全俄女工第一次代表大会上的讲话》（1918 年 11 月 19 日），摘自《列宁全集》第 35 卷，人民出版社 2017 年版，第 180—182 页。

5. 苏维埃政权颁布了解放妇女的法律，只有大规模地把琐碎家务改造为社会主义大经济才有真正的妇女解放

少说些漂亮话，多做些平凡的、日常的工作，多关心每普特粮食和每普特煤吧！多多努力使挨饿的工人和褴褛的农民所必需的每一普特粮食和每一普特煤，不是通过奸商的交易，通过资本主义的方式获得，而是通过像莫斯科—喀山铁路的粗工和铁路员工这样的普通劳动者自觉自愿的奋不顾身的英勇劳动来获得。

我们大家应当承认，资产阶级知识分子在革命问题上崇尚空谈的遗风现在还到处都可以看到，甚至在我们队伍里也是这样。例如，我们的报刊很少向腐朽的资产阶级民主的这些腐朽的残余开战，很少支持普通的、质朴的、平凡的但是生气勃勃的真正共产主义幼芽。

拿妇女状况来说吧。在这一方面，世界上任何一个最先进的资产阶级共和国内的任何一个民主政党，几十年中也没有做到我们在我国政权建立后第一年内所做到的百分之一。我们真正彻底废除了那些剥夺妇女平等权利、限制离婚、规定可恶的离婚手续、不承认私生子、追究私生子的父亲等等卑鄙的法律，这种法律的残余在各文明国家内还大量存在，而这正是资产阶级和资本主义的耻辱。我们有充分的权利以我们在这方面所做的一切而自豪。可是，我们把旧时资产阶级法律和制度的废物清除得愈干净，我们就愈清楚地看到，这只是为建筑物清理地基，还不是建筑物本身。

尽管颁布了种种解放妇女的法律，妇女仍然是家庭奴隶，因为琐碎的家务压在她们身上，使她们喘不过气来，变得愚钝卑微，把她们禁锢在做饭管孩子的事情上，用完全非生产性的、琐碎的、劳神的、使人愚钝的、折磨人的事情消耗她们的精力。只有在大规模地开始为消除这种琐碎家务而斗争（在掌握国家权力的无产阶级领导下），更确切地说，大规模地开始把琐碎家务改造为社会主义大经济的地方和时候，才会开始有真正的妇女解放，真正的共产主义。

对于这个所有共产党员在理论上都没有异议的问题，我们在实践中给予了足够的注意吗？当然没有。我们对于这方面已有的共产主义幼芽给予了足够的关心吗？还是这句话：没有，没有。公共食堂、托儿所和幼儿园就是这些幼芽的标本，正是这些平凡的、普通的、既不华丽、也不夸张、更不显眼的设施，在实际上能够解放妇女，减少和消除她们在社会生产和社会生活中的作用方面同男子的不平等。这些设施不是新的，它们（也如社会主义的一切物质前提一样）是由大资本主义造成的，但它们在资本主义制度下，第一，数量极少，第二，——这点特别重要——不是具有投机、渔利、欺骗、伪造等劣迹的营利性企业，就是理应受到优秀工人憎恶和鄙视的"资产阶级慈善事业的把戏"。

毫无疑问，在我国，这样的机构已经比过去多得多了，而且它们的性质已经开始改变。毫无疑问，女工和农妇中有组织才能的人比我们知道的要多许多倍，她们善于举办有很多工作者和更多使用者参加的实际事业，而没有自命不凡的"知识分子"或幼稚的"共产党员"所常"患"的那些毛病：空话连篇，无事奔忙，无谓争吵，空谈计划、体系等等。可是我们还没有认真地护理这些新事物的幼芽。

请看看资产阶级。他们多么善于宣扬他们所需要的东西！资本家在他们发行千百万份的报纸上对他们心目中的"模范"企业大肆赞扬，把资产阶级的"模范"机构当做民族的骄傲！我们的报刊却不注意或者说几乎完全不注意报道那些最好的食堂或托儿所，不断促使其中一些机构成为模范机构，为它们作宣传。至于模范的、共产主义的工作，在节省人力方面，在便利使用者、节约产品、把妇女从家庭奴隶境遇中解放出来、改善卫生条件等方面正在做出什么成绩，能够做出什么成绩，以及如何将这一切推广到全社会，推广到全体劳动群众中去，报刊也没有详细报道。

模范的生产，模范的共产主义星期六义务劳动，对取得和分配每普特粮食所表现的模范的认真负责态度，模范的食堂，某个工人住房和某个街区的模范的清洁卫生工作，——这一切是我们的报刊和每个工人和农民组织应当比现在更加十倍注意和关心的对象。所有这些都是共产主义的幼芽，照管这些幼芽是我们共同的和首要的义务。不管我们的粮食和生产状况怎样困难，在布尔什维克执政的一年半中还是在各方面取得了无可怀疑的进展：粮食的收购量从 3000 万普特（1917 年 8 月 1 日至 1918 年 8 月 1 日）增加到 1 亿普特（1918 年 8 月 1 日至 1919 年 5 月 1 日）；蔬菜业发展了，未播种的土地面积减少了，铁路运输在燃料极其困难的情况下开始得到改善；等等。在这样的总的背景下，在无产阶级国家政权的支持下，共产主义的幼芽不会夭折，一定会茁壮地成长起来，发展成为完全的共产主义。

列宁：《伟大的创举》（1919 年 6 月 28 日），摘自《列宁全集》第 37 卷，人民出版社 2017 年版，第 22—24 页。

6. 资产阶级共和国的一些法律是使妇女受到不平等待遇的法律

教养、文化、文明、自由这一切冠冕堂皇的字眼，在世界各资本主义的、资产阶级的共和国中，是同极其卑鄙、极其肮脏、极其野蛮的妇女不平等的法律，如结婚法和离婚法、非婚生子和“婚生子”不平等的法律、男子享有特权的法律、侮辱和虐待妇女的法律等结合在一起的。

列宁：《苏维埃政权和妇女的地位》（1919 年 11 月 6 日），摘自《列宁全集》第 37 卷，人民出版社 2017 年版，第 284 页。

7. 苏维埃政权扫除了妇女在法律上不平等地位的一切痕迹，保证了妇女在法律上完全平等的地位，这最能说明社会主义国家的文明程度

资本主义既有形式上的平等，又有经济上的不平等和随之而来的社会的不平等。这是资本主义的基本特点之一，是资产阶级的拥护者自由派用谎言掩盖着的而小资产阶级民主派却不了解的一个特点。由于资本主义的这一特点，在争取经济平等的坚决斗争中，就必须公开承认存在着资本主义的不平等，在一定条件下，甚至必须把对这种公开的承认作为无产阶级国家制度的基础（苏维埃宪法）。

但是资本主义连形式上的平等（法律上的平等，饱食者和挨饿者、有产者和无产者的“平等”）也不能彻底做到。这种不彻底性的最鲜明的表现之一，就是男女间权利不平等。权利的完全平等在任何一个资产阶级国家，甚至在最共和、最民主、最先进的资产阶级国家里，也是不曾有过的。

俄罗斯苏维埃共和国一下子就扫除了妇女在法律上不平等地位的一切痕迹，保证了妇女在法律上的完全平等的地位。

有人说，妇女的法律地位最能说明文明程度。这句话很有些道理。从这个观点来看，只有无产阶级专政，只有社会主义国家才能够达到而且已经达到了高度的文明。

因此，第一个苏维埃共和国的建立（和巩固），还有与此有关的共产国际的建立必然给女工运动以新的空前强大的推动力。

对那些直接或间接地、完全或部分地受到资本主义压迫的人说来，正是苏维埃制度而且也只有苏维埃制度才保证了民主。这一点从工人阶级和贫苦农民的地位可以清楚地看出来。这一点从妇女的地位也可以清楚地看出来。

但是，苏维埃制度是为消灭阶级、实现经济平等和社会平等而进行的最后的斗争。因此，仅仅有民主，哪怕是受资本主义压迫的人（包括受压迫的女性在内）所享受的民主，对我们说来还是不够的。

女工运动的主要任务是争取妇女的经济平等和社会平等，而不仅是形式上的平等。让妇女参加社会生产劳动，使她们摆脱“家庭奴役”，从一辈子只是做饭、看孩子这种使人变得愚鲁、卑微的从属地位中解放出来。这就是主要的任务。

这是一个要求根本改造公共设施和社会风气的长期斗争。但是斗争的结果一定会是共产主义取得完全胜利。

列宁：《迎接国际劳动妇女节》（1920 年 3 月 4 日），摘自《列宁全集》第 38 卷，人民出版社 2017 年版，第 210—211 页。

8. 俄国法律公开地并以国家政权的名义对妇女及其子女的一切无权现象作不懈的斗争

任何一个关心这个问题的人，只要稍微注意一下资产阶级国家关于结婚、离婚和非婚生子女的法律以及这方面的实际情况，就会知道现代资产阶级民主制，即使是在所有最民主的资产阶级共和国中，都是以农奴主的态度对待妇女和非婚生子女的。

……

如果索罗金先生以为每1万起婚姻中有92起离婚是一个惊人的数字，那我们只好认为，索罗金先生若不是在一所同实际生活隔绝得几乎谁也不会相信其存在的修道院里受的教育，那就是这位作者为了讨好反动派和资产阶级而歪曲事实。任何一个稍微了解资产阶级各国社会情况的人都知道，那里事实上离婚（当然是没有得到教会和法律认可的）的实际数字要大得多。俄国在这方面与别国不同的地方，就是它的法律不把假仁假义、妇女及其子女的无权地位奉为天经地义的事情，而是公开地并以国家政权的名义对一切假仁假义和一切无权现象作不懈的斗争。

列宁：《论战斗唯物主义的意义》（1922年3月12日），摘自《列宁专题文集·论辩证唯物主义和历史唯物主义》，人民出版社2009年版，第330—331页。

（二）劳动时间法

1. 十小时工作日法经过议会、讲坛、报刊、工业区的每一个工厂和作坊中历时40年的激烈的长期斗争，已经通过了

工人阶级的战士在答复主张自由贸易的资产阶级，即所谓“曼彻斯特学派”①的论据时，往往限于愤慨地揭露他们学说的不道德和卑鄙自私的性质。如果有人冷冷地对工人说，他们永世注定充当机器，即充当主人可以随便用来使资本更加增光和使资本更快积累的东西，有人对他们说，只有在这种情况下，才能保证“他们国家的强盛”和工人阶级延续下去，而身受傲慢的爱钱如命的厂主老爷阶级的凌辱、蹂躏、肉体摧残和精神折磨的工人对此却毫不气愤，那么，工人就完全命该如此了。没有这种激情、革命义愤，无产阶级的解放是没有希望的。但是，支持工人中的英勇反抗精神是一回事，在公开的争论中对抗他们的敌人是另外一回事。在这方面，

① 自由贸易派，即曼彻斯特学派，是19世纪上半叶在英国出现的资产阶级政治经济学的一个派别，其主要代表人物是曼彻斯特的工厂主理·科布顿和约·布莱特。19世纪20—50年代，曼彻斯特是自由贸易派的宣传中心。该学派提倡自由贸易，要求国家不干涉经济生活，反对贸易保护主义的原则，要求减免关税和奖励出口，要求废除有利于土地贵族的、规定高额谷物进口税的谷物法。1839年曼彻斯特的自由贸易派建立了反谷物法同盟。40年代和50年代，自由贸易派组成了一个单独的政治集团，后来成为自由党的左翼。摘自《马克思恩格斯全集》第10卷，人民出版社1998年版，第775页注释。

单凭愤慨，单凭冲天大怒，不管多么正义都毫无用处，这里需要的是论据。毫无疑问，自由贸易派即使在心平气和的争论中，即使在自鸣得意的政治经济学方面，也会很容易被无产阶级利益的捍卫者驳得体无完肤。

主张自由贸易的厂主厚颜无耻地断言，现代社会的存在与否取决于他们今后还能不能靠工人的血汗来积累财富，对此我们只想说一句话。在历史上各个时期中，绝大多数的人民都不过是以各种不同的形式充当了一小撮特权者发财致富的工具。但是所有过去的时代，实行这种吸血的制度，都是以各种各样的道德、宗教和政治的借口来粉饰的：教士、哲学家、律师和政治家总是向人民说，为了他们自己的幸福他们必定要忍饥挨饿，因为这是上帝的意旨。而现在却完全相反，自由贸易论者蛮横宣称："你们工人是奴隶，并将永远做奴隶，因为只有你们当奴隶，我们才能增加自己的财富和幸福，因为你们不做奴隶，我们这个国家统治阶级就不能继续统治下去。"于是，压迫的秘密现在终于揭开了；现在幸亏有自由贸易论者，人民才终于能够清楚地了解自己的处境；现在问题终于直截了当地提出来了：有我无你，有你无我！因此，我们认为公开的敌人比虚伪的朋友好，蛮横的自由贸易论者比伪善的贵族慈善家好，贵格会会士[①]布莱特比阿什利勋爵好。

十小时工作日法[②]经过议会、讲坛、报刊、工业区的每一个工厂和作坊中历时40年的激烈的长期斗争，已经通过了。一方面有人描绘了令人心碎的情景：谈到儿童成长受阻碍，他们受到残害；谈到妇女抛开家务和幼儿的情况；谈到整整几代人都染上了慢性病，谈到无数的人失去了生命，

---

① 贵格会（正式名称是教友会），是基督教新教的一派，17世纪资产阶级革命时期产生于英国，在北美也流传很广。教友会信徒反对官方教会和它的仪式，鼓吹和平主义思想。19世纪20年代产生的主张革新教友会信条的拥护者被称为"湿的"贵格会（区别于信奉正统教义的贵格会——"干的"贵格会）。摘自《马克思恩格斯全集》第10卷，人民出版社1998年版，第786页注释。

② 英国工人阶级为争取十小时工作日进行了长期的斗争。1846年谷物法废除（见注162）后，英国工人利用土地贵族和工业资产阶级的矛盾，迫使议会在1847年6月8日通过了新的工厂法，即十小时工作日法，规定从1847年7月11日起童工（13—18岁）和女工的工作日先缩短为11小时，从1848年5月1日起再限制为十小时。但是许多工厂主没有遵守这项法案。恩格斯在《十小时工作日问题》和《英国的十小时工作日法》（见第10卷，第282—288和299—310页）中对该法案作了详细的分析。关于英国工人阶级争取正常工作日的斗争，马克思在《资本论》第1卷第8章中作了详细考察。摘自《马克思恩格斯全集》第10卷，人民出版社1998年版，第785页注释。

谈到在整个国家人们的幸福都已经破灭，——所有这一切都是为了那本来就已经非常富有的一小撮人发财。这里没有丝毫的捏造，这一切都是事实，都是铁的事实。尽管如此，却没有人敢于要求消灭这种丑恶的制度；而只是要求在一定程度上加以限制，另一方面，出现了一些冷酷无情的政治经济学家，即靠这个制度发财的人所雇用的奴仆，他们用一系列的像比例的运算法则那样无可辩驳的和严格的推论来证明，不能以任何方式触及现行制度，否则将遭到“国家毁灭”的惩罚。

应当承认，工厂工人的维护者根本不能驳倒政治经济学家的论据，甚至未必敢于驳斥这些论据。这是因为在现存社会制度下，只要资本集中在少数人手里，许多人都被迫向他们出卖自己的劳动，则这些论据就像对方提出的许多其他事实一样，是无可辩驳的。是的，在现存的社会制度下，英国及其人口中的各阶级完全离不开本国工业的繁荣，而这种繁荣在现存制度下完全离不开毫无限制的买卖自由，离不开从国家的各种资源中吸取最大限度的利润。

的确，在现存的制度下，保证现在帝国赖以生存的这种工业繁荣的唯一办法就是每年都要开支减少而生产增加。可是，怎样才能减少开支而增加生产呢？首先是使生产工具即机器和工人今年比去年工作得更多；第二，用新的更完善的生产方法来代替以前所采用的普通生产方法，即用改良了的机器来代替人；第三，降低工人的费用，降低他们的生活费用（谷物的自由贸易等等）或者干脆把他们的工资降到最低的水平。可见，不管怎样，总是工人吃亏；可见，只有以英国工人的死亡作为代价才能挽救英国！这就是机器进步、资本积累以及由此而产生的国内外竞争给英国造成的状况和必然结果。

可见十小时工作日法，从它本身和作为最终措施来看，毫无疑问是个骗人的手段，是不高明的甚至是反动的措施，它本身包含着自我毁灭的根苗①。这个法一方面没有破坏现存的社会制度，另一方面也没有促进它的发展。十小时工作日法不是使这个制度迅速发展到极限，发展得使统治阶级发现

① 马克思和恩格斯在他们较晚的一些著作中对十小时工作日法作了肯定的评价，认为“十小时工作日法不仅是一个重大的实际的成功，而且是一个原则的胜利。”（见马克思 1864 年写的《国际工人协会成立宣言》和《资本论》第 1 卷第 8 章《工作日》）。摘自《马克思恩格斯全集》第 10 卷，人民出版社 1998 年版，第 786 页注释。

它的一切资源都消耗殆尽，使统治权转到另一个阶级手里，使社会革命无法避免，而是竭力硬使社会退回到早已让位给现存制度的过去阶段。只要观察一下不顾自由贸易论者的反对而迫使议会通过这个法的那些政党，便可以清楚地看出这一点。是不是工人阶级掀起风潮，用自己的威胁行动争得这个法的呢？当然不是。如果是这样，工人多年以前就争取到宪章①了。而且曾经在工人当中领导缩短工作日运动的那些人决不是可怕的革命者。他们大部分是忠实于教会和国王的温和的和体面的人物。他们对于宪章运动敬而远之，而对于一种温情的保守主义却大多心向往之。他们从来没有使任何一个政府感到畏惧。通过十小时工作日法的，是自由贸易的**反动**敌人，是结为同盟的土地所有者、金融资本家、殖民地各公司和航运公司的代表，即联合起来的贵族和自己害怕主张自由贸易的厂主进行统治的那一部分资产阶级。他们通过这个法是不是出于对人民的某种同情呢？决不是。他们过去和现在都是靠掠夺人民为生的。他们虽然不那么露骨，比较温情，但是同厂主完全一样坏。他们不愿意被厂主排挤掉，所以出于对厂主的憎恨而通过了这个法律，以便赢得人们的同情并且阻止厂主的社会力量和政治力量的迅速增长。十小时工作日法的通过并不证明工人阶级有力量，而只证明厂主还没有足够的力量来为所欲为。

从那时起，厂主实际上保证了自己的统治地位，通过议会在谷物贸易和海运方面强迫实行自由贸易。土地所有者和航运公司的利益由于厂主这颗初升的明星而遭到牺牲。厂主的势力越强大，对十小时工作日法的束缚就越头痛。他们开始公开破坏这个法案：他们恢复了轮班制②，迫使内务

① 指人民宪章（Peoples Charter），它是英国宪章运动中的纲领性文件，1837年由下院六名议员和六名伦敦工人协会会员组成的一个委员会提出，并于1838年5月8日作为准备提交议会的一项草案在各地群众大会上公布。人民宪章包括了宪章派的下列六项要求：普选权（年满21岁的男子）、议会每年改选一次、秘密投票、各选区一律平等、取消议会议员候选人的财产资格限制、发给议员薪金。1839、1842和1849年，议会三次否决了宪章派所递交的要求通过人民宪章的请愿书。摘自《马克思恩格斯全集》第10卷，人民出版社1998年版，第786页注释。

② 轮班和替班制度（relay 或 shist systeln）是英国工厂主为了逃避法律对儿童和妇女的工作日的限制而采取的一种混乱的换班制度。当时年满18岁的男工每天从早上5点半开始工作到晚上8点半，共15小时。为了能在此时间内为成年工提供足够的辅助劳力，厂主便给那些受法律保护的未成年工和妇女规定了不同的上班时间。有一部分人的工作时间被分成了两段，还避开了法定的吃饭时间。由于这些人的上班时间不一样，使工厂视察员很难进行监督，参看《资本论》第1卷，第8章《工作日》。摘自《马克思恩格斯全集》第10卷，人民出版社1998年版，第786页注释。

部颁发指令，让工厂视察员不去追究这种破坏法律的行为；最后，当对他们的商品日益增长的需求，使他们无法容忍某些讨厌的视察员的批评意见时，他们就把问题提到财务法院①，而财务法院仅仅以一纸判决就完全废除了十小时工作日法。

厂主只需靠短时间的“繁荣”和“需求的增长”，其日益强大的势力就使40年宣传的成果毁于一旦。英国的法官证明说，他们和教士、律师、政治家和政治经济学家一样，只不过是统治阶级（不管是土地贵族阶级，是金融贵族阶级还是厂主贵族阶级）雇用的奴仆。

这是不是说，我们反对十小时工作日法呢？难道我们主张保存靠榨取妇女和儿童的血汗和脂膏而发财的那种可恶制度吗？当然不是。我们不但毫不反对，我们甚至还认为，工人阶级在取得政权的第一天，为了不让妇女和儿童劳动过度，将采取远比十小时工作日法，甚至比八小时工作日法更严格得多的措施。但是，我们以为，1847年通过的法，并不是由工人阶级通过的，而是由他们的暂时同盟者，社会上的反动阶级通过的，由于继这个法之后并没有任何其他措施来彻底改变资本和劳动之间的关系，这个法是不合时宜的，不现实的，甚至是反动的措施。

尽管十小时工作日法不再存在了，但是，工人阶级在这件事情上还是得益者。工人阶级尽可以让厂主得意于一时，而最终得意的将是工人阶级，厂主将会感到悲痛。因为：

第一，多年来为宣传十小时工作日法所耗费的时间和精力，虽然没有得到什么直接的结果，但是也并没白费。在这种宣传中，工人阶级得到了一个有效的办法来相互了解，认清自己的社会地位和利益，把自己组织起来，懂得自己力量之所在。工人经过了这种宣传，就和从前不一样了；整个工人阶级经过了这种宣传，就在力量、知识和组织方面比起初强过百倍。工人阶级从前是互不相识和没有任何共同联系的单个人的聚集；现在它是知道自己强壮的、充满力量的机体，这个机体已经被认为是“第四等级”，

① 财务法院（Court of Excheguer）又称高等控诉院，是英国最老的法院之一，起初主要处理财政问题，19世纪执行英国最高司法机关的职责。财务法院于1850年2月8日宣判被控破坏十小时工作日法的厂主无罪。这一裁决事实上等于取消了十小时工作日法，因此引起工人的反对。1850年8月5日议会颁布了新法案，规定女工和童工的工作日为十个半小时，并规定了上班和下班的具体时间。摘自《马克思恩格斯全集》第10卷，人民出版社1998年版，第787页注释。

而且很快就会成为第一。

第二，工人阶级根据自己的经验认识到，他们要获得任何持久的利益，不能够依靠别人，而应当亲自争取，首先应当采取的办法是夺取政权。工人现在应当懂得，他们要保障改善自己的社会地位，唯有通过普选权，普选权能使他们形成下院中的工人多数。因此十小时工作日法的破坏会给民主运动带来很大的好处。

第三，1847 年的法律实际上被废除，会使厂主染上严重的生产过剩寒热病，以致危机一个接着一个地发生，现存制度的一切资料和资源都将很快耗尽，使革命无法避免，这次革命使社会得到比 1793 年和 1848 年时更深刻得多的改造，因而将使无产者很快取得政治和社会的统治地位。我们已经看到，现存的社会制度和工业资本家的统治是密切联系着的，而这种统治又取决于在降低生产成本的同时不断扩大生产的可能性。但是，这样扩大生产有一定的限度，它不可能摆脱现有市场的限制。当扩大生产超出了现有市场的限制的时候，就会产生危机，引起破坏、破产和贫困。曾经有过许多这样的危机，以往由于开辟了新市场（1842 年开辟的中国市场）或者更好地开拓旧市场以及通过降低生产费用（例如通过实行谷物自由贸易）① 都安然渡过了。但是，这也是有限度的。新市场现在已经再也无法开辟了，而要进一步降低工资也只有一个办法，即实行激进的金融改革和通过取消国债来减少税收。如果主张自由贸易的厂主老爷没有足够的勇气一直走这条路，或者如果这种暂时办法在一定的时候也将用尽，那么生产过剩就会置他们于死地。很明显，在需要不断扩大生产的制度下，不能进一步扩大市场，厂主老爷的统治就会完结。以后将怎样呢？自由贸易论者说，将是“天下大乱”。我们说，将是社会革命和无产阶级的统治。

英国工人们！假使你们、你们的妻子和儿女将重新被关进十三小时工作日的“笼子”，你们也不必悲观失望。这杯酒虽然苦，但是必须喝下去。你们经历这件事越快就越好。你们可以相信，你们那些傲慢的厂主虽然取得了对你们的所谓的胜利，但是却为自己掘好了坟墓。十小时工作日法实

① 见《马克思恩格斯文集》第 10 卷，人民出版社 2009 年版，第 304—305 页。——编者注

际上被废除，是一个大大加速你们解放时刻到来的事件。你们的法国和德国的工人弟兄们决不满足于十小时工作日法。他们要求彻底摆脱资本的暴虐无道的压迫。而你们，在机器、技能和相对人数方面具有大得多的实力去求得自己的解放和为你们大家生产足够数量的财富——你们当然不会满足一些小恩小惠。这样你们不要再要求实行“劳动保护”，而应当勇敢地立即开始斗争，争取无产阶级的政治和社会的统治地位，从而使你们有可能自己来保护自己的劳动。

恩格斯：《十小时工作日问题》①（1850 年 2 月 9 日—约 20 日之间），摘自《马克思恩格斯全集》第 10 卷，人民出版社 1998 年版，第 282—288 页。

2. 英国的十小时工作日法。新机器使成年男人的劳动成为多余，看管机器需要妇女和儿童，工业剥削立即殃及工人的整个家庭，妇女和儿童必须日以继夜不停地做工，直到体力耗尽累垮

英国工人遭到了重大的失败，而且这失败是来自他们最料想不到的方面。英国四个最高法院之一——财务法院在几个星期以前作出了判决，实际上等于废除了 1847 年颁布的十小时工作日法中的主要规定。

十小时工作日法的历史提供了一个明显的例子，说明英国阶级对立发展的特殊形式，因此值得深入研究。

大家知道，随着大工业的产生，就开始了厂主对工人阶级的前所未有的、无限制的无耻剥削。新机器使成年男人的劳动成为多余；看管机器需要妇女和儿童，因为他们比男人更适合做这种工作，而且比男人更便宜。于是工业剥削立即殃及工人的整个家庭，把他们禁锢在工厂里；妇女和儿童必须日以继夜不停地做工，直到体力耗尽累垮为止。在越来越需要儿童的情况下，习艺所里穷人的孩子就完全成了交易对象。他们从四岁起，甚至从三岁起，就用签订学徒合同的形式被大批地拍卖给出价高的厂主。在

① 《十小时工作日问题》是恩格斯为宪章派左翼领袖乔·哈尼办的《不列颠和外国政治、历史和文学民主评论》写的，文章写于 1850 年 2 月中旬，署名弗·恩。关于十小时工作日的问题，恩格斯的《英国工人阶级状况》、马克思恩格斯合著的《共产党宣言》等著作中已有论述。在这篇文章中，恩格斯联系工厂主新近发动的反对十小时工作日的运动进行论述。文章在英国工人阶级报刊引起强烈反响。后来，随着马克思主义经济理论的发展，马克思恩格斯对资本主义制度下为改善工人阶级状况进行斗争的必要性和可能性都有了新的认识。摘自《马克思恩格斯全集》第 10 卷，人民出版社 1998 年版，第 785—786 页注释。

那个时期儿童和妇女受到无耻而残酷的剥削，只要还有一块肉、一条筋、一滴血可供榨取，厂主就不会放松剥削；英国老一代的工人对这种剥削至今记忆犹新，他们中许多人弯曲的脊背或残缺的肢体使他们总是想起过去，他们的健康已经完全毁坏了。最坏的美国种植场里的奴隶的命运，比起当时英国工人的命运来简直是非常美好的。国家很早就不得不采取措施来制止厂主们肆无忌惮的疯狂剥削，因为这种剥削践踏了文明社会的一切要求。但是，最初规定的法律限制是极不完备的，并且很快就被绕了过去。只是经过了半个世纪，在建立大工业以后，工业发展的潮流走上了正常的轨道，到了1833年，才有可能实施一项有效的法律，至少在一定程度上制止了令人发指的行为。

早在本世纪初，在一些慈善家的领导下，创建了一个党派，它要求在法律上将工厂每日的工作时间限制为10小时。这个政党20年代在萨德勒的领导下，他死后在阿什利勋爵和理·奥斯特勒的领导下从事宣传，并且一直到十小时工作日法真正实施为止，除了工人本身它还逐步把贵族和一切敌视厂主的资产阶级派别都联合在自己的旗帜下。工人同英国社会上形形色色的极其反动的分子的联合，必然使十小时工作日的宣传完全脱离工人的革命宣传。诚然，宪章派①是一致赞同十小时工作日法的；在讨论十小时工作日的所有会议上，他们是基本群众，发出共同的声音；他们让十小时工作日委员会使用自己的报刊；但是没有一个宪章主义者正式同贵族和资产阶级中的十小时工作日拥护者采取联合行动，或者是成为曼彻斯特的十小时工作日委员会（Short-Time-Committee）的成员。该委员会完全由工人和工厂监工组成。但是，这些工人都是意志消沉、被劳动摧残得精疲力竭的人，他们沉默寡言、笃信上帝、老实正派，他们对宪章主义和社会

---

① 宪章派是宪章运动的参加者。宪章运动是19世纪30—50年代中期英国工人的政治运动，其口号是争取实行包括要求普选权和一系列为工人保证此项权利的许多条件的人民宪章（见注167）。英国工人阶级为实现人民宪章掀起了广泛的群众性政治运动。宪章运动出现过三次高潮。由于资产阶级收买工人上层和工人阶级政治上的不成熟，到50年代中期运动终于失败。宪章运动的领导机构是“全国宪章派协会”，机关报是《北极星报》，左翼代表人物是乔·哈尼、厄·琼斯等。恩格斯称宪章派是“近代第一个工人政党”（见《〈社会主义从空想到科学的发展〉英文版导言》）。列宁把宪章运动称作“世界上第一次广泛的、真正群众性的、政治性的无产阶级革命运动”（见《列宁全集》中文第2版第36卷第292页）。摘自《马克思恩格斯全集》第10卷，人民出版社1998年版，第788—789页注释。

主义都抱有敬畏的心理，对国王和宗教表现出相当的尊敬；他们对工业资产阶级的仇恨显得软弱无力，他们只会在贵族面前卑躬屈膝，因为至少承蒙贵族还屈尊体恤他们的疾苦。这帮十小时工作日拥护者的工人保守主义反映了工人最初对工业进步所持的反对立场：他们试图恢复旧日的宗法状态，他们在采取最激烈的行动时也不过是破坏机器。主张十小时工作日的资产阶级和贵族的首脑们同这些工人一样，也是反动的。他们无一例外地都是感伤主义的托利党人①，大多数是入迷的玄想家，他们非常怀念被消灭了的宗法制的隐蔽剥削，怀念伴随这种剥削而来的笃信宗教、依恋家庭、崇尚美德和恪守陈规，怀念那种固定不变的世代相传的状况。这些目光短浅的人一看到产业革命的漩涡，就头晕目眩。他们的小资产阶级的情感由于面对新的像魔术一般突然增长起来的生产力而感到惶惑，因为这种生产力在几年之内就清除了以前社会中那些最受尊崇、最不可侵犯和最重要的阶级，而为一些新的、没有听说过的阶级所代替，它们的利益、情感、整个生活方式和思想方法都是同英国旧社会制度相矛盾的。这些好心的玄想家从不放过机会，从道德、人性和同情心的角度反对赖以完成这种社会变革过程的残酷无情和肆无忌惮，而提出已经气息奄奄的宗法制度的稳定、安适和礼仪作为社会的理想，来与社会变革相对抗。

十小时工作日法给这些反动的阶级和派别提供了一个很好的条件，使它们进而联合无产阶级反对工业资产阶级。这个法虽然大大阻碍了厂主的财富、影响以及社会和政治力量的迅速增长，但是，工人得到的，仅仅是一种物质利益，而且只是对身体有好处。它使工人的健康免于过快地毁坏。但是，它没有给工人提供什么东西，可以使工人危及自己的反动同盟者；既没有给他们带来政治权利，也没有改变他们身为雇佣工人的社会地位。

---

① 托利党是英国的政党，于17世纪70年代末80年代初形成。1679年，就詹姆斯公爵（后来的詹姆斯二世）是否有权继承王位的问题，议会展开了激烈的争论。拥护詹姆斯继承王位的议员，被敌对的辉格党人（见注146）讥称为托利。托利（Tory）为爱尔兰语，原意为天主教歹徒。托利党一贯是反动的对内政策的捍卫者，坚决维护国家制度中保守和腐败的体制，反对国内的民主改革。随着英国资本主义的发展，托利党逐渐失去它先前的政治影响和在议会的垄断权。1832年的议会改革（见注147）使资产阶级的代表人物进入议会。1846年废除谷物法（见注162）削弱了英国旧土地贵族的经济基础，并造成了托利党的分裂。到19世纪50年代末60年代初，在老托利党的基础上成立了英国保守党。摘自《马克思恩格斯全集》第10卷，人民出版社1998年版，第781页注释。

相反，十小时工作日的宣传经常使工人受他们的有产阶级同盟者的影响，有时甚至受他们领导，而自从实施改革法案①和出现宪章派的宣传以来，工人们就越来越力求摆脱这种领导。工人仅仅在同工业资产者进行直接斗争的时候，联合不直接剥削他们、也反对工业资产者的贵族以及资产阶级其他派别，特别是在产业革命的初期，这是十分自然的。但是，这种联盟扭曲了工人运动的性质，使之掺杂了很大的反动成分，只是现在反动成分才逐渐消失；这种联盟大大加强了工人运动中的反动分子的地位，即加强了这样一些工人，例如手工织工的地位，他们的生产部门仍然属于手工操作，因而受到工业进步本身的威胁。

在1847年，在所有旧的议会政党都已经瓦解而新的政党还没有形成的混乱时期，最终通过了十小时工作日法，这对工人来说是件幸事。这个法经过了一系列混乱的显然仅仅由偶然性所左右的表决才被通过，在表决时，除了以坚决主张自由贸易的厂主为一方和热中于保护关税的土地所有者为另一方以外，没有一个政党的投票是一致的和一贯的。通过这个法是贵族、部分皮尔分子②和部分辉格党人③给厂主一个难堪，为的

① 指1831年改革法案，它是辉格党（见注146）内阁首相格雷和副首相罗素当年3月在议会中提出的一项法案。这个法案旨在打破土地贵族和金融贵族的政治垄断地位，增加资产阶级议员的席位。经过议会内外的斗争，1832年6月7日这个法案被英国上院最后批准。但是为此项改革而斗争的主力军无产阶级和小资产阶级仍未获得选举权。恩格斯在《英国的十小时工作日法》中对此作了评介（见本卷第299—310页）。摘自《马克思恩格斯全集》第10卷，人民出版社1998年版，第782页注释。

② 皮尔派是19世纪40年代在罗·皮尔周围联合起来的一批温和托利党人（见注145），他们支持皮尔在保持大地主和金融家的政治统治的条件下在经济政策方面对工商业资产阶级让步的政策。1846年，皮尔为了工业资产阶级的利益，废除了谷物法（见注162），结果引起了托利党保护关税派的强烈不满，导致了托利党的分裂，从而使皮尔分子集团独立出来。1850年皮尔去世以后，皮尔分子成了没有明确纲领的政治集团。19世纪50年代末，他们加入了当时形成的自由党。摘自《马克思恩格斯全集》第10卷，人民出版社1998年版，第789页注释。

③ 辉格党是英国的政党，于17世纪70年代末80年代初形成，1679年，就詹姆斯公爵（后来的詹姆斯二世）是否有权继承王位的问题，议会展开了激烈争论。反对詹姆斯王位继承权的一批议员，被敌对的托利党人（见注145）讥称为辉格。辉格（Whig）为苏格兰语，原意为盗马贼。辉格党代表工商业资产阶级以及新兴的资本主义农场主的利益，曾与托利党轮流执政；19世纪中叶，辉格党内土地贵族的代表和保守党的皮尔派（见注180）以及自由贸易派（见注108）一起组成自由党，从此自由党人在英国两党制中取代了辉格党人的位置。摘自《马克思恩格斯全集》第10卷，人民出版社1998年3月第2版，第781—782页注释。

是对厂主在废除谷物法[①]方面获得重大胜利进行报复。

十小时工作日法不仅满足了工人身体上不可缺少的需要，在一定程度上使他们不致受厂主的疯狂剥削而损害健康，而且它还使工人不同感伤主义的玄想家为伍，不同英国一切反动阶级合作。自从十小时工作日法不再成为高谈阔论的热门话题以来，像奥斯特勒这种人鼓吹的关于宗法制的空谈和阿什利勋爵这种人表示同情的娓娓动听的保证，再也找不到听众了。工人运动只是到现在才完全集中力量去实现无产阶级政治统治，以作为彻底变革整个现存社会的第一步。在这个问题上，不久以前还是工人的同盟者的贵族和资产阶级的反动派别，现在成了工人的凶恶敌人，成了工业资产阶级的同盟者而反对工人了。

通过产业革命，英国赖以夺取和征服世界市场的工业，成了英国起决定作用的生产部门，英国的成败取决于它的工业，盛衰取决于工业的起落。由于工业产生决定性的影响，工业资产者即厂主就成了英国社会中起决定性作用的阶级；工业家在政治上占据统治地位，清除一切阻碍大工业发展的社会制度和政治制度，就成为必然的了。工业资产阶级采取了行动。从1830年到现在的英国历史，就是工业资产阶级接二连三战胜它联合起来的反动敌人的历史。

正当法国七月革命使金融贵族获得统治的时候，英国在这以后不久，于1832年所通过的改革法案却使金融贵族垮了台。银行、国家债权人和证券投机商，总之，借给贵族巨额款项的金融商人，直到那时候在垄断选举的五光十色的幌子下几乎单独统治了英国。大工业和世界贸易越向前发展，他们的统治虽然作出了一些让步，仍然变得越无法忍受。资产阶级其他所有派别同英国无产阶级和爱尔兰农民结成联盟，推翻了金融商人。人民以革命相威胁，资产阶级大量向银行兑换银行券，致使银行濒于破产。金融贵族及时作了让步，它的让步使英国避免了一场二月

① 指1846年6月英国议会通过的废除谷物法的法案。谷物法是从1875年起在英国实行的对谷物征收高额进口税的法令。它维护土地占有者的利益，影响了国内贸易的发展。英国工业资产阶级从一开始就反对谷物法。1838年反谷物法同盟成立，从而开始了有组织的斗争。最后帝国议会终于在1846年6月26日通过了《关于修改进口谷物法的法案》和《关于调整某些关税的法案》，从而废除了谷物法。谷物法废除后，反谷物法同盟宣布解散。而实际上该同盟一直存在到1849年。摘自《马克思恩格斯全集》第10卷，人民出版社1998年版，第785页注释。

革命。

改革法案使国内一切有产阶级，直到最小的小店主都能参与政权。资产阶级各派因此获得了合法的基地，借以提出自己的要求和行使自己的权力。在法国，资产阶级各派从 1848 年六月胜利时起在共和国内相互间进行的斗争，在英国从改革法案通过时起也在议会里进行了。不言而喻，由于这两个国家的条件完全不同，产生的后果也就不同。

……

正当工业资产阶级这样不断取得胜利的时候，反动的派别却顺利地用十小时工作日法的锁链把它束缚起来了。这个法既不是在繁荣时期也不是在危机时期，而是在两者之间的那个时期通过的，在这个时期工业还深受生产过剩后果之苦，以致只能动用自己的一部分资源，因此厂主本身也不让整天开工。在十小时工作日法限制了厂主之间的竞争的时候，只是在这个时候，它才被接受。但是，这样的时期很快就为新的繁荣时期所代替。空荡荡的市场需要重新供应商品；投机倒把又重新猖獗，使得需求倍增；厂主来不及制造产品。现在十小时工作日法已经变成了工业无法忍受的桎梏，因为工业现在比以往任何时候都需要充分的独立性和毫无限制地支配它的一切资源。如果不允许工业家在短暂的繁荣时期竭尽全力进行剥削，那么，在下一次危机中他们的结局又将如何呢？十小时工作日法必须取消。如果还没有足够强大的力量在议会里废除它，那也必须设法绕开它。

十小时工作日法把 18 岁以下的少年和所有女工每日工作时间限制为 10 小时。因为妇女、少年和儿童在工厂工人中占大部分，所以，其必然后果就是一般工厂每天只能开工 10 小时。但是，当繁荣时期厂主需要增加劳动时间的时候，他们总会找到出路的。像过去那样，在对 14 岁以下儿童的工作时间作更多的限制时，厂主就比过去多雇用一些妇女和少年来帮工和轮换。这样，厂主就可以使自己的工厂和成年工人每天工作 13、14、15 小时，而适用十小时工作日法的人没有一个每天工作超出 10 小时。这就有一部分违背法律条文了，尤其是违背了法律的整个精神和立法者的意图。工厂视察员提出了控告，治安法官们意见不一，他们的判决也不相同。越是繁荣，工业家就越是激烈地反对十小时工作日法和工厂视察员的干涉。

……

那么十小时工作日法会怎么样呢？

自从世界市场的范围对于充分挖掘现代工业的一切资源来说变得太窄小的时候起，自从现代工业为了使自己的力量重新获得自由的活动场所而必须进行社会革命的时候起，限制工作时间就不再是反动的措施，不再是工业发展的障碍了。相反，这种限制完全是自然出现的。英国无产阶级革命的第一个结果将是大工业集中在国家手里，即集中在占据统治地位的无产阶级手里，而随着工业的集中，那些现今使劳动时间的调整同工业的进步发生冲突的一切竞争状况也将消失。因此，解决十小时工作日问题，也像解决以资本与雇佣劳动的对立为基础的一切问题一样，唯一的办法就是通过无产阶级革命。

恩格斯：《英国的十小时工作日法》① （1850年3月中—4月中之间），摘自《马克思恩格斯全集》第10卷，人民出版社1998年版，第299—310页。

3. 下院议员科贝特提出一项关于限制工厂劳动日的法案，规定每星期前5天限为10小时，星期六限为7小时半

几个月以前，我曾经有机会指出，在各工厂区，关于十小时工作日的鼓动取得了成绩②。从那时以来，运动就没有停止，并且终于得到立法机关的反应。本月5日，代表奥尔德姆的下院议员科贝特先生，请求允许他提出一项关于限制工厂劳动日的法案，规定每星期前5天限为10小时，星期六限为7小时半。他得到允许提出这项法案。在预先辩论的时候，帕麦斯顿勋爵突然心血来潮，脱口而出地说了一句带有明显威胁口吻的话，他说，如果找不到别的方法保护从事工厂劳动的女工和童工，他就要提议限制机器转动的时间。他的这句话刚一出口，就引起了一阵反对这位鲁莽的政治家的愤怒的风暴，反对他的不仅仅

① 恩格斯这篇文章写于1850年3月中至4月中，发表在1850年《新莱茵报。政治经济评论》第4期。《英国的十小时工作日法》和《十小时工作日问题》（见注164）论述的是同一个问题。只是考虑到德国读者的需要，更多地叙述了该法案的形成过程以及许多细节。马克思在《资本论》第1卷第8章《工作日》中引用过恩格斯的这篇文章。摘自《马克思恩格斯全集》第10卷，人民出版社1998年版，第788页注释。

② 《议会辩论。——僧侣反对社会主义。——饿死人》，见《马克思恩格斯全集》中文第2版第11卷第651—657页。——编者注

是工业巨头的直接代表，而且特别是他们的和帕麦斯顿勋爵本人的辉格党人[1]朋友，如乔治·格雷爵士、拉布谢尔先生等。约·罗素勋爵把帕麦斯顿拉到一旁，同他作了半小时的私人商谈，然后花了很大力气来平息这场风暴。

马克思：《莱亚德的提案。——围绕十小时工作日法案的斗争》（1853 年 7 月 8 日），摘自《马克思恩格斯全集》第 12 卷，人民出版社 1998 年版，第 208—209 页。

4. 建议把工作日在法律上限制为 8 小时，绝对不允许女工从事夜工，从事任何不利于女性特点的或接触有毒和有其他危害作用的物质的工作

限制工作日是一个先决条件，没有这个条件，一切进一步谋求改善工人状况和工人解放的尝试，都将遭到失败。

它不仅对于恢复构成每个民族骨干的工人阶级的健康和体力是必需的，而且对于保证工人能够发展智力，进行社交活动以及社会和政治活动，也是必需的。

我们建议把工作日在法律上限制为 8 小时。这种限制是美国工人的普遍要求[2]；代表大会的表决将使它成为全世界工人阶级的共同行动纲领。

对于大陆上不太懂得工厂法的会员们我们还要补充一点：如果不明确规定这 8 小时工作应安排在一天中哪一段时间，则一切法定限制都将不起作用或被资方所破坏。这一段时间的长短应该按照工作的 8 小时再加上吃饭的时间来规定。例如，若几次吃饭时间共占 1 小时，则法定的一天时间

---

① 辉格党是英国的政党，于 17 世纪 70 年代末 80 年代初形成，1679 年，就詹姆斯公爵（后来的詹姆斯二世）是否有权继承王位的问题，议会展开了激烈争论。反对詹姆斯王位继承权的一批议员被敌对的托利党人（见注 3）讥称为辉格。辉格（Whig）为苏格兰语，原意为盗马贼。辉格党代表工商业资产阶级以及新兴的资本主义农场主的利益，曾与托利党轮流执政，19 世纪中叶，辉格党内土地贵族的代表和保守党的皮尔派以及自由贸易派一起组成自由党，从此自由党人在英国两党制中取代了辉格党人的位置。摘自《马克思恩格斯全集》第 12 卷，人民出版社 1998 年 3 月第 2 版，第 751 页注释。

② 美国内战（见注 5）结束后，美国国内争取规定八小时工作日的运动加强了。全国成立了许多为八小时工作日而斗争的联盟。全国劳工同盟（见注 322）在 1866 年 8 月召开的巴尔的摩全国代表大会上宣布，八小时工作日的要求是把劳动从资本主义奴役下解放出来的必要条件。摘自《马克思恩格斯全集》第 21 卷，人民出版社 1995 年版，第 648 页注释。

就应该是9小时，比如说，从上午7时到下午4时或从上午8时到下午5时，等等。夜工只是作为例外被允许存在于法律上明确规定的某些行业或行业部门中。总的趋势必须是完全禁止夜工。

这一节只涉及成年人，男性、女性都包括在内，可是绝对不允许让女工从事任何夜工，也不允许让她们从事任何不利于女性特点的或接触有毒和有其他危害作用的物质的工作。我们所说的成年人是指所有满18岁或超过18岁的人。

马克思：《给临时中央委员会代表的关于若干问题的指示》（1866年8月底），摘自《马克思恩格斯全集》第21卷，人民出版社2003年版，第268页。

5. 在资本面前一切人都是平等的，女工致死的原因之一是劳动时间过长

一大群不同职业、年龄、性别的各种各样的工人，争先恐后地向我们拥来，简直比被杀者的鬼魂向奥德赛拥去还要厉害。即使不去参看他们腋下夹着的蓝皮书，我们也可以一眼看出他们劳动过度。现在让我们从这一大群人当中再挑出两种人来，一种是女时装工，一种是铁匠。这两种人的鲜明的对照表明，在资本面前一切人都是平等的。

1863年6月下旬，伦敦所有的日报都用《活活累死》这一“耸人听闻”的标题登载着一条消息，报道20岁的女时装工玛丽·安·沃克利是怎样死的。她在一家很有名的宫廷时装店里做工，受一位芳名爱利莎的老板娘的剥削。这里又碰到我们常常讲的那一类老故事了①。店里的少女平均每天劳动16½小时，在忙季，她们往往要一连劳动30小时，要不时靠喝雪莉酒、波尔图葡萄酒或咖啡来维持她们已经不听使唤的“劳动力”。当时正是忙季的最高潮。为了迎贺刚从国外进口的威尔士亲王夫人②，少女们要为高贵的夫人小姐在转眼之间就变出参加舞会的华丽服装来。玛丽·安·沃克利同其他60个少女一起连续干了26½小时，每30个人挤在一间屋里，空气少到还不及需要量的⅓，夜里睡在用木板隔成的一间间不透气

① 弗·恩格斯：《英国工人阶级状况》，第253、254页。见《英国工人阶级状况》中《其他劳动部门》一节。摘自《马克思恩格斯文集》第5卷，人民出版社2009年版，第920页注释。

② 指亚历山德拉。——编者注

的小屋里，每两人一张床①。这还是伦敦一家较好的时装店。玛丽·安·沃克利星期五得病，星期日就死了，而使老板娘爱利莎大为吃惊的是，她竟没有来得及把最后一件礼服做好。医生基斯先生被请来的时候已经太迟了，他直率地向验尸陪审团作证说：

“玛丽·安·沃克利致死的原因，是在过分拥挤的工作室里劳动时间过长，以及寝室太小又不通风。”

为了教医生讲话得体，验尸陪审团却说：

“死者是中风死的，但是也有理由担心，在过分拥挤的工作室里劳动过度等等，可能加速了她的死亡。”

马克思：《资本论（第一卷）》（1867 年 9 月），摘自《马克思恩格斯文集》第 5 卷，人民出版社 2009 年版，第 294—295 页。

6. 资本家把工作日延长到自然日的界限以外，延长到夜间，以满足吸血鬼吮吸劳动鲜血的欲望，少女和妇女整夜和男工一道做工

从价值增殖过程来看，不变资本即生产资料的存在，只是为了吮吸劳动，并且随着吮吸每一滴劳动吮吸一定比例的剩余劳动。如果它们不这样做，而只是闲置在那里，就给资本家造成消极的损失，因为生产资料闲置起来就成了无用的预付资本；一旦恢复中断的生产必须追加开支，

① 卫生局的莱瑟比医生当时说：“成年人的寝室至少要有 300 立方英尺空气，而起居室至少要有 500 立方英尺。”伦敦一家医院的主任医生理查森说：“各种女缝纫工——女时装工、女服装工、普通女裁缝，都有三种灾难，这就是劳动过度，空气不足，营养不够或消化不良。一般说来，这种劳动对于妇女无论如何要比男子更为适宜。这种行业的不幸，特别在首都，在于它被 26 个资本家所垄断，这些资本家利用资本所产生的权势，硬要从劳动里实现节约〈他的意思是说：靠浪费劳动力来节约费用〉。在整个女缝纫工阶级中人们都感受到了资本家的这种权力。如果一个女服装工揽到了一些顾客，那么由于竞争，她必须在家里拼死命地干，才能把顾客维持住，而且她必然要让她的助手同样从事过度的劳动。如果她抢不到生意，或者不能再独立经营下去，她就到一家裁缝店去做工，在那里，活并不轻，但是收入有保障。处于这样的地位，她就变成了纯粹的奴隶，随着社会的动荡而漂泊不定；她时而待在家里的小房间里挨饿或近乎挨饿；时而又要在一昼夜劳动 15、16 甚至 18 小时，而她们劳动的场所空气闷得几乎令人喘不过气来，同时她们吃下的东西，哪怕吃得还不坏，由于缺乏新鲜空气，也消化不了。纯粹由于空气不良而造成的肺病，就是靠这些牺牲者而存在的。”（理查森医生《劳动与过度劳动》载于 1863 年 7 月 18 日《社会科学评论》。）

这种损失就成为积极的损失。把工作日延长到自然日的界限以外，延长到夜间，只是一种缓和的办法，只能大致满足一下吸血鬼吮吸劳动鲜血的欲望。因此，在一昼夜24小时内都占有劳动，是资本主义生产的内在要求。但是日夜不停地榨取同一劳动力，从身体上说是不可能的，因此，为克服身体上的障碍，就要求白天被吸尽的劳动力和夜里被吸尽的劳动力换班工作。换班有各种办法，例如可以使一部分员工这个星期做日班，下个星期做夜班，等等。大家知道，这种换班制度，这种换班制的经营方法，在英国棉纺织业等部门方兴未艾的青春时期是很盛行的，今天，在莫斯科省的纺纱厂中也很流行。这种24小时连续不停的生产过程，作为一种制度，直到今天还存在于大不列颠的许多依然"自由"的工业部门中，其中如英格兰、威尔士和苏格兰的炼铁厂、锻冶厂、压延厂以及其他金属工厂。在这里，劳动过程除了6个工作日每天24小时，在大多数工厂还包括星期日24小时。工人中有男有女，有成年人有儿童。儿童和少年从8岁（有时是6岁）直到18岁年龄不等①。在某些部门中，少女和妇女也整夜和男工一道做工。②

我们且不说夜工的一般害处③。昼夜24小时持续不断的生产过程，为

---

① 《童工调查委员会。第3号报告》1864年伦敦版第Ⅳ、Ⅴ、ⅤⅠ、ⅤⅡ页。

② "在斯塔福德郡和南威尔士，少女和妇女不但白天而且夜里都在煤矿和焦炭堆上做工。送交议会的报告经常指出，这种做法带来尽人皆知的严重弊端。这些妇女同男子一道做工，从衣服上很难区别出来；她们浑身是污泥和煤灰。这种不适于妇女的职业几乎必然使妇女丧失自尊心，因而使她们品行堕落。"（《童工调查委员会。第3号报告》第194号第XXVI页，参看《第4号报告》（1865年）第61号第XⅢ页）玻璃厂的情况也是如此。

③ 有一个雇儿童做夜工的钢厂老板说："做夜工的少年在白天也不能睡觉，不能得到必要的休息，他们只好在第二天不停地到处乱跑，看来这是很自然的。"（《童工调查委员会。第4号报告》第63号第XⅢ页）一位医生谈到日光对身体的维护和发育的重要性时说道："日光还直接影响身体的各部组织，使其强健而富有弹性。动物的肌肉缺少适量的光照就会松软，失去弹力，神经也会因缺乏刺激而失去应有的紧张度，各个部分的发育就会受到阻碍……至于儿童，经常有充足的阳光，并且每天有一部分时间受到日光的直接照射，对于他们的健康是特别重要的。日光可以促使食物变成良好的成形血液，并使新形成的纤维组织强固起来。它还可以刺激视觉器官，从而加强大脑各部分的机能的活动。"这一段话摘自伍斯特总医院主任医生威·斯特兰奇先生论述"健康"的著作（1864年）这位医生在给调查委员怀特先生的信中写道："我从前在兰开夏郡有机会观察过夜工对工厂儿童的影响。和某些雇主通常的说法相反，我肯定认为，这种劳动很快就使孩子的健康受到损害。"（《童工调查委员会。第4号报告》第284号第55页）这类事物也成为认真争论的对象，这就再好不过地表明，资本主义生产是怎样影响着资本家及其仆从们的"大脑机能"。（注释中的注释：威·斯特兰奇《健康的七要素》1864年伦敦版第84页。摘自《马克思恩格斯文集》第5卷，人民出版社2009年第1版，第921页注释）。

打破名义上的工作日界限提供了极大的方便。例如，在上述那些劳动十分繁重的工业部门中①，每个工人公认的工作日大多为12小时，无论夜工或日工都是如此。但是在很多场合，那种超出这一界限的过度劳动，用英国官方报告的话来说，“实在可怕”②。报告说：

“任何有感情的人想到证词中提到的9—12岁儿童所担负的劳动量，都不能不得出结论说，再也不能容许父母和雇主这样滥用权力。”③

“儿童昼夜轮班做工的办法，无论在忙时或平时，都会使工作日极度延长。这种延长在许多场合不仅骇人听闻，而且简直令人难以置信。有时难免有的儿童因某种原因不能上工接班。这时，一个或几个该下工的儿童就得留下来填补空位。这个办法是人人皆知的，有一次，我问一个压延厂的经理，没有上工的儿童由谁代替，他竟回答说：‘我知道，你心里和我一样明白。’他毫不犹豫地承认了上述事实。”④

“有一个压延厂，名义上的工作日是从早晨6点到晚上5点半。有一个儿童，每星期有4个夜晚，至少要干到第二天晚上8点半……这样一直继续了6个月。”“另一个儿童，9岁时，有时一连做3班，每班12小时；10岁时，有时一连干两天两夜。”“第三个儿童，今年10岁，每星期有三天都是从早晨6点一直干到夜间12点，其余几天干到晚上9点。”“第四个儿童，今年13岁，整个星期都是从下午6点干到第二天中午12点，有时接连做3班，例如从星期一早晨一直干到星期二夜晚。”“第五个儿童，今年12岁，在斯泰夫利铸铁厂做工，他一连14天都是从早晨6点干到夜间12点，他已经不能再这样干下去了。”9岁的乔治·阿林斯沃思说：“我是上星期五来的。我们应当在第二天清早3点上工。所以我就留在这里过夜。我家离这里有5英里路。我睡在地板上，铺一条皮围裙，盖一件短外衣。以后的两天我早晨6点来上工。唉！这个地方真热！来这儿以前，我有整整一年的时间也是在高炉上做工。那是在乡下的一家非常大的工厂，在那里，星期六也是清早3点上工，不过好

① 见本卷第282—297页。——编者注

② 《童工调查委员会。第4号报告》第57号第XⅡ页。

③ 《童工调查委员会。第4号报告》第58号第XⅡ页。

④ 《童工调查委员会。第4号报告》第58号第XⅡ页。

歹还能回家睡觉，因为离家不远。在别的日子里，我早晨6点上工，到晚上6点或者7点下工。”如此等等。①

马克思：《资本论（第一卷）》（1867年9月），摘自《马克思恩格斯文集》第5卷，人民出版社2009年版，第297—300页。

7. 劳动时间的制定、被正式承认以及由国家予以公布，是长期阶级斗争的结果。十小时工作日法令于1848年5月1日生效

于是就出现了1844年6月6日的补充工厂法。它从1844年10月1日开始生效。它又把另一类工人，即18岁以上的妇女，置于法律保护之下。她们在各方面都受到与少年工相同的待遇，她们的劳动时间限制为12小时，禁止做夜工，等等。立法第一次被迫对成年人的劳动也进行直接的正式的监督。1844—1845年的工厂报告讽刺地说：

① 《童工调查委员会。第4号报告》（1865年）第58号第XⅢ页。当然，这些“劳动力”的文化程度，必然会像他们和一位调查委员进行下述谈话时表现出来的那样！耶利米·海恩斯，12岁，他说：“4的4倍是8，而4个4是16……国王是有一切金钱和黄金的人。我们有个国王，据说他是个女王，他们叫她亚历山德拉公主。据说她嫁给了女王的儿子。公主是男人。”威廉·特纳，12岁，他说：“我不是住在英国。我想，是有这么一个国家，但以前根本不知道。”约翰·莫里斯，14岁，他说：“听说上帝造了世界，又听说所有的人都淹死了，只有一个人活着；听说，这个人是一只小鸟。”威廉·斯密斯，15岁，他说：“上帝造了男人，男人造了女人。”爱德华·泰勒，15岁，他说：“我根本不知道伦敦。”亨利·马修曼，17岁，他说：“我有时到教堂去……他们讲道时提到一个名字，叫耶稣基督，其他的名字我都说不上来了，就连耶稣基督是怎么回事，我也说不上来。他不是被杀死的，而是像平常人那样死去的。他和别人有些不同，因为他有些信教别人不信。”（同上，第74号第XV页）“魔鬼是好人。我不知道他住在哪儿。基督是坏蛋。”“这个女孩（10岁）把God［上帝］念成Dog［狗］，而且不知道女王的名字（指维多利亚。——编者注）”。（《童工调查委员会。第5号报告》1866年第55页第278号）在上述金属工厂中实行的制度，在玻璃厂和造纸厂也很盛行。在用机器生产的造纸厂中除了挑选破布以外，所有其他工序照例都实行夜工。有的地方借助于换班制通常从星期日晚上起直到下星期六午夜12点止，整个星期当中始终都有夜工。日班每星期有5天做12小时，有1天做18小时。夜班每星期有5夜做12小时，有1夜做6小时。有的地方是每班工人一连做24小时，隔一天一换班。其中一班在星期一做6小时，不过到星期六要做18小时以补足24小时。有的地方实行介于这二者之间的制度，例如所有在造纸机上工作的工人，一个星期中每天都做15—16小时。调查委员洛德说：这种制度看来兼有十二小时换班制和二十四小时换班制的一切害处。在这种夜班制度下做工的，有13岁以下的儿童，有18岁以下的少年，还有妇女。在实行十二小时换班制的情况下，有时接班的人没有来，他们就不得不连干两班，干24小时。证人的证词说明，男孩和女孩经常要加班加点，往往是连续干24小时，甚至36小时。从事“连续不断而又单调乏味的”抛光作业的，有12岁的小姑娘，她们整月都是每天工作14小时，“只有两次至多是三次半小时的吃饭时间，此外没有任何正规的休息时间。”有些工厂完全取消了正规的夜工，可是额外劳动却长得可怕，而且“往往是发生在那些最脏最热最单调的工序上”（《童工调查委员会。第4号报告》1865年第XXXVⅢ和XXXⅠX页）。

“就我们所知，成年妇女还从未抱怨过这种侵犯她们权利的行为。”①

…………

为了防止滥用虚假的“换班制度”，法律又规定了下列重要的细则：

“儿童和少年的工作日，应该从有任何一个儿童或少年早晨在工厂里开始劳动的时候算起。”

按照这个规定，如果 A 是从早晨 8 点开始劳动，B 是从 10 点开始劳动，那么，B 的工作日仍然要和 A 的工作日一样，应在同一时间结束。开工时间应以某个公共时钟为准，例如，以附近的铁路时钟为准，工厂的钟要和这个铁路时钟保持一致。工厂主必须在工厂张贴大字印刷的时间表，说明上工、下工、休息的时间。12 点以前上工的儿童不得在下午 1 点钟以后又让做工。这样，下午班就不能再有上午班的儿童。受法律保护的全体工人都要有 1½小时的吃饭时间，并应在同一时间吃饭，其中至少有 1 小时应在下午 3 点以前。儿童或少年至少应有半小时的吃饭时间，否则不得让他们在下午 1 点以前做工 5 小时以上。儿童、少年和妇女不得留在某种劳动过程正在进行的厂房中吃饭，等等。

我们看到，这些按照军队方式一律用钟声来指挥劳动的期间、界限和休息的细致的规定，决不是议会设想出来的。它们是作为现代生产方式的自然规律从现存的关系中逐渐发展起来的。它们的制定、被正式承认以及由国家予以公布，是长期阶级斗争的结果。它们的直接后果之一，就是这些规定的实施使工厂的成年男工的工作日也受到同样的限制，因为在大多数生产过程中，必须有儿童、少年和妇女的协作。所以总的说来，在 1844—1847 年期间，受工厂立法约束的一切工业部门，都普遍一致地实行了十二小时工作日。

但是，工厂主如果没有得到某种“退步”作补偿，是不会容忍这种“进步”的。在他们的敦促下，下院把可以雇用的儿童的最低年龄从 9 岁

① 《工厂视察员报告。1844 年 9 月 30 日》第 15 页。

减为8岁，以保证资本按照上帝旨意和人间法律得到“工厂儿童的追加供给”①。

1846—1847年在英国经济史上划了一个时代。谷物法②废除了，棉花和其他原料的进口税取消了，自由贸易被宣布为立法的指路明灯！一句话，千年王国出现了。另一方面，宪章运动和争取十小时工作日的鼓动在这期间达到了顶点。它们在渴望报仇的托利党人那里找到了同盟者。尽管以布莱特和科布顿为首的言而无信的自由贸易派疯狂反抗，争取了很长时间的十小时工作日法案终于由议会通过了。

1847年6月8日的新工厂法规定，从1847年7月1日起，“少年”(从13岁到18岁）和所有女工的工作日先缩短为11小时，而从1848年5月1日起，最终限制为10小时。在其他方面，这个法令只是1833年和1844年的法令的修正补充。

资本先发制人，想使这个法令在1848年5月1日不能完全实行。而且，似乎由于取得经验教训而变得聪明的工人自己应当来帮助再一次破坏自己的事情。时机是选择得很巧妙的。

“必须记住，1846—1847年爆发了可怕的危机，工厂工人深受其害，因为很多工厂开工不足，另一些工厂完全停工。大量工人的生活非常窘迫，很多工人负有债务。因此，可以有把握地断定，他们宁愿劳动时间更长一些，以便弥补过去的亏损，偿还债务，或者从当铺赎回自己的家具，或者把卖掉的东西再补充进来，或者为自己和家属添制新衣。”③

…………

① “由于他们的劳动时间的缩短会引起雇用人数〈儿童数〉的增加，有人就认为，这种增长了的需求可由8—9岁的儿童的追加供给来满足。”（《工厂视察员报告。1844年9月30日》第13页）。

② 谷物法是1815年以来英国历届托利党内阁为维护大土地占有者的利益而实施的法令，旨在限制或禁止从国外输入谷物。谷物法规定，当英国本国的谷物价格低于每夸特80先令时，禁止输入谷物。1822年对这项法律作了某些修改，1828年实行了滑动比率制，即国内市场谷物价格下跌时提高谷物进口关税，反之，谷物价格上涨时降低谷物进口关税。谷物法的实施严重影响了贫民阶层的生活，同时也不利于工业资产阶级，因为它使劳动力涨价，妨碍国内贸易的发展。谷物法的实施引起了工业资产阶级和土地贵族之间的斗争。这场斗争是由曼彻斯特的两个纺织厂主理·科布顿和约·布莱特于1838年创立的反谷物法同盟领导，在自由贸易的口号下进行的。1846年6月英国议会通过了《关于修改进口谷物法的法令》和《关于调整某些关税的法令》，从而废除了谷物法。摘自《马克思恩格斯文集》第5卷，人民出版社2009年版，第897页的注释。

③ 《工厂视察员报告。1848年10月31日》第16页。

资本想先发制人，但是失败了。十小时工作日法令于1848年5月1日生效。但这时，宪章派也失败了。他们的领袖被关进监狱，他们的组织遭到破坏。宪章派的失败已经动摇了英国工人阶级的自信心①。不久，巴黎的六月起义和对起义的血腥镇压②，使欧洲大陆和英国的统治阶级的一切派别——土地所有者和资本家，交易所豺狼和小商人，保护关税论者和自由贸易论者，政府和反对派，教士和自由思想者，年轻的娼妇和年老的修女——都在拯救财产、宗教、家庭和社会的共同口号下联合起来了！工人阶级到处被排除在法律保护之外，被革出教门，受到“嫌疑犯处治法”③的迫害。工厂主先生们可以为所欲为了。他们进行公开的反叛，不仅反对十小时工作日法令，而且反对1833年以来力图对劳动力的“自由”榨取稍加限制的一切立法。这是一次缩小型的“维护奴隶制的叛乱”④，这次叛乱

① 暗指英国议会第三次也是最后一次否决人民宪章（见注228）。宪章派原定于1848年4月10日在伦敦组织大规模游行示威，示威群众要前往议会大厦，递交要求通过人民宪章的第三次请愿书。政府禁止游行，并调集军队和警察来阻挠这一游行。宪章派领导人中的许多人，例如爱·奥康瑙尔，采取动摇的立场，他们决定放弃游行，并劝说游行群众解散。英国政府利用游行示威的失败来反对工人和镇压宪章派。结果导致了大逮捕，大约500名最有名、最积极和最激进的分子被捕，其中也包括厄·琼斯，他于1848年6月—1850年7月遭到拘禁。恩格斯在《1845年和1885年的英国》中谈到宪章运动这次失败时说“工人阶级的活动被推到了后台。资本家阶级获得了全线的胜利”。摘自《马克思恩格斯文集》第5卷，人民出版社2009年版，第923—924页注释。

② 指巴黎工人于1848年6月23—26日的英勇起义。二月革命后，无产阶级要求把革命推向前进，资产阶级共和派政府推行反对无产阶级的政策，6月22日颁布了封闭“国家工场”的挑衅性法令，激起巴黎工人的强烈反抗。6月23—26日，巴黎工人举行了大规模武装起义，6月25日，镇压起义的布雷亚将军在枫丹白露哨兵站被起义者打死，因此两名起义者后来被判处死刑。经过四天英勇斗争，起义被资产阶级共和派政府残酷地镇压下去：马克思在《1848年至1850年的法兰西阶级斗争》中论述这次起义时指出：“这是分裂现代社会的两个阶级之间的第一次大规模的战斗。这是保存还是消灭资产阶级制度的斗争。”（见《马克思恩格斯文集》第2卷第101页）。摘自《马克思恩格斯文集》第5卷，人民出版社2009年版，第924页注释。

③ 嫌疑犯处治法又称社会治安法，它是1858年2月19日由法国立法团通过的一项法律。该法律授予皇帝拿破仑第三及其政府以无限的权力，可以把一切敌视第二帝国制度的嫌疑分子投入监狱或流放到法国和阿尔及利亚的偏僻地区，或者彻底驱逐法国领土。摘自《马克思恩格斯文集》第5卷，人民出版社2009年版，第924页注释。

④ 美国南北战争即1861—1865年的美国内战。19世纪中叶，美国南部种植园主奴隶制与北部资产阶级雇佣劳动制的矛盾日益尖锐。1860年11月，主张限制奴隶制的共和党候选人林肯当选为总统，美国南部的奴隶主发动了维护奴隶制的叛乱。1861年2月，南部先后宣布脱离联邦的各州在蒙哥马利大会上成立南部同盟，公开分裂国家，并于当年4月12日炮轰萨姆特要塞（南卡罗来纳州），挑起内战。1865年4月，南部同盟的首都里士满被攻克，南部同盟的联军投降，战争结束。北部各州在南北战争中取得了胜利，维护了国家的统一，并为资本主义的蓬勃发展扫清了道路。摘自《马克思恩格斯文集》第5卷，人民出版社2009年版，第895页注释。

蛮横无耻，疯狂已极，持续了两年多，而这样做是十分便宜的，因为叛乱的资本家只是用自己工人的生命进行冒险。

为了便于了解以后的事情，必须记住：1833年、1844年和1847年的各个工厂法，凡是在后者没有对前者进行修改的地方，都保留了法律效力；这三个法令都没有限制18岁以上的男工的工作日；从1833年以来，早晨5点半至晚上8点半这15小时的时间始终是法定"日"，在这个界限以内，少年和妇女可以在法律规定的条件下，起先劳动12小时，后来劳动10小时①。

某些地方的工厂主开始把他们雇用的少年工和女工解雇一部分，有时甚至解雇一半，同时却把几乎已经绝迹的夜工在成年男工当中恢复了。他们叫嚷说，十小时工作日法令使他们别无出路！②

…………

……资本的山猫眼睛发现，1844年的法令规定，在上午连续劳动5小时至少要休息30分钟，但是关于下午的劳动却没有任何类似的规定。因此，资本要求而且确实也迫使8岁的童工不仅从下午2点一直拼命干到晚上8点半，而且还要挨饿！

…………

对于1844年法令限制儿童劳动的条款，资本家像夏洛克那样死抠法令条文，只是为了对该法令限制"少年和妇女"的劳动的这同一项条款进行公开的反叛做准备。我们记得，废除"虚假的换班制度"是这个法令的主要目的和主要内容③。工厂主开始反叛这个法令的时候，只是简单地声明说，1844年法令禁止在十五小时工厂日内任意分小段时间来使用少年和妇女的条款，

> "在劳动时间限制为12小时的时候，没有造成多大损失。而在实行十小时工作日法令的情况下，它们就是难以忍受的不公平了"④。

因此，他们用最冷静的态度向视察员宣称，他们将不理睬法律的条文，

① 见第5卷第321—322、325、327页。——编者注

② 《工厂视察员报告。1848年10月31日》第133、134页。

③ 见《马克思恩格斯文集》第5卷第325页。——编者注

④ 《工厂视察员报告。1848年10月31日》第133页。

他们打算自行恢复旧的制度[①]。据说，这样做符合听了不良劝告的工人本身的利益，

> “能对他们支付较高的工资”。“这是在实行十小时工作日法令下保持大不列颠的工业优势的唯一可能的办法。”[②]“在换班制度下要发现违法情况也许有些困难，但这又有什么关系呢？难道为使工厂视察员及其助手省掉一些小小的麻烦，就应当把这个国家的巨大的工厂利益看成是次要的东西吗？”[③]

当然，所有这些遁词都无济于事。工厂视察员向法庭提出诉讼。但是工厂主的请愿书立即像雪片似地飞向内务大臣乔治·格雷爵士，以致他在1848年8月5日的通令中晓谕视察员：

> “只要还没有证实换班制度被滥用来使少年和妇女劳动10小时以上，一般不要按违背法令条文来追究。”

在这以后，工厂视察员约·斯图亚特就准许苏格兰全境在十五小时工厂日内实行所谓换班制度，于是这种制度很快就像以前那样盛行起来。而英格兰的工厂视察员则声明，内务大臣没有权力自作主张中止法律的实施，并且继续向法庭控告那些维护奴隶制的叛乱者。

马克思：《资本论（第一卷）》（1867年9月），摘自《马克思恩格斯文集》第5卷，人民出版社2009年版，第325—333页。

8. 法律限制和规定儿童、少年和妇女的劳动时间

1850年的法令只是把“少年和妇女”的劳动时间从15小时改为12小时，即从早晨5点半至晚上8点半改为从早晨6点至晚上6点。就是说，这种改变不适用于儿童，他们照旧可以在开工前半小时和完工后2½小时内被使用，尽管他们劳动的总时间不得超过6½小时。在讨论法案的时候，

---

① 例如，慈善家阿什沃思在写给伦纳德·霍纳的一封贵格会会士式的令人作呕的信中，就是这样说的。(《工厂视察员报告。1849年4月》，第4页）。

② 《工厂视察员报告。1848年10月31日》第138页。

③ 《工厂视察员报告。1848年10月31日》第140页。

工厂视察员曾向议会提出统计材料，说明这种反常现象造成了可耻的滥用。但是毫无效果。因为在这背后隐藏着一种企图，就是想借助于儿童在繁荣年代重新把成年男工的工作日延长到 15 小时。以后三年的经验表明，这种企图由于成年男工的反抗必定遭到失败①。因此，1850 年法令终于在 1853 年作了补充：禁止“在少年和妇女早晨上工前和晚上下工后使用童工”。从那时起，除了少数例外情况，1850 年的工厂法把受它约束的工业部门的全体工人的工作日都纳入法律限制之内了②。从第一个工厂法颁布以来，到这时已经过去半个世纪了③。

1845 年范围。资本容许这种新的“狂暴行为”时的不悦心情，贯穿法令的每一行！这个法令把 8—13 岁的儿童和妇女的工作日限制为 16 小时，从早晨 6 点到晚上 10 点，并且没有规定任何法定的吃饭时间。它容许人们任意使 13 岁以上的男工日夜劳动。这是议会的一次流产。④

但是，原则战胜了，它在作为现代生产方式的特殊产物的大工业部门中胜利了。1853—1860 年时期这些部门的惊人发展，以及同时出现的工厂工人体力和精神的复活，连瞎子也看得清清楚楚。连那些经过半个世纪的内战才被迫逐步同意在法律上限制和规定工作日的工厂主，也夸耀这些工业部门与那些仍旧是“自由的”剥削领域所形成的对照⑤。“政治经济学”上的伪善者现在也宣称，认识在法律上规定工作日的必要性，是他们这门“科学”的突出的新成就⑥。不难了解，在工厂大亨们被迫服从不可避免的

---

① 《工厂视察员报告。1853 年 4 月 30 日》第 30 页。

② 1859 年和 1860 年英国棉纺织业的鼎盛时期，有些工厂主企图以额外时间付高工资为诱饵，促使成年男纺工等延长工作日。使用手摇骡机和自动纺机的纺工向雇主提出意见书，这才罢休。意见书中写道：“坦白地说，我们的生活对我们来说已成为一种负担。只要我们每周被关在工厂中的时间仍比别的工人几乎多两天〈20 小时〉，我们就觉得自己好像是国家的奴隶，并且我们责备自己竟容忍一种对我们自己的和我们后代的身心有害的制度长期存在下去……所以，我们郑重通知，从新年起，我们每周劳动将决不多于 60 小时，从 6 点至 6 点，其中还包括法定的 1½小时的休息时间。”（《工厂视察员报告。1860 年 4 月 30 日》第 30 页）。

③ 关于利用这个法律的词句来破坏法律的手法，参看议会报告《工厂法》（1859 年 8 月 9 日），以及该报告所载伦纳德·霍纳《关于修改工厂法以使工厂视察员能够制止目前盛行的非法劳动的建议》。

④ “印染工厂法关于教育以及劳动保护的规定被认为是一种失败。”（《工厂视察员报告。1862 年 10 月 31 日》第 52 页）。

⑤ 例如，埃·波特尔 1863 年 3 月 24 日写给《泰晤士报》的一封信中就是这样说的。《泰晤士报》提醒他不要忘记反对十小时工作日法令的工厂主叛乱（见本卷第 662—665 页。——编者注）。

⑥ 同图克一起编写并出版《价格史》的威·纽马奇先生就是这样认为的。难道怯懦地向舆论让步也是科学上的进步么？

东西并且同它和解之后，资本的抵抗力量就逐渐削弱了，而同时，工人阶级的进攻力量则随着他们在没有直接利害关系的社会阶层中的同盟者的增加而加强了。这就是从1860年以来进步较快的原因。

染厂和漂白厂①在1860年，花边厂和织袜厂在1861年分别受1850年工厂法的约束。由于有童工调查委员会第1号报告（1863年），一切瓦器业（不仅是陶器业）、火柴厂、雷管厂、弹药厂、壁纸厂、天鹅绒厂以及许多统称为“最后整饰”的作业，都遭受同样的命运。1863年，“露天漂白厂”②

---

① 1860年颁布的关于漂白厂和染厂的法令规定，从1861年8月1日起，工作日暂时缩短为12小时，从1862年8月1日起，最后缩短为10小时，也就是说，平日为10½小时，星期六为7½小时。但是不祥的1862年一到来，旧把戏又重演了。工厂主先生们向议会请愿，要求把准许少年和妇女劳动12小时的规定仅仅再延长一年……“在现今的营业状况下〈棉荒时期〉，如果允许工人每天劳动12小时，赚得尽可能多的工资，那对他们将是十分有利的……”一项根据这种精神拟定的法案也已经提交下院。“由于苏格兰漂白厂工人的鼓动，这项法案被撤销了。”（《工厂视察员报告。1862年10月31日》第14、15页）盗用工人名义说话的资本遭到工人回击后，又借助法学家的眼镜发现，1860年的法令和议会的一切有关“劳动保护”的法令一样措辞含糊，从中能找到这样的借口：该法令的有效范围不包括“轧光工”和“整理工”。英国的审判权始终是资本的忠实奴仆，它通过“高等民事法院”批准了这种强词夺理的解释。“这引起工人极大的不满，并且深为遗憾的是，立法的明确意图，竟由于字义不明而化为泡影。”（《工厂视察员报告。1862年10月31日》第18页）。

② “露天漂白业者”撒谎说，他们没有使用妇女做夜工以此逃避了1860年漂白工厂法。但谎言被工厂视察员揭穿了，同时，工人的请愿书使议会打消了“露天漂白厂”坐落在芳香、凉爽的草地上的印象。在这些露天漂白厂里，干燥室的温度高达华氏90°—100°，其中做工的主要是少女。“冷却”这个词已经成了她们从干燥室偶尔跑到户外喘口气的专门用语。“在干燥室里有15个少女，烘烤麻布的温度是80°—90°，烘烤细麻布的温度是100°和100°以上。一间约有10平方英尺的小屋，中间放着密闭火炉，12个少女在那里〈把细麻布等〉熨平和叠齐。少女们围着发出炽热的火炉，细麻布很快就被烘干然后由她们熨平。这些人的劳动时间是没有限制的。在忙的时候，他们要接连许多天干到晚上9点或12点。”（《工厂视察员报告。1862年10月31日》第56页）一个医生说：“没有规定专门的时间让人们凉快一下，不过当温度高得实在受不了，或者女工的手被汗水弄脏了，便允许她们出去几分钟……我在这些女工中行医的经验使我断定，她们的健康状况比纺纱女工坏得多〈而资本在递交给议会的请愿书中，竟用鲁本斯的风格把她们描画成非常健康!〉。她们中间最常见的病是肺病、支气管炎、子宫病、恶性歇斯底里和风湿症。我认为，造成所有这些病症的直接或间接的原因，就是她们的工作室温度太高以及她们缺少足够的舒适的衣服，不能在冬季回家时抵御寒冷潮湿空气的袭击。”（同上，第56、57页）关于后来才从快活的“露天漂白业者”那里争得来的1863年法令，工厂视察员指出：“这个法令看起来是保护工人的，但它不仅没有达到保护工人的目的……按照法令的条文，只有当儿童和妇女在晚上8点以后被发现做工时才受到保护，即使在这种场合，因法令所规定的证明方法有种种保留条件，几乎不可能有人会受到处罚。”（同上，第52页）“作为一个具有人道的和教育的目的的法令来说，该法令是彻底失败了。允许同样也可以说强迫妇女和儿童每天劳动14小时（包括或不包括吃饭时间，要看情况而定），或许还要劳动更长的时间，并且不管他们的年龄、性别如何，不管漂白厂邻近地区的家庭有怎样的社会习惯，这能说是人道的吗?”（《工厂视察员报告。1863年4月30日》第40页）。

和面包房分别受专门法令的约束，在露天漂白厂中禁止在夜间（从晚上8点至早晨6点）使用儿童、少年和妇女做工，在面包房中禁止在晚上9点至早晨5点使用18岁以下的面包工人①。根据童工调查委员会以后的各次建议，英国一切重要工业部门，除农业、采矿业和运输业以外，都有被夺去“自由”的危险，关于这些建议我们以后还要谈到②。

马克思：《资本论（第一卷）》（1867年9月），摘自《马克思恩格斯文集》第5卷，人民出版社2009年版，第340—344页。

9. 机器的有效寿命，显然取决于工作日的长度或每天劳动过程的长度乘以劳动过程反复进行的日数

如果说机器是提高劳动生产率，即缩短生产商品的必要劳动时间的最有力的手段，那么，它作为资本的承担者，首先在它直接占领的工业中，成了把工作日延长到超过一切自然界限的最有力的手段。一方面，它创造了新条件，使资本能够任意发展自己这种一贯的倾向，另一方面，它创造了新动机，使资本增强了对他人劳动的贪欲。

首先，在机器上，劳动资料的运动和活动离开工人而独立了。劳动资料本身成为一种工业上的永动机，如果它不是在自己的助手——人的身上遇到一定的自然界限，即人的身体的虚弱和人的意志，它就会不停顿地进行生产。因此，劳动资料作为资本——而且作为资本，自动机在资本家身上获得了意识和意志——就受这样一种欲望的激励，即力图把有反抗性但又有弹性的人的自然界限的反抗压到最低限度③。而且，由于在机器上劳动看来很容易，由于妇女和儿童比较温顺驯服，这种反抗无疑减小了④。

---

① 见《马克思恩格斯文集》第5卷第289页。——编者注

② 见《马克思恩格斯文集》第5卷第565—566页。——编者注

③ “自从普遍采用昂贵的机器以来，人被强行消耗的力量远远超出人的平均力量。”（罗伯特·欧文《评工业体系的影响》1817年伦敦第2版［第16页］）。

④ 英国人喜欢把一件事物最初的经验的表现形式看做该事物的原因。他们往往认为，工厂劳动时间长的原因，是因为在工厂制度初期，资本曾在贫民院和孤儿院对儿童进行了希律王式的掠夺从而吞并了一种完全没有意志的人身材料。例如，身为英国工厂主的菲尔登就说过：“很明显，劳动时间长，是因为从全国各地获得了大量无家可归的儿童，这使工厂主可以不依赖于工人。工厂主就是靠这样搜罗来的可怜的人身材料延长劳动时间。一旦长时间劳动成为习惯，他们也就能更加容易地把这种长时间劳动强加在他们的邻人身上。”（约·菲尔登《工厂制度的祸害》1836年伦敦版第11页）关于妇女劳动，工厂视察员桑德斯在1843年的工厂报告中说：“在女工中，有些人接连好多星期，除了少数几天以外，都是从早晨6点干到深夜12点，中间只有不到2小时的吃饭时间，因此一星期当中有5天，都是每天24小时中只剩下6小时给她们上下班和睡觉。”（注释

我们已经知道，机器的生产率同机器转移到制品上的价值组成部分的大小成反比。机器执行职能的期限越长，分担机器加进的价值的产品量就越大，机器加到单个商品上的价值部分就越小。而机器的有效寿命，显然取决于工作日的长度或每天劳动过程的长度乘以劳动过程反复进行的日数。

马克思：《资本论（第一卷）》（1867年9月），摘自《马克思恩格斯文集》第5卷，人民出版社2009年版，第463—465页。

10. 随着英国工商业自由的扩展，妇女和儿童的劳动时间受法律限制的情况更加普遍

这里我们只想着重指出一点：在英国，随着工商业自由的扩展，妇女和儿童的劳动时间受法律限制的情况也就更加普遍，从而几乎所有一切的工业部门都在政府的监视之下。马克思先生给我们做了关于这种发展的详细的历史的叙述，他指出，最初如何在纺织企业中从1833年起每天的劳动时间被这种方式限制为12小时；如何在工厂主和工人之间经过长期的斗争之后，劳动时间终于规定为10小时半，儿童为6小时半，以及如何从1850年起，工业部门一个接着一个服从于这个工厂法：最初是印花布工厂（从1845年起就已如此），然后从1860年起是染房和漂白坊，从1861年起是花边工厂和织袜工厂，从1863年起是陶器工厂、壁纸工厂等等，最后至1867年几乎全部其余稍大的工业部门。关于1867年这最后一项法令的意义，可以由下面这一点来判断：这项法令把不下于150万的妇女和儿童的劳动置于法律的保护和监督之下。我们所以特别着重指出这一点，很遗憾，是因为我们德国在这一方面整个事情是很恶劣的，我们应该感谢作者如此详尽无遗地考察了这个问题，并且他第一个使它为德国公众易于了解。每一个人道的人，无论他对于马克思先生的理论原理持何种态度，都会有这样的意见。

关于工农业史的其余珍贵材料，篇幅不容许我们来加以考察了，可是在我们看来，任何对政治经济学、工业、工人状况、文化史和社会立法感兴趣的人，无论他抱什么观点，都不能不读这本书。

中的注释："希律王式的掠夺"是马克思用来比喻资本主义生产中对童工进行摧残身体的残酷剥削的用语。希律王对儿童的屠杀见《新约全书·马太福音》第2章第16—18节）。摘自《马克思恩格斯文集》第5卷，人民出版社2009年版，第936页注释。

恩格斯：《卡·马克思“资本论”第一卷书评——为“新巴登报”作①》（1868年1月上半月），摘自《马克思恩格斯全集》第16卷，人民出版社1964年版，第261—262页。

11. 资本家想尽量延长工作日，因为工作日越长，生产的剩余价值就越多。从自由工人在历史上最初出现起一直延续到现在，由于多年的坚持，英国工人与工厂主之间一直为规定工作时间作过最激烈最坚决的斗争

我们在前一篇文章里已经知道，每一个被资本家雇用的工人都在做双重劳动。他的工作时间的一部分用来偿还资本家所预付给他的工资，这一部分劳动，马克思称为必要劳动。但在此之后，他必须继续劳动，在这段时间内，他为资本家生产剩余价值。利润便是它的一个重要部分。这一部分劳动，叫做剩余劳动。

我们假定每星期中，工人要劳动3天来偿还他的工资，再劳动3天，为资本家生产剩余价值。换句话说，这便是在每天12小时的劳动中，他要劳动6小时，生产他的工资，再劳动6小时，生产剩余价值。在一星期中，人们只能劳动6天，就是把星期日算入，至多也只能劳动7天。可是在每一天中，可以劳动6小时，8小时，10小时，12小时，15小时，甚至更多的时间。为了一天的工资，工人已经把这一个工作日卖给资本家了。然而，什么是一个工作日呢？是8小时呢？还是18小时呢？

资本家想尽量延长工作日。工作日越长，生产的剩余价值也就越多。而工人则正确地感觉到，超过偿还工资的每一小时劳动，都是不合理地从他身上榨取的；他亲身体验到工作时间过长意味着什么。资本家为自己的利润而斗争，工人为自己的健康，为每天几小时的休息而斗争，以便在工作、睡眠和饮食之外，还能作为人从事其他活动。我们顺便指出，个别资本家是否愿意加入这一斗争，并不取决于他们的善良愿望，因为竞争会迫使其中最慈善的人和他的同行合作，而把工作时间拉得同他们一样长。

为规定工作日而进行的斗争，从自由工人在历史上最初出现的时候起，

① 弗·恩格斯的这篇评论通过卡·济贝耳的介绍发表在1868年1月21日“新巴登报”第20号上，没有署名。“新巴登报”是德国资产阶级民主派的日报，该报用这个名称从1867年至1933年在曼海姆出版。

一直延续到现在。在各种不同的行业中，流行着各种不同的传统的工作日；可是实际上这样的工作日很少得到遵守。只有在那些由法律规定工作日，并且其遵守受到监督的地方，才能够说，在那儿，存在着正常的工作日。但是直到现在，几乎只有在英国的工厂区才是这种情况。在这里为一切妇女和13岁至18岁的男孩规定了10小时工作日（每星期前五天每天做工10小时半，星期六做工7小时半）。同时，因为男工没有女工童工就不能劳动，所以，他们的工作时间每天也就变为10小时了。英国的工厂工人获得这一法律，是由于多年的坚持，是由于与工厂主作过最激烈最坚决的斗争，是由于新闻出版自由、集会结社的权利，并且是由于巧妙地利用统治阶级内部的分裂。这个法律成了英国工人的保护者。它逐渐推广到一切大工业部门，去年，差不多推广到所有行业，至少推广到了一切雇用妇女和儿童的部门。关于英国由法律规定工作日的历史，本书包含着极其详尽的材料。下一届“北德意志联邦①国会”也将讨论工商业管理条例的问题，因而也将讨论到工厂劳动管理的问题。我们希望德国工人所选举出来的议员，在讨论这种法规之前，没有一个不熟悉马克思的著作。在那里将获得很多东西。对于工人说来，德国统治阶级内部的分裂比从前英国发生同样情况时更为有利，因为普选权会迫使统治阶级对工人表示好意。在这种情形下，无产阶级的四五个代表便是一种力量，如果他们知道利用他们的地位，如果他们首先能够知道资产者所不知道的问题所在的话。而在这方面，马克思这本书把预备好了的一切材料提供给他们。

我们绕过一系列更具有理论意义的非常精彩的研究，只来谈一谈讨论资本积累的最后一章。在这里，首先说明了资本主义的生产方式，即资本家为一方，雇佣工人为另一方而存在的生产方式，不但继续不断地重新生产出资本家的资本，而且同时还继续不断地再生产出工人的穷困。因此，出现了这样一种情况：一方面不断重新存在着资本家，他们是一切生活资

① 北德意志联郑是1867年建立的以普鲁士为首的德意志联邦国家，它取代了已经解体的德意志联邦。加入北德意志联邦的有19个德意志邦和13个自由市，它们在形式上都被承认有自治权。北德意志联邦的宪法保证普鲁士在联邦中居统治地位；普鲁士国王被宣布为联邦元首和联邦武装部队总司令，并被授予指导对外政策的权力。原来在联邦以外的巴伐利亚、巴登、符腾堡和黑森-达姆施塔特在1870年加入了联邦。北德意志联的建立在德意志国家统一的道路上向前迈进了一步。1871年1月，随着德意志帝国的建立，北德意志联邦不复存在。摘自《马克思恩格斯文集》第3卷，人民出版社2009年版，第634页注释。

料、一切原产品和一切劳动工具的所有者；另一方面不断重新存在着广大的工人群众，他们被迫把他们的劳动力出卖给资本家，以换得一定量的生活资料，这些生活资料，最多只能维持工人的劳动能力，并养育出新的一代有劳动能力的无产者。但是资本不仅再生产它本身；它会不断地增加和增大，因此，它对于无产的工人阶级的权力，也跟着增大起来。而且，像它会以不断扩大的规模再生产出它自身一样，现代资本主义生产方式，也以不断增加的规模，以不断增加的人数再生产出无产的工人阶级。资本的积累“再生产出规模扩大的资本关系：一极是更多的或更大的资本家，另一极是更多的雇佣工人……因此，资本的积累就是无产阶级的增加”（第600页①）。可是，由于机器生产的发展、农业的改良等等，生产同样数量产品所必需的工人越加减少了，这种完善，也就是这种使工人过剩的现象，甚至比资本的增加更要快得多。这种不断地增加的工人人数将招致什么结果呢？他们形成产业后备军，这种产业后备军，在营业状况不佳或平常的时候，是在他们劳动的价值以下被付予报酬的，而且就业不稳定，或者要靠公共慈善机关的救济为生。但在营业特别活跃的时期，它对于资本家阶级是必不可少的，这一点从英国的例子看得很清楚。可是，在所有的情况下，这种产业后备军却会破坏经常在业的工人的抵抗力量，使他们的工资保持在低下的水平上。“社会的财富越大……相对过剩人口（多余人口）或产业后备军也就越大。但是同现役（经常在业的）劳动军相比，这种后备军越大，常备的（经常的）过剩人口，或者说，其贫困与其所受的劳动折磨成反比的工人阶层也就越大。最后，工人阶级中贫苦阶层和产业后备军越大，官方认为需要救济的贫民也就越多。这就是资本主义积累的绝对的、一般的规律。”

这就是在科学上严格地证明了的现代资本主义社会制度的一些主要规律，而官方的经济学家甚至不敢去试图驳倒它们。但是，难道到此一切事情就讲完了吗？决不是的。正像马克思尖锐地着重指出资本主义生产的各个坏的方面一样，同时他也明白地证明这一社会形式是使社会生产力发展到很高水平所必需的：在这个水平上，社会全体成员的平等的、合乎人的尊严的发展，才有可能。要达到这一点，以前的一切社会形式都太薄弱了。

① 《马克思恩格斯文集》第5卷第708—709页。——编者注

资本主义的生产才第一次创造出为达到这一点所必需的财富和生产力，但是它同时又创造出一个社会阶级，那就是被压迫的工人大众。他们越来越被迫起来要求利用这种财富和生产力来为全社会服务，以代替现在为一个垄断者阶级服务的状况。

恩格斯：《卡·马克思〈资本论〉第一卷书评》（1868年3月2—13日），摘自《马克思恩格斯文集》第3卷，人民出版社2009年版，第84—87页。

12. 资本把工人只是看做劳动力，不关心工人们的健康和寿命，正常工作日的规定是几个世纪以来资本家和工人之间斗争的结果

这些事实证明，资本把工人只是看做劳动力。他们的全部时间，哪怕只是可能有的片刻时间，都是劳动时间，至于劳动力的寿命长短，资本家是不关心的。（第236—238页）难道这本身不也违背资本家的利益吗？迅速消耗的劳动力如何来补偿呢？美国国内有组织的奴隶贸易，已使奴隶的迅速消耗成为经济原则，在欧洲，由农业区等地供给工人，也起着同样的作用。（第239页）由贫民院供给劳动力。（第240页）资本家只看到随时可用的过剩人口，并加以使用。至于种族是否会灭绝，他死后哪怕洪水滔天！① 资本是不关心工人的健康和寿命的，除非社会迫使它去关心。……自由竞争使资本主义生产的内在规律作为外在的强制规律对各个资本家起作用。（第243页）

正常工作日的规定，是几个世纪以来资本家和工人之间斗争的结果。

起初，制定法律是为了增加劳动时间，现在却是为了减少劳动时间。（第244页）第一个劳工法爱德华三世二十三年即1349年颁布，借口是鼠疫使人口大批死亡，每个人必须更多地工作。因此，在法律上规定了工资的最高额和工作日的界限。1496年，在亨利七世统治时期，规定了农业工人和所有手艺人（artificers）的工作日，在夏季，自3月至9月，是从早晨5点到晚上7—8点，其中休息时间为1小时、1½小时和½小时＝3小时。在冬季，是从早晨5点到天黑为止。这个劳工法从未严格地实行过。在18世纪，资本还不能支配工人整个星期

① 我死后哪怕洪水滔天！（après moi le déluge！）——据说这句话是法国国王路易十五回答他的亲信们的谏告时说的，他们劝他不要经常大办酒宴和举行节庆，认为这会使国债剧增，危及国家。摘自《马克思恩格斯全集》第21卷，人民出版社1995年版，第622页注释。

的劳动（农业工人除外）。见当时的争论。（第248—251页）直到大工业出现后，资本才做到这点；而且变本加厉，大工业摧毁了一切界限，极端无耻地剥削工人。无产阶级一觉醒过来，就进行反抗。1802—1833年间的5个法令是纸上空文，因为没有视察员。只有1833年的法令，在4种纺织业中建立了正常工作日：从早晨5点半到晚上8点半。在这个时间内，13岁到18岁的少年只准劳动12小时，其中有1½小时的休息，9岁到13岁的儿童只准劳动8小时，禁止儿童和少年做夜工。（第253—255页）

换班制度以及为了规避法令而滥用这种制度。（第256页）最后，1844年的法令将各种年龄的妇女与少年同等对待，儿童劳动规定为6½小时，换班制度受到约束。但另一方面，却允许8岁以上的儿童做工。在1847年，终于制定了妇女和少年的十小时工作日法案（第259页）。资本家们力图反对。（第260—268页）1847年法令中的一个缺点，导致了1850年的妥协法令。（第269页）这个法令规定少年和妇女的工作日为每周有5天各为10½小时，有一天为7½小时=每周60小时，并且规定劳动时间在早上6点至晚上6点之间。此外，1847年的法令对儿童仍然有效。丝业例外。（第270页）1853年，儿童的劳动时间，也限制在早上6点到晚上6点之间。（第272页）

1845年的印染工厂法几乎没有什么限制，妇女和儿童可以工作16小时！

漂白厂和染厂在1860年，花边厂在1861年，陶器业和许多其他部门在1863年（受工厂法的约束，同年，针对露天漂白厂和面包房，颁布了特别法）。（第274页）

这样，在大工业中首先有了限制劳动时间的必要，但是后来发现，这种过度劳动也逐渐侵入了其他一切部门。（第277页）

其次，历史表明，特别是在实行妇女劳动和儿童劳动后，单个的“自由”工人对资本家是无力抵抗的，他只有屈服。由此也就展开了工人和资本家之间的阶级斗争。（第277页）

在法国1848年才在一切劳动部门实施了适用于一切年龄的工人的十二小时工作日法令。（见第253页关于1841年法国儿童劳动法的脚注。这项法律直到1853年才实际施行，而且只是在北部省真正实施。）在比利时的

完全的“劳动自由”！美国的争取八小时工作日运动。(第279页)

这样，工人从生产过程中出来时，已和他进入时完全不一样了。劳动契约并不是自由的当事人的行为。他自由出卖劳动的时间，也就是他被迫出卖劳动的时间。工人只有进行群众性的反抗，才能争取到一项国家法律，使自己不致再通过自愿与资本缔结的契约而把自己和后代卖出去送死和受奴役。工厂法的朴素的大宪章，代替了不可剥夺的人权这种冠冕堂皇的条目。(第280—281页)

恩格斯：《〈资本论〉第一卷提要》(1868年春夏)，摘自《马克思恩格斯全集》第21卷，人民出版社2003年版，第399—401页。

13. 正常工作日的规定是几个世纪以来企业主和工人之间斗争的结果

正常工作日的规定，是几个世纪以来企业主和工人之间斗争的结果。考察一下这种斗争中的两个对立的倾向，是很有意思的。起初，立法的目的是要强制地延长工人的劳动时间；从爱德华三世二十三年（1349年）颁布第一批劳工法直到18世纪，统治阶级始终未能从工人身上把可能的劳动量全部榨取出来。但是随着蒸汽和新式机器的应用，情况就改变了。女工和童工的使用迅速打破了劳动时间的一切传统的界限，以致在19世纪一开始，过度劳动制度就盛行起来并达到世界史上空前未有的程度，结果迫使立法机关不得不在1803年做出限制工时的规定。马克思先生对直到1867年工厂法为止的英国工厂立法史，作了详尽的叙述，并得出以下结论：

（1）机器和蒸汽首先在使用它们的工业部门中引起过度劳动，因此，法律上的限制首先在这些部门中施行；但后来，我们看到，这种过度劳动制度蔓延到几乎一切行业，甚至包括根本不使用机器或仍然保持最原始的生产方式的行业（见童工调查委员会的报告）。

（2）随着女工和童工在工厂中的使用，单个的“自由”工人失去了反抗资本进攻的能力，只能无条件地服从。于是工人只好进行集体的反抗，开始了阶级对阶级的斗争，全体工人对全体资本家的斗争。

现在我们如果回顾一下我们假定“自由的”和“平等的”工人同资本家订立契约的那一时刻，我们就会发现，在生产过程中许多东西都变得大不相同了。从工人方面来看，这种契约并不是自由的。他每天自由出卖劳动力的时间是他被迫出卖劳动力的时间；工人只有进行群众性的反抗，才能争取实施一种国家法律，以保障自己不再因“自由”契约而把自己和自己的后代出卖，沦于死亡和奴隶的境地。“工厂法的朴素的大宪章①，代替了不可剥夺的人权这种冠冕堂皇的条目。”②

恩格斯：《为〈双周评论〉写的〈资本论〉第一卷书评》（1868年5月22日—6月28日），摘自《马克思恩格斯全集》第21卷，人民出版社2003年版，第445—446页。

14. 法律规定国民经济各部门的男女雇佣工人每天工作8小时，每星期至少有连续36小时的休息时间，禁止对妇女身体有害的部门中使用女工

为了保护工人阶级和增强他们的战斗能力③，俄国社会民主工党要求：

（1）一切雇佣工人的工作日应限制为一昼夜8小时；

（2）由法律规定，国民经济各部门的男女雇佣工人，每周连续休息时间不得少于36小时；

（3）绝对禁止加班加点；

（4）国民经济各部门禁止做夜工（晚9时至翌晨5时），由于技术原因绝对必须做夜工的部门除外；

（5）禁止企业主雇用年龄未满15岁的童工；

（6）禁止在只对妇女身体有害的部门使用女工；

（7）由法律规定，工人由于不幸事故或有害的生产条件而完全或部分丧失劳动能力时，雇主应负民事责任；工人无须证明上述丧失劳动能力的情况是由雇主的过错造成的；

（8）禁止用商品支付工资④；

（9）国家对失去劳动能力的老年工人发放养老金；

---

① 大宪章（Magna Charta）即自由大宪章（Magna Charta Libertatum），它是受到骑士和市民支持的英国大封建主和大主教强加给英王“无地王约翰”的。这个于1215年6月15日由英王“无地王约翰”签署的大宪章限制了国王的权力，首先使大封建主和贵族获得了好处，甚至规定在他们的封建特权遭到破坏时，可以举行起义反对王室。大宪章对骑士阶层和城市居民也作了某些让步，但没有给基本居民群众即农奴任何权利。马克思在这里指英国工人阶级经过长期顽强的斗争而争得的限制工作日的法律。摘自《马克思恩格斯全集》第21卷，人民出版社1995年版，第668页注释。

② 《马克思恩格斯全集》中文第2版第44卷第349页。——编者注

③ 弗雷建议：把本段开头一句话改成这样：“为了使工人阶级在肉体上和精神上不致发生衰退，同时为了增强工人阶级争取自己解放的斗争能力……。”

④ 弗雷建议：在这里（即本项）加上：“在一切雇佣合同上应由法律规定每周发放工资”。

（10）增加工厂视察员的人数；在女工占多数的部门设女视察员；由工人选出并由国家支付薪金的代表监督工厂法的执行，以及由工人选出的代表监督工资标准的制定和商品的验收；

（11）地方自治机关在工人代表的参与下共同监督企业主拨给工人的住宅的卫生状况，以及监督这些住宅的内部规章和租用条例，使雇佣工人作为私人和公民的生活和行动不受企业主的干涉；

（12）在一切使用雇佣劳动的企业内对劳动条件建立正规的、全面的卫生监督；

（13）把工厂视察机关监督制推广到手艺业、家庭工业、手工工业和国营企业中去；

（14）规定破坏劳动保护法应负刑事责任；

（15）禁止企业主以任何理由和为了任何目的（罚款、检验等等）克扣工资；

（16）在国民经济各部门设立职业法庭，由对等的工人代表和企业主代表组成。

列宁：《关于俄国社会民主工党纲领的文献》（1902 年 1—3 月），摘自《列宁全集》第 6 卷，人民出版社 2013 年版，第 195—197 页。

15. 修改对女工有害的条例

禁止在对妇女身体有害的部门使用女工；禁止妇女做夜工；女工在产前产后各给假 8 周，产假期间照发工资，免收医药费。

……

凡有女工的工厂和其他企业均应设立婴儿和幼儿托儿所，并设立哺乳室；凡需哺乳的女工至少每隔 3 小时可以离开工作喂奶一次，每次不得少于半小时；发给需哺乳的母亲补助金并把她们的工作日缩短到 6 小时。

列宁：《修改党纲的材料》（1917 年 4—5 月），摘自《列宁全集》第 29 卷，人民出版社 2017 年版，第 489 页。

16. 资本主义国家的工人要工作 10—14 小时，苏联社会主义的男女工人每天只工作 7 小时

敬爱的“红三角”工厂的男女工人同志们！值此“红三角”工厂改行七小时工作制之际，请接受我亲切的祝贺。

在资本主义国家里，你们的兄弟姊妹们要工作十、十二、十四小时。

而我们工农国家的男女工人从此每天只工作七小时了。

让所有的人都知道，苏联工人站在全世界工人阶级的最前列！

让我们的旗帜——社会主义建设的旗帜成为世界各国工人的旗帜！

请原谅我不能到你们那里去参加你们的庆祝会。

斯大林：《给"红三角"工厂的男女工人》（1929年2月2日），摘自《斯大林全集》第11卷，人民出版社1955年版，第283页。

（三）工厂法

1. 工厂立法是社会对其生产过程自发形态的第一次有意识、有计划的反作用。工厂法应该保证妇女和儿童的安全生产、清洁卫生、通风设备等

工厂立法是社会对其生产过程自发形态的第一次有意识、有计划的反作用。正如我们讲过的，它像棉纱、走锭纺纱机和电报一样，是大工业的必然产物[①]。在谈到工厂立法在英国的普遍实行之前，我们还要简单地提一提英国工厂法中与工作日的小时数无关的某些条款。

撇开卫生条款中使资本家容易规避的措辞不说，这些条款的内容也是非常贫乏的，实际上只是就粉刷墙壁和其他几项清洁措施，通风和危险机器的防护等做出一些规定。我们在第三册[②]里还会谈到，工厂主曾怎样进行疯狂的斗争，反对这些要求他们拿出少量的钱来保护他们"人手"的四肢的条款。这里再一次光辉地证实了自由贸易论者的信条：在一个存在着对抗利益的社会里，人人追逐私利，就会促进公共福利[③]。举一个例子就够了。大家知道，在过去20年间，爱尔兰的亚麻工业以及随之兴起的打麻工厂，都得到了很大的发展。1864年那里的打麻工厂已有约1800家。每到秋冬两季，一些完全不熟悉机器的人，主要是少年和妇女，即附近小租地农民的妻子儿女，便定期地放下地里的活，到打麻工厂从事往碾压机里装填亚麻的劳动。这里的事故，按其数量和程度来说是机器史上根本没有先例的。只在基尔迪南（在科克附近）的一家打麻工厂里，从1852年至

---

① 见本卷第276—278、320—344页。——编者注

② 马克思：《资本论（1863—1865年经济学手稿）》第三册（《马克思恩格斯全集》历史考证版第2部分，第4卷，第2册）。摘自《马克思恩格斯文集》第5卷，人民出版社2009年版，第916页注释。

③ 见《马克思恩格斯文集》第5卷第204—205页。——编者注

1856年就一共发生六起造成死亡和60起造成严重残废的事故，而所有这些事故本来只要花几先令，安上一些最简单的装置就可以防止。唐帕特里克各工厂的合格医生怀特，在1865年12月16日的官方报告中说道：

“打麻工厂里的事故可怕到了极点。在许多场合，身体被铡掉¼。受伤者的通常结局，不是死亡，就是变成残废而痛苦终身。国内工厂数量的增多当然会扩大这种可怕的结果。我相信，国家对打麻工厂进行适当监督，就可以避免身体和生命的大量牺牲。”①

为了迫使资本主义生产方式建立最起码的清洁卫生设施，必须由国家颁布强制性的法律。还有什么比这一点能更好地说明资本主义生产方式的特点呢？

“1864年的工厂法使陶器业的200多个工场进行了粉刷和清扫，这些工场已经有20年或者根本就节制了这一类的工作。〈这就是资本的“节欲”！〉这些作坊雇有27878个工人，他们至今还在过度的日间劳动中，甚至往往在过度的夜间劳动中，呼吸着极端有害的空气。这种空气使得这种在其他方面危害较少的职业也成为疾病和死亡的温床。工厂法使通风设备大大增加了。”②

同时，工厂法的这个部分清楚地表明，资本主义生产方式按其本质来说，只要超过一定的限度就拒绝任何合理的改良。我们一再指出，英国的医生曾异口同声地宣布，每人起码要有500立方英尺的空间才能持续地工作③。好了！既然工厂法通过它的各种强制性规定间接地加速了较小的工场向工厂的转化，从而间接地侵害了较小的资本家的所有权，并确保了大资本家的垄断权，那么，法律关于工场中的每个工人应占有必要空间的强制规定，就会一下子直接剥夺成千上万的小资本家！就会动摇资本主义生产方式的根基，也就是说，会破坏大小资本通过劳动力的“自由”购买和

① 《童工调查委员会。第5号报告》第XV页第72号及以下几号。

② 《工厂视察员报告。1865年10月31日》第127页。

③ 见《马克思恩格斯文集》第5卷第295页。——编者注

消费而实现自行增殖。因此，工厂立法在500立方英尺的空间面前碰壁了。卫生机关、工业调查委员会、工厂视察员，都一再强调500立方英尺的必要性，又一再述说不可能强迫资本接受这一点。这样，他们实际上就是宣布，工人的肺结核和其他肺部疾病是资本生存的一个条件①。

马克思：《资本论（第一卷）》（1867年9月），摘自《马克思恩格斯文集》第5卷，人民出版社2009年版，第553—555页。

2. 工厂法最初表现为对资本的剥削权利的干涉。大工业使妇女、男女少年和儿童在家庭范围以外的生产过程中起着决定性作用，为家庭和两性关系的更高级的形式创造了新的经济基础

当工厂立法规定工厂、工场手工业等的劳动时，这最初仅仅表现为对资本的剥削权利的干涉。相反地，对所谓家庭劳动②的任何规定都立即表现为对父权（用现代语言来说是亲权）的直接侵犯。温和的英国议会对于采取这一步骤长期来一直装腔作势，畏缩不前。但是事实的力量终于迫使人们承认，大工业在瓦解旧家庭制度的经济基础以及与之相适应的家庭劳动的同时，也瓦解了旧的家庭关系本身。不得不为儿童的权利来呼吁了。1866年童工调查委员会的最后报告说：

“不幸的是，所有的证词都表明：男女儿童在自己的父母面前比在任何别人面前都更需要保护。”一般儿童劳动，特别是家庭劳动遭受无限度剥削的制度“之所以能够维持，是因为父母对自己的年幼顺从的儿女滥用权力，任意虐待，而不受任何约束或监督……父母不应当享有为每周取得一点工资而把自己的孩子变成单纯机器的绝对权力……儿童和少年有权为防止亲权的滥用而取得立法方面的保护，这种滥用

① 我们从经验中发现，一个中等健康的人每次呼吸通常大约要消耗25立方英寸空气，而每分钟大约要呼吸20次。所以，一个人在24小时内所消耗的空气约为72万立方英寸或416立方英尺。我们又知道，呼吸过的空气在自然大工场内经过净化以前，是不能再用于呼吸过程的。根据瓦伦廷和布鲁纳的试验，一个健康的人看来每小时呼出的碳酸气约为1300立方英寸；这就等于说，在24小时内从肺中排出的，约合8盎司固体碳素。“每人至少应该有800立方英尺。”（赫胥黎）

② 这种劳动多半也在较小的工场中进行，正如我们在花边手工工场和草辫业中看到的那样（见本卷第536—540页。——编者注），特别是设菲尔德、伯明翰等地的金属手工工场，能够更详细地表明这一点。

会过早地毁坏他们的体力，并且使他们道德堕落，智力衰退”①。

然而，不是亲权的滥用造成了资本对未成熟劳动力的直接或间接的剥削，相反，正是资本主义的剥削方式通过消灭与亲权相适应的经济基础，造成了亲权的滥用。不论旧家庭制度在资本主义制度内部的解体表现得多么可怕和可厌，但是由于大工业使妇女、男女少年和儿童在家庭范围以外，在社会地组织起来的生产过程中起着决定性的作用，它也就为家庭和两性关系的更高级的形式创造了新的经济基础。当然，把基督教日耳曼家庭形式看成绝对的东西，就像把古罗马家庭形式、古希腊家庭形式和东方家庭形式看成绝对的东西一样，都是荒谬的。这些形式依次构成一个历史的发展序列。同样很明白，由各种年龄的男女个人组成的结合劳动人员这一事实，尽管在其自发的、野蛮的、资本主义的形式中，也就是在工人为生产过程而存在，不是生产过程为工人而存在的那种形式中，是造成毁灭和奴役的祸根，但在适当的条件下，必然会反过来转变成人道的发展的源泉。②

马克思：《资本论（第一卷）》（1867 年 9 月），摘自《马克思恩格斯文集》第 5 卷，人民出版社 2009 年版，第 562—563 页。

3. 工厂法从机器生产的纺纱业和织布业中实行的特殊法，发展成为整个社会生产中普遍实行的法律。其中建议把 140 多万儿童、少年和妇女置于工厂法的约束之下

工厂法从一项在机器生产的最初产物即纺纱业和织布业中实行的特殊法，发展成为整个社会生产中普遍实行的法律，这种必然性，正如我们已经看到的，是从大工业的历史发展进程中产生的③。在大工业的背景下，工场手工业、手工业和家庭劳动的传统形态经历着彻底的变革：工场手工业不断地转变为工厂；手工业不断地转变为工场手工业；最后，手工业和家庭劳动领域在相对说来短得惊人的时间内变成了苦难窟，骇人听闻的最疯狂的资本主义剥削在那里为所欲为。在这里最后起了决定作用的，有两

---

① 《童工调查委员会。第 5 号报告》第 XXV 页第 162 号和《第 2 号报告》第 XXXVⅢ页第 285、289 号，第 XXV、XXVⅠ页第 191 号。

② “工厂劳动可以像家务劳动一样洁净、美妙，甚至更洁净、更美妙。”（《工厂视察员报告。1865 年 10 月 31 日》第 129 页）。

③ 见《马克思恩格斯文集》第 5 卷第 529—553 页。——编者注

方面的情况：第一，经验不断反复证明，如果资本只是在社会范围的个别点上受到国家的监督，它就会在其他点上更加无限度地把损失捞回来①；第二，资本家自己叫喊着要求平等的竞争条件，即要求对劳动的剥削实行平等的限制②。我们且听一听关于这方面的两种由衷的呼声吧。库克斯利先生们（布里斯托尔的生产钉子、链条等的工厂主），自愿在自己的企业里实行工厂规定。

“因为邻近各厂继续存在着旧的未经规定的制度，所以他们不得不遭受损失，眼看着他们的少年工人在下午6点钟以后被引诱到别的地方去继续做工。他们当然会说：‘这对于我们是一种不公平，并且是一种损失，因为这样会消耗少年工人的部分体力，而从少年取得的全部利益理应属于我们。’”③

辛普森先生（伦敦纸袋纸盒厂的工厂主）对童工调查委员会委员说：

“他愿意在任何一个要求实行工厂法的请愿书上签名。无论如何，他在晚上总是感到不安，他在自己的工场关门以后就想，别的工场干的时间更长些，正在把订货从他的鼻子底下抢走。”④

童工调查委员会总结说：

“只使较大的雇主的工厂遵守规定，而他们同行业的小工场在劳动时间上却不受任何法律限制，这对较大的雇主是不公平的。在劳动时间的限制上，把较小的工场看做例外，就造成不平等的竞争条件，这是一种不公平。除此以外，对较大的工厂主来说还有一种不利：他们的少年劳动和妇女劳动的供给会被引到不受工厂法约束的工场。最后，这会促使较小的工场增加，而这些较小的工场对国民的健康、福利、

① 《工厂视察员报告。1865年10月31日》第27、32页。
② 关于这一点，在《工厂视察员报告》中可以找到大量的例证。
③ 《童工调查委员会。第5号报告》第X页第35号。
④ 《童工调查委员会。第5号报告》第IX页第28号。

教育以及普遍的改善，几乎毫无例外都是最为不利的。”①

童工调查委员会在它的最终报告中，建议把140多万儿童、少年和妇女（其中几乎有一半人受小生产和家庭劳动的剥削）置于工厂法的约束之下②。委员会说：

“如果议会全部接受我们的建议，那么毫无疑问，这样的立法不仅对同它直接有关的年幼和体弱的人，而且对直接〈妇女〉和间接〈男子〉地受立法约束的更大量的成年工人，都会产生最有益的影响。这种立法会迫使他们接受规定好的和适度的劳动时间；它会节约和积蓄在很大程度上决定他们的个人幸福和国家幸福的体力储备；它会保护正在发育的一代，使他们免于在幼年从事毁坏体质和引起早衰的过度紧张的劳动；最后，它还会为至少13岁以下的儿童提供接受初等教育的机会，从而结束那种难以置信的愚昧无知状态，这种状态在委员会的报告里曾得到如实的描写，使人看了不能不十分痛心，深感国民受到了侮辱。”③

托利党内阁在1867年2月5日通过国王演辞宣布，它已经把工业调查

① 《童工调查委员会。第5号报告》第XXV页第165—167号。关于大生产对小生产的优越性，请参看《童工调查委员会。第3号报告》第13页第144号；第25页第121号；第26页第125号；第27页第140号等等。

② 受工厂法约束的工业部门如下：花边工场手工业，织袜业，草辫业，各种服饰工场手工业，制花业，制鞋业，制帽业，手套业，裁缝业，一切金属工厂（从炼铁厂到制针厂），造纸厂，玻璃工场手工业，烟草工场手工业，橡胶厂，制筘（纺织用）业，手织地毯业，雨伞阳伞工场手工业，纱锭及筒管业，印刷业，装订业，文具用品业（这里还包括纸盒、卡片、颜色纸等的生产），制绳业，煤精装饰品工场手工业，砖厂，手工丝织业，丝带业，盐厂，制烛厂，水泥厂，砂糖精制业，饼干业，各种木器业及其他种种杂品制造业。

③ 《童工调查委员会。第5号报告》第XXV页第169号。

委员会的提案[1]定为“法案”。做到这一步，竟需要在无价值的生物体上进行一次长达20年的新实验。议会童工调查委员会早在1840年就已经被任命成立了。该委员会1842年的报告，用纳·威·西尼耳的话来说，

“对资本家和父母的贪婪、自私和残酷，对儿童和少年的困苦、堕落和遭受摧残，展示出一幅从未见过的极为可怕的图景……也许有人会说，报告描写的是过去时代的惨状。但遗憾的是，我们面前的一些报告说明，这种惨状仍然存在，同过去一样严重。两年前哈德威克出版的一本小册子写道，1842年受到指责的弊端，今天〈1863年〉仍在泛滥……这份报告〈1842年〉20年来竟无人过问，在这期间，当年的儿童已长大成人，他们既对我们称为道德的东西，也对学校教育、宗教和自然的家庭之爱毫无所知，但我们竟然又让这些儿童成了现在这一代孩子的父母”。[2]

在这期间，社会状况发生了变化。议会再也不敢像当年拒绝童工调查委员会1842年的要求那样，拒绝该委员会1863年的要求了。因此还在1864年，当该委员会只公布了它的一部分报告时，瓦器业（包括陶器业）、壁纸、火柴、弹药和雷管制造业以及剪绒业，便都受到已在纺织业中实行的那些法律的约束。当时的托利党内阁通过1867年2月5日的国王演辞，公布了以童工调查委员会（这个委员会在1866年完成了它的工作）的最后提案为基础的新法案。

1867年8月15日和21日，工厂法扩充条例和工场管理法先后获得国王批准。前者约束大企业，后者约束小企业。

工厂法扩充条例约束炼铁厂、铜铁工厂、铸造厂、机器制造厂、金属加工厂、古塔波树胶厂、造纸厂、玻璃厂、烟草厂，还有印刷业和装订业，

---

① 工厂法扩充条例于1867年8月12日通过。它约束的，是所有涉及金属铸造、金属锻冶和金属加工的工场手工业（包括机器制造厂），其次是玻璃工场手工业，造纸工场手工业，古塔波树胶工场手工业和橡胶工场手工业，烟草工场手工业，印刷业，装订业，以及一切雇有50人以上的工场。——1867年8月17日通过的劳动时间规定法，约束较小的工场以及所谓家庭劳动。我在第二册中还会回过来讲到这些法律和1872年的新矿业法等等。（注释中的注释：马克思没有实现这一意图。摘自《马克思恩格斯文集》第5卷，人民出版社2009年版，第941页的注释。）

② 西尼耳《社会科学年会》第55页及以下几页。

以及所有在一年中至少有 100 天同时雇有 50 名以上工人的同类工业的工场。

为了对这个法律的适用范围的扩大有一个概括的了解，我们在这里引用该法律规定的几个定义：

"手工业是指〈在这项法律中〉任何一种作为职业或者为了谋利而从事或者附带从事的手工劳动，它用于制造、改装、装饰、修理或最后加工某种待售的物品或这种物品的一部分。"

"工场是指有任何一个儿童、少年工人或妇女在其中从事某种'手工业'，并且雇用这个儿童、少年或妇女的人有权进入并实行监督的一切有顶的或露天的房间或场所。"

"受雇是指在一个师傅或在符合下述详细规定的尊亲之一的手下从事一种'手工业'，不管领工资或不领工资。"

"尊亲是指父、母、监护人、或其他负责监护或监督某一……儿童或少年工人的人。"

第 7 条规定，凡违反该法律的规定而雇用儿童、少年工人和妇女者，得处以罚款，这一条不仅适用于工场主（不管是不是尊亲之一），而且也适用于

"尊亲以及其他对儿童、少年工人或妇女有监护权或从他们的劳动中得到直接好处的人"。

适用于大企业的工厂法扩充条例作了大量可耻的例外规定和对资本家的卑怯妥协，因此同工厂法比较起来，是后退了。

马克思：《资本论（第一卷）》（1867 年 9 月），摘自《马克思恩格斯文集》第 5 卷，人民出版社 2009 年版，第 564—568 页。

4. 1842 年的矿业法规定禁止使用妇女和 10 岁以下的儿童从事井下劳动，但女工仍在井上装卸煤炭等物，使用的女工大有增加

工场管理法由于其各项细节十分贫乏，在被授权执行该法律的市政及地方当局手中仍然是一纸空文。1871 年议会从这些当局手里收回该法的执

行权，把它交给了工厂视察员，从而使工厂视察员的视察范围一举扩大了10万多个工场，单是砖厂就增加了300个，但对于本来就人手不足的视察人员，只十分谨慎地增派了8名助手。①

因此，在1867年的这次英国立法中引人注意的地方是：一方面，统治阶级的议会不得不被迫在原则上采取非常的和广泛的措施，来防止资本主义剥削的过火现象；另一方面，议会在真正实现这些措施时又很不彻底、很不自愿、很少诚意。

1862年的调查委员会还建议对采矿业实行一种新的规定；采矿业和其他各种工业不同的地方在于，在这里土地占有者和工业资本家的利益是一致的。过去，这两种利益的对立曾促进了工厂立法；现在，正是不存在这种对立，才足以说明矿业立法为什么会如此拖延和施展诡计。

1840年调查委员会揭露了骇人听闻、令人愤慨的事实，这在整个欧洲成为一桩如此大的丑闻，以致议会为了拯救自己的良心，不得不通过了1842年的矿业法，这项法律仅限于禁止使用妇女和10岁以下的儿童从事井下劳动。

以后，1860年，制定了矿山视察法，规定矿山要受专门任命的国家官员的检查，不许雇用10岁至12岁的儿童，除非他们持有学校的证明或者按一定的时数上学。由于任命的视察员少得可笑，职权又很小，加上其他一些下面将要详细叙述的原因，这项法令仍完全是一纸空文。

关于矿山的最近的蓝皮书②之一，是《矿山特别委员会的报告。附证词。1866年7月23日》。这是由下院议员组成的一个有全权传呼和询问证人的委员会的作品，是厚厚的一册对开本，其中报告本身一共只有五行，内容是：委员会无话可说，还必须询问更多的证人！

询问证人的方式使人想起英国法庭的反问法，就是律师乱七八糟地提出各种无耻的模棱两可的问题，力图弄得证人糊里糊涂，然后对他的话加以歪曲。在这里，律师也就是议会询问人委员会的委员，其中有矿主和矿

① 工厂视察人员包括：2名视察员，2名副视察员，41名助理视察员。新添的8名助理视察员是1871年任命的。1871—1872年，英格兰、苏格兰和爱尔兰用于执行工厂法的费用总共只有25347镑，其中还包括控告违法事件的诉讼费。

② 蓝皮书（Blue Books）是英国议会或政府的（包括政府向议会提交的）文件或报告书的通称，因封皮为蓝色而得名。英国从17世纪开始发表蓝皮书，它是英国经济史和外交史方面主要的官方资料。摘自《马克思恩格斯文集》第5卷，人民出版社2009年版，第895页注释。

山经营者；证人是矿工，大部分是煤矿工人。这套滑稽戏最能说明资本的精神了，因此在这里不能不引述几段。为了便于考察起见，我把调查的结果分类叙述。我记得，问题和回答在英国蓝皮书中都编有号码，而这里所引用的都是煤矿工人的证词。

1. 矿山中 10 岁以上少年的劳动。劳动，连同到矿山往返的路程，一般持续 14—15 小时，有时还要长，从早晨 3、4、5 点钟到傍晚 4—5 点钟。（第 6、452、83 号）成年工人分两班劳动，或者说劳动 8 小时，但是为了节省开支，少年不换班。（第 80、203、204 号）年幼的儿童主要是雇来开关矿内各巷道的通风门，大一些的儿童则做较重的活，如运煤等等。（第 122、739、740、1717 号）这种长时间的井下劳动一直要做到 18 岁或者 22 岁，然后才转入真正的挖煤劳动。（第 161 号）现在儿童和少年所受的折磨，比以往任何时期都更残酷。（第 1663—1667 号）矿工几乎一致要求议会制定一项法令禁止使用不满 14 岁的童工从事矿山劳动。于是，布鲁斯先生问道：

> “这种要求难道不取决于父母的贫穷程度吗?” 布鲁斯先生问道：“如果父亲死了或者变成残废等等，那么夺去家庭的这个收入来源，难道不残忍吗？那就必须施行一项普遍的规章。你愿意在任何情况下都禁止不满 14 岁的儿童从事井下劳动吗?” 回答：“在任何情况下都愿意。”（第 107—110 号）维维安：“如果矿山禁止使用不满 14 岁的童工，父母不会把孩子送到工厂等处去吗？——一般说，不会。”（第 174 号）工人：“开关通风门看起来很容易，但这是很苦的活。这些少年不仅老是挨风吹，而且关在那里完全像关在阴暗的牢房里一样。”资产者维维安：“如果一个少年有灯，他不能在看门的时候读读书吗？——首先，他得自己买蜡烛，再说，也不会允许他这样做。他在那里要注意自己的工作，他必须尽他的责任。我从来没见过任何少年在矿里念书。”（第 139—160 号）

2. 教育。矿工要求像工厂中那样，制定一项有关儿童强制教育的法律。他们认为，1860 年法令中关于使用 10—12 岁少年要有学校证明的条款纯粹是一种空想。资本主义审讯官的“寻根究底的”盘问在这里实在可笑极了。

"法令应当更多地约束谁呢，雇主还是父母？——对双方都应当约束。"（第 115 号）"不更多地约束其中的一方吗？——让我怎么回答呢？"（第 116 号）"雇主有没有表示某种愿望想使劳动时间规定得适合于上学呢？——从来没有。"（第 137 号）"矿工以后能改进自己的教养吗？——一般说来，他们越来越坏；染上了各种恶习；酗酒、赌钱等等，完全堕落了。"（第 211 号）"为什么不送儿童们进夜校呢？——多数煤矿区根本没有夜校。但主要的是，他们都让长时间的过度劳动累得精疲力竭，连眼睛也睁不开。"资产者最后断定说："这样看，你是反对教育？——决不是，不过……"（第 454 号）"1860 年的法令不是规定矿主等等在雇用 10 岁至 12 岁的儿童时要索取学校的证明么？——法律是这样规定的，但是矿主不照办。"（第 441—443 号）"你认为，法律的这项条款没有普遍实行吗？——根本就没有实行。"（第 444 号）"矿工对教育问题很关心吗？——绝大多数人都很关心。"（第 717 号）"他们都盼望实行这项法律吗？——绝大多数人都盼望。"（第 718 号）"为什么他们不迫使实行这项法律呢？——有许多工人希望拒绝没有学校证明的少年做工，但是他会成为被记名的人。"（第 720 号）"谁给他记名呢？——他的雇主。"（第 721 号）"那你岂不是相信雇主会追究一个服从法律的人吗？——我相信雇主会这样做。"（第 722 号）"为什么工人不拒绝使用这样的少年呢？——这可不由工人做主。"（第 723 号）"你要求议会干涉吗？——要在矿工的孩子们的教育上多少做出点有成效的事情，议会必须制定一项法令来强制实行。"（第 1634 号）"这种办法应适用于大不列颠全部工人的孩子呢，还是只适用于矿工的孩子？——我到这里来是代表矿工说话。"（第 1636 号）"为什么要把矿工的孩子和别的孩子分开？——因为他们是通常情况下的一个例外。"（第 1638 号）"在哪一方面？——身体方面。"（第 1639 号）"为什么教育对他们比对其他阶级的孩子更有价值呢？——我不是说教育对于他们更有价值，但是，由于他们在矿上从事过度劳动，就更少有机会上日校和星期日学校。"（第 1640 号）"这类问题可不能绝对地看，难道不是这样吗？"（第 1644 号）

“矿区的学校够么？——不够。”（第1646号）“如果国家要求每一个儿童都入学，那么，从哪里来这么多的学校容纳所有的儿童上学呢？——我想，如果情况需要这么办，学校自然会办起来的。”（第1647号）“不只是绝大部分儿童，而且绝大部分成年矿工也都不会写不会读。”（第705、726号）

3. 妇女劳动。虽然从1842年以来已经不再在井下使用女工，但是她们仍被用来在井上装卸煤炭等物，把煤桶拉到运河边和火车旁，选煤等等。最近三四年来使用的女工大有增加。（第1727号）这些女工大多数是矿工的妻子、女儿和寡妇，年龄从12岁至50、60岁不等。（第647、1779、1781号）

“矿工对矿上雇用妇女有什么想法呢？——他们普遍谴责这种做法。”（第648号）“为什么？——他们认为这会使女性堕落（第649号）……妇女穿着男人的衣服。在许多场合下丧失了任何的羞耻心。有些妇女抽烟。劳动同井下一样脏。其中许多已婚的妇女不能尽自己的家庭职责。”（第651—654号、第701号）“寡妇能在其他地方找到同样收入（每周8—10先令）的职业吗？——我不能回答这个问题。”（第709号）“那么你仍然〈铁石心肠!〉下决心截断她们的这条谋生之路么？——毫无疑问。”（第710号）“哪儿来的这种情绪呢？——我们矿工非常尊敬女性，不忍看到她们在煤矿里受罪……这种活大部分是很繁重的。有许多姑娘一天要卸煤10吨之多。”（第1715、1717号）“你是否认为矿上雇用的女工比工厂雇用的女工更没有道德？——变坏的人的百分比大于工厂姑娘。”（第1732号）“但你不是对工厂里的道德状况也不满意么？——不满意。”（第1733号）“那么你也希望禁止工厂里使用妇女劳动吗？——不，我不希望。”（第1734号）“为什么不希望？——工厂劳动对于女性比较体面和适合。”（第1735号）“你不是认为这种劳动对她们的道德仍然是有害的吗？——不，远不像矿上的劳动那样有害。不过，我的意见不仅是出于道德方面的考虑，而且也出于身体和社会方面的考虑。姑娘们的社会堕落是令人痛心的，是极端严重的。在这些姑娘成为矿工的妻子以后，她们的丈夫就深受这种堕落之苦，这种情况使他们离开家跑去酗酒。”（第1736号）“但是铁工厂雇用的妇女不也是这样吗？——关于其他生产部门我不能说什么。”（第1737号）“但是铁工厂雇用的妇女和矿上雇用的妇女有什么不同呢？——我没有研究过这个问题。”（第1740号）“你能找出这两类人之间的区别吗？——我没有把握回答这个问题，不过我挨家挨户访问过，知道我们矿区里的一些丑事。”（第1741号）“你是不是很希望在所有会使妇女堕落的地方消灭妇女劳动呢？——是的……儿童的最好的感情应由母亲来培养。”（第1750号）“但是从事农业的妇女也是这样吗？——农活只有两季，而我们这里的妇女一年四季都要劳动，有时白天黑夜接着干，汗流浃背，使她们的体质变弱，健康受到损害。”（第1751号）“你没有全盘地研究过这个问题〈即妇女劳动的问题〉吗？——我观察了周围的情况，我敢说，我在任何地方都找不到和煤矿上的妇女劳动相似的工作。（第1753号）这是男人干的活，而且是身强力壮的男人干的活。”“较好的矿工想振奋起来并认真做人，但在妻子那里得不到支持，反而被她们拖了后腿。”［第1793、1794、1808号］

资产者又乱七八糟盘问了一通之后，终于暴露了他们对寡妇、贫苦家庭等等的“同情心”的秘密。

“煤矿主们派一些绅士去当总监工，而这些总监工为了博得主人嘉许，就实行尽可能节约地办一切事情的政策；雇用的姑娘每天得到1先令—1先令6便士，而男人却得到2先令6便士。”（第1816号）

……

1872年的法令尽管有很大缺陷，但它无论如何是对矿山雇用的儿童的劳动时间作出规定，并在一定程度上使矿山经营者和采矿业主要对所谓的事故负责的第一个法令。

1867年调查农业中儿童、少年、妇女的劳动情况的皇家委员会公布了几个很重要的报告。为了把工厂立法的原则在形式上加以改变而应用到农业方面去，曾有过各种尝试，但直到今天这些尝试都完全失败了。可是我在这里必须提醒注意的一点是：普遍应用这些原则的不可抗拒的趋势已经存在。

如果说，作为工人阶级的身体和精神的保护手段的工厂立法的普遍化已经不可避免，那么，另一方面，正如前面讲到的，这种普遍化使小规模的分散的劳动过程向大的社会规模的结合的劳动过程的转化也普遍化和加速起来，从而使资本的积聚和工厂制度的独占统治也普遍化和加速起来。它破坏一切还部分地掩盖着资本统治的陈旧的过渡的形式，而代之以直接的、无掩饰的资本统治。这样，它也就使反对这种统治的直接斗争普遍化。它迫使单个的工场实行划一性、规则性、秩序和节约，同时，它又通过对工作日的限制和规定所造成的对技术的巨大刺激而加重整个资本主义生产的无政府状态和灾难，提高劳动强度并扩大机器与工人的竞争。它在消灭小生产和家庭劳动的领域的同时，也消灭了“过剩人口”的最后避难所，从而消灭了整个社会机制的迄今为止的安全阀。它在使生产过程的物质条件和社会结合成熟的同时，也使生产过程的资本主义形式的矛盾和对抗成熟起来，因此也同时使新社会的形成要素和旧社会的变革要素成熟起来①。

马克思：《资本论（第一卷）》（1867年9月），摘自《马克思恩格斯文集》第5卷，人民出版社2009年版，第568—577页。

5. 当时意大利禁止去争取实现任何抵御剥削的保护措施，如争取正常工作日、限制女工和童工劳动

所谓革命，就是大发空论而不做实事。英国的、其次法国的、最后德国的工人运动都是通过实质上是政治的斗争成长和壮大起来的，与此相反，在意大利，任何政治活动都遭到诅咒，因为据说进行政治活动就意味着承认"国家"，而"国家"是一切祸害的总和。于是，那里禁止建立工人党；

① 罗伯特·欧文是合作工厂和合作商店之父，但是正如前面所指出的，他不像他的追随者那样，对这些孤立的转变要素的作用抱有任何幻想（见本卷第346页。——编者注）。他不仅在自己的试验中实际地以工厂制度为起点，而且还在理论上说明工厂制度是社会革命的起点。莱顿大学政治经济学教授菲瑟灵先生，在1860年至1862年出版的著作《实用国民经济手册》（这部著作以最适当的形式说出庸俗经济学的一切庸俗主张）中竭力赞成手工业生产、反对大工业时，似乎也感觉到了类似的东西——〔第四版注：英国立法通过相互矛盾的工厂法、工厂法扩充条例、工场管理法而制造的"一起又一起的诉讼纠纷"（第264页。见本卷，第347页。——编者注），最终变得使人无法容忍了，因此在1878年的工厂和工场法中把所有有关的立法汇编成一部法典。当然这里不可能对这部今天还有效的英国工业法典提出详细的评论。只指出下列各点就够了。法令约束的范围：1. 纺织工厂。在这里几乎一切情况都和以前一样：10岁以上的儿童每天准许劳动5½小时，或者每天劳动6小时，星期六休息；少年和妇女前5天每天劳动10小时，星期六最多不得超过6½小时。——2. 非纺织厂。这里的规定比过去更接近于1. 中的各项规定，但仍有些对资本家有利的例外，而且在某些场合，只要得到内务大臣的特别许可，这些例外还可以扩大。——3. 其定义和过去的法令大体相同的工场。要是它们雇用儿童、少年工人或者妇女，就要受到同非纺织工厂大致相同的待遇，但在细节上又规定较宽。——4. 不雇用儿童或少年工人，只雇用18岁以上的男女工人的工场。对这一类工场规定得更宽。——5. 只由家庭成员在自家住宅劳动的家庭工场。关于这类工场的各项规定更具有弹性，同时还限定：视察员如果没有得到内阁或法院的特别许可，只准进入那些并非同时兼作住宅的房间；最后，家庭范围内的草辫业、花边编织业、手套业完全不受约束。尽管这个法令有这些缺点，但它和1877年3月23日的瑞士联邦工厂法一样，一直还是这方面的一部最好的法律。把这个法令同提到的瑞士联邦工厂法比较一下特别有意思．因为这种比较十分清楚地表明了两种立法方法的优缺点：一种是英国的、"历史的"、从一个一个案件着手的立法方法；另一种是大陆的、以法国革命传统为基础的、更为概括的立法方法。可惜，英国这部法典在工场中施行时，由于视察人员不足，大多仍然是一纸空文。——弗·恩·〕。（注释中的注释：（1）罗·欧文关于工厂制度是社会革命的起点的观点，见他的《在曼彻斯特的六篇演讲》1833年曼彻斯特版第56—58页。马克思在《政治经济学批判（1857—1858年手稿）》，见《马克思恩格斯全集》中文第2版第31卷第109—110页已摘录了有关的段落。（2）1878年的工厂法和工场法是一项把有关工厂和工场的法律合并并经过修订的法律（维多利亚四十一年通过）第16章，见《工厂与工场法。1878年》，附亚·雷德格雷夫所作序言，1879年伦敦第2版。马克思个人收藏有这本书，并在雷德格雷夫所作注释的边上画了线。）摘自《马克思恩格斯文集》第5卷，人民出版社2009年版，第941页注释。

禁止去争取实现任何抵御剥削的保护措施，如争取正常工作日、限制女工和童工劳动；而首先禁止的则是参加任何选举。与此同时，那里要求人们必须为未来的革命而进行鼓动、组织和秘密工作，一旦革命从天外飘然降临，就应当立刻在没有任何临时政府、完全消灭任何国家机构或类似国家的机构的情况下，单靠（在同盟秘密指挥下的）工人群众的首创精神来进行——“但是请不要问我如何做到这一点！”①

恩格斯：《意大利的情况》（1875 年 4 月底—5 月 7 日），摘自《马克思恩格斯全集》第 25 卷，人民出版社 2001 年版，第 118 页。

6. 限制妇女劳动的时间和有害身体的劳动

3. “限制妇女劳动和禁止儿童劳动”

如果限制妇女劳动指的是工作日的长短和工间休息等等，那么工作日的正常化就应当已经包括了这个问题；否则，限制妇女劳动只能意味着在那些对妇女身体特别有害或者对女性来说违反道德的劳动部门中禁止妇女劳动。如果指的是这一点，那就应当说清楚。

“禁止儿童劳动”！这里绝对必须指出年龄界限。

普遍禁止儿童劳动是同大工业的存在不相容的，所以这是空洞的虔诚的愿望。

实行这一措施——如果可能的话——是反动的，因为在按照不同的年龄阶段严格调节劳动时间并采取其他保护儿童的预防措施的条件下，生产劳动和教育的早期结合是改造现代社会的最强有力的手段之一。

4. “对工厂工业、作坊工业和家庭工业实行国家监督。”

在普鲁士德意志这样一个国家里，应当明确地要求：工厂视察员只有经过法庭才能撤换；每个工人都可以向法庭告发视察员的失职行为；视察员必须是医生。

5. “调整监狱劳动。”

在一个一般性的工人纲领里面，这是一种微不足道的要求。无论如何应当明白说出，工人们不愿意由于担心竞争而让一般犯人受到牲畜一样的待遇，特别是不愿意使他们失掉改过自新的唯一手段即生产劳动。这是应当期望于社会主义者的最低限度的东西。

① 海涅的组诗《青春的苦恼》中的第八首诗。——编者注

6. “实行有效的责任法。”

应当说明，“有效的”责任法是什么意思。

顺便指出，在正常的工作日这一条中，忽略了工厂立法中关于卫生设施和安全措施等等那一部分。只有当这些规定遭到破坏时，责任法才发生效力。

总之，这一附带部分也是写得很草率的。①

我已经说了，我已经拯救了自己的灵魂。②

马克思：《哥达纲领批判》（1875 年 4 月底—5 月 7 日），摘自《马克思恩格斯文集》第 3 卷，人民出版社 2009 年版，第 448—449 页。

7. 罗伯特·欧文提出阻碍社会改革的首先有三大障碍：私有制、宗教和现在的婚姻形式。经过他五年的努力，在 1819 年通过了限制工厂中妇女和儿童劳动的第一个法律

这时有一个 29 岁的厂主作为改革家出现了，这个人具有像孩子一样单纯的高尚的性格，同时又是一个少有的天生的领导者。罗伯特·欧文接受了唯物主义启蒙学者的学说：人的性格是先天组织和人在自己的一生中，特别是在发育时期所处的环境这两个方面的产物。社会地位和欧文相同的大多数人都认为，工业革命只是便于浑水摸鱼和大发横财的一片混乱。欧文则认为，工业革命是运用他的心爱的理论并把混乱化为秩序的好机会。当他在曼彻斯特领导一个有 500 多工人的工厂的时候，就试行了这个理论，并且获得了成效。从 1800 年到 1829 年间，他按照同样的精神以股东兼经理的身份管理了苏格兰的新拉纳克大棉纺厂，只是在行动上更加自由，而且获得了使他名闻全欧的成效。新拉纳克的人口逐渐增加到 2500 人，这些人的成分原来是极其复杂的，而且多半是极其堕落的分子，可是欧文把这个地方变成了一个完善的模范移民区，在这里，酗酒、警察、刑事法官、诉讼、贫困救济和慈善事业都绝迹了。

……

欧文的共产主义就是通过这种纯粹商业的方式，作为所谓商业计算的果实产生出来的。它始终都保持着这种面向实际的性质。例如，在 1823

① 1891 年发表时删去了这句话。——编者注

② 这句话原文是拉丁文：Dixi et salvavi animam meam，源于《旧约全书·以西结书》，意思是，我已经尽了责任。摘自《马克思恩格斯文集》第 3 卷，人民出版社 2009 年版，第 682 页注释。

年，欧文提出了通过共产主义移民区消除爱尔兰贫困的办法，并附上了关于筹建费用、年度开支和预计收入的详细计算①。而在他的关于未来的最终计划中，对各种技术上的细节，都作了非常内行的规划，以致他的社会改革的方法一旦被采纳，则各种细节的安排甚至从专家的眼光看来也很少有什么可以挑剔的。

转向共产主义是欧文一生中的转折点。当他还只是一个慈善家的时候，他所获得的只是财富、赞扬、尊敬和荣誉。他是欧洲最有名望的人物。不仅社会地位和他相同的人，而且连达官显贵、王公大人们都点头倾听他的讲话。可是，当他提出他的共产主义理论时，情况就完全变了。在他看来，阻碍社会改革的首先有三大障碍：私有制、宗教和现在的婚姻形式。他知道，他向这些障碍进攻，等待他的将是什么：官方社会的普遍排斥，他的整个社会地位的丧失。但是，他并没有却步，他不顾一切地向这些障碍进攻，而他所预料的事情果然发生了。他被逐出了官方社会，报刊对他实行沉默抵制，他由于以全部财产在美洲进行的共产主义试验失败而变得一贫如洗，于是他就直接转向工人阶级，在工人阶级中又进行了 30 年的活动。当时英国的有利于工人的一切社会运动、一切实际进步，都是和欧文的名字联在一起的。例如，经过他五年的努力，在 1819 年通过了限制工厂中妇女和儿童劳动的第一个法律②。他主持了英国工会的第一次代表大会，在这次大会上，全国各工会联合成一个工会大联盟③。同时，作为向完全共产主义的社会制度过渡的措施，一方面他组织了合作社（消费合作社和生产合作社），这些合作社从这时起至少已经在实践上证明，无论商人或厂主

① 参看罗·欧文《关于在都柏林举行的几次公众集会的报告。3 月 18 日、4 月 12—19 日和 5 月 3 日》1823 年都柏林版。——编者注

② 1815 年 1 月，罗·欧文在英国格拉斯哥的一次会议上提出了一系列改善童工和成年工人状况的措施，遭到工厂主们的反对。根据 1815 年 6 月欧文的倡议提出的法案直到 1819 年 7 月才被议会通过形成法律，而且还大大地打了折扣。调整棉纺厂劳动的法律禁止 9 岁以下的儿童做工，限定 18 岁以下的工人的工作日为 12 小时，规定所有工人有两次工间休息作为早饭和午饭的时间，共一个半小时。摘自《马克思恩格斯文集》第 3 卷，人民出版社 2009 年版，第 699 页注释。

③ 1833 年 10 月，由罗·欧文主持在伦敦举行了合作社和职工会的代表大会，会上正式成立了大不列颠和爱尔兰全国工会大联盟；联盟的章程于 1834 年 2 月被通过。按照欧文的想法，这个联盟应当把生产管理的权力掌握在自己手中，并且通过和平的途径实现对社会的彻底改造。但是这个空想的计划遭到失败。由于资产阶级社会和国家的强烈反对，该联盟 1834 年 8 月宣告解散。摘自《马克思恩格斯文集》第 3 卷，人民出版社 2009 年版，第 700 页注释。

都决不是不可缺少的人物；另一方面他组织了劳动市场[①]，即借助以劳动小时为单位的劳动券来交换劳动产品的机构；这种机构必然要遭到失败，但是充分预示了晚得多的蒲鲁东的交换银行[②]，而它和后者不同的是，它并没有被说成是医治一切社会弊病的万灵药方，而只是被描写为激进得多的社会改造的第一步。

恩格斯：《社会主义从空想到科学的发展》（1880年1月—3月上半月），摘自《马克思恩格斯文集》第9卷，人民出版社2009年版，第277—280页。

8. 禁止妇女做夜工，孕妇产前至少休息四个星期，产后休息六个星期

不管怎样，纲领的理论部分现在是完全可以接受的；要知道，主要的是要使纲领在理论上没有任何引起争论之处，这一点基本上做到了。实际要求有各种各样的"问题"，有些要求——对当前条件来说——看来是小市民的，但是，在我们的地位目前已经稳固的情况下，对此有理由提出异议，这些要求在我们没有取得政权以前肯定是无法实现的，而在取得政权以后，将具有完全不同的性质。譬如，免费诉讼辩护就是这样的要求。对十八岁以下的童工实行六小时工作日一项，无疑是应当写进去的，——正如禁止妇女做夜工，孕妇产前至少休息四个星期、产后休息六个星期等项那样。

恩格斯：《致卡尔·考茨基》（1891年12月3日），摘自《马克思恩格斯全集》第38卷，人民出版社1972年版，第238页。

（四）婚姻法

1. 在普鲁士，婚姻部分地摆脱了"宗教当局"，婚姻的"民法"效力和"教会"效力之间有了差别

---

① 劳动交换市场即劳动产品公平交换市场，是由英国各城市的工人合作社创办的。第一个这样的交换市场由罗·欧文于1832年9月在伦敦创办，一直存在到1834年。在劳动产品公平交换市场上，劳动产品用以一小时劳动时间为单位的劳动券进行交换。这种在资本主义商品经济条件下，企图不用货币进行交换，并和平过渡到社会主义的乌托邦做法，很快就遭到失败。摘自《马克思恩格斯文集》第3卷，人民出版社2009年版，第664页注释。

② 蒲鲁东的交换银行指蒲鲁东于1849年1月31日尝试成立的人民银行。他打算借助这个银行通过和平的途径实现他的"社会主义"，即消灭信贷利息，在生产者获得自己劳动收入的全部等价物的基础上进行没有货币的交换。这个银行在开始正常业务活动之前就于4月初宣告关闭。摘自《马克思恩格斯文集》第3卷，人民出版社2009年版，第664页注释。

在我们的海尔梅斯看来当然是这样，因为他提醒青年黑格尔派的信徒们注意：

“根据国内大部分地区的现行法律，未经教会认可的婚姻就是非法同居，并将受到违警处罚。”

因此，如果根据拿破仑法典①，“未经教会认可的婚姻”在莱茵河流域被看作“婚姻”，而根据普鲁士邦法，在施普雷河流域则被认为是“非法同居”，那么，根据海尔梅斯的意见，“违警的”处罚就给“哲学家们”提供了一种论据，即在这里是合法的东西在别处却被看作违法的，这一论据证明，科学的、道德的和合理的婚姻概念不是表现在拿破仑法典里，而是表现在普鲁士邦法里。这种“违警处罚的哲学”也许在别的什么地方能够使人信服，但在普鲁士是不能使任何人信服的。而且普鲁士邦法并不重视“圣洁的”婚姻，该法第2部分第1章第12节就说：

“不过，邦的法律所认可之婚姻，并不因其未经宗教当局之许可或为其所拒绝而丧失民法效力。”

可见，在普鲁士，婚姻也部分地摆脱了“宗教当局”，婚姻的“民法”效力和“教会”效力之间也有了差别。

马克思：《〈科隆日报〉第179号的社论》（1842年6月28日—7月3日），摘自《马克思恩格斯全集》第1卷，人民出版社1995年版，第216—217页。

2. 婚姻与宗教

---

① 拿破仑法典不仅指在拿破仑统治时期于1804年通过的并以《拿破仑法典》著称的法国民法典，广义而言，也指整个资产阶级法体系，即1804—1810年拿破仑第一统治时期通过的五部法典（民法典、民事诉讼法典、商业法典、刑法典和刑事诉讼法典）；这些法典在拿破仑法国所占领的德国西部和西南部曾实行，在莱茵省1815年归属普鲁士以后，仍继续在该省生效。摘自《马克思恩格斯全集》第1卷，人民出版社1995年版，第1015页注释。

这里登载的这篇关于离婚法草案的评论是从莱茵法学的观点来论述的①，而前些时候登载的那篇评论（见《莱茵报》第310号附刊）是从旧普鲁士法学的观点及其实践出发的②。现在有待于作出第三种评论，主要是从一般法哲学观点出发的评论。只研究同意和反对离婚的个别理由已经不够了，还必须阐述婚姻的概念和由此概念产生的后果。

我们至今发表的两篇文章，都同样指责宗教干预法的领域。可是，这些文章都没有阐述婚姻本身就其本质来说在多大程度上是宗教的或非宗教的，因而，也就不能阐明，如果一个彻底的立法者遵循事物的本质并且决不满足于该本质的纯粹抽象的规定，那他必须怎么办。如果立法者认为，婚姻的本质不是人的伦理性，而是宗教的神圣性，因而以上天注定代替自己作主，以超自然的恩准代替内心的、自然的奉献，以消极地顺从那凌驾于这种关系的本性之上的戒律代替忠诚地服从这种关系的本性，那么，如果这位信教的立法者也把婚姻从属于教会（而教会的使命就是实现宗教的需要和要求），把世俗婚姻置于教会当局的最高监督之下，我们能指责他吗？这样做难道不是简单的和必然的结果吗？

如果有人以为，指出信教的立法者的这些或那些规定同婚姻的世俗本质相矛盾就可驳倒他，那就错了。信教的立法者反对的并不是世俗婚姻的离异，倒不如说，他反对的是婚姻的世俗本质。他一方面竭力使婚姻失去其世俗性，另一方面在不可能做到这一点的地方，则竭力使婚姻的世俗性仅仅作为被容忍的一面每时每刻都感觉到自己的局限性，竭力去摧毁它的后果的罪恶反抗。

但是，在这里登载的这篇评论中作了机智阐述的莱茵法学观点，是完全不够的。把婚姻分成宗教的和世俗的两种本质，使其中一种本质只同教

---

① 1842年11月13、15日《莱茵报》第317、319号附刊登载的《论新婚姻法草案》一文认为，新草案的主要缺点在于，它并没有废除，只是修订了历史上已经过时的普鲁士邦法的各种规定。文章还谴责了草案在法律上把国家从属于教会明文规定下来的做法。因此，文章否定那些给结婚或离婚造成困难的各项规定，也反对因离婚而引起的法律性的惩罚。摘自《马克思恩格斯全集》第1卷，人民出版社1995年版，第1027页注释。

② 1842年11月6日《莱茵报》第310号附刊登载的《评法律修订部1842年7月提出的离婚法草案》一文批评草案持新教观点并具有违反常人健全理智的各种规定。文章否定给离婚造成困难的多数条款，维护普鲁士邦法的有关规定。摘自《马克思恩格斯全集》第1卷，人民出版社1995年版，第1027页注释。

会和个人的信仰相联系，而另一种本质则同国家和公民的法的意识相联系，这是不够的。把两个不同的领域强加给婚姻并不能消除矛盾；相反，这样做会在这两个至关重要的领域本身之间制造矛盾和无法解决的冲突。谁能责令立法者持二元论，持双重的世界观呢？难道一个持宗教观点的有良心的立法者，不应当把在教会世界和宗教形式中他认为是真理本身的东西，他作为唯一力量来崇拜的东西，看作现实世界和世俗形式中的唯一力量吗？

在这一点上，表现了莱茵法学的根本缺陷——它的二重性的世界观。这种世界观由于用肤浅的方式把信仰同法的意识分开，不是解决最麻烦的冲突，而是把它劈成两半；它把法的世界同精神的世界，从而把法同精神割裂开来，这样也就把法学同哲学割裂开来了。而在反对这里所讨论的法律时，旧普鲁士法学的完全站不住脚则以最明白无误的方式更加突出地表现出来了。如果说任何立法都不能颁布法令让人们去做合乎伦理的事情是正确的，那么说任何立法都不能承认不合伦理的事情是合法的就更是正确的了。

邦法①是建立在理智的抽象上的，这种理智的抽象本身是无内容的，它把自然的、法的和合乎伦理的内容当作外在的、没有内在规律的质料加以吸收，它试图按照外部的目的来改造、安排、调节这种没有精神、没有规律的质料。邦法不是按照对象世界所固有的规律来对待对象世界，而是按照任意的主观臆想和与事物本身无关的意图来对待对象世界。旧普鲁士法学家表现出他们对邦法的这种本性了解很差。他们所批判的不是邦法的本质，而是它个别的外部表现。因此，他们反对的也就不是新离婚法草案的性质和方式，而是反对它的宗教改革的倾向。他们大概以为可以在坏习俗中找到坏法律存在的理由。我们要求评论首先要批判地对待自己，并且不要忽略评论对象的难点。

① 普鲁士邦法指《普鲁士国家通用邦法》，包括私法、国家法、教会法和刑法，自 1794 年 6 月 1 日起开始生效。由于法国资产阶级革命及其对德国的影响，邦法明显地反映出资产阶级改良的萌芽，然而就其实质来说，它仍然是一部封建性的法律。摘自《马克思恩格斯全集》第 1 卷，人民出版社，第 1015 页注释。

马克思：《〈莱茵报〉编辑部为〈论新婚姻法草案〉一文所加的按语》①（1842年11月6—14日之间），摘自《马克思恩格斯全集》第1卷，人民出版社1995年版，第315—317页。

3. 马克思对《离婚法草案》中的婚姻的基础、后果与离婚自由的评论

科隆12月18日。《莱茵报》对离婚法草案②采取了完全独特的立场，可是直到现在为止，还没有任何方面向我们证明《莱茵报》的立场是没有根据的。《莱茵报》同意这一草案，因为它认为现行的普鲁士婚姻法是不合伦理的，目前离婚理由的繁多和轻率是不能容忍的，现行的诉讼程序是不符合这一命题的尊严的；而旧普鲁士的整个审判程序也是这样的。另一方面，《莱茵报》对新草案提出了下列几点主要的反对意见：（1）草案只是以简单的修订代替了改革，因而普鲁士邦法就被当作根本法保留了下来，这样便表现出非常显著的不彻底和无把握；（2）立法不是把婚姻看作一种伦理的制度，而是看作一种宗教的和教会的制度，因此，婚姻的世俗本质被忽略了；（3）草案所提出的诉讼程序缺点很多，而且是互相矛盾的各种因素的表面缀合；（4）应该承认，草案一方面具有同婚姻概念相抵触的警

① 促使马克思写这个按语的直接原因是《莱茵报》发表的两篇评论离婚法草案的文章（参看注141、142），按语是为第二篇文章加的。马克思在按语中拟定了批判离婚法草案的基本方针，在后来作为社论发表的《论离婚法草案》（见本卷第346—350页）一文中，马克思进一步阐述了自己的观点。因为写这个按语时，第一篇文章已经刊印，所以按语的写作时间不会早于1842年11月6日。1842年2月，历史法学派的主要代表弗·卡·冯·萨维尼被普鲁士国王弗里德里希—威廉四世任命为法律修订大臣。在他的主持下，首先着手起草新离婚法草案。草案的准备和讨论是在非常秘密的情况下进行的。1842年7月草案虽已付印，但不允许公开发表。尽管如此，从7月底起还是有人针对草案发表了最初的批评性评论。1842年10月20日《莱茵报》第293号发表了这一草案，后来在《莱茵报》、《莱比锡总汇报》以及其他报刊上对草案展开了广泛的公开讨论。普鲁士政府对这件事采取威胁和压制的手段，它首先要求《莱茵报》编辑部提供草案投寄人的姓名，遭到拒绝。这成了《莱茵报》后来被查封的原因之一。摘自《马克思恩格斯全集》第1卷，人民出版社1995年版，第1027页注释。

② 《论离婚法草案》与《〈莱茵报〉编辑部为〈论新婚姻法草案〉一文所加的按语》（见本卷第315—317页）在内容上有着密切的联系，在这篇文章中马克思继续批判了弗·卡·冯·萨维尼主持拟定的离婚法草案，并且同莱茵法学家和坚持普鲁士邦法的普鲁士法学家划清了界线。在刊登马克思文章的《莱茵报》同一号上，还转载了《普鲁士国家总汇报》的一篇关于离婚法的文章，据称这是萨维尼让人在该报上发表的。文章简要地复述了普鲁士法律修订部的动机，并为离婚法草案进行辩护。这篇文章显然是马克思促使《莱茵报》转载的，因为这样一来马克思就可以清楚地说明，《莱茵报》能够在多大程度上赞成修改婚姻法的动机，同时他也能够直接批驳为维护离婚法草案的基本原则而提出的论据。摘自《马克思恩格斯全集》第1卷，人民出版社1995年版，第1028页注释。

政一样的严厉性，而另一方面，对所谓合理的理由却又过分迁就；（5）草案的整个行文在逻辑的一贯性、准确性、鲜明性和观点的彻底性方面也有许多不如人意的地方。

因此，如果草案的反对者批评这些缺点的任何一点，我们是会赞同他们的意见的，但是，我们决不赞成他们无条件地为从前的制度辩护。我们再一次重申我们已经发表过的意见："如果任何立法都不能颁布法令让人们去做合乎伦理的事情，那么任何立法更不能承认不合伦理的事情是合法的。"①

当我们询问这些反对者（他们不是教会见解的反对者，也不是上述其他缺点的反对者）他们的论断的根据是什么的时候，他们总是向我们叙述那些违反本人意愿而结合的夫妻的不幸。他们抱着幸福主义的观点，他们仅仅想到两个个人，而忘记了家庭。他们忘记了，几乎任何的离婚都是家庭的离散，就是纯粹从法律观点看来，子女及其财产也不能按照随心所欲的意愿和臆想来处理。如果婚姻不是家庭的基础，那么它也就会像友谊一样，不是立法的对象了。可见，他们注意到的仅仅是夫妻的个人意志，或者更正确些说，仅仅是夫妻的任性，却没有注意到婚姻的意志即这种关系的伦理实体。可是，立法者应该把自己看作一个自然科学家。他不是在创造法律，不是在发明法律，而仅仅是在表述法律，他用有意识的实在法把精神关系的内在规律表现出来。如果一个立法者用自己的臆想来代替事情的本质，那么人们就应该责备他极端任性。同样，当私人想违反事物的本质恣意妄为时，立法者也有权利把这种情况看作是极端任性。谁也不是被迫结婚的，但是任何人只要结了婚，那他就得服从婚姻法。结婚的人既不是在创造，也不是在发明婚姻，正如游泳者不是在发明水和重力的本性和规律一样。所以，婚姻不能听从结婚者的任性，相反，结婚者的任性应该服从婚姻。谁任意地使婚姻破裂，那他就是声称，任性、非法行为就是婚姻法，因为任何一个有理性的人都不会有一种非分的要求，认为自己的行为是他一个人才可以做的享有特权的行为；相反，每个有理性的人都会认为自己的行为是合法的、一切人都可以做的行为。可是你们反对什么呢？反对任性的立法。但是，你们在责备立法者任性的同时，可不要把任性变为法律。

① 见第1卷第316页。——编者注

黑格尔说：婚姻本身，按其概念来说，是不可离异的，但仅仅就其本身，即仅仅按其概念来说是如此①。这句话完全没有表明婚姻所具有的那种特殊的东西。一切伦理的关系，按其概念来说，都是不可解除的，如果以这些关系的真实性作为前提，那就容易使人相信了。真正的国家、真正的婚姻、真正的友谊都是不可分离的，但是任何国家、任何婚姻、任何友谊都不完全符合自己的概念。正像甚至家庭中现实的友谊和世界史上现实的国家都是可以分离的一样，国家中现实的婚姻也是可以分离的。任何伦理关系的存在都不符合，或者至少可以说，不一定符合自己的本质。正像在自然界中，当某种存在物完全不再符合自己的使命时，解体和死亡自然就会到来一样，正像世界历史会决定，一个国家是否已完全同国家观念相矛盾，以致不值得继续存在一样，一个国家也要决定，在什么样的条件下现存的婚姻不再成其为婚姻。离婚无非是宣布某一婚姻是已经死亡的婚姻，它的存在仅仅是一种假象和骗局。不言而喻，既不是立法者的任性，也不是私人的任性，而是只有事物的本质才能决定，某一婚姻是否已经死亡；因为大家知道，宣告死亡取决于事实，而不取决于当事人的愿望。既然你们要求在确定肉体死亡时要有确凿的、无可辩驳的证据，那么，难道立法者不应该只是根据最无可怀疑的征象来确定伦理的死亡吗？因为维护伦理关系的生命不仅是立法者的权利，也是他的义务，是他的自我保存的义务！

当然，只有当法律是人民意志的自觉表现，因而是同人民的意志一起产生并由人民的意志所创立的时候，才会有确实的把握，正确而毫无成见地确定某种伦理关系的存在已不再符合其本质的那些条件，做到既符合科学所达到的水平，又符合社会上已形成的观点。对于是使离婚变得容易些还是困难些，我们还要补充几句话。如果每一种外部的动因，每一种伤害都将摧毁自然界中的某一机体，那么你们认为这种机体是健康、结实而组织健全的吗？如果有人说，你们的友谊不能抵御最小的偶然事件，遇到任何一点不痛快都必定会瓦解，而且把这说成是一种公理，难道你们不觉得这是一种侮辱吗？对于婚姻，立法者只能规定，在什么样的条件下婚姻是允许离异的，也就是说，在什么样的条件下婚姻按其实质来说是已经离异了。法院判决的离婚只

① 黑格尔《法哲学原理》第 163 节补充，见《黑格尔全集》1833 年柏林版第 8 卷第 227 页。——编者注

能是婚姻内部瓦解的记录。立法者的观点是必然性的观点。因此，如果立法者认为婚姻是牢固的，足以承受种种冲突而不致受到损害，那他就是尊重婚姻，承认它的深刻的合乎伦理的本质。对个人愿望的宽容会变成对个人本质的严酷，变成对体现为伦理关系的个人伦理理性的严酷。

最后，当有些方面责难实施严格的离婚法的地区（莱茵省也为属于这样的地区而自豪）是伪善的时候，我们只能称之为冒失行为。只有那些眼界没有超越自己周围的道德沦丧现象的人们，才敢于作出这样的指摘。例如，在莱茵省，人们就认为这种指摘是可笑的，或者最多把这些指摘看作是伦理关系的观念本身也可能消失，任何合乎伦理的事实都可能被理解为胡说和谎言的证明。这是那些并非为了尊重人而制定的法律的直接结果，这是一个缺点，这个缺点并不会由于人们从轻视人的物质本性转而轻视人的观念本性，要求盲目地服从超伦理的和超自然的权威而不是自觉地服从伦理的自然的力量而消除。

马克思：《论离婚法草案》①（1842 年 12 月 18 日），摘自《马克思恩格斯全集》第 1 卷，人民出版社 1995 年版，第 346—350 页。

4. 新的离婚法草案的通过是人民取得了一次伟大的胜利

人民取得了一次伟大的胜利；他们通过自己的坚定而持久的反抗迫使国王②放弃了他最得意的法案——新的离婚法草案③。这方面的现行法律是极其宽大的，当然也从来没有使这位基督教国王感到满意。国王自从

① 马克思批判了 1842 年在萨维尼领导下拟定的离婚法草案。执政当局准备和讨论离婚法草案是进行得极端秘密的。尽管如此，《莱茵报》在 1842 年 10 月 20 日公布了这一草案，因而引起了以后在《莱茵报》、《莱比锡总汇报》（《Leipziger Allgemeinc Zeitung》）及其他报刊上展开的对草案的广泛公开的讨论。《莱茵报》编辑部公布离婚法草案并坚决拒绝提供草案投稿人姓名是该报遭封闭的原因之一。

② 弗里德里希-威廉四世。——编者注

③ 1842 年 2 月，历史法学派（见注 40）的主要代表弗·卡·冯·萨维尼被普鲁士国王弗里德里希-威廉四世任命为法律修订大臣。在他的主持下首先着手起草新离婚法草案。1842 年 7 月拟订的第一个离婚法草案以法律形式确认教会对结婚和离婚可施加影响、不得轻易离婚，否则将给予严厉的法律制裁。新的离婚法草案经立法委员会审议、修改后于 1843 年初送交枢密院，并由枢密院的一个委员会拟订新的草案修订本。1844 年 4 月 12 日枢密院草案修订本连同一份报告呈交弗里德里希-威廉四世。1844 年 5 月 11 日，弗里德里希-威廉四世命令枢密院暂时放弃对离婚法作原则改动。马克思在《〈莱茵报〉编辑部为〈论新婚姻法草案〉一文所加的按语》和《论离婚法草案》（见《马克思恩格斯全集》中文第 2 版第 1 卷第 315—317、346—350 页）中批判了萨维尼拟定的这一法案。摘自《马克思恩格斯全集》第 3 卷，人民出版社 2002 年版，第 724—725 页注释。

即位以来，就一心要修订这项法律，使离婚只在极少数场合才得到认可。必须尽可能严格地强化婚姻关系的神圣不可侵犯，并给神职人员干预他人家庭事务打开另一扇门。然而，国民的心气是反对这样一种法律的；报刊反对它，在一家民主派报纸①把这项法案的可靠的摘要弄到手并且予以发表②之后，全国各地一片抗议声。可是，国王一意孤行。法案被提交枢密院，以便为交付各省议会③讨论做好准备，因为根据普鲁士宪法，必须听取各省议会的意见。很难判定，是枢密院内已经有了强烈的反对意见呢，还是国王意识到了这个法案决不会被各省议会通过；但是，下面这一点足以说明问题：本月 11 日的国王敕令已经下达枢密院，它撤回了法案，放弃了其中的全部原则，并宣布国王将只满足于改变现行法律中的一些手续问题。反抗行为所取得的这个极其重要的胜利必然会持久地加强民众的力量，它将在王国的每一个小村庄受到人们的欢呼。这个胜利将向人民表明，他们是强大的，他们如果团结，就可以使他们所不喜欢的任何法案无效；而且，它还表明，他们甚至只要显示一下自己的力量，就会使政府害怕而去做他们愿意它做的任何事情。

---

① 《莱茵报》。——编者注

② 离婚法草案的拟定工作是在政府范围内秘密进行的。马克思主编的《莱茵报》在 1842 年 10 月 20 日第 293 号公布了这个草案，从而后来在《莱茵报》和《莱比锡总汇报》以及其他报刊上对草案展开了广泛讨论。《莱茵报》编辑部坚决拒绝提供草案投寄者的姓名，是普鲁士政府后来查禁该报的原因之一。当时对草案提出激烈抨击的不仅有革命民主主义者和自由派，而且有统治阶级内部和天主教方面有意进行改革的势力。书报检查大臣不得不建议，不要以查禁《莱茵报》作为先决条件。摘自《马克思恩格斯全集》第 3 卷，人民出版社 2002 年版，第 725 页注释。

③ 各省议会即普鲁士各省等级会议，建立于 1823 年。会议由下列四个等级的代表组成：（1）诸侯等级的代表即过去受封的德皇家族的代表；（2）骑士等级即贵族的代表；（3）城市的代表；（4）乡镇的代表。由于拥有地产是参加省等级会议选举的主要条件，所以大部分居民实际上被剥夺了选举权。选举资格的限制和选举方式保证了贵族在省议会中占大多数席位。从 1827 年起，省议会由国王不定期地召开，其权限仅限于商讨地方经济和省的行政管理问题。在政治方面，省等级会议只具有极有限的咨议权即对政府提交给它们讨论的一些法案和提案发表自己的意见。摘自《马克思恩格斯全集》第 3 卷，人民出版社 2002 年版，第 725 页注释。

恩格斯：《普鲁士消息。离婚法和西里西亚骚乱》①（1844年6月16日），摘自《马克思恩格斯全集》第3卷，人民出版社2002年版，第602—603页。

5. 按照资产阶级的理解，婚姻是一种契约，是一种法律行为，而且是一种最重要的法律行为，因为它就两个人终身的肉体和精神的问题作出规定

然而，只有能够自由地支配自己的人身、行动和财产并且彼此权利平等的人们才能缔结契约。创造这种“自由”和“平等”的人们，正是资本主义生产的主要工作之一。虽然这在最初不过是半自觉地发生的，并且穿上了宗教的外衣，但是自路德和加尔文的宗教改革以来，就牢固地确立了一个原则，即一个人只有在他以完全自由的意志去行动时，他才能对他的这些行动负完全的责任，而对于任何强迫人从事不道德行为的做法进行反抗，乃是道德上的义务。但是这同迄今为止的订立婚约的实践怎么能协调起来呢？按照资产阶级的理解，婚姻是一种契约，是一种法律行为，而且是一种最重要的法律行为，因为它就两个人终身的肉体和精神的问题作出规定。虽然这种契约那时在形式上是自愿缔结的；没有当事人双方的同意就不能解决问题。不过人人都非常明白，这一同意是如何取得的，实际上是谁在订立婚约。然而，在缔结别的契约时要求真正自由的决定，那么在订立婚约时为什么不要求这种自由呢？难道两个将要被撮合的青年人没有权利自由地支配他们自己、他们的身体以及身体的器官吗？难道性爱不是由于骑士而成为时髦，与骑士的通奸之爱相比，难道夫妇之爱不是性爱的正确的资产阶级形式吗？既然彼此相爱是夫妇的义务，那么相爱者彼此结婚而不是同任何别人结婚不同样也是他们的义务吗？难道相爱者的这种权利不是高于父母、亲属以及其他传统的婚姻中介人和媒妁的权利吗？既然自由的、个人审定的权利已经无礼地侵入教会和宗教的领域，它怎么能在

① 恩格斯继不久前在《北极星报》发表了《普鲁士局势》和《德国消息》（见本卷第589—592页）之后又报道了普鲁士的政治发展情况。这篇通讯的前半部分考察了离婚法草案（见注291），后半部分报道了1844年6月4日爆发的西里西亚纺织工人的起义（见注123）。几天后恩格斯又写了（西里西亚骚乱的详情）（见本卷第605—607页）。这篇通讯大约写于1844年6月16日和22日之间，发表在1844年6月29日《北极星报》第346号国外消息·普鲁士栏。文章发表时没有署名，《北极星报》编辑部注明：本报通讯员来稿。摘自《马克思恩格斯全集》第3卷，人民出版社2002年版，第724页注释。

老一代支配下一代的肉体、灵魂、财产、幸福和不幸这种无法容忍的要求面前停步呢？

这些问题，在社会的一切旧有的联系正在松弛，一切因袭的观念正在动摇的时候，是必然要提出来的。世界一下子大了差不多十倍；现在展现在西欧人眼前的，已不是一个半球的四分之一，而是整个地球了，他们正忙着去占据其余的七个四分之一。传统的中世纪思想方式的千年藩篱，同旧日的狭隘的故乡藩篱一样崩溃了。在人的外在的眼睛和内心的眼睛前面，都展开了无比广大的视野。在为印度的财富、墨西哥和波托西的金矿银矿所引诱的青年男子看来，尊长们的赞许以及世代相传的荣耀的行会特权能有什么意义呢？这是资产阶级的漫游骑士的时代；这个时代也有自己的浪漫故事和爱情幻想，但都是按照资产阶级的方式，而且归根到底是抱着资产阶级的目的的。

恩格斯：《家庭、私有制和国家的起源》（1884 年 3 月底—5 月 26 日），摘自《马克思恩格斯文集》第 4 卷，人民出版社 2009 年版，第 93—94 页。

6. 国家在公法上不承认家庭，家庭存在于私法上

在氏族制度之下，家庭从来不是，也不可能是一个组织单位，因为夫与妻必然属于两个不同的氏族。氏族整个包括在胞族内，胞族整个包括在部落内；而家庭却是一半包括在丈夫的氏族内，一半包括在妻子的氏族内。国家在公法上也不承认家庭，到今日为止，家庭不过存在于私法上而已。

恩格斯：《家庭、私有制和国家的起源》（1884 年 3 月底—5 月 26 日），摘自《马克思恩格斯文集》第 4 卷，人民出版社 2009 年版，第 116 页。

7. 威尔士和爱尔兰制定的婚姻法

在威尔士被英国人征服以前数世纪①，即至迟于 11 世纪所制定的古代威尔士的法律，还表明有整个村落共同耕作的事情，虽然这只是一种普遍流行的早期习俗的稀有残余；每个家庭有供自己耕作的五英亩土地；此外，另有一块土地共同耕种，收获物实行分配。从它跟爱尔兰和苏格兰类似这一点来看，毫无疑问这种农村公社乃是一种氏族或氏族分支，即使对威尔

---

① 威尔士在 1283 年被英格兰人征服，但在这以后继续保持自治，直到 16 世纪中叶才完全并入英国。摘自《马克思恩格斯文集》第 4 卷，人民出版社 2009 年版，第 582 页注释。

士法律的重新考查——我没有时间去这样做（我的摘要是在1869年作的[①]）——未必能直接证实这一点。然而，威尔士以及爱尔兰的材料却直接证明，在11世纪时，凯尔特人的对偶婚还根本没有被专偶制所代替。在威尔士，婚姻只有满了七年之后才不能解除，或者更确切些说，才不能终止。甚至只差三夜就满七年，夫妻还是可以分离的。那时便要分家：由妻子来分，丈夫取他的一份。家具是按一定的非常有趣的规则来分的。如果是丈夫提出离婚的，那他必须把妻子的嫁妆和其他某些东西还给她；如果是妻子提出离婚的，那她便少得一点。如有三个子女，丈夫分两个，妻子分一个，即中间那一个。如果妻子在离婚后重新结婚，而她的前夫想重新要她时，即使她的一只脚已经踏上新夫的婚床，也要顺从前夫的要求。而如果已经同居七年，即使以前并未正式结婚，他们也是夫和妻。在结婚以前，少女的贞操完全不严格遵守，也不要求遵守；与此有关的规定，具有非常轻佻的性质，同资产阶级的道德完全不符。如果妻子与人通奸，丈夫可以殴打她（这是允许他这样做的三种情况之一，在其余场合殴打妻子是要受罚的），但是这样一来，他就无权要求别的补偿了；因为

> “对于同一过错，或者要求赎罪，或者要求报复，但两者不可得兼”。[②]

恩格斯：《家庭、私有制和国家的起源》（1884年3月底—5月26日），摘自《马克思恩格斯文集》第4卷，人民出版社2009年版，第148—149页。

---

① 1869—1870年，恩格斯着手编写一部长篇历史著作《爱尔兰史》。为此他曾开列了一个多达150余种图书的有关爱尔兰的书目，从这些著作中作的摘要共有15本，此外还有札记、单页资料、剪报等准备材料。但是1870年7月开始出现的一些重大历史事件迫使恩格斯中止了写作，这部未完成的《爱尔兰史》收入《马克思恩格斯全集》中文第1版第16卷，准备材料中的《戈尔德温·斯密斯〈爱尔兰历史和爱尔兰性格〉一书札记》和《有关爱尔兰没收土地历史的材料》收入《马克思恩格斯全集》中文第1版第45卷。后来，在写作《起源》时，恩格斯利用了这些准备材料和研究成果。这里谈到的有关威尔士法律的摘要，是指他当时对安·欧文受官方委托于1841年出版的历史资料集《威尔士的古代法律和规章》一书所作的摘要，见恩格斯1870年7月6日写给马克思的信。摘自《马克思恩格斯文集》第4卷，人民出版社2009年版，第582—583页注释。

② 《威尔士的古代法律和规章》1841年版第1卷第93页。——编者注

8. 婚姻法在法国的实践中，妻子被看作是丈夫的私有财产

让圣桑乔比较一下只存在于制定者头脑中的普鲁士婚姻法和实际生效的Code civil〔民法典〕条款吧！这样他就会看到神圣的婚姻法和世俗的婚姻法的区别了。在这个普鲁士式的幻剧中，家庭的神圣性从国家的考虑出发既针对男方，也是针对女方的；而在法国的实践中，妻子被看作是丈夫的私有财产，因私通而受到惩罚的只是妻子，并且只在行使其所有权的丈夫的要求下才加以惩罚的。

马克思、恩格斯：《德意志意识形态》（1845年秋—1846年5月），摘自《马克思恩格斯全集》第3卷，人民出版社1960年版，第392页。

9. 离婚的立法工作。在资产阶级社会里，只有拥护资产阶级婚姻所赖以维持的特权和买卖性的人，才会反对离婚自由

就拿离婚问题来说吧。罗莎·卢森堡在她的论文中写道，中央集权的民主国家虽然完全可以容许个别部分实行自治，但是它应当把一切最重要的立法工作，其中包括有关离婚的立法工作，留归中央议会处理。这样关心用民主国家的中央政权来保障离婚自由，是完全可以理解的。反动派反对离婚自由，号召大家要“谨慎对待”，而且大喊大叫，说离婚自由就意味着“家庭瓦解”。而民主派认为，反动派是虚伪的，实际上他们在维护警察和官僚的无限权力，维护男性的特权以及对女性最沉重的压迫；实际上离婚自由并不意味着家庭关系“瓦解”，反而会使这种关系在文明社会中唯一可能的和稳固的民主基础上巩固起来。

指责拥护自决自由即分离自由的人是在鼓励分离主义，正像指责拥护离婚自由的人是在鼓励破坏家庭关系一样愚蠢，一样虚伪。在资产阶级社会里，只有拥护资产阶级婚姻所赖以维持的特权和买卖性的人，才会反对离婚自由，同样地，在资本主义国家中，否认民族自决即民族分离自由，只能意味着拥护统治民族的特权和警察的治国方式，而损害民主的治国方式。

列宁：《论民族自决权》（1914年2—5月），摘自《列宁选集》第2卷，人民出版社1995年版，第396页。

10. 资本主义制度下的离婚权大多是不能实现的，因为被压迫的女性在经济上受压迫，妇女始终是“家庭女奴”，根源在于资本主义制度

在离婚问题上也是如此。我们请读者回忆一下，在关于民族问题的争论中第一次接触到这个问题的是罗莎·卢森堡。她提出了一个完全合理的见解：我们社会民主党人集中派要维护国内（州或边疆区等等）的自治，就必须坚持由全国政权即全国国会决定重大国务问题，关于离婚的立法就属于这样的问题。离婚的例子清楚地表明，谁现在不要求充分的离婚自由，谁就不配作一个民主主义者和社会主义者，因为没有这种自由，被压迫的女性就会惨遭蹂躏，——虽然不难理解，承认有离开丈夫的自由，并不等于号召所有的妻子都离开丈夫！

彼·基辅斯基“反驳”说：

> 如果在这种场合〈即妻子想离开丈夫〉，妻子不能实现自己的权利〈离婚权利〉，那么这种权利又有什么用处呢？或者，假使这一权利的实现取决于第三者的意志，或者更糟糕，取决于向这个妻子‘求爱’的人的意志，那又怎么办呢？难道我们要争取宣布这样的权利吗？当然不是！

这一反驳表明，他根本不了解一般民主同资本主义的关系。使被压迫阶级不能“实现”自己的民主权利的条件，在资本主义制度下是常见的，不是个别情形，而是典型现象。在资本主义制度下，离婚权多半是不能实现的，因为被压迫的女性在经济上受压迫，因为在资本主义制度下，不管有什么样的民主，妇女始终是“家庭女奴”，是被关在卧室、育儿室和厨房里的女奴。在资本主义制度下，选举“自己的”人民法官、官吏、教师、陪审员等等的权利，同样多半是不能实现的，其原因就是工人和农民在经济上受压迫。关于民主共和国，情况也是如此：我们的党纲“宣布”民主共和国为“人民专制”，虽然一切社会民主党人都很懂得，在资本主义制度下，连最民主的共和国也只是导致资产阶级收买官吏，导致交易所和政府结成联盟。

只有根本不会思考或根本不懂马克思主义的人，才会由此得出结论说：共和国毫无用处，离婚自由毫无用处，民主毫无用处，民族自决毫无用处！马克思主义者却懂得，民主并不消除阶级压迫，而只是使阶级斗争变得更单纯，更广泛，更公开，更尖锐；我们需要的正是这一点。离婚自由愈充分，妇女就愈明白，使他们作“家庭奴隶”的根源是资本主义，而不是无权。国家制度愈民主，工人就愈明白，罪恶的根源是资本主义，而不是无权。民族平等愈充分（没有分离的自由，这种平等就不是充分的），被压迫民族的工人就愈明白，问题在于资本主义，而不在于无权。如此等等。

我们再说一遍：老是讲马克思主义的常识，真叫人不好意思，但是既然彼·基辅斯基不知道，那又有什么办法呢？

彼·基辅斯基关于离婚问题的议论，同组委会的一位国外书记谢姆柯夫斯基的论调（记得是在巴黎《呼声报》上）如出一辙。后者议论道：不错，离婚自由并不等于号召所有的妻子都离开丈夫，但是，如果你向一位太太证明说，夫人，别人的丈夫个个都比您的丈夫强，那就会造成同样的结果!!

谢姆柯夫斯基发表这种议论时忘记了，性情古怪并不违背社会主义者和民主主义者的义务。谢姆柯夫斯基如果要使任何一位太太相信，别人的丈夫个个都比她的丈夫强，那谁也不会认为这就违背了民主主义者的义务；充其量人们只会说：在一个大党里难免有一些大怪人！但是假定有一个否认离婚自由的人，例如向法庭、警察局或教会控告要跟他离婚的妻子，而谢姆柯夫斯基却想替这个人作辩护，并把他叫作民主主义者，那我们相信，谢姆柯夫斯基在国外书记处的多数同事虽然是一些蹩脚的社会主义者，但甚至连这些人也不会支持他！

谢姆柯夫斯基和彼·基辅斯基都"谈论了"离婚，都暴露了对问题的无知，回避了问题的实质，因为离婚权也像所有一切民主权利一样，在资本主义制度下是难以实现的，有条件的，有限制的，极其表面的，但是尽管如此，任何一个正派的社会民主党人不但不能把否认这一权利的人叫作社会主义者，甚至不能把他们叫作民主主义者。问题的全部实质就在这里。一切"民主制"就在于宣布和实现在资本主义制度下只能实现得很少和附带条件很多的"权利"；不宣布这些权利，不立即为实现这些权利而斗争，不用这种斗争精神教育群众，社会主义是不可能实现的。

彼·基辅斯基不懂得这一点，又在自己的文章中回避了一个和他所研究的专题有关的重要问题。这个问题就是：我们社会民主党人怎样消灭民族压迫呢？彼·基辅斯基讲了一些诸如世界将"洒遍鲜血"之类的空话（这与问题毫不相干），以此敷衍了事。实际上只有一点：社会主义革命什么都会解决！或者像赞成彼·基辅斯基的观点的人常说的那样：自决在资本主义制度下是不可能的，而在社会主义制度下又是多余的。

这种观点在理论上是荒谬的。在政治实践上是沙文主义的。这样看问题就是不了解民主的意义。没有民主，就不可能有社会主义，这包括两个意思：（1）无产阶级如果不通过争取民主的斗争为社会主义革命作好准备，它就不能实现这个革命；（2）胜利了的社会主义如果不实行充分的民主，就不能保持它所取得的胜利，并且引导人类走向国家的消亡。因此，说自决在社会主义制度下是多余的，正像说民主在社会主义制度下是多余的一样，是十分荒谬、十分糊涂的。

自决在资本主义制度下并不比一般民主更加不可能，在社会主义制度下如果说它是多余的，则一般民主也同样是多余的。

经济变革为消灭各种政治压迫创造必要的前提。正因为如此，当提出的问题是怎样消灭民族压迫时，拿经济变革来支吾搪塞，这是不合逻辑的，不正确的。不实现经济变革，就不能消灭民族压迫。这是无可争辩的。但是，如果仅仅限于这一点，那就意味着陷入了可笑而又可怜的“帝国主义经济主义”。

必须实行民族平等，宣布、规定和实现各民族的平等“权利”。大概除彼·基辅斯基一个人之外，所有的人都会同意这一点，但是，正是在这里有一个人们常常回避的问题：否认有成立自己民族国家的权利，不就是否认平等吗？

当然是的。因此，彻底的即社会主义的民主派宣布、规定并且要实现这一权利，不这样就没有走向各民族完全自愿的接近和融合的道路。

列宁：《论面目全非的马克思主义和“帝国主义经济主义”》（1916年8—9月），摘自《列宁选集》第2卷，人民出版社1995年版，第779—782页。

五、妇女与道德

（一）金钱在资本主义社会中是衡量道德规范的尺度

1. 严肃的道德正濒临消失的危险，而肉欲却妄图把自己捧得高于一切

现在，每一座城市中，人们通常首先打听的是“最后一排房子的大门”①，在这样一个时代来谈论纯贞，对青年人来说是一种罪过。其实，我并不是一个抽象的道德家，我厌恶一切禁欲主义的反常现象，我永远不会非难堕落的爱情；可是，使我感到痛心的是，严肃的道德正濒临消失的危险，而肉欲却妄图把自己捧得高于一切。在阿恩特这样的人面前，实际上的纵欲者应当永远感到羞愧。

恩格斯：《恩斯特·莫里茨·阿恩特》（1840 年 12 月初—12 月 15 日），摘自《马克思恩格斯全集》第 2 卷，人民出版社 2005 年版，第 267 页。

2. 只有在市民社会中家庭生活才成为家庭的生活，才成为爱的生活。相反，土地占有等级则是反对家庭生活的私有制的野蛮力量

黑格尔在第 305 节中解释说，土地占有等级由于以“家庭生活”作为自己的“基础”而得以被确立为“政治关系”。但是，黑格尔自己又解释说，“爱”是家庭生活的基础、原则和灵魂。因此，在以家庭生活作为自己的基础的等级中，缺少家庭生活的基础，即作为现实的、因而也是有效能的和决定性的原则的爱。这是没有灵魂的家庭生活，是家庭生活的幻想。私有财产的原则在其最高发展阶段上是同家庭的原则相矛盾的。这样一来，同过着自然伦理生活即家庭生活的等级相反，只有在市民社会中家庭生活才成为家庭的生活，才成为爱的生活。相反，土地占有等级则是反对家庭生活的私有制的野蛮力量。

马克思：《黑格尔法哲学批判》（1843 年 3 月中—9 月底），摘自《马克思恩格斯全集》第 3 卷，人民出版社 2002 年版，第 123 页。

---

① 引自歌德叙事诗《神和舞女》。——编者注

3. 工人比起资产者是两种完全不同的人，有不同的思想和观念、习俗和道德原则、宗教和政治。工人更迫切地需要钱，但他们并不那样贪财，因为对他们来说，金钱的价值只在于能用它来买东西；而对资产者来说，金钱却具有一种固有的特殊的价值，即神的价值，这就使资产者变成了卑鄙龌龊的“拜金者”。资产者为了赚钱不惜采取任何手段，认为自己生活的目的就是装满钱袋

了解这一切之后，我们对于英国工人阶级逐渐变成一种和英国资产阶级完全不同的人，也就不会感到惊奇了。资产阶级和地球上所有其他民族的相近之处，都要多于它和它身边的工人的相近之处。工人比起资产阶级来，说的是另一种方言，有不同的思想和观念，不同的习俗和道德原则，不同的宗教和政治。这是两种完全不同的人，他们彼此是这样地不同，好像他们属于不同的种族。在大陆上，至今我们还只知道这两种人中的一种，即资产阶级。但是，恰恰是由无产者组成的另一种人显然对英国的未来最为重要①。

英国工人在社团中和政治原则上所表现的社会性格，我们以后还要谈到。在这里我们只想谈谈上述各种原因所产生的结果，而且只谈这些结果对工人的个人性格的影响。在日常生活中，工人比资产者仁慈得多。我在上面已经说过，乞丐通常几乎只向工人乞讨，工人在帮助穷人方面总是比资产阶级做得多。这个随时都可以得到证实的事实，曼彻斯特的教士帕金森先生也证实了。他说：

> “穷人给穷人的要比富人给穷人的多。我可以引用我们的最老、最有经验、最善于观察和最仁慈的医生之一巴兹里博士的证言来证实我的话。他曾公开说过，每年穷人们相互给予的总数超过了同期富人给予穷人的数目。”②

工人的仁慈也表现在其他各个方面，而且其表现形式也是令人愉快的。他们自己就是命途多舛的，所以能同情那些境况不好的人。在他们看来，

---

① 恩格斯在1892年德文版上加了一个注：“大家知道，迪斯累里在他的小说《女巫，或两种民族》中，几乎同时表述了大工业把英国人分成两种不同的民族这同一观点。”——编者注

② 曼彻斯特的理·帕金森教士著的小册子《曼彻斯特等地的穷苦劳动者的现状》1841年伦敦—曼彻斯特第3版。

每一个人都是人，而在资产者的眼中，工人却不完全是人。所以工人是比较和气比较可亲的，虽然他们比有产者更迫切地需要钱，但他们并不那样贪财，因为对他们来说，金钱的价值只在于能用它来买东西，而对资产者来说，金钱却具有一种固有的特殊的价值，即神的价值，这样，它就使资产者变成了卑鄙龌龊的“拜金者”。因此，对金钱没有这种敬畏感的工人，不像资产者那样贪婪，资产者为了赚钱不惜采取任何手段，认为自己生活的目的就是装满钱袋。所以工人比资产者偏见少得多，对事实看得清楚得多，不是戴着自私的眼镜来看一切。因为缺少教育，所以他没有宗教偏见。他不懂得这些事情，也不为这些事情伤脑筋，在他身上看不到支配着资产阶级的那种狂热。如果说他也有一点宗教信仰的话，那也只是名义上的，甚至连理论上的都谈不到。实际上他只是为尘世而活着，力求得到尘世上的生存权利。所有的资产阶级作家都异口同声地说，工人不信教，不上教堂。也许只有爱尔兰人、一些老年人以及半资产者——监工、工头之类的人是例外。在群众中几乎到处都可以看到完全漠视宗教的现象，最多只有一些自然神论①的迹象，而且这种自然神论是十分浮泛的看法，以致只表现为一些口头禅，或表现为对 infidel（不信教的人）和无神论者这类名词的模模糊糊的恐惧。一切教派的神职人员都很不受工人欢迎，虽然他们只是最近才失去在工人中的影响；现在，只要有人大叫一声“he is a parson!”（“他是个牧师!”），人们就常常会把一个神职人员从公共集会的讲坛上赶下来。同生活状况本身一样，缺少宗教教育和其他教育，也使得工人比资产者客观，比资产者容易摆脱传统的陈腐的原则和先入之见的束缚。资产者局限于自己的阶级偏见，头脑中充斥着别人从他年轻时起就灌输给他的原则。这种人是无可救药的。他即使在形式上是自由主义的，实质上还是保守的；他的利益和现存的制度紧密地联系在一起，他对任何运动都麻木不仁。他不再站在历史发展的前沿，工人正在取而代之，最初只是理应如此，将来必定会在实际上做到这一点。

---

① 自然神论是一种推崇理性原则，把上帝解释为非人格的始因的宗教哲学理论，曾是资产阶级反对封建制度和正统宗教的一种理论武器，也是无神论在当时的一种隐蔽形式。这种理论反对蒙昧主义和神秘主义，认为上帝不过是“世界理性”或“有智慧的意志”，上帝在创世之后就不再干预世界事务，而让世界按照它本身的规律存在和发展下去。在封建教会世界观统治的条件下，自然神论者往往站在理性主义的立场上批判中世纪的神学世界观，揭露僧侣们的寄生生活和招摇撞骗的行为。摘自《马克思恩格斯文集》第1卷，人民出版社2009年版，第796—797页注释。

恩格斯：《英国工人阶级状况》（1844 年 9 月—1845 年 3 月），摘自《马克思恩格斯文集》第 1 卷，人民出版社 2009 年版，第 437—439 页。

4. 英国资产阶级的某些人甚至和自己妻子之间的联系 99%表现为“现金交易”

我从来没有看到过一个阶级像英国资产阶级那样堕落，那样自私自利到不可救药的地步，那样内部腐败，那样无力再前进一步。在这里我指的首先是本来意义上的资产阶级，特别是反对谷物法的自由资产阶级。在资产阶级看来，世界上没有一样东西不是为了金钱而存在的，连他们本身也不例外，因为他们活着就是为了赚钱，除了快快发财，他们不知道还有别的幸福，除了金钱的损失，不知道有别的痛苦。在这种贪得无厌和利欲熏心的情况下，人的任何观点都不可能不受到污染。……

他不能理解，他和工人之间除了买卖关系还有别的关系；他不把工人看做人，而是看做“手”（hands），他经常这样当面称呼工人；正如卡莱尔所说的，除了现金交易，资产者不承认人和人之间还有其他任何联系。甚至他和自己妻子之间的联系 99%也只是“现金交易”。由于资产阶级的统治，金钱使资产者所处的那种可怜的奴隶状态甚至在语言上都留下了痕迹。金钱确定人的价值：这个人值一万英镑（he is worth ten thousand pounds），就是说，他拥有这样一笔钱。谁有钱，谁就“值得尊敬”，就属于“上等人”（the better sort of people），就“有势力”（influential），而他所做的，在他那个圈子里就是举足轻重的。

恩格斯：《英国工人阶级状况》（1844 年 9 月—1845 年 3 月），摘自《马克思恩格斯全集》第 1 卷，人民出版社 2009 年版，第 476—478 页。

5. 资产阶级的力量全部取决于金钱，所以他们要取得政权就只有使金钱成为人在立法上的行为能力的唯一标准

资产阶级的力量全部取决于金钱，所以他们要取得政权就只有使金钱成为人在立法上的行为能力的唯一标准。他们一定得把历代的一切封建特权和政治垄断权合成一个金钱的大特权和大垄断权。资产阶级的政治统治之所以具有自由主义的外貌，原因就在于此。资产阶级消灭了国内各个现存等级之间一切旧的差别，取消了一切依靠专横而取得的特权和豁免权。他们不得不把选举原则当做统治的基础，也就是说在原则上承认平等；他们不得不解除君主制度下书报检查对报刊的束缚；他们为了摆脱在国内形成独立王国的特殊的法官阶层的束缚，不得不实行陪审制。就这一切而言，资产者真像是真正的民主主义者。但是资产阶级实行这一切改良，只是为了用金钱的特权代替已往的一切个人特权和世袭特权。这样，他们通过选举权和被选举权的财产资格的限制，使选举原则成为本阶级独有的财产。平等原则又由于被限制为仅仅在“法律上的平等”而一笔勾消了，法律上的平等就是在富人和穷人不平等的前提下的平等，即限制在目前主要的不平等的范围内的平等，简括地说，就是简直把不平等叫做平等。这样，出版自由就仅仅是资产阶级的特权，因为出版需要钱，需要购买出版物的人，而购买出版物的人也得要有钱。陪审制也是资产阶级的特权，因为他们采取了适当的措施，只选“有身分的人”做陪审员。

恩格斯：《德国状况》（1845 年 10 月 15 日），摘自《马克思恩格斯全集》第 2 卷，人民出版社 1957 年版，第 647—648 页。

6. 资产阶级道德就是资产者对其存在条件的这种关系的普遍形式之一

淫乱的资产者违反婚姻制度，偷偷地与人私通；商人违反财产制度，用投机、倒闭等方式剥夺别人的财产；年青的资产者到了能独立时候就脱离自己的家庭而独立，实际上是为了自己而取消家庭。但是，婚姻、财产、家庭在理论上仍然是神圣不可侵犯的，因为它们构成资产阶级赖以建立自己的统治的实际基础，因为它们（它们是具有资产阶级形式的）是使资产者成其为资产者的条件，——这就像经常被违反的律法使信教的犹太人成其为信教的犹太人一样。资产阶级道德就是资产者对其存在条件的这种关系的普遍形式之一。不能一般地谈家庭本身。资产阶级历史地使家庭具有资产阶级家庭的性质；在这样的家庭中无聊和金钱是纽带，这样的家庭也发生资产阶级的家庭解体，但这种解体并不妨碍家庭本身继续存在。同家庭的肮脏的存在相适应的就是那种在冠冕堂皇的词句和普遍的虚伪掩盖下的神圣的家庭概念。在家庭真正被取消了的地方，如在无产阶级那里，情况与“施蒂纳”所想的恰好相反。那里完全不存在家庭的概念，但往往毫无疑问地可以看到以非常现实的关系为基础的家庭情谊。在 18 世纪，家庭的概念被哲学家取消了，因为现实的家庭在文明的极盛时代已经开始解体。家庭的内在联系瓦解了，包括在家庭概念中的各个因素如服从、尊敬、夫妇间的忠诚等等瓦解了；但家庭的现实的躯体、财产关系、对其他家庭的排他关系、勉强的共同生活，——由于有子女、由于现代城市的建筑、由于资本的形成等所产生的关系，——所有这一切虽遭到无数次的破坏，但都保存下来了，因为家庭的存在必然会受它和不以资产阶级社会的意志为转移的生产方式的联系所制约的。这种必然性最明显不过地表现在法国革命时代，那时家庭曾经一度几乎完全被法律所取消。但家庭甚至到19世纪还继续存在着，不过它的解体过程变得更为普遍了，但这不是由家庭概念而是由工业和竞争的更高的发展所引起的；尽管家庭的解体早就由法国和英国的社会主义者宣布过了，并且终于通过法国小说渗入到了那些德国圣师中间，但是家庭仍然存在着。

马克思、恩格斯：《德意志意识形态》（1845年秋—1846年5月），摘自《马克思恩格斯全集》第3卷，人民出版社1960年版，第196—197页。

7. 竞争引起的社会变革把许多关系包括家庭关系和政治关系都变为金钱关系

竞争所引起的伟大的社会变革把资产者之间的相互关系以及他们对无产者的关系变为纯粹的金钱关系，而把上述一切“神圣化的财富”变成买卖对象，并把无产者的一切自然形成的和传统的关系，例如家庭关系和政治关系，都和它们的整个思想上层建筑一起摧毁了，这种剧烈的革命当然不是起源于德国。德国在其中只起了消极作用：它让别人夺去了自己的神圣化的财富，而且甚至连一般市价也没有得到。因此，我们这位德国小资产者所知道的仅仅是资产者关于竞争的道德界线的伪善保证，也就是那些天天在践踏无产者的“神圣化的财富”，践踏他们的“荣誉”、“羞耻心”、“个性自由”，甚至剥夺他们的宗教教育的那些资产者的保证。他认为这些作为掩护的“道德界线”就是竞争的真正“意义”，而竞争的现实并不符合于它的意义。

马克思、恩格斯：《德意志意识形态》（1845年秋—1846年5月），摘自《马克思恩格斯全集》第3卷，人民出版社1960年版，第432页。

8. 资产阶级把医生、律师、教士、诗人和学者变成了可以出钱招雇的雇佣劳动者，把家庭关系变成了赤裸裸的纯粹的金钱关系

资产阶级在它已经取得了统治的地方把一切封建的、宗法的和田园诗般的关系都破坏了。它无情地斩断了把人们束缚于天然尊长的形形色色的封建羁绊，它使人和人之间除了赤裸裸的利害关系，除了冷酷无情的“现金交易”，就再也没有任何别的联系了。它把宗教虔诚、骑士热忱、小市民伤感这些情感的神圣发作，淹没在利己主义打算的冰水之中。它把人的尊严变成了交换价值，用一种没有良心的贸易自由代替了无数特许的和自力挣得的自由。总而言之，它用公开的、无耻的、直接的、露骨的剥削代替了由宗教幻想和政治幻想掩盖着的剥削。

资产阶级抹去了一切向来受人尊崇和令人敬畏的职业的神圣光环。它把医生、律师、教士、诗人和学者变成了它出钱招雇的雇佣劳动者。

资产阶级撕下了罩在家庭关系上的温情脉脉的面纱，把这种关系变成了纯粹的金钱关系。

马克思、恩格斯：《共产党宣言》（1847 年 12 月—1848 年 1 月底），摘自《马克思恩格斯文集》第 2 卷，人民出版社 2009 年版，第 33—34 页。

9. 特权者的“良心”也就是特权化了的良心

共和党人的良心不同于保皇党人的良心，有产者的良心不同于无产者的良心，有思想的人的良心不同于没有思想的人的良心。一个除了资格以外没有别的本事的陪审员，他的良心也是受资格限制的。

特权者的“良心”也就是特权化了的良心。

马克思：《对哥特沙克及其同志们的审判》（1848 年 12 月 21—22 日），摘自《马克思恩格斯全集》第 6 卷，人民出版社 1961 年版，第 152 页。

10. 资本家压迫工人的秘密现在终于揭开了：你们工人是奴隶，并将永远做奴隶，因为只有你们当奴隶，我们才能增加自己的财富和幸福，因为你们不做奴隶，我们这个国家统治阶级就不能继续统治下去

在历史上各个时期中，绝大多数的人民都不过是以各种不同的形式充当了一小撮特权者发财致富的工具。但是所有过去的时代，实行这种吸血的制度，都是以各种各样的道德、宗教和政治的借口来粉饰的：教士、哲学家、律师和政治家总是向人民说，为了他们自己的幸福他们必定要忍饥挨饿，因为这是上帝的意旨。而现在却完全相反，自由贸易论者蛮横宣称：“你们工人是奴隶，并将永远做奴隶，因为只有你们当奴隶，我们才能增加自己的财富和幸福，因为你们不做奴隶，我们这个国家统治阶级就不能继续统治下去。”于是，压迫的秘密现在终于揭开了；现在幸亏有自由贸易论者，人民才终于能够清楚地了解自己的处境；现在问题终于直截了当地提出来了：有我无你，有你无我！

恩格斯：《十小时工作日问题》（1850 年 2 月 9—20 日），摘自《马克思恩格斯全集》第10卷，人民出版社1998年版，第282—283页。

11. 一旦资本掌握了全部生产，收入只要同劳动交换，它便不是直接同生产商品的劳动交换，而是同单纯的服务交换

一旦资本掌握了全部生产，收入只要同劳动交换，它便不是直接同生产商品的劳动交换，而是同单纯的服务交换。收入的一部分同充当使用价值的商品交换，一部分同作为使用价值来消费的服务本身交换。

和劳动能力本身不同的一切商品，是以物质形式同人对立着的物，它对人有一定的效用，在它身上固定了、物化了一定量的劳动。

这样，我们就得出一个实质上已经包含在第一点中的定义：用自己的劳动生产商品的工人是生产的，并且这个工人消费的商品不多于他生产的东西，不多于他的劳动所值。他的劳动固定和实现在“可以出卖或交换的对象中”，“一个能够补偿他们〈即生产这些商品的工人〉的生活费和工资的价值的可以出卖的商品中”。生产工人生产商品，从而把他以工资形式不断消费的可变资本不断再生产出来。他把支付给他的“使他能够就业和生存的”基金不断生产出来。

第一，亚·斯密自然把直接耗费在物质生产中的各类脑力劳动，算做“固定和实现在可以出卖或交换的商品中”的劳动。斯密在这里不仅指直接的手工工人或机器工人，而且指监工、工程师、经理、伙计等等，总之，指在一定物质生产领域内为生产某一商品所需要的一切人员的劳动，这些人员的共同劳动（协作）是制造商品所必需的。的确，他们把自己的全部劳动加到不变资本上，并使产品的价值提高这么多。（这在多大的程度上适用于银行家①等人呢？）

［VⅡ-309］第二，亚·斯密说，非生产劳动者的劳动“通常”不是这样。亚·斯密非常清楚地知道，即使资本掌握了物质生产，因而家庭工业基本上消失了，直接到消费者家里为他创造使用价值的小手工业者的劳动消失了，——即使在这种情况下，我叫到家里来缝制衬衣的女裁缝，或修理家具的工人，或清扫、收拾房子等等的仆人，或烹调肉食等等的女厨

① 关于银行家和他们在资本主义社会中的作用，马克思在《资本论》第三卷第三十章《货币资本和现实资本。Ⅰ》、第三十二章《货币资本和现实资本。Ⅲ（续完）》和第三十三章《信用制度下的流通手段》（见《马克思恩格斯文集》第7卷）中都有论述。摘自《马克思恩格斯文集》第8卷，人民出版社2009年版，第617页注释。

师，他们也完全和在工厂做工的女裁缝、修理机器的机械师、洗刷机器的工人以及作为资本家的雇佣工人在饭店干活的女厨师一样，把自己的劳动固定在某种物上，并且确实使这些物的价值提高了。这些使用价值，从可能性来讲，也是商品：衬衣可能拿到当铺去当掉，房子可能卖掉，家具可能拍卖等等。因此，上述人员从可能性来讲，也生产了商品，把价值加到了自己的劳动对象上。但他们是非生产劳动者中极少的一部分人，他们的情况对广大家仆、牧师、政府官吏、士兵、音乐家等等则是不适用的。

然而，不管这些“非生产劳动者”人数有多少，有一点无论如何是清楚的（斯密也承认这一点，为此他说了一句起限制作用的话：“这些服务**通常**一经提供随即消失”），那就是：使劳动成为“生产的”或“非生产的”劳动的，既不一定是劳动的特殊形式，也不一定是劳动产品的表现形式。同一劳动可以是生产的，只要我作为资本家、作为生产者来购买它，为的是使它增殖；它也可以是非生产的，只要我作为消费者，作为收入的花费者来购买它，为的是消费它的使用价值，而不管这个使用价值是随着劳动能力本身活动的停止而消失，还是物化、固定在某个物中。

对于一个以资本家身份购买女厨师的劳动的人来说，即对于一个饭店老板来说，女厨师在饭店里是生产商品。羊肉饼的消费者应当对她的劳动付钱，而这个劳动为饭店老板补偿（撇开利润不谈）他用以继续支付女厨师的基金。相反，如果我购买女厨师的劳动，让她为我烹调肉食等等，不是为了把这个劳动当做劳动一般来增殖，而是为了把它当做这种特定的具体劳动来享用、使用；那么，在这种情况下，她的劳动就是非生产的，虽然这种劳动也固定在物质产品中，而且同样可能成为（从结果来看）可以出卖的商品，就像它对饭店老板来说确实是商品一样。可是，这里仍然有重大的差别（实质上的差别）：女厨师并不补偿我（私人）用以支付她的基金。因为我购买她的劳动，不是把它作为构成价值的要素，而完全是为了它的使用价值。她的劳动不补偿我用以支付她的基金，即不补偿我给她的工资，这就好比我在饭店里吃的一顿午餐本身，不能使我再购买和吃一顿相同的午餐一样。但这种差别在商品中间也是存在的。资本家为补偿自己的不变资本而购买的商品（例如棉布，假如他是一个棉布印花厂主），会以印花布形式补偿自己的价值。相反，如果资本家购买这个商品是为了自己消费印花布，那么，这个商品就不会补偿他的开支。

其实，社会上人数最多的一部分人——工人阶级——都必须为自己进行这种非生产劳动；但是，工人阶级只有先进行了“生产的”劳动，才能从事这种非生产劳动。工人阶级只有生产了可以支付肉价的工资，才能给自己煮肉；工人阶级只有生产了家具、房租、靴子的价值，才能把自己的家具和住房收拾干净，把自己的靴子擦干净。因此，从这个生产工人阶级本身来说，他们为自己进行的劳动就是“非生产劳动”。如果他们不先进行生产劳动，这种非生产劳动是决不会使他们有能力［VII—310］重新进行同样的非生产劳动的。

第三，另一方面，剧院、歌舞场、妓院等等的老板，购买对演员、音乐家、妓女等等的劳动能力的暂时支配权（事实上通过了迂回的途径，这个途径只有从经济形式的观点来看才有意义，它不影响过程的结果）；他们购买这种所谓“非生产劳动”，它的“服务一经提供随即消失”，不固定或不实现在一个“耐久的〈换句话说，“特殊的”〉对象或可以出卖的商品中”（在这些服务本身以外）。把这些服务出卖给公众，就为老板补偿工资并提供利润。他这样买到的这些服务，使他能够重新去购买它们，也就是说，这些服务会自行更新用以支付它们的基金。同样的情况也适用于例如律师在他的事务所雇用的书记的劳动，所不同的只是，书记的服务大部分还体现在十分庞大的“特殊对象”上，即大堆的文件这个形式上。

不错，对老板本身来说，这些服务是由公众的收入支付的。但同样不错的是，一切产品，只要它们用于个人消费，情况也完全是这样。固然，国家不能出口这些服务本身；但它能出口提供这些服务的人。例如，法国出口舞蹈教员、厨师等等，德国出口学校教师。当然，随着舞蹈教员和学校教师的出口，也出口了他们的收入，可是舞鞋和书本的出口，却给国家带来回报。

因此，从一方面说，所谓非生产劳动有一部分体现在物质的使用价值中，这些使用价值同样可能成为商品（“可以出卖的商品”），从另一方面说，一部分纯粹的服务（它不采取实物的形式，不作为物而离开服务者独立存在，不作为价值组成部分加入某一商品），能够（由直接购买劳动的人）用资本来购买，能够补偿自己的工资并提供利润。总之，这些服务的生产有一部分从属于资本，就像体现在有用物品中的劳动有一部分直接用收入来购买，不从属于资本主义生产一样。

第四，整个“商品”世界可以分为两大部分：第一，劳动能力；第二，不同于劳动能力本身的商品。有一些服务用于训练、保持劳动能力，使劳动能力改变形态等等，总之，使劳动能力具有专门性，或者仅仅使劳动能力保持下去，例如学校教师的服务（只要他是“产业上必要的”或有用的)、医生的服务（只要他能保护健康，保持一切价值的源泉即劳动能力本身）——购买这些服务，也就是购买提供“可以出卖的商品等等”，即提供劳动能力本身来代替自己的服务，这些服务应加入劳动能力的生产费用或再生产费用。不过，亚·斯密知道，“教育”费在工人群众的生产费用中是微不足道的。在任何情况下，医生的服务都属于生产上的非生产费用。可以把它算入劳动能力的修理费。假定工资和利润由于某种原因同时下降，从总价值来看例如由于民族变懒下降了，从使用价值来看也由于歉收等等引起的劳动生产能力的降低而下降了；总之，假定由于上一年加进的新劳动减少和追加的劳动的生产能力降低，产品中价值等于收入的那一部分减少了。这时，如果资本家和工人还想以物质产品的形式消费原先那样大的价值量，他们就要少购买医生、教师等等的服务。如果他们对医生和教师必须继续花费以前那样大的开支，他们就要减少对其他物品的消费。因此，很明显，医生和教师的劳动不直接创造用来支付他们报酬的基金，尽管他们的劳动加入创造一切价值的那个基金的生产费用，即加入劳动能力的生产费用。

[VⅡ-311] 亚·斯密继续写道：

“第三，说手工业者、制造业者和商人的劳动不增加社会的实际收入，从任何角度来看都是不对的。例如，即使我们像这个体系所做的那样假定，这个阶级每日、每月、每年消费的价值，恰好等于它当日、当月、当年生产的价值，也决不能由此得出结论说，他们的劳动丝毫没有增加社会的实际收入，没有增加一国的土地和劳动的年产品的实际价值。例如，一个手工业者在收获后六个月内完成了价值10镑的劳动，即使他在这段时间也消费了价值10镑的谷物和其他生存资料，他事实上也已给社会的土地和劳动的年产品增加了10镑价值。他把价值10镑的半年收入消费在谷物和其他生存资料上，同时又用自己的劳动生产了一个相等的价值，用这个价值可以为他本人或任何别人购买同样多的半年收入。因此，这六个月内所消费和生产的价值不等于10镑，而等于20镑。当然，完全可能，在任何时候现有的这个价值都不超过10镑。但是，如果手工业者消费的这价值10镑的谷物和其他生存资料，由士兵或家仆来消费，那么，到六个月末存在的这部分年产品的价值，就会比由于有手工业者的劳动而实际存在的少10镑。可见，即使假定手工业者生产的价值从来没有超过他消费的价值，但在任何时候市场上现有的商品的总价值，都会由于有他的劳动而比没有他的劳动时要大。”（同上，［加尔涅的法译本第3卷第4篇第9章］第531—533页）

难道任何时候市场上现有的商品的［总］价值，不是由于有“非生产劳动”而比没有这种劳动时要大吗？难道任何时候市场上除了小麦、肉类等等之外，不是还有妓女、律师、布道、歌舞场、剧院、士兵、政治家等等吗？这帮男女得到谷物和其他生存资料或享乐资料并不是无代价的。为了得到这些东西，他们把自己的服务提供给或强加给别人，这些服务本身有使用价值，由于它们的生产费用，也有交换价值。任何时候，在消费品中，除了以商品形式存在的消费品以外，还包括一定量的以服务形式存在的消费品。因此，消费品的总额，任何时候都比不存在可消费的服务的时候要大。其次，价值也大了，因为它等于维持这些服务的商品的价值和这些服务本身的价值。要知道，在这里就像每次商品和商品相交换一样，是等价物换等价物，因而同一价值具有二重的形式：一次在买者一方，另一次在卖者一方。

马克思：《〈政治经济学批判（1861—1863年手稿）〉摘选》（1861年8月—1863年7月），摘自《马克思恩格斯文集》第8卷，人民出版社2009年版，第225—231页。

12. 财产的任何一种社会形式都与各自的道德相适应

财产的任何一种社会形式都有各自的“道德”与之**相适应**，而那种使财产成为劳动之属性的社会财产形式，决不会制造个人的“道德限制”，而会将个人的“道德”从阶级束缚下解放出来。

马克思：《〈法兰西内战〉初稿》（1871年4—5月），摘自《马克思恩格斯文集》第3卷，人民出版社2009年版，第214—215页。

13. 社会中起调节作用的、有机的、至高无上的、支配其他一切原则的基本原则，并不是利益，而是公平

每一既定社会的经济关系首先表现为利益。而在刚才引证的蒲鲁东的主要著作中的那个地方，他明明白白地写着，“各社会中起调节作用的、有机的、至高无上的、支配其他一切原则的基本原则”，并不是利益，而是公平。而且他在他的一切著作的一切有决定意义的地方，都重复着这一点。

恩格斯：《论住宅问题》（1872 年 5 月—1873 年 1 月），《马克思恩格斯文集》第 3 卷，人民出版社 2009 年版，第 320 页。

14. 只要存在资本权力，所有的东西包括爱情等都必然成为可以出卖的东西

只要存在资本权力，就不可能有土地占有者之间的任何平等，谁想禁止买卖土地都是做不到的，荒诞可笑的。只要存在资本权力，所有的东西——不仅是土地，甚至人的劳动、人的自身，以及良心、爱情和科学，都必然成为可以出卖的东西。

列宁：《在第二届国家杜马中关于土地问题的发言稿》（1907 年 3 月 21—26 日），摘自《列宁全集》第 15 卷，人民出版社 2017 年版，第 153 页。

15. 为了金钱而把自己卖给合法丈夫的女人，只不过是冠冕堂皇和完全合法的卖身的不同形式而已

那种给自己找不到对这些问题不抱冷淡态度的宣传对象的“知识分子”之像“民主派”和正面意义上的知识分子，就如同为了金钱而把自己卖给合法丈夫的女人之像钟情的妻子一样。无论前者或后者，都不过是冠冕堂皇和完全合法的卖身的不同形式而已。

列宁：《杜马和俄国自由派》（1907 年 4 月 10 日），摘自《列宁全集》第 15 卷，人民出版社 2017 年版，第 219 页。

16. 资本家最乐于从这些妇女当中雇用家庭女工，因为她们甘愿接受低得可怜的工资来给自己和家里人“多挣”一块面包。在人类社会的历史上，一切被压迫被剥削的阶级，从来都是被迫首先向压迫者提供无偿的劳动，其次就是把他们的妻女交给“老爷们”当姘妇。奴隶制、农奴制和资本主义在这方面都是一样的，改变的只是剥削形式，剥削依然存在

资本家最乐于从这些妇女当中雇用家庭女工，因为她们甘愿接受低得可怜的工资来给自己和家里人“多挣”一块面包。世界各国的资本家用最

"低廉的"价格从这些妇女中买到（像古代的奴隶主和中世纪的农奴主一样）任何数量的姘妇。对于卖淫现象表示的任何"义愤"（百分之九十九是虚伪的），都无助于消除这种妇女肉体的买卖：只要雇佣奴隶制存在，卖淫现象也就必然存在。在人类社会的历史上，一切被压迫被剥削的阶级，从来都是被迫（对他们的剥削也就在这里）首先向压迫者提供无偿的劳动，其次就是把他们的妻女交给"老爷们"当姘妇。

奴隶制、农奴制和资本主义在这方面都是一样的。改变的只是剥削形式，剥削依然存在。

在"世界的首都"，文明的中心巴黎，现在正在举办一个"被剥削的家庭女工"产品展览会。

在每一项展品上，都有一个标签，上面说明家庭女工制作这件产品能获得多少钱，以及一天和一小时能够赚多少。

结果怎样呢？无论哪一件商品，家庭女工所挣的钱都没有能够超过1¼法郎，即50戈比。而大多数制品的所得还远远低于这个数字。例如灯罩，一打4戈比。纸口袋，1000个15戈比，每小时6戈比。再如带缎带的小玩具等等，每小时2½戈比。做花，每小时2—3戈比。男女内衣，每小时2至6戈比。如此等等。

我们的工人团体和工会也应该组织类似的"展览会"。这种展览会不会像资产阶级的展览会那样带来巨额利润。把无产者妇女贫穷困苦的处境展览出来，会带来另一种好处：这将有助于雇佣工人和女奴隶了解自己的处境，回顾自己的"生活"，深入思考如何才能摆脱贫穷困苦和卖淫这种终生的压迫，如何才能摆脱对穷人的种种凌辱。

列宁：《资本主义和妇女劳动》（1913年4月27日〔5月10日〕），摘自《列宁全集》第23卷，人民出版社2017年版，第119—120页。

（二）资本主义社会中妇女道德堕落的社会原因

1. 工人阶级在道德方面遭到统治阶级的摒弃和忽视。英国学校的道德教育和宗教教育是结合在一起的，工人在学校得不到道德教育

现在让我们来看看英国工人的道德面貌。

在英国所有的学校里，道德教育是和宗教教育结合在一起的，这种道德教育所产生的结果显然也不会比宗教教育好。人们用来调节人与人关系的简单原则，由于社会状况，由于一切人反对一切人的战争①，本来就已经陷入极度混乱的状态，而当这些原则和无法理解的宗教原理掺杂在一起，并以一种专横而毫无根据的训令的宗教形式出现时，就不能不使那些没有受过教育的工人感到莫名其妙和格格不入。正像所有的权威、特别是童工调查委员会所承认的那样，学校对工人阶级的道德几乎没有起任何作用。英国资产阶级由于自私自利竟这样冷酷，这样鼠目寸光，甚至不肯花一点力气把现代道德，即资产阶级为了自身的利益、为了自身的保障而炮制出来的道德灌输给工人！日益委靡、怠惰的资产阶级连为自己考虑都认为是太费力了，都好像是多余的了。当然，总有一天他们会后悔的，到那时就已经晚了。如果工人不了解这种道德，不遵从这种道德，资产阶级是不应该抱怨的。

可见工人不仅在身体和智力方面，而且在道德方面，也遭到统治阶级的摒弃和忽视。……

这就是资产阶级为工人阶级的教育所做的一切。如果我们考虑到工人阶级在其他方面的生活状况，我们就无论如何也不能责备他们对统治阶级所抱的那种仇恨。工人在学校里得不到的道德教育，在其他的生活条件下也不会得到，——至少得不到那种在资产阶级心目中还有点意义的道德教育。工人的整个状况和周围环境都强烈地促使他们道德堕落。他们穷，生活对于他们没有任何乐趣，几乎一切享受都与他们无缘，法律的惩罚对他们再也没有什么可怕的。他们为什么一定要克制自己的欲望，为什么一定要让富人去享受他们的财富，而自己不从里面分得一份呢？无产者有什么理由不去偷呢？当人们谈论“财产的神圣性”时，那是十分动听的，资产者听起来很入耳。但是对没有财产的人来说，财产的神圣性也就自然不存在了。金钱是这个世界的上帝。资产者从无产者那里把钱拿走，从而把他们变成实际的无神论者。如果无产者证实了他们的无神论，不再尊重这个人间上帝的神圣性和威力，那有什么奇怪的呢。当无产者穷到完全不能满

① 一切人反对一切人的战争（bellum omnium contra omnes），是英国哲学家托·霍布斯的用语，出自他1642年的论文《论公民》中的致读者序（《霍布斯哲学著作集》1668年阿姆斯特丹版第1卷第7页）以及他的《利维坦：或教会国家和市民国家的实质、形式和权力》1651年伦敦版的拉丁文译本（《霍布斯哲学著作集》1668年阿姆斯特丹版第2卷第83页）。霍布斯认为，人的自然状态，即市民社会之外的状态，是一切人反对一切人的战争；为了克服这种状态，人们必须通过契约来建立国家。摘自《马克思恩格斯文集》第1卷，人民出版社2009年版，第769页注释。

足最起码的生活需要，穷到处境悲惨和食不果腹的时候，那就会更加促使他们蔑视一切社会秩序。这一点资产阶级自己多半也是知道的。西蒙斯指出[①]，贫穷对精神所起的毁灭性的影响，正如酗酒对身体一样。艾利生郡长也很详尽地告诉有产者，社会压迫对工人会引起什么样的后果[②]。贫困让工人在几条道路中进行选择：慢慢地饿死，立刻自杀，或者随便在哪里见到他们所需要的东西就拿走，干脆说，就是偷。如果大多数人宁愿偷而不愿饿死或自杀，那我们是不应该奇怪的。当然，工人中间也有许多人道德水平高，即使走投无路也不愿去偷，而这些人就会饿死或自杀。从前自杀是上等阶级的令人羡慕的特权，现在在英国无产者中间也流行起来，许多穷人都以自杀来摆脱贫困，因为他们找不到别的摆脱贫困的方法。

但是生活状况的不稳定、挣一天吃一天的日子，一句话，使英国工人沦为无产者的那种情况，对他们的道德所起的破坏作用比贫穷还要厉害得多。在德国，我们的小农多半也贫困，也常受物质匮乏之苦，但是他们受偶然事件支配的程度比较小，他们至少还有些固定的东西。而无产者除了自己的两只手什么也没有，昨天挣的今天就吃掉，受各种各样的偶然事件支配，没有丝毫的保障可以使自己能够获得最必要的生活必需品——每产生一次危机，雇主每发一次脾气，都可能使他失业——，无产者已经被置于人们所能想象的最令人愤怒的非人的境地。奴隶的生存至少会因为他的主人的私利而得到保证，农奴也还有一块用来养活他的土地，二者都至少还有不至于饿死的保障；无产者却只有指靠自己，同时，人们又不许他把自己的力量变为完全可以指靠的力量。无产者为了改善自己的状况所能做的一切，不过是淹没在那些支配着他而他却丝毫不能控制的偶然事件的洪流中的一滴水而已。他是一个处在各种各样错综复杂情况下的没有意志的物件，只要能够在短期内勉强活下去，就算幸运了。不言而喻，他的性格和生活方式就是由这些情况决定的。他或者是尽力设法不陷到这个旋涡底下去，设法挽救自己的人的尊严（他要做到这一点，只有起来反抗[③]那个如此无情地剥削他、然后又任凭命运去摆布他并企图使他永远处于这种非

① 《手工业和手工业者》。

② 《人口原理》第 2 卷，第 196、197 页。

③ 我们以后将看到，在英国，由于有了自由结社权，无产者对资产阶级的反抗就成为合法的了。

人境地的阶级，即资产阶级)，或者是认为这种斗争是无益的而放弃摆脱自己所处状况的斗争，只是力图尽可能地利用有利时机去得到一点好处。积蓄对他一点用处也没有，因为他存的钱，最多也只能维持他几个星期的生活，而他一失业，就不会仅仅是几个星期的事。他不可能长久地保有财产，假使他有可能这样做，他就不再是工人了，另外会有人来补他的缺。这样，在他得到较多的工资的时候，他不好好地生活一下，还能有什么更好的选择呢？在工资高的时候，工人的生活就宽裕一点，这使英国资产者感到惊奇并极为恼怒。要知道，如果积蓄对工人没有好处，而那些积蓄最后还是要成为蛀虫和铁锈的牺牲品，也就是被资产者所吞没，那么，工人在可能的时候去享受一下生活，而不去积蓄，这不仅是十分自然的，甚至是完全合理的。但是这种生活方式比别的任何生活方式都更使人堕落。卡莱尔关于棉纺工人所说的话，也适用于英国的一切工业工人。

恩格斯：《英国工人阶级状况》（1844 年 9 月—1845 年 3 月），摘自《马克思恩格斯文集》第 1 卷，人民出版社 2009 年版，第 427—431 页。

2. 丈夫、妻子和大一点的孩子整天做工，忽视一切家庭义务。孩子在颓废风气盛行的环境中，在无人管教的情况下成长起来，怎能指望他们日后具有高尚的道德

加在工人头上的全部罪名就是放纵地追求享乐、没有远见以及不遵守社会秩序，就是不能为长远利益而牺牲眼前的享乐。但是这有什么奇怪的呢？一个付出了艰辛劳动却只能得到极少报酬和最低限度的感官享受的阶级，难道能够不狂热地、盲目地投入这些享受吗？一个自身教育无人关心、自身命运受各种偶然事件支配、自己的生活朝不保夕的阶级，又有什么理由、什么兴趣使自己具有远大的目光，过“有节制的”生活，为了将来的享乐而牺牲眼前的利益呢？况且这种将来的享乐对于这个阶级及其始终动荡、毫无保障的状况来说是很不可靠的。对于一个忍受了社会秩序的一切害处却享受不到它的好处的阶级，对于一个只能受到社会秩序的敌视的阶级，难道还能要求他们尊重这个社会秩序吗？这未免太过分了！但是只要这个社会秩序存在一天，工人阶级就一天不能避开它，如果个别的工人起来反对这个社会秩序，那么最大的灾祸就会落到他的身上。这样，社会秩序就使得工人几乎不可能有家庭生活。在一间不适于居住的、肮脏的、连晚上栖身的条件都几乎不具备的、家具破损不堪、往往一下雨就漏水、不生火、空气污浊而且又挤满了人的房子里，是不可能有家庭乐趣的。丈夫整天做工，也许妻子和大一点的孩子也是这样，大家都在不同的地方，只有早晨和晚上才能见面，此外，他们还经常受到烧酒的诱惑，——在这种情况下，怎么会有家庭生活呢？但是工人毕竟离不开家庭，他必须在家里生活，这就引起了无休止的家庭纠纷和口角，这不仅对夫妇两人，而且特别是对他们的孩子在道德上起着极其恶劣的影响。忽视一切家庭义务，特别是忽视对孩子的义务，在英国工人中是太平常了，这主要是现代社会制度促成的。孩子们就是在这种颓废风气盛行的环境中（他们的父母往往就是这种环境的一部分），在无人管教的情况下成长起来的，又怎能指望他们日后具有高尚的道德呢？自鸣得意的资产者向工人提出的要求真是太天真了！

恩格斯：《英国工人阶级状况》（1844年9月—1845年3月），摘自《马克思恩格斯文集》第1卷，人民出版社2009年版，第442—443页。

3. 蔑视社会秩序的最明显最极端的表现就是犯罪

蔑视社会秩序的最明显最极端的表现就是犯罪。只要那些使工人道德堕落的原因产生了比平常更强烈更集中的影响，工人就必然会成为罪犯，正像水在列氏80°时必然由液态变为气态一样。工人因受到资产阶级粗暴野蛮、摧残人性的对待而变成像水一样缺乏意志的东西，他也同样必然地受自然规律的支配——到了某个一定的点他就会丧失一切自由。因此，随着无产阶级人数的增长，英国的犯罪的数字也增加了，不列颠民族已成为世界上罪犯最多的民族。从内务部每年公布的“犯罪统计表”中可以看出，犯罪的数字在英国是以不可思议的速度增加的。

仅仅在英格兰和威尔士因刑事罪而被捕的人数就如下表所示：

1805年	4605
1810年	5146
1815年	7818
1820年	13710
1825年	14437
1830年	18107
1835年	20731

1840 年……………………27187

1841 年……………………27760

1842 年……………………31309

就是说，37 年中被捕的人数增加了六倍。在 1842 年发生的这些拘捕事件中，仅兰开夏郡就有 4497 起，即 14%强，在米德尔塞克斯区（包括伦敦在内）有 4094 起，即 13%强。这样，我们就看到，仅仅这两个地区（包括一些无产阶级人数众多的大城市），就占了全国犯罪数字的四分之一以上，虽然它们的人口远远不到全国人口的四分之一。这些犯罪统计表还直接证明，绝大部分罪犯属于无产阶级，因为在 1842 年的罪犯中有 32. 35%完全不会读不会写，有 58. 32%不完全会读会写，有 6. 77%读和写都不错，有 0. 22%受过较高的教育，还有 2. 34%的人教育程度不详。在苏格兰，犯罪数字增加得更快。在这里，1819 年因刑事罪被捕的只有 89 人，到 1837 年已经有 3176 人，到 1842 年甚至增加到 4189 人。在艾利生郡长亲自写过官方报告的拉纳克郡，居民在 30 年中增加了一倍，而犯罪数字在五年半中就增加了一倍，比居民的增长快五倍。罪状和所有的文明国家一样，大多数是侵犯财产，即由于缺少某种东西而发生的犯罪，因为谁也不会去偷自己已经有的东西。侵犯财产的罪行和人口总数的比例在荷兰是 1 : 7140，在法国是 1 : 1804，在英国，当加斯克尔写书的时候是 1 : 799；侵犯人身的罪行和人口总数的比例在荷兰是 1 : 28904，在法国是 1 : 17573，在英国是 1 : 23395。在农业区，一般罪行和人口总数的比例是 1 : 1043，而在工厂区则是 1 : 840①，现在，在全英国这个比例几乎是 1 : 660②，而从加斯克尔的书出版以来，总共还不到 10 年！

要使每一个人，甚至使资产者来思考一下这种状况所引起的后果，这些事实的确已经绰绰有余了。如果堕落和犯罪再以同样的比例增长 20 年——如果在这 20 年中英国工业不像以前那样走运，犯罪的增长只会更加迅速——，那结果会怎样呢？我们现在就已经看到社会正在全面解体，我们只要拿起一张报纸就会看到社会纽带全部松弛的最有说服力的事例。我

① 《英国的工业人口》第 10 章。

② 这是已定罪的犯人人数（22733 人）除以居民总数（约 1500 万人）所得的数字。

从面前的一堆英国报纸中随手拿出一张，这是一张《曼彻斯特卫报》(1844年10月30日)，里面报道了三天的消息。这家报纸已经不再花力气去详细报道曼彻斯特的消息，它只报道人们最感兴趣的事件，例如：在一个工厂，工人为争取提高工资而罢工，治安法官强迫他们复了工；在索尔福德，几个男孩偷了东西，一个破产的商人想欺骗他的债权人。附近城市的消息报道得更为详细：阿什顿发生两起偷窃案、一起入室盗窃案和一起自杀案；贝里发生一起偷窃案；博尔顿发生两起偷窃案和一起偷漏消费税案；利城发生一起偷窃案；在奥尔德姆，发生了一起因工资而引起的罢工、一起偷窃案，几个爱尔兰女人打架斗殴，一个不是工会会员的制帽工人被工会会员殴打，一个儿子殴打母亲；罗奇代尔发生多起打架斗殴、一起袭击警察案和一起抢劫教堂案；在斯托克波特发生了一起工人对工资不满的事件、一起偷窃案、一起诈骗案、一次打架斗殴、一个男人殴打老婆事件；沃灵顿发生一起偷窃案和一次斗殴；威根发生一起偷窃案和一起抢劫教堂案。伦敦的报纸所报道的还要糟得多；在这里诈骗、偷窃、抢劫以及家庭纠纷一件接着一件。我手头正好有一张《泰晤士报》(1844年9月12日)，里面只登载着**一天**之内发生的事件。它报道了一起偷窃案、一起袭击警察案、一项要父亲抚养非婚生子的判决、一起父母遗弃孩子的案件和一起妻子毒死丈夫的案件。类似的报道在英国所有的报纸上都可以看到。在这个国家里，社会战争已经全面爆发。每个人都只顾自己，并为了自己而反对其他一切人。他是否要伤害其余所有被他看做死敌的人，那纯粹取决于自私自利的打算，就是说，看怎样才对他最有利。没有人还想通过和平的方法来和自己的同伴达成谅解，一切分歧都要用威吓、自卫或法庭来解决。一句话，每个人都把别人看做必须设法除掉的敌人，或者最多也不过把别人看做一种可供自己利用的手段。而且这个战争，正如犯罪统计表所表明的，一年比一年更加激烈、残酷和不可和解了。敌对的方面已渐渐划分成相互斗争的两大阵营：一方面是资产阶级，另一方面是无产阶级。这个一切人反对一切人的、无产阶级反对资产阶级的战争不会使我们感到惊奇，因为它不过是已经包含在自由竞争中的原则的彻底实现。让我们奇怪的倒是，虽然孕育着大雷雨的乌云日益密集在资产阶级头上，但他们却泰然处之，无动于衷；虽然他们每天都在报上看到这些事情，但他们别说没有对现在的社会状况感到愤怒，甚至也没有对这种社会状况所引起的后果感到恐惧，没有对每一起个别的犯罪行为所预示的总爆发感到恐惧。可是这正好说明他们是资产阶级；从资产阶级的立场出发，他们甚至连事实都看不到，更不用说这些事实所产生的结果了。令人惊异的仅仅是，阶级偏见和先入之见竟能使整个阶级盲目到这种程度，可以说盲目到疯狂的程度。但是这个民族还是要按照自己的道路发展下去，不管资产者是否看到这一点；而且在这种发展中，总有一天会发生有产阶级的聪明人士所梦想不到的事件，从而使这个阶级感到震惊。

恩格斯：《英国工人阶级状况》（1844 年 9 月—1845 年 3 月），摘自《马克思恩格斯文集》第 1 卷，人民出版社 2009 年版，第 443—447 页。

4. 工人的贫困是不容争辩的事实，他们为生存而挣扎，出现了健康损坏、道德堕落和智力衰退，生活水平在深深地下降

工人群众的贫困在 1848 年到 1864 年间没有减轻，这是不容争辩的事实，但是这个时期就工业的发展和贸易的扩大来说却是史无前例的。1850 年，不列颠资产阶级一家温和的、消息灵通的机关报曾经预言，只要英国的进出口贸易增加 50%，这个国家里的贫困现象就会消灭。其实不然！1864 年 4 月 7 日，财政大臣曾用下面这样的报告取悦他的议会听众：英国进出口贸易总额在 1863 年已经增加“到 443955000 英镑！这个惊人的数额几乎比刚刚过去的 1843 年时代的贸易额多两倍！”虽然如此，财政大臣还是雄辩地讲到了“贫穷”。他喊道：“请想想那些濒临贫穷深渊的人们”，“那……没有提高的工资”，“那十有八九都是为生存而挣扎的……人的生活！”① 可是他完全没有提到爱尔兰人民，他们在北部正逐渐被机器所取代，在南部正逐渐被牧羊场所排挤；可是羊群在这个不幸的地区也在减少，不过不像人减少得那样快罢了。他没有重复贵族阶层的最高代表诸君在惊慌失措中刚刚脱口说出的话。当“勒杀犯”② 所引起的恐慌达到了相当程度时，上院决定要对流放和苦役情况进行调查，并把调查结果用报告书形

① 这些引文出自英国财政大臣威·格莱斯顿 1864 年 4 月 7 日在下院的讲话，讲话以《预算》为标题，全文发表在 1864 年 4 月 8 日《泰晤士报》第 24841 号以及伦敦的其他日报上。摘自《马克思恩格斯文集》第 3 卷，人民出版社 2009 年版，第 624 页。

② 勒杀犯是一类行劫的强盗，他们专掐受害者的咽喉。19 世纪 60 年代初这种行劫事件在伦敦经常发生，以致成了议会专门讨论的问题。摘自《马克思恩格斯文集》第 3 卷，人民出版社 2009 年版，第 624 页。

式加以公布。真实情况已在1863年的一本厚厚的蓝皮书①中揭露出来，由官方提供的事实和数字证明，在英格兰和苏格兰，连最坏的刑事犯（苦役犯）也比英格兰和苏格兰的农业工人工作轻得多，饮食却好得多。但是还不止于此。当兰开夏郡和柴郡的工人因受美国内战影响被抛掷到街头时②，同一个上院又派出一个医生到工厂区去，任务是查明按最低廉的价格和最简便的方式来供给，平均至少需要多少碳素和氮素，才刚好能够"防止饥饿病"。当时医务专使斯密斯医生确定，一星期至少需要28000格令③碳素和1330格令氮素，才可以维持一个普通成年人的生命……也就是把他维持在刚好不致发生饥饿病的界限上；其次，他还发现，这个数量大约与棉织工人在极度贫困压迫下实际上所能够得到的菲薄养料相等④。但是请注意！同一个博学的医生，不久后又被枢密院卫生视察员派去调查工人阶级中更贫困部分的营养状况了。他的调查结果写在今年根据议会命令公布的《公共卫生。第6号报告》⑤ 内。这位医生发现了什么呢？他发现，丝织工人、缝纫女工、织手套工人、织袜工人以及其他工人的食物，平均⑥比失业的棉织工人的救济口粮还坏，甚至没有包含"刚好能够防止饥饿病"的碳素和氮素。

我们在报告书中读到："不仅如此，在调查属于农业人口的家庭时

① 蓝皮书是英国议会或政府的（包括政府向议会提交的）文件或报告书的通称，因封皮为蓝色而得名。英国从17世纪开始发表蓝皮书，它是英国经济史和外交史方面主要的官方资料。

文中提到的蓝皮书指《法律执行情况调查委员会关于流放和劳役监禁的报告》1863年伦敦版第1、2卷。摘自《马克思恩格斯文集》第3卷，人民出版社2009年版，第624页注释。

② 1861—1865年美国内战期间，北军舰队封锁南部各蓄奴州海港，严格限制美国棉花出口，致使英国和欧洲其他国家因棉花供应中断而出现棉荒，欧洲大部分棉纺织业陷于瘫痪。1862年英国有75%以上的纱锭和织布机停工，纺织工人接连两三年陷于全失业或半失业状态，生活状况严重恶化。60年代初期欧洲的歉收更加重了工人的贫困，然而欧洲的无产阶级不顾一切艰难困苦，仍然坚决地援助了美国北部各州。摘自《马克思恩格斯文集》第3卷，人民出版社2009年版，第624—625页注释。

③ 1格令=0.065克。——编者注

④ 大概用不着提醒读者，除水的构成元素和某些无机物外，碳素和氮素也是人类食物的原料。但是要使人体获得营养，这些简单化学成分应该以植物质或动物质的形态供给；例如马铃薯主要是含有碳素，而小麦面包则含有相当分量的碳素和氮素。

⑤ 《公共卫生。枢密院卫生视察员第6号报告。1863年。附附录》1864年伦敦版第13—17页。——编者注。

⑥ 在德文版中加有"每年"。——编者注。

发现，这些家庭有五分之一以上得不到必需的最低限度的含碳食物，有三分之一以上得不到必需的最低限度的含氮食物，并且在三个郡里（伯克郡、牛津郡和萨默塞特郡），缺乏含氮食物是通常的现象。”官方报告书中补充说：“应当记住，食物的匮乏已经极难忍受，而食物的恶化通常是在其他各种匮乏之后才发生的……甚至保持清洁也成为一种费钱或难于办到的事情；如果由于自尊心而仍然要保持清洁，那么，每一次这样的企图都不免要带来更多的饥饿痛苦。”“这种情形是令人痛心的，特别是当人们想到这里所谈的贫困完全不是因懒惰而应得的惩罚；在一切场合，这都是劳动人民的贫困。实际上，工人为取得这点菲薄食物而付出的劳动，在大多数情况下都是时间非常长久的。”

报告书举出了一件奇怪和相当出人意料的事实：“在联合王国各个部分〈英格兰、威尔士、苏格兰和爱尔兰〉中，正是在英格兰〈这个王国最富有的部分〉，农业人口吃得最坏”；但是，甚至伯克郡、牛津郡和萨默塞特郡的农业工人，也比伦敦东头大量家庭工业的熟练工人吃得好一些。

这就是官方按照议会命令在1864年间，即在自由贸易的黄金时代公布的材料，正是这时财政大臣通知下院说：

“不列颠工人的一般状况已经有了改善，并且应当承认这种改善是绝无仅有的，是任何一个国家和任何一个时代都比不上的。”①

同这种官方的赞美辞令形成尖锐矛盾的是官方的公共卫生报告中这样一句枯燥的评语：

“一国的公共卫生状况是指其居民大众的健康而言，如果这些居民直到最下层在生活上得不到一定的保障，那他们就很难是健康的了。”

财政大臣被“国家进步”的统计数字弄得眼花缭乱，他得意忘形地

① 马克思在这里和下面引用了英国财政大臣格莱斯顿于1863年4月16日在下院的讲话。——编者注。

喊道：

> “从1842年到1852年，国内应纳税的收入增加了6%……在从1853年到1861年的8年内，如以1853年的收入为基础，这种收入则增加了20%。事实令人惊奇得几乎到了难以置信的程度……财富和实力这种令人陶醉的增长”，格莱斯顿先生补充说，“完全限于有产阶级！”

如果你们想知道，产生这种“完全限于有产阶级的财富和实力的令人陶醉的增长”的条件过去和现在怎样使工人阶级健康损坏、道德堕落和智力衰退，那就请你们看一看最近一次《公共卫生报告》关于印刷厂和男女服装缝纫厂情况的描绘吧！[①] 请你们把这一描绘同1863年公布的《童工调查委员会报告》对照一下，例如，那里有这样一段话：

> “陶工作为一个阶级，不分男女……代表着身体上和道德上退化的人口”，“不健康的儿童，将来又要成为不健康的父母”，“有增无已的人种退化是不可避免的”，“只是由于有新的人口从邻近的乡村地区补充进来，由于同较为健康的人结婚，斯塔福德郡的人口才没有发生更严重的退化”[②]。

请看一看特里门希尔先生的蓝皮书《面包工人的申诉》[③] 吧！当人们读到工厂视察员发表的有官方的出生和死亡统计数字作例证的矛盾的陈述时，又有谁能不为之浑身战栗呢？工厂视察员说：当兰开夏郡的工人依靠少量救济粮维持生活时，他们的健康状况实际上却改进了，因为由于棉荒，他们暂时停止了在棉织工厂做工；儿童死亡率在这个时期也减低了，因为母亲这时终于有可能给他们喂奶，而不是给他们喂安眠的鸦片药水了！

---

① 《公共卫生。枢密院卫生视察员第6号报告。1863年。附附录》1864年伦敦版，第25—29页。——编者注

② 《童工调查委员会。1862年。委员会委员的第1号报告》1863年伦敦版第24页。——编者注

③ 休·特里门希尔《就面包工人的申诉向女王陛下内务大臣所作的报告。附证词》1862年伦敦版。——编者注

现在让我们重新来看看事情的另一面吧！1864年7月20日向下院提出的关于所得税和财产税的报告表明，每年收入按收税员的估计在5万英镑以及5万英镑以上的人数，从1862年4月5日到1863年4月5日的一年中增加了13人，即从67人增加到80人。从同一个报告中还可以看到，大约有3000人每年共收入2500万英镑，这个数目比英格兰和威尔士全体农业工人每年的总收入还要大。翻开1861年的人口调查表，你们就会看到，英格兰和威尔士两处的男性土地所有者人数已经由1851年的16934人，减少到1861年的15066人；这就是说，土地集中程度在10年中增大了11%。如果英国地产集中于少数人手中的过程今后仍将如此迅速地继续下去，那么土地问题就将异常简单化，就像在罗马帝国有过的情形那样，当时尼禄皇帝听说阿非利加行省有一半土地属于6个所有者，就曾露齿狞笑。

我们这样详细地谈到这些“令人惊奇得几乎到了难以置信的程度的事实”，是因为英国在贸易和工业方面占欧洲第一位[①]。请回忆一下，几个月前路易—菲力浦的一个亡命的儿子就曾公开祝贺过英国农业工人，说他们的命运比他们在拉芒什海峡彼岸的那些更不幸的同伴们好些。的确，在大陆上所有先进的工业国家里，都在重复着英国的情况，只是带有不同的地方色彩和规模较小罢了。从1848年起，在所有这些国家里，工业都有了空前的发展，输入和输出都有了梦想不到的扩大。在所有这些国家里，“完全限于有产阶级的财富和实力的增长”确实是“令人陶醉的”。在所有这些国家里，也如在英国一样，实际工资[②]就工人阶级的少数来说稍微有些提高，但就大多数来说，货币工资的提高很少表示福利的实际的增长，正如就伦敦贫民院或孤儿院的被收容者来说，购买他们的生活必需品在1852年花7英镑7先令4便士，到1861年要花9英镑15先令8便士，这并不表示他们的生活有了任何改善。工人阶级的广大群众的生活水平到处都在深深地下降，下降的程度至少同那些站在他们头上的阶级沿着社会阶梯上升的程度一样。不论是机器的改进[③]，科学在生产上的应用，交通工具的改良，新的殖民地的开辟，向外移民，扩大

① 在德文版中加有“并且在世界市场上实际上代表欧洲”。——编者注

② 在德文版中加有“也就是用货币工资所能买到的生活资料”。——编者注

③ 在德文版中加有“化学上的发现”。——编者注

市场，自由贸易，或者是所有这一切加在一起，都不能消除劳动群众的贫困；在现代这种邪恶的基础上，劳动生产力的任何新的发展，都不可避免地要加深社会对比和加强社会对抗。这在欧洲一切国家里，现在对于每一个没有偏见的人都已成了十分明显的真理，只有那些一心想使别人沉湎于痴人乐园的人才会否认这一点。在这种“令人陶醉的”经济进步时代，在不列颠帝国的首都，饿死几乎已经成为一种常规。这个时代在世界历史上留下的标志，就是被称为工商业危机的社会瘟疫日益频繁地重复发生，规模日益扩大，后果日益带有致命性。

马克思：《国际工人协会成立宣言》（1864 年 10 月 21—27 日），摘自《马克思恩格斯文集》第 3 卷，人民出版社 2009 年版，第 3—10 页。

5. 资本认为，在煤矿和其他矿井使用裸体的妇女和少女，往往让她们同男子混在一起的做法，是完全符合它的道德规范的

如果只把机器看做使产品便宜的手段，那么使用机器的界限就在于：生产机器所费的劳动要少于使用机器所代替的劳动。可是对资本说来，这个界限表现得更为狭窄。因为资本支付的不是所使用的劳动，而是所使用的劳动力的价值，所以，对资本说来，只有在机器的价值和它所代替的劳动力的价值之间存在差额的情况下，机器才会被使用。因为工作日中必要劳动和剩余劳动的比例，在不同的国家是不同的，而且在同一国家不同的时期，或者在同一时期不同的生产部门，也是不同的；其次，因为工人的实际工资有时降到他的劳动力价值以下，有时升到他的劳动力价值以上，所以，机器的价格和它所要代替的劳动力的价格之间的差额，可以有很大的变动，即使生产机器所必需的劳动量和机器所代替的劳动总量之间的差额保持不变①。但是，对资本家本身来说，只有前一种差额才决定商品的生产费用，并通过竞争的强制规律对他发生影响。因此，现在英国发明的机器只能在北美使用，正像 16 世纪和 17 世纪德国发明的机器只能在荷兰使用，18 世纪法国的某些发明只能在英国使用一样。在一些较老的发达国家，机器本身在某些产业部门的使用，会造成其他部门的劳动过剩（李嘉图用的是 redundancy of labour），以致其他部门的工资降到劳动力价值以下，从而阻碍机器的应用，并且使机器的应用在资本看来是多余的，甚至往往

① 第二版注：因此，在共产主义社会，机器的使用范围将和在资产阶级社会完全不同。

是不可能的，因为资本的利润本来不是靠减少所使用的劳动得来的，而是靠减少有酬劳动得来的。近几年来，在英国毛纺织业的某些部门中，童工显著减少，有的地方几乎完全被排挤掉了。为什么呢？因为工厂法规定童工必须实行两班制，一班劳动六小时，另一班劳动四小时，或每班只劳动五小时。但是父母们不愿比以前出卖全日工更便宜地出卖半日工。因此半日工就被机器所代替①。在矿井禁止使用妇女和儿童（10岁以下的）以前②，资本认为，在煤矿和其他矿井使用裸体的妇女和少女，而且往往让她们同男子混在一起的做法，是完全符合它的道德规范的，尤其是它的总账的，所以直到禁止使用妇女和儿童以后，资本才采用机器。美国人发明了碎石机。英国人不采用这种机器，因为从事这种劳动的"不幸者"（"wretch"是英国政治经济学用来称呼农业工人的术语）的劳动只有很小一部分是有报酬的，所以对于资本家说来，机器反而会使生产变贵③。在英国，直到现在还有时不用马而用妇女在运河上拉纤等等④，因为生产马和机器所需要的劳动是一个数学上的已知量，而维持过剩人口中的妇女所需要的劳动，却是微不足道的。因此，恰恰是英国这个机器国家，比任何地方都更无耻地为了卑鄙的目的而浪费人力。

马克思：《资本论（第一卷）》（1867年9月），摘自《马克思恩格斯文集》第5卷，人民出版社2009年版，第451—453页。

6. 在威尔士，婚姻只有满了七年之后才不能解除，结婚以前少女的贞操完全不严格遵守

在威尔士……婚姻只有满了七年之后才不能解除……在结婚以前，少女的贞操完全不严格遵守……

---

① "雇主不会毫无必要地使用两班13岁以下的童工……事实上，有一类工厂主（毛纺业主）现在很少使用13岁以下的童工即半日工。他们采用了各种改良的和新式的机器，因而不用雇用童工〈即13岁以下的童工〉了。我可以举一个劳动过程的例子来说明童工人数减少的情况：把一种叫捻线机的装置同现有的机器连接起来，由六个或四个（根据每台机器的性能而定）半日工去做的工作，现在可由一个少年（13岁以上）去完成了……半日制"促进了"捻线机的发明"。（《工厂视察员报告。1858年10月31日》[第42、43页]）。

② 在矿井禁止使用妇女和儿童（10岁以下的）是1842年矿业法的规定。见第5卷第569页。摘自《马克思恩格斯文集》第5卷，人民出版社2009年版，第935页注释。

③ "只要劳动〈他指的是工资〉不上涨，机器往往不会被采用。"（李嘉图：《政治经济学和赋税原理》，第479页）。

④ 见《在爱丁堡社会科学会议上的报告。1863年10月》。

妻子可据以要求离婚而且在分财产时自己的权利又不受损失的理由，范围非常广：只要丈夫有口臭就够了。为赎回初夜权而付给部落首领或国王的赎金（gobr merch，中世纪的 marcheta 这个名称、法语的 marquette 就是由此而来的）在法典上起着很大的作用。妇女在人民大会上享有表决权。如果我们补充下面几点：在爱尔兰已经证明有类似情况存在；在那里，暂时性的婚姻也非常流行，在离婚时，妻子享有很大的明确规定的照顾，甚至对她的家务操持也要给以赔偿；在那里，还有"长妻"与其他诸妻并存的事，而在分配遗产时，婚生子女和非婚生子女没有任何差别——这样，我们便看到了一幅对偶婚的图景，与这种对偶婚比较起来，北美现行的婚姻形式就显得严格了，不过，对于一个在凯撒时代还过着群婚生活的民族来说，在 11 世纪有这种情形，是不足为奇的。

恩格斯：《家庭、私有制和国家的起源》（1884 年 3 月底—5 月底），摘自《马克思恩格斯文集》第 4 卷，人民出版社 2009 年版，第 148—149 页。

7. 妓女是现存社会制度的牺牲品，是贫困造成的

我很喜欢你关于海因茨法律的发言。[①]

在卖淫现象不能完全消灭以前，我认为我们最首要的义务是使妓女摆脱一切特殊法律的束缚。在英国这里，现在就摆脱了这种束缚，至少大体上是这样；没有任何"风纪警察"，没有实行任何监督或卫生检查，不过警察的权力至今还是很大的，因为开妓院要受到法律制裁，而妓女住在里面接客的任何一所房子，都可当做妓院处理。但只是在个别情况下才采取这个办法，尽管如此，妓女还是经常遭到警察的卑鄙敲诈。这种相对的不受警察侮辱性束缚的自由，使妓女大体上能够保持一定程度的独立和自尊心，而这在大陆上几乎是不可能的。她们把自己的境况看成一种不可避免的不幸，既然已经遭到这种不幸，她们也就不得不忍受这种不幸，但这决不应该损害她们的人格，也不应该损害她们的尊严；她们一旦有机会抛弃这个行业，她们就会竭力利用这个机会，而且在大多数情况下是成功的。

---

① 1892 年 12 月 13 日倍倍尔在帝国国会发表了长篇演说，批评了政府的新军事法案（见注 442）。海因茨法律是 1891—1892 年对靠妓女为生的海因茨提出诉讼而得名的；此人被控犯有谋杀和撬锁盗窃罪。这个案件成为颁布禁止卖淫的法律的一个借口。海因茨法律规定，对撮合通奸、靠妓女为生和散布诲淫文学等行为要加重惩罚；该法律于 1891 年提交帝国国会，经过长期讨论后，于 1900 年才通过。倍倍尔参加了海因茨法案的讨论，于 1892 年 12 月 15 日在帝国国会发表演说，揭露了关于禁止卖淫的资产阶级法律的伪善性。

曼彻斯特曾有成群的青年人——资产者或职员——和这种妓女同居，其中很多人是合法婚姻，并且生活得至少是象资产者和自己的妻子一样的和睦。即使有时某个妓女开始酗酒，这和在这里也经常酗酒的资产者妇女没有任何区别。有些这样结了婚的并迁居到无须担心会遇到“老相识”的其他城市去的妓女，出入于尊贵的资产阶级社交界，甚至出入于乡绅（此地的地主）之间，——谁也没有发现她们身上有任何不体面的东西。

我认为，在探讨这个问题时，我们首先要考虑的是作为现存社会制度牺牲品的妓女本身的利益，并尽可能地使她们不致遭受贫困，至少不要象在整个大陆上那样，利用强制的手段，通过法律和警察的卑鄙行径而使她们完全堕落。在这里，在驻有卫戍部队的一些城市，也曾经试行过监督和卫生检查，但都没有持续很久；为反对这些措施而进行的宣传，是维护社会风纪者的唯一功绩。

卫生检查完全是无稽之谈。哪里搞这种检查，那里的梅毒和淋病就多起来。我确信，警察局医生们使用的医疗器具在性病的蔓延上起了很大作用，他们未必会花费时间和劳力为这些器具进行消毒。应该为妓女们举办有关性病的免费讲习班，这样，她们大部分人就会自己注意起来。布拉施科给我们寄来了一篇关于卫生监督的文章①，其中也不得不承认，这种监督是完全无用的；如果他从自己的前提出发作出彻底的结论，他就应该要求完全停止对卖淫进行追究并使妓女不受剥削，但这在德国看来纯粹是空想。

恩格斯：《致奥古斯特·倍倍尔》（1892年12月22日），摘自《马克思恩格斯全集》第38卷，人民出版社1972年版，第550—551页。

8. 在基督教的最初几个世纪，有禁止肉欲的禁欲主义，把或多或少不受限制的男女关系列入基督教自由的概念的倾向相当常见。现代社会主义运动中情况也是这样

关于这些宗派的详情，我们毫无所知，只是听人谈到巴兰和耶洗别的徒众吃祭偶像之物和行奸淫的事。人们企图把所有这五个宗派说成是保罗派的基督徒，而把所有这些书信说成是反对保罗，反对伪使徒，反对虚构出来的巴兰和“尼哥拉”的。勒南在其1869年巴黎出版的《圣保罗》一

---

① 阿·布拉斯科《现代的卖淫》。——编者注

书中（第303—305、367—370页）收集了一些相应的、很难使人信服的论据。所有这些论据，不外乎要从使徒行传和所谓的保罗书信出发来解释这些书信，其实这些著作至少就目前的版本来说其成书时间起码比《启示录》要迟60年，因而其中包含的与此有关的事实资料不仅极为可疑，而且是彼此完全矛盾的。有决定意义的倒是：我们这位作者不会想到要用五个不同的名称来称呼同一个宗派；单对以弗所就使用了两个（伪使徒和尼哥拉派），对帕加马也使用了两个（巴兰派和尼哥拉派），而且每次都清清楚楚地是两个不同的宗派。当然，不能否认，这些宗派里也完全可能有现在该称之为保罗信徒的那种人。

在讲得较详细的这两个场合，所谴责的都不外乎是吃祭偶像之物和行奸淫的事，这是犹太人——不论是古代的还是基督教的——同改宗的异教徒争论不休的两点。异教徒不仅把祭神肉拿到庆宴上，在此种情况下拒绝食用是非礼的，甚至可能是危险的；而且祭神肉还在公共市场上出售，在这里并不是每次都能分辨出是否已按教规清洁过。讲到奸淫的事，这些犹太人所指的不仅是婚姻以外的性关系，而且指犹太法律所禁止的、某亲等以内的人的通婚，也指犹太人与异教徒之间的通婚；这个词在《使徒行传》第十五章第二十和二十九节里一般都作此解释。但我们这位约翰对于正统犹太人所认可的那种性关系，也另有自己的看法。他在第十四章第四节里谈到天上的144000个犹太人：

> “这些人未曾沾染妇女，他们原是童身。”

而在我们这位约翰的天上，确实是一个妇女都没有。因而他是属于原始基督教其他著作中也常遇到的那个笼统地视性关系为罪恶的派别。如果我们还注意到，他把罗马叫做大淫妇，说地上的君王们与她行淫并被她淫乱之酒所醉倒，而她的商人因她的骄奢淫逸而发了财，那我们对上述的那个词就决不能按照神学的护教论所要赋予它的那种狭窄意义来理解，神学的护教论是要借此为解释新约中的其他地方找证据。与此相反，书信中这些地方清楚地显示出一切深刻动荡时代所共有的一种现象，即对性关系的传统束缚也同所有其他藩篱一起发生动摇。在基督教的最初几个世纪里，一方面有禁止肉欲的禁欲主义，另一方面，把或多或少不受限制的男女关系列入基督教自由的概念的倾向，也相当常见。在现代社会主义运动中情况也是这样。30年代圣西门派的“肉体复权”——德文译做“Wiedereinsetzung des Fleisches”——在当时德国这样一个“虔诚的育儿所”[①] 曾引起何等令人难以置信的恐惧啊！而恐惧得最厉害的，恰恰是那个在柏林也像在自己的庄园里一样，不经常使自己的肉体复权就一天也活不下去的、当时居统治地位的高贵等级（当时我们还没有阶级）！如果这些正人君子还知道傅立叶给肉体规定的自由不止这些的话，不知道该怎样啊！随着空想主义被克服，这些放荡行为让位给较为理智的而实际上更激进得多的概念；而且自德国从海涅的“虔诚的育儿所”发展成为社会主义运动中心的时候起，崇尚美德的上流社会那种伪善的愤慨，就被人们嗤之以鼻了。

恩格斯：《论原始基督教的历史》（1894年6月19日—7月16日之间），摘自《马克思恩格斯文集》第4卷，人民出版社2009年版，第489—491页。

（三）资本主义社会出现的卖淫、纵欲和通奸等对道德的腐蚀作用

1. 查·劳顿在《人口等问题的解决办法》一书中估计英国卖淫者的数目有6万—7万人，贞操可疑的妇女也有那么大的数目

“出租自己的劳动”，“出借自己的劳动换取利息”，“代替别人劳动”。

“出租劳动材料”，“出借劳动材料换取利息”，“让别人代替自己劳动”。

[XII]“这种经济制度注定人们从事如此低贱的工作，处于如此悲惨和痛苦的境地，相比之下，野蛮状态也犹如王公的生活了。”

“一无所有者以各种各样的形式卖淫。”（同上，第421页及下一页）捡破烂者。

① 摘自海涅的诗《安心》。——编者注

查·劳顿在《人口等问题的解决办法》(1842年巴黎版)[①] 一书中估计英国卖淫者的数目有6万—7万人。贞操可疑的妇女也有那么大的数目。(第228页)

> “这些不幸的马路天使的平均寿命，从她们走上淫荡的生活道路算起，大约是6—7年。因此，要使卖淫者保持6万—7万这个数目，在联合王国每年至少要有8000—9000名妇女为这种淫秽的职业献身，或者说，每天大约要有24名新的牺牲者——每小时平均要有一名，如果这同一比例适用于全球，那么这类不幸妇女势必经常有150万人。”
>
> “贫困的人口随着他们贫困的增长而增长；处于极端贫困状态下的人数不胜数，争夺着受苦受难的权利……1821年爱尔兰的人口是6801827人。1831年增加到7764010人，就是说，在十年中间增加了14%。在最富裕的伦斯特省，人口只增加8%，而在最贫困的康诺特省，人口却增加21%（《在英格兰公布的关于爱尔兰的调查摘要》1840年维也纳版）。”（比雷《论贫困》[②] 第1卷，第36、37页）

国民经济学抽象地把劳动看做物；劳动是商品；价格高，意味着对商品的需求很大；价格低，就意味着商品的供给很多；劳动作为商品，其价格必然日益降低；这种情况之所以必然发生，一部分是由于资本家和工人之间的竞争，一部分是由于工人之间的竞争……

> “出卖劳动的工人人口，不得不满足于产品的最微小的一份……关于劳动是商品的理论，难道不是披着伪装的奴隶制的理论吗？”（同上，第43页）“为什么人们把劳动只看成交换价值呢？”（同上，第44页）大工场宁可购买妇女和儿童的劳动，因为这种劳动比男子的劳动便宜。（同上）“工人在雇用他的人面前不是处于自由的卖者地位……资本家总是自由雇用劳动，而工人总是被迫出卖劳动。如果劳动不是

---

① 即查·劳顿《人口和生计问题的解决办法》1842年巴黎版。这是一部英文手稿的法译本，原英文手稿可能未曾出版。劳顿曾有一本英文小册子《论人口和生计的均衡》于1836年在利明顿出版。——127。摘自《马克思恩格斯文集》第1卷，人民出版社2009年版，第782页注释。

② 即欧·比雷《论英法工人阶级的贫困》1840年巴黎版。——编者注

每时都在出卖，那么它的价值就会完全消失。与真正的［商品］不同，劳动既不能积累，也不能储蓄。［XIV］劳动就是生命，而生命如果不是每天用食物进行新陈代谢，就会衰弱并很快死亡。为了使人的生命成为商品，也就必须容许奴隶制。”（同上，第49、50页）

可见，如果劳动是商品，那么它就是一种具有最不幸的特性的商品。然而，甚至按照国民经济学的基本原理，劳动也不是商品，因为它不是自由交易的自由结果。［同上，第50页］现在的经济制度

“同时降低了劳动的价格和劳动的报酬；它造就了工人，却贬低了人”。（同上，第52、53页）“工业成了战争，而商业成了赌博。”（同上，第62页）

马克思：《1844年经济学哲学手稿》（1844年4—8月），摘自《马克思恩格斯文集》第1卷，人民出版社2009年版，第127—128页。

2. 工人是资产阶级制度的牺牲品：酗酒、纵欲。纵欲是当时英国社会的一大恶习，妇女为了生存出卖自己的肉体

酗酒、纵欲、粗暴以及对私有财产的不尊重，这就是资产者指责工人的主要罪名。工人酗酒是十分自然的。艾利生郡长断言，在格拉斯哥，每个星期六晚上大约有3万工人喝得烂醉（这个数字确实是不小的）；在这个城市里，1830年每12幢房子有一家小酒店，而在1840年每10幢房子就有一家；在苏格兰，1823年纳消费税的烧酒有230万加仑，而在1837年就有662万加仑；在英格兰，1823年有1976000加仑，而在1837年就有7875000加仑。① 1830年颁布的啤酒法便利了啤酒店即所谓Jerry-Shops的开设，店主获准出售啤酒，to be drunk on thepremises（只供店里喝），这个法令也助长了酗酒的风气，因为几乎每一家的门前都有了小酒店。几乎在每一条街上都可以找到几家这样的啤酒店，而在乡下，只要有两三幢房子在一起，其中必然有一家Jerry-Shop。此外，还有很多Hush-Shops，即私设小酒店，这些小酒店没有获得专卖许可，在大城市中警察很少到的偏僻

① 引自《人口原理》的几个地方。

地方，有不少秘密酒坊酿造着大量的烧酒。据加斯克尔在前引书中估计，这种酿酒作坊仅在曼彻斯特就有 100 多家，它们的年产量至少达 156000 加仑。此外，曼彻斯特有 1000 多家小酒店，所以它们在总户数中所占的比例至少和格拉斯哥一样大。在其他一切大城市，情形也完全一样。除酗酒所造成的一般后果外，我们如果还注意到，在这些地方，有各种年龄的男人和妇女，甚至还有小孩，有时还有抱着小孩的母亲，同那些堕落最深的资产阶级制度的牺牲品，即小偷、骗子、妓女混在一起；我们如果注意到，有些母亲给怀抱中的婴儿喝酒，这时，我们就一定会承认，光顾这样的场所势必造成颓废堕落的后果。特别是在星期六晚上，工资发了，收工也比平时略早一些，所有的工人都从自己的贫民窟中涌到大街上去，这时，我们可以看到酗酒者的各种粗野的表现。我在这样的夜晚从曼彻斯特走出去的时候，很少不遇到一大批东倒西歪的或躺在水沟里的醉汉。在星期天晚上，这一幕通常还要重演一番，只是少了一些吵闹罢了。钱花光了，这些酒徒就跑到最近的一家当铺去，当掉他们仅有的一切，这种当铺每个大城市都有许多，曼彻斯特有 60 家以上，仅索尔福德的一条街（教堂街）就有 10—12 家。家具、节日的衣服（如果有的话）、餐具在每一个星期六的晚上大批地从当铺里赎出来，然后在下星期三以前几乎又都送回当铺去，直到出现某种偶然情况使这些东西无法赎回，一件件都落到高利贷者的手里，或者高利贷者再也不愿意为这些破旧不堪、毫无用处的东西付出一文钱为止。谁要是亲眼看到过酗酒行为在英国工人中间蔓延的情形，谁就会确信阿什利勋爵的断言[①]，他说，这个阶级每年花在喝酒上的钱大约 2500 万英镑。因此，酗酒如何使工人的物质生活状况恶化，如何可怕地摧毁他们在精神上和肉体上的健康，如何破坏一切家庭关系，那是每一个人都很容易想象的。不错，戒酒协会做了不少事情，但是几千个“节制饮酒者”对几百万工人来说又算得了什么？当爱尔兰的戒酒使徒马太神父在英国的城市巡行的时候，往往有 3 万到 6 万人“pledge”（起誓）不再喝酒，但是不出一个月，大多数人又全都忘了。例如，如果统计一下过去三四年中在曼彻斯特起过戒酒誓的人数，那么得出的数字一定比全城居民总数还要多，但是仍然看不出酗酒的现象有所减少。

---

① 1843 年 2 月 28 日在下院的演讲。

除酗酒外，许多英国工人的另一大恶习是纵欲。这个阶级既然处于无人过问的情况下，而又没有正当地利用这种自由所必需的手段，那么，这种恶习的产生就是无法改变的结果，是无可避免的必然。资产阶级只留给他们这两种享乐，同时却把大量沉重的劳动和苦痛加到他们身上。结果是，工人为了从生活中得到点什么，就把全部热情集中在这两种享乐上，过度放纵地沉溺于其中。如果人们被置于只适合于牲口的环境，那么他们除了起来反抗或者真的沦为牲口，是没有其他道路可走的。更何况资产阶级自己，甚至他们中的一些正派人物都直接助长了卖淫之风，每天晚上充斥于伦敦街头的 4 万个妓女[①]中，有多少人是靠道貌岸然的资产阶级为生呵！为了生存她们不得不向过路人出卖自己的肉体，为此她们当中有多少人应当感谢资产者的引诱呵！因此毋庸置疑，最没有权利责备工人淫荡的就是资产阶级。

恩格斯：《英国工人阶级状况》（1844 年 9 月—1845 年 3 月），摘自《马克思恩格斯文集》第 1 卷，人民出版社 2009 年版，第 440—442 页。

3. 卖淫是资产阶级对无产阶级的最明显的直接肉体剥削

卖淫是资产阶级对无产阶级的最明显的直接肉体剥削，它使得“产生行动的心中痛苦”（第 253 页）及其淡而无味的道德杂碎汤遭到破产，它燃起了复仇的火焰，激起了阶级仇恨，而卖淫的这一最显著的方面是这位“真正的社会主义者”所不知道的。相反地，他看见妓女时就为没落的杂货铺女售货员和小缝纫女工表示悲伤，因为他已经不能赞美她们是“创造的顶峰”，“浸透了最神圣最命人心旷神怡的芬芳情感的花萼”了。Pauvre petit bonhomme！〔可怜的蠢材！〕

恩格斯：《真正的社会主义者》[②]（1847 年 1—4 月），摘自《马克思恩格斯全集》第 3 卷，人民出版社 1960 年版，第 664 页。

---

① 艾利生郡长《人口原理》第 2 卷

② 恩格斯的著作《真正的社会主义者》是《德意志意识形态》第二卷的直接继续。1847 年初，“真正的社会主义”在总流派范围内发展成了各种派别（威斯特伐里亚派、萨克森派、柏林派）。因此，恩格斯打算把《德意志意识形态》（第二卷）中的《真正的社会主义者》这一章重新修改增订一遍，批判“真正的社会主义者”的各个派别。恩格斯在 1847 年 1 月 15 日写给马克思的信中已经谈到了这个计划。这部著作至少是在 4 月写完的（在正文中曾提到 1847 年 4 月 10 日出版的《国外消息》杂志），流传下来的是一份《真正的社会主义者》的手稿。按照手稿最后一部分来判断，可以说这部著作是没有写完的。《真正的社会主义者》这部著作是由苏共中央马克思列宁主义研究院于 1932 年第一次用原文发表于《马克思恩格斯全集》中。——第 45 页。

4. 诱奸的行为和后果

从一切可能的角度来看，摆在我们面前的至少有八个被诱奸的女子。我们在这里不仅看到诱奸的行为，而且还看到诱奸的后果；妊娠的各个主要时期至少都有一个人来代表。接踵而来的当然是分娩，再跟着就是杀婴和自杀。……这些描写诱奸的诗歌究竟是怎样写成的，只要看一段根据大家熟悉的摇篮曲的曲调写的诗就可以了解。在第 299 页上，路德维希·克勒尔先生吟道：

母亲啊，痛哭吧，大声痛哭吧！
女儿的心在疼！
哭吧，日夜不停地哭吧！
女儿丧失了贞操！
你的遗训："学好吧，我的孩子！"
她却把它当作耳边风！

"诗册"根本是一首犯罪行为的真实颂歌。

恩格斯：《真正的社会主义者》（1847 年 1—4 月），摘自《马克思恩格斯全集》第 3 卷，人民出版社 1960 年版，第 684 页。

5. 杜林先生认为，在以人口买卖为基础的压迫社会里，卖淫是对强制婚姻的有利于男人的当然补充

我们假定，年轻的未来公民在读完了学校全部课程以后终于能"依靠自身"，以致能够去物色妻子。在这里杜林先生给他开辟的是什么样的事物进程呢？

"鉴于繁殖对各种素质的保持、淘汰、混合以至新质的培育具有重要意义，人的东西或非人的东西的最后根源大部分必须在性的结合和选择之中去寻找，此外，还必须在促进或阻止一定生育结果的考虑中去寻找。对在这个领域中盛行的粗野和愚昧所进行的审判，实际上必须留给以后的时代去做。但是，哪怕在偏见的压力下，至少从一开始就必须弄明白：对自然或对人的周密考虑来说是好的或者差的生育质量，无疑比数量重要得多。的确，在一切时代和一切法律状态下，畸形人都招致毁灭；但是这个从正常人到不再像人的畸形人的梯子是有许多梯级的…… 如果劣等人的产生得到了预防，那么这件事实显然是有益的。”

在另一个地方也说：

“未出生者有权要求尽可能好的组合，这对哲学的观察来说是不难理解的…… 怀孕，至少还有生育，提供一种机会，使得在这方面可以采用预防的或者在例外情况下采用选择的办法。”

再往下：

“当人们负担起较少艺术性的、从而对千百万人的命运远为重大的任务的时候，就是说，当用血和肉完成人的创造的时候，用大理石把人理想化的希腊艺术，就再也不能保持它以前的历史意义了。这种艺术不是纯石头的艺术，它的美学和对死的形象的直观无关”等等。

我们的正在成长的未来公民感到十分诧异。结婚同纯石头的艺术无关，也同对死的形象的直观无关，这些即使没有杜林先生，他也肯定会知道的；但是杜林先生曾经向他许诺过：他可以踏上事物进程和他自己的本质为他开辟的一切道路，以求得女人的同情心连同属于这颗心的肉体。现在“更深刻的更严格的道德”对他厉声申斥道：决不能这样。首先要做的是：抛弃在性的结合和选择这个领域中盛行的粗野和愚昧，并且要考虑新出生者要求尽可能好的组合的权利。在这个庄严的时刻，我们的年轻公民要用血和肉完成人的创造，成为一个所谓有血有肉的菲迪亚斯。从何下手呢？杜林先生的上面那些神秘的陈述，并没有在这方面给他任何指导，虽然杜林先生本人也说，这是一种“艺术”。莫非杜林先生已经“在心目中大致”拥有这种艺术的指南，就像目前在德国书店中销行的种种秘本之类的东西？事实上，我们在这里已经不再处于共同社会中，倒不如说是处于《魔笛》[①] 中，只是脑满肠肥的共济会[②]牧师查拉斯特罗同我们的更深刻的更严格的道德家相比，简直算不上“二等教士”。这位牧师对他的弟子中的一对情人所做的试验，同杜林先生在允许他的那两个有主权的个人进入“道德的自由的婚姻”状态之前强加给他们的可怕考验相比，简直是儿戏。这样一来就可能会出现这样的情形：虽然我们的“依靠自身”的未来的塔米诺两只脚都立在所谓的绝对物之上，可是他的一只脚离开正常的位置还有两三个梯级，于是嘴巴刻薄的人就说他是跛子。同时也会有这种可能：他最心爱的未来的帕米纳，由于右肩略略偏斜而不是完全直立在上述绝对物之上，于是好忌妒的人就把这种偏斜称为小驼背。那怎么办呢？我们的更深刻的更严格的查拉斯特罗是禁止他们从事于用血和肉创造人的艺术呢，还是对他们采用怀孕时的“预防的办法”或“生育”时的“选择的办法”呢？事情十之八九是另一种结局，即这对情人将撇开查拉斯特罗-杜林而去找婚姻登记员。

住口！——杜林先生喊道。这不是我的意思。让我来说说。

在“有益的性结合具有更高的、真正人的动机时……性冲动——其高涨表现为热恋——的人间完美形式，就其双向性而言，正是结果也有益的结合的最好保证……从本来就是和谐的关系中得出一种具有和谐特性的产物，这只是第二级的效果。从这里又得出结论：任何强迫都必定发生有害的影响”等等。

---

① 《魔笛》是莫扎特的最后一部歌剧（艾·希卡内德作词），于1791年写成并上演，反映了共济会派的思想，歌词的作者和莫扎特本人都属于这一派。下文提到的查拉斯特罗、塔米诺和帕米纳均是这部歌剧中的主要人物。摘自《马克思恩格斯文集》第9卷，人民出版社2009年版，第592页注释。

② 共济会是17世纪末18世纪初产生于英国的一种秘密团体，旨在传播并执行其秘密互助纲领。它最早起源于中世纪的石匠和教堂建筑工匠的行会，后来随着英帝国的向外扩张传播到欧美许多国家。共济会谴责封建制度和英国国教，谋求建立一个世界范围内的新宗教。共济会秘密分会的活动是模仿工匠行会的神秘典礼和秘密仪式。该会会员赋予自己净化道德、慈善为怀和革新世界的任务。他们相信永恒不变的、决定社会发展的自然规律。但这些规律只有他们最智慧的领导人物才能认知，这些领导人物是至高无上的权威，负责教育一般会员遵守这些规律，培养博爱、正义和启蒙的精神。摘自《马克思恩格斯文集》第9卷，人民出版社2009年版，第592页注释。

这样一来，在这个最美好的共同社会里，一切都安排得尽善尽美。跛脚男人同驼背女人彼此热烈相爱，从而就其双向性而言，也为和谐的“第二级的效果”提供了最好的保证；这就像小说中说的那样，他们恋爱，结为夫妇，而所有“更深刻的更严格的道德”，像往常一样，到头来化为一堆和谐的胡说。

杜林先生对女性究竟抱有什么样的高尚观念，可以从他对目前社会的如下控诉中看出：

> “在以人口买卖为基础的压迫社会里，卖淫被认为是对强制婚姻的有利于男人的当然补充；类似的情况对女人来说是不可能有的，这是极容易理解的，但也是意味极深长的事实之一。”

女人们对杜林先生的这套恭维话所应表示的那种感谢，我是无论如何也不想领受的。此外，难道杜林先生完全不知道那种在目前并不算很特别的收入——女人的倒贴？杜林先生自己曾经是见习官①，而且住在柏林，在那里，还是我在的那个时候，即36年前，别说尉官，就是见习官［Referendarius］同受倒贴者［Schürzenstipendarius］也往往是押韵的！

——

让我们同我们这个确实常常是枯燥无味的和令人不快的题目和和气气地、高高兴兴地告别吧。在我们不得不讨论各个争论之点的时候，判断总是受到客观的无可置疑的事实的制约；根据这些事实得出的结论，常常不免是尖锐的，甚至是无情的。现在，当我们谈完哲学、经济学和共同社会的时候，当我们不得不逐点加以评论的这位著作家的全貌已经呈现在我们眼前的时候，就可以直截了当地摆出对他这个人的看法了；现在我们可以把他的许多本来无法理解的科学上的谬误和武断归结为个人的原因，并把我们对杜林先生的全部判断概括为一句话：无责任能力来自自大狂。

恩格斯：《反杜林论》（1876年9月—1878年6月），摘自《马克思恩格斯文集》第9卷，人民出版社2009年版，第340—343页。

---

① 见习官是德国的低级官员，尤指作为见习人员在法院或国家机关试用的法官。担任这种职务时通常没有薪俸。摘自《马克思恩格斯文集》第9卷，人民出版社2009年版，第592页注释。

6. 初夜权从封建领主手中转到了资产阶级工厂主的手中，卖淫增加到了前所未闻的程度，婚姻仍然是法律承认的卖淫的形式

我们也已经看到，为革命作了准备的18世纪的法国哲学家们，如何求助于理性，把理性当做一切现存事物的唯一的裁判者。他们认为，应当建立理性的国家、理性的社会，应当无情地铲除一切同永恒理性相矛盾的东西。我们也已经看到，这个永恒的理性实际上不过是恰好那时正在发展成为资产者的中等市民的理想化的知性而已。因此，当法国革命把这个理性的社会和这个理性的国家实现了的时候，新制度就表明，不论它较之旧制度如何合理，却决不是绝对合乎理性的。理性的国家完全破产了。卢梭的社会契约在恐怖时代[①]获得了实现，对自己的政治能力丧失了信心的资产阶级，为了摆脱恐怖时代，起初求助于腐败的督政府[②]，最后则托庇于拿破仑的专制统治。早先许诺的永久和平变成了一场无休止的掠夺战争。理性的社会的遭遇也并不更好一些。富有和贫穷的对立并没有化为普遍的幸福，反而由于调和这种对立的行会特权和其他特权的废除，由于缓和这种对立的教会慈善设施的取消而更加尖锐化了；现在已经实现的摆脱封建桎梏的“财产自由”，对小资产者和小农说来，就是把他们的被大资本和大地产的强大竞争所压垮的小财产出卖给这些大财主的自由，于是这种“自由”对小资产者和小农说来就变成了**失去**财产的自由[③]；工业在资本主义基础上的迅速发展，使劳动群众的贫穷和困苦成了社会的生存条件。现金交易，如卡莱尔所说的，日益成为社会的唯一纽带。犯罪现象一年比一年增多。如果说以前在光天化日之下肆无忌惮地干出来的封建罪恶虽然没有消灭，但终究已经暂时被迫收敛了，那么，以前只是暗中偷着干的资产阶

① 恐怖时代指雅各宾派的革命民主专政时期（1793年6月—1794年7月），当时雅各宾派为了对付吉伦特派和保皇派的反革命恐怖实行了革命的恐怖。摘自《马克思恩格斯文集》第3卷，人民出版社2009年版，第698页注释。

② 督政府是法国资产阶级共和制政府，由五名督政官组成，每年改选一人。它是根据雅各宾派革命专政于1794年失败后通过的1795年宪法建立的；督政府支持反对民主力量的恐怖制度，并维护大资产阶级的利益；其执行的政策摇摆不定，导致政局动荡，内忧外患迭起，最后在1799年波拿巴雾月十八日政变中被推翻。摘自《马克思恩格斯文集》第3卷，人民出版社2009年版，第698页注释。

③ 在1883年德文第一版中没有“现在已经实现的……失去财产的自由”这段话。——编者注

级罪恶却更加猖獗了。商业日益变成欺诈。革命的箴言“博爱”① 化为竞争中的蓄意刁难和忌妒。贿赂代替了暴力压迫，金钱代替刀剑成了社会权力的第一杠杆。初夜权从封建领主手中转到了资产阶级工厂主的手中。卖淫增加到了前所未闻的程度。婚姻本身和以前一样仍然是法律承认的卖淫的形式，是卖淫的官方的外衣，并且还以大量的通奸作为补充。总之，同启蒙学者的华美诺言比起来，由“理性的胜利”建立起来的社会制度和政治制度竟是一幅令人极度失望的讽刺画。

恩格斯：《社会主义从空想到科学的发展》（1880 年 1 月—3 月上半月），摘自《马克思恩格斯文集》第 3 卷，人民出版社 2009 年版，第 526—527 页。

7. 不许通奸

要写这个题目，关于德国的和其他国家的君主都有很多事情可谈，但是首先，老费泽在他的《德国宫廷史》中把这个题目已经谈得很详细了。在全部 40 多卷的文集里，除了君主的通奸故事之外几乎没有别的内容。再说，既然每个庸人都可以不受处罚地和随意地搞违禁的享乐，我们为什么一定要认为这种享乐对君主来说是不道德的呢？如果说有给自己的妻子染上梅毒的皇帝（奥地利的弗兰茨-约瑟夫），那么也有不少能够以这种壮举自豪的贵族、资产者、甚至小资产者。而且就是在法国革命以前，也远不是所有君主都像巴登-杜拉赫的老侯爵那样胡作非为。这个老侯爵用抢和买的办法弄到了大约 130 个最漂亮的姑娘，把她们关在他在杜拉赫附近布莱贝格的后宫里，还派一名军士看管，如遇美人执拗不从和其他违犯纪律的情况，就赏给她们早已为人所知的那 25 鞭。

但是在这方面，霍亨索伦家族伟大的一员弗里德里希二世也是一个值得称赞的例外。他暗自思忖，男人只有借助于女人才能干通奸之事。所以，如果我用男人代替女人，那么我就不会破坏夫妇的忠诚了。

这位勇敢的普鲁士人喊道：中伤，无耻的中伤。这种谎言是卑鄙的不信神的伏尔泰杜撰的！我们来听一听吧。

“普鲁士王国宗教局总顾问、柏林和科隆联合中学及其附属学校的校长”安东·弗里德里希·毕兴博士先生于 1790 年在汉堡出版了一本书《普鲁士国王弗里德里希二世统治时期的可靠史料》。这本书是敬献给“我的

① 指 18 世纪末法国资产阶级革命的口号“自由、平等、博爱”。——编者注

仁慈的主人和保护者”弗里德里希二世和弗里德里希-威廉二世的大臣赫茨贝格伯爵的，可见，只能写政府所喜欢的事情。宗教局顾问先生在这本书的历史附录中向著名的汉诺威医生戚美尔曼博士（《论孤独》）宣战，在附录第 20 页上说道：

> “我〈在以前的一本著作中〉曾尽量简短和小心翼翼地写道：国王由于避免同妇女交往而失去许多性的享乐，但从同男子交往中得到补偿。”戚美尔曼说，不对，“他同某些男人亲密交往”是另有“原因”的——他缺少一件家伙。

而宗教局顾问从清洗已故国王遗体的医生那里得到郑重的、带有十分愤懑情绪的证词：实际上一应俱全，因此同男人的交往是千真万确的。

国王这种不破坏夫妇忠诚的做法是从多么早的时候起就传播开来的、传播得多么广，证实这一点的不仅仅有舒瓦泽尔于 1759 年寄给伏尔泰的对国王的讽刺诗。诗的结尾是：

你怎能非难温情，
只有在你的鼓手的怀里，
你才能沉醉于其中。

特伦克的《回忆录》第 1 卷第 36 页里提供了一个更早的 1745 年的事例。

> “一个同时充当公开的加尼米德的近卫军步兵少尉……挖苦起我的秘密恋爱来。我称他是什么什么，我们拔剑相斗，我砍伤了他的脸。在此后的第一个星期天视察教会的场合，国王走过我的身边时说：‘上帝啊，你要留点神！’”

弗里德里希作为真正的哲学家创立了一个学派。瑞典国王古斯塔夫三世是他的外甥。关于他，施洛塞尔援引过的一位瑞典伯爵的手稿中有这样的话：

> “在他之前，在瑞典还不知道有鸡奸。”（施洛塞尔《18 世纪》第 4 版第 3 卷第 134 页）

看来，弗里德里希二世的弟弟亨利希亲王同样好学。

> “我熟悉，
>
> ——米拉波在《柏林宫廷秘史》1789 年德文版第 2 卷第 69 页上写道——
>
> 一个曾经伺候过亨利希亲王的仆人，后来由于有一套办法来满足其主人对童男的色欲，最初是宠臣，而后来成为亲王在那里当首席牧师的马格德堡的掌教。”

弗里德里希的继承人弗里德里希-威廉二世，已经不像他的叔父那样偷偷摸摸了。他既玩丈夫，也玩丈夫的妻子。米拉波在前面援引的著作的第 2 卷第 133 页上说：

> “里茨〈国王的近侍〉这个敲诈钱财、油头滑脑的宫廷弄臣卑鄙若此：在国王还是普鲁士王储的时候，就在他妻子的床上拿他充作加尼米德，而他的妻子则是王储的情妇”。等等。

我们就此结束，暂不进一步研究以后的霍亨索伦家族的人是否破坏过夫妇的忠诚。但是，我们的民族自由党人布劳恩、卡普之流表现得多么愚蠢啊！他们声嘶力竭地谩骂 18 世纪德国小君主们破坏夫妇忠诚的罪恶。相反，他们却拼命地把霍亨索伦家族的美德捧到天上。然而，他们忘记了主要的一点，那就是有确凿的证据说明至少这个家族有一位，而且是最伟大的一位，坚贞不渝地履行了“不许通奸”的诫条！

——

请注意。为了您正确理解那首法文诗是怎样一回事，这里讲讲详情。1759 年，在七年战争时期，当时住在瑞士日内瓦附近的伏尔泰，收到了途中被拆开的一包弗里德里希二世的手稿。手稿中间有一首致法国人的小诗，攻击路易十五和彭帕杜尔：

> 看啊，你们软弱的君主——
> 彭帕杜尔手中的玩物，

不名誉的爱情的印记，
他身上已有不止一处。云云。

伏尔泰同法国驻日内瓦代办磋商之后，为了免受追究而把这首署名“弗里德里希”的小诗转寄给法国的外交大臣舒瓦泽尔公爵。于是，舒瓦泽尔给他回了一首小诗，诗中说道：

从未放肆若此的批评家啊，
天性与爱情无意中的玩笑
就使得你这般烦恼。
你怎能非难温情，云云，云云。

如前所录，不再重复。转引自伏尔泰《我在柏林之时》（此书在巴黎瓦卢瓦街 2 号的国立图书馆可以廉价买到：《伏尔泰小说集》1876 年版第 5 卷——《耶尼传》《我在柏林之时》。售价 25 生丁）。

弗里德里希二世对这本书里详细指控他搞男色一事满不在意。这从下面事实中可以看出：一位柏林书商得到一批《我在柏林之时》，曾请人询问弗里德里希如何处理。弗里德里希回答：随他去，他尽管卖，他要靠这本书挣几个塔勒是无可非议的（施洛塞尔《18 世纪》）。1783 年，在伏尔泰逝世五年后这本书出版。

恩格斯：《不许通奸》（1881 年 2 月 8 日—3 月 12 日之间），摘自《马克思恩格斯全集》第 25 卷，人民出版社 2001 年版，第 447—451 页。

8. 淫游制和其他社会制度一样也是一种社会制度，它再一次宣布男子对妇女的无条件统治乃是社会的根本法则

旧时性关系的相对自由，决没有随着对偶婚或者甚至个体婚的胜利而消失。

“旧的婚姻制度，虽然由于普那路亚集团的逐渐消亡而缩小到更加狭小的范围内，但仍然围绕着正在向前发展的家庭，并且伴随着它直到文明时代的最初期……这种旧制度最后终于消失在新型的淫游制中，这种新型的淫游制伴随着人类直到进入文明时代，就像一个阴影笼罩在家庭上面。”①

摩尔根所说的淫游制，是指与个体婚制并存的男子和未婚妇女在婚姻之外发生的性关系，这种性关系，大家知道，以各种不同的形式盛行于整个文明时代，而且日益变为公开的卖淫了②。这种淫游制直接起源于群婚制，起源于妇女为赎买贞操权利而作的献身牺牲。为金钱而献身，最初是一种宗教行为，它是在爱神庙举行的，所得的钱最初都归于神庙的财库。亚美尼亚的阿娜伊蒂斯庙、科林斯的阿芙罗狄蒂庙的庙奴③，以及印度神庙中的宗教舞女，即所谓 Bajaderen（葡萄牙语 bailadeira——舞女一词的讹误），都是最初的娼妓。这种献身起初是每个妇女的义务，后来便只由这些女祭司代替其他所有妇女来实行了。在其他一些民族中，这种淫游制起源于允许姑娘们在结婚前有性的自由，因此也是群婚制的残余，只不过这种残余是通过另外一种途径传到今天的。随着财产差别的产生，亦即早在野蛮时代高级阶段，与奴隶劳动并存就零散地出现了雇佣劳动，同时，作为它的必然补充，也出现了与女奴隶的强制献身并存的自由妇女的职业卖淫。由此可见，群婚制传给文明时代的遗产是两重的，正如文明时代所产生的一切都是两重的、双面的、分裂为二的、对立的一样：一方面是专偶制，另一方面则是淫游制以及它的最极端的形式——卖淫。淫游制和社会的任何其他制度一样，也是一种社会的制度；它使旧时的性的自由继续存在，以利于男子。在实际上不仅被容忍而且特别为统治阶级所乐于实行的淫游制，在口头上是受到诅咒的。但是实际上，这种诅咒决不是针对着参与此事的男子，而只是针对着妇女：她们被剥夺权利，被排斥在外，以便用这种方法再一次宣布男子对妇女的无条件统治乃是社会的根本法则。

但是，在专偶制内部，第二种对立也因此而发展起来了。同靠淫游制来使自己的生活更美好的丈夫并存的还有一个被冷落的妻子④。正如吃了

① 路·亨·摩尔根《古代社会》1877 年伦敦版第 504 页。——编者注

② 以下直到“淫游制和社会的任何其他制度一样”以前是恩格斯在 1891 年版上增补的。——编者注

③ 庙奴是古希腊和希腊殖民地中属于神庙的男女奴隶。在许多地方，包括小亚细亚和科林斯，女庙奴都在神庙中从事卖淫活动。摘自《马克思恩格斯文集》第 4 卷，人民出版社 2009 年版，第 578 页注释。

④ 这两句话是恩格斯在 1891 年版上增补的。——编者注

半个苹果以后就再不能有一个整苹果一样，没有对立的另一面，就不可能有对立的这一面。尽管如此，男子的想法似乎仍然不是这样，直到他们的妻子教训了他们，使他们醒悟为止。随着个体婚制，出现了两种经常性的、以前所不知道的特有的社会人物：妻子的经常的情人和戴绿帽子的丈夫。男子获得了对妇女的胜利，但是桂冠是由失败者宽宏大量地给胜利者加上的。虽然加以禁止、严惩但终不能根除的通奸，已成为与个体婚制和淫游制并行的不可避免的社会的制度了。子女是否确凿无疑地出自父亲，像从前一样，至多只能依据道德的信念；所以，为了解决这个无法解决的矛盾，《拿破仑法典》第312条规定：

"L'enfantconcu pendant le mariage a pour père le mari"——凡在结婚以后怀胎的婴儿，以丈夫为父。

这便是个体婚制3000年的最后结果。

这样，在个体家庭中，在仍然忠实于其历史起源并使由于丈夫的独占统治而出现的男女之间的冲突的场合，我们就看到了自文明时代开始分裂为阶级的社会在其中运动的、既不能解决又不能克服的那些对立和矛盾的一幅缩图。自然，我在这里所说的，只是个体婚制的如下一些场合，即夫妻生活确实是按照这整个制度的最初性质的规则来进行而妻子反抗丈夫统治的场合。至于说并不是一切婚姻都是这样进行的，这一点没有人比德国庸人知道得更清楚了，他不知道怎样维护他在家中的统治，正如他不知道怎样维护他在国家中的统治一样，所以，他的妻子有充分权利操起不配由他掌握的权柄。但是他却自以为，他比他的同样不幸的、比他本人更常遇到恶劣得多的境遇的法国难友要优越得多。

恩格斯：《家庭、私有制和国家的起源》（1884年3月底—5月底），摘自《马克思恩格斯文集》第4卷，人民出版社2009年版，第78—81页。

9. 自古就有的淫游制在资本主义商品生产的影响下越适应资本主义商品生产，越变为露骨的卖淫，在道德上的腐蚀作用就越大。随着生产资料转归社会所有，妇女为金钱而献身的必要性要消失了，卖淫也将要消失。一切妇女的地位也要发生很大的转变

以上全部论述证明，在这种顺序中所表现的进步，其特征就在于，妇女越来越被剥夺了群婚的性的自由，而男性却没有被剥夺。的确，群婚对于男子到今天事实上仍然存在着。凡在妇女方面被认为是犯罪并且要引起严重的法律后果和社会后果的一切，对于男子却被认为是一种光荣，至多也不过被当做可以欣然接受的道德上的小污点。但是，自古就有的淫游制现今在资本主义商品生产的影响下变化越大，越适应于资本主义商品生产，越变为露骨的卖淫，它在道德上的腐蚀作用也就越大。而且它在道德上对男子的腐蚀，比对妇女的腐蚀要厉害得多。卖淫只是使妇女中间不幸成为受害者的人堕落，而且她们也远没有堕落到普通所想象的那种程度。与此相反，它败坏着全体男子的品格。所以，举例来说，长期的未婚夫状态，十有八九都是婚后不忠实的真正的预备学校。

但是，我们现在正在走向一种社会变革，那时，专偶制的迄今存在的经济基础，正像它的补充物即卖淫的经济基础一样，不可避免地都要消失。专偶制的产生是由于大量财富集中于一人之手，也就是男子之手，而且这种财富必须传给这一男子的子女，而不是传给其他人的子女。为此，就需要妻子方面的专偶制，而不是丈夫方面的专偶制，所以这种妻子方面的专偶制根本不妨碍丈夫的公开的或秘密的多偶制。但是，行将到来的社会变革至少将把绝大部分耐久的、可继承的财富——生产资料——变为社会所有，从而把这一切对于传授遗产的关切减少到最低限度。可是，既然专偶制是由于经济的原因而产生的，那么当这种原因消失的时候，它是不是也要消失呢？

可以不无理由地回答：它不仅不会消失，而且相反，只有那时它才能完全地实现。因为随着生产资料转归社会所有，雇佣劳动、无产阶级，从而一定数量的——用统计方法可以计算出来的——妇女为金钱而献身的必要性，也要消失了。卖淫将要消失，而专偶制不仅不会灭亡，而且最后对于男子也将成为现实。

这样一来，男子的地位无论如何要发生很大的变化。而妇女的地位，一切妇女的地位也要发生很大的转变。随着生产资料转归公有，个体家庭就不再是社会的经济单位了。私人的家务变为社会的事业。孩子的抚养和教育成为公共的事情；社会同等地关怀一切儿童，无论是婚生的还是非婚生的。因此，对于“后果”的担心也就消除了，这种担心在今天成了妨碍少女毫无顾虑地委身于所爱的男子的最重要的社会因素——既是道德的也是经济的因素。那么，会不会由于这个原因，就足以逐渐产生更随便的性关系，从而也逐渐产生对处女的荣誉和女性的羞耻都更加马虎的社会舆论呢？最后，难道我们没有看见，在现代世界上专偶制和卖淫虽然是对立物，却是不可分离的对立物，是同一社会秩序的两极吗？能叫卖淫消失而不叫专偶制与它同归于尽吗？

在这里，一个在专偶制发展的时候最多只处于萌芽状态的新的因素——个人的性爱，开始发生作用了。

恩格斯：《家庭、私有制和国家的起源》（1884 年 3 月底—5 月底），摘自《马克思恩格斯文集》第 4 卷，人民出版社 2009 年版，第 88—90 页。

10. 贵族资产阶级的会议充满了丑恶的伪善，集合起来“反对卖淫”，而卖淫的支持者又恰恰是贵族和资产阶级

“国际反对卖淫第五次代表大会”不久前在伦敦闭幕了。

公爵夫人、伯爵夫人、主教、牧师、拉比、警官和各种各样的资产阶级慈善家都粉墨登场了！多少次隆重的宴会和豪华的官方招待会！多少次慷慨激昂地斥责卖淫的危害和下流无耻！

大会上温文尔雅的资产阶级代表们要求采取什么样的斗争方法呢？主要是两种方法：宗教和警察。据说这是反对卖淫的最正确最可靠的方法。据莱比锡《人民报》驻伦敦记者报道，有一个英国代表夸耀说，他在议会里提议对拉皮条的人处以肉刑。看，这是一位多么了不起的反对卖淫的“文明的”当代英雄啊！

一位来自加拿大的女士非常赞赏采用警察方法和对“堕落”女人实行警察监视；而关于提高工资问题，她指出女工是不配获得较高的工资的。

一位德国牧师攻击了现代的唯物主义，他说唯物主义在人民中间日益广泛地传播，从而促进了自由恋爱的流行。

当奥地利代表格特纳试图提出关于卖淫的社会原因、关于工人家庭生活穷困、关于使用童工、关于不堪忍受的居住条件等等问题时，充满敌意的喊声迫使发言人停止了发言！

但是各组代表在讨论时却大谈高贵人物的发人深省和令人激动的轶事。例如，当德国皇后参观柏林的某所产院时，人们让一些“非婚生的”孩子的母亲都戴上指环，以免未行过婚礼的母亲亵渎了这位高贵人物！

据此可以判断，这些贵族资产阶级的会议充满了多么令人恶心的资产阶级的伪善。假慈善家和嘲弄穷困的警察辩护人开会“反对卖淫”，而支持卖淫的又恰恰是贵族和资产阶级……

列宁：《国际反对卖淫第五次代表大会》（1913 年 7 月 13 日〔26 日〕），摘自《列宁全集》第 23 卷，人民出版社 2017 年版，第 347—348 页。

11. 美国竟把活商品即妇女和姑娘供给妓院

掠夺成性的美帝国主义表现极其粗野，这从以下这件事可以看出：美国的经纪人收买妇女和姑娘这种活商品，把她们运到美国去卖淫。自由文明的美国竟以活商品供给妓院！在波兰和比利时，经常发生同美国经纪人发生冲突的事情。这不过是一个小小的例子。

列宁：《在全俄东部各民族共产党组织第二次代表大会上的报告》（1919 年 11 月 22 日），摘自《列宁全集》第 37 卷，人民出版社 2017 年版，第 324 页。

六、妇女与教育

（一）教育的本质是改变人的本质，是培养妇女全面发展的方法

1. 人的本质是人的真正的社会联系

不论是生产本身中人的活动的交换，还是人的产品的交换，其意义都相当于类活动和类精神——它们的真实的、有意识的、真正的存在是社会的活动和社会的享受。因为人的本质是人的真正的社会联系，所以人在积极实现自己本质的过程中创造、生产人的社会联系、社会本质，而社会本质不是一种同单个人相对立的抽象的一般的力量，而是每一个单个人的本质，是他自己的活动，他自己的生活，他自己的享受，他自己的财富。因此，上面提到的真正的社会联系并不是由反思产生的，它是由于有了个人的需要和利己主义才出现的，也就是个人在积极实现其存在时的直接产物。有没有这种社会联系，是不以人为转移的；但是，只要人不承认自己是人，因而不按照人的样子来组织世界，这种社会联系就以异化的形式出现。因为这种社会联系的主体，即人，是自身异化的存在物。

马克思：《詹姆斯·穆勒〈政治经济学原理〉一书摘要》（1844年上半年），摘自《马克思恩格斯全集》第42卷，人民出版社1979年版，第24—25页。

2. 人的本质只有对社会的人来说才是存在的

我们已经看到，在被积极扬弃的私有财产的前提下，人如何生产人——他自己和别人；直接体现他的个性的对象如何是他自己为别人的存在，同时是这个别人的存在，而且也是这个别人为他的存在。但是，同样，无论是劳动的材料还是作为主体的人，都既是运动的结果，又是运动的出发点（并且二者必须是这个出发点，私有财产的历史必然性就在于此）。因此，社会性质是整个运动的普遍性质；正像社会本身生产作为人的人一样，社会也是由人生产的。活动和享受，无论就其内容或就其存在方式来说，都是社会的活动和社会的享受。自然界的人的本质只有对社会的人来说才是存在的；因为只有在社会中，自然界对人来说才是人与人联系的纽带，才是他为别人的存在和别人为他的存在，只有在社会中，自然界才是

人自己的合乎人性的存在的基础，才是人的现实的生活要素。只有在社会中，人的自然的存在对他来说才是人的合乎人性的存在，并且自然界对他来说才成为人。因此，社会是人同自然界的完成了的本质的统一，是自然界的真正复活，是人的实现了的自然主义和自然界的实现了的人道主义。①

[VI] 社会的活动和社会的享受决不仅仅存在于直接共同的活动和直接共同的享受这种形式中，虽然共同的活动和共同的享受，即直接通过同别人的实际交往表现出来和得到确证的那种活动和享受，在社会性的上述直接表现以这种活动的内容的本质为根据并且符合这种享受的本性的地方都会出现。

甚至当我从事科学之类的活动，即从事一种我只在很少情况下才能同别人进行直接联系的活动的时候，我也是社会的，因为我是作为人活动的。不仅我的活动所需的材料——甚至思想家用来进行活动的语言——是作为社会的产品给予我的，而且我本身的存在就是社会的活动；因此，我从自身所做出的东西，是我从自身为社会做出的，并且意识到我自己是社会存在物。

我的普遍意识不过是以现实共同体、社会存在物为生动形态的那个东西的理论形态，而在今天，普遍意识是现实生活的抽象，并且作为这样的抽象是与现实生活相敌对的。因此，我的普遍意识的活动——作为一种活动——也是我作为社会存在物的理论存在。

首先应当避免重新把“社会”当做抽象的东西同个体对立起来。个体是社会存在物。因此，他的生命表现，即使不采取共同的、同他人一起完成的生命表现这种直接形式，也是社会生活的表现和确证。人的个体生活和类生活不是各不相同的，尽管个体生活的存在方式是——必然是——类生活的较为特殊的或者较为普遍的方式，而类生活是较为特殊的或者较为普遍的个体生活。

作为类意识，人确证自己的现实的社会生活，并且只是在思维中复现自己的现实存在；反之，类存在则在类意识中确证自己，并且在自己的普遍性中作为思维着的存在物自为地存在着。

---

① 马克思在这一页结尾标示的通栏线下面写了一句话：“卖淫不过是工人普遍卖淫的一个特殊表现，因为卖淫是一种关系，这种关系不仅包括卖淫者，万且包括逼人卖淫者——后者的下流无耻尤为严重——，因此，资本家等等也包括在卖淫这一范畴中。”——编者注

因此，人是特殊的个体，并且正是人的特殊性使人成为个体，成为现实的、单个的社会存在物，同样，人也是总体，是观念的总体，是被思考和被感知的社会的自为的主体存在，正如人在现实中既作为对社会存在的直观和现实享受而存在，又作为人的生命表现的总体而存在一样。

可见，思维和存在虽有区别，但同时彼此又处于统一中。

死似乎是类对特定的个体的冷酷的胜利，并且似乎是同类的统一相矛盾的；但是，特定的个体不过是一个特定的类存在物，而作为这样的存在物是迟早要死的。

马克思：《1844年经济学哲学手稿》（1844年4—8月），摘自《马克思恩格斯文集》第1卷，人民出版社2009年版，第187—189页。

3. 工业和工人的存在是一本打开的人的本质力量的书

我们看到，工业的历史和工业的已经生成的对象性的存在，是一本打开了的关于人的本质力量的书，是感性地摆在我们面前的人的心理学；对这种心理学人们至今还没有从它同人的本质的联系，而总是仅仅从外在的有用性这种关系来理解，因为在异化范围内活动的人们仅仅把人的普遍存在，宗教，或者具有抽象普遍本质的历史，如政治、艺术和文学等等，[IX] 理解为人的本质力量的现实性和人的类活动。在通常的、物质的工业中（人们可以把这种工业理解为上述普遍运动的一部分，正像可以把这个运动本身理解为工业的一个特殊部分一样，因为全部人的活动迄今为止都是劳动，也就是工业，就是同自身相异化的活动），人的对象化的本质力量以感性的、异己的、有用的对象的形式，以异化的形式呈现在我们面前。如果心理学还没有打开这本书即历史的这个恰恰最容易感知的、最容易理解的部分，那么这种心理学就不能成为内容确实丰富的和真正的科学。//如果科学从人的活动的如此广泛的丰富性中只知道那种可以用“需要”、“一般需要!”的话来表达的东西，那么人们对于这种高傲地撇开人的劳动的这一巨大部分而不感觉自身不足的科学究竟应该怎样想呢?

马克思：《1844年经济学哲学手稿》（1844年4—8月），摘自《马克思恩格斯文集》第1卷，人民出版社2009年版，第192—193页。

4. 在社会主义前提下，人的本质得到新的证明和充实

我们已经看到，在社会主义的前提下，人的需要的丰富性具有什么样的意义，从而某种新的生产方式和某种新的生产对象具有什么样的意义。

人的本质力量得到新的证明，人的本质得到新的充实。而在私有制范围内，这一切却具有相反的意义。每个人都指望使别人产生某种新的需要，以便迫使他作出新的牺牲，以便使他处于一种新的依赖地位并且诱使他追求一种新的享受，从而陷入一种新的经济破产。每个人都力图创造出一种支配他人的、异己的本质力量，以便从这里面获得他自己的利己需要的满足。因此，随着对象的数量的增长，奴役人的异己存在物王国也在扩展，而每一种新产品都是产生相互欺骗和相互掠夺的新的潜在力量。人作为人更加贫穷，他为了夺取敌对的存在物，更加需要货币，而他的货币的力量恰恰同产品数量成反比，就是说，他的需求程度随着货币的力量的增加而日益增长。——因此，对货币的需要是国民经济学所产生的真正需要，并且是它所产生的唯一需要。——货币的量越来越成为货币的唯一强有力的属性；正像货币把任何存在物都归结为它的抽象一样，货币也在它自己的运动中把自身归结为量的存在物。无度和无节制成了货币的真正尺度。

马克思：《1844年经济学哲学手稿》（1844年4—8月），摘自《马克思恩格斯文集》第1卷，人民出版社2009年版，第223—224页。

5. 既然是环境造就人，就必须造就合乎人性的环境；既然人天生就是社会的，就只能在社会中发展其真正的天性，根据社会力量衡量人的天性的力量

并不需要多么敏锐的洞察力就可以看出，唯物主义关于人性本善和人们天资平等，关于经验、习惯、教育的万能，关于外部环境对人的影响，关于工业的重大意义，关于享乐的合理性等等学说，同共产主义和社会主义有着必然的联系。既然人是从感性世界和感性世界中的经验中获得一切知识、感觉等等的，那就必须这样安排经验的世界，使人在其中能体验到真正合乎人性的东西，使他常常体验到自己是人。既然正确理解的利益是全部道德的原则，那就必须使人们的私人利益符合于人类的利益。既然从唯物主义意义上来说人是不自由的，就是说，人不是由于具有避免某种事物发生的消极力量，而是由于具有表现本身的真正个性的积极力量才是自由的，那就不应当惩罚个别人的犯罪行为，而应当消灭产生犯罪行为的反社会的温床，使每个人都有社会空间来展示他的重要的生命表现。既然是环境造就人，那就必须以合乎人性的方式去造就环境。既然人天生就是社会的，那他就只能在社会中发展自己的真正的天性；不应当根据单个个人的力量，而应当根据社会的力量来衡量人的天性的力量。

马克思、恩格斯：《神圣家族，或对批判的批判所做的批判》（1844 年 9—11 月），摘自《马克思恩格斯文集》第 1 卷，人民出版社 2009 年版，第 334—335 页。

6. 应当尽一切努力使现代的奴隶得到与人相称的地位，为所有的人创造生活条件，以便每个人都能自由地发展他的人的本性

如果社会革命和共产主义的实现是我们的现存关系的必然结果，那末我们首先就得采取措施，使我们能够在实现社会关系的变革的时候避免使用暴力和流血。要达到这个目的只有一种办法，就是和平实现共产主义，或者至少是和平准备共产主义。所以，如果我们不愿意用流血的办法解决社会问题，如果我们不愿意使我们的无产者的智力水平和生活状况之间的日益加深的矛盾尖锐到像我们对人性的理解所启示的那样，必须要用暴力来解决，要在绝望和强烈的复仇心中来解决，那末，诸位先生，我们就应当认真地和公正地处理社会问题，就应当尽一切努力使现代的奴隶得到与人相称的地位。或许你们当中有人觉得，要提高以前被轻视的阶级的地位，就不能不降低自己的生活水平，如果是这样的话，那末就应当记住，我们谈的是为所有的人创造生活条件，以便每个人都能自由地发展他的人的本性，按照人的关系和他的邻居相处，不必担心别人会用暴力来破坏他的幸福；而且也应当记住，个人不得不牺牲的东西并不是真正的人生乐趣，而仅仅是我们的丑恶的制度所引起的表面上的享乐，它是和目前享受这些虚伪的特权的人们的理智和良心相矛盾的。我们决不想破坏那种能满足一切生活条件和生活需要的真正的人的生活；相反地，我们尽一切力量创造这种生活。

恩格斯：《在爱北斐特的演说》（1845 年 2 月 15 日），摘自《马克思恩格斯全集》第 2 卷，人民出版社 1957 年版，第 625—626 页。

7. 人的本质是一切社会关系的总和

费尔巴哈把宗教的本质归结于人的本质。但是，人的本质不是单个人所固有的抽象物，在其现实性上，它是一切社会关系的总和。

费尔巴哈没有对这种现实的本质进行批判，因此他不得不：

（1）撇开历史的进程，把宗教感情固定为独立的东西，并假定有一种抽象的——孤立的——人的个体；

(2) 因此，他只能把人的本质理解为“类”，理解为一种内在的、无声的、把许多个人纯粹自然地联系起来的普遍性。

马克思：《关于费尔巴哈的提纲》（1845 年春），摘自《马克思恩格斯文集》第 1 卷，人民出版社 2009 年版，第 505 页。

8. 只有在共同体中，个人才能获得全面发展，才可能有个人自由

个人力量（关系）由于分工而转化为物的力量这一现象，不能靠人们从头脑里抛开关于这一现象的一般观念的办法来消灭，而只能靠个人重新驾驭这些物的力量，靠消灭分工的办法来消灭①。没有共同体，这是不可能实现的。只有在共同体中，个人才能获得全面发展其才能的手段，也就是说，只有在共同体中才可能有个人自由。在过去的种种冒充的共同体中，如在国家等等中，个人自由只是对那些在统治阶级范围内发展的个人来说是存在的，他们之所以有个人自由，只是因为他们是这一阶级的个人。从前各个人联合而成的虚假的共同体，总是相对于各个人而独立的；由于这种共同体是一个阶级反对另一个阶级的联合，因此对于被统治的阶级来说，它不仅是完全虚幻的共同体，而且是新的桎梏。在真正的共同体的条件下，各个人在自己的联合中并通过这种联合获得自己的自由。

马克思、恩格斯：《德意志意识形态》（1845 年秋—1846 年 5 月），摘自《马克思恩格斯文集》第 1 卷，人民出版社 2009 年版，第 570—571 页。

9. 共产主义者所向往的是全面发展人的一切能力

工人们在自己的共产主义的宣传中说，任何人的职责、使命、任务就是全面地发展自己的一切能力，其中也包括思维的能力，而圣桑乔却认为这里只有对一个异物的职责，只有实现“圣物”的职责。桑乔为了使人们摆脱这一切，他的办法是维护因分工而成为破坏了自己的全面性并被归属于一种片面的职责的个人，使这种个人不至于发生因听别人说出别的职责而自己也想成为另一种人的那种要求。在桑乔这里以一种职责、一种使命的形式被实现的东西，正是对至今实际上因分工而产生的职责的否定，即对唯一实际存在的职责的否定，因此也就是一般地对职责的否定。个人的全面发展，只有到了外部世界对个人才能的实际发展所起的推动作用为个

① 恩格斯加了边注：“（费尔巴哈：存在和本质）”。路·费尔巴哈在《未来哲学原理》中关于存在和本质的论点，参看本卷 549—550 页。——编者注

人本身所驾驭的时候，才不再是理想、职责等等，这也正是共产主义者所向往的。

马克思、恩格斯：《德意志意识形态》（1845年秋—1846年5月），摘自《马克思恩格斯全集》第3卷，人民出版社1960年版，第330页。

10. 哲学要求国家是合乎人性的国家

任何真正的哲学都是自己时代的精神上的精华，……

……而哲学是阐明人权的，哲学要求国家是合乎人性的国家。

马克思：《〈科隆日报〉第179号的社论》（1842年6月28日—7月3日之间），摘自《马克思恩格斯全集》第1卷，人民出版社1995年版，第220、225页。

11. 无产阶级通过革命使自己成为统治阶级，用暴力消灭旧的生产关系，消灭阶级对立和阶级的存在条件，从而消灭自己这个阶级的统治。在共产主义联合体中每个人的自由发展是一切人的自由发展的条件

当阶级差别在发展进程中已经消失而全部生产集中在联合起来的个人①的手里的时候，公共权力就失去政治性质。原来意义上的政治权力，是一个阶级用以压迫另一个阶级的有组织的暴力。如果说无产阶级在反对资产阶级的斗争中一定要联合为阶级，通过革命使自己成为统治阶级，并以统治阶级的资格用暴力消灭旧的生产关系，那么它在消灭这种生产关系的同时，也就消灭了阶级对立的存在条件，消灭了阶级本身的存在条件②，从而消灭了它自己这个阶级的统治。

代替那存在着阶级和阶级对立的资产阶级旧社会的，将是这样一个联合体，在那里，每个人的自由发展是一切人的自由发展的条件。

马克思、恩格斯：《共产党宣言》（1847年12月—1848年1月底），摘自《马克思恩格斯文集》第2卷，人民出版社2009年版，第53页。

12. 只有发展社会生产力，创造物质条件，才能为人的全面而自由的发展建立现实基础

资本家只有作为人格化的资本，他才有历史的价值，才有像聪明的利希诺夫斯基所说的“没有任何日期”的历史存在权。也只有这样，他本身

① “联合起来的个人”在1888年英文版中是“巨大的全国联合体”。——编者注。

② “消灭了阶级本身的存在条件”在1872、1883和1890年德文版中是“消灭了阶级本身”。——编者注。

的暂时必然性才包含在资本主义生产方式的暂时必然性中。但既然这样，他的动机，也就不是使用价值和享受，而是交换价值和交换价值的增殖了。作为价值增殖的狂热追求者，他肆无忌惮地迫使人类去为生产而生产，从而去发展社会生产力，去创造生产的物质条件；而只有这样的条件，才能为一个更高级的、以每一个个人的全面而自由的发展为基本原则的社会形式建立现实基础。

马克思：《资本论（第一卷）》（1867 年 9 月），摘自《马克思恩格斯全集》第 44 卷，人民出版社 2001 年版，第 683 页。

13. 智育、体育同体力劳动相结合的可能性。教育是提高社会生产的一种方法，是造就全面发展的人的唯一方法

尽管工厂法的教育条款整个说来是不足道的，但还是把初等教育宣布为劳动的强制性条件①。这一条款的成就第一次证明了智育和体育②同体力劳动相结合的可能性，从而也证明了体力劳动同智育和体育相结合的可能性。工厂视察员很快从教师的证词中就发现：虽然工厂儿童上课的时间要比正规的日校学生少一半，但学到的东西一样多，而且往往更多。

“道理很简单。那些在学校里只待半天的人总是精力充沛，几乎随时都适于并愿意学功课。半工半读的制度使得两种活动互为休息和调剂，因此，对儿童来说，这种制度比不间断地从事其中一种活动要合适得多。一个从清晨就坐在学校里的儿童，特别在暑天，不可能同一个从劳动中来的活泼愉快的儿童相比。”③

---

① 根据英国工厂法，如果父母不能让他们的 14 岁以下的孩子受初等教育，就不能同时把他们送进“受监督”的工厂做工。工厂主对遵守法律有责任。“工厂教育是强制性的，并且是劳动条件之一。”（《工厂视察员报告。1865 年 10 月 31 日》第 111 页）

② 关于体育（对青少年来说还有军事训练）同工厂儿童和贫民学生的强制教育相结合的非常有利的结果，可以参看纳·威·西尼耳在“全国社会科学促进协会”第七届年会上的演说（载于《总结报告》，1863 年伦敦版第 63、64 页），也可以参看 1865 年 10 月 31 日工厂视察员报告第 118、119、120、126 页及以下几页。

③ 《工厂视察员报告。1865 年 10 月 31 日》第 118、119 页。一个天真的丝织厂主曾对童工调查委员会委员说：“我完全相信，造就优秀工人的真正秘诀在于从幼年时期起就把劳动与智育结合起来。当然，劳动既不应该过分紧张，又不应该令人厌恶、有损健康。我希望我自己的孩子们能有劳动和游戏作为他们上课的调剂。”（《童工调查委员会。第 5 号报告》第 82 页第 36 号）。

关于这一点，从西尼耳于1863年在爱丁堡举行的社会学家大会的演说中也可以找到进一步的例证。他在这篇演说中还指出，上层阶级和中层阶级的孩子们的片面的、不生产的和漫长的学习日，只是白白地增加教师的劳动，“同时，不仅无益地并且是绝对有害地浪费着儿童的时间、健康和精力”①。正如我们在罗伯特·欧文那里可以详细看到的那样，从工厂制度中萌发出了未来教育的幼芽，未来教育对所有已满一定年龄的儿童来说，就是生产劳动同智育和体育相结合，它不仅是提高社会生产的一种方法，而且是造就全面发展的人的唯一方法。

马克思：《资本论（第一卷）》（1867年9月），摘自《马克思恩格斯文集》第5卷，人民出版社2009年版，第555—557页。

14. 工业革命使劳动生产力达到了相当高的水平，以致在人类历史上破天荒第一次创造了促进人的全面发展的可能性

正是由于这种工业革命，人的劳动生产力才达到了相当高的水平，以致在人类历史上破天荒第一次创造了这样的可能性：在所有的人实行明智分工的条件下，不仅生产的东西可以满足全体社会成员丰裕的消费和造成充足的储备，而且使每个人都有充分的闲暇时间去获得历史上遗留下来的文化——科学、艺术、社交方式等等——中一切真正有价值的东西；并且不仅是去获得，而且还要把这一切从统治阶级的独占品变成全社会的共同财富并加以进一步发展。关键就在这里。人的劳动生产力既然已发展到这样高的水平，统治阶级存在的任何借口便都被打破了。为阶级差别辩护的最终理由总是说：一定要有一个阶级无须为生产每天的生活必需品操劳，以便有时间为社会从事脑力劳动。这种废话在此以前曾有其充分的历史合理性，而现在被近百年来的工业革命一下子永远根除了。统治阶级的存在，日益成为工业生产力发展的障碍，同样也日益成为科学和艺术发展，特别是文明社交方式发展的障

① 西尼耳在“全国社会科学促进协会”第七届年会上的演说，载于《总结报告》第66页。把纳·威·西尼耳在1863年的演说和他对1833年工厂法的痛骂比较一下，或者把这次大会的观点同英国某些农业区域仍然禁止贫穷的父母送子女上学，违者将受到饿死的惩罚这个事实比较一下，就可以清楚地说明，大工业发展到一定水平是如何通过物质生产方式和社会生产关系的变革而使人的头脑发生变革的（见本卷第258—265页。——编者注）。例如斯内尔先生报告说，在萨默塞特郡如果有一个穷人向教区请求救济，他就得被迫让自己的孩子退学，这已经成为惯例。例如，费尔特姆市的牧师沃拉斯顿先生谈到过这样的事情有些家庭被拒绝给予任何救济，“因为他们让自己的孩子上学”！

碍。从来也没有比我们现代的资产者更无知的人了。

恩格斯：《论住宅问题》（1872 年 5 月底—1873 年 1 月），摘自《马克思恩格斯文集》第 3 卷，人民出版社 2009 年版，第 258—259 页。

15. 在共产主义社会高级阶段，迫使个人奴隶般地服从分工的情形已经消失，脑力劳动和体力劳动的对立也随之消失，劳动成了生活的第一需要，生产力也增长起来，集体财富的一切源泉都充分涌流之后，才能实现人的全面发展

我们这里所说的是这样的共产主义社会，它不是在它自身基础上已经发展了的，恰好相反，是刚刚从资本主义社会中产生出来的，因此它在各方面，在经济、道德和精神方面都还带着它脱胎出来的那个旧社会的痕迹。所以，每一个生产者，在作了各项扣除以后，从社会领回的，正好是他给予社会的。他给予社会的，就是他个人的劳动量。例如，社会劳动日是由全部个人劳动小时构成的；各个生产者的个人劳动时间就是社会劳动日中他所提供的部分，就是社会劳动日中他的一份。他从社会领得一张凭证，证明他提供了多少劳动（扣除他为公共基金而进行的劳动），他根据这张凭证从社会储存中领得一份耗费同等劳动量的消费资料。他以一种形式给予社会的劳动量，又以另一种形式领回来。

显然，这里通行的是调节商品交换（就它是等价的交换而言）的同一原则。内容和形式都改变了，因为在改变了的情况下，除了自己的劳动，谁都不能提供其他任何东西，另一方面，除了个人的消费资料，没有任何东西可以转为个人的财产。至于消费资料在各个生产者中间的分配，那么这里通行的是商品等价物的交换中通行的同一原则，即一种形式的一定量劳动同另一种形式的同量劳动相交换。

所以，在这里平等的权利按照原则仍然是资产阶级权利，虽然原则和实践在这里已不再互相矛盾，而在商品交换中，等价物的交换只是平均来说才存在，不是存在于每个个别场合。

虽然有这种进步，但这个平等的权利总还是被限制在一个资产阶级的框框里。生产者的权利是同他们提供的劳动成比例的；平等就在于以同一尺度——劳动——来计量。但是，一个人在体力或智力上胜过另一个人，因此在同一时间内提供较多的劳动，或者能够劳动较长的时间；而劳动，要当做尺度来用，就必须按照它的时间或强度来确定，不然它就不成其为尺度了。这种平等的权利，对不同等的劳动来说是不平等的权利。它不承认任何阶级差别，因为每个人都像其他人一样只是劳动者；但是它默认，劳动者的不同等的个人天赋，从而不同等的工作能力，是天然特权。所以就它的内容来讲，它像一切权利一样是一种不平等的权利。权利，就它的本性来讲，只在于使用同一尺度；但是不同等的个人（而如果他们不是不同等的，他们就不成其为不同的个人）要用同一尺度去计量，就只有从同一个角度去看待他们，从一个特定的方面去对待他们，例如在现在所讲的这个场合，把他们只当做劳动者，再不把他们看做别的什么，把其他一切都撇开了。其次，一个劳动者已经结婚，另一个则没有；一个劳动者的子女较多，另一个的子女较少，如此等等。因此，在提供的劳动相同，从而由社会消费基金中分得的份额相同的条件下，某一个人事实上所得到的比另一个人多些，也就比另一个人富些，如此等等。要避免所有这些弊病，权利就不应当是平等的，而应当是不平等的。

但是这些弊病，在经过长久阵痛刚刚从资本主义社会产生出来的共产主义社会第一阶段，是不可避免的。权利决不能超出社会的经济结构以及由经济结构制约的社会的文化发展。

在共产主义社会高级阶段，在迫使个人奴隶般地服从分工的情形已经消失，从而脑力劳动和体力劳动的对立也随之消失之后；在劳动已经不仅仅是谋生的手段，而且本身成了生活的第一需要之后；在随着个人的全面发展，他们的①生产力也增长起来，而集体财富的一切源泉都充分涌流之后，——只有在那个时候，才能完全超出资产阶级权利的狭隘眼界，社会才能在自己的旗帜上写上：各尽所能，按需分配！

我较为详细地一方面谈到“不折不扣的劳动所得”，另一方面谈到“平等的权利”和“公平的分配”，是为了指出这些人犯了多么大的罪，他们一方面企图把那些在某个时期曾经有一些意义，而现在已变成陈词滥调的见解作为教条重新强加于我们党，另一方面又用民主主义者和法国社会主义者所惯用的、凭空想象的关于权利等等的废话，来歪曲那些花费了很大力量才灌输给党而现在已在党内扎了根的现实主义观点。

除了上述一切之外，在所谓分配问题上大做文章并把重点放在它上面，

① 1891 年发表时这里没有“他们的”。——编者注

那也是根本错误的。

消费资料的任何一种分配，都不过是生产条件本身分配的结果；而生产条件的分配，则表现生产方式本身的性质。例如，资本主义生产方式的基础是：生产的物质条件以资本和地产的形式掌握在非劳动者手中，而人民大众所有的只是生产的人身条件，即劳动力。既然生产的要素是这样分配的，那么自然就产生现在这样的消费资料的分配。如果生产的物质条件是劳动者自己的集体财产，那么同样要产生一种和现在不同的消费资料的分配。庸俗的社会主义仿效资产阶级经济学家（一部分民主派又仿效庸俗社会主义）把分配看成并解释成一种不依赖于生产方式的东西，从而把社会主义描写为主要是围绕着分配兜圈子。既然真实的关系早已弄清楚了，为什么又要开倒车呢？

马克思：《哥达纲领批判》（1875年4月底—5月7日），摘自《马克思恩格斯文集》第3卷，人民出版社2009年版，第434—436页。

16. 社会造就全面发展的一代生产者

摆脱了资本主义生产的局限性的社会可以更大踏步地前进。这个社会造就全面发展的一代生产者，他们懂得整个工业生产的科学基础，而且每一个人对生产部门的整个系列从头到尾都有实际体验，所以这样的社会将创造新的生产力，这种生产力会绰绰有余地抵偿从比较远的地方运输原料或燃料所花费的劳动。

恩格斯：《反杜林论》（1876年9月—1878年6月），摘自《马克思恩格斯文集》第9卷，人民出版社2009年版，第313—314页。

17. 从工厂制度中萌发出了未来教育的幼芽，是生产劳动同智育和体育相结合，是提高社会生产的一种方法，是造就全面发展的人的唯一方法

在空想主义者看来，随着人们自由结合成社会和私人家务劳动转为公共事业，青年教育的社会化，从而家庭成员间真正自由的相互关系，也就直接产生了。此外，马克思已经证明（《资本论》第515页及以下几页），“由于大工业使妇女、男女少年和儿童在家庭范围以外，在社会地组织起来的生产过程中起着决定性的作用，它也就为家庭和两性关系的更高级的形式创造了新的经济基础。”① 杜林先生说：

① 见马克思《资本论》第1卷，《马克思恩格斯文集》第5卷第563页。——编者注

“每一个社会改良幻想家，自然事先备有和他的新的社会生活相适应的教育学。”

用这个观点来衡量，杜林先生是社会改良幻想家中的“真正的怪物”。他对未来学校的关注，至少不亚于他对著作权的关注，这可真了不起。他不但为整个“可以预见到的未来”，而且还为过渡时期详尽地制订中小学计划和大学计划。不过，现在让我们只考察一下，在最后的终极的共同社会中，将要向青年男女传授些什么东西。

普通的国民学校，把“凡是本身和在原则上能够引起人们兴趣的东西”，从而特别是把“涉及世界观和人生观的一切科学的基础和主要结论”教给学生。所以这种学校首先要教数学，而且要把从简单的计数和加法起直到积分为止的一切原理性概念和方法“全部教完”。

但是，这并不是说，在这种学校里要真正去做微积分。相反，不如说在这种学校里，将教授综合数学的崭新的要素，这些要素包含普通的初等数学以及高等数学的萌芽。虽然杜林先生自己断定，这种未来学校的“教科书的内容”“在他心目中大致有了一个梗概”。但是可惜直到现在，他还不能发现这种“综合数学的要素”；而他不能做的事情，“实际上也应该有待于新社会制度的自由的和强化了的力量来做”。

但是，如果说未来数学的葡萄眼下还是非常酸的，那么，未来的天文学、力学和物理学就会困难少一些，并将成为

“全部学校教育的核心”，至于“植物学和动物学，尽管有各种各样的理论，通常主要采用记述的方式”……不如说是“一种轻松的谈话资料”。

在《哲学教程》第417页上就是这样说的。杜林先生直到如今还只知道主要是记述式的植物学和动物学。包括有机界的比较解剖学、胚胎学和古生物学在内的整个有机形态学，杜林先生甚至连名称都不知道。当生物学领域内崭新的科学几乎成打地在他背后兴起的时候，他的幼稚的情感还

总是从拉夫的《自然史儿童读本》中去获取“自然科学思维方式的非常现代的教育因素”，并且把有机界的这部宪法也强加给整个“可以预见到的未来”。在这里，正像他习惯做的那样，化学又被完全忘记了。

至于美学方面的教育，杜林先生不得不一切重新做起。从前的诗对此都不适用。在一切宗教都被禁止的地方，学校里自然不能容忍从前的诗人惯用的“神话式的或其他宗教式的描写手法”。“例如歌德非常喜爱的诗的神秘主义”，也是为人嫌弃的。这样，杜林先生自己不得不下定决心，向我们提供诗的杰作，这些作品“符合于某种同知性相称的幻想的更高要求”，并描述出“显示世界之完美”的真正理想。但愿他别踌躇。经济公社只有以那种和知性相称的亚历山大诗体的急进步伐前进，才能起征服世界的作用。

至于语文学，正在成长的未来公民大可不必为此伤脑筋。

> “死的语言完全被摒弃……但是活的外国语将……仍然是次要的东西。”只有在各民族之间的交往扩展成为人民群众本身的运动的地方，外国语才能按照需要，以容易的方式，为每一个人所接受。“真正有教益的语言教育”，将从某种一般语法中找到，特别是从“本族语言的质料和形式”中找到。

在杜林先生看来，现代人的民族狭隘性还是过于世界化了。他还想消灭在目前的世界上至少有可能使人超越狭隘的民族观点的两种杠杆，一个是至少为各民族中受过古典教育的人展现一个共同的广阔视野的古代语言知识，一个是可以使各国人民相互了解并熟悉本国以外所发生的事情的现代语言知识。相反，他认为应该把本族语言的语法读得烂熟。但是，要了解“本族语言的质料和形式”，就必须追溯本族语言的形成和它的逐步发展，如果一不考察它自身的已经消亡的形式，二不考察同源的各种活的和死的语言，那么这种追溯是不可能的。而如果进行这种考察，我们就再次进入了明确划定的禁区。杜林先生既然把整个现代的历史语法从他的教育计划中勾掉，那么在他的语言教学上就只剩下一种老式的、完全按照旧的古典语文学仿造的技术语法了，这种语法由于缺乏历史的基础而带有自己的全部的诡辩性和任意性。对旧的语文学的憎恨，使他把旧的语文学的最坏的产品奉为“真正有教益的语言教育的中心”。显然，我们与之打交道的这位语言学家，从来没有听说过近60年来这样有力地和这样成功地发展起来的全部历史语言学，所以他不是到博普、格林和狄茨那里，而是到已故的海泽和贝克尔那里去寻求语言教育的“非常现代的教育因素”。

但是正在成长的未来公民有了这一切还远不能“依靠自身”。为此还要奠定更深刻的基础，借助于对

“最后的哲学基础的领会”。但是自从杜林先生在这里扫清了道路以后，“这种深化……就不再是一项巨大的任务了”。其实，“如果从存在的一般模式论所夸耀的少量严密知识中清除掉错误的烦琐的装饰品，如果决定处处只承认〈杜林先生〉所证明的现实是有意义的”，那么初级哲学也将为未来的青年所完全了解。“大家回想一下我们用来促使无限性概念及其批判具有空前影响的那些极其简单的说法”，就“完全不能想象，为什么由于现代的深化和尖锐化而变得如此简单的普遍时空观念的因素，不能最终地转入基本知识的行列……〈杜林先生的〉根底最深的思想，在新社会的普遍教育体系中不应当起次要的作用。”相反，物质的自身等同状态以及可以计数的数不尽的数负有使命，使人“不仅站稳脚跟，而且还从自身了解到，他已经把所谓绝对的东西踩在他的脚下了”。

可见，未来的国民学校只不过是稍微“完美”一些的普鲁士中等学校，在那种学校里，希腊文和拉丁文被更为纯粹些和实用些的数学，特别是被现实哲学的诸要素所代替，而德语教学又倒退到已故的贝克尔时代，就是说差不多退到四五年级的程度。事实上，“完全不能想象”，为什么杜林先生的那些在他所涉及的一切领域中现在都已被我们证实是十足小学生的“知识”，或者确切地说，这些“知识”经过事先彻底“清洗”以后留下来的东西，不能全部“最终地转入基本知识的行列”，因为杜林先生的知识实际上从来没有脱离过这一行列。杜林先生自然也会略有所闻，在社会主义社会中，劳动将和教育相结合，从而既使多方面的技术训练也使科学教育的实践基础得到保障；因此，这一点也被他照例用于共同社会。但

是，正像我们所看到的，旧的分工在杜林的未来的生产中基本上原封不动地保存下来，所以学校中的这种技术教育就脱离了以后的任何实际运用，失去了对生产本身的任何意义；它只有一个教学上的用途：可以代替体育。关于体育，我们这位根底深厚的变革家是什么也不愿意知道的。因此，他也只能告诉我们几句话，例如：

“青年人和老年人都按照工作这个词的最严格的意义工作。”

这种空泛的无内容的清谈，同《资本论》第508—515页上所说的一比，真是可怜到了极点，在那里马克思发挥了这样的见解：“正如我们在罗伯特·欧文那里可以详细看到的那样，从工厂制度中萌发出了未来教育的幼芽，未来教育对所有已满一定年龄的儿童来说，就是生产劳动同智育和体育相结合，它不仅是提高社会生产的一种方法，而且是造就全面发展的人的唯一方法。”①

我们不再谈未来大学的问题了，在这种大学里，现实哲学将构成一切知识的核心，并且除医学院外，法学院也十分兴旺；我们也不再谈“专科技术学校”了，关于这种学校我们仅仅知道，它们只开“两三门课程”。我们假定，年轻的未来公民在读完了学校全部课程以后终于能“依靠自身”，以致能够去物色妻子。

恩格斯：《反杜林论》（1876年9月—1878年6月），摘自《马克思恩格斯文集》第9卷，人民出版社2009年版，第335—340页。

18. 人的社会性质是由生产生活资料的过程已经具有的社会性质决定的

“人”？如果这里指的是“一般的人”这个范畴，那末他根本没有“任何”需要；如果指的是孤立地站在自然面前的人，那末他应该被看做是一种非群居的动物；如果这是一个生活在不论哪种社会形式中的人，——瓦格纳先生就是这样假设的，因为他的“人”，虽然没有受大学教育，但至少会说话，——那末出发点是，应该具有社会人的一定性质，即他所生活的那个社会的一定性质，因为在这里，生产，即他获取生活资料的过程，

① 见马克思《资本论》第1卷，《马克思恩格斯文集》第5卷第556—557页。——编者注

已经具有这样或那样的社会性质。

马克思：《评阿·瓦格纳的〈政治经济学教科书〉》（1879年下半年—1880年11月），摘自《马克思恩格斯全集》第19卷，人民出版社1963年版，第404—405页。

（二）资产阶级对妇女进行教育的局限性

1. 资产阶级对无产阶级实行义务教育只是名义上存在的

现在让我们从工人的身体状况转到他们的精神状况。既然资产阶级在生活上只满足工人起码的需要，那我们也就不必因为它只允许工人接受符合资产阶级本身利益的那一点点教育而感到奇怪了。而这种教育实在是太少了。英国的教育设施和人口数目相比少得很不相称。工人阶级可以进的为数不多的日校，只有少数人能去就读，而且这些学校都是很差的，教师是失去工作能力的工人或者其他不堪使用的人，他们只是为了生活才来当教师，其中多数人甚至不具备最必要的基本知识，缺乏教师所应具备的道德修养，并且根本不受公众监督。这里也受自由竞争的支配，照例也是有钱人占便宜而穷人吃亏，因为对穷人来说竞争恰好不是自由的，他们没有相应的知识来作出判断。没有一个地方实行义务教育；在真正的工厂里，正如我们将要看到的，所谓义务教育也只是在名义上存在，当政府在1843年的议会会议上要使徒有其名的义务教育生效时，工业资产阶级倾其全力来反对，尽管工人坚决表示赞成。此外，大批儿童整个星期都在工厂和家里劳动，因而不能上学。而为白天做工的人办的夜校几乎根本没有人去，去了也学不到东西。青年工人劳累了12小时之久，还要叫他们在晚上8点到10点去上学，这也未免太过分了。那些去上学的人多半在那里睡着了，《童工调查委员会报告》中有上百个证据都证实了这一点。固然也开办了主日学校，但是那里教师也极端缺乏，而且只是对那些已经在日校里学过一点的人，才能有些帮助。从一个星期日到下一个星期日相隔的时间太长了，一个完全没有受过教育的孩子很难在下一次上课时不会忘记他在上一次课上，即在一星期以前的课上学到的东西。关于这一点，《童工调查委员会报告》中有成千的证据，委员会本身也坚决认为，无论是日校还是主日学校都远远不能适应国家的需要。这个报告列举了一些关于英国工人阶级的愚昧无知的例子，这样的愚昧无知甚至在西班牙和意大利那样的国家也是没有的。但是，事情也只能如此。工人受教育，资产阶级得不到多少好处，反而会有许多可怕的方面。政府在5500万英镑的庞大预算中，用于公共教育的仅为4万英镑这样一个微小的数额。假如没有各宗教教派的狂热，教育经费也许还要少得更多，而这种宗教狂热带来的害处至少可以和它在某些方面的好处相抵消。但是高教会①成立了自己的国民学校，每一个教派也都成立了自己的学校，它们这样做的唯一目的就是要留住本教教徒的孩子，如果可能的话，还要从其他教派那里把可怜的孩子争取过来。结果是，宗教，而且恰好是宗教的最无聊的一面，即对异教教义的辩驳，成了最主要的课程，孩子们脑子里塞满了各种无法理解的教条和神学上的奥义，从很小的时候起就激起教派的仇恨和狂热的迷信，而一切理性的、精神的和道德的教育却被严重地忽视了。工人不断要求议会建立纯世俗的公共教育制度，而把宗教教育交给各教派的神职人员去管，但是到目前为止，还没有一届内阁同意采取这类措施。这是必然的。内阁大臣是资产阶级的驯服的奴仆，而资产阶级又分成无数的教派；每个教派都只有在他们能够使工人同时接受这个教派所特有的教条作为抗毒素的时候，才同意工人受教育，否则，让工人受教育是危险的。因为这些教派至今还在为争夺最高的统治权而争吵，所以工人阶级就只好暂时不受教育了。不错，厂主们吹嘘他们已经把大多数工人教得能阅读了，但是所谓能阅读是怎么一回事，从《童工调查委员会报告》中就可以看出。谁认识了字母，就说他已经能阅读，于是厂主们也就心安理得了。但是英文的正字法是很复杂的，因而阅读是一种真正的艺术，只有受过长期的教育才能学会，如果考虑到这一点，工人缺少知识就完全可以理解了。只有很少的工人完全会写，要写得合乎正字法，就连许多“有教养的人”都不行。在高教会、贵格会②以及其他一些教派的主日学校里，根本不教学生写字，“因为这对于礼拜天来说是一种过分世俗的活动”。工人所受的其他教育是怎样的，从以下几个例子中可以看出。这些例子都引自《童工调查委员会报告》，这个报告可惜没有涉及真正的工厂工业领域。

---

① 高教会是英国国教会中的一派，产生于19世纪，高教会信徒主要是土地贵族和金融贵族。他们主张保持古老的豪华仪式，强调与天主教徒的传统联系。英国国教会中与高教会相对立的另一派为低教会，其信徒主要是资产阶级和下层教士，具有新教倾向。摘自《马克思恩格斯文集》第1卷，人民出版社2009年版，第802页注释。

② 贵格会，又名教友会，是基督教新教的一派，17世纪资产阶级革命时期产生于英国，在北美也流传很广。教友会信徒反对官方教会及其仪式，反对暴力和战争，鼓吹和平主义思想，致力于社会公益事业。摘自《马克思恩格斯文集》第1卷，人民出版社2009年版，第802页注释。

格兰杰委员说："在伯明翰，经我考试过的所有孩子，全都没有受到哪怕是一点点有益的教育。虽然几乎所有的学校都只有宗教课，但就是在这方面他们一般也都是极端无知。"霍恩委员说："在伍尔弗汉普顿，我看到过这样一些例子：一个上过日校和主日学校的11岁的女孩'从来没有听说过另一个世界，没有听说过天堂或另一种生活'。一个17岁的男孩不知道2×2等于多少，说不出两个便士合多少法寻（四分之一便士），甚至把这些钱放到他手里还是说不出来。有几个男孩从来没有听说过伦敦，甚至连威伦霍尔也没有听说过，虽然这个地方离伍尔弗汉普顿只有一小时的路程，而且两地的交通很频繁。有些人从来没有听到过女王的名字或者像纳尔逊、威灵顿、波拿巴这样的名字。但值得注意的是，那些甚至连圣保罗、摩西或所罗门都从来没有听说过的人，对拦路抢劫者迪克·特平，特别是小偷和越狱者杰克·谢泼德的生平、活动和个性却知道得清清楚楚。一个16岁的男孩不知道2×2是多少，也不知道4法寻等于多少便士；一个17岁的男孩说，10法寻就是10个半便士，还有一个17岁的男孩，对几个非常简单的问题干脆回答说，'他什么也不知道'（he was ne jedge o'nothin）。"（霍恩，《报告》附录第2部分Q. 18，No. 216、217、226、233等）

这些孩子被人们用宗教教条硬灌了四五年，结果并没有比原来多知道一点什么。

有一个孩子"正规地上了五年主日学校，却不知道耶稣基督是谁，虽然也听到过这个名字；他从来没有听说过十二使徒、参孙、摩西、亚伦等"（同上，文件q. 39页，I. 33）。另一个孩子"正规地上了六年主日学校，他知道耶稣基督是谁，知道他死在十字架上，知道他为了拯救我们的救世主而流了血；他从来没有听说过圣彼得或圣保罗"（同上，q. 36页，I. 46）。还有一个孩子"在七年之内上过好几个主日学校，只能读一些薄本书和简单的单音节的字；他听说过十二使徒，但不知道圣彼得或圣约翰是不是在内，以为圣约翰就是圣约翰·卫斯理（循道宗的创始人），如此等等。"（同上，q. 34页，I. 58）对于耶稣基督是谁这一问题，霍恩还得到过这样一些答复："他是亚当"，"他是一个使徒"，"他是救世主的主的儿子（he was theSaviour's Lord's Son）"；而一个16岁的男孩却这样回答："他是很久很久以前的伦敦国王。"

在设菲尔德，该委员会委员西蒙斯让一些主日学校的学生阅读；但这些学生说不出他们读了些什么东西，也说不出使徒是些什么人，其实他们刚刚读过关于使徒的材料。在西蒙斯就使徒的问题依次问过所有孩子而得不到一个正确回答以后，一个看起来很机灵的小男孩满有把握地喊道：

“我知道，先生，这是些害麻风病的人！”（西蒙斯，《报告》附录第1部分E22页及以下各页）

报告中提到的制陶业地区和兰开夏郡的情形也是一样。

这里可以看出，资产阶级和国家为工人阶级的教育和培养做了些什么。幸而这个阶级的生活状况给了他们一种实际的教育，这种教育不但代替了学校的那套东西，而且还清除了和那些东西乱七八糟搅在一起的宗教观念的毒素，甚至还把工人置于英国全民族运动的前列。贫困教人去祈祷，而更重要的是教人去思考和行动。英国工人几乎都不会读，更不会写，但他们却十分清楚地知道，什么是他们自己的利益，什么是全民族的利益。他们也知道，什么是资产阶级的特殊利益，他们能够从这个资产阶级那里得到些什么。虽然他们不会写，但是他们会说，并且会在大庭广众之中说。虽然他们不会算，可是他们对国民经济学概念的理解足以使他们看穿主张废除谷物法的资产者，并且驳倒他们。虽然他们完全不了解教士们费尽心机给他们讲的天国的问题，但是他们却因此而更加深刻地了解尘世的政治和社会问题。这在以后我们还要谈到，现在让我们来看看英国工人的道德面貌。

恩格斯：《英国工人阶级状况》（1844年9月—1845年3月），摘自《马克思恩格斯文集》第1卷，人民出版社2009年版，第423—427页。

2. 资产阶级对工人只有一种教育手段，就是皮鞭，就是残忍的、不能服人而只能威吓人的暴力

资产阶级为工人考虑的唯一的东西就是法律，当工人向资产阶级步步进逼的时候，资产阶级就用法律来钳制他们；就像对待无理性的动物一样，资产阶级对工人只有一种教育手段，那就是皮鞭，就是残忍的、不能服人而只能威吓人的暴力。所以毫不奇怪，这些被当做牲口对待的工人，不是真的变得像牲口一样，就是只有靠着对当权的资产阶级的强烈仇恨，靠着对资产阶级永不熄灭的内心愤慨才能保持合乎人性的意识和感情。只有他们对统治阶级感到愤怒，他们才是人；如果他们驯顺地让人把挽轭套在脖子上，只想把挽轭下的生活弄得比较舒适些，而不想打碎这个挽轭，那他们就真的成了牲口。

恩格斯：《英国工人阶级状况》（1844 年 9 月—1845 年 3 月），摘自《马克思恩格斯文集》第 1 卷，人民出版社 2009 年版，第 428 页。

3. 当机器分工造成单一的专业性质一旦停止，个人对普遍性的要求以及全面发展的趋势就开始显露出来

当蒲鲁东先生愿意当一个经济学家而暂时放弃“理性中的系列的发展”时，他就从亚当·斯密在自动工厂刚刚产生的时期所写的著作中汲取大量的学识。其实，亚当·斯密那时的分工和我们在自动工厂里所见的分工之间有很大的差别。为了更好地了解这个差别，只需从尤尔博士的《工厂哲学》中引证几段就够了。

“当亚当·斯密写他那本关于政治经济学原理的不朽著作的时候，自动工业体系还几乎不为人所熟悉。他认为分工就是使工场手工业日臻完善的伟大原理，那是很自然的。他以别针的生产为例，说明工人由于完成同一操作而日益熟练，因此工作得更快而且工价也更便宜。他看到，根据这个原理，在工场手工业的每一部门中，某些操作，如将铜丝切成等长部分就变得容易完成，而其余操作如针头的成形和安装却仍较困难；由此他得出结论说，这样很自然就会让一个工人去适应其中一项操作，这个工人的工资将和他的技艺相适应。这种适应也就构成分工的本质。不过，在亚当·斯密博士时代可以当做有用例子的东西，今天就只能使大家对工厂工业的实际原理产生误解。事实上，工作的划分，或者说得更确切一些，使工作适应各人不同的才能这一点，在自动工厂的操作计划中几乎不加考虑；相反，在每一个要求高度灵敏性和精确性的操作的地方，这种操作不再由熟练的但是往往容易做出各种不规则动作的工人来完成，而由某种专门的机械取而代之，因为机械的自动工作极有规则，只需小孩看管就行了。

因此，自动体系的原理就在于用机械技艺取代手工劳动，以及操作分解为各个组成部分以代替手工业者间的分工。在手工操作制度下，手工劳动通常是任何一件产品中花费最大的因素；而在自动体系下，手工业者的技艺就日益为看管机器的简单动作所代替。

人类天赋的弱点就是如此：工人越是熟练，他就越是有主见，越是难于驾驭，因而对机械体系说来也就越不适用，因为他的任意妄动会给整个机械体系带来莫大的损失。因此，现代工厂主的最大目标，就是通过科学和资本的结合，将工人的作用降低到仅仅使用他们的注意力和灵敏性，而只要把他们固定在唯一的对象上面，他们在青年时期就很容易使这两种能力达到完善的程度。

在劳动分成各种等级的制度下，要使眼和手的技艺达到可以完成一些特别困难的机械操作，必须经过多年的训练；而在某种操作分解为由自动机器来完成的各个组成部分的制度下，这些基本组成部分的操作可以委托给一个只经过短期训练的平平常常的工人；必要的时候企业主甚至还可以任意把他从这一台机器调到另一台机器。这种变换显然是违背老规矩的，按照老规矩的分工，一个人固定做针头，另一个人固定磨针尖，这种千篇一律、枯燥无味的工作，使得工人逐渐愚钝……但在均等化原则即自动体系下，工人的能力只是进行轻松的操练”等等。“……由于他的业务只限于看管极其规律地运转的机器，所以他可以在很短的时期内学会这种业务；而当他从这一台机器调去看管另一台机器时，他的工作多样化了，并且由于他要考虑自己和同伴们的劳动所产生的共同配合，因而眼界也扩大了。因此，工作均等分配制度在通常的情况下不可能使工人的能力受抑制、眼界不开阔以及身体的发育受阻碍，把这些情况归咎于分工，倒并不是没有理由的。

实际上，机器技术方面的一切改进措施都有始终不变的目的和趋势，那就是尽可能取消人的劳动，或者用女工、童工的劳动代替成年男工的劳动，用未经训练的工人的劳动代替熟练手艺工人的劳动，以求降低劳动的价格……这种只用眼灵手快的儿童而不用经验丰富的熟练工人的趋向，证明按照工人的不同熟练程度来分工的死板教条，终于为我们开通的厂主们抛弃了。”（安德鲁·尤尔《工厂哲学，或工业经济学》第1卷第1章）

现代社会内部分工的特点，在于它产生了特长和专业，同时也产生职业的痴呆。勒蒙泰说：

> “我们十分惊异，在古代，一个人既是杰出的哲学家，同时又是杰出的诗人、演说家、历史学家、牧师、执政者和军事家。这样多方面的活动使我们吃惊。现在每一个人都在为自己筑起一道藩篱，把自己束缚在里面。我不知道这样分割之后活动领域是否会扩大，但是我却清楚地知道，这样一来，人是缩小了。”

自动工厂中分工的特点，是劳动在这里已完全丧失专业的性质。但是，当一切专门发展一旦停止，个人对普遍性的要求以及全面发展的趋势就开始显露出来。自动工厂消除着专业和职业的痴呆。

马克思：《哲学的贫困》（1847年上半年），摘自《马克思恩格斯文集》第1卷，人民出版社2009年版，第628—630页。

4. 高贵者之所以高贵，是因为他聪明而博学，这些人是独享教育权利的阶级即特权阶级

一切实际的阶级矛盾，尽管因时代不同而各异，都可以归结为一个巨大的永恒的矛盾，就是深谙永恒的自然规律并依照它行动的人，即贤人与贵人，和误解它曲解它并和它背道而驰的人，即愚人与贱人之间的矛盾。因此，历史上产生的阶级差别是自然差别，人们必须向天生的贵人和贤人屈膝，尊敬这些差别，并且承认它们是永恒的自然规律的一部分，即应当崇拜天才。这样，对历史发展过程的整个见解便简单得像前世纪伊留米纳特和共济会会员的陈腐平凡的智慧那样，简单得像《魔笛》中的普通道德和被弄得极端庸俗腐化的圣西门主义那样。这样，老问题又自然产生了：到底该由谁来统治？这个问题经过十分详细但却非常肤浅的讨论，终于有了一个答案：应该由贵人、贤人和智者来统治。因此非常自然地就会得出这样的结论：需要统治的人是很多很多的，但是任何时候统治的也不能太多，因为统治就是不断地向群众揭示和解释自然规律的意义。但是怎样发现贵人和贤人呢？没有一种神奇的力量来告诉我们，我们必须去找寻。于是变成纯粹自然差别的历史的阶级差别又显露出来。高贵者之所以高贵，是因为他聪明而博学。所以必须在独享教育权利的阶级即特权阶级中去寻找这样的人；而这些阶级本身也要在它们当中找出这样的人，并且对他们想当贵人和贤人的要求作出选择。因此，特权阶级现在即使不成为十足的贵人和贤人的阶级，至少也是说话时“条理分明”的阶级；而被压迫的阶级当然是“哑巴，是说话条理不清”的阶级，因此阶级统治又重新得到确定。而那些义愤填膺的叫嚣都变成了对现存阶级统治的掩掩盖盖的承认，并且完全变成了不平的牢骚和抱怨，其所以抱怨与不满，原因就是资产者没有让自己的未被承认的天才人物们领导社会，由于很实际的理由没有接受这些老爷们的荒唐的呓语。浮夸的言谈在这里如何变为自己相反的东西，高贵的有学问的聪明人实际上怎样变为庸俗的愚昧无知的蠢人，关于这点卡莱尔本人就是一个最明显的例证。

马克思、恩格斯：《〈新莱茵报。政治经济评论〉第 4 期上发表的书评》（1850 年 3—4 月），摘自《马克思恩格斯全集》第 10 卷，人民出版社 1998 年版，第 318—319 页。

5. 僧侣获得了知识教育的垄断地位，教育渗透了神学的性质

16 世纪的所谓宗教战争首先也是为着十分实际的物质的阶级利益而进行的。这些战争同后来英国和法国的国内冲突完全一样，都是阶级斗争。如果说这些阶级斗争当时是在宗教的标志下进行的，如果说各阶级的利益、需要和要求都还隐蔽在宗教外衣之下，那么，这并没有改变事情的实质，而且也不难用时代条件来加以解释。

中世纪完全是从野蛮状态发展而来的。它把古代文明、古代哲学、政治和法学一扫而光，以便一切都从头做起。它从没落的古代世界接受的唯一事物就是基督教和一些残破不全而且丧失文明的城市。其结果正如一切原始发展阶段的情形一样，僧侣获得了知识教育的垄断地位，因而教育本身也渗透了神学的性质。在僧侣手中，政治和法学同其他一切科学一样，不过是神学的分支，一切都按照神学中适用的原则来处理。教会的教条同时就是政治信条，圣经词句在各个法庭都具有法律效力。甚至在法学家已经形成一个等级的时候，法学还久久处于神学控制之下。神学在知识活动的整个领域的这种至高无上的权威，同时也是教会在当时封建统治下万流归宗的地位的必然结果。

恩格斯：《德国农民战争》（1850 年夏秋），摘自《马克思恩格斯文集》第 2 卷，人民出版社 2009 年版，第 235 页。

6. 商业繁荣带来的是工厂的扩大，机器应用的增加，成年工人日益为妇女和儿童所代替，做工的母亲和儿童越多，入学人数就越少

神气严肃而思想深邃的《经济学家》，在《黄金机会与这些机会是怎样被利用的》这个标题下发挥了它的最令人啼笑皆非的言论之一。“黄金机会”自然是自由贸易造成的，而“利用”这个机会，或者确切些说，“滥用”这个机会，说的当然是工人阶级了。

> “工人阶级破天荒第一次把自己未来的命运掌握在自己手里！联合王国的人口的确开始减少，人口外流超过了人口的自然增长。而工人们是怎样利用他们的机会呢？他们做了些什么呢？他们所做的和他们往常在每一次生活状况得到暂时改善时所做的完全一样：他们纷纷结婚并尽可能快地生儿育女。如果保持这样的人口增长率，人口外流很快就会完全被抵销，黄金机会就会错过。”①

黄金机会要求不结婚和不生儿育女——除非遵照马尔萨斯和他的门徒们所允许的正规增长率！这就是黄金道德！但是，直到目前为止，《经济学家》自己也承认，人口还是在减少，人口外流并没有被抵销。可见，现在种种不幸的原因不是人口过剩。

> “其次，劳动阶级应该利用为它们提供的难得机遇多事积蓄，成为资本家。可是，他们中间几乎没有一个上升到或者开始上升到资本家的行列。他们错过了提供给他们的机会。”②

成为资本家的机会！与此同时，《经济学家》又向工人们指出，尽管他们最终争取到使他们原先的工资增加10%，每星期他们也只不过得到16先令6便士以代替15先令罢了。这里它把每星期的平均工资算作15先令，已经偏高很多了。然而问题还不在这里。就算每星期拿15先令，那怎么就能成为资本家呢？这是值得研究的问题。据说，工人们的想法不正确，认

---

① 1853年11月5日《经济学家》第532期。——编者注

② 1853年11月5日《经济学家》第532期。——编者注

为要改善自己的处境就应当设法增加自己的收入。《经济学家》写道，“他们罢工了，想用这种办法争到比从事任何工作都要多的收入”。他们每星期挣15先令时，有成为资本家的现实机会，而挣16先令6便士时，这种机会倒会消失！一方面，工人们应当力求使干活的人少而资本很多，以便有可能迫使资本家提高工资。但是，如果资本很多而干活的人少，那么工人们无论如何也不该利用这种机会，为了这一点而不结婚，不生儿育女！“他们过起更奢侈的生活来了。”在实行谷物法①的时期，这同一个《经济学家》杂志告诉我们，他们吃不饱，穿不暖，差不多快要饿死了。所以，如果他们想要活下去，他们怎么敢过比那时更不“奢侈”的生活呢？《经济学家》过去常常登载有关进口的资料统计表，以证明人民的福利不断增长和经济状况日趋繁荣。当时称之为自由贸易带来的空前福利的标志，现在却斥之为工人阶级不合理的浪费的表现。可是，我们还是无法理解：如果人口减少和消费缩减，进口怎么能够不断增长；进口减少，出口怎么能够继续增加；进口和出口都缩减，工业和商业又怎么能够扩大？

> “第三，工人们应该利用这个黄金机会使他们自己及其子女都受到尽可能好的教育，从而使自己变得与他们物质生活状况的改善相称，并且学会从这种改善中取得最大的好处。不幸，我们不得不说，入学的情况空前糟糕，交学费的情况也非常糟糕。”②

这有什么可奇怪的呢？随着商业繁荣而来的是工厂的扩大，机器应用的增加，成年工人日益为妇女和儿童所代替，以及工作日的延长。在工厂里做工的母亲和儿童越多，入学人数就越少。而且，你们到底要给父母及

① 谷物法是英国历届托利党（见注3）内阁为维护大土地占有者的利益从1815年起实施的法令，旨在限制或禁止从国外输入谷物。谷物法规定，当英国本国的谷物价格低于每夸特80先令时，禁止输入谷物。1822年对这项法律作了某些修改，1828年采用滑动比率：国内市场谷物价格下跌时谷物进口税就提高，反之，英国谷物价格上涨时谷物进口税就降低。谷物法的实行，严重影响了贫民阶层的生活，同时也不利于工业资产阶级，因为它使劳动力涨价，妨碍国内贸易的发展。谷物法导致了工业资产阶级和土地贵族之间的斗争。这一斗争是由曼彻斯特的工厂主科布顿和布莱特于1838年创立的反谷物法同盟领导、在自由贸易的口号下进行的。1846年6月英国议会通过关于废除谷物法的法案。摘自《马克思恩格斯全集》第12卷，人民出版社1998年版，第789页注释。

② 1853年11月5日《经济学家》第532期。——编者注

其子女提供受哪一种教育的机会呢？《经济学家》说，提供要他们学会把人口保持在马尔萨斯所规定的水平上的机会。科布顿先生说，教育就是要向工人们讲明，又挤又脏、通风不良的住所不是保护健康和精力的最好手段。同样，只要你告诉人们，自然规律要求人体经常依靠食物来维持，你也就能够使人不致饿死。《每日新闻》宣称，教育能使我们的工人阶级学会怎样从干骨头中提取营养物质，怎样用淀粉烤制点心，怎样用剩菜熬汤。

总之，归纳起来，被工人阶级错过的黄金机会，就是不结婚，就是过更不奢侈的生活，就是不要求提高工资，就是在每星期挣 15 先令的情况下成为资本家，就是学会怎样以更加粗糙的食物维持身体，怎样以马尔萨斯的邪恶理论作践心灵。

上星期五，厄内斯特·琼斯访问了普雷斯顿城，向遭到同盟歇业的工厂工人发表有关工人问题的讲话。在预定的时间到场参加露天大会的不下 15000 人（《普雷斯顿舵手》估计的数字是 12000 人），琼斯先生到达会场时，受到了极为热烈的欢迎。我从他的演说中摘引几段如下：

> "为什么过去进行这种斗争？为什么现在仍在进行这种斗争？为什么将来还要重新进行这种斗争呢？因为你们的生命之源被资本一手堵死了，资本把它的金杯吸干，给你们剩下的只是渣滓。为什么工厂向你们宣布了同盟歇业就等于威胁你们的生命呢？因为再没有别的工厂可以让你们去做工了，你们再也没有别的办法挣钱糊口了。是什么东西给资本家这样大的力量呢？是因为他掌握了雇用劳动的一切手段……可见，劳动手段是人民的未来赖以建立的关键……只有包括一切行业在内的群众运动，只有各劳动阶级的全国性运动，才能获得最后胜利……如果你们把自己的斗争行业化，地方化，你们就可能遭到失败；如果你们把全国纳入斗争，你们就一定能取得胜利。"①

接着，乔治·考威尔先生以十分赞许的措辞提出了一项受到约翰·马修先生支持的动议，建议对厄内斯特·琼斯来访普雷斯顿沙以及他对工人阶级事业作出的贡献表示感谢。

---

① 1853 年 11 月 12 日《人民报》第 80 期。——编者注

工厂主们花了很大力气阻挠厄内斯特·琼斯访问普雷斯顿；大会找不到开会的厅堂，因此不得不在曼彻斯特登广告，通知群众大会在露天举行。一些为私利所驱使的人拚命散布谣言说琼斯先生反对罢工，并在工人中间制造分裂，还邮寄恐吓信，说琼斯访问普雷斯顿可能不利于他的人身安全。

马克思：《工人问题》（1853年11月11日），摘自《马克思恩格斯全集》第12卷，人民出版社1998年版，第537—540页。

7. 工人阶级没有利用繁荣时期受教育并使其子女受教育是毫不奇怪的，一连干活60个小时，只休息3小时

在我的前一篇通讯中，我曾对《经济学家》指出，工人阶级没有利用繁荣时期来受教育并使他们的子女受教育是毫不奇怪的。现在我可以向你们转述下面一份报告，这个报告中提到的人名和细节已经交给我并且很快就将提交议会。报告说，在1852年9月的最后一个星期，在离……4英里的……城，在一家叫作……的为……先生所有的布匹漂白和最后加工企业中，下面提到的这些人一连干活60个小时，而一共只休息3小时！

…………

9岁和10岁的男孩一连干活60个小时，而一共只休息3小时！厂主们还是不要说什么工人轻视教育吧！上面提到的Ann B.，是个只有9岁的女孩，在60个小时的工作中由于疲劳过度倒在地上就睡着了；当她被叫醒的时候，她哭了，但还是被迫继续干活！

看来，工厂的工人们决定要从曼彻斯特骗子手们的手中把争取教育的运动夺过来。据称，在奥卡德公园举行的①普雷斯顿失业工人群众大会上发生了下面的情况：

“玛格丽特·弗莱彻太太提醒与会者注意：已婚妇女们丢下子女和家务到工厂做工是不适当的。每个工人都有权利为合理的劳动日得到合理的工资，而这一点，她以为，就意味着工人应该得到这样的劳动报酬，这种报酬使他有可能很好地养活他自己和他的家庭，能让妻子留在家中履行家庭主妇的责任，并能教育子女（欢呼）。发言人在结束她的讲话时提议通过下述决议：

---

① 1853年11月7日举行。——编者注

会议决定：城内所有已婚妇女不打算再去上工，直到她们的丈夫得到合理的、充分的劳动报酬为止。

安·弗莱彻太太（前一个发言人的姐妹）对这一决议表示附议，然后决议被一致通过。

大会主席宣布，在工资增加10%的问题解决以后，关于工厂雇用已婚妇女的问题将展开我国工厂主们未必意料得到的鼓动工作。”①

现在在各工业区访问的厄内斯特·琼斯正进行争取成立“工人议会”②的鼓动工作。他建议

“各行各业的工人代表到运动的中心，到兰开夏郡，到曼彻斯特去开会，直到取得胜利为止。这样表达的观点将十分有权威和全面，使全世界都听见，并将和在圣斯蒂芬教堂召开的会议共同占有报纸的篇幅……在现在这样的危机时期，全世界都将比倾听最高傲的议院中尊贵议员的话更加注意地倾听这些最谦逊的工人代表的话”③。

帕麦斯顿勋爵的机关报却持有完全不同的看法：

《晨邮报》叫嚷：“说句私下的话，被大吹大擂的进展已受到有效

① 1853年11月5日《人民报》第79期。——编者注

② 工人议会是1854年3月6日至18日在曼彻斯特召开的。由于1853年英国无产阶级群众性罢工运动的高涨，以琼斯为首的宪章派（见注80）提出了建立广泛的工人组织“群众运动”的主张，把各个工联与尚未组织起来的工人联合起来，首先使全国各个不同地区的罢工协调起来。这一组织应该由定期召开的工人议会领导，而工人议会由尚未组织起来的工人群众大会和参加了“群众运动”的各工联大会选出的代表组成。工人议会于1854年3月6日至18日在曼彻斯特召开，讨论并通过了“群众运动”纲领，成立了由5个人组成的执行委员会。被选为名誉代表的马克思寄去了一封信（见《给工人议会的信》），他在信中指出，建立独立的群众性政党是英国工人运动的首要任务。马克思认为工人议会的召开具有重大意义，这是使英国工人运动摆脱工联主义狭隘圈子的尝试，是把经济斗争同政治斗争结合起来的第一步。可是，组织“群众运动”的尝试没有成功，因为工联的大多数领袖都对政治斗争抱否定态度，不支持建立统一的工人群众性组织的主张。1854年夏天罢工运动的低落对广大群众参加运动也起了不利的影响。1854年3月以后工人议会再没有召开会议。摘自《马克思恩格斯全集》第12卷，人民出版社1998年版，第802页注释。

③ 厄·琼斯：《工人议会。告全国各行业工人书》，见1853年11月12日《人民报》第80期。——编者注

的扼制，并且在4月10日遭到惨败①以后，再也没有采取进一步的尝试来使工人们成为立法者或使裁缝们成为护民官了。”②

马克思：《繁荣。——工人问题》（1853年11月15日），摘自《马克思恩格斯全集》第12卷，人民出版社1998年版，第547—549页。

8. 资本主义大工业为家庭和两性关系的更高级的形式创造了新的经济基础，但在适当的条件下，必然会反过来变成人类发展的源泉。生产劳动同智育和体育相结合，它是提高社会生产的一种方法

现代资本主义的最高形式准备着新的家庭形式，并为妇女的地位和青年一代的教育准备新的条件。在现代社会里，女工和童工的使用，资本主义对父权制家庭的瓦解，必然采取最可怕最痛苦最可憎的形式。但是“由于大工业使妇女、男女少年和儿童在家庭范围以外，在社会地组织起来的生产过程中起着决定性的作用，它也就为家庭和两性关系的更高级的形式创造了新的经济基础。当然，把基督教日耳曼家庭形式看成绝对的东西，就像把古罗马家庭形式、古希腊家庭形式和东方家庭形式看成绝对的东西一样，都是荒谬的。这些形式依次构成一个历史的发展序列。同样很明白，工人由各种年龄的男女搭配组合而成，尽管在其自发的、野蛮的、资本主义的形式中，也就是在工人为生产过程而存在，不是生产过程为工人而存在的那种形式中，是造成毁灭和奴役的祸根，但在适当的条件下，必然会反过来变成人类发展的源泉”（《资本论》第1卷第13章末）③。工厂制度使我们看到“未来教育的幼芽……对所有已满一定年龄的儿童来说，就是生产劳动同智育和体育相结合，它不仅是提高社会生产的一种方法，而且是造就全面发展的人的唯一方法”（同上）④。

列宁：《卡尔·马克思》（1914年11月），摘自《列宁专题文集·论马克

---

① 1848年4月10日，宪章派在伦敦组织大规模的示威游行，计划前往议会递交请愿书，要求接受人民宪章。示威者在肯宁顿广场集结后，本来打算从这里向议会大厦进发，但是，政府禁止示威游行，军警齐集伦敦，阻挠游行。宪章派的许多领导人表现了动摇，决定放弃示威游行，并且劝说游行的群众解散。反动势力利用游行的失败来向工人进攻和迫害宪章派。摘自《马克思恩格斯全集》第12卷，人民出版社1998年版，第776页注释。

② 1853年11月14日《晨邮报》第24929号。——编者注

③ 见《马克思恩格斯全集》第23卷第536—537页。——编者注

④ 见《马克思恩格斯全集》第23卷第530页。——编者注

思主义》，人民出版社 2009 年版，第 30 页。

9. 一切资产阶级国家的教育同政治机构的联系都非常密切，同时，资产阶级社会通过教会和整个私有制来影响群众。资产阶级竭力抹杀无产阶级专政的一个更为重要的作用，即教育任务，这个任务对于无产阶级尤其重要

在资产阶级社会里，这种思想一贯占着统治地位。所谓教育“不问政治”，教育“不讲政治”，都是资产阶级的伪善说法，无非是对 99%受教会控制和私有制等等压迫的群众的欺骗。现在还在统治着一切资产阶级国家的资产阶级，正是这样欺骗群众的。

在那里，机构愈重要就愈不能摆脱资本和资本的政治。

一切资产阶级国家的教育同政治机构的联系都非常密切，虽然资产阶级社会不肯直率地承认这一点。同时，资产阶级社会通过教会和整个私有制来影响群众。

我们的基本任务之一就是用我们的真话来揭穿资产阶级的“真话”，并使人们承认我们讲的是真话。

从资产阶级社会转向无产阶级政治是一个很艰难的转变，何况资产阶级还开动了全套宣传鼓动机器不断地诬蔑我们。资产阶级竭力抹杀无产阶级专政的一个更为重要的作用，即教育任务，这个任务对于无产阶级在人口中占少数的俄国尤其重要。这个任务在俄国应当提到首位，因为我们要为社会主义建设训练群众。无产阶级如果没有培养出高度的觉悟、严格的纪律以及在对资产阶级作斗争时的无限忠诚，就是说，如果不能完成无产阶级为完全战胜其宿敌所必须提出的一切任务，那就谈不到实现无产阶级专政。

……

……必须使人们懂得，现在无产阶级的斗争已经愈来愈广泛地扩大到世界上所有的资本主义国家，因此不可能也不容许置身于这个斗争之外，置身于国际政治之外。目前国际政治的真正基础，就是全世界强大的资本主义国家联合起来反对苏维埃俄国。必须认识到，这关系到资本主义国家亿万劳动者的命运。要知道，目前世界上没有一个角落不是处在一小撮资本主义国家的控制之下。因此形势是这样摆着的：或者是置身于目前的斗争之外，或者是投身于维护无产阶级专政的斗争。置身于目前的斗争之外，就证明自己一点没有觉悟，像某些置身于革命和战争之外的愚人一样，看不见资产阶级对群众的全部欺骗，看不见资产阶级如何故意使群众愚昧无知。

……

但是，我们必须知道并且记住，从法律上和事实上来说，苏维埃共和国宪法的基础都是：党在纠正缺点、制定措施和进行建设的时候，都是遵循这样一个原则，就是要使那些同无产阶级息息相关的共产主义分子能够引导无产阶级贯彻他们的精神，服从他们的领导，摆脱我们一直在努力铲除的资产阶级的欺骗。教师组织曾经长期抗拒社会主义革命，教育人民委员部进行了长期的斗争。教育界的资产阶级偏见特别顽固。这里进行了长期的斗争，其形式是公开怠工和顽固坚持资产阶级的偏见，我们只好慢慢地一步一步地夺取共产主义阵地。

列宁：《在全俄省、县国民教育局政治教育委员会工作会议上的讲话》（1920 年 11 月 3 日），摘自《列宁专题文集·论社会主义》，人民出版社 2009 年版，第 170—173 页。

（三）无产阶级极为重视对妇女的教育

1. 父母是最仁慈的法官、最亲密的朋友，是以自己的光焰来温暖我们的进取心的爱的太阳

生活中往往有这样的时刻，它好像是表示过去时光结束的界标，但同时又明确地指出生活的新方向。

在这样的转变时刻，我们感到必须用思想的锐利目光去观察今昔，以便认清自己的实际状况。而世界历史本身也喜欢回首往事、审视自己，这往往使它显得是在倒退和停滞不前；其实它只是坐在安乐椅上反躬自省，从精神上探究自己的活动——精神活动。

个人在这样的时刻是富于感情的，因为每一变化，既是绝笔，又是伟大的新诗篇的序曲，这新诗篇力图留住正在渐渐消失的辉煌的色彩。但是我们还是要给一度经历过的东西竖立一块纪念碑，使之在我们的感情上重新获得它在行动上已失去的地位。不过对于我们经历过的东西来说，哪里有比父母的心怀更为神圣的珍藏之所呢！父母是最仁慈的法官、最亲密的朋友，是以自己的火焰来温暖我们的进取心的爱的太阳。

马克思：《致亨利希·马克思》（1837 年 11 月 10—11 日），摘自《马克思

恩格斯全集》第47卷，人民出版社2004年版，第5—6页。

2. 哲学把无产阶级当做自己的物质武器，无产阶级把哲学当做自己的精神武器

无产阶级宣告迄今为止的世界制度的解体，只不过是揭示自己本身的存在的秘密，因为它就是这个世界制度的实际解体。无产阶级要求否定私有财产，只不过是把社会已经提升为无产阶级的原则的东西，把未经无产阶级的协助就已作为社会的否定结果而体现在它身上的东西提升为社会的原则。这样一来，无产者对正在生成的世界所享有的权利就同德国国王对已经生成的世界所享有的权利一样了。德国国王把人民称为自己的人民，正像他把马叫做自己的马一样。国王宣布人民是他的私有财产，只不过表明私有者就是国王。

哲学把无产阶级当做自己的物质武器，同样，无产阶级也把哲学当做自己的精神武器；思想的闪电一旦彻底击中这块素朴的人民园地，德国人就会解放成为人。

我们可以得出如下的结论：

德国唯一实际可能的解放是以宣布人是人的最高本质这个理论为立足点的解放。在德国，只有同时从对中世纪的部分胜利解放出来，才能从中世纪得到解放。在德国，不摧毁一切奴役制，任何一种奴役制都不可能被摧毁。彻底的德国不从根本上进行革命，就不可能完成革命。德国人的解放就是人的解放。这个解放的头脑是哲学，它的心脏是无产阶级。哲学不消灭无产阶级，就不能成为现实；无产阶级不把哲学变成现实，就不可能消灭自身。

一切内在条件一旦成熟，德国的复活日就会由高卢雄鸡的高鸣来宣布①。

马克思、恩格斯：《〈黑格尔法哲学批判〉导言》（1843年10月中—12月中），摘自《马克思恩格斯文集》第1卷，人民出版社2009年版，第17—18页。

---

① 高卢是法国古称。高卢雄鸡是法国第一共和国时代国旗上的标志，是当时法国人民的革命意识的象征。马克思在这里借用了海涅在《加里多尔夫就贵族问题致穆·冯·莫里加特伯爵书》序言中的形象比喻："高卢雄鸡如今再次啼叫，而德意志境内也已破晓"。摘自《马克思恩格斯文集》第1卷，人民出版社2009年版，第767页注释。

3. 伟大的阶级和民族无论从哪方面学习，都不如从自己所犯错误的后果中学习来得快

伟大的阶级，正如伟大的民族一样，无论从哪方面学习都不如从自己所犯错误的后果中学习来得快。

恩格斯：《英国工人阶级状况》（1844 年 9 月—1845 年 3 月），摘自《马克思恩格斯文集》第 1 卷，人民出版社 2009 年版，第 379 页。

4. 创办学校和阅览室使工人们受到了无产阶级的教育，以提高文化水平

这样我们就看到，工人运动分裂为两个派别，即宪章派和社会主义者。宪章派还处于很落后的状态，发展水平还很低，但他们却是真正的活生生的无产者，是无产阶级的代表。社会主义者看得比较远，提出消灭贫困的实际办法，但他们来自资产阶级，因此不能和工人阶级融合在一起。社会主义和宪章运动的融合，法国共产主义以英国方式的再现，将会在最近发生，而且已经部分地发生了。只有实现了这一点，工人阶级才会真正成为英国的统治者；那时，政治和社会的发展也将向前推进，这种发展将有利于这个新生的政党，有利于宪章运动的继续发展。

这些时合时分的不同的工人派别——工会会员、宪章派和社会主义者——独自创办了许多学校和阅览室以提高文化水平。这样的设施在每个社会主义的组织里和几乎每个宪章派的组织里都有，而且在许多单个的行业工会里也有。在这里，孩子们受到纯粹无产阶级的教育，摆脱了资产阶级的一切影响，阅览室里只有或几乎只有无产阶级的书刊。这种设施对资产阶级是很危险的，他们已经在某些类似的设施中，即在“技术学校”①中消除了无产阶级的影响，并把它们变成在工人中间传播对资产阶级有利的科学知识的机构。目前，这里讲授的是自然科学，这些科学能使工人脱离反对资产阶级的斗争，或许还能使他们掌握从事发明的手段，以增加资产阶级的收入。但是，自然科学目前对于工人实际上是毫无用处的，因为

① “技术学校”是一种夜校，工人们在那里可以学到一些普通学科和技术学科的知识；在英国，这种学校最初在格拉斯哥（1823 年）和伦敦（1824 年）出现。19 世纪 40 年代初，这类学校有 200 多所，大都分布在兰开夏郡和约克郡的工厂城市中。资产阶级利用这些学校来训练工业生产所必需的熟练工人以供他们使用。摘自《马克思恩格斯文集》第 1 卷，人民出版社 2009 年版，第 804 页注释。

在他们居住的大城市里，在工作日很长的情况下，他们常常根本看不到大自然。这里还进行以自由竞争为偶像的国民经济学的说教；工人从中得出的唯一结论是，对他们来说，最明智之举莫过于默默地驯服地饿死。这里的一切都是教人俯首帖耳地顺从占统治地位的政治和宗教，所以工人在这里听到的只是劝他们唯唯诺诺、任人摆布和听天由命的说教。工人群众自然不愿意和这些学校打交道，他们都到无产阶级的阅览室去阅读，讨论直接和自己的切身利益相关的各种关系。于是自满自足的资产阶级就说：我已经说了，我已经拯救了自己［Dixi et salvavi］，并且不屑一顾地避开了这个“宁愿听恶意的煽动者狂暴的叫喊而不愿接受踏踏实实的教育”的阶级。而实际上工人也是重视“踏踏实实的教育”的，只要这种教育不掺杂资产阶级牟取私利的伎俩。这一点可以由下面的事实来证明：在所有无产阶级的，特别是社会主义者的教育机构里经常举行关于自然科学、美学和国民经济学问题的演讲，而且听众很多。我常常会听到一些穿着褴褛不堪的粗布夹克的工人谈论地质学、天文学及其他学科，他们在这方面的知识比一些有教养的德国资产者还多。阅读最新的哲学、政治和诗歌方面划时代的著作的几乎完全是工人，这一事实特别表明了英国无产阶级在获得自主的教育方面已经取得多么大的成就。资产者是现存社会制度以及和这种制度相联系的各种偏见的奴隶；他惧怕、诅咒和排斥真正标志着进步的一切；无产者却睁大眼睛正视这一切，兴致勃勃地而且富有成效地研究它们。在这方面，特别是社会主义者为无产阶级的教育做了许多事情，他们翻译了法国唯物主义者爱尔维修、霍尔巴赫、狄德罗等人的著作，并且把这些译文和英国最优秀的作品一道以普及本的形式加以传播。施特劳斯的《耶稣传》和蒲鲁东的《什么是财产》也仅仅是在无产者中间流传。雪莱，天才的预言家雪莱和满腔热情的、辛辣地讽刺现存社会的拜伦，他们的读者大多数也是工人；资产者所读的只是经过阉割并使之适合于今天的伪善道德的版本“家庭版”。当代最大的两个功利主义哲学家边沁和葛德文的著作，特别是后者的著作，也几乎只是无产阶级的财富。即使激进资产阶级中有边沁的信徒，那也只有无产阶级和社会主义者才能超越边沁，向前发展。无产阶级在这个基础上创造了自己的文献，这多半是一些期刊和小册子，就内容来说，远远胜过一切资产阶级文献。这个问题我们以后再谈。

恩格斯：《英国工人阶级状况》（1844 年 9 月—1845 年 3 月），摘自

《马克思恩格斯文集》第 1 卷，人民出版社 2009 年版，第 473—475 页。

5. 环境正是由人来改变的，而教育者本人一定是受教育的

有一种唯物主义学说，认为人是环境和教育的产物，因而认为改变了的人是另一种环境和改变了的教育的产物，——这种学说忘记了：环境正是由人来改变的，而教育者本人一定是受教育的。因此，这种学说必然会把社会分成两部分，其中一部分凌驾于社会之上。(例如，在罗伯特·欧文那里就是如此。)

环境的改变和人的活动的一致，只能被看做是并合理地理解为**变革的实践**。

马克思：《关于费尔巴哈的提纲》(1845 年春)，摘自《马克思恩格斯文集》第 1 卷，人民出版社 2009 年版，第 504 页。

6. 第一个措施是由国家出资对一切儿童毫无例外地实行普通教育，这种教育对任何人都是一样，一直进行到能够作为社会的独立成员的年龄为止

第一个措施是由国家出资对一切儿童毫无例外地实行普通教育，这种教育对任何人都是一样，一直进行到能够作为社会的独立成员的年龄为止。这个措施对我们的穷弟兄来说，只是一件公平的事情，因为每一个人都无可争辩地有权全面发展自己的才能，而且当社会使愚昧成为贫穷的必然结果的时候，它就对人犯下了双重的罪过。显而易见，社会成员中受过教育的人会比愚昧无知的没有文化的人给社会带来更多的好处。如果说无产阶级在受了教育之后必然不愿再忍受现代无产阶级所受的那种压迫，那末从另一方面来看，和平改造社会时所必需的那种冷静和慎重只有受过教育的工人阶级才能具有。但是现在连没有受过教育的无产阶级也不愿意继续处于目前的状况了。甚至在德国我们也能够找到证明，西里西亚和波希米亚的骚动就是例子。至于别的国家就更不必说了。

恩格斯：《在爱北斐特的演说》(1845 年 2 月 8 日)，摘自《马克思恩格斯全集》第 2 卷，人民出版社 1957 年版，第 614 页。

7. 孩子的发展能力取决于父母的发展

从前桑乔用教书匠的那些固定观念来解释个人的一切缺陷，以及个人关系的缺陷，而对于这些观念如何产生却漠不关心，而现在他却纯粹用肉体的产生过程来解释这种缺陷了。他完全没有考虑到：孩子的发展能力取决于父母的发展，存在于现存社会关系中的一切缺陷是历史地产生的，同样也要通过历史的发展才能消除。

马克思、恩格斯：《德意志意识形态》（1845年秋—1846年5月），摘自《马克思恩格斯全集》第3卷，人民出版社1960年版，第498页。

8. 统治阶级的思想在每一时代都是占统治地位的思想

统治阶级的思想在每一时代都是占统治地位的思想。这就是说，一个阶级是社会上占统治地位的物质力量，同时也是社会上占统治地位的精神力量。支配着物质生产资料的阶级，同时也支配着精神生产资料，因此，那些没有精神生产资料的人的思想，一般地是隶属于这个阶级的。占统治地位的思想不过是占统治地位的物质关系在观念上的表现，不过是以思想的形式表现出来的占统治地位的物质关系；因而，这就是那些使某一个阶级成为统治阶级的关系在观念上的表现，因而这也就是这个阶级的统治的思想。此外，构成统治阶级的各个个人也都具有意识，因而他们也会思维；既然他们作为一个阶级进行统治，并且决定着某一历史时代的整个面貌，那么，不言而喻，他们在这个历史时代的一切领域中也会这样做，就是说，他们还作为思维着的人，作为思想的生产者进行统治，他们调节着自己时代的思想的生产和分配；而这就意味着他们的思想是一个时代的占统治地位的思想。例如，在某一国家的某个时期，王权、贵族和资产阶级为夺取统治而争斗，因而，在那里统治是分享的，那里占统治地位的思想就会是关于分权的学说，于是分权就被宣布为“永恒的规律”。

马克思和恩格斯：《德意志意识形态》（1845年秋—1846年5月），摘自《马克思恩格斯文集》第1卷，人民出版社2009年版，第550—551页。

9. 现代工业使男女儿童和少年参加社会生产是伟大的事业，但在资本的统治下遭到了可怕的歪曲。要把生产劳动、智育、体育和综合技术教育结合起来，把工人阶级提高到比贵族和资产阶级高得多的水平

我们认为，现代工业使男女儿童和少年参加社会生产这个伟大事业，是一种进步的、健康的、合理的趋势，虽然这种趋势在资本的统治下遭到了可怕的歪曲。在合理的社会制度下，每个儿童从9岁起都应当成为生产劳动者①，就像任何身体健全的成年人一样，必须无例外地服从那普遍的自然规律，即：为了吃饭，必须劳动，不仅要用脑劳动，而且也要用双手劳动。

但目前我们需要谈的只是工人阶级的男女儿童和少年。应该把他们分为三类，区别对待：第一类 9—12 岁，第二类 13—15 岁，第三类 16—17 岁。我们建议法律把他们在任何工厂或家庭里的劳动时间限制如下：第一类 2 小时，第二类 4 小时，第三类 6 小时。第三类至少必须有 1 小时吃饭或休息的间歇时间。

可能应该在 9 岁以前就开始小学教育；但我们这里只是针对社会制度所产生的各种趋势提出最必要的抵御之策，因为现在的社会制度把工人降低为积累资本的简单工具，把为贫困所迫的父母变成出卖亲生儿女的奴隶主。儿童和少年的权利必须加以维护。他们自己没有能力采取行动来保护自己。因此社会有责任代他们采取行动。

如果资产阶级和贵族忽视它们对自己后代应尽的责任，那是他们自己的过错。分享这些阶级的特权的孩子们注定要受他们的偏见的毒害。

工人阶级的情况就完全不同了。工人不是能自由行动的人。极其常见的情况是，他们甚至十分无知，以致不懂得自己孩子的真正利益或人类发展的正常条件。但是工人阶级中比较先进的那部分人则完全懂得，他们阶级的未来，因而也是人类的未来，完全取决于新一代工人的成长。他们知道，首先必须使工作的儿童和少年免受现存制度之害。这只有通过变社会理性为社会力量才能做到，而在目前条件下，除通过由国家政权施行的普遍法律外没有其他办法。工人阶级并不是通过这种法律的施行来巩固政府的权力。相反，他们是把目前被用来压迫他们的政权变为自己的武器。他们是通过共同的行动做到靠众多分散的个人努力所无法做到的事情。

从这一点出发，我们说，父母或雇主令未成年人劳动而不同时使其受教育，是决不能允许的。

我们把教育理解为以下三件事：

---

① 自此以下至“把他们分为三类”，在法文本中是：“就像成年人一样，必须无例外地服从那普遍的自然规律：‘不劳动者不得食。’而说到劳动，我们指的尤其是体力劳动。但目前我们需要谈的只是工人阶级的儿童和少年。基于生理方面的原因，我们认为应该把男女儿童和少年分为三类”。——编者注

第一：智育。

第二：体育，即体育学校和军事训练所教的内容。

第三：技术培训，这种培训要以生产各个过程的一般原理为内容，并同时使儿童和少年学会各种行业基本工具的实际运用与操作。

对未成年劳动者应按不同类别循序渐进地施以智力、体育和技术方面的培训。技术学校的部分开支应当靠出售学校的产品来补偿。

把有报酬的生产劳动、智育、体育和综合技术培训结合起来，就会把工人阶级提高到比贵族和资产阶级高得多的水平。

不言而喻，法律应当严格禁止雇用9—17岁（包括17岁在内）的人在夜间和在一切有害健康的行业里劳动。

马克思：《给临时中央委员会代表的关于若干问题的指示》（1866年8月底），摘自《马克思恩格斯全集》第21卷，人民出版社2003年版，第269—271页。

10. 国家应该实行普遍的和平等的国民教育，实行普遍的义务教育，实行免费教育

B. “德国工人党提出下列要求作为国家的精神的和道德的基础：

1. 由国家实行普遍的和平等的国民教育。实行普遍的义务教育。实行免费教育。”

平等的国民教育？他们怎样理解这句话呢？是不是以为在现代社会中（而所谈到的只能是现代社会）教育对一切阶级都可以是平等的呢？或者是要求用强制的方式使上层阶级也降到国民学校这种很低的教育水平，即降到仅仅适合于雇佣工人甚至农民的经济状况的教育水平呢？

“实行普遍的义务教育。实行免费教育。”前者甚至存在于德国，后者就国民学校来说存在于瑞士和美国。如果说，在美国的几个州里，“高一级的”学校也是“免费的”，那么，事实上这不过是从总税收中替上层阶级支付了教育费用而已。顺便指出，A项第5条所要求的“实行免费诉讼”也是如此。刑事诉讼到处都是免费的；而民事诉讼几乎只涉及财产纠纷，因而几乎只同有产阶级有关。难道他们应当用人民的金钱来打官司吗？

在关于学校的一段中，至少应当把技术学校（理论的和实践的）同国民学校联系起来提出。

“由国家实行国民教育”是完全要不得的。用一般的法律来确定国民学校的经费、教员资格、教学科目等等，并且像美国那样由国家视察员监督这些法律规定的实施，这同指定国家为人民的教育者完全是两回事！相反，应当把政府和教会对学校的任何影响都同样排除掉。在普鲁士德意志帝国（他们会说，他们谈的是“未来国家”，但是这种空洞的遁词也无济于事；我们已经看到，这是怎样一回事了），倒是需要由人民对国家进行极严厉的教育。

但是整个纲领，尽管满是民主的喧嚣，却彻头彻尾地感染了拉萨尔宗派对国家的忠顺信仰，或者说感染了并不比前者好一些的对民主奇迹的信仰，或者说得更确切些，整个纲领是这两种对奇迹的信仰的妥协，这两种信仰都同样远离社会主义。

“科学自由”——普鲁士宪法中有一条就是这样写的。为什么把它写在这里呢？

“信仰自由”！如果现在，在进行文化斗争[①]的时候，要想提醒自由主义者记住他们的旧口号，那么只有采用下面这样的形式才行：每一个人都应当有可能满足自己的宗教需要，就像满足自己的肉体需要一样[②]，不受警察干涉。但是，工人党本来应当乘此机会说出自己的看法：资产阶级的“信仰自由”不过是容忍各种各样的宗教信仰自由而已，工人党则力求把信仰从宗教的妖术中解放出来。但是他们不愿越过“资产阶级

① 文化斗争这一概念是由左翼自由派医生鲁·微耳和提出的，是对19世纪70年代以俾斯麦政府与资产阶级自由派为一方，以具有资产阶级分裂主义倾向的教会中央党和天主教教会为另一方展开的政治论战的概括。由于内政和外交上的原因，俾斯麦与天主教教权主义势力处于敌对状态。中央党与其他分裂主义势力，其中包括进入帝国国会的波兰人结成了联盟，俾斯麦认为这一联盟危及具有普鲁士特征的、以新教为主的帝国的进一步巩固，因而采取了一系列有针对性的法律措施。俾斯麦利用在论战过程中、于1872年3月11日在普鲁士公布的教学监督法压制波兰居民的文化活动，推行波兰居民的普鲁士化。按照这项法律，普鲁士官员不仅应对波兰神职人员进行监督，而且也应对所有波兰居民的学校进行监督。此外，1872年10月26日的一项王室法令以及1873年10月27日由波森省颁布的一项命令还规定，除宗教课以外，德语为波森中等学校和国民学校的教学用语。在反对天主教的借口下，俾斯麦政府在普鲁士统治下的波兰地区加强民族压迫，同时煽起宗教狂热使一部分工人脱离阶级斗争。80年代初，在工人运动发展的形势下，俾斯麦为了纠集反动力量，取消了大部分法律措施。摘自《马克思恩格斯文集》第3卷，人民出版社2009年版，第670—671页注释。

② 1891年发表时这里是“满足自己的宗教需要，……”——编者注

的”水平。

现在我就要讲完了，因为纲领中接下去的附带部分不是纲领的重要组成部分。所以我在这里只简单地谈一谈。

马克思：《哥达纲领批判》（1875 年 4 月底—5 月 7 日），摘自《马克思恩格斯文集》第 3 卷，人民出版社 2009 年版，第 446—448 页。

11. 罗伯特·欧文发明并第一次在新拉纳克大棉纺厂创办了幼儿园，减轻了妇女的家务劳动，给工人安排了比较良好的环境

他之所以能做到这点，只是由于他使人生活在比较合乎人的尊严的环境中，特别是让成长中的一代受到精心的教育。他发明了并且第一次在这里创办了幼儿园。孩子们满一周岁以后就进幼儿园；他们在那里生活得非常愉快，父母几乎领不回去。欧文的竞争者迫使工人每天劳动 13—14 小时，而在新拉纳克工人只劳动 10 小时半。当棉纺织业危机使工厂不得不停工四个月的时候，歇工的工人还继续领取全部工资。虽然如此，这个企业的价值还是增加了一倍多，而且直到最后一直给企业主们带来丰厚的利润。

欧文对这一切并不感到满足。他给他的工人创造的生活条件，在他看来还远不是合乎人的尊严的，他说，

“这些人都是我的奴隶”；

他给他们安排的比较良好的环境，还远不足以使人的性格和智慧得到全面的合理的发展，更不用说允许进行自由的生命活动了。

恩格斯：《社会主义从空想到科学的发展》（1880 年 1 月—3 月上半月）摘自《马克思恩格斯文集》第 3 卷，人民出版社 2009 年版，第 534 页。

12. 由于英国政府不管教育，爱尔兰人才把教育子女的事情自己抓起来

由于英国政府不管教育，爱尔兰人才把教育子女的事情自己抓起来。当时，英国的父母们坚决主张把子女送进工厂去挣钱，而不是送到学校去学习，爱尔兰农民却踊跃地自己出钱办学。

恩格斯：《致燕妮·龙格》（1881 年 2 月 24 日），摘自《马克思恩格斯全集》第 35 卷，人民出版社 1971 年版，第 158 页。

13. 全社会都要爱护教育少年儿童

随着生产资料转归公有，个体家庭就不再是社会的经济单位了。私人的家务变为社会的事业。孩子的抚养和教育成为公共的事情；社会同等地关怀一切儿童，无论是婚生的还是非婚生的。因此，对于“后果”的担心也就消除了，这种担心在今天成了妨碍少女毫无顾虑地委身于所爱的男子的最重要的社会因素——既是道德的也是经济的因素。

恩格斯：《家庭、私有制和国家的起源》（1884 年 3 月底—5 月 26 日），摘自《马克思恩格斯选集》第 4 卷，人民出版社 2012 年版，第 87 页。

14. 青年人早年担当家庭的重任是有好处的，对智力特别是性格的发展是完全必要的

我很高兴，你们一切都很顺利，特别是你母亲[①]又因照管子孙而恢复了生趣。你们大家今后在家庭里和在事业上还将长期感到父亲的去世所带来的损失。他是一个严整的人，在家里他是永远也不能被代替的，在事业中要代替他也是十分困难的。然而对你们青年人来说，早年就担当重任是很有好处的；很遗憾，我年轻时这种情况在德国相当少见，而这对于智力、特别是性格的发展是完全必要的。让老人们现在在巴门消遣消遣，夏天让他们到恩格耳斯基尔亨去——与其说为了办事，不如说去疗养。最好你们能独立处理事情，这将使你们获得自信心。

恩格斯：《致小艾米尔·恩格斯》（1886 年 12 月 22 日），摘自《马克思恩格斯全集》第 36 卷，人民出版社 1975 年版，第 573 页。

15. 要关心孩子们，要尽一切力量使他们不受欺负

我从她是个小孩子起就认识她，而最近十七年来，她经常在我身边。不仅如此，马克思去世以后，我就有义务要象他自己那样关怀他的孩子们，要尽我的一切力量使他们不受欺负。

恩格斯：《致弗洛伦斯·凯利-威士涅威茨基夫人》（1887 年 2 月 9 日），摘自《马克思恩格斯全集》第 36 卷，人民出版社 1975 年版，第 593 页。

16. 只有使所有的孩子上学不花钱，人民才能有文化。农村贫民特别吃没有文化的亏，特别需要受教育

最后，对于全体人民，尤其是对于农村贫民，一个很重要的改善，就是社会民主党人要求孩子上学不花钱。目前农村的学校要比城市里少得多，

① 夏绿蒂·恩格斯。

并且到处只有富人阶级，只有资产阶级的孩子才能受到很好的教育。只有使所有的孩子上学不花钱，人民才能不再象现在这样没有文化，至少是不再完全没有文化。农村贫民特别吃没有文化的亏，特别需要受教育。可是，我们要的当然是真正的、自由的教育，而不是官吏和神甫所想要的那种教育。

列宁：《给农村贫民》（1903 年 3 月），摘自《列宁选集》第 1 卷，人民出版社 1972 年版，第 425 页。

17. 我们党要把一切被剥削劳动者：手工业者、赤贫者、乞丐、仆役、游民以及娼妓，都毫无例外地吸引到我们党的周围，教育他们，组织他们

这个马克思主义观点也解答了关于委员会的问题。我们认为，社会民主党的农民委员会是不应该有的，因为如果是社会民主党的，就不会只是农民的[①]；如果是农民的，就不会纯粹是无产阶级的，不会是社会民主党的。很多人爱把这两件事混为一谈，我们可不是这样的人。凡是有可能的地方，我们都力求组织我们自己的委员会，社会民主工党的委员会。加入这些委员会的有农民，有赤贫者，有知识分子，有娼妓（不久前，一个工人写信来问我们，为什么不到娼妓中间去进行鼓动），有士兵，有教员，有工人，——总而言之，有全体社会民主党人，但没有一个不是社会民主党人的人。这些委员会将从各方面广泛开展社会民主党的工作，同时又力求把农村无产阶级专门和单独组织起来，因为社会民主党是无产阶级的阶级政党。认为把没有完全清除各种旧残余的无产阶级组织起来是“不正统”的，那就是极大的错误，我们很希望是这样：信上谈到这个问题的地方只是出于误解。城市工业无产阶级必然是我们社会民主工党的基本核心，但是我们应当像我们党纲所说的那样，把一切被剥削劳动者：手工业者、赤贫者、乞丐、仆役、游民以及娼妓，都毫无例外地吸引到我们党的周围，教育他们，组织他们，——当然是在一个绝对必要的条件下，就是要他们归附社会民主党，而不是社会民主党归附他们，要他们转到无产阶级的观点上来，而不是无产阶级转到他们的观点上去。

列宁：《社会民主党对农民运动的态度》（1905 年 9 月 1 日〔14 日〕），摘自《列宁全集》第 11 卷，人民出版社 2017 年版，第 224—225 页。

---

① 手稿上接着有如下的话：“也绝不会专门是农民的”。——俄文版编者注

18. 在一个文盲的国家里是不能建成共产主义社会的，青年团的男女青年要主动积极地联合起来到农村去扫除文盲，使我们这代青年中不再有文盲

我已经回答了我们应当学什么，应该从旧学校和旧科学中吸取什么的问题。现在我还想来回答一下应当怎样学习这些东西的问题。我的回答是：只有把学校活动的每一步骤，把培养、教育和训练的每一步骤，同全体劳动者反对剥削者的斗争密切联系起来。

我要从某些青年组织的工作经验中举出几个例子，向你们具体说明应该怎样进行这种共产主义教育。大家都在谈论扫除文盲。你们知道，在一个文盲的国家里是不能建成共产主义社会的。单靠苏维埃政权颁布一道命令，或者靠党提出一定的口号，或者派一部分优秀的工作人员去进行这项工作，那是不够的。还需要青年一代自己把这个工作担负起来。共产主义精神体现在参加青年团的男女青年自己站出来说：这是我们的事情，我们要联合起来到农村去扫除文盲，使我们这代青年中不再有文盲。我们要努力使青年们能主动积极地从事这个工作。你们知道，要把俄国从一个愚昧的文盲国家很快变成人人识字的国家是不可能的；但是，如果青年团能担负起这个工作，如果全体青年都能为大家的利益而工作，那么这个团结着40万青年男女的组织，就有权称为共产主义青年团了。青年团的任务还在于：除了掌握各种知识，还要帮助那些靠自己的力量摆脱不了文盲愚昧状况的青年。做一个青年团员，就要把自己的工作和精力全部贡献给公共事业。这就是共产主义教育。只有在这样的工作中，青年男女才能培养成真正的共产主义者。只有当他们在这种工作中取得实际的成绩时，他们才会成为共产主义者。

……

共产主义青年团的任务，是要在农村或自己的街道上帮助做些事情，我举一个小例子，像卫生工作或分配食物的工作。在资本主义旧社会里，这些事情是怎样进行的呢？那时每个人只为自己工作，谁也不注意这里有没有老人或病人；或者全部家务都压在妇女肩上，因而妇女处在受压迫受奴役的地位。谁应当来反对这种现象呢？青年团。青年团应当出来说：我们要改变这种状况，我们组织青年队经常到各家各户去，协助搞卫生工作或分配食物，正确地调配力量，有组织地为全社会的利益工作，让大家看到，劳动应该是有组织的劳动。

列宁：《青年团的任务》（1920年10月2日），摘自《列宁全集》第39卷，人民出版社2017年版，第343—346页。

19. 教育工作者和共产党的基本任务就是帮助培养和教育劳动群众，要培养出一支新的教育大军，同党和党的思想保持紧密联系，把工人群众团结在自己的周围，以共产主义的精神教育他们

我认为，教育人民委员部的任务就是帮助人们学习和教学。

……

教育工作者和共产党这个斗争的先锋队的基本任务，就是帮助培养和教育劳动群众，使他们克服旧制度遗留下来的旧习惯、旧风气，那些在群众中根深蒂固的私有者的习惯和风气。在考虑党中央和人民委员会十分注意的那些局部问题的时候，决不能忽视这个整个社会主义革命的主要任务。……

我们所处的历史时期是我们同比我们强大许多倍的世界资产阶级进行斗争的时期。我们应当在这个时期内坚持革命建设，用军事的方法，尤其是用思想的方法、教育的方法同资产阶级进行斗争，以便把工人阶级几十年来在争取政治自由的斗争中形成的习惯、风气和信念，用作教育全体劳动者的手段，至于究竟应如何教育的问题，这就要由无产阶级来解决了。

……

……对于从事社会教育工作、解决社会教育和群众教育任务的政治教育总委员会，特别突出的任务是：配合党的领导，使这一大批工作人员——这支现在已经在为工人服务的50万教育大军——服从总委员会，贯彻它的精神，受到它的主动精神的激励。教育工作者和教员过去受的是资产阶级的偏见和习惯的教育，是敌视无产阶级的教育，他们同无产阶级没有任何联系。现在我们要培养出一支新的教育大军，它应该同党和党的思想保持紧密联系，贯彻党的精神，它应该把工人群众团结在自己的周围，以共产主义的精神教育他们，使他们关心共产党员所做的事情。

……

我们应该吸收数十万有用的人才来为共产主义教育服务。这个问题在前线，在我们的红军里已经解决了，红军中吸收了上万的旧军人。经过长期改造，他们和红军融为一体了，最后还以自己的战功证明了这一点。在文化教育工作中我们也应该仿效这个榜样。的确，这件工作不那么轰轰烈烈，但是更为重要。每一个鼓动员和宣传员都是我们所需要的，他们在执行任务时，要严格地按照党的精神进行工作，但又不能只局限于党的范围内，应该记住他们的任务是领导几十万教师，激发他们的兴趣，战胜旧的资产阶级偏见，吸引他们来参加我们正在进行的事业，使他们意识到我们的工作十分重大，只有进行这项工作，我们才能把这些受资本主义压迫的、资本主义与我们争夺过的群众引上正路。

……

我们的任务是要战胜资本家的一切反抗，不仅是军事上和政治上的反抗，而且是最深刻、最强烈的思想上的反抗。我们教育工作者的任务就是要完成这一改造群众的工作。我们所看到的群众对共产主义教育和共产主义知识的兴趣和向往，是我们在这方面取得胜利的保证，胜利也许不会像前线上那么快，也许要碰到很大的困难，有时还会遭到挫折，但是最后我们总是会胜利的。

……

把建设工作中的事例翻来覆去地提出来，我们就能使不胜任的共产党员领导者变成名副其实的建设者，首先是经济事业的建设者。我们要取得必需的一切，克服旧制度遗留下来的、不可能一下子就排除的障碍，就应该重新教育群众，而要重新教育群众又只有靠鼓动和宣传，应该首先把群众同国家经济生活的建设联系起来。这应该是每一个宣传鼓动员工作中主要的和基本的内容，谁领悟了这一点，谁在工作中就一定能做出成绩来。

列宁：《在全俄省、县国民教育局政治教育委员会工作会议上的讲话》（1920年11月3日），摘自《列宁专题文集·论社会主义》，人民出版社2009年版，第169—178页。

20. 党的当前任务是吸引千百万农妇参加建设我们苏维埃生活的共同工作。女工和农妇是我们国家的未来的母亲和教养者，她们能摧残孩子的心灵，也能教养出心理健全、能把我们国家推向前进的青年

现在，当政权已经转到工人和农民手中的时候，对劳动妇女的政治教育就具有头等重要的意义。

原因如下：

我国约有一亿四千万人口，其中至少半数是妇女，主要是女工和农妇，她们备受压抑，觉悟很低，愚昧无知。我们的国家已经认真建设苏维埃新生活了，如果占我国人口半数的妇女今后仍然受到压抑，没有觉悟和愚昧无知，她们就一定会成为一切前进运动中的绊脚石，这难道还不明显吗？

女工和男工并肩站在一起。她们和男工一起进行我国工业建设的共同事业。如果她们是觉悟的，如果她们受到政治教育，她们就能推进共同事业。但是，如果她们受到压抑和愚昧无知，她们就会戕害共同事业，这当然不是出于她们的恶意，而是由于她们的愚昧无知。

农妇和农夫并肩站在一起。她们和农夫一起推进发展和繁荣我国农业的共同事业。如果她们能摆脱愚昧无知，她们就会给这一事业带来莫大的好处。相反地，如果她们今后仍然做愚昧无知的俘虏，她们就会阻碍整个事业。

斯大林：《纪念女工和农妇第一次代表大会五周年》（1923 年 11 月 10 日），摘自《斯大林全集》第 5 卷，人民出版社 1957 年版，第 284—285 页。

21. 祝《女工》杂志在争取社会主义完全胜利的精神，实现列宁的伟大遗训的精神教育无产阶级妇女群众的事业中获得成就

值此《女工》杂志创刊十周年纪念日，谨向《女工》杂志致热烈的祝贺。祝它在以争取社会主义完全胜利的精神，以实现我们的导师——列宁的伟大遗训的精神教育无产阶级妇女群众的事业中获得成就。

斯大林：《给〈女工〉杂志》（1933 年 1 月 26 日），摘自《斯大林全集》第 13 卷，人民出版社 1956 年版，第 209 页。

22. 必须把社会的文化发展到足以保证社会一切成员全面发展他们的体力和智力

必须把社会的文化发展到足以保证社会一切成员全面发展他们的体力和智力，使社会成员都能获得足以成为社会发展中的积极活动分子的教育，都能自由地选择职业，不致由于现存的分工而终身束缚于某一种职业……为了做到这点，需要实行普遍义务综合技术教育，这是使社会成员有可能自由选择职业，而不致终身束缚于某一种职业所必需的。

斯大林：《苏联社会主义经济问题》之《关于尔·德·雅罗申科同志的错误》（1952 年 5 月 22 日），摘自《斯大林选集》（下），人民出版社 1979 年版，第 591 页。

七、妇女与婚恋

（一）恋爱

1. 在我面前出现了一个崭新的世界，一个爱情的世界

当我离开你们的时候，在我面前出现了一个崭新的世界，一个爱情的世界，而且起初是充满渴望的、没有希望的爱情的世界。甚至这次柏林之行我也漠然置之，要是在别的时候，那会使我欣喜若狂，会激发我去观察自然，还会燃起我对生活的兴趣。这次旅行甚至异乎寻常地使我心绪不佳，因为我看到的岩石并不比我的心灵感受更峻峭、更粗犷，宽阔的城市并不比我的血液更富有生气，旅馆的饮食并不比我所抱的一连串幻想更丰富、更耐消化，就连艺术也不如燕妮①那样美。

到柏林后，我断绝了从前的一切联系，只是兴致索然地拜访几个人，我努力使自己专心致志于科学和艺术。

对我当时的精神状态来说，抒情诗必然成为首要的题材，至少也是最愉快最合意的题材。然而它是纯理想主义的，其原因在于我的观念和我迄今为止的整个成长过程。我的天国、我的艺术如同我的爱情一样都变成了非常遥远的彼岸。一切现实的东西都模糊了，而一切正在模糊的东西都失去了轮廓。对当代的抨击，漫无边际、异常奔放的感情，毫无自然的东西，纯粹的凭空想像，现有之物和应有之物的截然对立，以修辞上的刻意追求代替充满诗意的构思、不过或许也有某种热烈的感情和奋发向上的追求，——这就是我赠给燕妮的头三本诗集②的特点。无边无际的、广泛的渴求在这里以各种形式表现出来，使“精炼”变成了“冗长”。

马克思：《致亨利希·马克思》（1837 年 11 月 10—11 日），摘自《马克思恩格斯全集》第 47 卷，人民出版社 2004 年版，第 6—7 页。

2. 多年来我和我的未婚妻经历过许多不必要的严重冲突，这些冲突比许多年龄大两倍而且经常谈论自己的“生活经验”的人所经历的还要多

我可以丝毫不带浪漫色彩地对您说，我正在十分热烈地而且十分严肃

---

① 燕·冯·威斯特华伦。——编者注

② 即《爱之书》第 1、2 部和《歌之书》，见《马克思恩格斯全集》中文第 2 版第 1 卷第 467—686 页。——编者注

地恋爱。我订婚已经七年多，我的未婚妻为了我而进行了极其激烈的、几乎损害了她的健康的斗争，一方面是反抗她的虔诚主义的贵族亲属，这些人把“天上的君主”和“柏林的君主”同样看成是崇拜的对象，一方面是反抗我自己的家族，那里盘踞着几个牧师和我的其他对手。因此，多年来我和我的未婚妻经历了许多不必要的严重冲突，这些冲突比许多年龄大两倍而且经常谈论自己的“生活经验”（我们的中庸派①爱用的字眼）的人所经历的还要多。

马克思：《致阿尔诺德·卢格》（1843 年 3 月 13 日），摘自《马克思恩格斯全集》第 47 卷，人民出版社 2004 年版，第 52 页。

3. 如果恋爱者通过你的生命表现没有使你成为被爱的人，你的爱就是无力的，就是不幸

我们现在假定人就是人，而人对世界的关系是一种人的关系，那么你就只能用爱来交换爱，只能用信任来交换信任，等等。如果你想得到艺术的享受，那你就必须是一个有艺术修养的人。如果你想感化别人，那你就必须是一个实际上能鼓舞和推动别人前进的人。你对人和对自然界的一切关系，都必须是你的现实的个人生活的、与你的意志的对象相符合的特定表现。如果你在恋爱，但没有引起对方的爱，也就是说，如果你的爱作为爱没有使对方产生相应的爱，如果你作为恋爱者通过你的生命表现没有使你成为被爱的人，那么你的爱就是无力的，就是不幸。

马克思：《1844 年经济学哲学手稿》（1844 年 4—8 月），摘自《马克思恩格斯文集》第 1 卷，人民出版社 2009 年版，第 247—248 页。

4. 愿爱情伴随你们终身，帮助你们顺利渡过一切难关，增进你们的幸福，因为是爱情使你们结合在一起

在你们举行婚礼和旅行的时候，我的最良好的祝愿都会伴随着你们，尽管我不能当面向你们表示我的祝愿。我首先要祝愿你们的是，愿爱情伴随你们终身，帮助你们顺利渡过一切难关，增进你们的幸福，因为是爱情使你们结合在一起，使你们的关系变得如此美丽、如此富有人情、如此品德高尚，这是我很少见到的。你们结婚，我由衷地感到高兴，因为我知道，你们的共同生活将是幸福的，你们结合在一起之后，不会彼此感到失

① 暗指埃·鲍威尔，他写过《论中庸》一文。——编者注

望。……祝你们幸福!

恩格斯:《致玛丽亚·恩格斯》(1845 年 5 月 31 日),摘自《马克思恩格斯全集》第 47 卷,人民出版社 2004 年版,第 357—358 页。

5. 曾经有人谈论过恋爱自由、妇女地位、妇女解放

曾经有人谈论过恋爱自由、妇女地位、妇女解放,但是有什么结果呢?说几句杂乱无章的话,捧出几个女学者,表现出一些歇斯底里,对德国人的乱伦抱怨几句——全是虎头蛇尾!

恩格斯:《"傅立叶论商业的片断"的前言和结束语》(1845 年底),摘自《马克思恩格斯全集》第 2 卷,人民出版社 1957 年版,第 660 页。

6. "人民论坛报"上刊登了"告妇女书",可以看到 35 种表现的爱

"人民论坛报"第 13 号上刊登了一篇题为"告妇女书"的文章。

(1)"妇女是爱的祭司"。

(2)"送我们到这里来的是爱"。

(3)"爱的使徒"。

(a)文学的插曲:"闪闪发光的仁慈的眼神";"真理的声音"。

(b)虚伪粗鄙的向妇女 captatio benevolentiae〔讨好的企图〕:"你们即使穿着女王的服装也仍旧是妇女……你们也没学会用不幸者的眼泪来哄人。你们的心肠太软,不会为了自己的利益而让不幸的孩子饿死在母亲手里。"

(4)"可爱的小宝宝的未来"。

(5)"相亲相爱的姊妹们"。

(6)"啊,请听一听我们的话,假使你们不这样做,你们就会背叛爱"。

(7)"爱的"。

(8)"用爱"。

(9)"为了爱"。

(10)"我们向你们乞求(泣诉)[①] 的最神圣的爱的事业"。

(c)美文学和圣经上的庸俗论调:"妇女命定生产人类的儿女",这等于指出:男人不能生孩子。

(11)"充满爱的心灵必然发展成共性的圣灵"。

---

① 括弧里的话是马克思和恩格斯的。——译者注

（d）插曲式的 Ave Maria〔福哉，马利亚〕[①]："女人们，你们有福了，你们三倍地有福了，因为你们命定要给早已预言过的幸福王国以第一次圣化。"

（12）"相亲相爱的姊妹们"。

（13）"不是爱而是恨"（资产阶级社会跟共产主义社会的对比）。

（14）"啊，亲爱的！"

（15）"把爱送上宝座"。

（16）"由互爱而结合起来的积极的人们"。

（17）"爱的真正祭司"。

（e）美学的插句："假如你们胆怯的心灵还没有忘记作出几次美妙的飞翔"（这是能否实现尚待征明的魔术）。

（18）"爱的世界"。

（19）"恨的王国和爱的王国"。

（f）欺骗妇女的企图："因此你们在政治上占有举足轻重的地位，只要你们利用自己的影响，整个腐朽的恨的王国就会垮台而让位给新生的爱的王国"。

（g）旨在压倒理智声音的哲学喇叭声："让全人类永远安然自得，这就是你们活动的最终目的。"

（20）"你们的爱"。这是向妇女要求"最热烈的"爱的借口，以便她们"一视同仁地把爱施舍给一切人"。这一要求是既下流的，又非分的。

（h）遁逃曲："成千上万被遗弃的孤儿正在消灭他们所处的可怕的环境"。这里"可怕的"究竟是什么呢？是"孤儿"消灭"环境"，还是"环境"消灭"孤儿"？

（i）新共产主义政策的表白："我们不想剥夺任何人的私有财产；让高利贷者保留已经拥有的财产吧；我们只想防止继续盗窃国民财产的行为，防止资本以后剥夺劳动的合法财产。"达到这个目的的办法应该是："每一个穷人，一旦保证他有从事生产劳动的可能，他立刻就变成人类社会有用的成员。"（根据这种说法，对"人类社会"贡献最大的就是资产者，包括克利盖十分憎恨的纽约资产者在内。）"假如社会给他一块土地，使他能养

① 天主教祷告的头一句。——编者注

活自己和家庭，那他就会永远有这种劳动的机会……　如果这巨大的土地（即北美14亿英亩国有土地）不用来买卖而以一定数量交给劳动人民，那末美国的贫困现象就会一举而消灭，因为那时每一个人都有可能亲手来给自己建设不可侵犯的家园了”。本来应该懂得，想用一道法令来阻止克利盖所期望的宗法制度发展为工业制度，或者使东海岸工商业各州倒退到宗法的野蛮状态上去，这是立法者办不到的。可是，为了迎接上述幸福时刻的到来，克利盖已在准备做如下一种乡下牧师式的宣教：“那时我们就能教导人们和睦相处，彼此减轻一切生活上的负担和困难，并且

（21）在大地上建设起第一批充满天国的爱的村镇”（每村都恰好占地160英亩）。

克利盖在结束对已婚妇女的号召时说：“首先你们要向

（22）自己亲爱的丈夫，

恳求他们放弃旧的政策……让他们看看他们的孩子，恳求他们为了他们的（蠢人的）[1] 孩子们醒悟过来”。其次，他又向“少女们”说：“但愿对于

（23）你们的爱人来说

土地解放是他们人格的试金石，请不要轻信

（24）他们的爱，

当他们没有发誓忠实于全人类的时候”。（这是什么意思呢？）如果少女们举止稳重，那末他就会向她们保证，她们的孩子

（25）“也会和她们（指“天国的鸟”）一样成为富于爱情的人”，他在结束他那单调的歌曲时又重复谈到

（26）“爱的真正祭司”、“伟大的共性王国”和“圣化”等。

“人民论坛报”第13号——“答索尔塔”：

（27）“它（共性的伟大精神）[2] 像爱之火，在教友的眼中燃烧”。

（28）“女人如果没有她能爱、能为之献出自己的颤抖的心灵的男人，那她还成什么样子呢？”

（29）“用爱把一切人团结起来”。

---

① 括弧里的话是马克思和恩格斯的。

② 括弧里的话是马克思和恩格斯的。

（30）“母爱”。

（31）“对人的爱”。

（32）“爱的所有最初的声音”。

（33）“爱的光芒”。

（j）共产主义的目的就是使“人类的全部生命服从于它（敏感的心）[①]的跳动”。

（34）“在金钱声中，爱的声音沉寂了”。

（35）“爱和自制可以获得一切”。

这样，单是在这一号报纸中，约略计算一下，就可以看到35种表现的爱。按照这种谈爱的废话，克利盖在“答索尔塔”一文中和在别的地方都把共产主义描绘成某种充满爱而和利己主义相反的东西，并且把有世界历史意义的革命运动归结为几个字：爱和恨，共产主义和利己主义。这正显示了他的懦怯：他向高利贷者谄媚，答应不动已经属于他们的东西；他发誓说并不想“破坏对家庭生活、国家和民族的依恋”，只想“实现这种依恋”。说共产主义不是“破坏”，而是要使现存的腐朽关系以及资产阶级对这种关系的一切幻想“实现”的这种懦怯而虚伪的说法，从头到尾贯串在每一号的“人民论坛报”中。克利盖和政治家们争论时所持的立场跟这种虚伪和懦怯是相吻合的。他认为〔第10号上〕写文章反对类似拉梅耐和白尔尼这种醉心于天主教的政治幻想家就是违背共产主义。因此，象蒲鲁东、卡贝、德萨米这样的人，一句话，所有的法国共产主义者，只是“有名无实的共产主义者”。至于德国共产主义者已经远远抛开了白尔尼，正象法国共产主义者远远抛开了拉梅耐一样，这一点是克利盖在德国、布鲁塞尔和伦敦的时候就应该知道的。

这种爱的艺语将会如何使男女两性都变得神经衰弱，将会如何使大批“少女”变得歇斯底里和贫血，——关于这一点，克利盖自己也该想一想

马克思、恩格斯：《反克利盖的通告》（1846年5月11日），摘自《马克思恩格斯全集》第4卷，人民出版社1958年版，第4—9页。

7. 马克思对女儿的恋爱和婚姻的态度

亲爱的拉法格：

---

① 括弧里的话是马克思和恩格斯的。

请允许我向您提出以下几点意见：

(1) 如果您想继续维持您同我女儿[①]的关系，您就应当放弃您的那一套“求爱”方式。您清楚地知道，并没有肯定许婚，一切都还没有确定。即使她同您正式订了婚，您也不应当忘记，这是费时间的事。过分亲密很不合适，因为一对恋人在长时期内将住在同一个城市里，这必然会有许多严峻的考验和苦恼。我惊讶地看到您的举止在只有一个星期的地质年代里，一天一天地起变化。在我看来，真正的爱情是表现在恋人对他的偶像采取含蓄、谦恭甚至羞涩的态度，而绝不是表现在随意流露热情和过早的亲昵。如果您借口说您有克里奥洛人的气质，那末我就有义务以我健全的理性置身于您的气质和我的女儿之间。如果说，您在同她接近时不能以适合于伦敦的习惯的方式表示爱情，那末您就必须保持一段距离来谈爱情。明白人，只要半句话就会懂的。

(2) 在最后肯定您同劳拉的关系以前，我必须完全弄清楚您的经济状况。我的女儿以为我了解您的情况。她错了。我所以没有提这个问题，是因为我认为在这方面应该由您采取主动。您知道，我已经把我的全部财产献给了革命斗争。我对此一点不感到懊悔。相反地，要是我重新开始生命的历程，我仍然会这样做，只是我不再结婚了。既然我力所能及，我就要保护我的女儿不触上毁灭她母亲一生的暗礁。要不是我直接干预（这是我的弱点!)，要不是我对您的友谊影响了我女儿的行动，事情绝不会发展到现在这种地步，所以我个人就负有全部的责任。至于谈到您目前的状况，我偶然听到的、但也是不愿意听到的那些消息，是很难令人放心的。但我们暂且把这一点放下不谈。关于您的总的情况，我知道：您还是一个大学生；您在法国的前程由于列日事件而断送了一半；您要适应英国的环境暂时还没有必要的条件——语言知识；您的成功的希望至少也是很靠不住的。我的观察使我相信，按本性说您不是一个勤劳的人，尽管您也有一时的狂热的积极性和有善良的愿望。在这些条件下，您为了同我女儿开始生活就需要从旁得到帮助。至于您的家庭，我一点也不了解。即使它有一定的财产，这还不能证明它准备给您一些资助。我甚至还不知道它对您所筹划的婚姻有什么看法。再说一遍，我很需要听到对这几点的明确的说明。此外，

---

① 劳拉·马克思。——原编者注

您这个坚定的现实主义者，不能期望我象唯心主义者那样对待我女儿的未来。您作为一个如此讲求实际以致主张取消诗的人，一定不愿意沉湎于诗中来损害我的女儿。

（3）为了防止对这封信的任何曲解，我向您声明：您要是想今天就结婚，这是办不到的。我的女儿会拒绝您的。我个人也会反对。您应该在考虑结婚以前成为一个成熟的人，而且无论对您或对她来说都需要长期考验。

（4）我希望这封信是我们两人之间的秘密。等待您的回信。

马克思：《致保尔·拉法格》（1866 年 8 月 13 日），摘自《马克思恩格斯全集》第 31 卷，人民出版社 1972 年版，第 520—522 页。

8. 真爱情的道路决不是平坦的

我们看到，商品爱货币，但是“真爱情的道路决不是平坦的。”①

马克思：《资本论（第一卷）》（1867 年 9 月），摘自《马克思恩格斯文集》第 5 卷，人民出版社 2009 年版，第 129 页。

9. 在每一次大的革命运动中，“自由恋爱”问题总要提到重要地位

一个值得注意的事实是，在每一次大的革命运动中，“自由恋爱”问题总要提到重要地位。有些人认为，这是革命进步，这是解脱不再需要的旧的传统羁绊；另一些人认为，这是一种受人欢迎的，便于掩盖各种各样自由的、轻浮的男女关系的学说。后者，即庸人，看来很快就在这里占了上风；“奸淫的事”始终和吃“祭偶像之物”相联系；这对犹太人和基督徒是严格禁止的，然而，拒绝这一切，有时也会是危险的，或者至少是不愉快的。

恩格斯：《启示录》（1883 年 8 月），摘自《马克思恩格斯全集》第 21 卷，人民出版社 1965 年版，第 11 页。

10. 第一个出现在历史上的性爱形式，性爱的特性表现为热恋和性的冲动的最高形式

不过，个体家庭决不是在任何地方和任何时候都具有像在希腊人中

---

① “真爱情的道路决不是平坦的”见莎士比亚《仲夏夜之梦》第 1 幕第 1 场。摘自《马克思恩格斯文集》第 5 卷，人民出版社 2009 年版，第 910 页注释。另外一种翻译是：“我们知道，商品是恋着货币的，但‘真的恋爱的路’，从来不是平坦的。”马克思《资本论》（1867 年 9 月）第 1 卷，人民出版社 1956 年版第 98 页。——编者注

间所有的那种古典的粗野形式。罗马人作为世界的未来征服者，具有虽不如希腊人细致但比他们远大的见识，在罗马人中间，妇女是比较自由和受尊敬的。罗马的男子认为，妻子的贞操已经由于他对妻子有生杀之权而得到了充分的保证。此外，这里的妇女同男子一样，可以自愿解除婚姻关系。但是，在个体婚制发展方面的最大进步，无疑是随着德意志人登上历史舞台而发生的，因为在德意志人中间，大概由于他们贫穷的缘故，专偶制看来在那个时候还没有从对偶制中完全发展起来。我们是根据塔西佗所提到的如下三种情况而得出这个结论的。第一，尽管十分尊重婚姻——“他们以一个妻子为满足，妇女生活在被贞操防卫起来的环境中”① ——，但是在他们的显要人物和部落首长中间却实行多妻制，同我们在实行对偶婚的美洲人中间看到的情况类似。第二，从母权制向父权制的过渡，在他们那里可能只是在此前不久的时候才完成的，因为母亲的兄弟——按照母权制是最近的男性的同氏族亲属——在他们那里仍然被认为是比自己的父亲更亲近的亲属，这一点也是与美洲印第安人的观点相一致的；正如马克思所常常说的，他在美洲印第安人中间找到了一把了解我们自己的原始时代的钥匙。第三，在德意志人中间，妇女很受尊敬并且对公共事务也有很大的影响，这同专偶制所特有的男子统治是直接对立的。差不多在这一切方面，德意志人都与斯巴达人相一致；正如我们已经看到的，在斯巴达人中间，对偶婚也还没有完全被放弃②。因此，在这方面，一个崭新的要素也随着德意志人的出现而获得了在世界上的统治地位。在各民族混合的过程中，在罗马世界的废墟上发展起来的新的专偶制，使男子的统治具有了比较温和的形式，而使妇女至少从外表上看来有了古典古代所从未有过的更受尊敬和更加自由的地位。这样就第一次造成了一种可能性，在这种可能性的基础上，从专偶制之中——因情况的不同，或在它的内部，或与它并行，或与它相反——发展起来了我们应归功于专偶制的最伟大的道德进步：整个过去的世界所不知道的现代的个人性爱。

但是，这个进步无疑是由这样的情况引起的，即德意志人还生活在对

① 塔西佗《日耳曼尼亚志》第18—19章。——编者注

② 后半句话是恩格斯在1891年版上增补的。——编者注

偶制家庭中，他们在可能的范围内把适应于对偶制家庭的妇女地位嫁接到专偶制上来；这一进步决不是由于德意志人的什么传奇性的、道德上纯洁得令人惊奇的天性所引起的，这种天性只不过是：对偶制实际上并不像专偶制那样在明显的道德对立中发展。恰好相反，德意志人在其迁徙时期，特别是在向东南方，即黑海沿岸草原游牧民族区迁徙时期，在道德上堕落得很厉害，除骑马术以外，他们还从这些游牧民族那里染上了丑恶的反常情的恶习，阿米亚努斯关于泰发耳人，普罗科皮乌斯关于海鲁莱人的叙述就是明显的证明。①

不过，如果说在我们所知道的一切家庭形式中，专偶制是现代的性爱能在其中发展起来的唯一形式，那么这并不是说，现代的性爱作为夫妇相互的爱完全或主要是在这一形式中发展起来的。在男子统治下的牢固的个体婚制的整个本质，是排斥这一点的。在一切历史上主动的阶级中间，即在一切统治阶级中间，婚姻的缔结和对偶婚以来的做法相同，仍然是一种由父母安排的、权衡利害的事情。所以，第一个出现在历史上的性爱形式，表现为热恋，表现为每个人（至少是统治阶级中的每个人）都能享受到的热恋，表现为性的冲动的最高形式（这正是性爱的特性），而这第一个出现的性爱形式，中世纪的那种骑士之爱，根本不是夫妇之爱。恰好相反，古典方式的、普罗旺斯人的骑士之爱，正是极力要破坏夫妻的忠实，而他们的诗人们所歌颂的也正是这个。Albas，用德文来说就是破晓歌，是普罗旺斯爱情诗②的精华。它用热烈的笔调描写骑士怎样睡在他的情人——别人的妻子——的床上，门外站着侍卫，当晨曦（alba）初露时，便通知骑士，使他能悄悄地溜走，而不被人发觉；接着是叙述离别的情景，这是歌词的最高潮。北部法兰西人和老实的德意志人，也学到了这种诗体和与它相适应的骑士之爱的方式，而我们的老沃尔弗拉姆·冯·埃申巴赫也以这种挑逗性的主题留下了三首美妙的破晓歌，我觉得这些诗歌比他的三篇很长的英雄诗更好。

恩格斯：《家庭、私有制和国家的起源》（1884年3月底—5月底），摘自《马克思恩格斯文集》第4卷，人民出版社2009年版，第81—83页。

① 参看阿米亚努斯·马尔采利努斯《罗马史》第31卷第9章，以及凯撒里亚的普罗科皮乌斯《查士丁尼同波斯人、汪达尔人及哥特人的战争史》第6卷。——编者注

② 指11世纪末至13世纪初法国南部的行吟诗人们的诗歌。——编者注

11. 性爱常常达到这样强烈和持久的程度，如果不能结合而彼此分离，对双方来说即使不是一个最大的不幸，也是一个大不幸；为了能彼此结合，双方甘冒很大的危险，直至拿生命孤注一掷

在这里，一个在专偶制发展的时候最多只处于萌芽状态的新的因素——个人的性爱，开始发生作用了。

在中世纪以前，是谈不到个人的性爱的。不言而喻，形体的美丽、亲密的交往、融洽的性情等等，都曾引起异性对于发生性关系的热望；同谁发生这种最亲密的关系，无论对男子还是对女子都不是完全无所谓的。但是这距离现代的性爱还很远很远。在整个古代，婚姻都是由父母为当事人缔结的，当事人则安心顺从。古代所仅有的那一点夫妇之爱，并不是主观的爱好，而是客观的义务；不是婚姻的基础，而是婚姻的附加物。现代意义上的爱情关系，在古代只是在官方社会以外才有。忒俄克里托斯和莫斯库斯曾歌颂其爱情的喜悦和痛苦的那些牧人，朗格的达夫尼斯和赫洛娅，全都是不参与国家事务，不参与自由民活动的奴隶。而除去奴隶以外，我们所遇到的爱情纠纷只是灭亡中的古代世界解体的产物，而且是与同样也处在官方社会以外的妇女，与淫游女，即异地妇女或被释女奴隶发生的纠纷：在雅典是从它灭亡的前夜开始，在罗马是在帝政时期。如果说在自由民男女之间确实发生过爱情纠纷，那只是就婚后通奸而言的。所以，对于那位古代的古典爱情诗人老阿那克里翁来说，现代意义上的性爱竟是如此无关紧要，以致被爱者的性别对于他来说也成了无关紧要的事情。

现代的性爱，同古代人的单纯的性要求，同厄洛斯［情欲］，是根本不同的。第一，性爱是以所爱者的对应的爱为前提的；从这方面说，妇女处于同男子平等的地位，而在古代的厄洛斯时代，决不是一向都征求妇女同意的。第二，性爱常常达到这样强烈和持久的程度，如果不能结合而彼此分离，对双方来说即使不是一个最大的不幸，也是一个大不幸；为了能彼此结合，双方甘冒很大的危险，直至拿生命孤注一掷，而这种事情在古代充其量只是在通奸的场合才会发生。最后，对于性关系的评价，产生了一种新的道德标准，人们不仅要问：它是婚姻的还是私通的，而且要问：是不是由于爱和对应的爱而发生的？自然，在封建的或资产阶级的实践中，这个新的标准，并不比其他一切道德标准的境遇更好——人们对它视若无睹。不过，它的境遇也并非更坏；它和其他道德标准一样——在理论上，在字面上，也是被承认的。而更高的要求目前它就不能提了。

恩格斯：《家庭、私有制和国家的起源》（1884 年 3 月底—5 月底），摘自《马克思恩格斯文集》第 4 卷，人民出版社 2009 年版，第 90—91 页。

12. 只有消灭资本主义生产和它所造成的财产关系，才能实现结婚的充分自由。到那时除了相互爱慕以外再不会有别的动机了。只有以爱情为基础的婚姻才是合乎道德的，只有继续保持爱情的婚姻才合乎道德

因此，结婚的充分自由，只有在消灭了资本主义生产和它所造成的财产关系，从而把今日对选择配偶还有巨大影响的一切附加的经济考虑消除以后，才能普遍实现。到那时，除了相互的爱慕以外，就再也不会有别的动机了。

既然性爱按其本性来说就是排他的——虽然这种排他性今日只是在妇女身上无例外地得到实现——，那么，以性爱为基础的婚姻，按其本性来说就是个体婚姻。我们已经看到，巴霍芬认为由群婚向个体婚过渡这一进步主要应归功于妇女，是多么的正确；只有由对偶婚制向专偶制的进步才是男子的功劳；在历史上，后一进步实质上是使妇女地位恶化，而便利了男子的不忠实。因此，那种迫使妇女容忍男子的这些通常的不忠实行为的经济考虑——例如对自己的生活，特别是对自己子女的未来的担心——一旦消失，那么由此而达到的妇女的平等地位，根据以往的全部经验来判断，与其说会促进妇女的多夫制，倒不如说会在无比大的程度上促进男子的真正的专偶制。

但是，专偶制完全肯定地将要失掉的东西，就是它因起源于财产关系而被烙上的全部特征，这些特征是：第一，男子的统治，第二，婚姻的不可解除性。男子在婚姻上的统治完全是他的经济统治的结果，它将自然地随着后者的消失而消失。婚姻的不可解除性，部分地是专偶制所赖以产生的经济状况的结果，部分地是这种经济状况和专偶制之间的联系还没有被正确地理解并且被宗教加以夸大的那个时代留下的传统。这种不可解除性现在就已经遭到千万次的破坏了。如果说只有以爱情为基础的婚姻才是合乎道德的，那么也只有继续保持爱情的婚姻才合乎道德。不过，个人性爱的持久性在各个不同的个人中间，尤其在男子中间，是很不相同的，如果感情确实已经消失或者已经被新的热烈的爱情所排挤，那就会使离婚无论对于双方或对于社会都成为幸事。只是要使人们免于陷入离婚诉讼的无益的泥潭才好。

这样，我们现在关于资本主义生产行将消灭以后的两性关系的秩序所能推想的，主要是否定性质的，大都限于将要消失的东西。但是，取而代之的将是什么呢？这要在新的一代成长起来的时候才能确定：这一代男子一生中将永远不会用金钱或其他社会权力手段去买得妇女的献身；而这一代妇女除了真正的爱情以外，也永远不会再出于其他某种考虑而委身于男子，或者由于担心经济后果而拒绝委身于她所爱的男子。这样的人们一经出现，对于今日人们认为他们应该做的一切，他们都将不去理会，他们自己将做出他们自己的实践，并且造成他们的与此相适应的关于个人实践的社会舆论——如此而已。

现在让我们再回过来谈摩尔根吧，我们已经把他丢开很远了。对于在文明时期发展起来的社会制度进行历史的考察，是超出了他的著作的范围的。所以，他只是非常简单地论述了一下专偶制在这一时期的命运。他也认为专偶制家庭的进一步发展是一种进步，是一种向两性权利完全平等的接近，而这一目标他并不认为已经达到了。不过，他说：

"如果承认家庭已经依次经过四种形式而现在正处在第五种形式中这一事实，那就要产生一个问题：这一形式在将来会不会永久存在？可能的答案只有一个：它正如迄今的情形一样，一定要随着社会的发展而发展，随着社会的变化而变化。它是社会制度的产物，它将反映社会制度的发展状况。既然专偶制家庭从文明时代开始以来，已经改进了，而在现代特别显著，那么我们至少可以推测，它能够进一步完善，直至达到两性的平等为止。如果专偶制家庭在遥远的将来不能满足社会的需要，那也无法预言，它的后继者将具有什么性质了。"①

恩格斯：《家庭、私有制和国家的起源》（1884 年 3 月底—5 月底），摘自《马克思恩格斯文集》第 4 卷，人民出版社 2009 年版，第 95—97 页。

13. 费尔巴哈的道德的基本准则是对己以合理的自我节制，对人以爱

关于道德，费尔巴哈所告诉我们的东西只能是极其贫乏的。追求幸福的欲望是人生来就有的，因而应当是一切道德的基础。但是，追求幸福的

① 路易斯·亨·摩尔根《古代社会》1877 年伦敦版第 491—492 页，并参看马克思《路易斯·亨·摩尔根〈古代社会〉一书摘要》（《马克思恩格斯全集》中文第 1 版第 45 卷第 375 页）。——编者注

欲望受到双重的矫正。第一，受到我们的行为的自然后果的矫正：酒醉之后，必定头痛；放荡成习，必生疾病。第二，受到我们的行为的社会后果的矫正：要是我们不尊重他人同样的追求幸福的欲望，那么他们就会反抗，妨碍我们自己追求幸福的欲望。由此可见，我们要满足我们的这种欲望，就必须能够正确地估量我们的行为的后果，另一方面还必须承认他人有相应的欲望的平等权利。因此，对己以合理的自我节制，对人以爱（又是爱！），这就是费尔巴哈的道德的基本准则，其他一切准则都是从中引申出来的。无论费尔巴哈的妙趣横生的议论或施达克的热烈无比的赞美，都不能掩盖这几个命题的贫乏和空泛。

如果一个人只同自己打交道，他追求幸福的欲望只有在非常罕见的情况下才能得到满足，而且决不会对己对人都有利。他的这种欲望要求同外部世界打交道，要求有得到满足的手段：食物、异性、书籍、娱乐、辩论、活动、消费和加工的对象。费尔巴哈的道德或者是以每一个人无疑地都有这些满足欲望的手段和对象为前提，或者只向每一个人提供无法应用的忠告，因而对于没有这些手段的人是一文不值的。这一点，费尔巴哈自己也说得很直截了当：

> “皇宫中的人所想的，和茅屋中的人所想的是不同的。”“如果你因为饥饿、贫困而身体内没有养料，那么你的头脑中、你的感觉中以及你的心中便没有供道德用的养料了。”

至于说到他人追求幸福的平等权利，情况是否好一些呢？费尔巴哈提出这种要求，认为这种要求是绝对的，是适合于任何时代和任何情况的。但是这种要求从什么时候起被认为是适合的呢？在古代的奴隶和奴隶主之间，在中世纪的农奴和领主之间，难道谈得上有追求幸福的平等权利吗？被压迫阶级追求幸福的欲望不是被冷酷无情地“依法”变成了统治阶级的这种欲望的牺牲品吗？——是的，这也是不道德的，但是现在平等权利被承认了。资产阶级在反对封建制度的斗争中和在发展资本主义生产的过程中不得不废除一切等级的即个人的特权，而且起初在私法方面，后来逐渐在公法方面实施了个人在法律上的平等权利，从那时以来并且由于那个缘故，平等权利在口头上是被承认了。但是，追求幸福的欲望只有极微小的一部分可以靠观念上的权利来满足，绝大部分却要靠物质的手段来实现，而由于资本主义生产所关心的，是使绝大多数权利平等的人仅有最必需的东西来勉强维持生活，所以资本主义对多数人追求幸福的平等权利所给予的尊重，即使有，也未必比奴隶制或农奴制所给予的多一些。至于说到幸福的精神手段、教育手段，情况是否好一些呢？就连“萨多瓦的教师”①不也是一个神话人物吗？

不仅如此。根据费尔巴哈的道德论，证券交易所就是最高的道德殿堂，只要人们的投机始终都是得当的。如果我的追求幸福的欲望把我引进了交易所，而且我在那里又善于正确地估量我的行为的后果，因而这些后果只使我感到愉快而不引起任何损失，就是说，如果我经常赚钱的话，那么费尔巴哈的指示就算执行了。我也并没有因此就妨碍另一个人的同样的追求幸福的欲望，因为另一个人和我一样，是自愿到交易所去的，他和我达成投机交易时是按照他追求幸福的欲望行事，正如我是按照我追求幸福的欲望行事一样。如果他赔了钱，那么这就证明他的行为是不道德的，因为他盘算错了，而且，我在对他执行应得的惩罚时，甚至可以摆出现代拉达曼的威风来。只要爱不纯粹是温情的空话，交易所也是由爱统治的，因为每个人都靠别人来满足自己追求幸福的欲望，而这就是爱应当做的事情，爱也在这里得到实现。如果我在那里正确地预见到我的行动的后果，因而赌赢了，那么我就执行了费尔巴哈道德的一切最严格的要求，而且还成了富翁。换句话说，费尔巴哈的道德是完全适合于现代资本主义社会的，不管他自己多么不愿意或想不到是这样。

可是爱啊！——真的，在费尔巴哈那里，爱随时随地都是一个创造奇迹的神，可以帮助克服实际生活中的一切困难——而且这是在一个分裂为利益直接对立的阶级的社会里。这样一来，他的哲学中的最后一点革命性也消失了，留下的只是一个老调子：彼此相爱吧！不分性别、不分等级地互相拥抱吧！——大家都陶醉在和解中了！

① “萨多瓦的教师”是普鲁士军队在1866年奥普战争中萨多瓦一役获胜后，德国资产阶级政论文章中的流行用语，其意是将普鲁士军队获胜的原因归功于普鲁士优越的国民教育制度。这一用语源于《外国》杂志的编辑奥·佩舍尔发表在该杂志1866年7月17日第29期上的一篇题为《最近的战争历史的教训》的文章。摘自《马克思恩格斯文集》第4卷，人民出版社2009年版，第605页注释。

简单扼要地说，费尔巴哈的道德论是和它的一切前驱者一样的。它是为一切时代、一切民族、一切情况而设计出来的；正因为如此，它在任何时候和任何地方都是不适用的，而在现实世界面前，是和康德的绝对命令一样软弱无力的。实际上，每一个阶级，甚至每一个行业，都各有各的道德，并且，只要它能破坏这种道德而不受惩罚，它就加以破坏。而本应把一切人都联合起来的爱，则表现在战争、争吵、诉讼、家庭纠纷、离婚以及一些人对另一些人的尽可能的剥削中。

但是，费尔巴哈所提供的强大推动力怎么能对他本人毫无结果呢？理由很简单，因为费尔巴哈不能找到从他自己所极端憎恶的抽象王国通向活生生的现实世界的道路。他紧紧地抓住自然界和人；但是，在他那里，自然界和人都只是空话。无论关于现实的自然界或关于现实的人，他都不能对我们说出任何确定的东西。要从费尔巴哈的抽象的人转到现实的、活生生的人，就必须把这些人作为在历史中行动的人去考察。而费尔巴哈反对这样做，因此，他所不了解的1848年对他来说只意味着和现实世界最后分离，意味着退入孤寂的生活。在这方面，主要又要归咎于德国的状况，这种状况使他落得这种悲惨的结局。

恩格斯：《路德维希·费尔巴哈和德国古典哲学的终结》（1886年初），摘自《马克思恩格斯选集》第4卷，人民出版社2012年版，第244—247页。

14. 人与人之间特别是两性之间的感情关系是自从有人类以来就存在的。而性爱在最近800年间竟成了一切诗歌必须环绕着旋转的轴心

人与人之间的，特别是两性之间的感情关系，是自从有人类以来就存在的。而性爱在最近800年间获得了这样的发展和地位，竟成了这个时期中一切诗歌必须环绕着旋转的轴心了。现存的通行的宗教只限于使国家对性爱的管理即婚姻立法神圣化；这些宗教也许明天就会完全消失，但是爱情和友谊的实践并不会发生丝毫变化。

恩格斯：《路德维希·费尔巴哈和德国古典哲学的终结》（1886年初），摘自《马克思恩格斯文集》第4卷，人民出版社2009年版，第287页。

15. 我衷心祝贺你终于克服了重重疑虑而自由地进行恋爱

当我终于弄清了问题的实质，了解到这一切都是为了说明根本用不着说明的你的结婚一事时，我禁不住笑了起来。如果所有无产者都这样瞻前顾后，那末无产阶级就要断子绝孙了，或者只有依靠非婚生子女才能蕃衍后代，而这种方式，作为一种大量现象，我们也许只有在已经不存在任何无产阶级的时候才能谈得上。因此，我衷心祝贺你终于克服了重重疑虑而自由地进行恋爱。你会发现，在困难的时刻，两个人在一起要比一个人好过些；我在相当长的时间中，有时是在非常艰苦的条件下体验到了这一点，而且从来没有后悔过。请向你的新娘[①]转达我最衷心的问候，并望你拔起双腿赶快跳进新房。

恩格斯：《致爱德华·伯恩施坦》（1886 年 10 月 9 日），摘自《马克思恩格斯全集》第 36 卷，人民出版社 1975 年版，第 532 页。

16. 没有爱情，没有激情，卡尔·考茨基的本性就会死亡

关于卡尔[②]，您说，没有爱情，没有激情，他的本性就会死亡。如果这种本性表现为每两年就要求新的爱情，那末他自己应当承认，在目前情况下，这种本性或者应当加以抑制，或者就使他和别人都陷在无止境的悲剧冲突之中。

恩格斯：《致路易莎·考茨基》（1888 年 10 月 11 日），摘自《马克思恩格斯全集》第 37 卷，人民出版社 1971 年版，第 98 页。

17. 爱情不能强求

爱情不能强求。

列宁：《关于崩得在俄国社会民主工党内的地位问题的发言》（1903 年 7 月 20 日），摘自《列宁全集》第 7 卷，人民出版社 2013 年版，第 82 页。

18. 马克思选择恋爱对象的家庭背景

1843 年，马克思在克罗伊茨纳赫同童年时代的女友燕妮·冯·威斯特华伦结婚。马克思还在大学读书时就同她订了婚。燕妮出身于一个反动的普鲁士贵族家庭。她的哥哥曾在 1850—1858 年这个最反动的时期任普鲁士内务大臣。

列宁：《卡尔·马克思》（1914 年 7—11 月），摘自《列宁全集》第 26 卷，人民出版社 2017 年版，第 49 页。

19. 对恋爱自由的理解

亲爱的朋友：恳切建议您把小册子的提纲写得详细些。不然，很多地

---

① 雷吉娜·沙特奈尔。

② 卡尔·考茨基。——编者注

方意思不明确。

有一个意见现在就应该提出来：

建议把第3节“（妇女）要求恋爱自由”全部删掉。

这的确不是无产阶级的要求，而是资产阶级的要求。

实际上，您是怎样理解这个要求的呢？这个要求可以理解成什么呢？

1. 在爱情上摆脱物质上的（钱财上的）考虑？

2. 同时摆脱物质上的操心？

3. 摆脱宗教偏见？

4. 摆脱父母等等的限制？

5. 摆脱“社会”的偏见？

6. 摆脱（农民或者小市民或者资产阶级知识分子的）小天地？

7. 摆脱法律、法院和警察的束缚？

8. 摆脱爱情上的严肃态度？

9. 摆脱生育子女的义务？

10. 通奸的自由？等等。

我列举了许多（当然不是全部）不同的理解。您所理解的当然不是第8—10点，而是第1—7点，或者类似第1—7点的东西。

但是，如果是指第1—7点，那就应当选择另一种说法，因为恋爱自由这种说法不能确切地表达这个意思。

小册子的广大读者必然会把“恋爱自由”理解为类似第8—10点的东西，以至违背您的本意。

正因为在现代社会里那些最能说会道、爱吵爱闹、“高高在上”的阶级所理解的“恋爱自由”是第8—10点，所以这不是无产阶级的要求，而是资产阶级的要求。

对于无产阶级说来，最重要的是第1点和第2点，其次是第1—7点；其实这并不是“恋爱自由”。

问题不在于您主观上“想”把这种要求“理解”成什么。问题在于爱情上的阶级关系的客观逻辑。

列宁：《致伊·费·阿尔曼德》（1915年1月17日），摘自《列宁全集》第47卷，人民出版社2017年版，第64—65页。

20. 关于恋爱自由的问题

关于您的那本小册子的提纲，我说过，“要求恋爱自由”这句话是不明确的，而且，不管您的本意和愿望怎样（我曾强调：问题在于客观的阶级的关系，而不在于您的主观愿望），在现代的社会环境里，这种要求毕竟是资产阶级的，而不是无产阶级的。

您不同意。

好吧。让我们再来谈谈。

为了使不明确的思想变得明确，我曾大致列举了10点可能的（在有阶级纷争的环境下也是必然的）不同解释，同时指出：在我看来，第1—7点的解释在无产阶级妇女中有代表性，而第8—10点在资产阶级妇女中有代表性。

要反驳这种看法，就必须指出：（1）这些解释是错误的（那就必须代之以其他的解释，或指明错处）；或者（2）这些解释是不全面的（那就应当补充不足的地方）；或者（3）不应把解释这样划分为无产阶级的和资产阶级的。

可是不论第一、第二或第三，您都没有指出。

第1—7点，您根本没有提到。这就是说，您承认它们（总的说来）是正确的了？（您在谈到无产阶级妇女的卖淫和她们的从属地位时说“不能说个不字”。这个意思完全包含在第1—7点中。这方面丝毫也看不出我们有什么分歧。）

您也没有否认这是无产阶级的解释。

现在剩下第8—10点。

对这几点您“不大理解”，并“反驳”说：“我不理解怎么能够〈您是这样写的!〉把恋爱自由和”第10点……“混为一谈〈!!??〉”。

结果倒是我“混为一谈”，而您想要责备我，驳斥我，是吗？

为什么呢？这是怎么一回事呢？

资产阶级妇女所理解的恋爱自由就是第8—10点，——这是我的看法。

您否认这种看法吗？那么请谈谈资产阶级太太们所理解的恋爱自由究竟是什么？

您没有谈到这一点。难道文学著作和实际生活没有证明资产阶级妇女正是这样理解恋爱自由的吗？完全证明了！您也默认了这一点。

既然如此，那么问题就在于她们的阶级地位，因而“驳倒”她们恐怕不可能，而且未免太幼稚。

必须把无产阶级的观点同她们的观点截然分开，把二者对立起来。必须考虑这样的客观事实：如果不这样做，她们就会抓住您这本小册子里的适合她们口味的东西，按照她们自己的看法加以解释，利用您的小册子助长她们的声势，在工人面前歪曲您的本意，"使"工人"困惑莫解"（在工人的内心引起忧虑：您是不是在向他们灌输异己的思想）。何况她们手里还掌握了许多报纸等等。

但是您却完全忘掉了客观的阶级的观点，竟反过来"攻击"我，好像我"把"恋爱自由和第8—10点"混为一谈"了……难以置信，真是令人难以置信……

"甚至片刻的情欲和姘居"都比（庸俗不堪的）夫妇间"没有爱情的接吻""还富有诗意，还纯洁"。您是这样写的，而且打算这样写在小册子里。

请问这是合乎逻辑的对比吗？庸俗的夫妇间没有爱情的接吻是低级的。我同意。但和这种接吻对比的应该是……什么呢？……看来应该是饱含爱情的接吻吧？但是您用"片刻的"（为什么是片刻的呢？）"情欲"（为什么不是爱情呢？）同它对比，结果从逻辑上看来，似乎是把没有爱情的（片刻的）接吻同夫妇间没有爱情的接吻相对比……真奇怪。对一本通俗的小册子来说，把小市民、知识分子和农民的（似乎我在第6点或第5点中说过）没有爱情的、低级庸俗的婚姻同无产阶级的有爱情的自由同居加以对比，岂不是更好吗？（如果您一定要加的话，还可加上一句：甚至片刻的情欲和姘居，可能是低级的，也可能是纯洁的）您所谈到的并不是阶级典型的对比，而是某种当然可能发生的"偶然事件"。但是问题难道在于偶然事件吗？如果要把正式配偶的低级的接吻和片刻的姘居中的纯洁的接吻这种偶然事件、个别情况作为主题，那么这个主题应当放在小说里去发挥（因为在小说里全部的关键在于描写个别的情况，在于分析特定典型的性格和心理）。

列宁：《致伊·费·阿尔曼德》（1915年1月24日），摘自《列宁全集》第47卷，人民出版社2017年版，第68—70页。

（二）婚姻

1. 传教士谈论关于爱情和婚姻的话可笑极了，我会大为愤怒

传教士谈论爱情的话可笑极了。瞧，我现在也照样诌几句：

虔诚主义者的爱情表白

尊敬的姑娘！我同诱惑我的世俗欲望，作了长期艰苦的斗争，
我来向你求婚，万分真诚，
你是否愿意和我结为夫妻，
在上帝面前把自己的义务履行！
其实，我并不爱你，这样要求恐为过分，
我爱的是你身上的主，他——

不行，诌不出来了；不将这种人藏身于其后的最神圣的东西牵连到这个圈子里来，那就无法讽刺这种东西。我倒是想看看这种婚姻：丈夫不爱自己的妻子，却爱自己妻子身上的基督；这里马上就产生一个问题：他是否也与自己妻子身上的基督睡觉？圣经中什么地方可以找到这种荒唐事呢？在《雅歌》中写道："你多么秀美、多么可爱，你的爱情多么令人陶醉"，可是现在人们无视大卫和所罗门以及天知道是谁，而对肉欲所作的一切辩护进行指责。对于这种事我会大为愤怒。

恩格斯：《致弗里德里西·格雷培》（1839年2月19日），《马克思恩格斯全集》第47卷，人民出版社2004年版，第128—129页。

2. 婚姻的精神本质表现为用排他性来使性欲神圣化，用法律来约束欲望，用道德的美把自然要求理想化、使之成为一种精神结合的因素

"与对婚姻作完全自由的探讨时相比，以前从哲学观点来考察实在法时，婚姻往往被看得重要得多，又合乎理性得多。"①

诚然，在婚姻中，满足性欲是合乎胡果先生的心意的。他甚至还从这一事实中引出有益于健康的道德来：

> "从这种情况以及无数别的情况中，人们本来应当看到，为了一个目的把人的身体作为手段来使用，并非像人们其中包括康德本人对这一说法所作的错误理解那样，都是不道德的。"②

可是，用排他性来使性欲神圣化，用法律来约束欲望，用道德的美把

---

① 《司法通报》1890年第9期第276页。——编者注

② 胡果《作为实在法、特别是私法的哲学的自然法教科书》1819年柏林修订第4版第279页。——编者注

自然要求理想化、使之成为一种精神结合的因素——婚姻的精神本质——这一切在胡果先生看来，恰恰是婚姻中的可疑的东西。但是，在进一步探讨他那轻佻的无耻思想之前，我们且来听听一位法国哲学家的声音，以便同这位探究历史的德国人进行比较。

> “一个女人既然为了唯一的男人而抛弃这种神秘的矜持（这种矜持的神的戒律她铭刻在心上），那她就把自己献给了这个男人。为了他，她在委身于他的时刻抛弃了从来没有抛弃过的含羞心理，仅仅为了他，她撩开了平时用作庇护所和装饰品的面纱。于是就产生了对丈夫的亲密无间的信任，这是只能在她和他之间存在的排他性关系的结果，她并不因为这种关系而觉得受到了侮辱，于是就产生了丈夫对这种牺牲的感激，产生了对这个人的情欲和尊敬交织的情感，这个人甚至在和他共享欢乐的时候似乎也只是一味迁就他的。这就是在我们的社会制度中一切都秩序井然的原因。”

自由的推究哲理的法国人本杰明·贡斯当就是这样说的！[①] 现在我们就来听听那位奴颜婢膝的、探究历史的德国人是怎样说的吧！

> “更加可疑得多的是第二个因素，即未经结婚不得满足这种欲望。动物的本性是和这种限制相违背的，理性的本性更是如此，〈因为……你们猜他要说什么！……〉因为一个人要预见到这会产生什么后果，他就应当是几乎无所不知的，所以，如果我们答应只能与某一个特定的人满足这一种强烈的天然欲望，那么，这就是对上帝的诱惑！”“对美好事物的按其本性是自由的感情就要受到束缚，而与这种感情相联系的东西就要与之分离。”[②]

---

① 本·贡斯当：《论宗教的起源、形式与发展》，1826年巴黎第2版第1卷第172—173页。马克思1842年对该书作了详细摘录，但在保存下来的摘录中没有上面这段引文。摘自《马克思恩格斯全集》第1卷，人民出版社1995年版，第1017页注释。

② 胡果《作为实在法、特别是私法的哲学的自然法教科书》1819年柏林修订第4版第280—281页。——编者注

请看，我们那些青年德意志派在向谁学习！[①]

“这一制度[②]是和市民的本性相矛盾的，因为……最后，警察就要承担一项几乎无法完成的任务！”[③]

哲学是多么糊涂啊，对警察连这点关照都不加考虑！

“婚姻法细则的一切后果都向我们表明：不管遵循怎样的原则，婚姻仍然是一种极其不完善的制度。”

“可是，这种用婚姻限制性欲的办法，也有其极大优点，因为它通常能避免传染病，婚姻使政府省去了许多麻烦。最后，到处都有极其重要意义的那种见解，即认为私法的因素在这里已经成了唯一合乎习惯的因素，也起了作用。”“费希特说：没有结婚的人只算得半个人。可是在这种情况下，我〈即胡果〉，抱歉得很，不得不认为把我凌驾于基督、费奈隆、康德和休谟之上的这一美妙格言是一种骇人听闻的夸张。”

“至于一夫一妻制和一夫多妻制，那显然要取决于人的动物本性！！”[④]

马克思：《历史法学派的哲学宣言》（1842年7月底—8月6日），《马克思恩格斯全集》第1卷，人民出版社1995年版，第234—236页。

---

① 马克思暗指青年德意志派某些作家提出的对“自由的爱”的要求。“青年德意志”是19世纪30年代产生于德国的一个文学团体，受海涅和白尔尼的影响极大。“青年德意志”的作家（谷兹科、文巴尔克和蒙特等）主张信仰自由和新闻出版自由。他们的文艺作品和政论文章反映了小资产阶级的反抗情绪。青年德意志派观点的特点是思想上不成熟和政治上不坚定。他们之中的大多数人很快就堕落成为庸俗的资产阶级自由派。摘自《马克思恩格斯全集》第1卷，人民出版社1995年版，第1017页注释。

② 在胡果的著作中这个词为“限制”。——编者注

③ 胡果《作为实在法、特别是私法的哲学的自然法教科书》1819年柏林修订第4版第281—282页。——编者注

④ 胡果《作为实在法、特别是私法的哲学的自然法教科书》1819年柏林修订第4版第285—289页。——编者注

3. 欧文认为婚姻、宗教和财产是自有世以来存在的一切不幸的惟一原因

社会主义者运动的创始人欧文在自己的许多小册子中写起来像个德国哲学家那样，就是说，他写得很糟，但是他也有清醒的时刻，这时他那些晦涩的文句就变得可以理解了；此外，他的见解涉及面很广。按照欧文的说法，“婚姻、宗教和财产是自有世以来就存在的一切不幸的惟一原因”（!!）[①]；他所有的著作里都充满了对神学家、法律家和医生的义愤，他对他们不是区别对待。“陪审法庭都由一些仍然完全信奉神学的人把持，因而都抱有偏见；法律也浸透了神学，因此应当和陪审法庭一起被废除。”

恩格斯：《伦敦来信三》（1843 年 5 月 15 日—6 月 1 日之间），摘自《马克思恩格斯全集》第 3 卷，人民出版社 2002 年版，第 434 页。

4. 恩格斯在燕妮·马克思墓前的讲话（1）

我们肃立于其墓前的这位心地高尚的女性，1814 年生于萨尔茨韦德尔。此后不久，她的父亲冯·威斯特华伦男爵，被任命为特里尔的政府顾问，在那里他同马克思一家结下了亲密的友谊。两家的孩子在一起长大。当马克思进大学的时候，他和自己未来的妻子就已经知道，今后他们的命运将是不可分的。

1843 年，在马克思以旧《莱茵报》编辑身份第一次在社会上崭露头角和该报被普鲁士政府查禁以后，他们结婚了。从这一天起，燕妮不仅和她的丈夫共命运、同辛劳、同斗争，而且是以高度的自觉和炽烈的热情积极投身其中。

新婚夫妇前往巴黎，起初是自愿侨居，很快就成了强制流亡。甚至在巴黎，普鲁士政府也迫害马克思。必须遗憾地指出，像亚·洪堡这样的人竟卑鄙到参与促使路易-菲力浦政府把马克思驱逐出法国。全家搬到了布鲁塞尔。后来发生了二月革命。当这一事件在布鲁塞尔引起动荡的时候，比利时警察局不仅逮捕了马克思，还一定要把他的妻子也监禁起来，而且连个表面上的借口也没有。

---

① “婚姻、宗教和财产是自有世以来就存在的一切不幸的惟一原因”是罗·欧文的基本论点之一。他自 1820 年以来几乎在每一部著作中都反复论述这一观点，例如他在《新道德世界的婚姻制度》1838 年利兹版第 54 页就谈到：婚姻、宗教和私有财产构成“在人类中引起犯罪和不道德行为的三大原因”。摘自《马克思恩格斯全集》第 3 卷，人民出版社 2002 年版，第 694 页注释。

1848年的革命热潮，第二年就衰落了。接着又一次被驱逐，起初再次到巴黎，后来由于法国政府再次干涉，便迁到伦敦。这一次真正是苦难重重的流亡。流亡者通常遭遇到的苦难，她都经受得住，尽管这种苦难使她失去了三个孩子——其中包括她的两个男孩。但是，一切政党，不论是执政党还是反对党——封建派、自由派和所谓民主派——都串通一气反对她的丈夫，对他大肆进行最卑鄙的毫无根据的诬蔑；所有报刊无一不将他拒之门外；他在他俩极端蔑视的敌人面前孤立无援，无法自卫——这一切才是使她最为痛心的事情。而且这种情况继续了多年。

但也并非永远如此。渐渐地，欧洲的工人阶级所处的政治环境终于使这个阶级有了某些活动余地。国际工人协会成立了。它把文明国家一个接一个地吸引到斗争中来。在这个斗争中站在最前列的就是她的丈夫。她所经受过的许多苦难得到补偿的时候开始了。她生前终于看到：倾泻在她丈夫头上的那些卑鄙诬蔑烟消云散了；她生前终于得知：各国反动派——封建派，甚至还有所谓民主派——费尽心机企图扼杀的她丈夫的学说，在一切文明国家用一切文明语言公开地胜利地传播开了。她生前终于看到：无产阶级革命运动席卷了一个又一个国家，从俄罗斯到美洲，昂首阔步，充满胜利信心地前进。在她临终前最后使她感到欣慰的一件事情是：德国工人阶级冒着一切镇压性法律的迫害，在最近的选举中光辉地证实了它的不可遏止的生命力。

这样一位女性，有着这样清晰而敏锐的头脑、这样精明的政治才干、这样强烈而充沛的工作热情、这样的自我牺牲精神，她为革命运动所做的事情，却没有展示于公众，报刊上也没有登载。她所做的一切只有在她身边生活过的人才了解。但是，有一点我知道：我们将会常常为听不到她的那些大胆但不虚夸、审慎但无损于荣誉的建议而惋惜。

她的个人品德，我没有必要讲了。这是她的朋友们都知道而且永远不会忘记的。如果说有一位女性把使别人幸福视为自己的最大幸福，那么这位女性就是她。

我们肃立的这个地点[①]就最好不过地证明了，她是满怀无神论唯物主

① 指海格特公墓，位于大伦敦的北部，在过去的城郊海格特（Highgate）的区域内。该公墓是一些无神论唯物主义者于19世纪上半叶为埋葬拒绝任何宗教仪式的自由思想者而修建的。这个公墓里葬有马克思及其家庭约几名成员，还有英国的科学文化界的著名活动家（斯宾塞、法拉第等人）。摘自《马克思恩格斯全集》第25卷，人民出版社2001年版，第766页注释。

义信念而生，满怀无神论唯物主义信念而死的。她不惧怕死亡。她知道，总会有一天她的肉体和精神都要回到生育她的大自然的怀抱。我们这些把她安放在她的最后安息地的人，都要纪念她，努力学习她的榜样。①

恩格斯：《在燕妮·马克思墓前的讲话草稿》（1881 年 12 月 2 或 3 日），摘自《马克思恩格斯全集》第 25 卷，人民出版社 2001 年版，第 538—540 页。

5. 恩格斯纪念燕妮·马克思

死神又从无产阶级革命社会主义的老战士队伍中夺去了一个生命。

今年 12 月 2 日，卡尔·马克思的夫人受病痛长期折磨以后在伦敦逝世了。

她出生于萨尔茨韦德尔。在她出生以后不久，她的父亲便调到特里尔任政府顾问，在那里和马克思一家有了亲密的交往。两家的孩子在一块儿长大。这两个天赋很高的孩子情投意合。当马克思进大学的时候，他们两人就已经决定把未来的命运永远连结在一起。

1843 年，在马克思主编过一段时期的旧《莱茵报》被查封以后，他们就结婚了。从那时起，燕妮·马克思不仅和她的丈夫共命运、同辛劳、同斗争，而且以高度的自觉和炽烈的热情投身于其中。

这对年轻夫妇自愿流亡前往巴黎，但是很快自愿流亡就变成真正的流亡了。甚至在那里，马克思也受到普鲁士政府的迫害。亚历山大·冯·洪堡竟然为促使下令驱逐马克思而效力。马克思一家被赶到了布鲁塞尔。

二月革命爆发了。布鲁塞尔也随着发生了骚乱，在这期间，比利时警察局不仅逮捕了马克思，而且还毫无理由地执意把他的妻子也投入监狱。

1848 年的革命高潮到第二年就低落了。新的流亡开始了，起初到了巴黎，后来由于法国政府再次干涉，便搬到伦敦。这一次对于燕妮·马克思说来是真正的流亡，她经受了重重苦难。物质上的困苦，她本来还可以忍受，虽然由于这种困苦，她眼看着自己的两个男孩和一个女孩相继被送入坟墓。但是，政府和资产阶级反对派，从庸俗的自由派到民主派，沆瀣一气，策划了一个大阴谋来反对她的丈夫；他们用大量最卑鄙最下流的诽谤来诬蔑他；所有报刊都拒不登载他的文章，他失去了为自己辩护的一切可

① 手稿上最后这一整段话用铅笔画掉了。——编者注

能，在敌人面前一时陷于孤立无援的境地，对敌人，他和她只有蔑视——这深深地伤害了她。这种状况持续了多年。

但这并不是没有尽头的。欧洲无产阶级重新获得了在一定程度上能够独立活动的生存条件。国际成立了。无产阶级的阶级斗争席卷了一个又一个国家，而她的丈夫就战斗在先进战士队伍的最前列。部分地补偿她所经受的艰难痛苦的时刻来到了。她生前终于看到，曾经像密集的冰雹一样落在马克思身上的那些流言飞语已经烟消云散了，他的学说曾经遭受封建派和民主派等所有反动党派的百般扼杀，如今已经在各个文明国家用各种文雅的语言广为传播了。她生前终于看到，与她毕生血肉相连的无产阶级运动，已经从根本上震撼了从俄罗斯到美洲的旧世界，并冲破一切阻力，越来越充满胜利的信心，奋勇向前。最后使她感到欣慰的一件事就是，我们德国工人在最近一次帝国国会选举中令人信服地证明了自己不可摧毁的生命力。

这位女性有着极其敏锐的批判的智能、巨大的政治上的机警、充沛的精力和热情的性格、为自己的战友甘于奉献的精神，她在差不多40年中为运动所做的事情，是社会公众看不到的，现代报刊的年鉴里也没有记载。这一切只有亲身经历的人才感受得到。但是我深信：那些巴黎公社流亡者的妻子们还会时常回忆起她，而我们也将时常为再也听不到她那大胆而合理的意见（大胆而不吹嘘、合理而丝毫不损尊严）感到若有所失。

恩格斯：《燕妮·马克思（父姓冯·威斯特华伦）》（1881年12月4日），摘自《马克思恩格斯全集》第25卷，人民出版社2001年版，第541—543页。

6. 恩格斯在燕妮·马克思墓前的讲话（2）

我们现在安葬的这位品德崇高的女性，在1814年生于萨尔茨韦德尔。她的父亲冯·威斯特华伦男爵在特里尔城时和马克思一家很亲近；两家的孩子在一块儿长大。当马克思进大学的时候，他和自己未来的妻子已经知道他们的生命将永远连结在一起了。

1843年，在马克思第一次走上社会舞台担任旧《莱茵报》的主编，以及该报被普鲁士政府查封以后，他们就结婚了。从这一天起，她不仅和丈夫共患难、同辛劳、同斗争，而且以高度的自觉和炽烈的热情积极投身其中。

这对青年夫妇动身前往巴黎；自愿的流亡很快变成了被迫的流亡。甚至在巴黎，马克思也受到普鲁士政府的迫害。我不得不遗憾地指出，像亚·洪堡这样的人竟堕落到和普鲁士政府合作，怂恿路易-菲力浦政府把马克思逐出了法国。马克思到了布鲁塞尔。二月革命爆发了。布鲁塞尔也随着动荡不安，比利时警察局不仅逮捕了马克思，而且毫无理由地把他的妻子也监禁起来。

1848年的革命行动，到第二年就失败了。又一次流亡开始了，起初到了巴黎，后来由于法国政府的干涉，便搬到伦敦。这次流亡历尽重重苦难。尽管这次流亡使她的三个孩子（其中两个是男孩）死亡，她还是耐心忍受被驱逐者通常遭到的一切苦难。但是看到一切政党，不管是执政的还是在野的（封建派、自由派、所谓民主派），都联合起来反对她丈夫，对他进行最卑鄙下流的诬蔑，看到所有报刊毫无例外都不登载他的文章，他在敌人面前陷于孤立无援和手无寸铁的境地，他们两人用来对付敌人的是蔑视，——这一切却是令她痛苦的创伤。而这种情况持续了多年。

但这不是没有尽头的。欧洲的工人阶级逐渐处于稍微可能进行活动的政治条件下了。国际工人协会成立了。它使文明国家相继参加斗争，在这个斗争中最先参加战斗的是她的丈夫。开始补偿她所经受的种种苦难的时刻终于来到了。她生前终于看到，曾经落在她丈夫身上的各种卑鄙的诬蔑完全烟消云散；她生前终于听到，各国反动派曾经企图扼杀的她丈夫的学说在各个文明国家用各种文明的语言公开地胜利地传播了。她生前终于看到，充满胜利信心的无产阶级的革命运动席卷了从俄罗斯到美洲的一个又一个国家。最后使她感到欣慰的一件事就是，她在临终时得知德国工人阶级不顾一切镇压法令，在最近一次选举中光辉地显示了它的不可遏止的生命力。

她在革命运动中表现出的睿智的批判精神，敏锐的政治嗅觉，充沛的精力，伟大的忘我精神，是公众看不到的，在报刊上也没有记载。她所做的一切只有和她在一起生活的人才了解。但是有一点我知道：我们将不时地为再也听不到她的大胆而谨慎的意见（大胆而不吹嘘、谨慎而不失尊严的意见）而感到遗憾。

我用不着说她的个人品德了。这是她的朋友们都知道而且永远不会忘记的。如果有一位女性把使别人幸福视为自己最大的幸福，那么这位女性就是她。

恩格斯：《在燕妮·马克思墓前的讲话》（1881 年 12 月 5 日），摘自《马克思恩格斯全集》第 25 卷，人民出版社 2001 年版，第 544—546 页。

7. 恩格斯为马克思的长女燕妮·龙格写的悼文

1 月 11 日，卡尔·马克思的长女、约八年前同前巴黎公社委员、现任《正义报》编委沙尔·龙格结婚的燕妮，在巴黎附近的阿让特伊去世了。

她生于 1844 年 5 月 1 日。她是在国际无产阶级运动的环境中长大的，同这个运动有非常密切的联系。尽管她拘谨得几乎可以被看成羞怯，但是在必要的时候，她却表现出某些男子也会羡慕的沉着和刚毅。

当爱尔兰的报刊揭露了 1866 年和后来被判罪的芬尼社社员在监狱中所受到的虐待，而英国报刊闭口不谈这些卑鄙行为的时候，当格莱斯顿内阁违背在选举时所许下的诺言，拒绝赦免犯人而且丝毫不改善他们的处境的时候，燕妮·马克思找到了推动这位笃信宗教的格莱斯顿先生的办法。她在罗什弗尔的《马赛曲报》上刊登了两篇文章，以炽热的笔调描述了自由的英国是怎样对待政治犯的。她的文章发生了作用。巴黎大报的揭露是无法忍受的。几个星期以后，奥顿诺凡-罗萨和其他大多数人都被释放并启程到美国去了。

1871 年夏天，她同最小的妹妹到波尔多看望妹夫拉法格。拉法格、他的妻子、他的有病的孩子和这两位姑娘从那里前往比利牛斯山脉巴涅尔-德吕雄矿泉。一天清晨，有一位先生来见拉法格，对他说："我是警官，但我是共和派；逮捕您的命令已下达，他们已经知道您曾经负责波尔多同巴黎公社的联络。您现在还有一个小时的时间可以越过国境。"

拉法格带着妻子和孩子幸运地翻越山路到了西班牙。警察局为此向两位姑娘进行报复，逮捕了她们。燕妮的口袋里有一封在巴黎附近牺牲的公社领袖古斯塔夫·弗路朗斯的信。如果这封信被搜出，它将成为她们二人到新喀里多尼亚岛旅行的一份最有效的护照。在单独留在室内的瞬间，她打开了一本旧的、复盖着灰尘的登记簿，把信夹在中间，再把它合上。这封信可能现在还在那里。两位姑娘被带进省长办公室，这位省长，高贵的凯腊特里伯爵、老波拿巴主义者，对她们严加审问。但是这位前外交官的狡猾和前骑兵军官的粗暴，碰到燕妮的从容不迫、滴水不漏都失败了。凯腊特里对于"看来是这一家的妇女们所独具的毅力"

说了些狠毒的话，就怒气冲冲地走出了房间。在同巴黎长时间的电报往来以后，他终于只好释放了这两位姑娘，她们在拘押时受到了真正普鲁士式的待遇。

燕妮一生中的这两件事情充分表明了她是怎样一个人。无产阶级失去了她这样一个英勇的战士。但是，她的悲痛万分的父亲至少还有这样一种安慰，这就是欧美千百万工人分担着他的悲痛。

恩格斯：《燕妮·龙格（父姓马克思）》（1883 年 1 月 13 日），摘自《马克思恩格斯全集》第 25 卷，人民出版社 2001 年版，第 588—589 页。

8. 资产阶级的婚姻是由当事人的阶级地位决定的，是权衡利害的婚姻

在今日的资产阶级中间，缔结婚姻有两种方式。在天主教国家中，父母照旧为年轻的资产阶级儿子选择适当的妻子，其结果自然是专偶制所固有的矛盾得到了最充分的发展：丈夫方面是大肆实行淫游，妻子方面是大肆通奸。天主教会禁止离婚，恐怕也只是因为它确信对付通奸就像对付死亡一样，是没有任何药物可治的。相反，在新教国家中，通例是允许资产阶级的儿子有或多或少的自由去从本阶级选择妻子；因此，一定程度的爱可能成为结婚的基础，而且，为了体面，也始终以此为前提，这一点符合新教伪善的精神。在这里，丈夫实行淫游并不那么厉害，而妻子的通奸也比较不那么常见。不过，在任何婚姻形式下，人们结婚后和结婚前仍然是同样的人，而新教国家的资产者又大多是些庸人，所以，这种新教的专偶制，即使拿一般最好的场合来看，也只不过是导致被叫做家庭幸福的极端枯燥无聊的婚姻共同体罢了。小说就是这两种缔结婚姻的方法的最好的镜子：法国的小说是天主教婚姻的镜子；德国的①小说是新教婚姻的镜子。在这两种场合，“他都有所得”；在德国小说中是青年得到了少女；在法国小说中是丈夫得到了绿帽子。两者之中究竟谁的处境更坏，不是每次都可以弄清楚的。因此，德国小说的枯燥之于法国资产者，正如法国小说的“不道德”之于德国的庸人一样是令人不寒而栗的。可是，最近，自从“柏林成为世界都市”以来，德国小说也开始不那么胆怯地描写当地早就为人所知的淫游和通奸了。

但是，在这两种场合，婚姻都是由当事人的阶级地位来决定的，因此

① 在 1884 年版中是“德国的和瑞典的”。——编者注

总是权衡利害的婚姻[1]。这种权衡利害的婚姻，在这两种场合都往往变为最粗鄙的卖淫——有时是双方，而更常见的是妻子。妻子和普通娼妓的不同之处，只在于她不是像雇佣女工做计件工作那样出租自己的身体，而是把身体一次永远出卖为奴隶。所以，傅立叶的一句话，可适用于一切权衡利害的婚姻，他说：

> “正如在文法上两个否定构成一个肯定一样，在婚姻道德上两个卖淫则算做一个美德。”[2]

恩格斯：《家庭、私有制和国家的起源》（1884年3月底—5月底），摘自《马克思恩格斯文集》第4卷，人民出版社2009年版，第83—85页。

9. 资本主义生产把结婚方式打开了一个决定性的缺口，把一切都变成商品。婚姻仍然是阶级的婚姻，是一种政治的行为，是一种借新的联姻来扩大自己势力的机会。统治阶级仍然为经济影响所支配，真正自由缔结的婚姻只是例外

这就是从地理发现的时代起，资本主义生产通过世界贸易和工场手工业而准备取得在世界上的统治地位的时候它所遇到的状况。人们想必认为，这种结婚方式对于资本主义生产是非常合适的，而事实上也确实如此。但是——世界历史的讽刺神秘莫测——正是资本主义生产注定要把这种结婚方式打开一个决定性的缺口。它把一切都变成了商品，从而消灭了过去留传下来的一切古老的关系，它用买卖、“自由”契约代替了世代相因的习俗，历史的法。英国的法学家亨·萨·梅恩说，同以前的各个时代相比，我们的全部进步就在于从身份进到契约，从过去留传下来的状态进到自由契约所规定的状态[3]。他自以为他的这种说法是一个伟大的发现，其实，

① 以下直到“只有在被压迫阶级中间”（本卷第85页）以前是恩格斯在1891年版上增补的。——编者注

② 恩格斯在这里套用了沙·傅立叶的话，见傅立叶的著作《关于普遍统一的理论》1841年巴黎第2版第3卷（《傅立叶全集》第4卷）第120页；这部著作第1版书名为《论家务农业协作》1822年巴黎–伦敦版，第1—2卷。摘自《马克思恩格斯文集》第4卷，人民出版社2009年版，第578页注释。

③ 参看亨·萨·梅恩《古代法：它与社会早期历史的联系和它与现代观念的关系》1866年伦敦第3版第170页。——编者注

这一点，就其正确之处而言，在《共产主义宣言》[①] 中早已说过了[②]。

……

于是就发生了这样的情况：正在兴起的资产阶级，特别是在现存制度最受动摇的新教国家里，都越来越承认在婚姻方面也有缔结契约的自由，并用上述方式来实现这一自由。婚姻仍然是阶级的婚姻，但在阶级内部则承认当事者享有某种程度的选择的自由。在字面上，在道德理论上以及在诗歌描写上，再也没有比认为不以夫妻相互性爱和真正自由的协议为基础的任何婚姻都是不道德的那种观念更加牢固而不可动摇的了。总之，恋爱婚姻被宣布为人权，并且不仅是 droit de l'homme[③]，而且在例外的情况下也是妇女的权利。

但是，这种人权有一点是与其他一切所谓人权不同的。当后者实际上只限于统治阶级即资产阶级，而对于被压迫阶级即无产阶级则直接或间接地被削减了的时候，历史的讽刺又应验了。统治阶级仍然为众所周知的经济影响所支配，因此在他们中间，真正自由缔结的婚姻只是例外，而在被统治阶级中间，像我们所已看到的，这种婚姻却是通例。

恩格斯：《家庭、私有制和国家的起源》（1884 年 3 月底—5 月底），摘自《马克思恩格斯文集》第 4 卷，人民出版社 2009 年版，第 93—95 页。

10. 工作应该比婚姻更多产

我在图书馆的工作本来早就可以结束。但是，间断太多，阻碍太大，而在家里，由于一切总是处于紧急状态，并且流不尽的眼泪使我整夜烦恼和生气，自然干不了多少事情。我感到对不起我的妻子。主要的负担都落在她的身上，实际上，她是对的。工作应该比婚姻更多产。

马克思：《致恩格斯》（1851 年 7 月 31 日），摘自《马克思恩格斯全集》第 48 卷，人民出版社 2007 年版，第 328 页。

11. 马克思婚后对燕妮·马克思的思念

暂时的别离是有益的，因为经常的接触会显得单调，从而使事物间的差别消失。甚至宝塔在近处也显得不那么高，而日常生活琐事若接触密了就会过度地胀大。热情也是如此。日常的习惯由于亲近会完全吸引住一个

---

① 即《共产党宣言》。——编者注

② 见《马克思恩格斯文集》第 2 卷第 31—43 页。——编者注

③ “droit de l'homme”既有“人的权利”的意思，也有“男子的权利”的意思。——编者注

人而表现为热情，只要它的直接对象在视野中消失，它也就不再存在。深挚的热情由于它的对象的亲近会表现为日常的习惯，而在别离的魔术般的影响下会壮大起来并重新具有它固有的力量。我的爱情就是如此。只要我们一为空间所分隔，我就立即明白，时间之于我的爱情正如阳光雨露之于植物——使其滋长。我对你的爱情，只要你远离我身边，就会显出它的本来面目，象巨人一样的面目。在这爱情上集中了我的所有精力和全部感情。我又一次感到自己是一个真正的人，因为我感到了一种强烈的热情。现代的教养和教育带给我们的复杂性以及使我们对一切主客观印象都不相信的怀疑主义，只能使我们变得渺小、孱弱、罗嗦和优柔寡断。然而爱情，不是对费尔巴哈的“人”的爱，不是对摩莱肖特的“物质的交换”的爱，不是对无产阶级的爱，而是对亲爱的即对你的爱，使一个人成为真正意义上的人。

你会微笑，我的亲爱的，你会问，为什么我突然这样滔滔不绝？我如能把你那温柔而纯洁的心紧贴在自己的心上，我就会默默无言，不作一声。我不能以唇吻你，只得求助于文字，以文字来传达亲吻。事实上，我甚至能写下诗篇并把奥维狄乌斯的《哀歌》重新以韵文写成德文的《哀书》。奥维狄乌斯只是被迫离开了皇帝奥古斯都。我却被迫和你远离，这是奥维狄乌斯所无法理解的。

诚然，世间有许多女人，而且有些非常美丽。但是哪里还能找到一副容颜，它的每一个线条，甚至每一处皱纹，能引起我的生命中的最强烈而美好的回忆？甚至我的无限的悲痛，我的无可挽回的损失，我都能从你的可爱的容颜中看出，而当我遍吻你那亲爱的面庞的时候，我也就能克制这种悲痛。“在她的拥抱中埋葬，因她的亲吻而复活”，这正是你的拥抱和亲吻。我既不需要婆罗门和毕达哥拉斯的转生学说，也不需要基督教的复活学说。

马克思：《致燕妮·马克思》（1856 年 6 月 21 日），摘自《马克思恩格斯全集》第 29 卷，人民出版社 1972 年版，第 515—516 页。

12. 离婚后的女人像时髦的家具那样被更换着

由于离婚方便，女人就象时髦的家具那样被更换着。

马克思：《关于罗马尼亚人的札记》（1860 年未发表过的手稿），人民出版社 1973 年版，第 36 页。

13. 妻子的死使我仅余的一点青春已经同她一起埋葬掉了

同一个女人在一起生活了这样久，她（指玛丽·白恩士——编者注）的死不能不使我深为悲恸。我感到，我仅余的一点青春已经同她一起埋葬掉了。

恩格斯：《致马克思》（1863 年 1 月 26 日），摘自《马克思恩格斯全集》第 30 卷，人民出版社 1975 年版，第 314 页。

14. 我的思想大部分沉浸在对我的妻子的怀念之中

你知道，没有人比我更讨厌随便动感情的了；但如果不承认我的思想大部分沉浸在对我的妻子——她同我生命中最美好的一切是分不开的——的怀念之中，那是骗人的。

马克思：《致恩格斯》（1882 年 3 月 1 日），摘自《马克思恩格斯全集》第 35 卷，人民出版社 1971 年版，第 42—43 页。

15. 妻子总是妻子，不管她是自由人还是女奴隶

妻子总是妻子，不管她是自由人还是女奴隶；但如果是女奴隶，而不是享有通奸权利的自由妇女，则丈夫的嫉妒确实可以更容易地使独占得到保证！不过一旦产生与战俘的婚姻，男子的嫉妒便会立刻消失。

恩格斯：《致卡尔·考茨基》（1883 年 3 月 2 日），摘自《马克思恩格斯全集》第 35 卷，人民出版社 1971 年版，第 448 页。

16. 社会是婚姻发展的决定性因素

由于时间不够，我不能再次详细谈论关于婚姻的文章①。无论如何，原始的性的共同体属于遥远的时代，并为以后进步的或退步的发展所淹没，现在无论在什么地方再也找不到它的原始形式的标本。可是，一切晚近的形式都可在这种原始的基础上找到它们的说明。不过我相信，只要您不完全放弃忌妒是社会的决定性因素（在原始时代）这种看法，就不可能正确叙述这一发展过程。

恩格斯：《致卡尔·考茨基》（1883 年 9 月 18 日），摘自《马克思恩格斯全集》第 36 卷，人民出版社 1975 年版，第 61 页。

17. 妇女爱自己的丈夫和孩子，并享受到丈夫和孩子对她的爱是幸福的

亲爱的绿蒂②，你一生中永远也无法返回的那个时期已经结束，一段

① 卡·考茨基《婚姻和家庭的起源》。——原编者注

② 夏绿蒂·恩格斯。

人生的幸福已经失去，它一去不复返了。我知道，在这个时刻你一定会觉得世界是多么的寂寞和空虚，我也知道，在你心灵深处，想立刻同你的艾米尔长眠在一起。这是很自然的，这是每一个为心爱的丈夫守灵的人都会有的心愿。但是，回想一下，我母亲也有过同样的经历。她有四十一年是幸福的，后来孀居。要知道，妇女爱自己的丈夫，超过我母亲爱我父亲的并不多。可是她毕竟在自己的子女中找到了慰藉，在我们这些儿孙中间又度过了十四年，这至少不能说是不幸福的。她当时比你现在的岁数大，她的所有子女都已长大成人，并且有了生活保障，而你还得对你的几个孩子尽到只有母亲才能尽到的责任，尤其是现在他们失去父亲以后，这种责任就更加重大了。

恩格斯：《致夏绿蒂·恩格斯》（1884 年 12 月 1 日），摘自《马克思恩格斯全集》第 36 卷，人民出版社 1975 年版，第 247 页。

18. 对待离婚应该持慎重态度，男人对妇女作出极其不公正的行为是错误的

您说，按照你们的性格，离婚是唯一正确的出路。但是，如果你们的性格确实不能和睦相处，那末我们本来也应当发觉这一点并且早就会预料到离婚是一种自然的不可避免的事情。就假定性格确实合不来吧。卡尔①同您结合，是同你们双方的家庭作斗争为代价赢得的，他知道，您为他付出了什么牺牲。据我们知道，他同您幸福地生活了五年。在这种情况下，任何暂时的不和睦（按照您自己的说法），都不应当使他昏头昏脑。即使新的、突然迸发的激情，促使他采取这种极端的步骤，他也不应当过分匆忙地这样做，首先应当避免露出一丝一毫的迹象，表明他这样做是受那些不愿意他同您结合而且也许对您是他的妻子这一点至今还不谅解的人的影响。

……

一般说来，我们的社会关系就是这样：男人对妇女作出极其不公正的行为是非常容易的，并且有多少男人能说自己完全没有这类过错呢？有一位从切身经验中十分了解这一点的极伟大的人物说过："得了吧，你们不配受妇女尊敬！"

恩格斯：《致路易莎·考茨基》（1888 年 10 月 11 日），摘自《马克思恩格斯

① 指考茨基。

斯全集》第37卷，人民出版社1971年版，第98—99页。

19. 恩格斯对待考茨基和他的妻子准备离婚的态度

当我们回到这里时，尼姆告诉我们的第一条新闻就是考茨基和他的妻子准备离婚，考茨基爱上了萨尔茨堡阿尔卑斯山区的一个姑娘，并把这一情况告诉了自己的妻子，而路易莎从她自己这方面给了他自由。我们大家都大吃一惊。然而，路易莎给我的信（真是一封了不起的信）证实了这个消息，并以令人赞叹不已的宽宏态度甚至饶恕了考茨基的一切过错。我们这里所有的人都很喜欢路易莎，我们弄不明白为什么考茨基会是这么一个傻瓜——而且是这么一个下贱胚；除非这是他母亲和妹妹（她们两人都恨路易莎）策划的阴谋，而考茨基落入了圈套。根据我们所能了解的一切，看来这确实是问题之所在。这个姑娘是州法院法官的女儿，她显然很想找到一个丈夫，特别是能把她带到维也纳去的丈夫。考茨基就在他妻子去维也纳照顾她有病的母亲的时候同这个姑娘勾搭上了。于是有一天早晨他们发现谁也不能没有对方而生活下去了，——当然，妹妹在幕后操纵这一对木偶，而母亲假装什么也没有看见。于是，考茨基来到这里，把情况告诉了伯恩施坦，卖掉了他的家具，带着他的书，同他的弟弟汉斯一起回到萨尔茨堡附近的圣吉耳根，回到演出上述这幕戏的地点。当年轻的蓓拉（这是她的名字）看到了同样年轻的汉斯这个愉快而魁梧的小伙子时，她马上发现，她爱卡尔实际上爱的只是汉斯，而汉斯则以年轻的维也纳人应有的干脆态度来报答她。在五天之内，他们就订婚了，而卡尔处于自己造成的两头落空的尴尬局面。……

当然，现在考茨基马上发现，最近一年来（自从他母亲和妹妹到这里并在威特岛同他们一起度过一个月之后）他同路易莎生活得不愉快，而爱德·伯恩施坦从瑞士来时也觉察到有些不和睦。尤其奇怪的是，就在他不能同她和睦相处的时候，我们这里所有的人认识她越久，就越喜欢她。这就证明她不仅仅是一个了不起的女人，因为她无疑就是这样一个女人（这样的女人当然往往不是最好的家庭妇女），而且是通情达理的人都能与之和睦相处的女人。所以，我这样想，也对尼姆这样说过：这是考茨基在其一生中干出的最大蠢事，我并不羡慕他的道德败坏，这是所有这一切造成的结果（不是说笑话！）。

恩格斯：《致劳拉·拉法格》（1888年10月13日），《马克思恩格斯全集》

第37卷，人民出版社1971年版，第100—101页。

20. 每个丈夫会发现自己妻子的某些缺陷是正常的，父母很难公正地对待违背其意愿而进入家门的女婿或媳妇，离婚对丈夫绝对不会带来任何损害，妻子就会失去自己的一切地位，必须一切再从头开始

每个丈夫会发现自己妻子的某些缺陷，反之亦然，这是正常的。但是由于第三者的好意的过问，这种批评态度会转为感情不好和长期不和。……

根据我自己家里的经验，我知道，父母很难（有时甚至不可能）公正地对待违背他们的意愿而进入家门的女婿或媳妇。不管父母怎样相信自己的意图是最好的，但这些最好的意图多半只会造成家庭新成员的痛苦，而且间接给自己的儿子或女儿造成痛苦。

……

如果你们感情不和（不管是什么原因）是那么明显，以致你当真要决定离婚，那我认为首先应当考虑到在现在的条件下妻子和丈夫地位的不同。离婚，在社会上来说，对于丈夫绝对不会带来任何损害，他可以完全保持自己的地位，只不过重新成为单身汉罢了。妻子就会失去自己的一切地位，必须一切再从头开始，而且是处在比较困难的条件下。因此，当妻子说要离婚，丈夫可以千方百计求情和央告而不会降低自己的身分；相反，当丈夫只是稍稍暗示要离婚，那末妻子要是有自尊心的话，几乎就不得不马上向他表示同意。由此可见，丈夫只有在万不得已时，只有在考虑成熟以后，只有在完全弄清楚必须这么做以后，才有权利决定采取这一极端的步骤，而且只能用最委婉的方式。

恩格斯：《致卡尔·考茨基》（1888年10月17日），摘自《马克思恩格斯全集》第37卷，人民出版社1971年版，第107—108页。

21. 马克思的夫人是一位品德高尚、不畏牺牲，根本做不出卑鄙之事的妇女

贵报巴黎通讯员在本日贵报晨刊上，除对我的亡友卡尔·马克思的家庭做了其他一些事属捏造的报道外，还讲到，在公社失败以后，法国司法部长曾下令逮捕刚刚在利尔当选为议员的保尔·拉法格先生。这位通讯员接着继续写道：

“据说当时马克思夫人，以不抓走其女婿为条件，对当局讲出了一个武器库的所在地点。在此以后，拉法格先生就越过国境逃往西班牙。”

由于马克思夫人的女儿艾威林夫人此刻不在伦敦，我就有义务来驳斥上述加于她母亲的污蔑性的指责。事实是这样的：当拉法格先生同他的妻子[①]以及他妻子的两个姐妹[②]在巴涅尔-德-吕雄的时候，一位同情他的共和国警察官员曾事先向他透露即将逮捕他的消息。当日，拉法格就骑马越过比利牛斯山逃入西班牙。[③] 那时马克思夫人在伦敦，因此，她即使有援救拉法格的意图，当时也不可能插手并为此向法国政府透露任何事情。这虚构出来的所谓武器库云云，纯属无稽之谈，其用意是要在这位品德高尚、不畏牺牲因而根本做不出卑鄙之事的妇女去世之后破坏她的名誉。

恩格斯：《关于已故的马克思夫人致“每日纪事报”编者》（1891年11月17日），摘自《马克思恩格斯全集》第22卷，人民出版社1965年版，第307—308页。

（三）生育

1. 只有通过改革来教育群众，才能够从道德上限制生殖的本能

可是，马尔萨斯的理论却是一个推动我们不断前进的、绝对必要的中转站。我们由于他的理论，总的来说由于经济学，才注意到土地和人类的生产力，而且我们在战胜了这种经济学上的绝望以后，就保证永远不惧怕人口过剩。我们从马尔萨斯的理论中为社会变革汲取到最有力的经济论据，因为即使马尔萨斯完全正确，也必须立刻进行这种变革，原因是只有这种变革，只有通过这种变革来教育群众，才能够从道德上限制繁殖本能，而马尔萨斯本人也认为这种限制是对付人口过剩的最有效和最简易的办法[④]。我们由于这个理论才开始明白人类的极端堕落，才了解这种堕落依存于竞争关系；这种理论向我们指出，私有制如何最终使人变成了商品，使人的

---

① 劳拉·拉法格。——编者注

② 燕妮·马克思和爱琳娜·马克思。——编者注

③ 关于1871年8月法国当局在拉法格和马克思的几个女儿住在比利牛斯山区疗养地巴涅尔-德-吕雄市时对他们进行迫害一事，见1871年8月25日马克思给“太阳报”，《Sun》时编辑德纳和1871年9月马克思的女儿燕妮给美国“伍德赫尔和克拉夫林周刊”（《Woodhull and Claflin's Weekly》）编辑的信（见《马克思恩格斯全集》中文版第17卷第430—433页和第704—715页）。摘自《马克思恩格斯全集》第22卷，人民出版社1965年版，第710页注释。

④ 托·罗·马尔萨斯《人口原理》1826年伦敦版第2卷第225—269页。——编者注

生产和消灭也仅仅依存于需求；它由此也指出竞争制度如何屠杀了并且每日还在屠杀着千百万人；这一切我们都看到了，这一切都促使我们要用消灭私有制、消灭竞争和利益对立的办法来消灭这种人类堕落。

恩格斯：《政治经济学批判大纲》（1843年底—1844年1月），摘自《马克思恩格斯文集》第1卷，人民出版社2009年版，第81—82页。

2. 人口的自然增长缓慢的原因是大多数在贫苦环境中出生的人口过早死亡，理智阻止婚姻的缔结或者阻止婚后生育的子女超过一定的数目

“如果资本量同人口的比例不变，工资水平也就保持不变；资本量与人口相比增加了，工资水平就提高；人口与资本量相比增加了，工资水平就下降”（第37—38页）。“根据这个规律，就很容易发现那些决定每个国家人民中绝大多数群众的处境的条件。如果人民的处境安逸、舒适，那么只要促使资本象人口一样快地增长或者阻止人口比资本增长得快，就足以保持这种状况。如果人民的处境恶劣，那就只有加速资本的增长或者减少人口，才能改善这种处境；这就是说，使民族就业资金同构成这一民族的单个人的人数之间的比例增大。”（第38页）“如果资本增长的自然趋势比人口增长快，那就很容易保持人民的安乐处境。相反，如果人口增长的自然趋势比资本量增长快，那就会有极大的困难；工资就不断趋于下降。工资的下降将使人民越来越贫困，使他们染上恶习，使他们死亡。不管人口按什么比例比资本更快地增长，生活在这种条件下的人也会以同样的比例死亡，这样，资本的增长和人口的增长之间的比例将保持不变，工资水平也就会停止下降。”几乎所有国家里广大人民群众的贫困都证明人口比资本增长得快是一个自然趋势。没有这种情况就不可能有这样的贫困。“人类的普遍贫困是一个事实，它只能用下述两个前提之一来加以说明：或者是人口具有比资本增长得快的趋势，或者是人们以某些方式阻碍了资本具有的增长趋势。”（第［38］—40页）

§2. “可以从以下几点推论出人口增长的自然趋势”：

第一，妇女的生理构造。妇女最低限度在二十岁到四十岁期间至少每两年能够生一个孩子。因此一个妇女的自然生育数是十。（第［40、42］、43页）我们把一切不幸事故、不生育等情况都考虑在内，假定一对富有的夫妇只能培育**五个**孩子。（第44页）即使根据这一假定也很清楚，“过不了几年人口将增长一倍”（第44页）。

第二，可以把官方的人口统计表、尤其是出生率和死亡率统计表与这个结论相对照。（第44页）然而这些统计表证明什么呢？证明人口的增长。即使这些统计表表明大多数国家的人口处于不兴旺状态，这也证明不了什么。部分地是贫穷使得大多数在贫苦环境中出生的人口过早死亡，部分地是理智阻止许多婚姻的缔结或者阻止婚后生育的子女超过一定的数目。

马克思：《詹姆斯·穆勒〈政治经济学原理〉一书摘要》（1844年），摘自《马克思恩格斯全集》第42卷，人民出版社1979年版，第8—9页。

3. 人类数量增多到必须为其增长规定一个限度的这种抽象可能性当然是存在的。但是，如果说共产主义社会在将来某个时候不得不像已经对物的生产进行调节那样，同时也对人的生产进行调节，那么正是这个社会，而且只有这个社会才能无困难地做到这点

即使讲坛社会主义者①硬要我们无产阶级社会主义者向他们解答一个谜，即我们用什么办法可以消除可能发生的人口过剩以及由此而来的新的社会制度垮台的危险，那我也决无义务去满足他们的愿望。为这些人解决他们由于自己的混乱的超智慧所产生的一切顾虑和疑问，或者，比如说，哪怕是仅仅反驳一个谢夫莱在他的许多厚书②中所写的那一大堆荒谬已极的胡言乱语，我看，这简直是浪费时间。光是修改这些先生们加上引号从《资本论》中摘引的错误引文，大概就可以凑成一大本书。在他们要求回答他们的问题之前，让他们首先学会阅读和抄写吧。

况且，我决不认为这个问题在当前是一个迫切的问题，当前刚刚处于形成时期的美国的大规模生产和真正的大农业，生产出堆积如山的生活资

---

① 讲坛社会主义者，是19世纪70—90年代一个资产阶级思想流派的代表人物。这些人主要是德国的大学教授，他们在大学的讲坛上宣扬资产阶级改良主义。讲坛社会主义的代表阿·瓦格纳、古·施穆勒、路·布伦坦诺、卡·毕歇尔、韦·桑巴特等人认为国家是超阶级的组织，因而鼓吹资产阶级和无产阶级之间的阶级和平，主张不触动资本家的利益，逐步实行“社会主义”。因此，讲坛社会主义的纲领仅局限于提出一些社会改良措施，如设立工人疾病和伤亡事故保险等，其目的在于削弱阶级斗争，消除革命以及社会民主党人的影响，使工人同反动的普鲁士国家和解。马克思和恩格斯对讲坛社会主义进行了坚持不懈的斗争，揭露了它反动和反科学的性质。摘自《马克思恩格斯文集》第10卷，人民出版社2009年版，第790页注释。

② 到1882年，阿·谢夫莱出版了以下著作：《人类社会的社会制度》（两卷集）1873年蒂宾根第3版、《资本主义和社会主义》，1878年蒂宾根第2版、《社会机体的结构和生命》（四卷集），1875—1878年蒂宾根版、《税收政策的基互原则》1880年蒂宾根版、《社团的强制救济基金》1882年蒂宾根版口流传最广的是谢夫莱的《社会主义的精髓》1875年哥达版，到1891年，该书共出13版。摘自《马克思恩格斯文集》第10卷，人民出版社2009年版，第790页注释。

料，使我们大有窒息的危险；当前是变革的前夜，这种变革除了其他后果之外，还会使地球上住满居民——您在第169—170页上所谈的，只是很浅地涉及这个问题——，这种变革在欧洲也必然要求大量增加人口。

……广大美洲居民的确生活在非常有利于人口增长的条件下。移民源源而来，就能证明这一点。而要使人口增长一倍，仍然需要30年以上。这没有什么可怕的。

人类数量增多到必须为其增长规定一个限度的这种抽象可能性当然是存在的。但是，如果说共产主义社会在将来某个时候不得不像已经对物的生产进行调节那样，同时也对人的生产进行调节，那么正是这个社会，而且只有这个社会才能无困难地做到这点。在这样的社会里，有计划地达到现在法国和下奥地利在自发的无计划的发展过程中产生的那种结果，在我看来，并不是那么困难的事情。无论如何，共产主义社会中的人们自己会决定，是否应当为此采取某种措施，在什么时候，用什么办法，以及究竟是什么样的措施。我不认为自己有向他们提出这方面的建议和劝导的使命。那些人无论如何也会和我们一样聪明。

其实，早在1844年我就谈过这个问题（《德法年鉴》第109页）：“即使马尔萨斯完全正确，也必须立刻进行这种（社会主义）变革，原因是只有这种变革，只有通过这种变革来教育群众，才能够从道德上限制繁殖本能，而马尔萨斯本人也认为这种限制是对付人口过剩的最有效和最简易的办法。”①

恩格斯：《致卡尔·考茨基》（1881年2月1日），摘自《马克思恩格斯文集》第10卷，人民出版社2009年版，第454—456页。

4. 避免过密的生育损害妇女健康

世界历史的讽刺多妙呵！三四年前，您作为一个新出笼的马尔萨斯主义者，宣传必须人为地限制人口的增长，否则，我们大家很快就会没有东西吃了。现在您却证明说：人口不多，甚至吃不完欧洲本身的产品以及美洲生产的过剩食物。埃林杜尔伯爵，请替我猜破这个自然之谜吧！② 可见，现在必须收起来的不是面包篮子，而是那块尽人皆知的小海绵。不过，这

① 恩格斯《国民经济学批判大纲》，见《马克思恩格斯文集》第1卷第81—82页。——编者注

② 亚·缪尔纳《罪》第二幕第五场。——原编者注

绝不妨碍资产阶级家庭有效地采用这种或另外一种什么方法保持孩子数量和收入相协调，避免过密的生育损害妇女健康等等。

恩格斯：《致卡尔·考茨基》（1883 年 2 月 10 日），摘自《马克思恩格斯全集》第 35 卷，人民出版社 1971 年版，第 431 页。

5. 人的诞生使妇女备受折磨

就拿那些描写分娩情形的作品来看吧，拿那些想把分娩的一切艰难、痛苦和可怕的情景真实描绘出来的作品，如埃米尔·左拉的《人生乐趣》（《La joie de vivre》）或韦列萨耶夫的《医生笔记》来看吧。人的诞生使妇女备受折磨，痛苦不堪，疼痛昏迷，血流如注，半死不活。但是，如果哪个“个人”认为爱情、爱情的结果和妇女做母亲的意义不过如此，有谁会承认这样的“个人”是人呢？有谁会由于这一点而发誓拒绝爱情和生育呢？

列宁：《预言》（1918 年 6 月 29 日），摘自《列宁选集》第 3 卷，人民出版社 1995 年版，第 555 页。

八、人类家庭演变史

（一）研究人类家庭史的三位代表人物及其主要观点（巴霍芬、麦克伦南和摩尔根）

1. 家庭史的研究是从巴霍芬《母权论》（1861）的出版开始的，他证明了母亲在母系社会的崇高的社会地位

在60年代开始以前，根本谈不到家庭史。历史科学在这一方面还是完全处在摩西五经的影响之下。人们不仅毫无保留地认为那里比任何地方都描写得更为详尽的家长制的家庭形式是最古的形式，而且把它——除一夫多妻制外——跟现代资产阶级的家庭等同起来，这样一来，家庭实际上就根本没有经历过任何历史的发展；至多认为在原始时代可能有过杂乱的性关系的时期。——诚然，除个体婚制之外，一般所知道的还有东方的一夫多妻制及印度和西藏的一妻多夫制；可是，这三种形式并不能按历史的顺序排列起来，它们彼此并立而没有任何相互的联系。至于说在古代历史的个别民族中间，以及至今尚存的若干蒙昧人中间，世系不是依照父亲而是依照母亲计算，因此，女系被认为是唯一有效的；在今天的许多民族中间，某些相当大的集团（那时还没有被详细研究过）内部禁止通婚，而且这种习俗在各大洲都可见到——这种种事实诚然已经是众所周知，而且这样的例子搜集得一天比一天多。但是没有人知道应当怎样去处理它们，甚至在爱·伯·泰勒所著的《人类原始历史的研究》（1865年版）一书中，也还是把这些事实简单地看做“奇怪习俗”，而与某些蒙昧人不许用铁器接触燃烧的木头以及类似的宗教上的滑稽怪事相提并论。

家庭史的研究是从1861年，即从巴霍芬的《母权论》的出版开始的。作者在这本书中提出了以下的论点：（1）最初人们实行着毫无限制的性关系，他把这种性关系用了一个不恰当的名词“淫游”来表示；（2）这种关系排除了任何可以确切认知的父亲，因此，世系只能依照女系——依照母权制——计算，古代的一切民族，起初都是如此；（3）因此，妇女作为母亲，作为年轻一代的唯一确切知道的亲长，享有高度的尊敬和威望，据巴霍芬的意见，高度的尊敬和威望上升到了完全的妇女统治

(Gynaikokratie)；(4) 向一个女子专属于一个男子的个体婚制的过渡，含有对远古宗教戒律的侵犯（就是说，实际上侵犯了其余男子自古享有的可以占有这位女子的权利），这种侵犯要求由女子暂时有限地献身于外人来赎罪或赎买对这种行为的容忍。

巴霍芬从他极其勤奋地搜集来的无数段古代经典著作中，为这些论点找出了证据。由“淫游”到专偶婚的发展，以及由母权制到父权制的发展，据他的意见——特别是在希腊人中间——是由于宗教观念的进一步发展，由于代表新观念的新神挤入体现旧观念的传统神内部；因此，旧神就越来越被新神排挤到后边去了。所以，照巴霍芬看来，并不是人们的现实生活条件的发展，而是这些条件在这些人们头脑中的宗教反映，引起了男女两性相互的社会地位的历史性的变化。根据这一点，巴霍芬指出，埃斯库罗斯的《奥列斯特》三部曲是用戏剧的形式来描写没落的母权制跟发生于英雄时代并日益获得胜利的父权制之间的斗争。克丽达妮斯特拉为了她的情人亚格斯都士，杀死了她的刚从特洛伊战争归来的丈夫亚加米农；而她和亚加米农所生的儿子奥列斯特又杀死自己的母亲，以报杀父之仇。为此，他受到母权制的凶恶维护者依理逆司神的追究，因为按照母权制，杀母是不可赎的大罪。但是，曾通过自己的传谕者鼓励奥列斯特去做这件事情的阿波罗和被请来当裁判官的雅典娜这两位在这里代表父权制新秩序的神，则庇护奥列斯特；雅典娜听取了双方的申诉。整个争论点集中地表现在奥列斯特与依理逆司神的辩论中。奥列斯特的理由是：克丽达妮斯特拉既杀了自己的丈夫，同时又杀了他的父亲，犯了两重罪。为什么依理逆司神要追究他，而不追究罪行严重得多的她呢？回答是明确的：

“她跟她所杀死的男人没有血缘亲属关系。”①

杀死一个没有血缘亲属关系的男人，即使他是那个女凶手的丈夫，也是可以赎罪的，是跟依理逆司神毫不相干的；她们的职务只是追究血缘亲属中间的谋杀案件，在这里，按照母权制，杀母是最不可赎的大罪。这时，阿波罗出来作奥列斯特的辩护人；于是雅典娜就把问题提交阿雷奥帕格的

---

① 埃斯库罗斯《奥列斯特》三部曲中的《厄默尼德》。——编者注

法官们——雅典娜的陪审员们——投票表决；主张宣告无罪与主张有罪判刑的票数相等；这时，雅典娜以审判长的资格，给奥列斯特投了一票，宣告他无罪。父权制战胜了母权制；“幼辈的神”（依理逆司神自己这样称呼他们）战胜了依理逆司神，后者终于也同意担任新的职务，转而为新的秩序服务了。

对《奥列斯特》三部曲的这个新的但完全正确的解释，是巴霍芬全书中最美妙精彩的地方之一，但它同时证明，巴霍芬至少是像当年的埃斯库罗斯一样地信仰依理逆司神、阿波罗神及雅典娜神；也就是说，他相信这些神在希腊的英雄时代创造了用父权制推翻母权制的奇迹。显然，这种认为宗教是世界历史的决定性杠杆的观点，归根结底必然导致纯粹的神秘主义。所以，仔细研究巴霍芬的这部四开本的大部头著作，乃是一件吃力而绝非始终值得的事情。不过，所有这一切并不降低他开辟道路的功绩；他头一个抛弃了关于性关系杂乱的尚未认知的原始状态的空谈，而证明古代经典著作向我们提出了大量的证据，这些证据表明，在希腊人及亚洲人那里，在个体婚制之前，确实存在过这样的状态，即不但一个男子与几个女子发生性的关系，而且一个女子也与几个男子发生性的关系，都不违反习俗；他证明，这种习俗在消失的时候留下了一种痕迹，即妇女必须在一定限度内献身于外人，以赎买实行个体婚的权利；因此，世系最初只能依女系即从母亲到母亲来计算；女系的这种唯一有效性，在父亲的身份已经确定或至少已被承认的个体婚制时代，还保存了很久；最后，母亲作为自己子女的唯一确实可靠的亲长的这种最初的地位，便为她们，从而也为所有妇女保证了一种自此以后她们再也没有占据过的崇高的社会地位。诚然，巴霍芬并没有这样明确地表述这些论点——他的神秘主义的观点妨碍他这样做。但是他证明了这些论点，而这在 1861 年是一个完全的革命。

巴霍芬的这部四开本的大部头著作，是用德文写的，即用那时对现代家庭的史前史最不感兴趣的民族的语言写的。因此，他的这本书一直湮没无闻。

恩格斯：《〈家庭、私有制和国家的起源〉1891 年第四版序言》（1891 年 6 月 16 日），摘自《马克思恩格斯文集》第 4 卷，人民出版社 2009 年版，第 19—22 页。

2. 麦克伦南在英国被普遍认为是家庭史的创始者和这个领域的第一个权威，他发现了外婚制与内婚制，亲属关系只能依照女系，而不能依照男系计算即母权制

1865年在同一领域里出现的巴霍芬的直接后继人，甚至没有听说过他。

这个后继人，就是约·弗·麦克伦南，他和他的先驱者正好相反。在这里我们所看到的，不是一个天才的神秘主义者，而是一个枯燥无味的法学家；不是诗人的才气横溢的想象，而是出庭的辩护士的振振有词的推论。麦克伦南在古代及近代的许多蒙昧民族、野蛮民族、以至文明民族中间，发现了这样一种结婚形式，即新郎必须一个人或者与他的朋友们一起假装用暴力把新娘从她的亲属手里抢过来。这个习俗，应当是较早的一种习俗的遗迹，那时一个部落的男子确实是用暴力到外边从别的部落为自己抢劫妻子。那么这种“抢劫婚姻”是怎样发生的呢？当男子在本部落内可以找到足够的妻子时，是没有任何理由这样做的。不过，我们也常常发现，在不发达的民族中间，有一些集团（在1865年时，还常常把这种集团与部落本身等同起来）禁止内部通婚，因此，男子不得不在本集团以外去娶妻，女子也不得不在本集团以外去找丈夫；而另外有些民族，却又有这样一种习俗，即某一集团的男子只能在自己本集团以内娶妻。麦克伦南把第一种集团叫做外婚制集团，把第二种集团叫做内婚制集团，并且直截了当地虚构出外婚制“部落”与内婚制“部落”的僵硬的对立。虽然他自己对外婚制的研究使他迎面就碰到这样一件事实，即这种对立即使不是在大多数场合，乃至一切场合，它在许多场合都只是存在于他的想象中，可是他仍然把这种对立作为他的整个理论的基础。根据这一说法，外婚制的部落只能从别的部落娶妻，而这在与蒙昧时代相适应的各部落之间战争不断的状态下，只有用抢劫的办法才能做到。

麦克伦南接着问道：这种外婚制的习俗是从哪里来的呢？他认为血缘亲属关系的观念和血亲婚配的观念与此毫不相干，因为这些观念只是在很久以后才发展起来的。但在蒙昧人中间广泛流行的女孩出生后立即杀死的习俗，则可能与此有关。他说，这种习俗使各个部落内发生男子过剩，其直接后果便必然是几个男子共有一个妻子，即一妻多夫制；由此又造成：人们只知道谁是孩子的母亲而不知道谁是孩子的父亲，于是，亲属关系只能依照女系，而不能依照男系计算，这就是母权制。部落内部妇女缺少——这种缺少虽然由一妻多夫制所缓和，但并未消除——的第二个后果，便是一贯地用暴力抢劫别的部落里的妇女。

> “外婚制与一妻多夫制既是起于同一原因——两性数目的不等，那么我们就应当认为，一切外婚制的种族起初都是一妻多夫制的……因此，我们应当认为不容争辩的是，在外婚制的种族中间，最初的亲属制度乃是仅由母亲方面来认知血缘关系的制度。”（麦克伦南《古代史研究》1886 年版。《原始婚姻》第 124 页）①

麦克伦南的功绩就在于他指出了他所谓的外婚制的到处流行及其重大意义。他根本没有发现外婚制集团存在的事实，也完全没有理解这个事实。且不说许多观察者的更早的个别记载——这些正是麦克伦南的材料来源，莱瑟姆就精确而可靠地叙述过印度马加尔人②的外婚制度（《记述民族学》1859 年版），并且说，这种制度曾普遍流行，在各大洲都可见到——这个地方麦克伦南自己就引用过。而且，我们的摩尔根早在 1847 年他的关于易洛魁人的通信（发表于《美国评论》杂志上）中，以及 1851 年在《易洛魁联盟》一书③中，也证明了在这个民族集团里存在着这种制度，并正确地记述了它，可是麦克伦南的辩护士般的头脑，如我们将要看到的，在这个问题上，造成了比巴霍芬的神秘主义想象在母权制方面所造成的更大得多的混乱。麦克伦南的又一个功绩，就在于他认定母权制的世系制度是最初的制度，虽然在这一点上，像他本人后来所承认的那样，巴霍芬已比他先说过了。但即使是在这里，他也没有把问题弄清楚；他经常说到“只依

① 这段引文摘自约·弗·麦克伦南《古代史研究。附重印的〈原始婚姻。关于婚礼中抢劫仪式的起源的研究〉》1886 年伦敦—纽约版第 124—125 页。麦克伦南的《原始婚姻》最早于 1865 年在爱丁堡出版单行本，而收有《原始婚姻》的《古代史研究》第 1 版于 1876 年在伦敦出版。恩格斯在下面也提到这一版本。摘自《马克思恩格斯文集》第 4 卷，人民出版社 2009 年版，第 573—574 页注释。

② 马加尔人过去是一个部落，现在是居住在尼泊尔西部地区的一个民族。摘自《马克思恩格斯文集》第 4 卷，人民出版社 2009 年版，第 574 页注释。

③ 路·亨·摩尔根的 14 封《关于易洛魁人的通信》发表在纽约的《美国评论》杂志 1847 年 2—12 月第 2—12 期，他的著作《Ho-dé-no-sau-nee 或易洛魁联盟》1851 年在伦敦出版。摘自《马克思恩格斯文集》第 4 卷，人民出版社 2009 年版，第 574 页注释。

照女系计算的亲属关系”（kinship through females only），并且一直把这个对较早发展阶段说来是正确的用语也应用于较后的一些发展阶段，而在这些发展阶段上，世系和继承权虽然还是只依照女系计算，但亲属关系也依照男子方面来承认和表示了。这是法学家的局限性，法学家创造了一个固定的法律用语，然后就一成不变地把它应用于早已不再适用的情况。

麦克伦南的理论，虽然好像讲得头头是道，然而即使在作者本人看来，似乎也缺乏牢固的根据。至少他本人注意到

> “值得注意的是，〈假装的〉抢劫妇女的形式，正是在**男子**亲属关系〈应该说依照男系计算的世系〉占统治地位的民族中间表现得最突出，最明显”（第140页）。

而且，他又说：

> “这是一个奇怪的事实，据我们所知，在外婚制与最古的亲属关系形式并存的任何地方，都没有杀婴的习俗。”（第146页）

这两点都是事实，是和他的说明方法显然矛盾的，他只能用新的更加混乱的假说来反驳它们。

可是，他的理论在英国仍然得到了很多的支持和响应：在英国，麦克伦南被普遍认为是家庭史的创始者和这个领域的第一个权威。他那外婚制“部落”与内婚制“部落”的对立，虽然人们也认为有个别的例外并加以修改，但依然是占统治地位的观点的公认基础，而且变成了眼罩，使得任何不抱成见地通观这一研究领域，从而取得任何决定性的进步都成为不可能。鉴于在英国，而且别国也仿效英国普遍对麦克伦南的功绩估价过高，我们应当着重指出一个事实，即他那纯粹理解错了的外婚制“部落”与内婚制“部落”的对立所造成的害处，要多于他的研究所带来的益处。

而不久便开始出现越来越多的、无法装进他的理论的纤巧框框中去的事实。麦克伦南只知道三种婚姻形式：一夫多妻制、一妻多夫制和个体婚制。但是当注意力集中到这一点的时候，就发现了越来越多的证据，证明在不发达的各民族中间，存在过一列男子共同占有一列女子的婚姻形式；

而拉伯克（《文明的起源》1870年版）则认定这种群婚（Communal marriage）是历史的事实。

恩格斯：《〈家庭、私有制和国家的起源〉1891年第四版序言》（1891年6月16日），摘自《马克思恩格斯文集》第4卷，人民出版社2009年版，第22—26页。

3. 1871年家庭史创始者摩尔根发现原始的母权制氏族是文明民族的父权制氏族的原始形式。其重要意义正如达尔文的进化理论和马克思的剩余价值理论一样，他首次绘出家庭史的略图

紧接着，在1871年，摩尔根又提出了新的、在许多方面都是决定性的材料。他确信，易洛魁人所通行的那种特殊的亲属制度，乃是美国的一切土著居民所共有的制度，因此，它流行于整个大陆，虽然它同那里通行的婚姻制度所实际产生的亲属等级是直接矛盾的。他促使美国联邦政府，根据他自己所拟定的问题和表格，了解有关其他各民族的亲属制度的情况。他从答案中发现：（1）美洲印第安人的亲属制度，也流行于亚洲的许多部落，并且以略有改变的形式，流行于非洲及澳洲的许多部落。（2）这种制度，在夏威夷及其他澳洲岛屿上正处于消亡阶段的群婚形式中，找到了完全的说明。（3）但是，在这些岛屿上，与这种婚姻形式并存而流行的亲属制度，则是一种只有用更为原始而如今业已消失的群婚形式才能说明的亲属制度。他把所搜集的材料与他从中得出的结论，一同发表在他的《血亲制度和姻亲制度》（1871年版）一书中，因而把争论转移到更无比广大的领域里来了。他从亲属制度出发，恢复了与之相应的家庭形式，这就开辟了一条新的研究途径及进一步追溯人类史前史的可能。如果这个方法能够成立，麦克伦南的精巧设计就要烟消云散了。

麦克伦南在《原始婚姻》的新版（《古代史研究》1876年版）中起而为自己的理论辩护。他自己只根据假说完全人为地编造出一套家庭史，却要求拉伯克和摩尔根不仅要对他们的每一个论点提出证据，而且要提出只有在苏格兰法庭上才会要求的那种不可争辩的确凿证据。而提出这种要求的同一个人，却根据德意志人中的舅甥之间的密切关系（塔西佗《日耳曼尼亚志》第20章），根据凯撒关于布列吞人每10个或12个男子有共同的妻子的记述，根据古代著作家关于野蛮人共妻的其他一切记述，毫不犹豫地作出结论说，所有这些民族都盛行过一妻多夫制！这就好像在听这样一位检察官讲话，他在起诉时可以信口开河，然而却要求辩护人每句话都要有最明确的、有法律效力的证据。

他断言群婚是纯粹的虚构，这样，他便比巴霍芬落后了许多。他认为，摩尔根所说的亲属制度，乃是纯粹的社交礼仪的规则，并拿印第安人把异族人、白种人也称呼为父亲或兄弟这一事实作为证明。这正如某人因为人们把天主教的教士和修道院女院长也称为父亲和母亲，而修士和修女，甚至共济会会员和英国同业公会会员在庄严的集会上，彼此也用兄弟和姊妹相称，就硬说父母、兄弟、姊妹等称呼是根本毫无意义的称呼一样。总之，麦克伦南的辩护是极端软弱无力的。

不过他还有一点没有被攻破。他的全部体系所依据的外婚制“部落”与内婚制“部落”的对立，不仅没有被动摇，而且甚至被公认为全部家庭史的基石。人们承认，麦克伦南试图给这个对立所作的解释是不够有力的，而且跟他自己所举出的一些事实相矛盾。不过这一对立本身，即存在着两种相互排斥的独立自主的部落，其中一种是在本部落以内娶妻，而另一种则绝对禁止这样做，却被认为是不可辩驳的真理。请参看例如日罗-特隆的《家庭的起源》（1874 年版），甚至拉伯克的《文明的起源》（1882 年第 4 版）。

摩尔根的主要著作《古代社会》（1877 年版）（本书即以这部著作为基础），就是针对这一点的。摩尔根在 1871 年仅仅模糊地推测到的，在这里已经十分明确地发挥出来了。内婚制和外婚制根本不构成对立；外婚制“部落”的存在，直到现在也没有在任何地方找到证明。不过，在群婚还盛行的时代——群婚完全可能一度到处盛行——，一个部落分为好几个母系血缘亲属集团，即氏族，在氏族内部，严格禁止通婚，因此，某一氏族的男子，虽能在部落以内娶妻，并且照例都是如此，却必须是在氏族以外娶妻。这样，要是氏族是严格外婚制的，那么包括了所有这些氏族的部落，便成了同样严格内婚制的了。这就彻底推翻了麦克伦南人为地编造的理论的最后残余。

但是摩尔根并不满足于此。美洲印第安人的氏族还帮助他在他所研究的领域内迈出了有决定意义的第二步。他发现，这种按母权制建立的氏族，就是后来按父权制建立的氏族——即我们在古希腊罗马时代文明民族中可以看到的氏族——所由以发展起来的原始形式。希腊的和罗马的氏族，对于迄今所有的历史编纂学家来说都是一个谜，如今可以用印第安人的氏族来说明了，因而也就为全部原始历史找到了一个新的基础。

确定原始的母权制氏族是文明民族的父权制氏族以前的阶段的这个重新发现，对于原始历史所具有的意义，正如达尔文的进化理论对于生物学和马克思的剩余价值理论对于政治经济学的意义一样。它使摩尔根得以首次绘出家庭史的略图；这一略图，在目前已知的资料所容许的限度内，至少把典型的发展阶段大体上初步确定下来了。非常清楚，这样就在原始历史的研究方面开始了一个新时代。母权制氏族成了整个这门科学所围着旋转的轴心；自从它被发现以后，人们才知道，应该朝着什么方向研究和研究什么，以及应该如何去整理所得的结果。因此，目前在这一领域内正取得比摩尔根的著作出版以前更加迅速得多的进步。

摩尔根的发现，如今也为英国所有的史前史学家所承认，或者更确切些说，所窃取了。但是，他们几乎没有一个人肯公开承认，这一观点上的革命恰恰应该归功于摩尔根。在英国，人们对他的书尽可能保持沉默，而对他本人则只是以宽大地称赞他以前的成绩来敷衍一下；对他的叙述中的细节尽力吹毛求疵，而对他的真正伟大的发现却顽固地闭口不提。《古代社会》的第一版已经脱销；在美国，这类书没有应有的销路；在英国，这本书看来是一贯受到压制；这本划时代的著作的唯一还在出售的版本，就是德文译本。

这种冷漠态度很难不令人想到是一种共同蓄意采取的沉默抵制行为，尤其是如果考虑到我们那些公认的史前史学家的著作中充满了仅仅是出于客气而作的许多引证，以及其他对同行表示尊敬的证据，就更会使人这样想——这种冷漠态度的原因何在呢？是不是因为摩尔根是个美国人，而令英国的史前史学家极其难堪的是，他们尽管在热心地搜集材料方面值得高度赞扬，但是在整理与分析这种材料所应用的一般观点方面，一句话，在他们的思想方面，却要依赖两个天才的外国人——巴霍芬和摩尔根呢？要是德国人的话，他们还可以容忍，但是对一个美国人怎能容忍呢？在美国人面前，每个英国人都成了爱国主义者，关于这一点，我在美国看到了许多可笑的例子[①]。何况麦克伦南可以说是官方任命的英国史前史学派的创始人和领袖；史前史学界在某种程度上已经形成一种规矩，只能以莫大的敬意谈论他那从杀婴到一妻多夫制、抢劫婚姻再到母权制家庭的人工编造的历史理论；对于绝对相互排斥的外婚制“部落”和内婚制“部落”的存在稍有怀疑，便被视为放肆的邪说；这样，把所有这些神圣教条打得粉碎的摩尔根，就是犯了某种渎圣罪。加之，摩尔根在打破这些教条时，又是用一经说出便立即人人明白的方式；因此，一直茫然彷徨于外婚制与内婚制之间的麦克伦南的崇拜者，现在简直要用拳头敲着自己的脑门大叫起来：我们怎么会这样愚蠢，自己没有老早把它发现出来呢！

如果说这些罪过还不足以使官方学派非把摩尔根冷漠地撇在一边不可，那么他还有一个实在太过分的地方，就是他不仅用类似傅立叶使用的方式对文明，对商品生产社会，对我们现代社会的基本形式进行了批评，而且还用了卡尔·马克思才能说的话来谈论这一社会的未来的改造。所以，摩尔根就罪有应得，麦克伦南愤然地责难“他根本厌恶历史方法”[②]，而且日内瓦的教授日罗—特隆先生在1884年也重申了这一点。可是要知道，这位日罗—特隆先生在1874年（《家庭的起源》）还束手无策地徘徊于麦克伦南的外婚制的迷宫中，全仗摩尔根才被解救出来！

摩尔根在原始历史学上的其他成就，在这里没有考察的必要；在这一方面需要提到的，在本书有关的地方都可以找到。自从摩尔根的主要著作出版以来已经14年了，这14年间，关于人类原始社会史的材料，已经大大丰富起来；除了人类学家、旅行家及职业的史前史学家以外，比较法学家也参加进来了，他们有的提供了新的材料，有的提出了新的观点。结果，摩尔根有一些假说便被动摇，甚至站不住脚了。不过，新搜集的资料，不论在什么地方，都没有导致必须用其他的观点来代替他的卓越的基本观点。他给原始历史建立的系统，在基本的要点上，今天仍然有效。甚至可以说，

---

① 1888年8—9月恩格斯曾同爱·艾威林、爱·马克思–艾威林和卡·肖莱马去美国和加拿大旅行。恩格斯在旅行归来乘坐的纽约号轮船上，用轮船上的公用信笺写下了一些随笔，描述美国的社会政治生活，但其计划未能完成，仅仅留下一些片断和残稿，《美国旅行印象》（见《马克思恩格斯全集》中文第1版第21卷）即是其中一篇。摘自《马克思恩格斯文集》第4卷，人民出版社2009年版，第574页注释。

② 约·麦克伦南《古代史研究》1876年伦敦版第333页。——编者注

越是有人力图隐瞒摩尔根是这一伟大进步的奠基者，他所建立的这个系统就越将获得大家的公认。①

恩格斯：《〈家庭、私有制和国家的起源〉1891年第四版序言》（1891年6月16日），摘自《马克思恩格斯文集》第4卷，人民出版社2009年版，第26—30页。

4. 杂乱的性关系的原始状态是群婚制。家庭随着社会的发展过程而发生变化，只要还戴着妓院眼镜去观察原始状态，便永远不可能对它有任何理解

摩尔根一生的大部分，是在易洛魁人中间度过的，这种易洛魁人现在还居住在纽约州；他并且被一个易洛魁人部落（塞讷卡人部落）接纳入族。他发现，易洛魁人奉行着一种同他们的实际的家庭关系相矛盾的亲属制度。在易洛魁人中间盛行的，是一种双方可以轻易解除的个体婚姻，摩尔根把它称为"对偶制家庭"。因此，这种夫妻的子女，是众所周知和大家公认的；对谁应该用父亲、母亲、儿子、女儿、兄弟、姊妹等称呼，是不会有疑问的。但是，这些称呼的实际使用，却与此矛盾。易洛魁人的男子，不仅把自己亲生的子女称为自己的儿子和女儿，而且把他兄弟的子女也称为自己的儿子和女儿，而他们都称他为父亲。他把自己姊妹的子女则称为自己的外甥和外甥女，他们称他为舅父。反之，易洛魁人的女子，把自己姊妹的子女和她自己亲生的子女一概都称为自己的儿子和女儿，而他们都称她为母亲。她把自己兄弟的子女则称为自己的内侄和内侄女，她自己被称为他们的姑母。同样，兄弟的子女们互称兄弟姊妹，姊妹的子女们也互称兄弟姊妹。而一个女人的子女和她兄弟的子女，则互称为表兄弟和表姊妹。这并不是一些空洞的名称，而是实际上流行的对血缘亲属关系的亲疏和辈分的观点的表达；这种观点是一种完备地制定了的亲属制度的基础，这种亲属制度可以表达单个人的数百种不同的亲属关系。不仅如此，这种亲属制度不仅在所有美洲印第安人中（直到现在还没有发现过例外）完全有效，而且在印度最古的居民中，在德干的达罗毗荼人部落和印度斯

① 我于1888年9月从纽约返欧途中遇到一位罗切斯特选区的前国会议员，他认识摩尔根，可惜，关于摩尔根的事他能给我述说的并不多。摩尔根以个人的身份住在罗切斯特，仅仅从事自己的学术研究工作。他的兄弟是个上校，曾在华盛顿国防部供职；靠这位兄弟的介绍，摩尔根得以使政府对他的研究加以关注，用公款出版了他的几种著作；据我的交谈者自己说，他在任国会议员期间，也曾多次帮过摩尔根的忙。

坦的戈拉人部落中，也差不多毫无变更地实行着。在南印度的泰米尔人和纽约州的塞讷卡部落的易洛魁人用来表达亲属关系的名称中，至今还有200种以上不同的亲属关系是用相同的名称来表达的。所以在印度的这些部落中间，正和在所有美洲印第安人中间一样，从现行家庭形式中产生的亲属关系，也是同亲属制度相矛盾的。

怎样来说明这一点呢？由于亲属关系在一切蒙昧民族和野蛮民族的社会制度中起着决定作用，因此，我们不能只用说空话来抹杀这一如此广泛流行的制度的意义。在美洲普遍流行的制度，在种族全然不同的亚洲各民族中间也存在着，在非洲和澳洲各地也经常可以发现它的多少改变了的形式，像这样的一种制度，是需要从历史上来说明的，决不能像例如麦克伦南所企图做的那样含糊过去。父亲、子女、兄弟、姊妹等称呼，并不是单纯的荣誉称号，而是代表着完全确定的、异常郑重的相互义务，这些义务的总和构成这些民族的社会制度的实质部分。说明终于找到了。在桑威奇（夏威夷）群岛上，本世纪上半叶还存在着一种家庭形式，这种家庭所产生的父亲和母亲、兄弟和姊妹、儿子和女儿、舅父和姑母、外甥和外甥女、内侄和内侄女，正好同美洲及古印度人的亲属制度所要求的一样。然而，好奇怪！夏威夷群岛上流行的亲属制度，又是同当地事实上存在的家庭形式不相符合的。因为，那里凡是兄弟姊妹的子女，都毫无例外地是兄弟姊妹；他们不仅被看做自己母亲及其姊妹或自己父亲及其兄弟的共同的子女，而且毫无区别地被看做自己双亲的一切兄弟姊妹的共同的子女。由此可见，如果说美洲的亲属制度，是以在美洲已经不存在，而我们在夏威夷确实还找到的比较原始的家庭形式为前提，那么，另一方面，夏威夷的亲属制度却向我们指出了一种更加原始的家庭形式，诚然，这一家庭形式的存在，现在我们在任何地方都不能加以证明，但是它**一定**是存在过的，否则，就不会产生相应的亲属制度。摩尔根说：

“家庭是一个能动的要素；它从来不是静止不动的，而是随着社会从较低阶段向较高阶段的发展，从较低的形式进到较高的形式。反之，亲属制度却是被动的；它只是把家庭经过一个长久时期所发生的进步记录下来，并且只是在家庭已经根本变化了的时候，它才发生根本的变化。”①

“同样”，马克思补充说，“政治的、法律的、宗教的、哲学的体系，一般都是如此。”② 当家庭继续发展的时候，亲属制度却僵化起来；当后者以习惯的方式继续存在的时候，家庭却已经超过它了。不过，正像居维叶可以根据巴黎附近所发现的有袋动物骨骼的骨片，来确实地断定这种骨骼属于有袋动物，并断定那里曾经生存过这种已经绝迹的有袋动物一样，我们也可以根据历史上所留传下来的亲属制度，同样确实地断定，曾经存在过一种与这个制度相适应的业已绝迹的家庭形式。

刚刚讲过的那些亲属制度和家庭形式，同现在所盛行的亲属制度和家庭形式不同的地方，就在于每个孩子有几个父亲和母亲。按照美洲的亲属制度（夏威夷的家庭是与它相适应的），兄弟和姊妹不能成为同一个孩子的父亲和母亲；反之，夏威夷的亲属制度，却以通常都是这种情形的家庭为前提。在这里，我们可以看见一系列家庭形式，这些家庭形式，同那些迄今习惯上认为唯一通行的形式正相矛盾。传统的观念只知道有个体婚制，以及和它并存的一夫多妻制，至多还有一妻多夫制，同时，正如满口道德的庸人所应当做的那样，还把实践偷偷地但毫不知耻地逾越官方社会所定的界限这一事实隐瞒起来。反之，原始历史的研究却向我们展示了这样一种状态，在这种状态下，男子过着多妻制的生活，而他们的妻子同时也过着多夫制的生活，所以，他们两者的子女都被看做大家共有的子女；这种状态本身，在最终分解为个体婚姻以前，又经历了一系列的变化。这些变化是这样的：被共同的婚姻纽带所联结的范围，起初是很广泛的，后来越来越缩小，直到最后只留下现在占主要地位的成对配偶为止。

---

① 路·亨·摩尔根《古代社会》1877年伦敦版第435页。——编者注

② 马克思在《路易斯·亨·摩尔根〈古代社会〉一书摘要》中写道：“家庭是一个能动的要素，它从来不是静止不动的，而是由较低级的形式进到较高级的形式。反之，亲属制度却是被动的；它把家庭经过一个长久时期所发生的进步记录下来，并且只有当家庭已经根本变化了的时候，它才发生根本的变化。

[同样，政治的、宗教的、法律的、哲学的体系，一般都是如此。]”

从“反之，亲属制度……”开始，一直到这段结束，旁边有用红笔画的线；“一般都是如此”下面有用红笔画的线（参看《马克思恩格斯全集》中文第1版第45卷第353—354页）。摘自《马克思恩格斯文集》第4卷，人民出版社2009年版，第574—575页注释。

摩尔根在这样考证过去的家庭的历史时，同他的多数同行一致，也认为曾经存在过一种原始的状态，那时部落内部盛行毫无限制的性关系，因此，每个女子属于每个男子，同样，每个男子也属于每个女子[①]。这种原始状态，早在上一个世纪就有人谈过，不过只是一般谈谈而已；只有巴霍芬才第一个认真对待这个问题，并且到历史的和宗教的传说中寻找这种原始状态的痕迹[②]，这是他的伟大功绩之一。现在我们知道，他所找出的这些痕迹，决没有追溯到杂乱的性关系的社会阶段，而只是追溯到晚得多的一个形式，即群婚制。那个原始社会阶段，如果确实存在过的话，也是属于非常遥远的时代，以致在社会的化石，即在落后的蒙昧人中间，我们未必可以找到它在过去存在的直接证据了。巴霍芬的功绩，就在于他把这个问题提了出来作为考察的中心。[③]

近年来，否认人类性生活的这个初期阶段，已成时髦了。人们想使人类免去这一“耻辱”。在这里，人们不仅以缺乏任何直接的证据为口实，而且还特别引用其他动物界的例子；从其他动物界里，勒土尔诺（《婚姻和家庭之进化》1888 年版）搜集了许多事实，表明完全杂乱的性关系即使在这里也应该属于低级发展阶段。但是，我从这一切事实中只能得出这样一个结论，即它们对于人类及其原始生活条件绝对证明不了任何东西。脊椎动物长期的成对同居，用生理的原因足以说明，例如在鸟类中，是由于雌鸟在孵卵期间需要扶助；在鸟类中存在的忠实的专偶制的例子，对于人类丝毫不能有所证明，因为人类并非起源于鸟类。如果严格的专偶制是各种美德的最高峰，那么优胜的棕叶就应当属于绦虫了，因为绦虫在其 50—200 个关节或体节的每

---

① 以下直到“1. 血缘家庭”（本卷第 47 页）以前是恩格斯在 1891 年版中增补的。1884 年版中是：“这种原始状态的发现，是巴霍芬的第一个伟大功绩。从这种原始状态中，大概很早就发展出以下几种家庭形式。”——编者注

② 约·雅·巴霍芬《母权论。根据古代世界的宗教的和法的本质对古代世界的妇女统治的研究》1861 年斯图加特版。——编者注

③ 约·雅·巴霍芬把这种原始状态叫做淫游，从而表明，他是多么不了解他所发现的，或者更确切地说，他所猜到的东西。希腊人使用淫游这个名词，是表示未婚男子或过个体婚生活的男子跟未婚的女子的性关系；这种淫游，总是以一定的婚姻形式的存在为前提，在这个婚姻形式之外发生这种性关系，并且包含着至少是一种可能性的卖淫。这个名词，从来没有在别的意义上使用过，我和摩尔根就是在这个意义上使用它的。巴霍芬的极端重要的发现，到处都被他的幻想——即认为历史上发生的男女之间的关系，总是起源于当时人们的宗教观念，而不是起源于人们的现实生活条件——弄得神秘化了，令人难以置信。

一节中都有完备的雌雄性器官，终生都在每个体节中自行交合。而如果我们只限于谈哺乳动物，那么我们在这里就可以找出性生活的一切形式——杂交、类似群婚的形式、多妻制、个体婚制；所缺乏的只是多夫制，这一点只有人类才能做得出来。甚至我们的近亲——猿猴类，在雌雄的配合上也显露了种种可能的差别；如果再缩小范围，仅仅考察一下四种类人猿，那么在这里勒土尔诺只能说，它们有时是专偶制，有时是多偶制，而从日罗-特隆的著作来看，索绪尔则断言它们是专偶制。[①] 最近韦斯特马克（《人类婚姻史》1891 年伦敦版）关于类人猿是专偶制的断语，也远不能作为证据。总之，现有材料的性质使得诚实的勒土尔诺承认：

"不过，在哺乳动物中，智力发展的程度和性关系的形式之间，根本没有严格的关系。"[②]

而埃斯皮纳斯（《论动物的社会》1877 年版）则率直地说：

"群是我们在动物中所能看到的最高的社会集团。它大概是由家庭构成的，但是家庭和群一开始就处在对抗之中，它们是以反比例发展的。"

从上述情况已经可以看出，我们关于类人猿的家庭集团及其他共居生活集团还几乎没有丝毫确定的知识；现有的材料都是直接互相矛盾的。这也没有什么稀奇。甚至我们所掌握的关于蒙昧人类族系的一切材料，也是十分矛盾，十分需要严格考证和精选的；而观察猿猴社会，比观察人类社会，还要困难得多。因此，凡根据这样绝对不可靠的报告而作的任何结论，我们都必须加以摒弃。

反之，上面所引的埃斯皮纳斯的命题却给了我们一个较好的论据。高等动物的群和家庭并不是互相补充，而是互相对立的。埃斯皮纳斯非常清楚地说明了，雄性在交配期内的忌妒是怎样削弱或者暂时瓦解任何共居生活的群。

---

① 亚·日罗-特隆在《婚姻与家庭的起源》1884 年日内瓦—巴黎版第 XV 页的脚注中沿用了索绪尔本人的这种提法。摘自《马克思恩格斯文集》第 4 卷，人民出版社 2009 年版，第 575 页注释。

② 沙·勒土尔诺《婚姻和家庭之进化》1888 年巴黎版第 41 页。——编者注

> “在家庭紧密结合的地方，群只是一种稀有的例外。反之，在自由的性关系或多偶制盛行的地方，群差不多是自动地形成的……为了使群能够组成，家庭的纽结必然要放松，个体必然要重新自由。因此，我们在鸟类中才极少见到有组织的群……反之，我们在哺乳动物中之所以能发现在某种程度上有组织的社会，正因为个体在这里没有被家庭所吞没……所以，群的集体感在其发生时的大敌，莫过于家庭的集体感。我们可以毫不迟疑地说：如果说一种比家庭更高级的社会形式已经发展起来，那么这只是由于它把遭受了彻底变化的家庭容纳于自身之中才能发生；这并不排除，这些家庭正是由于这一点以后才有可能在无限优越的环境中重新组成。”（埃斯皮纳斯《论动物的社会》，转引自日罗—特隆《婚姻与家庭的起源》1884 年版第 518—520 页）

由此可见，动物社会对于推断人类社会确有某种价值——但只是反面的价值而已。在较高等的脊椎动物中，据我们所知，只有两种家庭形式：多妻制和成对配偶制；在这两种家庭形式中，都只许有一个成年的雄者，只许有一个丈夫。雄者的忌妒，既联结又限制着动物的家庭，使动物的家庭跟群对立起来；由于这种忌妒，作为共居生活较高形式的群，在一些场合成为不可能，而在另一些场合则被削弱，或在交配期间趋于瓦解，在最好的情况下，其进一步的发展也受到阻碍。单是这一点就足以证明，动物的家庭和人类的原始社会是两不相容的东西；正在努力脱离动物状态的原始人类，或者根本没有家庭，或者至多只有动物中所没有的那种家庭。像正在形成中的人这样一种没有武器的动物，即使互相隔绝，以成对配偶为共居生活的最高形式，就像韦斯特马克根据猎人的口述所断定的大猩猩和黑猩猩的情况那样，也是能够以不多的数量生存下去的。为了在发展过程中脱离动物状态，实现自然界中的最伟大的进步，还需要一种因素：以群的联合力量和集体行动来弥补个体自卫能力的不足。用现今类人猿那样的生活条件根本无法解释向人类状态的过渡；这种类人猿给我们的印象，毋宁说是一种正在逐渐灭绝的、至少也是处于衰落状态的脱离正轨的旁系。只此一点，就足以驳倒由它们的家庭形式类推原始人类的家庭形式的任何论调了。而成年雄者的相互宽容，没有忌妒，则是形成较大的持久的集团的首要条件，只有在这种集团中才能实现由动物向人的转变。的确，我们发现历史上可以确切证明并且现在某些地方还可以加以研究的最古老、最原始的家庭形式是什么呢？那就是群婚，即整群的男子与整群的女子互为所有，很少有忌妒余地的婚姻形式。其次，在较晚的一个发展阶段上，我们又发现了多夫制这种例外形式，这一形式更是直接同一切忌妒的感情相矛盾，因而是动物所没有的。不过，我们所知道的群婚形式都伴有特殊复杂的条件，以致必然使我们追溯到各种更早、更简单的性关系的形式，从而归根结底使我们追溯到一个同从动物状态向人类状态的过渡相适应的杂乱的性关系的时期，这样，动物婚姻形式的引证，就使我们恰好回到这些引证本来要使我们永远离开的那一点上去了。

那么，杂乱的性关系究竟是什么意思呢？这就是说，现在或较早时期通行的禁规在那时是没有效力的。我们已经看到，忌妒所造成的限制是怎样崩溃的。如果说有什么可以确定的话，那就是：忌妒是一种较后发展起来的感情。血亲婚配的观念，也是如此。不仅兄弟和姊妹起初曾经是夫妇，而且父母和子女之间的性关系今日在许多民族中也还是允许的。班克罗夫特（《北美太平洋沿岸各州的土著民族》1875年版第1卷）证明，白令海峡沿岸的加惟基人、阿拉斯加附近的科迪亚克岛上的人、英属北美内地的提纳人，都有这种关系；勒土尔诺也提出了关于印第安赤北韦人、智利的库库人、加勒比人、印度支那半岛的克伦人的同样事实的报告；至于古希腊人和古罗马人关于帕提亚人、波斯人、西徐亚人、匈奴人等的故事，在这里就不必说了。在血亲婚配尚未发明之前（这的确是一种发明，而且是一种极其宝贵的发明），父母和子女之间的性关系所引起的憎恶，并不大于其他不同辈的人们之间的性关系；而后者即使今日在最市侩气的国家里也还在发生，而且并不引起多大的惊骇；甚至年逾60的老“姑娘”，如果她们十分富有的话，有时也可以嫁给一个30来岁的青年男子。不过，如果我们从我们所知道的最原始的家庭形式上抛弃那种与它们连在一起的血亲婚配的观念——这种观念跟我们的观念完全不同，而且往往是跟它们直接冲突的——，那么我们就得出一种只能叫做杂乱的性关系的形式了。所谓杂乱，是说后来由习俗所规定的那些限制那时还不存在。但是由此决不能说，在日常实践中也必然是一片混乱。短时期的成对配偶决不是不可能的，正如在群婚制中，当时的多数情况也是成对配偶那样。所以，如果说韦斯特马克（他是最近的一个否认这种原始状态的人）把两性在生孩子以前一切成对同居状态，都叫做婚姻，那么就应该说，这种婚姻完全可以在杂乱的性关系状态下发生，而它跟杂交状态，即不存在习俗规定的对性关系的限制的那种状态不相矛盾。当然，韦斯特马克是从如下的观点出发的，他认为：

> “杂交状态包含着对个人爱恋的压抑”，因而“卖淫是这种状态的最真实的形式”①。

而我却以为，只要还戴着妓院眼镜去观察原始状态，便永远不可能对它有任何理解。我们在研究群婚时，再来谈这个问题吧。

恩格斯：《家庭、私有制和国家的起源》（1884 年 3 月底—5 月底），摘自《马克思恩格斯文集》第 4 卷，人民出版社 2009 年版，第 39—47 页。

5. 三种婚姻形式大体上与人类发展的三个主要阶段相适应

这样，我们便有了三种主要的婚姻形式，这三种婚姻形式大体上与人类发展的三个主要阶段相适应。群婚制是与蒙昧时代相适应的，对偶婚制是与野蛮时代相适应的，以通奸和卖淫为补充的专偶制是与文明时代相适应的。在野蛮时代高级阶段，在对偶婚制和专偶制之间，插入了男子对女奴隶的统治和多妻制。

恩格斯：《家庭、私有制和国家的起源》（1884 年 3 月底—5 月底），摘自《马克思恩格斯文集》第 4 卷，人民出版社 2009 年版，第 88 页。

（二）摩尔根从原始社会中发现人类家庭演变的四种形式

1. 血缘家庭

这是家庭的第一个阶段。在这里，婚姻集团是按照辈分来划分的：在家庭范围以内的所有祖父和祖母，都互为夫妻。他们的子女，即父亲和母亲，也是如此；同样，后者的子女，构成第三个共同夫妻圈子。而他们的子女，即第一个集团的曾孙子女们，又构成第四个圈子。这样，这一家庭形式中，仅仅排斥了祖先和子孙之间、双亲和子女之间互为夫妻的权利和义务（用现代的说法）。同胞兄弟姊妹、从（表）兄弟姊妹、再从（表）兄弟姊妹和血统更远一些的从（表）兄弟姊妹，都互为兄弟姊妹，正因为

① 爱·韦斯特马克《人类婚姻史》1891 年伦敦—纽约版第 70—71 页。——编者注

如此，也一概互为夫妻。兄弟姊妹的关系，在家庭的这一阶段上，也自然而然地包括相互的性关系。① 这种家庭的典型形式，应该是一对配偶的子孙中每一代都互为兄弟姊妹，正因为如此，也互为夫妻。

血缘家庭已经绝迹了。甚至在历史所记载的最粗野的民族中间，也找

---

① 恩格斯在1884年版上加了一个注："马克思在1882年春季所写的一封信中，以最强烈的措辞，批评瓦格纳的《尼贝龙根》歌词中比比皆是的对原始时代的完全曲解。歌词中说：'谁曾听说哥哥抱着妹妹做新娘？'瓦格纳的这些'色情之神'，完全以现代方式，通过一些血亲婚配的情节使自己的风流勾当更加耸人听闻；马克思对此回答道：'在原始时代，姊妹曾经是妻子，而这是合乎道德的'。"（注释中的注释：（1）"马克思在1882年春季所写的一封信"是指马克思给恩格斯的这封信没有保存下来。但恩格斯在1884年4月11日给卡·考茨基的信中提到了这封信："如果杜西能把信找到，书中还将包括马克思对理·瓦格纳的批评；这里有何联系，请您自己去想吧。"（2）"谁曾听说哥哥抱着妹妹做新娘？"这是理·瓦格纳的大型组歌剧《尼贝龙根的指环》的一句歌词，引自《瓦尔库蕾》第2幕。这部歌剧是作曲家瓦格纳根据斯堪的纳维亚史诗和德国史诗《尼贝龙根之歌》写成的。它包括以下四部歌剧：《莱茵的黄金》、《瓦尔库蕾》、《齐格弗里特》和《神的灭亡》。《尼贝龙根之歌》是根据民族大迁徙时期（3—5世纪）的古代德意志神话和传说创作的德意志民间英雄史诗。这部叙事诗形成于公元1200年前后，作者不详。）这两个注释均摘自《马克思恩格斯文集》第4卷，人民出版社2009年版，第575页注释。

恩格斯在1891年版上补加的注文："瓦格纳的一位法国友人和崇拜者，不同意这个注，说在瓦格纳所根据的老《艾达》中，在《厄革斯德列克》中，洛基就曾指责弗莱雅说：'在诸神面前，你拥抱自己的哥哥。'可见，兄弟姊妹婚姻在那时候已经被唾弃。不过，《厄革斯德列克》乃是对古代神话的信仰已经完全丧失的那一时代的表现；这是纯粹琉善式的对神的讽刺。要是作为靡菲斯特斐勒司的洛基在这里对弗莱雅作了这样的指责，那么这倒是反驳了瓦格纳。而且，在后边数行诗中，洛基对尼奥德尔说：'你同你的妹妹生了一个（这样的）儿子'（vidh systur thinni gaztu slikan mǒg）。尼奥德尔本不是亚萨神，而是瓦那神，所以他在《英格林加传说》中说，兄弟姊妹婚姻，在瓦那国是很普通的，但在亚萨神中间并不如此。这大概是表明，瓦那神是比亚萨神更古的神。无论如何，尼奥德尔是作为同亚萨神一样的神生活在亚萨神中间的，因此，《厄革斯德列克》毋宁说是证明，在挪威的关于诸神的传说产生的时代，至少诸神之间的兄弟姊妹婚姻尚未引起任何憎恶。要是想为瓦格纳辩护，引用《艾达》倒不如引用歌德，歌德在关于神和舞妓的叙事诗中，说到妇女在寺院献身的宗教义务时也犯了同样的错误，他过于把这种风俗习惯比做现代的卖淫了。"——编者注（注释中的注释：一是《艾达》是一部斯堪的纳维亚各民族的神话和英雄的传说与歌曲的集子；保存下来的有两种形式，一种是13世纪的手稿，1643年为冰岛主教斯维因松所发现，即所谓老《艾达》，另一种是13世纪初诗人和编年史家斯诺里·斯图鲁逊所编的古代北欧歌唱诗人诗歌论集，即所谓小《艾达》。《艾达》中的诗歌反映了氏族制度解体和民族大迁徙时期斯堪的纳维亚的社会状况。从中可以看到古代日耳曼人民间创作中的一些形象和情节。《厄革斯德列克》是老《艾达》诗歌集中属于较晚时期的歌词之一。恩格斯在这里引的是这首诗歌的第32和36节。二是亚萨神和瓦那神是斯堪的纳维亚神话中的两类神。《英格林加传说》是中世纪冰岛诗人和编年史家斯诺里·斯图鲁逊所著关于挪威国王（从远古到12世纪）的《环球》一书中的第一个传说，该书是作者在13世纪上半叶根据有关挪威国王的历史记述以及冰岛和挪威的氏族传说编写成的。恩格斯在这里引的是第一个传说的第4章。）这两个注释均摘自《马克思恩格斯文集》第4卷，人民出版社2009年版，第575—576页注释。

不出一个可以证实的例子来。不过，这种家庭一定是存在过的，如今还在整个波利尼西亚通行的夏威夷亲属制度使我们不能不承认这一点，因为它所表现的血缘亲属等级只有在这种家庭形式之下才能产生；家庭后来的全部发展，使我们不能不承认这一点，因为这一家庭形式作为必然的最初阶段决定着家庭后来的全部发展。

恩格斯：《家庭、私有制和国家的起源》（1884年3月底—5月底），摘自《马克思恩格斯文集》第4卷，人民出版社2009年版，第47—49页。

2. 普那路亚家庭

如果说家庭组织上的第一个进步在于排除了父母和子女之间相互的性关系，那么，第二个进步就在于对于姊妹和兄弟也排除了这种关系。这一进步，由于当事者的年龄比较接近，所以比第一个进步重要得多，但也困难得多。这一进步是逐渐实现的，大概[①]先从排除同胞的（即母方的）兄弟姊妹之间的性关系开始，起初是在个别场合，以后逐渐成为惯例（在夏威夷群岛上，在本世纪尚有例外），最后甚至禁止旁系兄弟姊妹之间结婚，用现代的称谓来说，就是禁止同胞兄弟姊妹的子女、孙子女以及曾孙子女之间结婚；按照摩尔根的看法，这一进步可以作为

“自然选择原则在发生作用的最好说明”[②]。

不容置疑，凡近亲繁殖因这一进步而受到限制的部落，其发展一定要比那些依然把兄弟姊妹婚姻当做惯例和规定的部落更加迅速，更加完全。这一进步的影响有多么大，可以由氏族的建立来证明，氏族就是由这一进步直接引起的，而且远远超出了最初的目的，它构成地球上即使不是所有的也是大多数野蛮民族的社会制度的基础，并且在希腊和罗马我们还由氏族直接进入了文明时代。

每个原始家庭，至迟经过几代以后是一定要分裂的。原始共产制的共同的家户经济（它毫无例外地一直盛行到野蛮时代中级阶段的后期），决定着家庭公社的最大限度的规模，这种规模虽然依条件而变化，但是在每个地方都是相当确定的。不过，认为同母所生的子女之间的性关系不妥的

① “大概”是恩格斯在1891年版上增补的。——编者注

② 路·亨·摩尔根《古代社会》1877年伦敦版第425页。——编者注

观念一旦发生，这种观念就一定要影响到旧家庭公社的分裂和新家庭公社的建立（这种新的家庭公社这时并不必然同家庭群体相一致）。一列或者数列姊妹成为一个公社的核心，而她们的同胞兄弟则成为另一个公社的核心。摩尔根称之为普那路亚家庭的形式，便经过这样或类似的途径而由血缘家庭产生出来了。按照夏威夷的习俗，若干数目的姊妹——同胞的或血统较远的即从（表）姊妹，再从（表）姊妹或更远一些的姊妹——是她们共同丈夫们的共同的妻子，但是在这些共同丈夫之中，排除了她们的兄弟；这些丈夫彼此已不再互称兄弟，他们也不再必须是兄弟了，而是互称普那路亚，即亲密的同伴，即所谓 associé。同样，一列兄弟——同胞的或血统较远的——则跟若干数目的女子（只要**不是**自己的姊妹）共同结婚，这些女子也互称普那路亚。这是古典形式的一种家庭结构；这种形式后来又有一系列变种，它的主要特征是一定的家庭范围内相互的共夫和共妻，不过，妻子的兄弟（起初是同胞的，以后更及于血统较远的）被排除在这个家庭范围以外，另一方面也把丈夫的姊妹除外。

这种家庭形式十分精确地向我们提供了美洲的制度所表现的亲属等级。我母亲的姊妹的子女，依然是我母亲的子女，同样，我父亲的兄弟的子女，也依然是我父亲的子女，他们全都是我的兄弟姊妹；但是我母亲的兄弟的子女，现在都是我母亲的内侄和内侄女，我父亲的姊妹的子女，现在都是我父亲的外甥和外甥女，而他们全都是我的表兄弟和表姊妹了。因为，固然我母亲的姊妹的丈夫们依然是我母亲的丈夫们，同样，我父亲的兄弟的妻子们也依然是我父亲的妻子们——即使事实上不总是如此，在道理上却是如此——，但由于社会禁止兄弟姊妹之间的性关系，结果就使迄今不加区别地被作为兄弟姊妹来对待的兄弟姊妹的子女划分为两类：有一些人像过去一样，相互之间依然是（血统较远的）兄弟姊妹，另一些人即一方面兄弟的子女和另一方面姊妹的子女，再也**不能**是兄弟姊妹，再也不能有共同的双亲了——无论是共同的父亲，共同的母亲，或是共同的父母；因此，在这里，第一次发生了分为外甥和外甥女、内侄和内侄女、表兄弟和表姊妹这一类别的必要，而这一类别在从前的家庭制度之下恐怕是没有任何意义的。美洲的亲属制度，在以某种个体婚为基础的任何家庭形式下，看来都是极其荒诞的事情，现在它在普那路亚家庭中，连最细微的地方，都获得了合理的解释和自然的根据。只要美洲的亲属制度流行过，普那路亚家庭或某种与它类似的形式[①]至少也应该同样存在过。

如果虔诚的传教士，像美洲早先的西班牙修道士一样，在这种反基督教的关系中，除去简单的“丑事”[②]外能够看一看更多的东西，那么，大概在整个波利尼西亚都可以找到这种已被证明确实存在于夏威夷群岛上的家庭形式。如果说，凯撒在谈到当时处于野蛮时代中级阶段的布列吞人时曾告诉我们说，他们“每10个或12个男子共妻，而且多半是兄弟和兄弟，父母和子女”[③]，那么，这最好解释为群婚[④]。野蛮时代的母亲不会有10个至12个这样年龄的儿子，以致可以有共同的妻子们；而跟普那路亚家庭相适应的美洲的亲属制度，却能提供好多兄弟，因为每个男子的一切血统近的和远的从（表）兄弟都是他的兄弟。所谓“父母和子女”，大概是凯撒弄错了；在这个制度下，固然还没有绝对排除父亲和儿子或母亲和女儿属于同一婚姻集团的可能性，但是却不许父亲和女儿或母亲和儿子处在同一婚姻集团内。同样，这种群婚形式或与它类似的群婚形式[⑤]，最容易说明希罗多德及其他古代著作家关于蒙昧民族和野蛮民族中共妻情况的报告。这也可以说明沃森和凯（《印度的居民》[⑥]）所叙述的关于奥德（在恒河以北）的蒂库尔人的情况，即：

“他们共同地〈即在性关系上〉生活在大公社中，差不多毫无区别，要是他们之间有二人被视为夫妻，那么，这种关系只不过是名义

---

① “或某种与它类似的形式”是恩格斯在1891年版上增补的。——编者注

② 约·雅·巴霍芬认为是他发现的不加区别的性关系，即他所谓的“污泥生殖”（Sumpfzeugung）的遗迹，这些遗迹是来自群婚制，现在关于这一点再也不容怀疑了。“如果巴霍芬认为这种普那路亚婚姻是‘非法的’，那么，那一时代的人也许要认为大多数今日血统近的和远的从兄弟姊妹或表兄弟姊妹之间结婚，都是血亲婚配，正如亲兄弟和亲姊妹之间结婚一样。”（马克思语）（注释中的注释：雅·巴霍芬的观点见他的《母权论》1861年斯图加特版，第XXⅢ页。马克思的话引自《路易斯·亨·摩尔根〈古代社会〉一书摘要）》，参看《马克思恩格斯全集》中文第1版第45卷第565页。）摘自《马克思恩格斯文集》第4卷，人民出版社2009年版，第576页注释。

③ 见凯撒《高卢战记》第5卷第14章，他在这一章中谈到了野蛮时代中级阶段布列吞人的婚姻情况。

④ 在1884年版中不是“群婚”，而是“普那路亚家庭”。——编者注

⑤ 在1884年版中不是“这种群婚形式或与它类似的群婚形式”，而是“这种家庭形式”。——编者注

⑥ 《印度的居民》由约·福·沃森和约·威·凯编，1868—1872年伦敦版。下面的引文，见该书1868年伦敦版第2卷第85页。摘自《马克思恩格斯文集》第4卷，人民出版社2009年版，第576页注释。

上的。”

看来，氏族制度，在绝大多数情况下，都是从普那路亚家庭中直接发生的。诚然，澳大利亚的级别制度也可以成为产生氏族的出发点①；澳大利亚人有氏族，但他们还没有普那路亚家庭，而只有比较粗陋的群婚形式②。

在一切形式的群婚家庭中，谁是某一个孩子的父亲是不确定的，但谁是孩子的母亲则是确定的。即使母亲把共同家庭的一切子女都叫做自己的子女，对于他们都担负母亲的义务，但她仍然能够把她自己亲生的子女同其余一切子女区别开来。由此可知，只要存在着群婚，那么世系就只能从母亲方面来确定，因此，也只承认女系。一切蒙昧民族和处在野蛮时代低级阶段的民族，实际上都是这样；所以巴霍芬的第二个伟大功绩，就在于他第一个发现了这一点。他把这种只从母亲方面确认世系的情况和由此逐渐发展起来的继承关系叫做母权制；为了简便起见，我保留了这一名称；不过它是不大恰当的，因为在社会发展的这一阶段上，还谈不到法律意义上的权利。

如果我们现在从普那路亚家庭中取它的两个典型集团之一，即由一列同胞姊妹和血统较远的姊妹（亦即同胞姊妹所派生的第一等级、第二等级或更远等级的姊妹）连同她们的子女以及她们母方的同胞兄弟和血统较远的兄弟（按照我们的前提，他们不是她们的丈夫）所组成的典型集团来看，那么，摆在我们面前的这一群人，正是后来构成原始形式的氏族的成员。她们全体有一个共同的女始祖；由于世系出自同一个女始祖，后代的所有女性每一代都是姊妹。但是，这些姊妹的丈夫们，再也不能是她们的兄弟，从而不能是出自这个女始祖的，因而也不包括在血缘亲属集团即后来的氏族以内了；然而，他们的子女却属于这个集团，因为只有唯一确知的母方世系才具有决定的作用。一切兄弟和姊妹间，甚至母方最远的旁系

① 这里所谓级别制度中的级别是指婚姻等级或组别，澳大利亚的大多数部落都分成二至四个等级或组别。每一组别的男子只能与另一个一定的组别的女子通婚。摘自《马克思恩格斯文集》第4卷，人民出版社2009年版，第576页注释。

② 在1884年版中不是“而只有比较粗陋的群婚形式”，而是“他们的组织具有十分个别的性质，我们就不要管它了”。——编者注

亲属间的性关系的禁规一经确立，上述的集团便转化为氏族了，换言之，即组成一个确定的、彼此不能结婚的女系血缘亲属集团；从这时起，这种集团就由于其他共同的社会的和宗教的设施而日益巩固起来，并且与同一部落内的其他氏族区别开来了。关于这一点，以后还要详细谈到。不过，我们既然看到氏族不仅是必然地，而且简直是自然而然地从普那路亚家庭发展起来的，那么我们就有理由认定，在氏族制度可得到证实的一切民族中，即差不多在一切野蛮人和一切文明民族中，几乎毫无疑问地都曾经存在过这种家庭形式①。

当摩尔根写他的著作的时候，我们关于群婚的知识还是非常有限的。我们仅略略知道一点那种组织为级别的澳大利亚人的群婚，此外就是摩尔根早在1871年发表了他所得到的关于夏威夷普那路亚家庭的材料②。普那路亚家庭，一方面，给美洲印第安人中盛行的亲属制度提供了完备的说明，而这一制度曾经是摩尔根的全部研究的出发点；另一方面，它又是一个引出母权制氏族的现成的出发点；最后，它乃是远比澳大利亚的级别制度更高的一个发展阶段。因此，摩尔根把这个形式看做必然先于对偶婚存在的一个发展阶段，并且认定它在较早的时期普遍流行，这是可以理解的。自从那时以来，我们了解了群婚的一系列其他形式，现在我们知道，摩尔根在这里走得太远了。不过，他仍然很幸运，在他的普那路亚家庭中碰到了最高的、典型的群婚形式，即可以用来十分容易地说明向更高形式过渡的那种形式。

使我们关于群婚的知识大大丰富起来的，是英国传教士洛里默·法伊森，他在这种家庭形式的典型地区——澳大利亚，对群婚作了多年的研究。他在南澳大利亚的芒特甘比尔地区的澳大利亚黑人中发现了最低的发展阶段。在这里，整个部落分为两个级别：克洛基和库米德。每个级别内部都严格禁止性关系；反之，一级别的每个男子生来就是另一级别的每个女子的丈夫，而后者生来也是前者的妻子。不是单个人，而是整个集团相互结婚，即级别和级别结婚。而且应当指出，这里除了两个外婚制级别的划分所造成的限制以外，年龄差别或某种特殊血缘亲属关系都没有造成什么障

---

① 以下直到“3. 对偶制家庭”（本卷第57页）以前是恩格斯在1891年版上增补的。——编者注

② 路·亨·摩尔根《人类家庭的血亲制度和姻亲制度》1871年华盛顿版。——编者注

碍。对克洛基的任何男子说来，库米德的每个女子都是他的当然的妻子；但是，他自己的女儿，既是库米德女性所生，根据母权制也是库米德，所以，她生来就是每个克洛基男人的妻子，从而也是自己父亲的妻子。至少，我们所知道的这种级别组织对于这一点是没有加以禁止的。所以，或者是在这种组织产生的那个时期，虽然已有限制近亲婚配的朦胧意向，但是人们还不把父母和子女间的性关系看做特别可怕的事情——在这种情况下，级别制度就是从杂乱的性关系的状态中直接产生的；或者是在级别产生的时候，父母和子女间的性关系业已为习俗所禁止——在这种情况下，当前的状态就表明在它以前曾经存在过血缘家庭，而它是走出血缘家庭的第一步。后面这一种情况，比较可信。据我所知，在澳大利亚，父母和子女间的婚姻关系的例子，还没有人提到过；而比较晚一些的外婚形式，即母权制氏族，通常也默然以禁止这种关系为前提，把这种禁规看做一种在氏族产生时就已存在的事情。

两个级别的制度，除了南澳大利亚的芒特甘比尔地区以外，在更靠东部的达令河流域和东北部的昆士兰也有，所以，这个制度流行颇广。它只排除母方兄弟姊妹间、母方兄弟的子女间、母方姊妹的子女间的婚姻，因为他们都是属于同一级别的；反之，姊妹的子女和兄弟的子女却能相互结婚。进一步阻止近亲婚配的办法，可以在新南威尔士达令河流域的卡米拉罗依人中间看到，在那里，两个最初的级别分裂成四个，而这四个级别之中每一级别又都跟其他一定的级别整体结婚。最初的两个级别生来就互为夫妻；根据母亲属于第一或第二级别，她的子女就属于第三或第四级别；这后两个同样互相结婚的级别，其子女又加入第一和第二级别。这样，一代总是属于第一和第二级别，下一代则属于第三和第四级别，第三代又重新属于第一和第二级别。根据这一制度，兄弟姊妹的子女（母方的）不得为夫妻，但是兄弟姊妹的孙子孙女却可以为夫妻。这一特别而复杂的制度，由于母权制氏族嫁接上来——肯定是在较后的时期——而更加复杂。不过，在这里我们不能研讨这个了。这样，我们看到，阻止近亲婚配的意向，一而再再而三地表现出来，然而这是自发地摸索着进行的，并没有明确的目的意识。

群婚在澳大利亚还是一种级别婚，它是往往分布于全大陆的整个一级别的男子和同样广布的一级别的女子的群众性夫妻关系——这种群婚，如果加以详细的观察，并不完全像习惯于娼妓制度的庸人幻想所想象的那样可怕。相反，过了许多年以后，人们才猜测到有这种群婚存在，而不久以前又对它争论起来。在肤浅的观察者看来，它是一种不牢固的个体婚制，而在某些地方则是与偶尔的通奸并行的多妻制。只有像法伊森和豪伊特那样，花费许多年工夫，才能在这些使普通的欧洲人对于其实践反倒更感到亲切的婚姻关系中发现一种调节规则，根据这种规则，一个外地的澳大利亚黑人在离开本乡数千公里的地方，在说着他所不懂的语言的人们中间，往往依然可以在一个个住宿地，在一个个部落里，找到毫无反抗和怨恨地委身于他的女子，而根据这种规则有着几个妻子的男人，也要让出一个妻子给自己的客人去过夜。在欧洲人视为不道德和无规则的地方，事实上都盛行着一种严格的规则。这些女子属于客人的通婚级别，因而她们生来就是他的妻子；把双方结合起来的那个道德规则，同时又用剥夺权利的惩罚方法，禁止相互所属的通婚级别以外的任何性关系。甚至在抢劫妇女（这是经常的，某些地方还是通例）的地方，也很慎重地遵守级别的规则。

顺便提一下，抢劫妇女的现象，已经表现出向个体婚制过渡的迹象，至少是以对偶婚的形式表现出这种迹象：当一个青年男子在朋友们的帮助下劫得或拐得一个姑娘的时候，他们便轮流同她发生性关系；但是在此以后，这个姑娘便被认为是那个发动抢劫的青年男子的妻子。反之，要是被劫来的女子背夫潜逃，而被另一个男子捕获，那么她就成为后者的妻子，前者就丧失了他的特权。这样，与普遍继续存在的群婚并行，并且在它的范围以内，就形成了一种排斥他人的关系，即或长或短时期内的成对配偶制以及与此并行的多妻制，于是在这里群婚也开始消亡，问题只在于：在欧洲人的影响下，首先消失的是什么——是群婚制还是奉行群婚制的澳大利亚黑人。

像澳大利亚所盛行的那种整个级别的结婚，无论如何，乃是群婚的一种十分低级的、原始的形式；而普那路亚家庭，就我们所知道的而论，则是群婚的最高发展阶段。前者大概是同漂泊不定的蒙昧人的社会状况相适应的，后者则是以已经有了比较牢固的共产制公社的居民点为前提，并且直接导向下一个更高的发展阶段。在这两种婚姻形式之间，我们无疑还会发现某些中间阶段；在这里，摆在我们面前的还是一个刚刚敞开而尚未有人进入的研究领域。

恩格斯：《家庭、私有制和国家的起源》（1884年3月底—5月底），摘自《马克思恩格斯文集》第4卷，人民出版社2009年版，第49—57页。

3. 对偶制家庭

某种或长或短时期内的成对配偶制，在群婚[①]制度下，或者更早的时候，就已经发生了；一个男子在许多妻子中有一个主妻（还不能称为爱妻），而他对于这个女子来说是她的许多丈夫中的最主要的丈夫。这种情况，在不小的程度上助长了传教士中间的混乱，这些传教士们有时把群婚看做一种杂乱的共妻，有时又把它看做一种任意的通奸。但是，这种习惯上的成对配偶制，随着氏族日趋发达，随着不许互相通婚的“兄弟”和“姊妹”级别的日益增多，必然要日益巩固起来。氏族在禁止血缘亲属结婚方面所起的推动作用，使事情更加向前发展了。例如我们看到，在易洛魁人和其他处于野蛮时代低级阶段的大多数印第安人那里，在他们的亲属制度所点到的一切亲属之间都禁止结婚，其数多至几百种。由于婚姻禁规日益错综复杂，群婚就越来越不可能；群婚就被对偶制家庭排挤了。在这一阶段上，一个男子和一个女子共同生活；不过，多妻和偶尔的通奸，则仍然是男子的权利，虽然由于经济的原因，很少有实行多妻制的；同时，在同居期间，多半都要求妇女严守贞操，要是有了通奸的情事，便残酷地加以处罚。然而，婚姻关系是很容易由任何一方解除的，而子女像以前一样仍然只属于母亲。

在这种越来越排除血缘亲属结婚的事情上，自然选择的效果也继续表现出来。用摩尔根的话来说就是：

> “没有血缘亲属关系的氏族之间的婚姻，生育出在体质上和智力上都更强健的人种；两个正在进步的部落混合在一起了，新生代的颅骨和脑髓便自然地扩大到综合了两个部落的才能的程度。”[②]

这样，实行氏族制度的部落便必然会对落后的部落取得上风，或者带动它们来仿效自己。

---

① 在1884年版中不是“群婚”，而是“普那路亚家庭”。——编者注

② 路·亨·摩尔根《古代社会》1877年伦敦版第459页，并参看马克思《路易斯·亨·摩尔根〈古代社会〉一书摘要》（《马克思恩格斯全集》中文第1版第45卷第363页）。——编者注

由此可见，原始历史上家庭的发展，就在于不断缩小最初包括整个部落并在内部盛行两性共同婚姻的那个范围。由于次第排斥亲属通婚（起初是血统较近的，后来是血统越来越远的亲属，最后甚至是仅有姻亲关系的），任何群婚形式终于在实际上成为不可能的了，结果，只剩下一对暂时松散地结合的配偶，即一旦解体整个婚姻就终止的分子。从这一点就已经可以看出，个体婚制的发生同现代字面意义上的个人性爱是多么不相干。所有正处于这一发展阶段的各民族的实践，更加证明了这一点。在以前的各种家庭形式下，男子是从来不缺乏女子的，相反，女子倒是多了一点；而现在女子却稀少起来，不得不去寻找了。因此，随着对偶婚的发生，便开始出现抢劫和购买妇女的现象，这是发生了一个深刻得多的变化的普遍迹象，不过只是迹象而已；但是苏格兰的学究麦克伦南，却把这些迹象，这些单纯的求妻方法，说成是“抢劫婚姻”和“买卖婚姻”，虚构为两种特殊的家庭。此外，在美洲印第安人和其他处于同一发展阶段的民族中间，缔结婚姻并不是当事人本人的事情（甚至往往不同他们商量），而是他们的母亲的事情。这样，订婚的往往是两个彼此全不相识的人，只是到婚期临近时，才告诉他们业已订婚。在婚礼之前，新郎赠送礼物给新娘的同氏族亲属（即新娘的母方亲属，而不是她的父亲和父亲的亲属）；这种礼物算是被出让的女儿的代价。婚姻可以根据夫妇任何一方的意愿而解除，但是在许多部落中，例如在易洛魁人中，逐渐形成了对这种离婚采取否定态度的社会舆论；在夫妇不和时，双方的氏族亲属便出面调解，只有在调解无效时，才实行离婚，此时子女仍归妻方，以后双方都有重新结婚的自由。

这种对偶制家庭，本身还很脆弱，还很不稳定，不能使人需要有或者只是希望有自己的家户经济，因此它根本没有使早期传下来的共产制家户经济解体。而共产制家户经济意味着妇女在家内的统治，正如在不能确认生身父亲的条件下只承认生身母亲意味着对妇女即母亲的高度尊敬一样。那种认为妇女在最初的社会里曾经是男子的奴隶的意见，是 18 世纪启蒙时代所留传下来的最荒谬的观念之一。在一切蒙昧人中，在一切处于野蛮时代低级阶段、中级阶段、部分地还有处于高级阶段的野蛮人中，妇女不仅居于自由的地位，而且居于受到高度尊敬的地位。这种地位到了对偶婚时期是怎样的情形，可以由在塞讷卡部落的易洛魁人中做过多年传教士的阿瑟·莱特作证明。他说：

"讲到他们的家庭，当他们还住在老式长屋〈包含几个家庭的共产制家户经济〉中的时候……那里总是由某一个克兰〈氏族〉占统治地位，因此妇女是从别的克兰〈氏族〉中招来丈夫的……通常是女方在家中支配一切；贮藏品是公有的；但是，倒霉的是那种过于怠惰或过于笨拙因而不能给公共贮藏品增加一分的不幸的丈夫或情人。不管他在家里有多少子女或占有多少财产，仍然要随时听候命令，收拾行李，准备滚蛋。对于这个命令，他不可有反抗的企图；他无法在这栋房子里住下去，他非回到自己的克兰〈氏族〉去不可；或者像他们通常所做的那样，到别的克兰内重新结婚。妇女在克兰〈氏族〉里，乃至一般在任何地方，都有很大的势力。有时，她们可以毫不犹豫地撤换酋长，把他贬为普通的战士。"①

在共产制家户经济中，大多数或全体妇女都属于同一氏族，而男子则来自不同的氏族，这种共产制家户经济是原始时代普遍流行的妇女占统治地位的客观基础，发现妇女占统治地位，乃是巴霍芬的第三个功绩。——为补充起见，我还要指出：旅行家和传教士关于蒙昧人和野蛮人的妇女都担负过重工作的报告，同上面所说的并不矛盾。决定两性间的分工的原因，是同决定妇女社会地位的原因完全不同的。有些民族的妇女所做的工作比我们所设想的要多得多，这些民族比我们欧洲人常常对妇女怀着更多的真正尊敬。外表上受尊敬的、脱离一切实际劳动的文明时代的贵妇人，比起野蛮时代辛苦劳动的妇女来，其社会地位是无比低下的；后者在本民族中被看做真正的贵妇人（lady，frowa，Frau=女主人），而就其地位的性质说来，她们也确是如此。

要弄清现在美洲的群婚②是否已完全被对偶婚所排除的问题，必须更加仔细地研究一下还处于蒙昧时代高级阶段的西北部民族，特别是南美的

---

① 这段引文出自阿·莱特1874年5月19日写给路·亨·摩尔根的信，这封信曾全文发表在美国威斯康星州默纳沙出版的《美国人类学家》杂志（新辑）1933年第1期，第138—140页。恩格斯转引自摩尔根《古代社会》1877年伦敦版第455页（摩尔根指明该信写于1873年），马克思在《路易斯·亨·摩尔根〈古代社会〉一书摘要》中也摘录了这段引文（参看《马克思恩格斯全集》中文第1版第45卷第361页）。摘自《马克思恩格斯文集》第4卷，人民出版社2009年版，第576页注释。

② 在1884年版中不是"群婚"，而是"普那路亚家庭"。——编者注

各民族。关于后者，流传着各种各样的性关系不受限制的事例，使人很难设想在这里旧时的群婚已经完全克服①。无论如何，群婚的遗迹还没有完全消失。在北美的至少40个部落中，同长姊结婚的男子有权把她的一俟达到婚龄的一切妹妹也娶为妻子——这是一整群姊妹共夫的遗风。而加利福尼亚半岛的居民（蒙昧时代高级阶段），据班克罗夫特说，则有一些节日，在节日里几个"部落"聚集在一起，不加区别地发生性关系②。这显然是指一些氏族，它们在这些节日里，对于从前一个氏族的妇女以另一氏族的所有男子为她们的共同丈夫，而男子则以另一氏族的所有妇女为他们的共同妻子的时代，还保留着一点朦胧的记忆③。这种习俗在澳大利亚仍然盛行着。有些民族中，还有这种情形，即男性长者、酋长和巫师，利用共妻制来为自己服务，自己独占大多数妇女；但是，他们在一定节日和民众大集会时，必须重新实行以前的共妻制，让自己的妻子去和年轻的男子们寻乐。韦斯特马克在他的《人类婚姻史》一书第28—29页，举了许多例子，表明在印度的霍人、桑塔尔人、潘札人和科塔尔人部落中，在某些非洲民族和其他民族中，都有这种定期的沙特恩节④，即在一个短时期内恢复旧时的自由的性关系。奇怪的是，韦斯特马克由此得出一个结论，说这并不是他所否认的群婚的残余，而是原始人和其他动物所共有的交配期的残余。

在这里，我们便接触到了巴霍芬的第四个伟大的发现：广泛流行的从

① "使人很难设想……"这句话是恩格斯在1891年版上增补的。——编者注

② 见休·豪·班克罗夫特：《北美太平洋沿岸各州的土著民族》，1875年伦敦版，第1卷，第565页。恩格斯在《休·豪·班克罗夫特〈北美太平洋沿岸各州的土著民族〉一书摘要》第10页上写道"……在节日里几个部落聚集在一起，目的是不加区别地发生性关系（这显然是古老的，是通过脱离了平日生活的旧习俗来重温往昔岁月的部落集团）。"恩格斯在1883年2月10日写给卡·考茨基的信中，也提到班克罗夫特谈到的加利福尼亚居民的情况。摘自《马克思恩格斯文集》第4卷，人民出版社2009年版，第576页注释。

③ 以下直到"对偶制家庭产生于蒙昧时代和野蛮时代交替的时期"（本卷第64页）以前，在1884年版中是如下一句话："旧大陆的这一类遗迹是众所周知的，例如，腓尼基姑娘在阿斯塔尔塔节在寺庙中献身的风俗；甚至中世纪的初夜权，也是大概由凯尔特氏族（克兰）传下来的普那路亚家庭的残余，尽管德国的新浪漫派竭力掩饰这个事实，初夜权却极其确凿地存在过。"——编者注

④ 沙特恩节是古罗马重要的节日之一，每年冬季农事结束后都要举行纪念农神沙特恩的节日。节日从12月17日开始，起初为一至三天，后来延长到五至七天。在节日期间举行群众性的盛宴和狂饮；奴隶得到暂时的自由，也可以参加沙特恩节，并与自由民同席。在沙特恩节期间盛行性关系的自由。"沙特恩节"遂成了表示纵情欢乐、盛宴狂饮的代名词。摘自《马克思恩格斯文集》第4卷，人民出版社2009年版，第577页注释。

群婚到对偶婚的过渡形式。被巴霍芬说成是对违反古代神戒的赎罪，即妇女用以赎买贞操权利的赎罪，事实上不过是对一种赎身办法的神秘化的说法，妇女用这种办法，把自己从旧时的共夫制之下赎出来，而获得只委身于一个男子的权利。这种赎身，是一种有限制的献身：巴比伦的女子每年须有一次在米莉塔庙里献身；其他前亚细亚各民族把自己的姑娘送到阿娜伊蒂斯庙去住好几年，让她们在那里同自己的意中人进行自由恋爱，然后才允许她们结婚；穿上宗教外衣的类似的风俗，差不多在地中海和恒河之间的所有亚洲民族中间都是共同的。为赎身而作出的赎罪牺牲，随着时间的进展而越来越轻，正如巴霍芬已经指出的：

> “年年提供的这种牺牲，让位于一次的供奉；从前是妇人的淫游，现在是姑娘的淫游；从前是在结婚后进行，现在是在结婚前进行；从前是不加选择地献身于任何人，现在是只献身于某些人了。”（《母权论》第 XIX 页）

在其他民族中，没有这种宗教的外衣；在有些民族中——在古代有色雷斯人、凯尔特人等，在现代则有印度的许多土著居民、马来亚各民族、太平洋岛屿的居民，和许多美洲印第安人——姑娘在出嫁以前，都享有极大的性的自由。特别是在南美洲，差不多到处都是如此，只要稍稍深入到该大陆内地的人，都可以证明这一点。例如，阿加西斯（《巴西旅行记》1868 年波士顿—纽约版第 266 页）曾经谈到一个印第安人世系的富有家庭。当他被介绍同这一家的女儿认识时，他问到她的父亲，意思是指她母亲的丈夫，一个正在参加对巴拉圭战争的军官，但是母亲含笑回答道：Naõ tem pai，é filha da fortuna——她没有父亲，她是一个偶然生的孩子。

> “印第安妇女或混血种妇女，总是这样毫不害羞或者说毫无自责之意地谈到她们的非婚生子女；这远不是什么不寻常的事，似乎倒是相反的情形才是例外。孩子们……往往只知道母亲，因为一切的照顾和责任都落在她的身上；他们对于父亲却毫无所知；看来妇女也从来没有想到她或她的子女对他应当有什么要求。”

在这里使文明人感到奇怪的事情，按照母权制和在群婚制中却是一种通例。

在另一些民族中，新郎的朋友和亲属或请来参加婚礼的客人，在举行婚礼时，都可以提出古代遗传下来的对新娘的权利，新郎按次序是最后的一个；在巴利阿里群岛和在非洲的奥及娄人中，在古时都是如此；而在阿比西尼亚的巴里人中，现在也还是如此。在另一些民族中，则由一个有公职的人—部落或氏族的头目、酋长、萨满、祭司、诸侯或其他不管是什么头衔的人，代表公社行使对新娘的初夜权。尽管新浪漫主义者竭力掩饰这一事实，但这种初夜权至今还作为群婚的残余，存在于阿拉斯加地区的大多数居民（班克罗夫特《土著民族》第 1 卷第 81 页）、墨西哥北部的塔胡人（同上，第 584 页）及其他民族中；在整个中世纪，它至少存在于原为凯尔特人的各个国家中，例如在阿拉贡；在这些地方，它是直接由群婚传下来的。在卡斯蒂利亚，农民虽然从来没有成为农奴，但在阿拉贡却盛行过极丑恶的农奴制，直到 1486 年天主教徒斐迪南作出裁决为止。[①] 在这个文件中说：

> “兹决定并宣告，上述领主〈senyors，男爵〉……亦不得在农民娶妻时与其妻同睡第一夜，或在婚礼之夜，新娘躺在床上以后，跨越该床及该女子，作为自己统治的标志；上述领主亦不得违反农民的女儿或儿子的意志去差使他们，无论偿付报酬与否。”（转引自祖根海姆《农奴制度》1861 年圣彼得堡版第 35 页上的加泰罗尼亚语原文）

其次，巴霍芬坚决地断定，从他所说的“淫游”或“污泥生殖”向个体婚制的过渡，主要是由妇女所完成，这是绝对正确的。古代遗传下来的两性间的关系，越是随着经济生活条件的发展，从而随着古代共产制的解体和人口密度的增大，而失去森林原始生活的素朴性质，就必然越使妇女

① 1486 年 4 月 21 日，西班牙国王天主教徒斐迪南五世在加泰罗尼亚农民起义的压力下，以起义农民和封建主之间的仲裁人的身份作出裁决，颁发了所谓《瓜达卢佩诏谕》，这一裁决因国王召见农民和封建主代表的地方而得名。裁决规定不得再把农民固定在土地上，并且取消了封建主裁判权和一些羞辱性的封建习俗，其中包括初夜权，为此农民必须付出大量的赎金。摘自《马克思恩格斯文集》第 4 卷，人民出版社 2009 年版，第 577 页注释。

感到屈辱和压抑；妇女也就必然越迫切地要求取得保持贞操的权利，取得暂时地或长久地只同一个男子结婚的权利作为解救的办法。这个进步决不可能由男子首创，这至少是因为男子从来不会想到甚至直到今天也不会想到要放弃事实上的群婚的便利。只有在由妇女实现了向对偶婚的过渡以后，男子才能实行严格的专偶制——自然，这种专偶制只是对妇女而言的。

对偶制家庭产生于蒙昧时代和野蛮时代交替的时期，大部分是在蒙昧时代高级阶段，有些地方刚刚到达野蛮时代低级阶段。这是野蛮时代所特有的家庭形式，正如群婚之于蒙昧时代，专偶制之于文明时代一样。要使对偶制家庭进一步发展为牢固的专偶制，需要有别的原因，这种原因与我们已经看到的一直起着作用的那些原因不同。在成对配偶制中，群已经减缩到它的最后单位，仅由两个原子组成的分子，即一男和一女。自然选择已经通过日益缩小婚姻共同体的范围而完成了自己的使命；在这一方面，它再也没有事可做了。因此，如果没有新的、社会的动力发生作用，那么，从成对配偶制中就没有任何根据产生新的家庭形式了。但是，这种动力开始发生作用了。

我们现在撇开美洲这个对偶制家庭的典型地区不谈吧。没有任何迹象可以使我们作出结论说，在美洲曾经发展起更高级的家庭形式，或者在美洲被发现和被征服以前，在这里的什么地方曾经存在过牢固的专偶制。而旧大陆的情况却不是这样。

在旧大陆，家畜的驯养和畜群的繁殖，开发出前所未有的财富的来源，并创造了全新的社会关系。直到野蛮时代低级阶段，固定的财富差不多只限于住房、衣服、粗糙的装饰品以及获得食物和制作食物的工具：小船、武器、最简单的家庭用具。天天都要重新获得食物。现在，日益前进的游牧民族——住在印度五河地区和恒河地区，以及当时水草更丰茂的奥克苏斯河和药杀水草原的雅利安人，住在幼发拉底河和底格里斯河流域的闪米特人——已经有了马、骆驼、驴、牛、绵羊、山羊和猪等畜群，这些财产，只须加以看管和最简单的照顾，就可以越来越多地繁殖起来，供给非常充裕的乳肉食物。以前一切获取食物的方法，现在都退居次要地位了；打猎在从前曾经是必需的，如今也成了一种奢侈。

但是，这种新的财富归谁所有呢？最初无疑是归氏族所有。然而，对畜群的私有制，一定是很早就已经发展起来了。至于亚伯拉罕族长被所谓摩西一经的作者看做畜群的占有者，究竟是依据他作为家庭公社首领所拥有的权利，还是依据他作为实际上世袭的氏族酋长的身份，这是很难断定的。只有一点没有疑问，那就是我们不应该把他设想为现代意义上的财产所有者。其次，没有疑问的是，在成文史的最初期，我们就已经到处都可以看到畜群乃是家庭首领的特殊财产①，完全同野蛮时代的工艺品一样，同金属器具、奢侈品以及人畜——奴隶一样。

因为这时奴隶制度也已经发明了。对于低级阶段的野蛮人来说，奴隶是没有价值的。所以，美洲印第安人处置战败敌人的办法，与较高发展阶段上的人们的处置办法完全不同。男子被杀死或者被当做兄弟编入胜利者的部落；妇女则作为妻子，或者把她们同她们尚存的子女一起收养入族。在这个阶段上，人的劳动力还不能提供超出维持它的费用的显著的盈余。由于采用牲畜繁殖、金属加工、纺织以及最后田野耕作，情况就改变了。正如以前容易得到的妻子现在具有了交换价值②而可以购买一样，劳动力也发生了同样的变化，特别是在畜群完全转归家庭所有③以后。家庭并不像牲畜那样迅速繁殖。现在需要有更多的人来看管牲畜；为此正可以利用被俘虏的敌人，何况这些敌人像牲畜一样，也是可以继续繁殖的。

这些财富，一旦转归家庭④私有并且迅速增加起来，就给了以对偶婚和母权制氏族为基础的社会一个强有力的打击。对偶婚给家庭添加了一个新的因素。除了生身的母亲以外，它又确立了确实的生身的父亲，而且这个生身的父亲，大概比今天的许多“父亲”还要确实一些。按照当时家庭内的分工，丈夫的责任是获得食物和为此所必需的劳动工具，从而，他也取得了劳动工具的所有权；在离婚时，他就随身带走这些劳动工具，而妻子则保留她的家庭用具。所以，根据当时社会的习惯，丈夫也是食物的新来源即家畜的所有者，而后来又是新的劳动工具即奴隶的所有者。但是根据同一社会的习惯，他的子女却不能继承他的财产，因为关于继承问题有如下的情形。

① 在 1884 年版中不是“特殊财产”，而是“私有财产”。——编者注

② 在 1884 年版中不是“以前容易得到的妻子现在具有了交换价值”，而是“以前众多的妻子现在具有了价值”。——编者注

③ 在 1884 年版中不是“家庭所有”，而是“私人所有”。——编者注

④ “家庭”是恩格斯在 1891 年版上增补的。——编者注

根据母权制，就是说，当世系还是只按女系计算的时候，并根据氏族内最初的继承习惯，氏族成员死亡以后起初是由他的同氏族亲属继承的。财产必须留在氏族以内。最初，由于财物不多，在实践上大概总是转归最亲近的同氏族亲属所有，就是说，转归母方的血缘亲属所有。但是，男性死者的子女并不属于死者的氏族，而是属于他们的母亲的氏族；最初他们是同母亲的其他血缘亲属共同继承母亲的，后来，可能就首先由他们来继承了；不过，他们不能继承自己的父亲，因为他们不属于父亲的氏族，而父亲的财产应该留在父亲自己的氏族内。所以，畜群的占有者死亡以后，他的畜群首先应当转归他的兄弟姊妹和他的姊妹的子女，或者转归他母亲的姊妹的后代。他自己的子女则被剥夺了继承权。

因此，随着财富的增加，财富便一方面使丈夫在家庭中占据比妻子更重要的地位；另一方面，又产生了利用这个增强了的地位来废除传统的继承制度使之有利于子女的原动力。但是，当世系还是按母权制来确定的时候，这是不可能的。因此，必须废除母权制，而它也就被废除了。这并不像我们现在所想象的那样困难，因为这一革命——人类所经历过的最深刻的革命之一——并不需要侵害到任何一个活着的氏族成员。氏族的全体成员都仍然能够和以前一样。只要有一个简单的决定，规定以后氏族男性成员的子女应该留在本氏族内，而女性成员的子女应该离开本氏族，转到他们父亲的氏族中去就行了。这样就废除了按女系计算世系的办法和母系的继承权，确立了按男系计算世系的办法和父系的继承权。这一革命在文明民族中是怎样和在何时发生的，我们毫无所知。它是完全属于史前时代的事。不过这一革命确实发生过，关于这一点，特别是巴霍芬所搜集的关于母权制的许多遗迹的材料可以充分证明；至于这一革命是怎样容易地完成的，可以从许许多多印第安人部落的例子上看出来；在那里，部分地由于日益增长的财富和改变了的生活方式（从森林移居大草原）的影响，部分地由于文明和传教士的道德上的影响，这一革命不久以前方才发生，现在还在进行。在密苏里河流域的八个部落中，有六个是实行男系世系和男系继承制的，只有两个还按女系。在肖尼人、迈阿密人和德拉韦人各部落中，已经形成一种习俗，即用属于父亲氏族的一个氏族人名来给子女取名字，用这种方法把他们列入父亲的氏族，以便他们能继承自己的父亲。“借更改名称以改变事物，乃是人类天赋的决疑法！于是就寻找一个缝隙，当实际利益提供足够的推动力时在传统的范围以内打破传统！”（马克思语）① 因此，就发生了一个不可救药的混乱，这种混乱只有通过向父权制的过渡才能消除，而且确实部分地被这样消除了。“这看来是一个十分自然的过渡。”（马克思语）② 至于③比较法学家们对这一过渡在旧大陆的各文明民族中是如何完成的说法——当然几乎全部只是一些假说而已——，见马·柯瓦列夫斯基《家庭及所有制的起源和发展概论》1890 年斯德哥尔摩版。

母权制被推翻，乃是女性的具有世界历史意义的失败。丈夫在家中也掌握了权柄，而妻子则被贬低，被奴役，变成丈夫淫欲的奴隶，变成单纯的生孩子的工具了。妇女的这种被贬低了的地位，在英雄时代，尤其是古典时代的希腊人中间，表现得特别露骨，虽然它逐渐被粉饰伪装起来，有些地方还披上了较温和的外衣，但是丝毫也没有消除。

这样确立的男子独裁的第一个结果，表现在这时发生的家长制家庭这一中间形式上。这一形式的主要特点不是多妻制（关于这一点后边再讲），而是若干数目的自由人和非自由人在家长的父权之下组成一个家庭。在闪米特类型的家庭中，这个家长过着多妻的生活，非自由人也有妻子和子女，而整个组织的目的在于在一定的地域范围以内照管畜群。④ 这种家庭的根本之处在于，一是把非自由人包括在内，一是父权；所以，这种家庭形式的完善的典型是罗马人的家庭。Familia 这个词，起初并不表示现代庸人的那种由脉脉温情同家庭龃龉组合起来的理想；在罗马人那里，它起初甚至不是指夫妻及其子女，而只是指奴隶。Famulus 的意思是一个家庭奴隶，而 familia 则是指属于一个人的全体奴隶。还在盖尤斯时代，familia，id est patrimonium（即遗产），就是通过遗嘱遗留的。这一用语是罗马人所发明，用以表示一种新的社会机体，这种机体的首长，以罗马的父权支配着妻子、子女和一定数量的奴隶，并且对他们握有生杀之权。

---

① 马克思《路易斯·亨·摩尔根〈古代社会〉一书摘要》，参看《马克思恩格斯全集》中文第 1 版第 45 卷第 467 和 469 页。——编者注

② 同上。——编者注

③ 从这里起到本段结束是恩格斯在 1891 年版上增补的。——编者注

④ 参看路·亨·摩尔根《古代社会》1877 年伦敦版第 465—466 页，以及马克思《路易斯·亨·摩尔根〈古代社会〉一书摘要》（《马克思恩格斯全集》中文第 1 版第 45 卷第 364 页）。——编者注

“因此，这一用语不会比拉丁部落的严酷的家庭制度更早，这种家庭制度是在采用田野耕作和奴隶制合法化以后，也是在雅利安意大利人同希腊人分离以后发生的。”①

对这一点，马克思补充说：“现代家庭在萌芽时，不仅包含着奴隶制（servitus），而且也包含着农奴制，因为它从一开始就是同田野耕作的劳役有关的。它**以缩影的形式**包含了一切后来在社会及其国家中广泛发展起来的对立。”②

这种家庭形式表示着从对偶婚向专偶婚的过渡。为了保证妻子的贞操，从而保证子女出生自一定的父亲，妻子便落在丈夫的绝对权力之下了；即使打死了她，那也不过是行使他的权利罢了③。

随着家长制家庭的出现，我们便进入成文史的领域，从而也进入比较法学能给我们以很大帮助的领域了。而比较法学在这里也确实给我们带来了重大的进步。我们感谢马克西姆·柯瓦列夫斯基（《家庭及所有制的起源和发展概论》1890年斯德哥尔摩版第60—100页），他向我们证明了，今天我们在塞尔维亚人和保加利亚人中还可以见到的那种称为扎德鲁加（大意为大家庭）和Bratstvo（兄弟社）的家长制家庭公社，以及在东方各民族中所见到的那种形式有所改变的家长制家庭公社，乃是一个由群婚中产生的母权制家庭和现代世界的个体家庭之间的过渡阶段。至少对于旧大陆各文明民族说来，对于雅利安人和闪米特人说来，这一点看来已经得到证明了。

南方斯拉夫的扎德鲁加是这种家庭公社现存的最好的例子。它包括一个父亲所生的数代子孙和他们的妻子，他们住在一起，共同耕种自己的田地，衣食都出自共同的储存，共同占有剩余产品。公社处于一个家长（domácin）的最高管理之下，家长对外代表公社，有权出让小物品，掌管财务，并对财务和对整个家务的正常经营负责。他是选举产生的，完全不

① 路·亨·摩尔根《古代社会》1877年伦敦版第470页。——编者注

② 马克思《路易斯·亨·摩尔根〈古代社会〉一书摘要》，参看《马克思恩格斯全集》中文第1版第45卷第366页。——编者注

③ 以下直到“在说到随着母权制的覆灭”（本卷第72页）以前是恩格斯在1891年版上增补的。——编者注

一定是最年长者。妇女和她们的工作受主妇（domácica）领导，主妇通常是家长的妻子。在为姑娘择婿时，主妇也起着重要的，而且往往是决定性的作用。但是，最高权力集中在家庭会议，即全体成年男女社员的会议。家长向这个会议作报告；会议通过各项重大决议，对公社成员进行审判，对比较重要的买卖特别是地产的买卖等作出决定。

只是在大约十年以前，才证明了在俄国也还继续存在着这种大家庭公社①；现在大家都承认，这种家庭公社，像农村公社一样在俄国的民间习俗中深深地扎下了根子。它们出现在俄罗斯最古的法典，即《雅罗斯拉夫的真理》② 中，其名称（vervj）和达尔马提亚法典③中所用的相同；它们在波兰和捷克的史料中也可以得到证明。

根据霍伊斯勒（《德意志私法制度》）的意见，德意志人的经济单位起初也不是现代意义上的个体家庭，而是由几代人或者说几个个体家庭所构成的，并且往往还包括许多非自由人的“家庭公社”。罗马的家庭也被归入这种类型，因此，家长的绝对权力，其他家庭成员对家长的无权地位，近来是受到很大怀疑的。在爱尔兰的凯尔特人中，据说也存在过类似的家庭公社；在法国的尼韦奈，直到法国革命时期，这种家庭公社还以parçonneries为名称保存着；而在弗朗什孔泰，它直到现在也还没有完全消失。在卢昂地区（在索恩—卢瓦尔省），还可以见到巨大的农民住房，中间是公用的、很高的、直达屋顶的大厅，四周是卧室，由六级至八级的梯子登入，在这里住着同一家庭的好几代人。

在印度，实行共同耕作的家庭公社，在亚历山大大帝时代奈阿尔科斯

① 见马·马·柯瓦列夫斯基的著作《原始的法》第一分册《氏族》1886年莫斯科版，第32—38页。在这一著作中，柯瓦列夫斯基引用了1875年奥尔山斯基和1878年亚·雅·叶菲缅科提供的关于俄国的家庭公社的资料。摘自《马克思恩格斯文集》第4卷，人民出版社2009年版，第577页注释。

② 《雅罗斯拉夫的真理》是古俄罗斯的法典《俄罗斯的真理》古本第一册的名称，它是11世纪上半叶在当时习惯法的基础上产生的，其中既有封建权利的法规也有原始公社制度下形成的古老法规。这些法规反映了11—12世纪俄罗斯社会的经济和社会关系。摘自《马克思恩格斯文集》第4卷，人民出版社2009年版，第577页注释。

③ 达尔马提亚法典，又称波利察法规，是一部刑法、民法、诉讼法的汇编。15—17世纪该法典一直在波利察（历史上达尔马提亚的一部分）通行。摘自《马克思恩格斯文集》第4卷，人民出版社2009年版，第577页注释。

就已经提到过①，它今天也还存在于原来那些地方，即旁遮普和该国的整个西北部。在高加索，柯瓦列夫斯基本人就可以证明这种家庭公社的存在。在阿尔及利亚，它还存在于卡比尔人中间。甚至在美洲，据说它也曾经存在过；苏里塔所记述的古墨西哥的“calpullis”②，人们就想把它看做是家庭公社；而库诺（1890 年《外国》杂志第 42—44 期）十分清楚地证明，在秘鲁被征服时，存在过一种马尔克制度（而且很奇怪，这种马尔克 [Mark] 叫做 marca），实行定期的重新分配耕地，从而实行个体耕作。③

无论如何，实行土地的共同占有和共同耕作的家长制家庭公社，现在就具有了和以前完全不同的意义。我们对于它在旧大陆各文明民族和其他若干民族中，在母权制家庭和个体家庭之间所起的重要的过渡作用，已不能有所怀疑了。在以后的阐述中，我们还要说到柯瓦列夫斯基所作的进一步的结论，即这种家长制家庭公社也是实行个体耕作以及起初是定期的而后来是永久的分配耕地和草地的农村公社或马尔克公社从中发展起来的过渡阶段。

谈到这种家庭公社内部的家庭生活，应当指出，至少在俄国，大家都知道，家长对于公社的年轻妇女，特别是对他的儿媳常常滥用他的地位，而且往往把她们作为后房；俄罗斯民歌对于这点的描述很有说服力。

在说到随着母权制的覆灭而迅速发展起来的专偶制以前，我们再就多妻制和多夫制说几句话。这两种婚姻形式，只能算是例外，可以说是历史的奢侈品，除非它们在某一个国家内同时并存，但是大家知道这是没有的事。因此，由于被排除在多妻制以外的男子并不能从因多夫制而成为多余的妇女那里求得安慰，而且男女的数目，不管社会制度如何，迄今又差不多是相等的，所以，不论多妻制或多夫制的婚姻形式都不能上升为普遍通

---

① 参看斯特拉本《地理学》第 15 卷第 1 章。——编者注

② Calpullis（卡尔普里）是墨西哥的印第安人被西班牙人征服时期的家庭公社。每一个家庭公社的全体成员都有着共同的世系，家庭公社占有一块公共的土地，土地不得让渡，也不得在继承者之间分配。阿·德·苏里塔在其著作《关于新西班牙的各类首领、法律、民俗、被征服前后确定的赋税等等的报告》中记述了 calpullis，这一著作被收入《有关美洲发现史的游记、报告和回忆录原本》，由泰尔诺-孔庞第一次用法文发表，1840 年巴黎版第 11 卷第 50—64 页。摘自《马克思恩格斯文集》第 4 卷，人民出版社 2009 年版，第 577—578 页注释。

③ 参看亨·库诺《古秘鲁的农村公社和马尔克公社》，载于 1890 年 10 月 20、27 日和 11 月 3 日《外国》杂志第 42—44 期。——编者注

行的形式。事实上，一夫多妻制显然是奴隶制度的产物，并且限于个别占据特殊地位的人物。在闪米特人的家长制家庭中，只有家长本人，至多还有他的几个儿子，过着多妻制的生活，其余的人都以一人一妻为满足。现在整个东方还是如此；多妻制是富人和显贵人物的特权，多妻主要是用购买女奴隶的方法取得的；人民大众都是过着专偶制的生活。印度和西藏的多夫制，也同样是个例外；关于它起源于群婚[①]这个肯定并非无关紧要的问题，还需要作进一步的研究。而在实践上，多夫制的容让性看来要比伊斯兰教徒的富于忌妒的后房制度大得多。例如至少在印度的纳伊尔人中间，虽然每三四个或更多的男子共有一个妻子，但是他们每人同时还可以和别的三个或更多的男子共有第二个，甚至第三个、第四个……妻子。奇怪的是，麦克伦南在叙述这种婚姻俱乐部时（其成员可以同时加入几个俱乐部），竟没有发现俱乐部婚姻这个新类别。不过，这种婚姻俱乐部的制度，决不是真正的多夫制；恰好相反，正如日罗-特隆已经指出的，这只是群婚的一种特殊化了的形式；男子过着多妻制的生活，而妇女则过着多夫制的生活。[②]

恩格斯：《家庭、私有制和国家的起源》（1884 年 3 月底—5 月底），摘自《马克思恩格斯文集》第 4 卷，人民出版社 2009 年版，第 57—73 页。

4. 专偶制家庭

如上所述，它是在野蛮时代的中级阶段和高级阶段交替的时期从对偶制家庭中产生的；它的最后胜利乃是文明时代开始的标志之一。它是建立在丈夫的统治之上的，其明显的目的就是生育有确凿无疑的生父的子女；而确定这种生父之所以必要，是因为子女将来要以亲生的继承人的资格继承他们父亲的财产。专偶制家庭和对偶制不同的地方，就在于婚姻关系要牢固得多，这种关系现在已不能由双方任意解除了。这时通例只有丈夫可以解除婚姻关系，赶走他的妻子。对婚姻不忠的权利，这时至少仍然有习俗保证丈夫享有（拿破仑法典明确规定丈夫享有这种权利，只要他不把姘妇带到家里来[③]）；而且随着社会的进一步发展，这种权利也行使得越来越广泛；如果妻子回忆起昔日的性的实践而想加以恢复时，她就要受到比过

① 在 1884 年版中不是“群婚”，而是“普那路亚家庭”。——编者注
② 最后一句话是恩格斯在 1891 年版上增补的。——编者注
③ 1804 年拿破仑统治时期通过的《民法典》第 230 条。——编者注

去任何时候都更严厉的惩罚。

这种新的家庭形式的全部严酷性，我们在希腊人那里可以看到。正如马克思所指出的，神话中的女神的地位给我们展示了一个更早的时期，那时妇女还享有比较自由和比较受尊敬的地位①，但是到了英雄时代，我们就看到妇女已经由于男子的统治和女奴隶的竞争而被贬低了②。只要读一下《奥德赛》，就可以看到特里曼珠是怎样打断他母亲的话并要求她缄默的③。在荷马的史诗中，被俘虏的年轻妇女都成了胜利者的肉欲的牺牲品；军事首领们按照他们的军阶依次选择其中的最美丽者；大家也知道全部《伊利亚特》都是以阿基里斯和亚加米农二人争夺这样一个女奴隶的纠纷为中心的。荷马的史诗每提到一个重要的英雄，都要讲到同他共享帐篷和枕席的被俘的姑娘。这些姑娘也被带回胜利者的故乡和家里去同居，例如在埃斯库罗斯的作品中，亚加米农对珈桑德拉就是这样做的④；同这些女奴隶所生的儿子可以得到父亲遗产的一小部分，并被认为是自由民；特夫克尔就是铁拉孟的这样一个非婚生的儿子，他可以按父名给自己取名字。对于正式的妻子，则要她容忍这一切，同时还要她自己严格保持贞操和对丈夫的忠诚。虽然英雄时代的希腊妇女比文明时代的妇女较受尊敬，但是归根结底，她对于男子说来仍不过是他的婚生的嗣子的母亲、他的最高的管家婆和女奴隶的总管而已，他可以随意纳这些女奴隶为妾，而且事实上也是这样做的。正是奴隶制与专偶制的并存，正是完全受男子支配的年轻美貌的女奴隶的存在，使专偶制从一开始就具有了它的特殊的性质，使它成了只是对妇女而不是对男子的专偶制。这种性质它到现在还保存着。

---

① 马克思在《路易斯·亨·摩尔根〈古代社会〉一书摘要》中有这样一段文字：“而对奥林波斯山的女神们的态度，则反映了对妇女以前更自由和更有势力的地位的回忆。……”摘自《马克思恩格斯文集》第4卷，人民出版社2009年版，第578页注释。

② 在1884年版中，这句话的末尾是这样的：“但是到了英雄时代，我们就看到，妇女处于半囚禁的隔绝状态，以便保证子女确实出自父亲。”自此以下直到“但是，尽管有这些幽禁和监视”（本卷第77页）以前的几大段文字，都是恩格斯在1891年版上增补的，以代替1884年版中的如下一段话：“相反，男人却以被俘的女奴隶、他的战时共享帐篷的女伴来寻欢作乐。古典时期的情况未必更好。从贝克尔《哈里克尔》一书我们可以较为详细地查阅到希腊人如何对待妇女的情形。她们虽说不是被幽禁，但也是与世隔绝的，她们成了自己丈夫最高等的婢女，只能主要同其他的婢女来往。姑娘们则干脆被幽禁起来；妇女们只有由女奴作伴才能离家外出。如有男子来访，妇女就躲进自己的房间里去。”——编者注

③ 荷马《奥德赛》第1首歌。——编者注

④ 埃斯库罗斯《奥列斯特》三部曲中的《亚加米农》。——编者注

谈到较后时期的希腊人，应该把多立斯人同伊奥尼亚人区别开来。前者以斯巴达为典范，他们的婚姻关系在许多方面甚至比荷马本人所描写的婚姻关系还要古老。在斯巴达，是一种由国家根据当地的观点而改变了的对偶婚制，这种对偶婚制在有些方面还像群婚。不育子女的婚姻可以解除；国王阿拿克散德里德（约公元前650年）在一个不育的妻子以外又娶了一个，有着两个家；大约在同一时期，国王阿里斯东除了有两个不育的妻子以外还娶了第三个，而把前两妻中的一个退了。另一方面，几个兄弟可以有一个共同的妻子；一个人如果喜欢自己朋友的妻子，就可以和那个朋友共同享有她；而且把自己的妻子交给一个像俾斯麦所说的壮健的“种马”去支配，即使这个家伙本人并不属于公民之列，也被认为是合乎体统的事情。在普卢塔克的作品中，有一个地方谈到，一个斯巴达妇女叫一个向她求爱的情人去找她的丈夫商量；因此，按照舍曼的看法，可以认为在习俗上甚至存在着更大的自由①。所以，真正的通奸，妻背夫不贞，是从来没有听说过的。另一方面，斯巴达至少在其全盛时代，还没有家务奴隶，而处于农奴地位的黑劳士则另外居住在庄园里，因此，斯巴达人②占有他们的妻子的机会比较少。在这些条件下，斯巴达的妇女自然享有比其他希腊妇女受人尊敬得多的地位。斯巴达的妇女和少数优秀的雅典淫游女，是受古人尊崇并认为她们的言行是值得记载的举世无双的希腊妇女。

我们看到，在以雅典人为代表的伊奥尼亚人中间，情况就完全不同了。姑娘们只学习纺织缝纫，至多也不过学一点读写而已。她们差不多是被幽禁起来，只能同别的妇女有所交往。妇女所住的房间是家中的单独一部分，在楼上或者在后屋中，男子，特别是陌生人不容易入内，如果有男子来到家里，妇女就躲到那里去。妇女没有女奴隶作伴就不能离家外出；她们在家里实际上受着监视；阿里斯托芬曾经提到摩罗西狗，说人们饲养它们是为了吓走奸夫③，而且，至少在亚洲各城市，还用阉人来监视妇女，早在希罗多德时代，在希俄斯岛上就制造这种阉人出售，据瓦克斯穆特说，并

① 参看普卢塔克《斯巴达妇女的格言》第5章，以及格·弗·舍曼《希腊的古代文化》1855年柏林版第1卷第268页。——编者注

② 斯巴达人是古斯巴达享有充分权利的公民。摘自《马克思恩格斯文集》第4卷，人民出版社2009年版，第578页注释。

③ 阿里斯托芬《费斯莫佛里节日中的妇女》。——编者注

不是只卖给野蛮人。[①] 在欧里庇得斯的作品中，妻子被称为 oikurema[②]，即用来照管家务的一种物件（这个词是一个中性名词）；在雅典人看来，妻子除生育子女以外，不过是一个婢女的头领而已。丈夫从事竞技运动和公共事业，而妻子不许参加；此外，丈夫还常常有女奴隶供他支配，而在雅典的全盛时期，则广泛盛行至少是受国家保护的卖淫。希腊妇女那超群出众的品性，正是在这种卖淫的基础上发展起来的，她们由于才智和艺术上的审美教养而高出于古代妇女的一般水平之上，正如斯巴达妇女由于性格刚烈而高出一般水平之上一样。但是，要成为妇人，必须先成为淫游女，这是对雅典家庭的最严厉的判决。

这种雅典家庭随着时间的进展，成了一种范例，不仅其余的伊奥尼亚人，而且本土和殖民地的所有希腊人都逐渐按照这种范例来建立他们的家庭关系。但是，尽管有这些幽禁和监视，希腊妇女仍然常常可以找到欺瞒自己丈夫的机会。那些似乎耻于对自己妻子表示任何爱情的丈夫，就同淫游女纵情取乐；但对妇女的侮辱，却在男子身上得到了报复并侮辱了男子本身，直到他们堕落到玩弄男童的丑恶地步，并且通过加尼米德的神话使他们的神同他们自己一样都受到侮辱。

根据我们对古代最文明、最发达的民族所能作的考察，专偶制的起源就是如此。它决不是个人性爱的结果，它同个人性爱绝对没有关系，因为婚姻和以前一样仍然是权衡利害的婚姻。专偶制是不以自然条件为基础，而以经济条件为基础，即以私有制对原始的自然产生的公有制的胜利为基础的第一个家庭形式。[③] 丈夫在家庭中居于统治地位，以及生育只可能是他自己的并且确定继承他的财产的子女——这就是希腊人坦率宣布的个体婚制的唯一目的。其实，个体婚制对希腊人说来就是一种负担，是一种必须履行的对神、对国家和对自己祖先的义务。在雅典，法律不仅规定必须结婚，而且规定丈夫必须履行一定的最低限度的所谓婚姻义务。[④]

---

① 参看希罗多德《历史》第 8 卷第 104 和 105 章，以及威·瓦克斯穆特《从国家现点研究希腊古代》1830 年哈雷版第 2 部第 2 篇第 77 页。——编者注

② 欧里庇得斯《奥列斯特》。——编者注

③ 在 1884 年版中这句话是“专偶制是不以自然条件为基础，而以社会条件为基础的第一个家庭形式”。——编者注

④ 最后一句话是恩格斯在 1891 年版上增补的。——编者注

可见，个体婚制在历史上决不是作为男女之间的和好而出现的，更不是作为这种和好的最高形式而出现的。恰好相反。它是作为女性被男性奴役，作为整个史前时代所未有的两性冲突的宣告而出现的。

恩格斯：《家庭、私有制和国家的起源》（1884 年 3 月底—5 月底），摘自《马克思恩格斯文集》第 4 卷，人民出版社 2009 年版，第 73—78 页。

（三）资本主义大工业发展过程中的工人阶级家庭的悲惨状况

1. 家庭共有制被工厂制度破坏了，孩子一到能够劳动时就靠自己的工钱过活，把父母家看做小客栈，交给父母一定的膳宿费

自由主义的政治经济学竭力用瓦解各民族的办法来使敌对关系普遍化，使人类变成一群正因为利害相同而互相吞噬的凶恶的野兽（竞争者不是凶恶的野兽又是什么呢?）。自由主义的政治经济学做完这个准备工作之后，只要再前进一步（即使家庭解体）就可以达到目的了。于是它自己的心爱的发明即工厂制度就来帮助它达到这个目的。共同利益的最后痕迹，即财产的家庭共有制被工厂制度破坏了，至少在英国这种家庭共有制已处在瓦解的过程中。孩子一到能劳动的时候，就是说，一到九岁，就靠自己的工钱过活，把父母的家只看做一个小客栈，交给父母一定的膳宿费。这种事情已经屡见不鲜了。可是，难道还可能不这样吗?从贸易自由学说的基础即利益的彼此隔绝中还能产生出什么别的结果呢?一个原则一旦被运用起来，它的一切结果就都会贯串着这一原则，不管这是否符合经济学家的心意。

恩格斯：《政治经济学批判大纲》（1843 年底—1844 年 1 月），摘自《马克思恩格斯全集》第 1 卷，人民出版社 1956 年版，第 602—603 页。

2. 当时英国工人阶级的幼儿的死亡数字很高，夫妻外出工作而孩子没人照顾，被车压死，被马踩死，被摔死、淹死、烧死、开水烫伤致死的特别多

关于工人阶级卫生状况的报告中的一份统计资料也证实了同样的事实。1840 年，利物浦上等阶级（贵族、自由职业者等等）的平均寿命是 35 岁，商人和收入较好的手工业者是 22 岁，工人、短工和一般雇佣劳动者只有 15 岁。在议会报告里还可以找到许多类似的事实。

死亡率之所以这样高，主要是由于工人阶级的幼儿的死亡数字很高。小孩的娇嫩的身体最不能抵抗恶劣生活条件的不利影响。如果父母都工作，或者其中一人死亡，孩子就常常没有人照顾，这种情况很快就会造成恶果；因此，像曼彻斯特这个地方，根据我们在前面提到的那个报告，工人的孩子有57%以上不到五岁就死亡，而上等阶级孩子在五岁以前死亡的只有20%，农业区各阶级所有的孩子在五岁以前死亡的平均也不到32%，这就没有什么可奇怪的了。在前面多次提到的《工匠》杂志的那篇文章里，我们得到了关于这方面的更详细的材料。该文的作者把城市和农业区各种儿童疾病的死亡数字一一加以对比，证明曼彻斯特和利物浦的流行病所引起的死亡率，一般说来比农业区高两倍；在城市患神经系统疾病的比农村多四倍，患胃病的比农村多一倍多，同时，在城市因肺部疾病死亡的人数和农村比较是2.5∶1。在城市，因天花、麻疹、百日咳和猩红热而死亡的幼儿比农村多三倍，因脑水肿而死亡的多两倍，因痉挛而死亡的多九倍。为了再引证一个权威的材料，我在这里列出一个表，这个表是威德博士在他的《中等阶级和工人阶级的历史》（1835年伦敦第3版）中根据1832年议会工厂委员会的报告制成的。

…………

除了贫穷阶级目前被忽视和被压迫所必然引起的这一切疾病，还有其他原因促使幼儿死亡率上升。有许多家庭，妻子和丈夫都外出工作，结果孩子就完全没有人照顾，他们或者被锁在家里，或者交给别人照看。这样，如果有成百的这种孩子死于各种各样的不幸事件，也就没有什么奇怪的了。任何一个地方也不像英国的大城市有这样多的孩子被车压死，被马踩死，任何一个地方也不像这些城市有这样多的孩子摔死、淹死或烧死。孩子们因烧伤或被开水烫伤而致死的特别多。这种事情，在曼彻斯特的冬季数月里几乎每周都要发生一次，在伦敦也同样经常发生，只是报上很少刊登罢了；我手头只有1844年12月15日《每周快讯》上的一个统计材料。根据这个材料，从12月1日到7日这一星期中就发生了六起这样的事件。这些惨遭横死的可怜的孩子们完全是我们的社会混乱以及热衷于保持这种混乱状况的有产阶级的牺牲品。但是人们很难断定，甚至这种可怕的痛苦的死亡是否对这些孩子来说也是一件好事，因为这种死亡使他们摆脱了充满艰辛和困苦的、忧愁多而欢乐少的漫长一生。在英国事情已经发展到这种地步，资产阶级天天在报纸上读到这一切，但他们对此却无动于衷。如果我根据所引用的那些**肯定**为他们所熟悉的官方或非官方的证据，直接控告他们犯了社会谋杀罪，他们也是无法申辩的。他们应该想办法结束这种可怕的情况，否则就把管理公共利益的权力移交给工人阶级。对后一种办法，他们没有兴趣；而前一种，只要他们还是资产阶级，还坚持资产阶级偏见，他们就无力做到。虽然现在，在数十万牺牲者已经倒下去以后，他们终于对未来采取了一些微小的预防性措施，公布了一个至少对住宅杂乱无章地挤在一起的情形多少有所限制的“首都建筑法”①，虽然他们夸耀他们这种不仅远远没有触动弊端的根源，而且连最普通的卫生警察的规定也算不上的措施，但是，他们还是不能以此来洗清他们的罪名。英国资产阶级现在只能二者选一，或者不顾这种落到他们身上的无可辩驳的谋杀罪名，继续进行统治，或者为了工人阶级的利益，自己引退。到目前为止，他们还是宁愿选择前者。

恩格斯：《英国工人阶级状况》（1844 年 9 月—1845 年 3 月），摘自《马克思恩格斯文集》第 1 卷，人民出版社 2009 年版，第 420—423 页。

3. 一个很少能见到自己的孩子的母亲必然对孩子很冷漠，没有爱，孩子长大以后对家庭是没有丝毫眷恋的

一个没有时间照顾自己的孩子、没有时间让孩子在初生的几年中享受最普通的母爱的母亲，一个很少能见到自己的孩子的母亲，是不能成其为孩子的母亲的，她必然会对孩子很冷漠，没有爱，没有丝毫的关怀，完全像对待别人的孩子一样。在这种条件下长大的孩子，以后对家庭是没有丝毫眷恋的，他们在自己创立起来的家庭里也永远不会感到一点家庭味，因为他们太习惯于孤独的生活了，这就不可避免地使工人家庭受到更严重的破坏。儿童劳动也是促成家庭离散的一个原因。

恩格斯：《英国工人阶级状况》（1844 年 9 月—1845 年 3 月），摘自《马克思恩格斯全集》第 2 卷，人民出版社 1957 年版，第 430 页。

4. 资产阶级历史地使家庭具有资产阶级家庭的性质

圣麦克斯在第 115 页上谈到家庭时给我们提供了一个新的例子。他声称：虽然从自己家庭的统治下解放出来非常容易，但“拒绝服从，这很容易引起良心的谴责”，所以人们牢牢地保持住家庭的爱、家庭的概念，这样就获得了“神圣的家庭概念”、“圣物”（第 116 页）。

---

① 1844 年在英国议会通过。——编者注

我们这位好小伙子又在经验关系完全占统治地位的地方看到了圣物的统治。资产者对待自己制度的规章就像犹太人对待律法一样；他们在每一个别场合只要有可能就违反这些规章，但他们却要所有其他的人遵守它们。如果全体资产者都一下子违反资产阶级的规章，那末，他们就不成其为资产者了，——当然，这样的行为是他们所想不到的，并且也决不是以他们的意愿为转移的。

马克思、恩格斯：《德意志意识形态》（1845 年秋—1846 年 5 月），摘自《马克思恩格斯全集》第 3 卷，人民出版社 1960 年版，第 195—196 页。

5. 实行财产共有时绝不会同时宣布公妻制

第二十个问题：在实行财产公有时不会同时宣布公妻制吗？

答：绝不会。只有在保持现有的各种形式会破坏新的社会制度时，我们才会干预夫妻之间的私人关系和家庭。此外，我们知道得很清楚，在历史的进程中，家庭关系随着所有制关系和发展时期而经历过变动，因此，私有制的废除也将对家庭关系产生极大影响。

恩格斯：《共产主义信条草案》（1847 年 6 月 9 日），摘自《马克思恩格斯全集》第 42 卷，人民出版社 1979 年版，第 379 页。

6. 共产主义社会制度对家庭将产生什么影响？

答：共产主义社会制度将使两性关系成为仅仅和当事人有关而社会无须干预的纯粹私人关系。共产主义社会制度之所以能实现这一点，是由于这种社会制度将废除私有制并将由社会教育儿童，从而将消灭迄今为止的婚姻的两种基础，即私有制所产生的妻子依赖丈夫、孩子依赖父母。这也是对道貌岸然的市侩关于共产主义公妻制的号叫的回答。公妻制完全是资产阶级社会的现象，现在的卖淫就是公妻制的充分表现。卖淫是以私有制为基础的，它将随着私有制的消失而消失。因此，共产主义组织并不实行公妻制，正好相反，它要消灭公妻制。

恩格斯：《共产主义原理》（1847 年 10 月底—11 月），摘自《马克思恩格斯文集》第 1 卷，人民出版社 2009 年版，第 689—690 页。

7. 无产阶级的家庭关系同资产阶级的家庭关系没有任何共同之处

在无产阶级的生活条件中，旧社会的生活条件已经被消灭了。无产者是没有财产的；他们和妻子儿女的关系同资产阶级的家庭关系再没有任何共同之处了；现代的工业劳动，现代的资本压迫，无论在英国或法国，无论在美国或德国，都是一样的，都使无产者失去了任何民族性。法律、道德、宗教在他们看来全都是资产阶级偏见，隐藏在这些偏见后面的全都是资产阶级利益。

马克思、恩格斯：《共产党宣言》（1847年12月—1848年1月底），摘自《马克思恩格斯文集》第2卷，人民出版社2009年版，第42页。

8. 批判资产阶级消灭家庭的观点：现代资产阶级家庭是建立在资本的基础上，建立在私人发财上面，资产者是把自己的妻子看做单纯的生产工具

消灭家庭！连极端的激进派也对共产党人的这种可耻的意图表示愤慨。

现代的、资产阶级的家庭是建立在什么基础上的呢？是建立在资本上面，建立在私人发财上面的。这种家庭只是在资产阶级那里才以充分发展的形式存在着，而无产者的被迫独居和公开的卖淫则是它的补充。

资产者的家庭自然会随着它的这种补充的消失而消失，两者都要随着资本的消失而消失。

你们是责备我们要消灭父母对子女的剥削吗？我们承认这种罪状。

但是，你们说，我们用社会教育代替家庭教育，就是要消灭人们最亲密的关系。

而你们的教育不也是由社会决定的吗？不也是由你们进行教育时所处的那种社会关系决定的吗？不也是由社会通过学校等等进行的直接的或间接的干涉决定的吗？共产党人并没有发明社会对教育的作用；他们仅仅是要改变这种作用的性质，要使教育摆脱统治阶级的影响。

无产者的一切家庭联系越是由于大工业的发展而被破坏，他们的子女越是由于这种发展而被变成单纯的商品和劳动工具，资产阶级关于家庭和教育、关于父母和子女的亲密关系的空话就越是令人作呕。

但是，你们共产党人是要实行公妻制的啊。整个资产阶级异口同声地向我们这样叫喊。

资产者是把自己的妻子看做单纯的生产工具的。他们听说生产工具将要公共使用，自然就不能不想到妇女也会遭到同样的命运。

他们想也没有想到，问题正在于使妇女不再处于单纯生产工具的地位。

其实，我们的资产者装得道貌岸然，对所谓的共产党人的正式公妻制表示惊讶，那是再可笑不过了。公妻制无需共产党人来实行，它差不多是一向就有的。

我们的资产者不以他们的无产者的妻子和女儿受他们支配为满足，正式的卖淫更不必说了，他们还以互相诱奸妻子为最大的享乐。

资产阶级的婚姻实际上是公妻制。人们至多只能责备共产党人，说他们想用正式的、公开的公妻制来代替伪善地掩蔽着的公妻制。其实，不言而喻，随着现在的生产关系的消灭，从这种关系中产生的公妻制，即正式的和非正式的卖淫，也就消失了。

马克思、恩格斯：《共产党宣言》（1847 年 12 月—1848 年 1 月底），摘自《马克思恩格斯文集》第 2 卷，人民出版社 2009 年版，第 48—50 页。

9. 随着大工业领域内生产力的极度提高，使工人阶级中越来越大的部分有可能被用于非生产劳动，特别是使旧式家庭奴隶在“仆役阶级”的名称下被再生产出来

最后，大工业领域内生产力的极度提高，以及随之而来的所有其他生产部门对劳动力的剥削在内涵和外延两方面的加强，使工人阶级中越来越大的部分有可能被用于非生产劳动，特别是使旧式家庭奴隶在“仆役阶级”（如仆人、使女、侍从等等）的名称下越来越大规模地被再生产出来。根据 1861 年的人口调查，英格兰和威尔士的总人口为 20066224 人，其中男子 9770259 人，妇女 10289965 人。从中减掉不宜劳动的老幼，所有“非生产的”妇女、少年和儿童，再减掉官吏、牧师、法律界人员、军人等“意识形态的”阶层以及所有专门以地租、利息等形式消费别人劳动的人，最后再减掉需要救济的贫民、流浪者、罪犯等，大致还剩下 800 万不同年龄的男女，其中包括所有以某种方式在生产、商业和金融等部门执行职能的资本家。

马克思：《资本论（第一卷）》（1867 年 9 月），摘自《马克思恩格斯文集》第 5 卷，人民出版社 2009 年版，第 513 页。

10. 妇女、少女和幼童都参加了劳动。贫困堕落的双亲只想从孩子身上榨取尽可能多的东西，孩子们长大后自然对双亲漠不关心并弃之不管

我现在来谈谈所谓家庭劳动。为了对这个在大工业的背景下建立起来的资本的剥削领域和它的骇人听闻的状况有个简略的了解，不妨考察一下例如英格兰某些偏僻乡村经营的那些表面上充满田园风味的制钉业①。不

① 这里指的是用铁锤打成的钉子，而不是用机器制作的钉子。见《童工调查委员会。第 3 号报告》第 XI、XIX 页第 125—130 号；第 52 页第 11 号；第 113—114 页第 487 号；第 137 页第 674 号。

过在这里，只要从花边业和草辫业中完全没有采用机器，或者同机器生产和工场手工业生产完全没有发生竞争的部门中举出几个例子就够了。

在英国从事花边生产的共有 15 万人，其中受 1861 年工厂法约束的大约有 1 万人，其余的 14 万人绝大多数是妇女、男女少年和儿童，其中男性很少。这些“廉价的”剥削材料的健康状况，可以从诺丁汉贫民诊所杜鲁门医生的下列统计材料中看出来。在 686 个患病的花边女工（大部分是 17 岁到 24 岁）中，患肺病的比率如下[①]：

1852 年每 45 人中有 1 人	1857 年每 13 人中有 1 人
1853 年每 28 人中有 1 人	1858 年每 15 人中有 1 人
1854 年每 17 人中有 1 人	1859 年每 9 人中有 1 人
1855 年每 18 人中有 1 人	1860 年每 8 人中有 1 人
1856 年每 15 人中有 1 人	1861 年每 8 人中有 1 人

肺病率的这种增长，一定会使最乐观的进步党人和最善于像孚赫那样撒谎的德国自由贸易论贩子感到满意的。

受 1861 年工厂法约束的是采用机器生产的真正花边业，而在英国，这一行业通常都已经采用机器了。我们要在这里略加考察的部门（我们的考察仅限于所谓家庭工人，而不涉及集中在手工工场和商店等处的工人），可分为两类：一类是花边整理（对机织花边进行最后加工，它又分成许多工种），另一类是手织花边。

花边整理当做一种家庭劳动，或者是在所谓“老板娘家”进行的，或者是在妇女家里由她自己或同她的子女一道进行的。那些开设“老板娘家”的妇女本身也是贫穷的。工场就是她们的私宅的一部分。她们从工厂主或商店老板等人那里承揽订货，使用妇女、少女和幼童的劳动，其人数要看她们房间的大小和营业需要的变动情况而定。雇用的女工的人数有些工场是 20—40 人，有些工场是 10—20 人。儿童开始劳动的平均最低年龄是 6 岁，但有些儿童不满 5 岁就开始劳动了。劳动时间通常是从早晨 8 点到晚上 8 点，中间有 1½小时的吃饭时间，吃饭时间很不规则，而且往往

① 《童工调查委员会。第 2 号报告》第 X X Ⅱ 页第 166 号。

是在臭气熏天的小工房里吃饭。生意好的时候，往往从早晨8点（有时是6点）干到夜里10、11或12点。在英国兵营中，每个士兵规定占有500—600立方英尺的空间，在军医院里规定占有1200立方英尺。而在这样的小工房里，每人只有67—100立方英尺。同时煤气灯还消耗空气中的氧气。为了保持花边的清洁，即使在冬天，儿童们也往往必须把鞋脱掉，哪怕地面上铺的是石板或砖块。

> "在诺丁汉，常常可以看到15个至20个儿童挤在一间也许不超过12英尺见方的小房间里，一天24小时内要干15小时，这种劳动本身由于单调乏味而令人厌倦，而且劳动条件对健康极为不利……甚至年龄最小的儿童干起活来也紧张得要命和迅速得惊人，他们的手指几乎不能稍停一下或放慢一点。如果有人向他们问话，他们也眼不离活，唯恐耽误了一分一秒。"

劳动时间越长，"老板娘"用"长棍"来催促儿童的次数就越多。

> "儿童们逐渐疲乏了。他们的劳动单调乏味，极费眼力，由于姿势持久不变而格外累人，当这种长时间的劳动快要结束时，他们简直像小鸟一样不能安静下来。这是真正的奴隶劳动。"①
>
> 如果妇女是同自己的子女在家里（这个家，在现代意义上，就是租来的一间房子，往往是一间阁楼）一道劳动，情况就更坏到不能再坏了。这种劳动在诺丁汉周围80英里的地区内都可见到。在商店干活的儿童，晚上9点或10点下工时，往往还要给他一捆活，让他带回家去干。资本主义的伪君子这样做时，当然会通过他的雇佣奴才的嘴巴说上一句漂亮话："这是给你母亲的"，但是他非常清楚，可怜的孩子必然要坐下来帮着母亲干。②

手织花边业主要分布在英格兰的两个农业区。一个是霍尼顿花边业

① 《童工调查委员会。第2号报告》1864年版，第XVⅢ、XIX、XX、XXI页。

② 《童工调查委员会。第2号报告》1864年版，第XXI、XXII页。

区，包括德文郡南海岸 20 英里至 30 英里宽的地带和北德文的少数地方；另一个区包括白金汉、贝德福德、北安普敦等郡的大部分，以及牛津郡和亨廷登郡的邻近地区。农业短工住的小屋通常就是工场。有些手工工场老板雇有 3000 多个这样的家庭工人，主要是儿童和少年，全部是女性。在花边整理那里见到的情况又重新出现了。只不过“老板娘家”被贫穷妇女用自己小屋开办的所谓“花边学校”代替了。在这些学校里劳动的儿童从 5 岁起（有时还要小）直到 12 岁或者 15 岁。在第一年，年龄最小的儿童每天劳动 4—8 小时，稍大一些的就从早晨 6 点劳动到晚上 8 点或 10 点。

> “工房通常是小屋的普通卧室，为了挡风，烟囱也堵死了，住在里面的人甚至在冬天也往往只能靠自己的体温来暖和自己。有的地方，这些所谓教室像个小贮藏室，连安装火炉的地方都没有……这些破旧的小屋异常拥挤，空气坏极了。此外，臭水沟、厕所、腐烂物以及经常堆在小屋门外的其他脏物也产生着有害的影响。”

关于占有空间的情况：

> “在一所花边学校里，有 18 个女孩和一个老板娘，每人占有 33 立方英尺的空间；在另一所臭气熏天的学校里，有 18 个人，每人占有 24½立方英尺。在这个行业中，竟雇用 2 岁到 2 岁半的儿童干活。”①

在白金汉和贝德福德这两个农业郡中不从事手织花边业的地方，草辫业就兴起了。这种行业扩展到赫特福德郡的大部分地区和埃塞克斯郡的西部和北部。1861 年，从事草辫业和草帽业的共有 48043 人，其中有各种年龄的男子 3815 人，其余都是妇女，20 岁以下的有 14913 人，其中儿童近 6000 人。在这里，“草辫学校”代替了花边学校。② 孩子们通常从 4 岁起，

① 《童工调查委员会。第 2 号报告》1864 年版，第 XXIX、XXX 页。

② 马克思这里指的情况见《童工调查委员会。第 2 号报告》1864 年版第 XXXIX 页第 296、299 号。摘自《马克思恩格斯文集》第 5 卷，人民出版社 2009 年版，第 941 页注释。

有时在3岁到4岁之间，就开始在这里学编草辫。他们当然受不到任何教育。孩子们自己都把初级小学称为“自然的学校”，来和这种吸血的场所相区别。他们到这种地方来劳动，只是为了完成他们的饿得半死的母亲指定他们完成的活，即每天大多要完成30码。下工后，他们的母亲往往还要孩子在家里再劳动到夜里10、11以至12点。他们不断用唾液把麦秆润湿，因此常常割破手指和嘴唇。根据巴拉德医生所综合的伦敦卫生视察员们的共同意见，在卧室或工房中，每个人至少应占有300立方英尺的空间。但是，草辫学校里的空间比花边学校还要小，“每个人只有12⅔立方英尺、17立方英尺、18½立方英尺，最多也不到22立方英尺”。调查委员怀特说：

“这些数字中的最小的数字，比一个装在每边各3英尺的箱子里的儿童所占的空间还要小一半。”

这就是孩子们在12岁或14岁以前的生活享受。贫困堕落的双亲只想从孩子身上榨取尽可能多的东西。孩子们长大以后，自然也就对他们的双亲漠不关心并弃之不管了。

“难怪在这样教养起来的人口中流行着无知和放荡的现象……他们的道德极度败坏……许多妇女都有私生子，而且其中很多人还未到成熟年龄就有了，这种情况使那些熟悉刑事案件统计材料的人也不免大吃一惊。”①

但是，堪称基督教权威人士的蒙塔朗贝尔伯爵竟然声称，这些模范家庭的祖国是什么欧洲的基督教模范国家！

在上述两个工业部门中，工资一般都低得可怜（在草辫学校，儿童的最高工资在例外的情况下可以达到3先令），而由于实行实物工资制②（这种制度在花边业区特别盛行），工资比它的名义数额就更

① 《童工调查委员会。第2号报告》1864年版第XXXIX、XL、XLI页。

② 《马克思恩格斯文集》第5卷第203页。——编者注

低了①。

马克思：《资本论（第一卷）》（1867 年 9 月），摘自《马克思恩格斯文集》第 5 卷，人民出版社 2009 年版，第 536—540 页。

11. 大工业使妇女、男女少年和儿童在家庭范围以外，在社会组织起来的生产过程中起着决定性的作用，为家庭和两性关系的更高级的形式创造了新的经济基础

然而，不是亲权的滥用造成了资本对未成熟劳动力的直接或间接的剥削，相反，正是资本主义的剥削方式通过消灭与亲权相适应的经济基础，造成了亲权的滥用。不论旧家庭制度在资本主义制度内部的解体表现得多么可怕和可厌，但是由于大工业使妇女、男女少年和儿童在家庭范围以外，在社会地组织起来的生产过程中起着决定性的作用，它也就为家庭和两性关系的更高级的形式创造了新的经济基础。当然，把基督教日耳曼家庭形式看成绝对的东西，就像把古罗马家庭形式、古希腊家庭形式和东方家庭形式看成绝对的东西一样，都是荒谬的。这些形式依次构成一个历史的发展序列。同样很明白，由各种年龄的男女个人组成的结合劳动人员这一事实，尽管在其自发的、野蛮的、资本主义的形式中，也就是在工人为生产过程而存在，不是生产过程为工人而存在的那种形式中，是造成毁灭和奴役的祸根，但在适当的条件下，必然会反过来转变成人道的发展的源泉。

马克思：《资本论（第一卷）》（1867 年 9 月），摘自《马克思恩格斯文集》第 5 卷，人民出版社 2009 年版，第 563 页。

12. 大工业为家庭和两性关系的更高级的形式创造了新的经济基础

杜林先生以前曾设想，不必改造生产本身，人们就能以社会的生产方式去代替资本主义的生产方式，现在，他在这里想象，人们可以把现代的资产阶级家庭同它的整个经济基础分隔开来，而不会由此改变家庭的全部形式。这个家庭形式，在他看来是这样的不可改变，以致他甚至把“古代罗马法”（即使它具有某种“完美的”形式）当做家庭永远奉行的标准，并且设想家庭只是“继承遗产”的单位，即拥有财产的单位。在这个问题上，空想主义者比杜林先生高明得多。在空想主义者看来，随着人们自由

① 《童工调查委员会。第 1 号报告》1863 年版第 185 页。

结合成社会和私人家务劳动转为公共事业，青年教育的社会化，从而家庭成员间真正自由的相互关系，也就直接产生了。此外，马克思已经证明（《资本论》第515页及以下几页），“由于大工业使妇女、男女少年和儿童在家庭范围以外，在社会地组织起来的生产过程中起着决定性的作用，它也就为家庭和两性关系的更高级的形式创造了新的经济基础。”①

恩格斯：《反杜林论》（1876年9月—1878年6月），摘自《马克思恩格斯文集》第9卷，人民出版社2009年版，第335—336页。

13. 大规模使用妇女劳动和儿童劳动，即使付给他们全家的工资总额增加了，他们全家为资本提供的剩余劳动数量必然比以前更大了

劳动的剥削程度，剩余劳动和剩余价值的占有，特别会由于工作日的延长和劳动的强化而提高。这两点在第一册论述绝对剩余价值和相对剩余价值的生产时已经详细说明过了。使劳动强化的因素很多，其中包括不变资本同可变资本相比的相对增加，因而也包括利润率的下降，例如在一个工人必须看管更多机器的时候，情况就是这样。在这里——也像生产相对剩余价值时使用的大多数方法一样——，引起剩余价值率提高的同一些原因，都包含着按所使用的总资本的一定量来考察的剩余价值量的减少。但是，还有使劳动强化的另一些因素，例如提高机器速度，这些因素固然会在同一时间内消费更多的原料，而就固定资本来说，固然会加速机器的磨损，但是丝毫不会影响机器价值和使机器运转的劳动的价格的比率。而特别是延长工作日这一现代工业的发明，会增加所占有的剩余劳动的量，但是不会使所使用的劳动力和它所推动的不变资本的比率发生实质上的变化，实际上反而会使不变资本相对减少。此外，我们已经指出——这是利润率趋向下降的真正秘密——，生产相对剩余价值的办法总的说来可以归结为：一方面，使一定量劳动尽可能多地转化为剩余价值，另一方面，同预付资本相比，又尽可能少地使用劳动；所以，使人们可以提高劳动剥削程度的同一些原因，都使人们不能用同一总资本去剥削和以前一样多的劳动。这是两个相反的趋势，它们使剩余价值率提高，同时又使一定量资本所生产的剩余价值量减少，从而使利润率下降。这里也要提到大规模使用妇女劳动和儿童劳动，因为即使付给他们全家的工资总额增加了（这决不是普遍

① 见马克思《资本论》第1卷，《马克思恩格斯文集》第5卷第563页。——编者注

的情况)，他们全家为资本提供的剩余劳动数量必然比以前更大了。——在所使用的资本的量不变时仅仅通过方法的改善来促进相对剩余价值生产的一切办法，都有这样的作用，例如在农业中就是这样。虽然在这里，所使用的不变资本同被我们看做所使用的劳动力的指数的可变资本相比并没有增加，但是产品量同所使用的劳动力相比却增加了。如果劳动（不管它的产品是进入工人消费，还是成为不变资本的要素）的生产力从交通方面的各种障碍下，从各种任意的或随着时间的推移会起干扰作用的限制下，总之，从各种束缚下解放出来，不致由此直接影响可变资本和不变资本的比率，那么，也会产生同样的结果。

马克思：《资本论（第三卷）》（1894 年 11 月），摘自《马克思恩格斯文集》第 7 卷，人民出版社 2009 年版，第 258—260 页。

14. 资本主义社会的妇女过着“家庭女奴”的生活

现代资本主义社会包藏着大量不能一下子就看到的贫穷和人压迫人的现象。小市民、手工业者、工人、职员、小官吏这样一些人的分散的家庭，生活极端贫苦，在最好的时候也只能勉强糊口。这种家庭中的千百万妇女过着（或者更确切些说，痛苦地过着）“家庭女奴”的生活，为了用极少的钱使一家人吃上饭穿上衣，她们每天拼命地干活，处处“精打细算”，只是不吝惜自己的劳动。

列宁：《资本主义和妇女劳动》（1913 年 4 月 27 日〔5 月 10 日〕），摘自《列宁全集》第 23 卷，人民出版社 2017 年版，第 119 页。

九、妇女解放是全人类解放的重要组成部分

（一）建立公有制是实现妇女解放的制度保证

1. 社会从私有制中解放出来是通过工人解放这种政治形式表现的，工人解放还包含普遍的人的解放

从异化劳动对私有财产的关系可以进一步得出这样的结论：社会从私有财产等等解放出来、从奴役制解放出来，是通过工人解放这种政治形式来表现的，这并不是因为这里涉及的仅仅是工人的解放，而是因为工人的解放还包含普遍的人的解放；其所以如此，是因为整个的人类奴役制就包含在工人对生产的关系中，而一切奴役关系只不过是这种关系的变形和后果罢了。

马克思：《1844年经济学哲学手稿》（1844年4—8月），摘自《马克思恩格斯文集》第1卷，人民出版社2009年版，第167页。

2. 共产主义是对私有财产即人的自我异化的积极的扬弃，是向合乎人性的人的复归，是人与自然界、人之间的矛盾的真正解决，是历史之谜的解答。这之前男人把妇女当做共同淫欲的虏获物和婢女来对待，是人的自身的无限的退化

最后，共产主义是被扬弃了的私有财产的积极表现；起先它是作为普遍的私有财产出现的。由于这种共产主义是从私有财产的普遍性来看私有财产关系的，所以共产主义

（1）在它的最初的形态中不过是私有财产关系的普遍化和完成。而作为这种关系的普遍化和完成，共产主义是以双重的形态表现出来的：首先，实物财产的统治在这种共产主义面前显得如此强大，以致它想把不能被所有的人作为私有财产占有的一切都消灭；它想用强制的方法把才能等等抛弃。在这种共产主义看来，物质的直接的占有是生活和存在的唯一目的；工人这个规定并没有被取消，而是被推广到一切人身上；私有财产关系仍然是共同体同物的世界的关系；最后，这个用普遍的私有财产来反对私有财产的运动是以一种动物的形式表现出来的：用公妻制——也就是把妇女变为公有的和共有的财产——来反对婚姻（它确实是一种排他性的私有财

产的形式）。人们可以说，公妻制这种思想是这个还相当粗陋的和毫无思想的共产主义的昭然若揭的秘密。正像妇女从婚姻转向普遍卖淫一样，财富——也就是人的对象性的本质——的整个世界，也从它同私有者的排他性的婚姻的关系转向它同共同体的普遍卖淫关系。这种共产主义——由于它到处否定人的个性——只不过是私有财产的彻底表现，私有财产就是这种否定。普遍的和作为权力而形成的忌妒，是贪欲所采取的并且只是用另一种方式使自己得到满足的隐蔽形式。任何私有财产本身所产生的思想，至少对于比自己更富足的私有财产都含有忌妒和平均主义欲望，这种忌妒和平均主义欲望甚至构成竞争的本质。粗陋的共产主义者不过是充分体现了这种忌妒和这种从想象的最低限度出发的平均主义。他具有一个特定的、有限制的尺度。对整个文化和文明的世界的抽象否定，向贫穷的、需求不高的人——他不仅没有超越私有财产的水平，甚至从来没有达到私有财产的水平——的非自然的［IV］简单状态的倒退，恰恰证明对私有财产的这种扬弃决不是真正的占有。

共同性只是劳动的共同性以及由共同的资本——作为普遍的资本家的共同体——所支付的工资的平等的共同性。相互关系的两个方面被提高到想象的普遍性：劳动是为每个人设定的天职，而资本是共同体的公认的普遍性和力量。

把妇女当做共同淫欲的虏获物和婢女来对待，这表现了人在对待自身方面的无限的退化，因为这种关系的秘密在男人对妇女的关系上，以及在对直接的、自然的类关系的理解方式上，都毫不含糊地、确凿无疑地、明显地、露骨地表现出来。人对人的直接的、自然的、必然的关系是男人对妇女的关系。在这种自然的类关系中，人对自然的关系直接就是人对人的关系，正像人对人的关系直接就是人对自然的关系，就是他自己的自然的规定。因此，这种关系通过感性的形式，作为一种显而易见的事实，表现出人的本质在何种程度上对人来说成为自然，或者自然在何种程度上成为人具有的人的本质。因此，从这种关系就可以判断人的整个文化教养程度。从这种关系的性质就可以看出，人在何种程度上对自己来说成为并把自身理解为类存在物、人。男人对妇女的关系是人对人最自然的关系。因此，这种关系表明人的自然的行为在何种程度上是合乎人性的，或者，人的本质在何种程度上对人来说成为自然的本质，他的人的本性在何种程度上对他来说成为自然。这种关系还表明，人的需要在何种程度上成为合乎人性的需要，就是说，别人作为人在何种程度上对他来说成为需要，他作为最具有个体性的存在在何种程度上同时又是社会存在物。

由此可见，对私有财产的最初的积极的扬弃，即粗陋的共产主义，不过是私有财产的卑鄙性的一种表现形式，这种私有财产力图把自己设定为积极的共同体。

（2）共产主义（α）还具有政治性质，是民主的或专制的；（β）是废除国家的，但同时是尚未完成的，并且仍然处于私有财产即人的异化的影响下。这两种形式的共产主义都已经认识到自己是人向自身的还原或复归，是人的自我异化的扬弃；但是，因为它还没有理解私有财产的积极的本质，也还不了解需要所具有的人的本性，所以它还受私有财产的束缚和感染。它虽然已经理解私有财产这一概念，但是还不理解它的本质。

（3）共产主义是对私有财产即人的自我异化的积极的扬弃，因而是通过人并且为了人而对人的本质的真正占有；因此，它是人向自身、也就是向社会的即合乎人性的人的复归，这种复归是完全的复归，是自觉实现并在以往发展的全部财富的范围内实现的复归。这种共产主义，作为完成了的自然主义，等于人道主义，而作为完成了的人道主义，等于自然主义，它是人和自然界之间、人和人之间的矛盾的真正解决，是存在和本质、对象化和自我确证、自由和必然、个体和类之间的斗争的真正解决。它是历史之谜的解答，而且知道自己就是这种解答①。

马克思：《1844年经济学哲学手稿》（1844年4—8月），摘自《马克思恩格斯文集》第1卷，人民出版社2009年版，第183—186页。

3. 最早在美国而且在世界上建立以财产公有为基础的公社的人是震教徒

最早在美国而且在世界上建立以财产公有为基础的公社的人，是所谓震教徒。这些人是一个奇特的教派，他们抱有非常独特的宗教观点，他们不结婚，根本不允许两性关系以及诸如此类的事情。但是，这一点在这里同我们无关。震教徒这个教派大约产生于七十年以前。它的创始人是穷苦

① 马克思在这里使用路·费尔巴哈的术语来表述自己的观点。文中所说的“历史之谜的解答”，是指从建立在私有制基础上的社会的客观矛盾的发展中得出的共产主义必然性的结论。摘自《马克思恩格斯文集》第1卷，人民出版社2009年版，第788页注释。

人，他们联合起来，在兄弟友爱和财产公有的条件下共同生活，并按照自己的方式敬神。虽然他们的宗教观点，特别是禁止结婚，吓跑了许多人，但是，他们仍然找到了信徒，现在他们拥有十个大公社，每个公社有三百至八百个成员。每个公社是一座美丽的、按规划修建的城市，有住宅、工厂、作坊、会议厅和粮仓，有许多花园、菜园、果树、树林、葡萄园、草场和耕地；还有马、牛、羊、猪等各种牲畜和家禽，其数量之多超出了他们的需要，而且都是最好的品种。他们的粮仓总是堆满了谷物，库房装满了衣料。因此，一个访问过这些公社的英国旅行家说：他不能理解，这些人什么都很富足，为什么还要劳动；除非他们劳动完全是为了消遣，因为，不然就无事可干了。在这些人中间没有一个人会违背自己的意愿而劳动，也没有一个人为找工作白白操心。他们没有济贫所和救济院，因为没有一个穷人和受苦人，没有被遗弃的寡妇和孤儿；他们不知道贫困，也就不用害怕它。在他们的十个城市中，没有一个宪兵或警察，没有法官，律师或者士兵，没有监牢或者感化院；然而一切都有条不紊。国家的法律不是为他们制定的，如果说法律是为他们的，那么它也同样可以被取消，对此不会有人过问，因为他们是最安分守己的公民，从来没有一个人犯罪入狱。正如已经说过的那样，他们在最完全的财产公有的条件下生活，他们之间没有商业，不用货币。去年，一个名叫芬奇的英国旅行家访问了其中一个城市，即肯塔基州累克辛顿附近的快乐山，他作了以下描述：

> “快乐山有许多高大美观的砖石房、工厂、作坊、马厩和粮仓，所有建筑物都非常整齐，而且在整个肯塔基州也数得上是第一流的；震教徒的耕地很好辨认：四周有漂亮的石头围墙，土地精耕细作；大量膘满体壮的牛羊在田野里吃草，许多肥猪在果园里吃着掉在地上的果子。震教徒在这里拥有的土地约四千美国摩尔根，其中耕地面积约占三分之二。这个移民区是在1806年左右由一户人家开创的，后来有其他户加入，这样，户数就逐渐增多了；有些人带来一点钱，其他人则一无所有。他们同许多困难进行了斗争，因为他们大多数人都很穷，在开始时不得不忍受很多困苦，但是，他们勤俭节约，克服了一切困难，现在样样都绰绰有余，并且不欠任何人一分钱。目前，这个公社大约有三百个成员，其中十六岁以下的孩子有五六十个。他们没有主

人和仆人，更没有奴隶；他们自由、富裕而幸福。他们有两所学校，一所是男校，一所是女校，学校里教的是读书、写字、算术、英语和他们的宗教教义；他们不教孩子们学科学，因为他们认为，这对升入天堂没有什么用处。由于他们不允许结婚，所以，如果经常没有新的成员加入他们的行列，他们势必会死光；尽管禁止结婚吓跑了许许多多人，连他们最好的成员中也还有一些人因此而退出，但是，仍然经常有许多新的成员加入，使他们的人数不断增加。他们从事畜牧业和农业，自己生产亚麻、羊毛和丝，在自己的工厂里从事纺织。他们把超过自己需要的产品拿到邻居中出卖或者交换。他们通常劳动到天黑。管理委员会有一个管理账目的公开的账房，每个成员有权在他愿意的时候检查账目。他们自己不知道他们富到什么程度，因为他们从来不登记他们的财产。他们只满足于知道：他们手头的一切东西，都归他们所有，因为他们不欠任何人一点债。他们只是每年把邻居欠他们的债款结算一次。

这个公社分为五户（组），每户有四十至八十个成员，有它单独的经济，集体住在一幢宽敞美观的寓所里；每个人都能免费从公社的公共仓库得到他所需要的东西，而且得到他所需要的数量。每户有一名执事，他负责照管所有的人都得到他们需要的东西，并尽可能预先了解每个人的愿望。他们的服装是战栗教徒的服装式样，朴素而整洁。他们的食品丰富多样，而且质量都相当好。按照公社的章程，新接纳的成员必须把他的一切东西都交归公有，而且在任何情况下，即使在退社的时候，也决不能收回；尽管如此，公社还是把每个退社的人在入社时带来的东西如数归还。如果退社的成员在入社时什么东西也没有带来，那么，按照章程，他也不能要求给他的劳动以任何补偿，因为他在劳动期间吃饭穿衣都是公费。即使在这种情况下，只要他是和和气气地离开的，通常也会赠送他一份临别礼物。

他们的管理机构是仿照早期基督教徒的方式建立起来的。每个公社有两个神职人员，一男一女，他们又有两个助理。这四个神职人员领导全公社，解决一切争端。公社的每一户又有两个长老和两个助理以及一名执事或者一名管理员。公社的财产由三人组成的管理委员会掌管，委员会看管全部设施，领导各项工作，并且同邻居进行贸易。

不经公社同意，管理委员会不得买卖土地。此外，各个劳动部门自然还有监督人员和管理人员；但是，谁也不能发号施令，而是应当善意地说服一切人，这已经成为他们的规定了。”

恩格斯：《现代兴起的今日尚存的共产主义移民区记述》（1844 年 10 月中），摘自《马克思恩格斯全集》第 42 卷，人民出版社 1979 年版，第 222—225 页。

4. 美国、英国都从事过实行财产公有的尝试

不仅在美国，而且在英国，都在从事实行财产公有的尝试。博爱的罗伯特·欧文三十年来就在这里传播这一学说，他把自己的巨大财产全部无遗地用于建立这个至今尚存的汉普郡“协和”移民区。他为此目的组成了一个团体，以后这个团体买了一千二百摩尔根土地，并根据欧文的建议在那里建立了一个公社。公社现有成员一百多人，他们集体住在一幢大寓所里，到目前为止，主要从事农业。因为从一开始就打算把这个公社建成新社会制度的完美典范，所以需要一笔相当可观的资本，而到目前为止他们已投资二十万塔勒。这笔钱有一部分是借来的，必须逐步偿还，这就产生了许多困难，许多设施由于缺乏资金而不能完工和带来收益。因为公社成员不是企业的唯一所有者，而是由该企业所属的社会主义者协会来领导，所以，有时也会由此产生误会和不满。

我们再给这一记述补充一些有关这个公社内部的各种设备的情况。公社成员集体住在一幢大房子里，而且每人有自己的布置得十分舒适的单间卧室。家务由一部分妇女共同为大家料理，这样，自然就把许多小家小户操持家务所耗费的大量杂费、时间和精力节省下来，从而创造了许多在小户人家根本不可能有的方便条件。例如，厨房的炉子把暖气同时送到这幢房子的所有房间；冷水管和热水管可通到每个房间，而且还有其他一些只有在公共建筑里才可能有的诸如此类的方便条件和优越性。孩子被送进这个企业附设的学校，依靠公费受教育。家长想看孩子的时候就可以去看，教育不仅考虑到体育和德育而且考虑到集体生活。孩子们不受宗教争论和神学争论的折磨，也不受希腊文和拉丁文的折磨；这样他们就能更好地认识自然，锻炼自己的身体和发展他们的智力，而且要求他们坐课堂的时间不长，他们在野外能得到休息；因为教学不仅在室内进行，也经常在广阔的天地进行，而且劳动是教育的一部分。德育只限于运用这样一条准则：己所不欲，勿施于人，也就是只限于实行完全平等和兄弟友爱。

恩格斯：《现代兴起的今日尚存的共产主义移民区记述》（1844 年 10 月中），摘自《马克思恩格斯全集》第 42 卷，人民出版社 1979 年版，第 232—235 页。

5. 只有消灭私有制，实现公有制，进入共产主义社会，劳动者的自主活动才能同物质生活一致起来，才能实现每个人的自由而全面的发展

因此，这里显露出两个事实。第一，生产力表现为一种完全不依赖于各个人并与他们分离的东西，表现为与各个人同时存在的特殊世界，其原因是，各个人——他们的力量就是生产力——是分散的和彼此对立的，而另一方面，这些力量只有在这些个人的交往和相互联系中才是真正的力量。[①] 因此，一方面是生产力的总和，生产力好像具有一种物的形式，并且对个人本身来说它们已经不再是个人的力量，而是私有制的力量，因此，生产力只有在个人是私有者的情况下才是个人的力量。在以前任何一个时期，生产力都没有采取过这种对于作为个人的个人的交往无关紧要的形式，因为他们的交往本身还是受限制的。另一方面是同这些生产力相对立的大多数个人，这些生产力是和他们分离的，因此这些个人丧失了一切现实的生活内容，成了抽象的个人，然而正因为这样，他们才有可能作为个人彼此发生联系。

他们同生产力并同他们自身的存在还保持着的唯一联系，即劳动，在他们那里已经失去了任何自主活动的假象，而且只能用摧残生命的方式来维持他们的生命。而在以前各个时期，自主活动和物质生活的生产是分开的，这是因为它们是由不同的人承担的，同时，物质生活的生产由于各个人本身的局限性还被认为是自主活动的从属形式，而现在它们竟互相分离到这般地步，以致物质生活一般都表现为目的，而这种物质生活的生产即劳动（劳动现在是自主活动的唯一可能的形式，然而正如我们看到的，也是自主活动的否定形式）则表现为手段。

这样一来，现在情况就变成了这样：各个人必须占有现有的生产力

① 恩格斯加了边注：“西斯蒙第”。——编者注

总和，这不仅是为了实现他们的自主活动，而且从根本上说也是为了保证自己的生存。这种占有首先受所要占有的对象的制约，即受发展成为一定总和并且只有在普遍交往的范围里才存在的生产力的制约。因此，仅仅由于这一点，占有就必须带有同生产力和交往相适应的普遍性质。对这些力量的占有本身不外是同物质生产工具相适应的个人才能的发挥。仅仅因为这个缘故，对生产工具一定总和的占有，也就是个人本身的才能的一定总和的发挥。其次，这种占有受进行占有的个人的制约。只有完全失去了整个自主活动的现代无产者，才能够实现自己的充分的、不再受限制的自主活动，这种自主活动就是对生产力总和的占有以及由此而来的才能总和的发挥。过去的一切革命的占有都是有限制的；各个人的自主活动受到有局限性的生产工具和有局限性的交往的束缚，他们所占有的是这种有局限性的生产工具，因此他们只是达到了新的局限性。他们的生产工具成了他们的财产，但是他们本身始终屈从于分工和自己的生产工具。在迄今为止的一切占有制下，许多个人始终屈从于某种唯一的生产工具；在无产者的占有制下，许多生产工具必定归属于每一个个人，而财产则归属于全体个人。现代的普遍交往，除了归属于全体个人，不可能归属于各个人。

其次，占有还受实现占有所必须采取的方式的制约。占有只有通过联合才能实现，由于无产阶级本身固有的本性，这种联合又只能是普遍性的，而且占有也只有通过革命才能得到实现，在革命中，一方面迄今为止的生产方式和交往方式的权力以及社会结构的权力被打倒，另一方面无产阶级的普遍性质以及无产阶级为实现这种占有所必需的能力得到发展，同时无产阶级将抛弃它迄今的社会地位遗留给它的一切东西。

只有在这个阶段上，自主活动才同物质生活一致起来，而这又是同各个人向完全的个人的发展以及一切自发性的消除相适应的。同样，劳动向自主活动的转化，同过去受制约的交往向个人本身的交往的转化，也是相互适应的。随着联合起来的个人对全部生产力的占有，私有制也就终结了。在迄今为止的历史上，一种特殊的条件总是表现为偶然的，而现在，各个人本身的独自活动，即每一个人本身特殊的个人职业，才是偶然的。

哲学家们在不再屈从于分工的个人身上看到了他们名之为“人”的那

种理想，他们把我们所阐述的整个发展过程看做是“人”的发展过程，从而把“人”强加于迄今每一历史阶段中所存在的个人，并把“人”描述成历史的动力。这样，整个历史过程就被看成是“人”的自我异化过程，实质上这是因为，他们总是把后来阶段的一般化的个人强加于先前阶段的个人，并且把后来的意识强加于先前的个人。[①] 借助于这种从一开始就撇开现实条件的本末倒置的做法，他们就可以把整个历史变成意识的发展过程了。

马克思、恩格斯：《德意志意识形态》（1845 年秋—1846 年 5 月），摘自《马克思恩格斯文集》第 1 卷，人民出版社 2009 年版，第 580—582 页。

6. 私有制和分工被消灭，是个人在现代生产力和世界交往所建立的基础上的联合，共产主义革命是个人自由发展的共同条件

要消灭关系对个人的独立化、个性对偶然性的屈从、个人的私人关系对共同的阶级关系的屈从等等，归根到底都要取决于分工的消灭。我们也曾指出，只有交往和生产力已经发展到这样普遍的程度，以致私有制和分工变成了它们的桎梏的时候，分工才会消灭。我们还曾指出，私有制只有在个人得到全面发展的条件下才能消灭，因为现存的交往形式和生产力是全面的，所以只有全面发展的个人才可能占有它们，即才可能使它们变成自己的自由的生活活动。我们也曾指出，现代的个人必须去消灭私有制，因为生产力和交往形式已经发展到这样的程度，以致它们在私有制的统治下竟成了破坏力量，同时还因为阶级对立达到了极点。最后，我们曾指出，私有制和分工的消灭同时也就是个人在现代生产力和世界交往所建立的基础上的联合。

在共产主义社会中，即在个人的独创的和自由的发展不再是一句空话的唯一的社会中，这种发展正是取决于个人间的联系，而这种个人间的联系则表现在下列三个方面，即经济前提，一切人的自由发展的必要的团结一致以及在现有生产力基础上的个人的共同活动方式。因此，这里谈的是一定历史发展阶段上的个人，而决不是任何偶然的个人，至于不可避免的共产主义革命就更不用说了，因为它本身就是个人自由发展的共同条件。

---

① 马克思加了边注：“自我异化”。——编者注

马克思、恩格斯：《德意志意识形态》（1845 年秋—1846 年 5 月），摘自《马克思恩格斯全集》第 3 卷，人民出版社 1960 年版，第 516 页。

7. 废除私有制的主要结果是社会全体成员的才能得到全面发展。共产主义社会制度将使两性关系成为仅仅和当事人有关而社会无须干预的纯粹私人关系，卖淫是以私有制为基础的，它将随着私有制的消失而消失

第二十个问题：最终废除私有制将产生什么结果？

由于社会将剥夺私人资本家对一切生产力和交换手段的支配权以及他们对产品的交换和分配权，由于社会将按照根据实有资源和整个社会需要而制定的计划来管理这一切，所以同现在的大工业经营方式相联系的一切有害的后果，将首先被消除。危机将终止。扩大的生产在现今的社会制度下引起生产过剩，并且是产生贫困的极重要的原因，到那个时候，这种生产就会显得十分不够，还必须大大扩大。超出社会当前需要的生产过剩不但不会引起贫困，而且将保证满足所有人的需要，将引起新的需要，同时将创造出满足这种新需要的手段。这种生产过剩将成为新的进步的条件和起因，它将实现这种进步，而不会像过去那样总是因此造成社会秩序的混乱。摆脱了私有制压迫的大工业的发展规模将十分宏伟，相形之下，目前的大工业状况将显得非常渺小，正像工场手工业和我们今天的大工业相比一样。工业的这种发展将给社会提供足够的产品以满足所有人的需要。农业在目前由于私有制的压迫和土地的小块化而难以利用现有改良成果和科学成就，而在将来也同样会进入崭新的繁荣时期，并将给社会提供足够的产品。这样一来，社会将生产出足够的产品，可以组织分配以满足全体成员的需要。因此，社会划分为各个不同的相互敌对的阶级就是多余的了。这种划分不仅是多余的，甚至是和新的社会制度互不相容的。阶级的存在是由分工引起的，而迄今为止的分工方式将完全消失。因为要把工业和农业生产提高到上面说过的水平，单靠机械和化学的辅助手段是不够的，还必须相应地发展使用这些手段的人的能力。当上个世纪的农民和工场手工业工人被卷入大工业的时候，他们改变了自己的整个生活方式而成为完全不同的人，同样，由整个社会共同经营生产和由此而引起的生产的新发展，也需要完全不同的人，并将创造出这种人来。共同经营生产不能由现在这种人来进行，因为他们每一个人都只隶属于某一个生产部门，受它束缚，听它剥削，在这里，每一个人都只能发展自己才能的一方面而偏废了其他各方面，只熟悉整个生产的某一个部门或者某一个部门的一部分。就是现在的工业也越来越不能使用这样的人了。由整个社会共同地和有计划地来经营的工业，更加需要才能得到全面发展、能够通晓整个生产系统的人。因此，现在已被机器破坏了的分工，即把一个人变成农民、把另一个人变成鞋匠、把第三个人变成工厂工人、把第四个人变成交易所投机者的分工，将完全消失。教育将使年轻人能够很快熟悉整个生产系统，将使他们能够根据社会需要或者他们自己的爱好，轮流从一个生产部门转到另一个生产部门。因此，教育将使他们摆脱现在这种分工给每个人造成的片面性。这样一来，根据共产主义原则组织起来的社会，将使自己的成员能够全面发挥他们的得到全面发展的才能。于是各个不同的阶级也必然消灭。因此，根据共产主义原则组织起来的社会一方面不容许阶级继续存在，另一方面这个社会的建立本身为消灭阶级差别提供了手段。

由此可见，城市和乡村之间的对立也将消失。从事农业和工业的将是同一些人，而不再是两个不同的阶级，单从纯粹物质方面的原因来看，这也是共产主义联合体的必要条件。乡村农业人口的分散和大城市工业人口的集中，仅仅适应于工农业发展水平还不够高的阶段，这种状态是一切进一步发展的障碍，这一点现在人们就已经深深地感觉到了。

由社会全体成员组成的共同联合体来共同地和有计划地利用生产力；把生产发展到能够满足所有人的需要的规模；结束牺牲一些人的利益来满足另一些人的需要的状况；彻底消灭阶级和阶级对立；通过消除旧的分工，通过产业教育、变换工种、所有人共同享受大家创造出来的福利，通过城乡的融合，使社会全体成员的才能得到全面发展，——这就是废除私有制的主要结果。

恩格斯：《共产主义原理》（1847 年 10 月底—11 月），摘自《马克思恩格斯文集》第 1 卷，人民出版社 2009 年版，第 687—689 页。

8. 私有制使妇女处于受双重奴役的地位，苏维埃共和国彻底废除了私有制，废除了使妇女处于从属地位的法律

同志们，我能向女工代表会议表示祝贺感到非常高兴。我不准备涉及目前使每个女工和每个觉悟的劳动者理所当然最关心的那些问题。这些最迫切的问题就是粮食问题和我国军事形势问题。我从你们的会议报道中知道，这些问题都已在会上详细谈过了，托洛茨基同志谈了军事问题，雅柯夫列娃和斯维杰尔斯基两位同志谈了粮食问题，因此，我就不再谈这些问题了。

我想略微谈一谈苏维埃共和国女工运动的一般任务，也就是同向社会主义过渡有关的那些任务和目前亟待解决的一些首要任务。同志们，关于妇女的地位问题，苏维埃政权在它诞生的时候就提出来了。我觉得，任何一个向社会主义过渡的工人国家，它的任务都有两部分。第一部分比较简单容易。这一部分只触及把妇女置于同男子不平等的地位的旧法律。

从很久以前起，在几十年以至几百年的过程中，西欧各次解放运动的代表人物都曾提出要废除这些过时的法律，要求男女在法律上平等，可是任何一个欧洲民主国家，任何一个最先进的共和国，都没能实现这个要求，因为，只要还存在资本主义，保留土地私有制和工厂私有制，保留资本的权力，那么，男子就会有特权。俄国所以能实现这一点，完全是因为从1917年10月25日起，这里确立了工人政权。苏维埃政权刚诞生就决心成为反对一切剥削的劳动者的政权。它所提出的任务就是要使地主资本家不能再剥削劳动者，消灭资本的统治。苏维埃政权竭力要使劳动者建立起没有土地私有制和工厂私有制的生活，因为私有制在世界各国，甚至在有充分政治自由的最民主的共和国里，都使劳动者事实上处于贫困的、雇佣奴隶的地位，使妇女处于受双重奴役的地位。

苏维埃政权这个劳动者的政权在诞生后的最初几个月里，就在有关妇女的立法方面实行了最彻底的变革。苏维埃共和国彻底废除了使妇女处于从属地位的法律。我指的就是专门利用妇女较弱的地位把她们置于不平等的甚至往往是受屈辱的地位的法律，即关于离婚、关于非婚生子女、关于女方要求子女的生父负担子女抚养费的权利的法律。

应该指出，正是在这方面，甚至最先进国家的资产阶级立法也利用妇女较弱的地位，使她们处于不平等的和受屈辱的地位。也正是在这方面，苏维埃政权彻底废除了劳动群众所不能容忍的不合理的旧法律。今天我们可以十分自豪而毫不夸大地说，除了苏维埃俄国，世界上没有哪个国家实现了妇女与男子的完全平等，妇女不再处于日常家庭生活中显而易见的那种屈辱地位。这是我们最初的最重要的任务之一。

如果你们有机会同敌视布尔什维克的政党接触，或者得到高尔察克或邓尼金占领区出版的俄文报纸，或者有机会同拥护这些报纸的观点的人们交谈，你们就能时常听到他们责备苏维埃政权破坏民主。

我们这些苏维埃政权的代表者，布尔什维克共产党员和苏维埃政权的拥护者，经常受到某些人的指责。他们说我们破坏民主，并举出苏维埃政权解散立宪会议这件事作为指责的根据。对于这种指责，我们通常这样回答：这种民主和立宪会议是在世界上存在私有制的情况下产生的，在这种情况下，人与人之间不平等，拥有资本的人当老板，其余的人即替他做工的人则是他的雇佣奴隶，——那样的民主在我们看来毫无价值。这种民主即使在最先进的国家也只是用来掩饰奴役制度的东西。我们社会主义者只拥护能改善劳动者和被压迫者的状况的民主。社会主义在全世界的任务是反对一切人剥削人的现象。在我们看来，真正有意义的民主，是那种为处于不平等地位的被剥削者服务的民主。不劳动者被剥夺选举权，那才是人与人之间真正的平等。不劳动者不得食。

我们回答这些指责说，应当提出某个国家中民主实现得如何的问题。我们看到，各民主共和国都宣布了平等，但是在民法中，在规定妇女的家庭地位和离婚权利的法律中，妇女到处都处于不平等的地位，处于受卑视的地位。我们说，这才是破坏民主，而且正是破坏被压迫者应享有的民主。苏维埃政权比所有最先进的国家更彻底地实现了民主，在它的法律中丝毫也看不到妇女受到不平等待遇的痕迹。再说一遍，任何一个国家、任何一项民主立法，为妇女做到的都不及苏维埃政权在它建立后的最初几个月所做到的一半。

当然，光有法律是不够的，我们也决不满足于只颁布法令。但是在立法方面，我们已做了使男女地位平等所应做的一切，因此我们有理由以此自豪。目前妇女在苏维埃俄国的地位，从最先进国家的角度来看，已是很理想的了。但我们自己认为，这当然还只是开始。

列宁：《论苏维埃共和国女工运动的任务》（1919 年 9 月 23 日），摘自《列宁选集》第 4 卷，人民出版社 1995 年版，第 45—47 页。

9. 苏维埃革命废除了私有制，彻底铲除了妇女受压迫和不平等的根源，使妇女获得真正彻底的解放，摆脱了“家庭的奴役”

布尔什维主义和俄国十月革命的最主要、最根本的一点，就是吸引在资本主义制度下受压迫最深的人们参与政治。无论在君主制度下或者在资产阶级民主共和国，他们都受到资本家的压迫、欺骗和掠夺。只要土地和工厂的私有制还存在，资本家的这种压迫、这种欺骗和这种对国民劳动的掠夺就是不可避免的。

布尔什维主义的实质，苏维埃政权的实质，就在于：它在揭露资产阶级民主制的欺骗性和虚伪性、废除土地和工厂的私有制的同时，把全部国家政权集中在被剥削劳动群众的手里。由这些群众自己来掌管政治即建设新社会的事业。这件事情是困难的，群众受尽了资本主义的压迫和蹂躏，但是没有也不可能有其他摆脱雇佣奴隶制，摆脱资本家奴役的出路。

要吸引群众参与政治就不能不吸引妇女参与政治，因为占人类半数的妇女在资本主义制度下受着双重的压迫。女工和农妇受着资本的压迫，不仅如此，她们甚至在最民主的资产阶级共和国里也仍然没有享受充分的权利，因为法律不允许她们同男子平等，这是第一；第二，——这也是主要的——她们仍然受着"家庭的奴役"，仍然是"家庭的奴隶"，她们被最琐碎、最粗重、最辛苦、最使人愚钝的下厨房等单独的家务劳动压得喘不过气来。

布尔什维克革命即苏维埃革命彻底铲除了妇女受压迫和不平等的根源，这是过去世界上任何一个政党、任何一次革命都不敢做的。在我们苏维埃俄国，法律上男女的不平等已经完全取消了。苏维埃政权彻底消灭了婚姻法和家庭法上的特别可耻、卑鄙、伪善的不平等，消除了在对子女关系上的不平等。

这只是妇女解放的第一步。但是任何一个资产阶级共和国，哪怕是最民主的资产阶级共和国，都不敢走这第一步，因为它害怕触犯"神圣的私有制"。

第二步，也是主要的一步，就是废除土地和工厂的私有制。这样，也只有这样，才有可能使妇女获得真正彻底的解放，通过从单独的琐碎的家务劳动向社会化的大规模劳动的转变摆脱"家庭的奴役"。

这个转变是困难的，因为这关系到改造根深蒂固的、习以为常的、陈旧和僵化的"规矩"（老实说，这不是什么"规矩"，而是丑恶现象和野蛮行为）。但是这个转变已经开始，事情已经向前推进了，我们已经走上新的道路。

在国际劳动妇女节，世界各国的女工将在无数的集会上向苏维埃俄国致敬，因为它已经开始了空前艰苦的但具有伟大世界意义的真正的解放事业。这些集会将会有力地号召女工们不要在凶恶的甚至是残暴的资产阶级反动势力面前丧失斗志。资产阶级国家愈是“自由”、愈是“民主”，资本家匪帮对付工人革命就愈是凶恶残暴；北美合众国这个民主共和国就是一个例子。但是广大工人已经觉醒。帝国主义战争已经彻底唤醒了美洲、欧洲以及落后的亚洲的沉睡的、半睡不醒的、死气沉沉的群众。

世界各个角落的坚冰已被打破了。

各民族争取摆脱帝国主义压迫的解放事业，男女工人争取摆脱资本压迫的解放事业，正不可遏止地向前发展着。把这个事业推向前进的是千百万的男女工人和男女农民。因此，这一使劳动摆脱资本压迫的事业，必将在全世界获得胜利。

列宁：《国际劳动妇女节》（1921 年 3 月 4 日），摘自《列宁全集》第 40 卷，人民出版社 2017 年版，第 383—385 页。

（二）反抗资产阶级的剥削和压迫是妇女解放的途径

1. 对工人阶级来说，工厂制度、机器生产的进步等等带来的后果，对大多数人是受压迫和劳累，对极少数人是财富和享乐，工人阶级终于奋起反抗

在西里西亚的工业地区发生了极其严重的骚乱[①]；这个地区内几乎完全靠生产麻布为生并且困苦不堪的工人，由于经受不住英国机器生产的商品的竞争，一个时期以来已经陷于与英国手工织工同样的境地。在竞争、机器生产和贪婪的企业主的压迫下，他们终于在彼得斯瓦尔道（西里西亚）奋起反抗，他们捣毁了一家企业主[②]的房子，只是在军队来到后才被驱散。在朗根比劳也发生了同样性质的骚乱；军队遭到人民的反抗，只是在得到援兵并向骚乱的群众开枪射击，打死数人之后才恢复了平静。其他地区也出现了骚乱的集会，甚至省会（布雷斯劳[③]）的平静也受到骚扰。因此，显而易见，对工人阶级来说，工厂制度、机器生产的进步等等带来的后果，在大陆上和在英国是完全一样的：对大多数人是受压迫和劳累，

① 见第 3 卷，第 605—607 页。——编者注

② 恩·弗·茨万齐格尔。——编者注

③ 现称：弗罗茨瓦夫。——编者注

对极少数人是财富和享乐；在西里西亚的山岗上，也和在兰开夏郡和约克郡等人烟稠密的城市中完全一样，人们的命运没有保障，到处都存在着不满和骚乱。①

恩格斯：《普鲁士消息。离婚法和西里西亚骚乱》（1844 年 6 月 16 日），摘自《马克思恩格斯全集》第 3 卷，人民出版社 2002 年版，第 603 页。

2. 工人必须设法摆脱非人的状况，争取良好的比较合乎人的身份的地位，他们只有同资产阶级的利益作斗争，才能做到这一点

即使我没有在许多场合一一证明，大家也会同意我的意见：英国工人在这种状况下是不会感到幸福的；处于这种境况，无论是个人还是整个阶级都不可能像人一样地思想、感觉和生活。因此，工人必须设法摆脱这种非人的状况，必须争取良好的比较合乎人的身份的地位。如果他们不去和资产阶级本身的利益（它的利益正是在于剥削工人）作斗争，他们就不可能做到这一点。但是资产阶级却用他们的财产和他们掌握的国家政权所能提供的一切力量来维护自己的利益。工人一旦想要摆脱现状，资产者就会成为他们的公开敌人。

此外，工人随时都发现资产阶级把他当做物品、当做自己的财产来对待，就凭这一点，工人也要成为资产阶级的敌人。我在前面已经举了上百个例子，而且还能再举出上百个例子来证明，在目前情况下，工人只有仇恨和反抗资产阶级，才能拯救自己的人的尊严。而工人之所以能够如此强烈地反抗有产者的暴政，应当归功于他所受的教育，或者更确切地说，应当归功于他没有受过教育，同样也应当归功于英国工人阶级的血管里掺入了大量的爱尔兰人的热血。英国工人已经不再是英国人，不是像他的有钱的邻居那样的专会打算盘的拜金者；他的内心充满了丰富的感情，他那北方人天生的冷漠被奔放的热情所抵消，这种热情已经控制了他。智力教育已经如此有力地促进了英国资产者利己主义天性的发展，使他所有的热情都受利己心的支配，并把他的情感的全部力量集中在追求金钱这一点上。而工人缺少这种智力教育，因此，工人的热情和外国人一样强烈奔放。英

① 《北极星报》编辑部在这里给恩格斯的通讯文章补充了一段话："除上所述，现将摘自《太阳报》的一段话提供如下，'我们从本月 9 日来自布雷斯劳的报道获悉，织工们在达到增加工资的目的后已回厂工作。他们在集体行动时，闯入几户森林看守员的家里，拿走了猎枪和弹药，其他东西一概未动'。"摘自《马克思恩格斯全集》第 3 卷，人民出版社 2002 年版，第 725 页注释。

国的民族性在工人身上消失了。

既然如我们所看到的，工人除了为改善自己的整个生活状况而进行反抗，再也没有任何其他表现自己的人的尊严的余地，那么工人自然就一定会在这种反抗中显示出自己最动人、最高贵、最合乎人性的特点。我们将看到，工人的全部力量、全部活动都倾注于这一方面，甚至他们为了要获得普通教育而作的一切努力也都是与此有直接联系的。固然，我们不得不报道一些粗暴行为，甚至是野蛮行为，但是永远不要忘记，英国正进行着公开的社会战争；如果说，资产阶级所关心的是伪善地打着和平甚至博爱的幌子来进行这场战争，那么，只有揭露事实的真相，只有撕破这个伪善的假面具，才能对工人有利；所以，甚至工人对资产阶级及其奴仆所采取的最强悍的敌对行动，也不过是资产阶级用来暗地里阴险地对付工人的种种手段的公开的、毫不掩饰的表现而已。

工人对资产阶级的反抗在工业发展后不久就已经开始，并经过了不同的阶段。这里不可能详细论述这些阶段对英国人民发展的历史意义；这些内容将在我以后的一部著作中加以阐述，在这里我仅限于叙述那些为说明英国无产阶级的状况所必需的事实。

这种反抗的最早、最原始和最没有效果的形式就是犯罪。工人过着贫穷困苦的生活，看到别人的生活比他好。他想不通，为什么偏偏是他这个比有钱的懒虫们为社会付出更多劳动的人该受这些苦难。而且穷困战胜了他生来对私有财产的尊重，于是他偷窃了。我们已经看到，随着工业的发展，犯罪事件在增加，每年被捕的人数和消耗的棉花的包数经常成正比。

恩格斯：《英国工人阶级状况》（1844 年 9 月—1845 年 3 月），摘自《马克思恩格斯文集》第 1 卷，人民出版社 2009 年版，第 448—449 页。

3. 生产力的发展促进生产关系的变革，产生了具有共产主义意识的革命阶级，推翻统治阶级的阶级，只有在革命中才能抛掉自身的一切陈旧的肮脏东西，才能胜任重建社会的工作

最后，我们从上面所阐述的历史观中还可以得出以下的结论：（1）生产力在其发展的过程中达到这样的阶段，在这个阶段上产生出来的生产力和交往手段在现存关系下只能造成灾难，这种生产力已经不是生产的力量，而是破坏的力量（机器和货币）。与此同时还产生了一个阶级，它必须承担社会的一切重负，而不能享受社会的福利，它被排斥于社会之外，因而不得不同其他一切阶级发生最激烈的对立；这个阶级构成了全体社会成员中的大多数，从这个阶级中产生出必须实行彻底革命的意识，即共产主义的意识，这种意识当然也可以在其他阶级中形成，只要它们认识到这个阶级的状况；（2）那些使一定的生产力能够得到利用的条件，是社会的一定阶级实行统治的条件，这个阶级的由其财产状况产生的社会权力，每一次都在相应的国家形式中获得实践的观念的表现，因此一切革命斗争都是针对在此以前实行统治的阶级的[①]；（3）迄今为止的一切革命始终没有触动活动的性质，始终不过是按另外的方式分配这种活动，不过是在另一些人中间重新分配劳动，而共产主义革命则针对活动迄今具有的性质，消灭劳动[②]，并消灭任何阶级的统治以及这些阶级本身，因为完成这个革命的是这样一个阶级，它在社会上已经不算是一个阶级，它已经不被承认是一个阶级，它已经成为现今社会的一切阶级、民族等等的解体的表现；（4）无论为了使这种共产主义意识普遍地产生还是为了实现事业本身，使人们普遍地发生变化是必需的，这种变化只有在实际运动中，在革命中才有可能实现；因此，革命之所以必需，不仅是因为没有任何其他的办法能够推翻统治阶级，而且还因为推翻统治阶级的那个阶级，只有在革命中才能抛掉自己身上的一切陈旧的肮脏东西，才能胜任重建社会的工作。[③]

---

① 马克思加了边注：“这些人所关心的是维持现在的生产状况”。——编者注

② 手稿中删去以下这句话：“消灭在……统治下活动的现代形式”。马克思在这里所说的“消灭劳动”，是指消灭资本主义私有制统治下的异化劳动。关于这种说法的含义，并见本卷第570—573、579—582页。关于异化劳动，可参看马克思《1844年经济学哲学手稿》。——编者注

③ 手稿中删去以下这段话：“至于谈到革命的这种必要性，所有的共产主义者，不论是法国的、英国的或德国的，早就一致同意了，而圣布鲁诺却继续心安理得地幻想，认为‘现实的人道主义’即共产主义所以取代‘唯灵论的地位’（唯灵论根本没有什么地位）只是为了赢得崇敬。他继续幻想：那时候‘灵魂将得救，人间将成为天国，天国将成为人间。’（神学家总是念念不忘天国）‘那时候欢乐和幸福将要永世高奏天国的和谐曲’（第140页）。当末日审判——这一切都要在这一天发生，燃烧着的城市火光在天空的映照将是这一天的朝霞——突然来临的时候，当耳边响起由这种‘天国的和谐曲’传出的有炮声为之伴奏、有断头台为之击节的《马赛曲》和《卡马尼奥拉曲》旋律的时候；当卑贱的‘群众’高唱着 ça ira，ça ira 并把‘自我意识’吊在路灯柱上的时候，我们这位神圣的教父将会大吃一惊。圣布鲁诺毫无根据地为自己描绘了一幅‘永世欢乐和幸福’的振奋人心的图画。‘费尔巴哈的爱的宗教的追随者’对这种‘欢乐和幸福’似乎有独特的想法，他们在谈到革命的时候，强调的是与‘天国的和谐曲’截然不同的东西。我们没有兴致来事先构想圣布鲁诺在末日审判这一天的行为。至于应当把进行革命的无产者了解为反抗自我意识的‘实体’或想要推翻批判的‘群众’，还是了解为还没有足够的浓度来消化鲍威尔思想的一种精神‘流出体’，这个问题也确实难以解决。”——编者注

马克思、恩格斯：《德意志意识形态》（1845 年秋—1846 年 5 月），摘自《马克思恩格斯文集》第 1 卷，人民出版社 2009 年版，第 542—543 页。

4. 资本主义社会的所有冲突在许多方面都促进了无产阶级的发展

旧社会内部的所有冲突在许多方面都促进了无产阶级的发展。资产阶级处于不断的斗争中：最初反对贵族；后来反对同工业进步有利害冲突的那部分资产阶级；经常反对一切外国的资产阶级。在这一切斗争中，资产阶级都不得不向无产阶级呼吁，要求无产阶级援助，这样就把无产阶级卷进了政治运动。于是，资产阶级自己就把自己的教育因素①即反对自身的武器给予了无产阶级。

其次，我们已经看到，工业的进步把统治阶级的整批成员抛到无产阶级队伍里去，或者至少也使他们的生活条件受到威胁。他们也给无产阶级带来了大量的教育因素②。

最后，在阶级斗争接近决战的时期，统治阶级内部的、整个旧社会内部的瓦解过程，就达到非常强烈、非常尖锐的程度，甚至使得统治阶级中的一小部分人脱离统治阶级而归附于革命的阶级，即掌握着未来的阶级。所以，正像过去贵族中有一部分人转到资产阶级方面一样，现在资产阶级中也有一部分人，特别是已经提高到能从理论上认识整个历史运动的一部分资产阶级思想家，转到无产阶级方面来了。

在当前同资产阶级对立的一切阶级中，只有无产阶级是真正革命的阶级。其余的阶级都随着大工业的发展而日趋没落和灭亡，无产阶级却是大工业本身的产物。

马克思、恩格斯：《共产党宣言》（1847 年 12 月—1848 年 1 月底），摘自《马克思恩格斯文集》第 2 卷，人民出版社 2009 年版，第 41 页。

5. 随着大工业的发展，资产阶级赖以生产和占有产品的基础本身也就从它的脚下被挖掉了，它首先生产的是它自身的掘墓人——无产阶级。资产阶级的灭亡和无产阶级的胜利是同样不可避免的

过去一切阶级在争得统治之后，总是使整个社会服从于它们发财致富的条件，企图以此来巩固它们已经获得的生活地位。无产者只有废除自己的现存的占有方式，从而废除全部现存的占有方式，才能取得社会生产力。

---

① “教育因素”在 1888 年英文版中是“政治教育和普通教育的因素”。——编者注

② “大量的教育因素”在 1888 年英文版中是“启蒙和进步的新因素”。——编者注

无产者没有什么自己的东西必须加以保护，他们必须摧毁至今保护和保障私有财产的一切。

过去的一切运动都是少数人的，或者为少数人谋利益的运动。无产阶级的运动是绝大多数人的，为绝大多数人谋利益的独立的运动。无产阶级，现今社会的最下层，如果不炸毁构成官方社会的整个上层，就不能抬起头来，挺起胸来。

如果不就内容而就形式来说，无产阶级反对资产阶级的斗争首先是一国范围内的斗争。每一个国家的无产阶级当然首先应该打倒本国的资产阶级。

在叙述无产阶级发展的最一般的阶段的时候，我们循序探讨了现存社会内部或多或少隐蔽着的国内战争，直到这个战争爆发为公开的革命，无产阶级用暴力推翻资产阶级而建立自己的统治。

我们已经看到，至今的一切社会都是建立在压迫阶级和被压迫阶级的对立之上的。但是，为了有可能压迫一个阶级，就必须保证这个阶级至少有能够勉强维持它的奴隶般的生存的条件。农奴曾经在农奴制度下挣扎到公社成员的地位，小资产者曾经在封建专制制度的束缚下挣扎到资产者的地位。现代的工人却相反，他们并不是随着工业的进步而上升，而是越来越降到本阶级的生存条件以下。工人变成赤贫者，贫困比人口和财富增长得还要快。由此可以明显地看出，资产阶级再不能做社会的统治阶级了，再不能把自己阶级的生存条件当做支配一切的规律强加于社会了。资产阶级不能统治下去了，因为它甚至不能保证自己的奴隶维持奴隶的生活，因为它不得不让自己的奴隶落到不能养活它反而要它来养活的地步。社会再不能在它统治下生存下去了，就是说，它的生存不再同社会相容了。

资产阶级生存和统治的根本条件，是财富在私人手里的积累，是资本的形成和增殖；资本的条件是雇佣劳动。雇佣劳动完全是建立在工人的自相竞争之上的。资产阶级无意中造成而又无力抵抗的工业进步，使工人通过结社而达到的革命联合代替了他们由于竞争而造成的分散状态。于是，随着大工业的发展，资产阶级赖以生产和占有产品的基础本身也就从它的脚下被挖掉了。它首先生产的是它自身的掘墓人。资产阶级的灭亡和无产阶级的胜利是同样不可避免的。

马克思、恩格斯：《共产党宣言》（1847 年 12 月—1848 年 1 月底），摘自

《马克思恩格斯文集》第2卷，人民出版社2009年版，第42—43页。

6. 每个了解一点历史的人都知道，没有妇女的酵素就不可能有伟大的社会变革，社会的进步可以用女性的社会地位来精确地衡量

请转告您亲爱的夫人，我从来没有“猜疑”她听命于白痴将军夫人①。我提的问题只是开开玩笑。何况妇女对于“国际”是无可抱怨的，因为它任命了一位妇女罗夫人担任总委员会委员。说正经的吧。美国“劳工同盟”② 最近一次代表大会有很大进步，别的不说，这也表现在它对待女工完全平等，而英国人在这一方面还受某种狭隘观点的束缚，对妇女彬彬有礼的法国人更是如此。每个了解一点历史的人也都知道，没有妇女的酵素就不可能有伟大的社会变革。社会的进步可以用女性（丑的也包括在内）③的社会地位来精确地衡量……

马克思：《致路德维希·库格曼》(1868年12月12日)，摘自《马克思恩格斯文集》第10卷，人民出版社2009年版，第299页。

7. 妇女运动是工人运动的一个方面

维也纳的女工报纸④可能会在你们那些为妇女报刊撰稿的妇女中间引起很大的不满。她们还处在沙克的强烈影响下，希望有一种特殊的妇女运动，而不希望妇女运动只是成为工人运动的一个方面。而维也纳的这家报纸大力传播的，正是这后一种观点；如果我们的妇女象你所说的那样，毅然行动起来，那末，所谓争取妇女权利的特殊的运动——纯粹是资产阶级的把戏——就会很快退居次要地位。如果目前的妇女领导人那

---

① 指玛·戈克。“戈克”这个姓的原文是“Gögg”，同“白痴”（Geck）发音相近。——编者注

② 指全国劳工同盟。该同盟1866年8月在美国巴尔的摩代表大会上成立。美国工人运动出色的活动家威·西尔维斯积极参加了建立同盟的工作。在美国展开的为争取工人组织的独立政策，促进白人工人和黑人工人的团结，实行八小时工作制以及维护女工权利的斗争中，同盟起了很大的作用，并且它很快就与国际工人协会建立了联系。1869年，同盟的代表卡梅伦出席了国际巴塞尔代表大会的最后几次会议。1870年8月，同盟召开了辛辛那提代表大会，会上通过决议，宣布同盟拥护国际工人协会的原则，并希望加入国际。但是这一决议并没有实现。全国劳工同盟的领导人不久就埋头于制定空想的金融改革方案，指望通过这种改革达到由国家提供低息贷款、消灭银行制度的目的。1870—1871年，一些工人组织脱离了劳工同盟。到1872年该同盟实际上已不复存在。摘自《马克思恩格斯文集》第10卷，人民出版社2009年版，第758页。

③ 此处“女性”照德文字面意思是“美性”。——编者注

④《女工报》。——编者注

时被妇女们自己抛弃，也没有什么可以惋惜的，而维也纳的这份报纸则将享有这样一种荣誉：在所有的妇女报刊中它是第一个接受并维护这种观点的。

恩格斯：《致奥·倍倍尔》（1891年9月29日—10月1日），摘自《马克思恩格斯全集》第38卷，人民出版社1972年版，第165页。

8. 把地位还不平等的被压迫群众变成一支为消灭任何不平等现象、为消灭任何压迫、为争取无产阶级的胜利、为在我国建成新的社会主义社会而奋斗的统一的大军

向正在社会主义无产阶级的周围团结成一个劳动大家庭的全世界女工们和劳动妇女们致以热烈的敬礼。

祝她们在下列事业中获得完全胜利：

（一）巩固全世界工人的国际团结和保证无产阶级革命的胜利；

（二）把劳动妇女的落后阶层从资产阶级的精神束缚和经济束缚下解放出来；

（三）把农妇们团结在无产阶级——革命的领袖和社会主义建设的领导者的周围；

（四）把两部分地位还不平等的被压迫群众变成一支为消灭任何不平等现象、为消灭任何压迫、为争取无产阶级的胜利、为在我国建成新的社会主义社会而奋斗的统一的大军。

国际共产主义妇女节万岁！

斯大林：《庆祝国际共产主义妇女节》（1926年3月7日），摘自《斯大林全集》第8卷，人民出版社1954年版，第102页。

9. 祝女工和城乡全体劳动妇女在争取消灭剥削、压迫、不平等、愚昧和没有文化等现象的斗争中获得胜利

向女工和城乡全体劳动妇女致兄弟的敬礼！

祝她们在争取消灭剥削、压迫、不平等、愚昧和没有文化等现象的斗争中获得胜利。

在工人阶级领导下和全体劳动人民结成统一战线，为消灭资本主义、为巩固无产阶级专政、为建成社会主义的新社会前进！

斯大林：《纪念女工和农妇第一次代表大会十周年》（1928年11月17日），摘自《斯大林全集》第11卷，人民出版社1955年版，第211页。

（三）妇女参加公共劳动，男女同工同酬，是实现妇女解放的经济保障

1. 工资是异化劳动的直接结果，而异化劳动是私有财产的直接原因

国民经济学虽然从劳动是生产的真正灵魂这一点出发，但是它没有给劳动提供任何东西，而是给私有财产提供了一切。蒲鲁东从这个矛盾得出了有利于劳动而不利于私有财产的结论。① 然而，我们看到，这个表面的矛盾是异化劳动同自身的矛盾，而国民经济学只不过表述了异化劳动的规律罢了。

因此，我们也看到，工资和私有财产是同一的，因为用劳动产品、劳动对象来偿付劳动本身的工资，不过是劳动异化的必然后果，因为在工资中，劳动并不表现为目的本身，而表现为工资的奴仆。下面我们要详细说明这个问题，现在还只是作出几点［XXVI］结论②。

强制提高工资（且不谈其他一切困难，不谈强制提高工资这种反常情况也只有靠强制才能维持），无非是给奴隶以较多工资，而且既不会使工人也不会使劳动获得人的身份和尊严。

甚至蒲鲁东所要求的工资平等，也只能使今天的工人对自己的劳动的关系变成一切人对劳动的关系。这时社会就被理解为抽象的资本家③。

---

① 马克思显然是指皮·约·蒲鲁东的著作《什么是财产?》。参看该书第3章第4—8节，摘自《马克思恩格斯文集》第1卷，人民出版社2009年版，第784—785页注释。

② 马克思在这段话里从广义上使用工资范畴，以表达资本家和雇佣工人这两个阶级之间的对抗性关系。摘自《马克思恩格斯文集》第1卷，人民出版社2009年版，第785页注释。

③ 这是马克思在批判皮·约·蒲鲁东的“平等”观念时所持的基本论点。蒲鲁东在《什么是财产?》一书中表述的“平等”观念是建立在资本主义关系基础上的。他的空想的、改良主义的药方规定，私有财产要由“公有财产”代替，而这种“公有财产”将以平等的小占有的形式，在“平等”交换产品的条件下掌握在直接生产者手中。这实际上是指均分私有财产。蒲鲁东是这样设想交换的“平等”的，即“联合的工人”始终得到同等的工资，因为在相互交换他们的产品时，即使产品实际上不同等，但每个人得到的仍然是相同的，而一个人的产品多于另一个人的产品的余额将处于交换之外，不会成为社会的财产，这样就完全不会破坏工资的平等。马克思认为，在蒲鲁东的理论中，社会是作为抽象的资本家出现的。他指出蒲鲁东没有考虑到即使在小（“平等”）占有制度下也仍然起作用的商品生产的现实矛盾。后来，马克思在《神圣家族》这部著作中表述了这样一个结论：蒲鲁东在经济异化范围内克服经济异化，就是说，实际上根本没有克服它。参看本卷第268页。摘自《马克思恩格斯文集》第1卷，人民出版社2009年版，第785页注释。

工资是异化劳动的直接结果，而异化劳动是私有财产的直接原因。因此，随着一方衰亡，另一方也必然衰亡。

马克思：《1844 年经济学哲学手稿》（1844 年 4—8 月），摘自《马克思恩格斯文集》第 1 卷，人民出版社 2009 年版，第 166—167 页。

2. 伦敦代表会议需要讨论的问题之一是妇女和儿童的劳动问题

1. 合作劳动。
2. 缩短劳动时间。
3. 妇女和儿童的劳动。
4. 工联，它们的过去、现在和未来。
5. 通过国际协会实现劳资斗争中的联合行动。
6. 国际信贷：国际信贷机构的建立，它们的形式和运行方式。
7. 直接税和间接税。
8. 常备军与生产的关系。

马克思：《伦敦代表会议（1865 年）通过的日内瓦代表大会议程》（1865 年 11 月 20 日），摘自《马克思恩格斯全集》第 21 卷，人民出版社 2003 年版，第 214—215 页。

3. 日内瓦代表大会需要讨论的问题之一是商议妇女和儿童的劳动问题

下列议题将在下届代表大会上讨论：

1. 国际协会的组织；
2. 通过协会实现劳动反对资本斗争力量的联合；
3. 缩短劳动时间；
4. 妇女和儿童的劳动；
5. 工人协会（工联），它们的过去、现在和未来；
6. 合作劳动；
7. 直接税和间接税；
8. 建立国际信贷机构；
9. 通过实现民族自决权和在民主与社会基础上恢复波兰，消除俄国在欧洲的影响的必要性；
10. 常备军与生产的关系；
11. 宗教观念对社会、政治和思想运动的影响；
12. 建立互助会。在道义上和物质上帮助协会会员的遗孤。

马克思：《日内瓦代表大会（1866 年）议程》（1866 年 6 月底），摘自《马克思恩格斯全集》第 21 卷，人民出版社 2003 年版，第 260 页。

4. 现代工业吸引男女儿童和少年参加伟大的社会生产事业，是一种进步的、健康的和合乎规律的趋势

我们认为，现代工业吸引男女儿童和少年来参加伟大的社会生产事业，是一种进步的、健康的和合乎规律的趋势，虽然在资本主义制度下它是畸形的。在合理的社会制度下，每个儿童从 9 岁起都应当像每个有劳动能力的成人那样成为生产工作者，应当服从普遍的自然规律，这个规律就是：为了吃饭，他必须劳动，不仅用脑劳动，而且用双手劳动。但目前我们的任务只是关怀工人阶级的儿童和少年。

马克思：《临时中央委员会就若干问题给代表的指示》（1866 年 8 月底），摘自《马克思恩格斯全集》第 16 卷，人民出版社 1965 年版，第 216—217 页。

5. 发展社会生产力，去创造生产的物质条件，才能为一个更高级的、以每一个个人的全面而自由的发展为基本原则的社会形式建立现实基础

资本家只有作为人格化的资本，他才有历史的价值，才有像聪明的利希诺夫斯基所说的“没有任何日期”的历史存在权。也只有这样，他本身的暂时必然性才包含在资本主义生产方式的暂时必然性中。但既然这样，他的动机，也就不是使用价值和享受，而是交换价值和交换价值的增殖了。作为价值增殖的狂热追求者，他肆无忌惮地迫使人类去为生产而生产，从而去发展社会生产力，去创造生产的物质条件；而只有这样的条件，才能为一个更高级的、以每一个个人的全面而自由的发展为基本原则的社会形式建立现实基础。

马克思：《资本论（第一卷）》（1867 年 9 月），摘自《马克思恩格斯文集》第 5 卷，人民出版社 2009 年版，第 683 页。

6. 罗伯特·欧文提出劳动果实应当属于劳动阶级，作为大家的共同财产应当为大家的共同福利服务

欧文对这一切并不感到满足。他给他的工人创造的生活条件，在他看来还远不是合乎人的尊严的，他说，

“这些人都是我的奴隶”；

他给他们安排的比较良好的环境，还远不足以使人的性格和智慧得到全面的合理的发展，更不用说允许进行自由的生命活动了。

“可是，这2500人中从事劳动的那一部分人给社会生产的实际财富，在不到半个世纪前还需要60万人才能生产出来。我问自己：这2500人所消费的财富和以前60万人本来应当消费的财富之间的差额到哪里去了呢？”

答案是明白的。这个差额是落到企业所有者的手里去了，他们除了领取5%的创业资本利息以外，还得到30万英镑（600万马克）以上的利润。新拉纳克尚且如此，英国其他一切工厂就更不用说了。

“没有这些由机器创造的新财富，就不能进行推翻拿破仑和保持贵族的社会原则的战争。而这种新的力量是劳动阶级创造的。”①

因此，果实也应当属于劳动阶级。在欧文看来，到目前为止仅仅使个别人发财而使群众受奴役的新的强大的生产力，提供了改造社会的基础，它作为大家的共同财产只应当为大家的共同福利服务。

恩格斯：《社会主义从空想到科学的发展》（1880年1月—3月上半月），摘自《马克思恩格斯文集》第3卷，人民出版社2009年版，第534—535页。

7. 无产阶级妇女参加公共事业而成为有独立收入的人，妇女解放的第一个先决条件就是一切女性重新回到公共的事业中去

只有现代的大工业，才又给妇女——只是给无产阶级的妇女——开辟了参加社会生产的途径。但在这种情况下，如果她们仍然履行自己对家庭中的私人的服务的义务，那么她们就仍然被排除于公共的生产之外，而不能有什么收入了；如果她们愿意参加公共的事业而有独立的收入，那么就不能履行家庭中的义务。不论在工厂里，或是在一切行业直到医务界和律师界，妇女的地位都是这样的。现代的个体家庭建立在公开的或隐蔽的妇女的家务奴隶

① 摘自《头脑和实践中的革命——致全体“欧洲红色共和党人、共产主义者和社会主义者”并呈1848年法国临时政府以及“维多利亚女王和女王的责任顾问”的备忘录》。

制之上，而现代社会则是纯粹以个体家庭为分子而构成的一个总体。现今在大多数情形之下，丈夫都必须是挣钱的人，赡养家庭的人，至少在有产阶级中间是如此，这就使丈夫占据一种无须任何特别的法律特权加以保证的统治地位。在家庭中，丈夫是资产者，妻子则相当于无产阶级。不过，在工业领域内，只有在资本家阶级的一切法定的特权被废除，而两个阶级在法律上的完全平等的权利确立以后，无产阶级所受的经济压迫的独特性质，才会最明白地显露出来；民主共和国并不消除两个阶级的对立，相反，正是它才提供了一个为解决这一对立而斗争的地盘。同样，在现代家庭中丈夫对妻子的统治的独特性质，以及确立双方的真正社会平等的必要性和方法，只有当双方在法律上完全平等的时候，才会充分表现出来。那时就可以看出，妇女解放的第一个先决条件就是一切女性重新回到公共的事业中去；而要达到这一点，又要求消除个体家庭作为社会的经济单位的属性。

恩格斯：《家庭、私有制和国家的起源》（1884年3月底—5月底），摘自《马克思恩格斯文集》第4卷，人民出版社2009年版，第87—88页。

8. 妇女只有依靠现代大工业参加生产劳动，把私人家务劳动融化在公共的事业中，才有可能实现妇女的解放

妇女的解放，只有在妇女可以大量地、社会规模地参加生产，而家务劳动只占她们极少的工夫的时候，才有可能。而这只有依靠现代大工业才能办到，现代大工业不仅容许大量的妇女劳动，而且是真正要求这样的劳动，并且它还力求把私人的家务劳动逐渐溶化在公共的事业中。

恩格斯：《家庭、私有制和国家的起源》（1884年3月底—5月底），摘自《马克思恩格斯文集》第4卷，人民出版社2009年版，第181页。

9. 在劳动发展史中找到了理解全部社会史的锁钥

德国人的理论兴趣，只是在工人阶级中还没有衰退，继续存在着。在这里，它是根除不了的。在这里，对职位、牟利，对上司的恩典，没有任何考虑。相反，科学越是毫无顾忌和大公无私，它就越符合工人的利益和愿望。在劳动发展史中找到了理解全部社会史的锁钥的新派别，一开始就主要是面向工人阶级的，并且从工人阶级那里得到了同情，这种同情是它在官方科学那里既没有寻找也没有期望过的。德国的工人运动是德国古典哲学的继承者。

恩格斯：《路德维希·费尔巴哈和德国古典哲学的终结》（1886年），摘自

《马克思恩格斯文集》第 4 卷，人民出版社 2009 年版，第 313 页。

10. 妇女外出到城市，削弱了旧的父权制家庭，使妇女处于比较独立的、与男子平等的地位

外出到城市，削弱了旧的父权制家庭，使妇女处于比较独立的、与男子平等的地位。"与定居的地区比较起来，索利加利奇与楚赫洛马的家庭"（科斯特罗马省外出做零工之风最盛的两个县），"不仅在家长的宗法权力方面，而且在父母与子女、丈夫与妻子的关系方面都薄弱得多。对于 12 岁就被送到彼得堡去的儿子，当然不能希望他们如何热爱父母，如何依恋父母的家庭；他们不自觉地变成世界主义者了：'哪里好，哪里就是祖国'"①。"过惯了不受丈夫支配与帮助的生活的索利加利奇妇女，与农业地带受践踏的农妇完全不同：她们是独立自主的……殴打虐待老婆在这里是罕见的事情……男女平等差不多在一切地方与一切方面都反映出来。"②

最后（最后但不是最不重要），外出做非农业零工不仅提高了外出雇佣工人的工资，而且也提高了留在当地的工人的工资。

列宁：《俄国资本主义的发展》（1895 年底—1899 年 1 月），摘自《列宁选集》第 1 卷，人民出版社 1995 年版，第 217 页。

11. 为大量家庭办理集体伙食以代替各个家庭单独料理

——为了不断提高组织性、纪律性和劳动生产率，为了过渡到使用更高的技术，为了节约劳动和产品，为了把工作日逐渐缩短到每昼夜 6 小时，为了使一切行业和工种中的一切工资和薪金逐步取平，在国内各个（所有）消费生产公社之间组织竞赛。

——不断地有步骤地采取各种措施（向公共伙食过渡），为大量家庭办理集体伙食以代替各个家庭单独料理。

列宁：《俄共（布）第七次（紧急）代表大会文献》（1918 年 3 月），摘自《列宁全集》第 34 卷，人民出版社 2017 年版，第 70 页。

12. 吸引广大群众参加苏维埃工作，使男子而且连妇女即最落后最不活跃的分子也人人都能参加工作

按照分工我应当说明的下一个问题，就是关于官僚主义和吸引广大群众参加苏维埃工作的问题。早就有人埋怨官僚主义，这种埋怨无疑是有根

① 《农妇国》第 88 页。

② 1890 年《法学通报》第 9 期第 142 页。

据的。我们在反官僚主义的斗争中，做到了世界上任何一个国家都没有做到的事情。那种彻头彻尾都是官僚的和资产阶级压迫者的机构（甚至在最自由的资产阶级共和国中都仍然是这样的机构）已被我们彻底摧毁。单就法院来说吧。的确，这里的任务比较容易，不需要建立新的机构，因为根据劳动阶级的革命法律意识来裁判是谁都会的。我们在这方面还远没有把任务贯彻到底，可是在许多方面已把法院照应有的那样建立起来了。我们建立了这样的机关，从而不仅使男子而且连妇女即最落后最不活跃的分子也人人都能参加工作。

列宁：《关于党纲的报告》（1919 年 3 月），摘自《列宁专题文集 · 论无产阶级政党》，人民出版社 2009 年版，第 218 页。

13. 要彻底解放妇女，必须让妇女参加共同的生产劳动，帮助妇女摆脱家庭的奴隶地位

只要妇女忙于家务，她们的地位就不免要受到限制。要彻底解放妇女，要使她们同男子真正平等，就必须有公共经济，必须让妇女参加共同的生产劳动。这样，妇女才会和男子处于同等地位。

当然，这里所指的不是要使妇女在劳动生产率、劳动量、劳动时间和劳动条件等等方面同男子相等，而是要使妇女不再因经济地位与男子不同而受到压迫。你们大家都知道，甚至在完全平等的条件下，妇女事实上仍然是受束缚的，因为全部家务都压在她们肩上。这种家务多半是非生产性的、最原始、最繁重的劳动。这是极其琐碎而对妇女的进步没有丝毫帮助的劳动。

我们追求社会主义的理想，要为社会主义的彻底实现而奋斗，在这方面，妇女有十分广阔的工作场所。目前，我们正在认真地做准备工作，为社会主义建设扫清地基；而社会主义社会建设这件事，只有在男女完全平等的时候，只有在妇女摆脱了这种琐碎的、使人愚钝的非生产性工作而同我们一道从事新工作的时候，才能开始进行。这项工作我们得做好多好多年。

这种工作不可能立刻做出成绩，不会产生很显眼的效果。

我们正在创办食堂、托儿所这样一些示范性的设施，使妇女摆脱家务。建立这些设施的工作，主要应该由妇女来担任。应当承认，目前在俄国，这种能帮助妇女摆脱家庭奴隶状态的设施还不多。这种设施的数量还很小，而且目前苏维埃共和国所处的战争环境和所遭到的粮食困难（这些问题，有几位同志已在这里给你们详细讲过）又妨碍我们进行这一工作。不过还是应当指出，这些能帮助妇女摆脱家庭奴隶地位的设施，在一切稍有可能建立的地方，都在纷纷建立起来。

我们说，工人的解放应当是工人自己的事情，同样，女工的解放也应当是女工自己的事情。女工自己应当关心这种设施的发展，妇女的这种活动将根本改变她们以前在资本主义社会所处的那种地位。

在资本主义旧社会里，要从事政治活动需要有特殊的素养，因此，甚至在最先进、最自由的资本主义国家里，妇女也极少参加政治活动。我们的任务是要使政治成为每个劳动妇女都能参与的事情。自从土地私有制和工厂私有制被消灭、地主资本家政权被推翻以后，政治任务对于劳动群众和劳动妇女，已经是一种简单明白、大家完全能参与的事情了。在资本主义社会，妇女处于无权的地位，与男子相比，她们是极少参与政治的。要改变这种状况，就要有劳动者的政权，有了劳动者的政权，政治的首要任务就同劳动者自己的命运息息相关了。

这里，不仅需要党员女工和觉悟的女工，而且需要非党女工和觉悟最低的女工都来参加。这里，苏维埃政权为女工开辟了广阔的活动场所。

在同进攻苏维埃俄国的敌对力量作斗争时，我们的处境非常困难。无论在军事方面同进行战争来推翻劳动者政权的力量作斗争，或者在粮食方面同投机者作斗争，我们都感到困难，因为全心全意用自己的劳动来帮助我们的劳动者还不够多。在这方面，苏维埃政权认为最宝贵的莫过于广大非党女工群众的帮助了。她们应该知道，在资产阶级的旧社会，要进行政治活动也许需要有各方面的素养，而这是妇女办不到的。但在苏维埃共和国，政治活动的首要任务是反对地主资本家，是为消灭剥削而斗争，因此，在苏维埃共和国，政治活动是向女工开着大门的，这种活动就是妇女用自己的组织才能帮助男子。

我们不仅需要千百万人的组织工作；我们也需要规模很小的组织工作，使妇女也能参加劳动。妇女在战争条件下也是能够从事劳动的，例如支援军队，在军队中进行鼓动。妇女应当积极参加这一切工作，使红军看到人们在关怀他们，在为他们操心。妇女也可以在粮食部门工作，如分配粮食，改善群众的伙食，发展目前正在彼得格勒广泛设立的食堂等等。

也就是在这些方面，女工的活动起着真正的组织者的作用。妇女还需要参加建立并监督大型试验农场的工作，使这一事业在我们这里不致成为孤立无援的事业。没有大批劳动妇女参加，这一事业是无法完成的。做这种工作，无论是监督产品分配，或是监督便利人们拿到产品的工作，女工都是完全适合的。这一任务，非党女工完全能够胜任，而这一任务的实现，首先会促进社会主义社会的巩固。

苏维埃政权已经废除了土地私有制，几乎完全废除了工厂私有制，正力求使所有的劳动者，无论党员或非党员，无论男子或妇女，都参加这一经济建设。苏维埃政权所开始的这一事业，只有在全俄国千百万妇女而不是几百个妇女参加进来时，才能够向前推进。那时，我们相信，社会主义建设事业将会巩固。那时，劳动者会证明，没有地主和资本家，他们也能生活，也能管理经济。那时，社会主义建设在俄国将十分稳固，国内外的任何敌人都将不再对苏维埃共和国构成威胁了。

列宁：《论苏维埃共和国女工运动的任务》（1919 年 9 月 23 日），摘自《列宁选集》第 4 卷，人民出版社 1995 年版，第 47—50 页。

14. 工人和农民的物质生活状况有所改善，工人的实际工资在增加，包括妇婴保健工作的经费不断增多

根据这些决定性的事实，就完全可以了解为什么工人的实际工资不断提高，工人的社会保险费预算不断增加，对贫农和中农的帮助不断加强，用于建筑工人住宅、改善工人生活、妇婴保健工作的经费不断增多，因此，死亡率特别是儿童死亡率减低而苏联人口不断增加。

例如大家知道，工人的实际工资（社会保险费和从利润中拨做改善工人生活的基金也计算在内）已经增加到战前水平的百分之一百六十七。最近三年来，仅仅工人的社会保险费预算一项，就从一九二七——一九二八年度的九亿八千万卢布增加到一九二九——一九三〇年度的十四亿卢布。最近三年来（一九二七——一九二八年度至一九二九——一九三〇年度）妇婴保健工作的经费为四亿九千四百万卢布。学前教育（幼儿园、露天幼儿园等）经费在同一时期为二亿零四百万卢布。工人住宅的建筑经费为十八亿八千万卢布。

斯大林：《联共（布）中央委员会向第十六次代表大会的政治报告》（1930 年 6 月 27 日），摘自《斯大林全集》第 12 卷，人民出版社 1955 年版，第 260—261 页。

15. 农妇的解放就是集体农庄制度，使劳动妇女和所有劳动的男子一律平等

我记得，我在集体农庄第二次代表大会上曾和几个妇女同志谈了一次话。有一个来自北方边疆区的妇女同志说：

> “大约两年以前，任何一个求婚的人都不愿意瞧一瞧我的院子。我是一个没有嫁奁的姑娘。现在我有500个劳动日。现在怎样呢？求婚的人多得不得了，他们都说想和我结婚，而我呢，还得考虑考虑，我要自己挑选一个未婚夫。”

集体农庄的劳动日制度使妇女获得了解放并使她们成为独立的人。现在，妇女在作姑娘时不是为父亲工作，出嫁以后也不是为丈夫工作，她首先是为自己工作。这就是农妇的解放，这就是集体农庄制度，这种制度使劳动妇女和所有劳动的男子一律平等。只有在这个基础上，在这种情况下，才会出现这样一些出色的妇女。因此，我把今天的会见不简单地看成是先进人物和政府委员们的普通会见，而看做是一个检阅解放了的妇女劳动的成就和能力的节日。我认为政府应当表扬到这里来向政府报告她们的成就的女劳动英雄。

斯大林：《在党和政府领导人接见集体农庄种植甜菜的女突击队员时的讲话》（1935年11月10日），摘自《斯大林文选》上册，人民出版社1962年版，第43页。

16. 只有集体农庄的生活才能使劳动成为光荣的事情，才能在农村中产生出真正的女英雄，才能消灭不平等的现象，才能使妇女翻身

同志们，今天我们在这里看到的是新生活中的一个片断，这个新生活我们叫作集体农庄的生活，社会主义的生活。我们听到了一些纯朴的劳动者的朴素的发言，她们讲述了她们为了在竞赛中获得成就是怎样进行斗争和克服困难的。我们听了一些不平常的妇女的讲话，我要说，这些妇女是劳动英雄，因为只有劳动英雄才能获得她们所取得的那种成就。过去我国没有这样的妇女。我已经56岁，阅历不少，也见过很多男女劳动者，但是这样的妇女我没有见过。这是一批完全新的人。只有自由的劳动，只有集体农庄的劳动，才能在农村中产生这样的女劳动英雄。

在旧时代里，没有也不可能有这样的妇女。

不妨想一下，在从前，在旧时代里，妇女究竟是什么样的人呢？当一个妇女还在做姑娘的时候，她就被看作劳动者中所谓最下等的人。她为父亲一刻不停地工作，但父亲骂她时还要说："你是我养活的。"在她出嫁以后，又得为丈夫工作，丈夫要她做什么，她就得做什么，而丈夫在骂她时也是这样说："你是我养活的。"农村妇女曾经是劳动者中最下等的人。当然，在这种情况下，在农妇中是不可能出现劳动英雄的。当时，对妇女来说，劳动是一件可诅咒的事情，她们要千方百计地逃避它。

只有集体农庄的生活才能使劳动成为光荣的事情，只有这种生活才能在农村中产生出真正的女英雄。只有集体农庄的生活才能消灭不平等的现象，才能使妇女翻身。这一点你们自己都是很清楚的。集体农庄采用了劳动日制。劳动日制是怎么一回事呢？这就是在劳动日面前人人平等，男人也好，妇女也好。谁做的劳动日多，谁挣的也多。在这种情况下，不论是父亲或是丈夫，都不能责骂妇女，说她是靠他养活的。现在，妇女只要参加劳动就有劳动日，她自己是主人。我记得，我在集体农庄第二次代表大会上曾和几个妇女同志谈了一次话。有一个来自北方边疆区的妇女同志说：

> "大约两年以前，任何一个求婚的人都不愿意瞧一瞧我的院子。我是一个没有嫁妆的姑娘。现在我有500个劳动日。现在怎样呢？求婚的人多得不得了，他们都说想和我结婚。而我呢，还得考虑考虑，我要自己挑选一个未婚夫。"

集体农庄的劳动日制使妇女获得了解放并使她们成为独立的人。现在，妇女在做姑娘时不是为父亲工作，出嫁以后也不是为丈夫工作，她首先是为自己工作。这就是农妇的解放，这就是集体农庄制度，这种制度使劳动妇女和所有劳动的男子一律平等。只有在这个基础上，在这种情况下，才会出现这样一些出色的妇女。因此，我把今天的会见不简单地看成是先进人物和政府成员们的普通会见，而看作是一个检阅解放了的妇女劳动的成就和能力的节日。我认为政府应当表扬到这里来向政府报告她们的成就的女劳动英雄。

怎样庆祝今天呢？我和伏罗希洛夫、莫洛托夫、卡冈诺维奇、奥尔忠尼启则、加里宁、米高扬等同志在这里商议了一下，认为应当请求政府授予我们的女劳动英雄以列宁勋章，授予小组长以列宁勋章，而授予一般突击队员以劳动红旗勋章。当然，应该特别表扬玛丽亚·杰姆钦科同志。

伏罗希洛夫：她真行。

莫洛托夫：她是主要人物。

斯大林：我认为对这整个事情的倡导人玛丽亚·杰姆钦科，除了授予她以列宁勋章外，还应当由苏维埃中央执行委员会表示嘉奖，并授予她的小组的女庄员们以劳动红旗勋章。

喊声：她们都在这里，只有一个没有来。她病了。

斯大林：生病的也要奖励。我们想这样来庆祝今天这个日子。

> 斯大林：《在党和政府领导人接见集体农庄种植甜菜的女突击队员时的讲话》（1935年11月10日），摘自《斯大林文集》，人民出版社1985年版，第57—59页。

（四）科学技术的发明与应用是妇女解放的条件

1. 工业革命中科技成果的发明与应用为妇女参加生产劳动提供了条件

1763年格里诺克的詹姆斯·瓦特博士着手制造蒸汽机，1768年制造成功。

1763年乔赛亚·韦奇伍德采用科学原理，为英国的陶器制造业奠定了基础。由于他的努力，斯塔福德郡的一片不毛之地变成了生产陶器的手工业区。目前这个地区共有6万人从事陶器生产，在近年的社会政治运动中起了很重要的作用。

1764年兰开夏郡的詹姆斯·哈格里沃斯发明了珍妮纺纱机。这种机器只要一个工人管理，就可以比旧式纺车多纺纱15倍。

1768年兰开夏郡普雷斯顿的一个理发师理查·阿克莱发明了翼锭纺纱机，这是从一开始设计时就考虑用机械动力发动的第一部纺纱机。它纺制water-twist，即织布时作经纱用的纱线。

1776年兰开夏郡博尔顿的赛米尔·克朗普顿综合了珍妮纺纱机和翼锭纺纱机的机械原理，发明了走锭精纺机。它和珍妮纺纱机一样，纺制mule-twist，即纬纱。这三种机器都是供棉花加工用的。

1787年卡特赖特博士发明了机械织机，这种机器又经过多次改进，到1801年才得到实际应用。

这些发明使社会的运动活跃起来。它们的最直接的结果就是英国工业的兴起，首先是棉纺织业的兴起。虽然珍妮纺纱机降低了纱线的生产费用，并且由于扩大了市场而给予工业以第一推动，但是，它几乎没有触及工业生产的社会方面，即生产的性质。只是在阿克莱和克朗普顿的机器以及瓦特的蒸汽机建立了工厂制度以后，运动才开展起来。最初出现的是使用马力或水力的比较小的工厂，但它们很快就被使用水力或蒸汽力的比较大的工厂排挤了。第一个蒸汽纺纱厂是瓦特于1785年在诺丁汉郡建立的；随后又有另一些厂建立起来，新的制度很快就普及了。蒸汽纺纱厂，也像工业中所有其他同时期的和较晚的革新一样，异常迅速地得到推广。原棉的输入量，1770年一年还不到500万磅，后来增加到5400万磅（1800年），1836年又增加到36000万磅。现在，蒸汽织机得到了实际应用，给予工业进步以新的推动。所有的机器都经过无数次微小的但总起来却很有意义的改进，而每一次新的改进都给予整个工业体系的扩展以有利的影响。所有的棉纺织业部门都发生了革命。由于采用机械的助力，同时由于化学的进步使染色和漂白有了改进，印花业的水平空前提高；织袜业也卷入这个潮流。从1809年起，细棉织品、绢网、花边等开始用机器生产。由于本文篇幅有限，我不能通过棉纺织业史的细节来追述它的进步，只能说明一下它的成果。可是，如果把这些成果同使用纺车、手摇梳棉机、手工织机、棉花输入量仅为400万磅的已远远落后的工业比较一下，它们就不能不给人留下深刻印象①。

1833年不列颠帝国生产了1026400万绞纱，其总长度在50亿英里以上，印染了35000万码棉织品；当时有1300家棉纺织工厂在进行生产，在工厂劳动的纺工和织工有237000人；纱锭有900万个以上，蒸汽织机10万台，手工织机24万台，织袜机33000台，六角网眼纱机3500台；棉花加工机器所使用的动力为：蒸汽力——33000马力，水力——11000马力，直接或间接靠这一工业部门生活的有150万人。兰开夏郡的人完全靠棉纺织业为生，拉纳克郡的人大部分靠棉纺织业为生；诺丁汉郡、德比郡和莱斯特郡是棉纺织业辅助部门的主要所在地。自1801年以来，棉织品的输出量增加了7倍。国内本身的消费量增加得更多。

---

① 参看本卷第391—394页。——编者注

恩格斯：《英国状况》（1844 年 1 月初—2 月初），摘自《马克思恩格斯文集》第 1 卷，人民出版社 2009 年版，第 98—100 页。

2. 棉毛麻丝等四个纺织工业部门全面发生了革命。随着生产工具的变革，妇女进入生产领域

棉纺织业所得到的推动很快地传到其他工业部门。在这以前，毛纺织业是主要的生产部门，现在它被棉花加工业取代，但是它没有缩小，反而有所扩展。1785 年，对前三年收集的羊毛还未进行加工；当纺工仍然使用他们那些简陋的纺车时，他们是无法纺完这么多羊毛的。后来人们开始用纺纱机纺羊毛，经过几次改进以后，这样做完全成功了，于是毛纺织业也同样迅速发展起来，正如我们在棉纺织业中所看到的一样。原毛的输入量从 700 万磅（1801 年）增加到 4200 万磅（1835 年）；1835 年有 1300 家毛纺织工厂在进行生产，共有 71300 名工人在工作，其中还不包括在家里劳动的大批手工织工、间接依靠羊毛加工为生的大批印花工、染色工、漂白工等等。这一工业部门的主要所在地是约克郡的西区和“英格兰西部”（特别是萨默塞特郡、威尔特郡等）。

麻纺织业的主要所在地以前是爱尔兰。第一批亚麻加工工厂是上一世纪快结束时建立起来的，确切地说，是在苏格兰建立的。但那时的机器还很不完善。这种原料很难加工，需要大力改进机器。法国人日拉（1810 年）第一个改进了机器，但这些改进只是在英国才发挥了实际的重要作用。用蒸汽织机来织亚麻，是更晚一些时候才实行的，从那时起，麻织品的生产尽管经受棉纺织业的竞争，仍然以令人难以置信的速度发展起来。英格兰的利兹、苏格兰的邓迪和爱尔兰的贝尔法斯特都成了麻纺织业的中心。1814 年，单是邓迪这个城市就输入亚麻 3000 吨，1834 年输入 19000 吨。除使用蒸汽织机织布外还保持着用手工织布的爱尔兰，1800—1825 年麻织品输出量增加了 2000 万码，增加的这些几乎全部运往英格兰，其中有一部分又从英格兰输出。1820—1833 年不列颠帝国向其他国家输出的麻织品的总额增加了 2700 万码；1835 年有 347 家麻纺工厂在进行生产，其中 170 家在苏格兰；这些工厂共有 33000 名工人，人数众多的爱尔兰手工业者还没有计算在内。

丝纺织业只是从 1824 年起，由于取消了繁重的关税，才取得重要地位。从那时以来，生丝的输入量增加了一倍，工厂的数目增加到 266 个，共有 3 万名工人。这一工业部门的主要所在地是柴郡（麦克尔斯菲尔德、康格尔顿及其附近地区），其次是曼彻斯特，还有苏格兰的佩斯利。织带业的所在地是沃里克郡的考文垂。

由此可见，这四个纺织工业部门都全面发生了革命。人们不是在家里工作了，他们开始在大建筑物内共同工作。手工劳动由蒸汽动力和机器作业代替。现在一个八岁的儿童在机器的帮助下，比以前20个成年男子生产得还要多。60万名工厂工人，其中一半是儿童，而且大半是女性，做着15000万人的工作。

但是，这只是工业变革的开始。我们已经看到，染色、印花和漂白是怎样通过纺和织的进步而发展起来，其结果又是怎样得力于力学和化学的。自从使用蒸汽机和金属滚筒印花以来，一个工人做着200人的工作。由于漂白时用氯气代替了氧气，操作时间由几个月缩减到几小时。既然工业革命对于产品在纺和织以后所经过的那些工序产生了这样大的影响，那么它对新兴工业所需原料的影响就更要大得多了。蒸汽机第一次使绵延于英国地下的无穷尽的煤矿层具有真正的价值。许多新的煤矿开始投入生产，而原有的煤矿则加倍紧张地开采。纺纱机和织布机的制造现在也形成了一个独立的工业部门，并且达到其他任何国家都没有达到的完善程度。机器开始由机器制造，并且因分工精细而达到的精密度和准确性成了英国机器的优点。机器制造业又影响到铁和铜的开采，虽然其主要推动力来自其他方面，但这毕竟也是瓦特和阿克莱引起的初次变革带来的结果。

一经形成的工业推动所带来的结果是无穷无尽的。一个工业部门的前进运动会传播到所有其他的部门。正如我们刚才所看到的，新产生的力量需要营养；新产生的劳动人口带来了新的生活关系和新的需求。机械生产的优越性降低了产品的价格，从而使生活必需品降价，其结果是使工资普遍更低了；所有其他的产品也卖得更便宜了，这样，由于价格低廉，就争得了一个与价格低廉相称的更广阔的市场。使用机械辅助手段而获益一旦成为先例，一切工业部门也就渐渐仿效起来；文明程度的提高，这是工业中一切改进的无可争议的结果，文明程度一提高，就产生新的需要、新的生产部门，而这样一来又引起新的改进。随着棉纺业的革命，必然会发生整个工业的革命。如果我们不是一直都能密切注视这种运动着的力量怎样传播到工业体系中比较间接的部门，那么这只能归咎于统计材料和历史材料的不足。但是，我们到处都会看出，使用机械辅助手段，特别是应用科学原理，是进步的动力。

恩格斯：《英国状况》（1844年1月初—2月初），摘自《马克思恩格斯文集》第1卷，人民出版社2009年版，第100—102页。

3. 自然科学通过工业实践进入和改造人的生活，为人的解放作准备。如果把工业看成人的本质力量的公开的展示，人的自然本质就可以理解了

自然科学展开了大规模的活动并且占有了不断增多的材料。而哲学对自然科学始终是疏远的，正像自然科学对哲学也始终是疏远的一样。过去把它们暂时结合起来，不过是离奇的幻想。存在着结合的意志，但缺少结合的能力。甚至历史编纂学也只是顺便地考虑到自然科学，仅仅把它看做是启蒙、有用性和某些伟大发现的因素。然而，自然科学却通过工业日益在实践上进入人的生活，改造人的生活，并为人的解放作准备，尽管它不得不直接地使非人化充分发展。工业是自然界对人，因而也是自然科学对人的现实的历史关系。因此，如果把工业看成人的本质力量的公开的展示，那么自然界的人的本质，或者人的自然的本质，也就可以理解了；因此，自然科学将抛弃它的抽象物质的方向，或者更确切地说，是抛弃唯心主义方向，从而成为人的科学的基础，正像它现在已经——尽管以异化的形式——成了真正人的生活的基础一样；说生活还有别的什么基础，科学还有别的什么基础——这根本就是谎言。//在人类历史中即在人类社会的形成过程中生成的自然界，是人的现实的自然界；因此，通过工业——尽管以异化的形式一形成的自然界，是真正的、人本学的自然界。——//

感性（见费尔巴哈）必须是一切科学的基础。科学只有从感性意识和感性需要这两种形式的感性出发，因而，科学只有从自然界出发，才是现实的科学①。可见，全部历史是为了使“人”成为感性意识的对象和使“人作为人”的需要成为需要而作准备的历史（发展的历史）②。历史本身是自然史的一个现实部分，即自然界生成为人这一过程的一个现实部分。

---

① 路·费尔巴哈《关于哲学改革的临时纲要》（《德国现代哲学和政论界轶文集》1843年苏黎世—温特图尔版第2卷第84—85页）以及《未来哲学原理》1843年苏黎世—温特图尔版第58—70页。——编者注

② 手稿中“发展的历史”写在“作准备的历史”的上方。——编者注。

自然科学往后将包括关于人的科学，正像关于人的科学包括自然科学一样：这将是一门科学。[X] 人是自然科学的直接对象；因为直接的感性自然界，对人来说直接是人的感性（这是同一个说法），直接是另一个对他来说感性地存在着的人；因为他自己的感性，只有通过别人，才对他本身来说是人的感性。但是，自然界是关于人的科学的直接对象。人的第一个对象——人——就是自然界、感性；而那些特殊的、人的、感性的本质力量，正如它们只有在自然对象中才能得到客观的实现一样，只有在关于自然本质的科学中才能获得它们的自我认识。思维本身的要素，思想的生命表现的要素，即语言，具有感性的性质。自然界的社会的现实和人的自然科学或关于人的自然科学，是同一个说法。——

马克思：《1844年经济学哲学手稿》（1844年4—8月），摘自《马克思恩格斯文集》第1卷，人民出版社2009年版，第193—194页。

4. 英国工人阶级的历史是随着蒸汽机和棉花加工机的发明开始的，工业革命把无产阶级卷入了历史的旋涡，促使他们去思考，促使他们去争取人应有的地位

英国工人阶级的历史是从上个世纪后半期，随着蒸汽机和棉花加工机的发明而开始的。大家知道，这些发明推动了工业革命，工业革命同时又推动了整个市民社会的变革，它的世界历史意义只是现在才开始被认识。英国是发生这种变革（这种变革越是无声无息地进行，就越是强有力）的典型地方，因此，英国也是这种变革最主要的结果即无产阶级发展的典型国家。只有在英国，才能把无产阶级放在它的一切关系中并从各个方面来加以研究。

我们在这里暂且不谈这个革命的历史，不谈它对现在和未来的巨大意义。这个题目留待将来的一部内容更广泛的著作去论述。现在我们只谈几点，这几点是为弄清以后要讲到的事实和了解英国无产者的现状所必需的。

在采用机器以前，纺纱和织布都是在工人家里进行的。妻子和女儿纺纱，丈夫把纱织成布，如果当家人自己不加工，就把纱卖掉。这些织工家庭大部分住在城市近郊的农村，靠自己挣的钱能生活得不错，因为就布匹的需求来说，本地市场还是具有决定意义的，甚至几乎是唯一的市场。后来由于国外市场的占领和贸易的扩大出现了竞争，但竞争的威力对工资产生的影响还不显著。同时本地市场的需求不断扩大，这种扩大和人口的缓慢增长是同步的，因而保证了所有工人都有工作；此外，工人之间还不可能发生激烈的竞争，因为他们散居在农村。这样，织工多半能够积蓄一点钱，租一小块地，在空闲的时候耕种。至于空闲的时间，他们愿意有多少就有多少，因为什么时候织布和织多长时间是随他们便的。当然，他们是蹩脚的农民，他们的耕作是马马虎虎的，没有很多实际收益；但是，他们至少不是无产者，他们，正如英国人所说的，已经在故乡的土地上扎下了根，他们是定居的，其社会地位比现在的英国工人要高一等。

工人们就这样颇为愉快地度过时光，他们极其虔诚、受人尊敬，过着正直而又平静的生活，他们的物质状况比他们的后代好得多；他们无须过度劳动，愿意做多少工作就做多少工作，但是仍然能够挣得所需要的东西；他们有余暇到自己的园子或田地里做些有益于健康的工作，这种工作本身对他们就是一种休息；此外，他们还能够参加邻居的娱乐和游戏；而九柱戏、打球等等所有这些游戏对保持健康和增强体质都是有好处的。他们大都是些强壮、结实的人，在体格上和他们邻近的农民很少或者甚至完全没有区别。他们的孩子生长在农村的新鲜空气中，孩子们也帮助父母做些事情，但并不是经常性的，当然更谈不到一天工作 8 小时或 12 小时。

这个阶级的道德水平和智力水平怎样，是不难想象的。他们和城市隔离，从来没有进过城，因为他们把纱和布交给流动的代理商，从他们那里取得工资；他们和城市完全隔离，连住在城市近郊的老年人也从来没有进过城，直到最后机器剥夺了他们的生计，迫使他们到城里去寻找工作。他们在道德和智力方面和农民处于同一水平，由于有一小块租地，他们大部分人本来就和农民有着直接的联系。他们把乡绅——当地最有影响的地主——看做自己的天然尊长，向他讨主意，有了小小的争吵，请他来公断，对他表示在这种宗法关系下所应表示的一切尊敬。他们都是“值得尊敬的”人，是好的当家人，过着合乎道德的生活，因为他们那里没有使人过不道德生活的诱因——附近没有酒馆和妓院，而他们有时去解解渴的小饭馆的老板也是值得尊敬的人，这些人大部分是大佃农，店内有好的啤酒和良好的秩序，每天晚上很早就把买卖收了。他们的孩子整天和父母一起待在家里，受的教育是服从父母，敬畏上帝。宗法的家庭关系一直保持到孩子们结婚。年轻人直到结婚前都是在幽静纯朴的环境中、在和游伴互相信赖的气氛中长大的，虽然婚前发生性关系几乎是普遍现象，可是这仅仅是在双方都已经把结婚看做道义上的责任时发生的，只要一举行婚礼，就一切都正常了。总之，当时英国工业工人的生活方式和思想方法与现在德国某些地方的工人是一样的，闭关自守，与世隔绝，没有精神活动，在他们的生活环境中没有激烈的波动。他们当中很少有人能读，能写的人就更少了；他们按时去教堂，不问政治，不搞密谋，不动脑筋，热衷于体育活动，带着祖传的虔诚心情听人讲圣经，他们为人谦逊恭顺，和社会上比较显贵的阶级相处得很和睦。但是，他们的精神生活是死气沉沉的；他们只是为了自己小小的私利、为了自己的织机和小小的园子而活着，对外面席卷了全人类的强大运动一无所知。他们在自己的平静、刻板的生活中感到很舒服，如果没有工业革命，他们是永远不会脱离这种生活方式的。诚然，这种生活很惬意，很舒适，但到底不是人应该过的。他们确实也不算是人，而只是一部替一直主宰着历史的少数贵族做工的机器。工业革命只是使这种情况发展到极点，把工人完全变成了简单的机器，剥夺了他们独立活动的最后一点残余。但是，正因为如此，工业革命也就促使他们去思考，促使他们去争取人应有的地位。像法国的政治一样，英国的工业和整个市民社会运动把最后的一些还对人类共同利益漠不关心的阶级卷入了历史的旋涡。

使英国工人以前的这种状况发生根本变化的第一个发明，是北兰开夏郡布莱克本附近斯坦德希尔的织工詹姆斯·哈格里沃斯制造的珍妮纺纱机（1764年）。它是后来的走锭精纺机的雏形，是用手摇的，但不像普通的手摇纺车只有一个锭子，它有16—18个锭子，只需要一个工人摇动，因而能够提供比过去多得多的纱。从前，一个织工经常需要三个纺纱女工供给纱，纱还总是不够用，织工常常要等纱，现在，纱却比现有织工织布所能用的多了。新发明的机器使纱的生产费用减少了，布匹的价格也跟着降低，于是，本来就已增长的对布匹的需求更加增长了。这就需要更多的织工，织工的工资提高了。现在，因为织工靠自己的织机能挣更多的钱，他们就逐渐抛弃了自己的农业而专门织布了。这时，四个成年人和两个孩子（这两个孩子用来缠纱）的家庭，一天工作10小时，每星期可挣4英镑（合28

个普鲁士塔勒[①])，如果买卖景气，工作饱满，常常挣得更多；单个织工靠自己的织机一星期挣两英镑的事，也是常有的。这样，兼营农业的织工阶级就逐渐完全消失而成为新兴的纯粹的织工阶级，他们仅仅靠工资生活，没有一点财产，甚至连名义上的财产（一块租来的土地）也没有，于是他们就变成了无产者（working men）。此外，纺工和织工以前的那种关系也不存在了。以前，纺纱和织布是尽可能在一个屋子里进行的。现在，使用珍妮纺纱机像使用织机一样，都需要有气力，于是男人也开始做纺纱的工作了，而且整个家庭完全靠珍妮纺纱机生活；而另一些家庭却把现在已经过时的、落后的纺车扔在一边，如果他们买不起珍妮纺纱机，就不得不单靠当家人的织机过活。后来工业中无止境地发展的分工就是这样从织布和纺纱开始的。

恩格斯：《英国工人阶级状况》（1844 年 9 月—1845 年 3 月），摘自《马克思恩格斯文集》第 1 卷，人民出版社 2009 年版，第 388—391 页。

5. 科学是一种在历史上起推动作用的、革命的力量

在马克思看来，科学是一种在历史上起推动作用的、革命的力量。任何一门理论科学中的每一个新发现——它的实际应用也许还根本无法预见——都使马克思感到衷心喜悦，而当他看到那种对工业、对一般历史发展立即产生革命性影响的发现的时候，他的喜悦就非同寻常了。

恩格斯：《在马克思墓前的讲话》（1883 年 3 月 22 日），摘自《马克思恩格斯文集》第 3 卷，人民出版社 2009 年版，第 602 页。

6. 电力照明和电气取暖设备的使用，一定能使千百万“家庭女奴”不再把一生中四分之三的时光消磨在乌烟瘴气的厨房里

举世闻名的英国化学家威廉·拉姆赛（Ramsay）发明了从煤层中直接提取煤气的方法。他已经同一位煤矿主在商谈如何实际实施这一方法。

这样，现代技术的一个重大课题就快要得到解决了。这个课题的解决所能引起的变革将是巨大的。

现在，为了利用煤中蕴藏的能量，人们把煤运送到全国各地，供许许多多的企业和家庭燃烧。

拉姆赛的发明是在这个可以说是资本主义国家最重要的生产部门中的

① 德国旧时的银币，1 塔勒合 3 马克。——编者注

一次巨大的技术革命。

拉姆赛发明的方法是：在煤矿中直接把煤变成煤气，不需要把煤运送到地面上来。采盐时有时也使用类似的方法，不过要简单得多，不必直接把盐送到地面上来，而是先用水把它溶解，然后用管子把盐卤抽出来。

拉姆赛的方法把煤矿变成了像是制造煤气的巨型蒸馏器。煤气发动煤气马达，这种马达使人们利用的煤中蕴藏的能量要比用蒸汽机时得到的多一倍。煤气马达还能把能量变成电力，而现代技术已经能把电力输送到很远的地方去。

由于这种技术变革，电的价格将降低到目前价格的$\frac{1}{5}$甚至$\frac{1}{10}$。目前用在采煤和运煤上的大量人力劳动就能节省下来。甚至还有可能利用那些至今尚未开采的极薄的煤层。这样，家庭中用于照明和取暖的开支将会大大减少。

这一发明在工业中所引起的变革将是巨大的。

但是这一变革对于现代资本主义制度下整个社会生活的影响，与这一发明在社会主义制度下所能产生的影响是大不相同的。

在资本主义制度下，从事采煤的千百万矿工的劳动的“解放”，必将造成工人大批失业，贫困现象大大加重，工人的生活状况更加恶化。而这一伟大发明所带来的利润，而这一伟大发明所带来的利润，则将流入摩根、洛克菲勒、里亚布申斯基、莫罗佐夫家族以及他们的随从如律师、经理、教授和其他资本奴仆的腰包。

在社会主义制度下，采用拉姆赛的这种能“解放”千百万矿工及其他工人的劳动的方法，就能立刻缩短一切工人的工作时间，例如从8小时缩短到7小时，甚至更少些。所有工厂和铁路的“电气化”，一定能使劳动的卫生条件更好，使千百万工人免受烟雾、灰尘和泥垢之苦，使肮脏的、令人厌恶的工作间尽快变成清洁明亮的、适合人们工作的实验室。家家户户有电力照明和电力取暖设备，就一定能使千百万“家庭女奴”不再把一生中四分之三的时光消磨在乌烟瘴气的厨房里。

资本主义技术的发展，将愈来愈超越那些必然使劳动者处于雇佣奴隶地位的社会条件。

列宁：《一个伟大的技术胜利》（1913年4月21日〔5月4日〕），摘自

《列宁全集》第23卷，人民出版社2017年版，第93—94页。

7. 希望男女突击队员在掌握国民经济各部门的新技术，加强我国国防力量，巩固陆军、海军和空军等方面表现出更大的无畏精神和首倡精神

值此列宁工农共产主义青年团成立十五周年纪念日，谨向我们光荣的革命青年的组织者——列宁工农共产主义青年团致亲切的敬礼！

祝共青团在以列宁主义精神教育我们青年的事业中，在以对工人阶级的敌人进行不调和斗争的精神、以全力加强世界一切不同语言和不同种族的劳动者之间的国际兄弟联系的精神教育我们青年的事业中获得成就。

共青团的男女突击队员在新建工厂、矿井、铁路，国营农场和集体农庄的时期中给自己增添了光荣。我们希望，共青团的男女突击队员在掌握国民经济各部门的新技术方面，在加强我国国防力量方面，在巩固我国陆军、海军和空军方面表现出更大的无畏精神和首倡精神。

列宁共产主义青年团在成立以来的十五年内，勇敢地举着列宁的伟大旗帜前进，胜利地把千百万男女青年工人和男女青年农民聚集在自己的周围。我们希望，列宁共产主义青年团今后继续高举列宁的旗帜，光荣地举到我们伟大斗争的胜利的终点，举到社会主义的完全胜利。

列宁共产主义青年团万岁！

列宁共产主义青年团中央委员会万岁！

斯大林：《庆祝苏联列宁共产主义青年团成立十五周年贺电》（1933年10月28日），摘自《斯大林全集》第13卷，人民出版社1956年版，第244—245页。

8. 科学不承认偶像，不怕推翻过时的旧事物，很仔细地倾听经验和实践的呼声。否则，我们就根本不会有科学

既然男女工人成长起来了，受到了技术训练，那该怎么办呢？既然旧技术定额已经不再符合实际情况，而我国男女工人已在事实上超过它们五倍、十倍，那该怎么办呢？难道我们发过誓说一定要忠于我们的落后吗？同志们，我们似乎没有这样做过吧？（全场大笑）难道我们是以我国男女工人的永远落后为出发点吗？我们好象没有以此为出发点吧？（全场大笑）那么究竟是怎么一回事呢？难道我们没有足够的勇气打破我们某些工程师和技师的保守主义，打破旧传统和旧定额，给工人阶级的新生力量以广阔的活动场所吗？

……科学所以叫作科学，正是因为它不承认偶像，不怕推翻过时的旧事物，很仔细地倾听经验和实践的呼声。否则，我们就根本不会有科学，譬如说，不会有天文学，而直到现在还会信奉陈腐不堪的托勒密体系了；那我们就不会有生物学，而直到现在还会迷信上帝造人的神话了；那我们就不会有化学，而直到现在还会相信炼金术士的预言了。

斯大林：《在全苏斯达汉诺夫工作者第一次会议上的讲话》（1935 年 11 月 17 日），《斯大林选集》下卷，人民出版社 1979 年版，第 383—384 页。

（五）实现妇女解放是社会发展的终极目标之一

1. 瓦解一切私人利益是为人与自然以及人类本身的和解开辟道路

然而，经济学家自己也不知道他在为什么服务。他不知道，他的全部利己的论辩只不过构成人类普遍进步的链条中的一环。他不知道，他瓦解一切私人利益只不过替我们这个世纪面临的大转变，即人类与自然的和解以及人类本身的和解开辟道路。

恩格斯：《政治经济学批判大纲》（1843 年 9 月底或 10 月初—1844 年 1 月中），摘自《马克思恩格斯文集》第 1 卷，人民出版社 2009 年版，第 63 页。

2. 任何解放都是使人的世界即各种关系回归于人自身

任何解放都是使人的世界即各种关系回归于人自身。

政治解放一方面把人归结为市民社会的成员，归结为利己的、独立的个体，另一方面把人归结为公民，归结为法人。

只有当现实的个人把抽象的公民复归于自身，并且作为个人，在自己的经验生活、自己的个体劳动、自己的个体关系中间，成为类存在物的时候，只有当人认识到自身"固有的力量"是社会力量，并把这种力量组织起来因而不再把社会力量以政治力量的形式同自身分离的时候，只有到了那个时候，人的解放才能完成。

马克思：《论犹太人问题》（1843 年 10 月中—12 月中），摘自《马克思恩格斯文集》第 1 卷，人民出版社 2009 年版，第 46 页。

3. 解放不仅仅是工人阶级的解放，还包含着普遍的人的解放

从异化劳动对私有财产的关系可以进一步得出这样的结论：社会从私

有财产等等解放出来、从奴役制解放出来，是通过工人解放这种政治形式来表现的，这并不是因为这里涉及的仅仅是工人的解放，而是因为工人的解放还包含普遍的人的解放；其所以如此，是因为整个的人类奴役制就包含在工人对生产的关系中，而一切奴役关系只不过是这种关系的变形和后果罢了。

马克思：《1844年经济学哲学手稿》（1844年4—8月），摘自《马克思恩格斯文集》第1卷，人民出版社2009年版，第167页。

4.《巴黎的秘密》的鲁道夫论述了妇女解放，引用傅立叶“妇女解放的程度是衡量普遍解放的天然标准”的论断

揭露妇女解放的秘密，或路易莎·莫莱尔

在路易莎·莫莱尔被捕时，鲁道夫趁机发表了一通议论，这些议论可以概括如下：

“主人经常用恫吓、平白无故的殴打或主奴关系的本性所产生的其他情况来虐待女仆。他陷女仆于不幸，使她遭受羞辱并迫使她去犯罪。法律不触动这些关系……实际上迫使少女去杀害婴儿的罪犯却并不受到惩罚。”

鲁道夫的议论甚至不能扩展到对主奴关系本身加以圣明的批判。他虽然是个小统治者，但却是这种关系的大卫道者。鲁道夫还未能了解妇女在现代社会中的一般状况的非人性。他完全忠实于他以前的理论，所以，只感到缺少一条惩办诱奸者并把忏悔和赎罪跟严厉的惩治结合起来的法律。

鲁道夫要能够去仔细考察一下其他国家的现行立法就好了。英国的立法正实现着他的一切愿望。它由于过分周到（布莱克斯顿对这一点称颂不止），竟对诱奸娼妓的人也加以背信弃义的罪名。

施里加先生奏起了欢迎曲：

“鲁道夫（!）[①] 就是这样（!）[②] 想的（!）[③]。现在把这些思想和你关于妇女解放的幻想比较一下吧。在这些思想中你几乎可以甩手触摸到解放事业，而你一开始就过于讲求实际，所以你经常因你的努力落空而遭到

① 括弧里的惊叹号是马克思加的。——译者注
② 括弧里的惊叹号是马克思加的。——译者注
③ 括弧里的惊叹号是马克思加的。——译者注

失败。”

无论如何，我们得感谢施里加先生揭露了一个秘密：某种事业在思想中几乎可以用手触摸得到。至于他非常可笑地把鲁道夫跟那些宣扬妇女解放的人相比这件事，那末让读者来比较一下鲁道夫的思想和傅立叶的下述（就算是）“幻想”：

“通奸、诱奸给诱奸者带来光荣，并被当做风流韵事……但可怜的姑娘呵！杀害婴儿，这是怎样的罪行呵！如果她重视自己的名誉，她就必须消灭丑行的痕迹，而如果她因为这个世界的偏见而牺牲自己的婴儿，那末她就会受到更大的羞辱并成为法律偏见的牺牲品……这就是一切文明的机械论所描绘的恶性循环。”

“年轻的姑娘对于任何一个想把她变为自己独占财产的买主来说，难道不是一种商品吗？……正像在文法中两个否定构成一个肯定一样，在婚姻交易中也是两个卖淫构成一桩德行。”

“某一历史时代的发展总是可以由妇女走向自由的程度来确定，因为在女人和男人、女性和男性的关系中，最鲜明不过地表现出人性对兽性的胜利。妇女解放的程度是衡量普遍解放的天然标准。”

“侮辱女性既是文明的本质特征，也是野蛮的本质特征，区别只在于：野蛮以简单的形式所犯下的罪恶，文明都赋之以复杂的、暧昧的、两面性的、伪善的存在形式……对于使妇女陷于奴隶状态这件事，男人自己比任何人都更应该受到惩罚。”（傅立叶）

把傅立叶关于婚姻问题的精辟的评述以及法国共产主义的唯物主义派别的著作拿来同鲁道夫的论断对比，完全是多余的。

小说家从社会主义文献中所挑选出来的这些忧伤的片断，揭露了批判的批判仍然茫无所知的“秘密”。

马克思、恩格斯：《神圣家族，或对批判的批判所做的批判》（1844 年 9—11 月），摘自《马克思恩格斯全集》第 2 卷，人民出版社 1957 年版，第 248—250 页。

5. 工人阶级状况是当代一切社会运动的真正基础和出发点，是我们目前存在的社会灾难最尖锐、最露骨的表现，而社会主义理论为工人解放提供了坚实的理论基础

工人阶级的状况是当代一切社会运动的真正基础和出发点，因为它是我们目前存在的社会灾难最尖锐、最露骨的表现。法国和德国的工人共产主义是它的直接产物，傅立叶主义[①]和英国的社会主义以及德国有教养的资产阶级的共产主义是它的间接产物。因此，为了一方面给社会主义理论，另一方面给那些认为社会主义理论有权存在的见解提供坚实的基础，为了肃清赞成和反对这种理论的一切空想和幻想，了解无产阶级的状况是十分必要的。但是，只有在不列颠帝国，特别是在英国本土，无产阶级的状况才具有典型的形式，才表现得最完备；而且只有在英国，才能搜集到这样完整的并为官方的调查所证实的必要材料，这正是对这个问题进行比较详尽的阐述所必需的。

我曾经用了21个月的时间，通过亲身观察和亲自交往来直接了解英国的无产阶级，了解他们的愿望、他们的痛苦和欢乐，同时又以必要的可靠材料补充自己的观察。这本书里所叙述的，就是我看到、听到和读到的。

恩格斯：《英国工人阶级状况》（1844年9月—1845年3月），摘自《马克思恩格斯文集》第1卷，人民出版社2009年版，第385页。

6. 社会生活的本质是实践，通过实践改变世界

全部社会生活在本质上是实践的。凡是把理论引向神秘主义的神秘东

① 傅立叶主义者是法国空想社会主义者沙·傅立叶的学说的拥护者。傅立叶主义继承了18世纪法国唯物主义的传统，承认客观世界的物质性和运动的规律性，承认人类历史由低级向高级发展的规律性，尖锐地批判现存的文明制度，指出在这种制度下，少数寄生者占有工人创造的巨大财富，而创造财富的工人却成了一无所有的赤贫者；主张现存制度应当由理想的和谐制度所取代。在这种和谐制度下，社会的基层单位是工农结合和城乡结合的生产消费协作社法郎吉（phalange）。在法郎吉中，人人参加劳动，劳动者和资本家都可以入股，产品按资本、劳动和才能进行分配。协作社成员居住和劳作的场所称法伦斯泰尔（phalanstere）。傅立叶主义者在法国和美国都进行过法郎吉移民区实验，均以失败告终。

圣西门主义者是法国空想社会主义者昂·圣西门的学生及其学说的拥护者。圣西门逝世后，他的追随者奥·罗德里格、圣阿芒·巴扎尔、巴·普·安凡丹等人创立了圣西门学派，同时他们还创办了圣西门主义杂志《生产者》，广为宣传圣西门的思想。这个学派从事的各项活动，在1830年七月革命前后达到高潮。学派的领导人于1828年12月底和1829年8月之间的讲演被编辑成《圣西门学说释义。1828—1829》。《释义》系统地阐述圣西门的学说，对七月革命前不久因经济的和政治的发展而变得日益迫切的问题作出了答复。它分析了资产阶级和无产阶级的阶级对抗，说明资产阶级社会的特征是人剥削人，要求把财产逐渐转为整个社会所有。这个学派所描述的协作社是：每人按自己的能力从事劳动，按自己的劳绩取得报酬。1829年以后，圣西门学派把宗教因素提到首位，1830年建立起教阶制度。1831年圣西门学派发生分裂，巴扎尔及其追随者力争实现圣西门的要求，探索同工人阶级的联系；安凡丹及其追随者则把圣西门主义奉为新宗教，像宗教教派那样研究和实现圣西门学说。摘自《马克思恩格斯文集》第1卷，人民出版社2009年版，第794—795页注释。

西，都能在人的实践中以及对这种实践的理解中得到合理的解决。

……

旧唯物主义的立脚点是“市民”社会；新唯物主义的立脚点则是人类社会或社会化的人类。

……

哲学家们只是用不同的方式解释世界，而问题在于改变世界。

马克思：《关于费尔巴哈的提纲》（1845年春），摘自《马克思恩格斯文集》第1卷，人民出版社2009年版，第505—506页。

7. 解放是一种历史活动，是由历史的关系，是由工业状况、商业状况、农业状况、交往状况促成的

那么“人”的“解放”也并没有前进一步；只有在现实的世界中并使用现实的手段才能实现真正的解放①；没有蒸汽机和珍妮走锭精纺机就不能消灭奴隶制；没有改良的农业就不能消灭农奴制；当人们还不能使自己的吃喝住穿在质和量方面得到充分保证的时候，人们就根本不能获得解放。“解放”是一种历史活动，不是思想活动，“解放”是由历史的关系，是由工业状况、商业状况、农业状况、交往状况促成的。

马克思、恩格斯：《德意志意识形态》（1845年秋—1846年5月），摘自《马克思恩格斯文集》第1卷，人民出版社2009年版，第527页。

8. 共产主义社会的人可以根据自己的兴趣选择工作

而在共产主义社会里，任何人都没有特殊的活动范围，而是都可以在任何部门内发展，社会调节着整个生产，因而使我有可能随自己的兴趣今天干这事，明天干那事，上午打猎，下午捕鱼，傍晚从事畜牧，晚饭后从事批判，这样就不会使我老是一个猎人、渔夫、牧人或批判者。社会活动的这种固定化，我们本身的产物聚合为一种统治我们、不受我们控制、使我们的愿望不能实现并使我们的打算落空的物质力量，这是迄今为止历史发展中的主要因素之一。受分工制约的不同个人的共同活动产生了一种社会力量，即成倍增长的生产力。因为共同活动本身不是自愿地而是自然形成的，所以这种社会力量在这些个人看来就不是他们自身的联合力量，而是某种异己的、在他们之外的强制力量。关于这种力量的起源和发展趋向，

① 马克思加了边注：“哲学的和真正的解放。——人。唯一者。个人。——地质、水文等等条件。人体。需要和劳动”。——编者注

他们一点也不了解；因而他们不再能驾驭这种力量，相反，这种力量现在却经历着一系列独特的、不仅不依赖于人们的意志和行为反而支配着人们的意志和行为的发展阶段。

马克思、恩格斯：《德意志意识形态》（1845 年秋—1846 年 5 月），摘自《马克思恩格斯文集》第 1 卷，人民出版社 2009 年版，第 537—538 页。

9. 每个人的解放程度是与历史转变为世界历史的程度一致的

到现在为止，我们主要只是考察了人类活动的一个方面——人改造自然。另一方面，是人改造人……①

……

各个相互影响的活动范围在这个发展进程中越是扩大，各民族的原始封闭状态由于日益完善的生产方式、交往以及因交往而自然形成的不同民族之间的分工消灭得越是彻底，历史也就越是成为世界历史。例如，如果在英国发明了一种机器，它夺走了印度和中国的无数劳动者的饭碗，并引起这些国家的整个生存形式的改变，那么，这个发明便成为一个世界历史性的事实；……由此可见，历史向世界历史的转变，不是“自我意识”、世界精神或者某个形而上学幽灵的某种纯粹的抽象行动，而是完全物质的、可以通过经验证明的行动，每一个过着实际生活的、需要吃、喝、穿的个人都可以证明这种行动。

单个人随着自己的活动扩大为世界历史性的活动，越来越受到对他们来说是异己的力量的支配（他们把这种压迫想象为所谓世界精神等等的圈套），受到日益扩大的、归根结底表现为世界市场的力量的支配，这种情况在迄今为止的历史中当然也是经验事实。但是，另一种情况也具有同样的经验根据，这就是：随着现存社会制度被共产主义革命所推翻（下面还要谈到这一点）以及与这一革命具有同等意义的私有制的消灭，这种对德国理论家们来说是如此神秘的力量也将被消灭；同时，每一个单个人的解放的程度是与历史完全转变为世界历史的程度一致的②。至于个人在精神上的现实丰富性完全取决于他的现实关系的丰富性，根据上面的叙述，这已经很清楚了。

马克思、恩格斯：《德意志意识形态》（1845 年秋—1846 年 5 月），摘自《马克思恩格斯文集》第 1 卷，人民出版社 2009 年版，第 540—541 页。

① 马克思加了边注：“交往和生产力”。——编者注

② 马克思加了边注：“关于意识的生产”。——编者注

10. 工人阶级的解放应该由工人阶级自己去争取，要争取平等的权利和义务，消灭任何阶级统治，而政治运动的伟大目标是使工人阶级获得经济解放

工人阶级的解放应该由工人阶级自己去争取；工人阶级的解放斗争不是要争取阶级特权和垄断权，而是要争取平等的权利和义务，并消灭一切阶级统治；

劳动者在经济上受劳动资料即生活源泉的垄断者的支配，是一切形式的奴役的基础，是一切社会贫困、精神沉沦和政治依附的基础；

因而工人阶级的经济解放是伟大的目标，一切政治运动都应该作为手段服从于这一目标；

为达到这个伟大目标所做的一切努力之所以至今没有收到效果，是由于每个国家里各个不同劳动部门的工人彼此间不够团结，由于各国工人阶级彼此间缺乏亲密的联合；

劳动的解放①既不是一个地方的问题，也不是一个国家的问题，而是涉及存在现代社会的一切国家的社会问题，它的解决有赖于最先进的国家在实践上和理论上的合作；

目前欧洲各个最发达的工业国工人阶级运动的新高涨，在鼓起新的希望的同时，也郑重地警告不要重犯过去的错误，要求立刻把各个仍然分散的运动联合起来。

马克思：《国际工人协会共同章程》（1846 年 10 月），摘自《马克思恩格斯文集》第 3 卷，人民出版社 2009 年版，第 226 页。

11. 社会革命的掀起意味着工人阶级在全世界的解放

在我们这个时代，每一种事物好像都包含有自己的反面。我们看到，机器具有减少人类劳动和使劳动更有成效的神奇力量，然而却引起了饥饿和过度的疲劳。财富的新源泉，由于某种奇怪的、不可思议的魔力而变成贫困的源泉。技术的胜利，似乎是以道德的败坏为代价换来的。随着人类愈益控制自然，个人却似乎愈益成为别人的奴隶或自身的卑劣行为的奴隶。甚至科学的纯洁光辉仿佛也只能在愚昧无知的黑暗背景上闪耀。我们的一切发明和进步，似乎结果是使物质力量成为有智慧的生命，而人的生命则

① 在德文版中是“工人阶级的解放”。——编者注

化为愚钝的物质力量。现代工业和科学为一方与现代贫困和衰颓为另一方的这种对抗，我们时代的生产力与社会关系之间的这种对抗，是显而易见的、不可避免的和毋庸争辩的事实。有些党派可能为此痛哭流涕；另一些党派可能为了要摆脱现代冲突而希望抛开现代技术；还有一些党派可能以为工业上如此巨大的进步要以政治上同样巨大的倒退来补充。可是我们不会认错那个经常在这一切矛盾中出现的狡狯的精灵。我们知道，要使社会的新生力量很好地发挥作用，就只能由新生的人来掌握它们，而这些新生的人就是工人。工人也同机器本身一样，是现代的产物。在那些使资产阶级、贵族和可怜的倒退预言家惊慌失措的现象当中，我们认出了我们的勇敢的朋友好人儿罗宾，这个会迅速刨土的老田鼠、光荣的工兵——革命。英国工人是现代工业的头一个产儿。他们在支援这种工业所引起的社会革命方面肯定是不会落在最后的，这种革命意味着他们的本阶级在全世界的解放，这种革命同资本的统治和雇佣奴隶制具有同样的普遍性质。我知道英国工人阶级从上世纪中叶以来进行了多么英勇的斗争，这些斗争只是因为资产阶级历史学家把它们掩盖起来和隐瞒不说才不为世人所熟悉。

马克思：《在〈人民报〉创刊纪念会上的演说》（1856 年 4 月 19 日），摘自《马克思恩格斯文集》第 2 卷，人民出版社 2009 年版，第 580 页。

12. 妇女应当推动自己的丈夫去为自身解放而斗争

您的夫人是否也参加了伟大的德国妇女解放运动？我认为，德国妇女应当从推动自己的丈夫去为自身解放而斗争开始。

马克思：《致路德维希·库格曼》（1868 年 12 月 5 日），摘自《马克思恩格斯全集》第 32 卷，人民出版社 1974 年版，第 570 页。

13. 自由是对自然规律的认识，文化上的每一个进步都是迈向自由的一步

自由不在于幻想中摆脱自然规律而独立，而在于认识这些规律，从而能够有计划地使自然规律为一定的目的服务。这无论对外部自然的规律，或对支配人本身的肉体存在和精神存在的规律来说，都是一样的。这两类规律，我们最多只能在观念中而不能在现实中把它们互相分开。因此，意志自由只是借助于对事物的认识来作出决定的能力。因此，人对一定问题的判断越是自由，这个判断的内容所具有的必然性就越大；而犹豫不决是以不知为基础的，它看来好像是在许多不同的和相互矛盾的可能的决定中任意进行选择，但恰好由此证明它的不自由，证明它被正好应该由它支配的对象所支配。因此，自由就在于根据对自然界的必然性的认识来支配我们自己和外部自然；因此它必然是历史发展的产物。最初的、从动物界分离出来的人，在一切本质方面是和动物本身一样不自由的；但是文化上的每一个进步，都是迈向自由的一步。

恩格斯：《反杜林论》（1876年9月—1878年6月），摘自《马克思恩格斯文集》第9卷，人民出版社2009年版，第120页。

14. 社会化生产可能保证社会成员富足和充裕的物质生活，以及体力和智力获得充分的自由的发展和运用，使人类从必然王国进入自由王国的飞跃

但是，如果说阶级的划分根据上面所说具有某种历史的理由，那也只是对一定的时期、一定的社会条件才是这样。这种划分是以生产的不足为基础的，它将被现代生产力的充分发展所消灭。的确，社会阶级的消灭是以这样一个历史发展阶段为前提的，在这个阶段上，不仅某个特定的统治阶级的存在，而且任何统治阶级的存在，从而阶级差别本身的存在，都将成为时代错乱，成为过时现象。所以，社会阶级的消灭是以生产高度发展的阶段为前提的，在这个阶段上，某一特殊的社会阶级对生产资料和产品的占有，从而对政治统治、教育垄断和精神领导地位的占有，不仅成为多余的，而且在经济上、政治上和精神上成为发展的障碍。这个阶段现在已经达到了。资产阶级的政治和精神的破产甚至对他们自己来说也未必是一种秘密了，而他们的经济破产则有规律地每十年重复一次。在每次危机中，社会在它自己的而又无法加以利用的生产力和产品的重压下奄奄一息，面对着生产者没有什么可以消费是因为缺乏消费者这种荒谬的矛盾而束手无策。生产资料的扩张力撑破了资本主义生产方式所加给它的桎梏。把生产资料从这种桎梏下解放出来，是生产力不断地加速发展的唯一先决条件，因而也是生产本身实际上无限增长的唯一先决条件。但是还不止于此。生产资料由社会占有，不仅会消除生产的现存的人为障碍，而且还会消除生产力和产品的有形的浪费和破坏，这种浪费和破坏在目前是生产的无法摆脱的伴侣，并且在危机时期达到顶点。此外，这种占有还由于消除了现在的统治阶级及其政治代表的穷奢极欲的挥霍而为全社会节省出大量的生产资料和产品。通过社会化生产，不仅可能保证一切社会成员有富足的和一天比一天充裕的物质生活，而且还可能保证他们的体力和智力获得充分的自由的发展和运用，这种可能性现在第一次出现了，但它确实是出现了。

一旦社会占有了生产资料，商品生产就将被消除，而产品对生产者的统治也将随之消除。社会生产内部的无政府状态将为有计划的自觉的组织所代替。个体生存斗争停止了。于是，人在一定意义上才最终地脱离了动物界，从动物的生存条件进入真正人的生存条件。人们周围的、至今统治着人们的生活条件，现在受人们的支配和控制，人们第一次成为自然界的自觉的和真正的主人，因为他们已经成为自身的社会结合的主人了。人们自己的社会行动的规律，这些一直作为异己的、支配着人们的自然规律而同人们相对立的规律，那时就将被人们熟练地运用，因而将听从人们的支配。人们自身的社会结合一直是作为自然界和历史强加于他们的东西而同他们相对立的，现在则变成他们自己的自由行动了。至今一直统治着历史的客观的异己的力量，现在处于人们自己的控制之下了。只是从这时起，人们才完全自觉地自己创造自己的历史；只是从这时起，由人们使之起作用的社会原因才大部分并且越来越多地达到他们所预期的结果。这是人类从必然王国进入自由王国的飞跃。

完成这一解放世界的事业，是现代无产阶级的历史使命。深入考察这一事业的历史条件以及这一事业的性质本身，从而使负有使命完成这一事业的今天受压迫的阶级认识到自己的行动的条件和性质，这就是无产阶级运动的理论表现即科学社会主义的任务。

恩格斯：《反杜林论》（1876 年 9 月—1878 年 6 月），摘自《马克思恩格斯文集》第 9 卷，人民出版社 2009 年版，第 298—300 页。

15. 当社会成为全部生产资料的主人，生产劳动不再是奴役人的手段，而成了解放人的手段，生产劳动就从一种负担变成一种快乐

当社会成为全部生产资料的主人，可以在社会范围内有计划地利用这些生产资料的时候，社会就消灭了迄今为止的人自己的生产资料对人的奴役。不言而喻，要不是每一个人都得到解放，社会也不能得到解放。因此，旧的生产方式必须彻底变革，特别是旧的分工必须消灭。代替它们的应该是这样的生产组织：在这样的组织中，一方面，任何个人都不能把自己在生产劳动这个人类生存的必要条件中所应承担的部分推给别人；另一方面，生产劳动给每一个人提供全面发展和表现自己的全部能力即体能和智能的机会，这样，生产劳动就不再是奴役人的手段，而成了解放人的手段，因此，生产劳动就从一种负担变成一种快乐。

恩格斯：《反杜林论》（1876年9月—1878年6月），摘自《马克思恩格斯文集》第9卷，人民出版社2009年版，第310—311页。

16. 共和政府使工人阶级有可能得到一定程度的个人自由和社会自由

因此，任何君主制复辟必然会带来暴力的统治、对各种社会自由和个人权利的压制，而这正是工人阶级应当力求避免的。另一方面，保存现有的共和政府，至少使工人阶级还有可能得到一定程度的个人自由和社会自由，这一定程度的自由使他们能够创办工人报刊，通过集会进行鼓动和组织独立的政党。此外，保存了共和国，工人阶级就不必专门为以后重新争得共和国而战斗了。

恩格斯：《1877年的欧洲工人》（1878年2月中—3月中），摘自《马克思恩格斯全集》第25卷，人民出版社2001年版，第178页。

17. 在任何社会中，妇女解放的程度是衡量普遍解放的天然尺度

我们在傅立叶那里就看到了他对现存社会制度所作的具有真正法国人的风趣的、但并不因此就显得不深刻的批判。傅立叶抓住了资产阶级所说的话，抓住了他们的革命前的狂热预言者和革命后得到利益的奉承者所说的话。他无情地揭露资产阶级世界在物质上和道德上的贫困，他不仅拿这种贫困同以往的启蒙学者关于只应由理性统治的社会、关于能给所有的人以幸福的文明、关于人类无限完善化的能力的诱人的诺言作对比，而且也拿这种贫困同当时的资产阶级意识形态家的华丽的词句作对比；他指出，同最响亮的词句相对应的到处都是最可怜的现实，他辛辣地嘲讽这种词句的无可挽救的破产。傅立叶不仅是批评家，他的永远开朗的性格还使他成为一个讽刺家，而且是自古以来最伟大的讽刺家之一。他以巧妙而诙谐的笔调描绘了随着革命的低落而盛行起来的投机欺诈和当时法国商业中普遍的小商贩习气。他更巧妙地批判了两性关系的资产阶级形式和妇女在资产阶级社会中的地位。他第一个表述了这样的思想：在任何社会中，妇女解放的程度是衡量普遍解放的天然尺度①。

---

① 这一思想在沙·傅立叶《关于四种运动和普遍命运的理论》中已作过阐述，该书包含这样一个总的论点："某一时代的社会进步和变迁是同妇女走向自由的程度相适应的，而社会秩序的衰落是同妇女自由减少的程度相适应的。"傅立叶以下述公式概括了这个论点："妇女权利的扩大是一切社会进步的基本原则。"（见《傅立叶全集》1841年巴黎版第1卷第195—196页）。摘自《马克思恩格斯文集》第3卷，人民出版社2009年版，第699页注释。

恩格斯：《社会主义从空想到科学的发展》（1880 年 1 月—3 月上半月），摘自《马克思恩格斯文集》第 3 卷，人民出版社 2009 年版，第 531—532 页。

18. 随着社会生产的无政府状态的消失，国家的政治权威也将消失，人终于成为自己的社会结合的主人，从而也就成为自然界的主人——自由的人

无产阶级将取得公共权力，并且利用这个权力把脱离资产阶级掌握的社会化生产资料变为公共财产。通过这个行动，无产阶级使生产资料摆脱了它们迄今具有的资本属性，使它们的社会性质有充分的自由得以实现。从此按照预定计划进行的社会生产就成为可能的了。生产的发展使不同社会阶级的继续存在成为时代错乱。随着社会生产的无政府状态的消失，国家的政治权威也将消失。人终于成为自己的社会结合的主人，从而也就成为自然界的主人，成为自身的主人——自由的人。

完成这一解放世界的事业，是现代无产阶级的历史使命。深入考察这一事业的历史条件以及这一事业的性质本身，从而使负有使命完成这一事业的今天受压迫的阶级认识到自己的行动的条件和性质，这就是无产阶级运动的理论表现即科学社会主义的任务。

恩格斯：《社会主义从空想到科学的发展》（1880 年 1 月—3 月上半月），摘自《马克思恩格斯文集》第 3 卷，人民出版社 2009 年版，第 566—567 页。

19. 马克思毕生的真正使命是推翻资本主义社会，实现无产阶级的解放事业，第一次使无产阶级意识到自身解放的条件

因为马克思首先是一个革命家。他毕生的真正使命，就是以这种或那种方式参加推翻资本主义社会及其所建立的国家设施的事业，参加现代无产阶级的解放事业，正是他第一次使现代无产阶级意识到自身的地位和需要，意识到自身解放的条件。斗争是他的生命要素。很少有人像他那样满腔热情、坚韧不拔和卓有成效地进行斗争。……

……

正因为这样，所以马克思是当代最遭嫉恨和最受诬蔑的人。各国政府——无论专制政府或共和政府，都驱逐他；资产者——无论保守派或极端民主派，都竞相诽谤他，诅咒他。他对这一切毫不在意，把它们当做蛛丝一样轻轻拂去，只是在万不得已时才给以回敬。现在他逝世了，在整个欧洲和美洲，从西伯利亚矿井到加利福尼亚，千百万革命战友无不对他表示尊敬、爱戴和悼念，而我可以大胆地说：他可能有过许多敌人，但未必有一个私敌。

恩格斯：《在马克思墓前的讲话》（1883 年 3 月 18 日），摘自《马克思恩格斯文集》第 3 卷，人民出版社 2009 年版，第 602—603 页。

20. 工人阶级的解放需要方方面面的专门人才，不仅要掌管政治机器，而且要掌管全部社会生产，这里需要的决不是响亮的词句，而是扎实的知识

希望你们的努力将获得成功，能使大学生们意识到，从他们的行列中应该产生出脑力劳动无产阶级，它的使命是在即将来临的革命中同自己从事体力劳动的工人兄弟在一个队伍里肩并肩地发挥重要作用。

过去的资产阶级革命向大学要求的仅仅是律师，作为培养政治家的最好的原料；而工人阶级的解放，除此之外还需要医生、工程师、化学家、农艺师及其他专门人才，因为问题在于不仅要掌管政治机器，而且要掌管全部社会生产，而在这里需要的决不是响亮的词句，而是扎实的知识。

恩格斯：《致国际社会主义者大学生代表大会》（1893 年 12 月 19 日），摘自《马克思恩格斯文集》第 4 卷，人民出版社 2009 年版，第 446 页。

21. 革命的成败取决于妇女参加解放运动的程度

目前这场革命是依靠农村的，它的意义和力量也就在这里。从一切解放运动的经验中可以看到，革命的成败取决于妇女参加解放运动的程度。苏维埃政权正竭力使妇女能够独立地进行自己的无产阶级社会主义的工作。

列宁：《在全俄女工第一次代表大会上的演说》（1915 年 11 月 19 日），摘自《列宁全集》第 35 卷，人民出版社 2017 年版，第 181 页。

22. 我们应当记住，应该以过去的工作为例来教育工人和农民。指出我们什么地方还做得不好，以便将来避免再犯错误

什么是共产主义？整个共产主义宣传归根到底要落实到实际指导国家建设。应该使工人群众把共产主义理解为自己的事业。这一事业进行得还不好，错误百出。我们不掩饰这一点，但是，工农本身应该在我们的帮助下，在我们尽管不大的、小小的促进下建立和整顿我们的机构。共产主义现在已经不再只是我们的纲领、理论和课题了，它已经是我们今天的实际建设事业了。在战争中，敌人使我们遭到过最惨重的失败，然而我们在失败中吸取了教训，取得了全胜。现在，我们也应当在每次失败中吸取知识，我们应当记住，应该以过去的工作为例来教育工人和农民。指出我们什么地方还做得不好，以便将来避免再犯错误。

列宁：《在全俄省、县国民教育局政治教育委员会工作会议上的讲话》（1920年11月3日），摘自《列宁专题文集·论社会主义》，人民出版社2009年版，第177—178页。

23. 妇女工作在启发东方妇女的觉悟和组织团结东方妇女的事业中将起巨大的作用

很抱歉，紧急的工作使我不能出席你们的会议。我热烈地祝贺并衷心地希望你们在工作中，特别是在筹备即将召开的全俄非党东方妇女第一次代表大会的工作中取得成就。代表大会的正常筹备和召开，毫无疑问，在启发东方妇女的觉悟和组织团结东方妇女的事业中将起巨大的作用。

列宁：《给苏维埃各省及各共和国东方民族妇女部代表会议的贺电》（1921年4月10日），摘自《列宁全集》第32卷，人民出版社1958年版，第288页。

24. 在人类历史上，任何一次重大的解放运动都不能没有妇女直接参加，被压迫阶级在解放道路上每走一步就使妇女的地位改善一步

谨向山民共和国劳动妇女第一次代表大会致以兄弟的敬礼。因身体不适，不能参加代表大会，深感遗憾。

山民妇女同志们！在人类历史上，任何一次重大的解放运动都不能没有妇女直接参加，因为被压迫阶级在解放道路上每走一步就使妇女的地位改善一步。在古代的奴隶解放运动和近代的农奴解放运动的队伍中，不仅有男子，而且有妇女，她们是用自己的鲜血保证忠于劳动人民事业的女战士和女烈士。而在现代的无产阶级解放运动，即在人类一切解放运动中最深刻最强大的解放运动中，不仅产生了女英雄和女烈士，而且产生了在无产阶级的共同旗帜下胜利斗争的千百万劳动妇女的群众性的社会主义运动。

同这个强大的劳动妇女的运动比较起来，资产阶级妇女知识分子的自由主义运动不过是一种为了消磨时光而臆想出来的儿戏。

我深信，山民妇女代表大会一定会在红旗下进行自己的工作。

斯大林：《致山民妇女第一次代表大会的贺电》（1921 年 6 月 17 日），摘自《斯大林全集》第 5 卷，人民出版社 1957 年版，第 48—49 页。

25. 社会主义要全面地充分地满足有高度文化的劳动人民的一切需要

社会主义只有在社会生产力蓬勃发展的基础上，在产品和商品十分丰富的基础上，在劳动者生活富裕的基础上，在文化水平急速提高的基础上才能建成。因为社会主义，马克思主义的社会主义，不是要缩减个人需要，而是要竭力扩大和发展个人需要，不是要限制或拒绝满足这些需要，而是要全面地充分地满足有高度文化的劳动人民的一切需要。

斯大林：《在党的第十七次代表大会上关于联共（布）中央工作的总结报告》（1934 年 1 月 26 日），摘自《斯大林选集》（下），人民出版社 1979 年版，第 339 页。

后　记

本书是“中国社会科学院马克思主义理论学科建设与理论研究工程系列丛书”的组成部分，即《马克思恩格斯列宁斯大林论妇女》。是我继彭珮云同志主编的《中国特色社会主义妇女理论与实践》（2013 年）之后承接的课题。本课题于 2012 年 4 月正式启动，于 2019 年 11 月完稿并通过了专家审评。

马克思、恩格斯、列宁和斯大林的妇女理论阐明了从原始社会到未来共产主义社会发展过程中的妇女问题，涉及妇女在经济、政治、法律、道德、教育、婚恋、家庭及妇女解放等诸多领域。本书由九部分构成：一、妇女社会地位的历史变迁：妇女受压迫是人类社会历史发展到一定阶段的社会现象，私有制是男女不平等即性别歧视的根源，最初的阶级压迫是与男性对女性的压迫同时发生的；二、妇女与经济：妇女生存和发展的物质基础，着重指出资本主义大工业时期资本家对女工的需求和对女工的剥削与摧残，以及妇女在农业生产中的重要作用；三、妇女与政治：应该吸引妇女参加国家的日常管理工作，建立妇女政治组织，培养妇女干部，使妇女享有与男性平等的政治地位和社会地位，妇女在政治生活中应该拥有选举权和被选举权，她们在战争中表现出自我牺牲的献身精神和视死如归的英雄气概将永远载入史册；四、妇女与法律：法律应该保证妇女的权益，着重论述了劳动时间法、工厂法、婚姻法等；五、妇女与道德：在资本主义社会中出现的卖淫、纵欲和通奸等，这些丑恶现象对道德具有腐蚀作用，揭示了妇女道德堕落的社会原因，金钱成为衡量道德规范的尺度；六、妇女与教育：教育的本质是改变人的本质，是培养妇女全面发展的方法，资产阶级对妇女进行教育具有局限性，而无产阶级更为重视妇女的教育工作；七、妇女与婚恋：妇女的婚恋问题，包括恋爱、婚姻、生育等；八、人类家庭演变史：恩格斯研究人类家庭史的三位代表人物，论述了巴霍芬、麦克伦南和摩尔根的主要观点，特别是摩尔根在对原始社会的研究中发现人类家庭演变的四种形式，阐述了资本主义大工业发展过程中的工人阶级家庭的悲惨状况；九、妇女解放是全人类解放的重要组成部分：建立公有制是实现妇女解放的制度保证，是反抗资产阶级剥削和压迫的途径，妇女参加公共劳动，男女同工同酬是实现妇女解放的经济保障，科学技术的发明与应用是实现妇女解放的条件，实现妇女解放是人类社会发展的终极目标之一。

我们在研究过程中深深感到，马克思、恩格斯、列宁和斯大林的妇女理论博大精深，其内容丰富，思想深刻，体系完整。马克思主义经典作家深入系统地研究了人类社会发展过程中的妇女及妇女解放问题，并力图探索出一条世界妇女解放运动的道路及其规律。他们创立的妇女及妇女解放理论，成为马克思主义理论的重要组成部分，对世界妇女解放运动产生了重要影响。

人类社会进入21世纪，世界经济、政治和文化风云变幻，处于百年未有之大变局，妇女问题日益成为国际社会关注的焦点，也成为建设中国特色社会主义的重要课题之一。列宁指出，妇女问题是"最直接涉及任何一个国家半数以上的人口利益的问题"①。目前，中国妇女面临亟待解决的问题有很多，如女性教育问题，女性文盲特别是农村女性教育水平偏低的问题；女性就业、再就业及劳动权利受到损害的问题；女性参政议政的数量偏低及晋升难度大的问题；女性的贫困问题，特别是农村妇女土地承包权益受损问题；妇女健康尤其是农村妇女的健康问题；女性腐败及黄赌毒对女性的损害问题；女性的商品化问题，对女性人格的不尊重、侮辱、性骚扰、家庭暴力等问题；重男轻女的陈旧观念，导致我国人口性别比例失衡问题。因此，恩格斯指出，傅立叶"第一个表述了这样的思想：在任何社会中，妇女解放的程度是衡量普遍解放的天然尺度"②。妇女解放是指通过男女劳动者的共同奋斗，反对歧视妇女，使妇女获得应有的社会地位和权利，实现男女完全平等的一项社会目标或社会运动。而马克思、恩格斯、列宁和斯大林的妇女解放理论彰显了马克思主义的生命力，是常读常新的理论。

党的十八大以来，以习近平同志为核心的党中央极为重视妇女工作，提出了一系列重要思想，这是对马克思主义妇女理论的继承与发展，是马

---

① 列宁：《论战斗唯物主义的意义》（1922年3月），摘自《列宁专题文集·论辩证唯物主义和历史唯物主义》，人民出版社2009年版，第330页。

② 恩格斯：《社会主义从空想到科学的发展》（1880年1—3月），摘自《马克思恩格斯文集》第3卷，人民出版社2009年版，第531—532页。

克思主义妇女理论的重要组成部分，为新时代中国特色社会主义妇女工作提供了理论基础和行动指南。今年恰逢中国共产党成立一百周年，本书的出版也是我们献给党的百年华诞的一份心礼。

在本书的编辑过程中，我们反复阅读了《马克思恩格斯全集》《马克思恩格斯文集》《马克思恩格斯选集》《列宁全集》《列宁选集》《列宁专题文集》《斯大林全集》《斯大林选集》等一系列原著，同时参考和借鉴了理论界以往的相关研究成果，并根据当今世界妇女解放运动发展的新情况、新问题和新趋势，对马克思主义经典作家的妇女理论进行了全面阅读、深入研究和系统归纳，按照“中国社会科学院马克思主义理论学科建设与理论研究工程系列丛书”的规定，拟定本书的三级标题：一级标题是对原著的理解与分类；二级标题是对分类后的每一领域的原文按照发表的时间顺序进行系统排列；三级标题是对马克思主义经典作家论述的概括。此外，加进原著的引文及注释，便于读者查找和理解。

本课题成员有中国社会科学院马克思主义研究院原副院长张祖英教授、中国社会科学院研究生院马克思主义理论教学部原主任吕静教授。

在这里，我们由衷感谢中国社会科学院马克思主义研究院许延广女士，感谢中国社会科学出版社田文老师为本书出版付出的艰辛劳动，没有她们的鼎力支持本书就不会顺利出版。

吕　静

2021 年 7 月 1 日